601
FRENCH
VERBS

Dr. Anne-Catherine Aubert
with
Dr. Lori Langer de Ramírez
Nicky Agate, M.A.
Sophie Bizard, M.A.
Matthew Mergen, M.A.
Madeline Turan, M.A.

Berlitz Publishing
New York   London   Singapore

601 French Verbs

Contacting the Editors
Every effort has been made to provide accurate information in this publication, but changes are inevitable. The publisher cannot be responsible for any resulting loss, inconvenience, or injury. We would appreciate it if readers would call our attention to any errors or outdated information by contacting Berlitz Publishing at: comments@berlitzpublishing.com

Berlitz Trademark Reg. U.S. Patent Office and other countries. Marca Registrada. Used under license from Berlitz Investment Corporation.

Third Printing: 2015
Printed in China

Publishing Director: Agnieszka Mizak
Senior Editor: Kate Drynan
Project Manager/Editor: Nela Navarro
Editorial: Nicky Agate, Sophie Bizard, Matthew Mergen
Production Manager: Vicky Glover
Cover Design: Claudia Petrilli, Leighanne Tillman
Interior Design/Art: Claudia Petrilli and Datagrafix, Inc.

Table of Contents

About the Authors

Dr. Anne-Catherine Aubert

Dr. Anne-Catherine Aubert is a professor of French language and literature at Princeton University. Dr. Aubert holds a licence ès lettres in History, French and German from the University of Neuchatel, Switzerland. She received an M.A. in French from Indiana University and a Ph.D. in French from Rutgers, The State University of New Jersey. She participates in workshops and conferences on the importance of integrating current technologies into the teaching of foreign languages and cultures.

Dr. Lori Langer de Ramírez

Dr. Lori Langer de Ramírez holds a Master's Degree in Applied Linguistics and a Doctorate in Curriculum and Teaching from Teachers College, Columbia University. She is currently the Chairperson of the ESL and World Language Department for Herricks Public Schools in New Hyde Park, N.Y. Dr. Langer de Ramírez is the author of several Spanish-language books and texts and has contributed to many textbooks and written numerous articles about second language pedagogy and methodology. Her interactive website, www.miscositas.com, offers teachers over 40 virtual picturebooks and other curricular materials for teaching foreign languages.

Nicky Agate, M.A.

Nicky Agate currently teaches French language and literature at Rutgers University in Newark, N.J., where she also serves as the faculty advisor to the French Club. Ms. Agate has an M.A. in French from New York University and an M.F.A. in Literary Translation from the University of Iowa. A published translator and journalist, she has also travelled, studied and taught extensively in France.

Sophie Bizard, M.A.

Sophie Bizard is currently teaching French in Madrid, Spain at the Madrid School of Foreign Languages. Ms. Bizard has an M.A. in Teaching French as a Foreign Language and a B.A. in Chinese Language and Literature. She has taught French in China at Nanjing Science and Technology University and Shanghai School of Foreign Languages, and in Cambodia at Royal University of Law and Economics.

Matthew Mergen, M.A.

Matthew Mergen is a French teacher at North Plainfield High School and Middle School in North Plainfield, N.J., where he has taught all levels of French from beginner to Advanced Placement. Mr. Mergen has an M.A. in French from Middlebury College and a B.A. in French and English from the University of Notre Dame. He has studied in France at the Université de Paris X – Nanterre and the Université Catholique de l'Ouest and worked as an international student advisor at the Franco-American Commission for Educational Exchange in Paris.

Madeline Turran, M.A.

Madeline Turan is currently a full-time lecturer at the State University of New York at Stony Brook, teaching French, Foreign Language Pedagogy and supervising Student Teachers. She holds a Bachelor of Arts in French and Secondary Education from D'Youville College in Buffalo, N.Y., a Master of Arts in French and Secondary Education from Long Island University.

Berlitz Publishing is grateful for the valuable comments and suggestions made by the team of teacher and student reviewers during the stages of development. Their contributions, expertise, experience and passion for the French language are clearly reflected in this important project.

Mille mercis!

Teachers

Molly Brooks, East Chapel Hill High School, Chapel Hill, North Carolina

Kari Evanson, New York University, New York, New York

Michel Pasquier, Herricks High School, New Hyde Park, New York

Debra Soriano, North Plainfield High School, North Plainfield, New Jersey

Students

Nora Asamoah, Stony Brook University, Stony Brook, New York

Megan Fischer, Stony Brook University, Stony Brook, New York

Kerstin Gentsch, Princeton University, Princeton, New Jersey

Katy Ghantous, Princeton University, Princeton, New Jersey

Dear Student,

As with everything in life, if you want to become good at something, you have to practice. Learning French is the same: it is crucial to your growth that you practice the language in many different contexts. For example:

- *watching French language television and listening to French language songs*
- *listening to French language radio broadcasts and podcasts*
- *reading French language books, stories and newspaper magazine articles*
- *and, most importantly: engaging native speakers of French in conversation*

These are all critical ways to immerse yourself with the structures and vocabulary of French. Along with this authentic practice is the need for precision – and this is where 601 French Verbs *can help you to improve your fluency. When you are through producing a story, an essay, a blog entry or an email in French, consult* 601 French Verbs *to ensure that your message is being communicated correctly. A good understanding of the verb tenses, their conjugations and their structures will enable you to express yourself freely and correctly. And, take some time to work through the activities at the end of* 601 French Verbs. *They are aimed at assessing your understanding of the use of verbs in real-life contexts, such as conversations and short stories.*

It is our hope that 601 French Verbs *will become an invaluable source of information for you during your years on the road to French fluency.*

It is also our hope that your road will be paved with the joy of learning and the wonder of communicating in a new language. Bonne chance!

- Dr. Anne-Catherine Aubert and Dr. Lori Langer de Ramírez

Dear Teacher,

It is so exhilarating to watch our students grow and thrive in their study of the French language. We watch in awe as they master subject-verb agreement and we smile with delight when they finally grasp the subjunctive mood! But there are also trying times on the road to French proficiency. Understanding the many different tenses and conjugations in the target language can prove challenging to many students. This is where 601 French Verbs *can serve as an important source of support and encouragement for our students.*

601 French Verbs *is an essential book for your students and you to use as a reference at home, in the classroom or at the library. We all recall times when a student wants to say or write something in French, but just doesn't have the verb paradigm mastered quite yet. While communication can certainly take place without this precision of language, it is less likely to be successful and can often frustrate students. By having* 601 French Verbs *handy when students are working in the language, teachers can help scaffold the language that students have already acquired. Students can check their work using the book, as well as use it for reference as they create essays, blog entries, original creative writing pieces and other writing or oral productions in the French classroom.*

601 French Verbs *can help students to feel secure in the language while also providing valuable information and practice that can lead to more advanced proficiency in French. We all know that a secure student is a student who is open to learning more. It is our hope that this book serves as an important resource for students as they continue on their road to French proficiency.*

- Dr. Anne-Catherine Aubert and Dr. Lori Langer de Ramírez

How to Use This Book

Welcome to *601 French Verbs*! This is *the* verb reference book for today's student. This book was created to help you learn the French verb system, not for the sake of studying French verbs, but so that you can communicate and enjoy speaking French! *601 French Verbs* will help make studying easier and also provide you with opportunities to improve, practice and even have fun *en français*.

Learn to make the most of this book by becoming familiar with the contents. Go back to the Table of Contents (TOC) on page 3. The TOC will help you navigate and locate the following sections in this book:

About the Authors/Reviewers
You will notice that *601 French Verbs* is written by a team of experienced teachers committed to helping you learn French. The book was reviewed by another team of equally experienced teachers and engaged students from various schools and universities.

Letter to the Student/Letters to the Teacher
Dr. Anne-Catherine Aubert, one of the book's main authors, shares tips to help you practice French in different contexts. Dr. Anne-Catherine Aubert also tells you how *601 French Verbs* will help you improve your overall fluency in French, whether you are writing an essay, a blog, an email, a text message or prepping for an exam.

Verb Guide
The Verb Guide is a brief, clear, student-friendly overview of all the important parts of the French verb system. The Verb Guide also provides you with practical tips on how to place accents correctly to enhance your writing skills. It also provides useful Memory Tips to help you understand how important verbs, such as *être*, are used.

Alphabetical Listing of 601 Verbs
601 French Verbs provides an alphabetical listing of 601 of the most commonly-used French verbs in academic, professional, and social contexts. Each verb page provides an English translation of the French verb. The verb conjugations have endings that are highlighted for easy reference, which in turn makes learning the conjugations of the different tenses much easier! We have identified 75 of the most useful and common French verbs. These "75 Must Know Verbs" are featured with a blue background for easy reference. In addition, the authors have written Memory Tips to help you remember key verbs. These verbs are also marked for easy reference.

How to Use This Book

French Verb Activities/Answer Key
The activity pages provide you with a variety of accessible and practical exercises that help you practice both the conjugation and usage of verbs. There is an Answer Key on page 686 so that you can check your own answers.

Must Know Verbs
You will find a list of Must Know Verbs. These verbs are 75 of the most useful and common French verbs. Remember, these verbs are marked for easy reference in the body of the book.

Tech Verb List
Here, you will find a list of verbs commonly used when talking about technology. Now you can send email, download a podcast, open documents and use search engines in French!

French Text Messaging
Time to have fun in French! Use this text-messaging guide to text *en français*. You can also use this text-messaging guide when writing emails or communicating on social-networking sites.

Test Prep Guide
The Test Prep Guide offers a quick bulleted list of helpful strategies for test prep for French and for your other classes. These tips will help you before, during and after the exam. *Bonne chance!*

Index of over 2500 French Verbs Conjugated Like Model Verbs
At the beginning of the index, you will find a list of model verbs. We have included these verbs since most other French verbs are conjugated like one of these model forms. We suggest that you study these model verbs; once you know these conjugations, you will be able to conjugate almost any verb!

The index provides an additional 2500 verbs used in French. Each verb includes an English translation. The English translation is followed by a number, for example: *103*. The number 103 refers to the page where you will find the conjugation of the verb *appeler*. The verb *renouveler* is conjugated like the model verb *appeler*.

App Instructions
The free app that accompanies *601 French Verbs* enables you to use on iOS to conjugate essential French verbs in the palm of your hand! See page 735 for more information.

Verb Guide Table of Contents

Introduction

The purpose of this book is to help you understand and successfully navigate the French verb system. There are three broad concepts that you need to understand to help you do this, and they are the following:

- What is meant by "conjugating" a verb
- What is meant by "tense" and how the French verb tenses work
- What is meant by "mood" and how the indicative, subjunctive and imperative moods are used in French

In this introduction, you will learn about these three concepts, and you will see that what appears to be a dauntingly complicated system is really quite simple once you understand the key, which is the use of patterns. Armed with your knowledge of patterns in the French verb system, you will be able to use this book to help you communicate well in French.

List of tenses

English/English explanation	French/French example using "parler" (to speak)
present indicative (what you do/are doing)	présent de l'indicatif (*je parle*)
imperfect indicative (what you used to do/were doing)	imparfait de l'indicatif (*je parlais*)
present perfect (what you have done)	passé composé (*j'ai parlé*)
future (what you will do)	futur simple (*je parlerai*)
conditional (what you would do)	conditionnel présent (*je parlerais*)
preterite (what you did)	passé simple (*je parlai*)
past perfect (what you had done)	plus-que-parfait (*j'avais parlé*)
preterite perfect (what you had done)	passé antérieur (*j'eus parlé*)
future perfect (what you will have done)	futur antérieur (*j'aurai parlé*)
conditional perfect (what you would have done)	conditionnel passé (*j'aurais parlé*)
present subjunctive	*présent du subjonctif (*je parle*)
imperfect subjunctive	*imparfait du subjonctif (*je parlasse*)
present perfect subjunctive	*passé du subjonctif (*j'aie parlé*)
past perfect subjunctive	*plus-que-parfait du subjonctif (*j'eusse parlé*)

*Translation of these tenses will vary with the context. See examples in sections on the uses of the subjunctive mood.

Verb Guide

What is conjugation?

Let's start by thinking about what you know about verbs in general. You know that they are sometimes called "action words" and that no sentence is complete without a verb. In English, verbs almost always have a subject or word that does the action of the verb; the same is the case in French (except in the imperative, or command form – see p. 24). Without the subject, the sentence is incomplete.

The infinitive

In French, the basic form of a verb that you will see when you look in the dictionary is called an infinitive. This form has no subject, because it is unconjugated; but it carries the basic meaning of the verb, the action. In French, all infinitives end in "-er," "-ir" or "-re," and each one of these endings indicates how you will conjugate or change the verb to make it agree with a subject. While there are times when you will leave the verb in the infinitive form, most of the time you will need to change the infinitive ending to agree with its subject and to show a tense. Once you learn the basic pattern that all French verbs follow for conjugation, you will see that changing a subject or a tense is very simple. Even irregular verbs will follow this simple pattern.

When can you leave a verb in the infinitive, or unconjugated, form?

- An infinitive may act like an English gerund. A gerund is a verb form that is used as a noun. In the English sentence "*Running* is good for your health," the subject of the sentence is the gerund "running." In French, however, you use an infinitive to express the same idea: "*Courir, c'est bon pour la santé.*"

The Past Infinitive
The past infinitive is formed by taking the infinitive form of "avoir" or "être" and adding the past participle of the verb. It is used after the preposition "après" (après avoir mangé = after having eaten) and to express a previous action, where English would often, but not always, use a gerund. Negative expressions always come before a past infinitive.

Elle a parlé sans avoir pensé.	She spoke without thinking.
Je vous remercie d'être venus.	I thank you for coming.
Nous sommes contents de ne pas avoir manqué le concert.	We are glad we didn't miss the concert.

- An infinitive is frequently used as a complement to a conjugated verb. A complement is a second verb form that completes the meaning of the first verb, as in these examples:

Je veux *travailler* le français.	I want *to practice* French.
Je dois *aller* au magasin.	I have *to go* to the store.
Je vais *étudier* demain.	I am going *to study* tomorrow.

- An infinitive is often used after a preposition in French, where a gerund might be used in English:

avant de *manger*	before *eating*
sans *parler*	without *talking*

  Note that *après* always takes the past infinitive.

- An infinitive may also be used as a command, for example in recipes or on signs.

Ajouter 3 cuillères à soupe.	Add three tablespoons.
Ne pas toucher.	Do not touch.

- An infinitive can be used with an interrogative to form a question.

Quoi *faire?*	What *to do?*
Où *aller?*	Where *to go?*

How do I conjugate a verb so that I can use it in a sentence?

In order to master the conjugation pattern that all French verbs follow, you just need to learn the basic format. Here is a simple chart to help you visualize the pattern:

Singular forms

Plural forms

Singular forms	Plural forms
1st person = the one speaking/acting	1st person = the ones speaking/acting
2nd person = the one spoken to	2nd person = the ones spoken to
3rd person = the one spoken about	3rd person = the ones spoken about

In any tense, French verbs always have six forms, and they always follow this pattern. Which form you need to use depends on who or what the subject of the verb is, no matter what tense you are using. You can always use this pattern to help you understand and use verbs in French. It will never change, no matter what the verb or the tense.

Subject pronouns

The first thing you need to learn is the pattern for personal (or subject) pronouns in French, which are the same for all verb conjugations.

1st person singular = je (I)	1st person plural = nous (we)
2nd person singular = tu (you, singular & informal)	2nd person plural = vous (you singular & formal, you plural)
3rd person singular = il, elle, on (he, she, one)	3rd person plural = ils, elles, (they, masculine/they, feminine)

Notice that while in English there is only one way to say "you," in French there are two variations. That is because in French there is a social distinction between the two ways to address others, depending on how well you know someone. The second person singular subject pronoun indicates familiarity with a single person being addressed as "you," while the second person plural form indicates either a more formal relationship with a single "you" or a relationship with more than one person being addressed as "you" at any one time, be it formal or informal.

In all French-speaking countries, you use the "tu" form of the verb when you are addressing someone with whom you are on a first-name basis, like a friend or family member, especially someone younger. An exception would be when you address an older family member to whom you wish to show respect, like a grandparent. The "vous" form is used with strangers, people you know but with whom you have a more formal relationship, or with older people who deserves your respect, like your teacher. It is also used for all plural expressions of "you." In this book, "you" will be used to indicate a singular form ("tu" or "vous") and "you (pl.)" will be used to indicate a plural form ("vous").

You will also notice that the third person singular and plural pronouns in French ("il/elle" and "ils/elles") can generally be masculine (m) or feminine (f), another concept that is different from English. In French, all nouns have gender and number, and so do these personal pronouns.

What is meant by "tense" in French?

In any language, the verb's tense indicates the time frame for the action of the verb. In fact, in French the word for "tense" (temps) is also the word for "time." So, if you want to talk about what is going on now, you will choose the present tense. If you want to talk about what happened yesterday or last year, you will choose one of the two simple past tenses. If you want to talk about your life in twenty years, you will choose the future tense, and so on. This is the same in French as it is in English.

The Present Indicative Tense (le présent de l'indicatif)

Let's start with the present tense, which can be used to talk about current action or routine action. Verbs whose infinitives end in "-er" are called first conjugation verbs and are the most common type of verb in French. All "-er" verbs are conjugated the same way, unless they are irregular. A regular verb is simply one that follows the rules for conjugation, and an irregular verb does not follow those rules. Once you learn the pattern for each conjugation, you can apply it to any regular verb in that category. If a verb is irregular, you will use the same basic pattern, but you will have to memorize the irregular forms.

In order to conjugate a regular verb, you start with the infinitive stem, which is the infinitive minus the "-er," "-ir" or "-re." So, for the verb "parler" (to speak or talk), you remove the "-er" and get the infinitive stem "parl-." Then you simply add the present tense endings for "-er" verbs, which are given below:

-e	-ons
-es	-ez
-e	-ent

Here is the chart for the present tense conjugation of "parler":

je parle = I speak	nous parlons = we speak
tu parles = you speak	vous parlez = you, you (pl.) speak
il, elle, on parle = he speaks, she speaks, one speaks	ils, elles parlent = they speak

The translation of the present tense in French is pretty flexible. For example, "je parle" may mean "I speak," "I do speak" or "I am speaking," depending on the context.

In all verbs that begin with a vowel sound, "je" becomes "j'" (*j'aime*, not *je aime*).

Verb Guide

Stem changes in the present tense

There is a special group of verbs in French that are called stem-changing verbs. This means that the infinitive stem of the verb has a change in its last vowel before the present tense endings are added. All stem-changing verbs are from the "-er" conjugation. The changes occur only in the forms in which the stem is stressed when the verb is pronounced, which includes all forms except for first and second person plural ("nous" and "vous").

There are six types of change possible.

"-eler" verbs: An example of the first of these changes (l→ll) is "appeler" (to call). The infinitive stem is "appel-." Before conjugating the verb, you will change the "l" to "ll," making the new stem "appell-." The chart of the present tense conjugation of "appeler" is below:

j'appelle* = I call	nous appelons = we call
tu appelles* = you call	vous appelez = you, you (pl.) call
il, elle, on appelle* = he calls, she calls, one calls	ils, elles appellent* = they call

Other verbs in this category include "épeler" (to spell), "rappeler" (to call back, to recall) and "renouveler" (to renew).
Notice that the regular endings for "-er" verbs have not changed.

"-eter" verbs: The second of these changes (t→tt) can be seen in a verb such as "jeter" (to throw). The infinitive stem is "jet-," changing to "jett-." The chart of the present tense conjugation of "jeter" is below:

je jette* = I throw	nous jetons = we throw
tu jettes* = you throw	vous jetez = you, you (pl.) throw
il, elle, on jette* = he throws, she throws, one throws	ils jettent* = they throw

Other verbs in this category include "feuilleter" (to leaf through), "projeter" (to project, to plan, to throw) and "rejeter" (to reject).

"-ayer" verbs: An example of the third group of stem-changing verbs is the verb "essayer." After the stem change (y→i) is made, the infinitive stem changes from "essay-" to "essai-" and the regular endings for "-er" verbs are used. The chart of the present tense of "essayer" is below:

j'essaie* = I try	nous essayons = we try
tu essaies* = you try	vous essayez = you, you (pl.) try
il, elle, on essaie* = he tries, she tries, one tries	ils, elles essaient* = they try

Other verbs in this category include "balayer" (to sweep), "effrayer" (to frighten) and "payer" (to pay).

"-oyer" and "-uyer" verbs: Like "-ayer" verbs, those ending in "-oyer" and "-uyer" change the "y" in the infinitive stem to an "i." An example of an "-oyer" verb would be "envoyer" (to send) and a "-uyer" verb "appuyer" (to lean, to press). These are conjugated in the present tense below:

j'envoie = I send	j'appuie* = I press
tu envoies* = you send	tu appuies* = you press
il, elle, on envoie* = he sends, she sends, one sends	il, elle, on appuie* = he presses, she presses, one presses
nous envoyons = we send	nous appuyons = we press
vous envoyez = you, you (pl.) send	vous appuyez = you, you (pl.) press
ils, elles envoient = they send	ils, elles appuient = they press

Other verbs in the "-oyer" category include "employer" (to use), "envoyer" (to clean), "noyer" (to drown) and "renvoyer" (to send back, to dismiss). The "-uyer" category includes such verbs as "essuyer" (to wipe) and "ennuyer" (to bore).

It is acceptable for "-ayer" verbs to keep the "y" in the present tense; however, it is more common to see the stem change with these verbs. All "-oyer" and "-uyer" verbs must make the stem change.

"e_er verbs": These are verbs with a mute "e" before a consonant. In such verbs, the "e" changes to an "è" in all but the "nous" and "vous" forms of the present tense. An example of such a verb is "acheter" (to buy), the present tense of which is conjugated in the chart below:

j'achète* = I buy	nous achetons = we buy
tu achètes* = you buy	vous achetez = you, you (pl.) buy
il, elle, on achète* = he buys, she buys, one buys	ils, elles achètent* = they buy

Other verbs in this category include "amener" (to bring [said of a person]), "emmener" (to take [said of a person]), "enlever" (to remove, to take off), "geler" (to freeze), "lever" (to lift), "mener" (to lead), "peser" (to weigh) and "promener" (to take for a walk).

"é_er" verbs: These are verbs with an "é" before the consonant in their stem. In such verbs, the "é" changes to "è" in all forms but the "nous" and "vous" forms of the present tense. In verbs that have two "é's" in their stem (such as "préférer"), only the second "é" changes to "è" (je préfère). One example of an "é_er" verb is "espérer" (to hope), conjugated below:

j'espère* = I hope	nous espérons = we hope
tu espères* = you hope	vous espérez = you, you (pl.) hope
il, elle, on espère* = he hopes, she hopes, one hopes	ils, elles espèrent* = they hope

Other verbs that work like "espérer" are "céder" (to yield), "célébrer" (to celebrate), "compléter" (to complete), "considérer" (to consider), "différer" (to differ), "exagérer" (to exaggerate), "pénétrer" (to penetrate, to enter), "posséder" (to possess), "préférer" (to prefer), "protéger" (to protect), "refléter" (to reflect), "répéter" (to repeat), "révéler" (to reveal) and "suggérer" (to suggest).

When you first learn a new verb in this book, the stem change will be indicated in parentheses after the infinitive as follows: "considérer" (è), to consider. The "è" lets you know what change to make in the verb's stem before adding present tense endings.

Verb Guide

Spelling changes in the present tense (-cer, -ger)

French pronunciation requires that verbs whose stems end in "-cer" and "-ger" change their spelling before the letters "a," "o" and "u." In "-cer" verbs, the "-c" changes to a "-ç;" in "-ger" verbs, the "-g" changes to "-ge." The verbs "commencer" (to begin) and "manger" (to eat) are conjugated as examples below:

je commence = I begin	je mange = I eat
tu commences = you begin	tu manges = you eat
il, elle, on commence = he begins, she begins, one begins	il, elle, on mange = he eats, she eats, one eats
nous commençons = we begin	nous mangeons = we eat
vous commencez = you, you (pl.) begin	vous mangez = you, you (pl.) eat
ils, elles commencent = they begin	ils, elles mangent = they eat

Other spelling changing verbs include "annoncer" (to announce), "arranger" (to arrange), "avancer" (to advance), "changer" (to change), "déménager" (to move house), "déranger" (to bother), "effacer" (to erase), "encourager" (to encourage), "menacer" (to threaten), "nager" (to swim), "partager" (to share), "placer" (to place), "prononcer" (to pronounce), "ranger" (to put away), "remplacer" (to replace) and "voyager" (to travel).

Second conjugation verbs are those whose infinitives end in "-ir," and their present tense endings are slightly different than those of "-er" verbs. There are two types of "-ir" conjugations, one for verbs conjugated like "finir" (to finish)* and the other for verbs conjugated like "dormir" (to sleep). Here is the chart for these verbs:

Verbs like "finir" (to finish)   **Verbs like "dormir" (to sleep)**

-is   -s
-is   -s
-it   -t
-issons   -ons
-issez   -ez
-issent   -ent

*Most "-ir" verbs are conjugated like "finir." Verbs conjugated like "dormir," whose stem consonant is dropped in the singular but retained in the plural, include "courir" (to run), "mentir" (to lie), "partir" (to leave), "sentir" (to feel), "servir" (to serve) and "sortir" (to go out).

Verb Guide

Here is the present tense conjugation for the verbs "finir" and "dormir":

je finis = I finish	je dors = I sleep
tu finis = you finish	tu dors = you sleep
il, elle, on finit = he finishes, she finishes one finishes	il, elle, on dort = he sleeps, she sleeps, one sleeps
nous finissons = we finish	nous dormons = we sleep
vous finissez = you, you (pl.) finish	vous dormez = you, you (pl.) sleep
ils, elles finissent = they finish	ils, elles dorment = they sleep

Second conjugation "-ir" verbs conjugated like "-er" verbs

A few "-ir" verbs are conjugated using the present tense "-er" verb endings; an example is the verb "ouvrir" (to open), conjugated in the present tense below:

j'ouvre = I open	nous ouvrons = we open
tu ouvres = you open	vous ouvrez = you, you (pl.) open
il, elle, on ouvre = he opens, she opens, one opens	ils, elles ouvrent = they open

Other verbs that are conjugated like "ouvrir" include "accueillir" (to welcome), "couvrir" (to cover), "cueillir" (to gather), "découvrir" (to discover), "offrir" (to offer) and "souffrir" (to suffer).

Third conjugation verbs are those whose infinitives end in "-re," and the chart for their present tense endings is below:

-s	-ons
-s	-ez
-	-ent

Here is the present tense conjugation of the verb "rendre" (to give back):

je rends = I give back	nous rendons = we give back
tu rends = you give back	vous rendez = you, you (pl.) give back
il, elle, on rend = he gives back, she gives back, one gives back	ils, elles rendent = they give back

Most irregular verbs in French are "-re" verbs.

Verb Guide

The idea of action that began in the past but continues into the present may also be expressed using several special constructions in the present tense, such as the following which all mean, "We have been living here for five years.":
Ça fait cinq ans que nous habitons ici.
Nous habitons ici depuis cinq ans.
Il y a cinq ans que nous habitons ici.

Reflexive verbs in the present tense

Verbs whose subjects and objects are the same are called reflexive verbs, and in order to conjugate these verbs, you must add a reflexive pronoun that agrees with the subject pronoun. An example of this in English is seen in the constructions "I hurt myself" and "He saw himself in the mirror."

Below is a chart with all the reflexive pronouns:

me (myself)	nous (ourselves)
te (yourself)	vous (yourself, yourselves)
se (himself, herself, oneself)*	se (themselves)*

*Note that there is only one reflexive pronoun for third person verb forms, whether the verb is singular or plural.

You can see that the reflexive pronouns correspond to the subject pronouns and follow the same pattern. If the subject of a reflexive verb is "je," then the reflexive pronoun for that verb form must be "me." An example of a common reflexive verb is "se laver" (to wash oneself).

je me lave = I wash myself	nous nous lavons = we wash ourselves
tu te laves = you wash yourself	vous vous lavez = you wash yourself, you (pl.) wash yourselves
il, elle, on se lave = he washes himself, she washes herself, one washes oneself	ils, elles se lavent = they wash themselves

Notice that the appropriate reflexive pronoun is placed before the conjugated verb form. In the infinitive form of a reflexive verb, the pronoun precedes the infinitive, as in the sentence: "*Je vais me laver.*" (I am going to wash myself.)

In English, the reflexive construction is relatively uncommon, but in French it is extremely common. While in English we are more likely to use a possessive adjective (as in the expression, "I am washing my hands."), in French that same construction will be reflexive, without the possessive adjective ("*Je me lave les mains.*"). The use of the reflexive pronoun makes the possessive adjective redundant and unnecessary in French.

21

Verb Guide

Almost any verb may be reflexive in French, under certain conditions. You can recognize a reflexive verb because the infinitive of the verb will be preceded by the reflexive pronoun "se" (or "s'" before a vowel), as in "s'appeler" (to call oneself). The verb "appeler" means to call, but when it is reflexive, it means to call oneself, as in the expression *"Comment tu t'appelles?"* or "What is your name?" (Literally, this expression means, "What do you call yourself?"). When you want to say, "My name is...," you can use this verb and say *"Je m'appelle...."*

There are several reasons why a verb may be reflexive:

- To create a truly reflexive construction in which the subject and the object are the same:

  Elle se brosse les dents.   She is brushing her teeth.

- To distinguish between two verbs with different meanings:

  Ma fille dort beaucoup.   My daughter sleeps a lot.
  Ma fille s'endort à sept heures.   My daughter falls asleep at seven.

- To express reciprocal action when the subject is plural:

  Les deux amis se parlent souvent.   The two friends talk to each other often.

- To express an impersonal situation in the third person:

  Comment ça s'écrit?   How do you spell that?
  Cela ne se fait pas.   That is not done.

Irregular forms in the present tense

There are some verbs that are completely irregular in the present tense, and you simply have to memorize their conjugations. Fortunately, most are very common verbs, which you will use so frequently that it doesn't take long to remember them. An example of this type of verb is the verb "aller" (to go):

je vais = I go	nous allons = we go
tu vas = you go	vous allez = you, you (pl.) go
il, elle, on va = he goes, she goes, one goes	ils, elles vont = they go

As you will see, sometimes a verb may be irregular and stem changing, irregular and reflexive, or reflexive and stem changing. What you can count on is that the patterns you have learned here will still apply. For example, consider the verb "s'ennuyer" (to get bored). It is a group one stem-changing verb (y→ie), and it is also reflexive. This means that when you conjugate this verb in the present tense, you must add the reflexive pronouns, and you must also change the stem before adding the regular present tense endings for an "-er" verb.

je m'ennuie = I get bored	nous nous ennuyons = we get bored
tu t'ennuies = you get bored	vous vous ennuyez = you, you (pl.) get bored
il, elle, on s'ennuie = he gets bored, she gets bored, one gets bored	ils, elles s'ennuient = they get bored

The present participle (le participe présent)

The present participle in French is the equivalent of the English "-ing," but is much less frequently used than its English counterpart. The present participle is formed from the "nous" stem of the present tense, whether regular or irregular, dropping the "-ons" and adding "-ant."

parler > parlant	finir > finissant
dormir > dormant	rendre > rendant

There are just three verbs with irregular present participles: "avoir" (ayant), "être" (étant) and "savoir" (sachant).

When the present participle is used as an adjective, it agrees in gender and number with the noun or pronoun it modifies: *l'eau courante* (running water), *un film amusant* (an entertaining film).

When the present participle is used as a verb, it is invariable. In this case, it is most often seen in French as a gerund preceded by the word "en," which translates as "by," "upon" or "while." Note that the subject must be the same in both the main and the subordinate clauses:

On ne devient pas intelligent en regardant la télé.	You don't get smart by watching TV.
En entrant le cinéma, elle a vu son ancien mari.	Upon entering the movie theatre, she saw her ex-husband.
Il pense à sa mère en marchant.	He thinks of his mother while walking.

Sometimes in more formal written situations, the present participle replaces a relative clause in which case it is invariable:

L'avion provenant de Madrid est en retard.	The plane coming from Madrid is late.
Des soldats rentrant d'Irak…	Soldiers coming back from Iraq…

Note that in many cases where English uses the present participle, French must use the infinitive:

J'aime lire.	I like reading.
Bien manger, c'est bien vivre.	Eating well is living well.

The Imperative Mood (l'impératif)

The imperative mood is the "command" form of the French language and exists only in the "tu," "nous" and "vous" iterations of each verb. Most verbs in French form the imperative by taking the corresponding form ("tu," "nous" or "vous") of the present tense and dropping the subject pronoun.

parle!	dors!
parlons!	dormons!
parlez!	dormez!
finis!	rends!
finissons!	rendons!
finissez!	rendez!

As you can see in the above examples, regular "-er" verbs such as "parler" drop the final "-s" of the present tense in the "tu" form of the imperative, unless immediately followed by the pronouns "y" or "en." This rule also applies to "-ir" verbs that are conjugated like "-er" verbs, such as "ouvrir," and to the irregular "-er" verb "aller" (va! allons! allez!).

Three common verbs have irregular imperative forms. These forms happen to be the corresponding subjunctive forms for the verbs, so once you have learned the subjunctive mood, they should be much easier to remember.

avoir: aie! ayons! ayez!	*Ayez confiance*	Have confidence!
être: sois! soyons! soyez!	*Sois sage!*	Be sensible!
savoir: sache! sachons! sachez!	*Sachons la vérité!*	Let's find out the truth!

To make a negative command, the "ne" goes before the verb and any pronouns, and the "pas," "guère," "personne," "jamais," "que" or "plus" after the verb and pronouns.

Ne pars pas!   Don't leave!
Ne parlez à personne!   Talk to no one!

Expressing Past Actions

In French, the most commonly used past tenses are the present perfect tense (which we'll call by its better-known French name, the *passé composé*) and the imperfect. Each has different uses, so you will need to learn them both. The *passé composé* describes completed actions in the past and can sometimes be translated by both the preterite (j'ai mangé = I ate) and the present perfect (j'ai mangé = I have eaten) in English, while the imperfect tense expresses repeated actions, ongoing actions or conditions in the past. (A chart and examples explaining the different uses of these two tenses follows the section on the formation of both tenses.)

The Present Perfect Tense (le passé composé)

To form the present perfect tense, you need to use the present tense of the irregular helping verbs "avoir" or "être" plus the past participle.

Here are the charts for "avoir" and "être":

j'ai	je suis
tu as	tu es
il, elle, on a	il, elle, on est
nous avons	nous sommes
vous avez	vous êtes
ils, elles ont	ils, elles sont

Forming the past participle

- For "-er" verbs, drop the infinitive ending and add "-é." The past participle for the verb "manger" is "mangé."
- For "-ir" verbs, drop the infinitive ending and add "-i." The past participle for the verb "finir" is "fini" and for the verb "dormir" is "dormi."
- For "-re" verbs, drop the infinitive ending and add "-u."

The past participle for the verb "rendre" is "rendu."

Verb Guide

There are some irregular past participles, just like in English, and you must memorize them. Here are the most common irregular past participles in French:

Infinitive	Irregular past participle
avoir (to have)	*eu* (had)
boire (to drink)	*bu* (drunk)
conduire (to drive)	*conduit* (driven)
connaître (to know)	*connu* (known)
construire (to build)	*construit* (built)
courir (to run)	*couru* (run)
croire (to believe)	*cru* (believed)
dire (to say)	*dit* (said)
écrire (to write)	*écrit* (written)
être (to be)	*été* (been)
faire (to do)	*fait* (done)
lire (to read)	*lu* (read)
mettre (to put)	*mis* (put)
ouvrir (to open)	*ouvert* (opened)
pouvoir (to be able)	*pu* (been able)
prendre (to take)	*pris* (taken)
savoir (to know)	*su* (known)
suivre (to follow)	*suivi* (followed)
venir (to come)	*venu* (come)
vivre (to live)	*vécu* (lived)
voir (to see)	*vu* (seen)
vouloir (to want)	*voulu* (wanted)

Other verbs based on these verbs are generally conjugated the same as the root verb, including their irregular forms. So, if the past participle of "ouvrir" is "ouvert," the past participle of verbs based on "ouvrir" will have the same irregularity, as in "couvrir" (couvert), "découvrir" (découvert) and "recouvrir" (recouvert). Others in this group include "comprendre" (compris) and "apprendre" (appris), "commettre" (commis) and "promettre" (promis), "recevoir" (reçu) and "décevoir" (déçu), "poursuivre" (poursuivi) and "survivre" (survécu).

Here is the conjugation of "parler" (to talk), which takes the helping verb "avoir" in the passé composé:

j'ai parlé = I talked	nous avons parlé = we talked
tu as parlé = you talked	vous avez parlé = you, you (pl.) talked
il, elle, on a parlé = he talked, she talked, one talked	ils, elles ont parlé = they talked

The order for negation in the passé composé is "ne," then the conjugated part of "avoir" or "être," then "pas," "rien," or "jamais," and then the past participle, as in *Je n'ai rien mangé* (I ate nothing.). However, the negative terms "personne" and "nulle part" come AFTER the past participle, as in *Je n'ai vu personne* (I saw nobody.).

Most verbs take "avoir" to form the passé composé. However, there is a small group of verbs – mainly denoting motion or a change of state – that takes "être." A useful way to remember which verbs take "être" is the mnemonic DR & MRS VAN DER TRAMP:

Descendre (to go down)
Rester (to remain)
Mourir (to die)
Retourner (to return)
Sortir (to go out)
Venir (to come)
Aller (to go)
Naître (to be born)

Devenir (to become)
Entrer (to enter)
Rentrer (to re-enter)
Tomber (to fall)
Revenir (to come back)
Arriver (to arrive)
Monter (to go up)
Partir (to leave)

Other derivative verbs based on these verbs will be conjugated in the same way. The verbs "redescendre" (to go back down), "remonter" (to go back up) and "repartir" (to leave again), for example, are all conjugated with "être" in the *passé composé*.

Preceding direct object

Note that the past participle of a verb conjugated with "avoir" agrees with the direct object (be it a noun, object pronoun or relative pronoun) in gender and number when the direct object precedes the verb, as in the examples below.

Il a cueilli les fleurs. *Vs.* Voilà <u>les fleurs</u> qu'il a cueill<u>ies</u>.
J'ai acheté cette robe. *Vs.* <u>Cette robe</u> était jolie, donc je l'ai achet<u>ée</u>.
Il a mangé des bonbons. *Vs.* Combien de <u>bonbons</u> as-tu mang<u>és</u>?

Past participle agreement with "être"

The past participle of a verb conjugated with "être" must agree in gender and in number with the subject of the verb. Note the agreements in the conjugation of the verb "aller" (to go) below:

je suis allé(e) = I went	nous sommes allé(e)s = we went
tu es allé(e) = you went	vous êtes allé(e)(s) = you, you (pl.) went
il, on est allé = he went, one went	ils sont allés = they (m) went
elle est allée = she went	elles sont allées = they (f) went

Verbs that take "avoir" <u>and</u> "être" in the *passé composé*

Even verbs that take "être" in the *passé composé* only do so when they do not have a <u>direct</u> object: "elle est descendue" (she went down), for example, but "elle a descendu la valise" (she took down the suitcase). The meaning of these verbs changes depending on which helper verb they are conjugated with. Note that these verbs DO NOT agree in gender and number when they are conjugated with "avoir."

Il est monté (he went up) but *il a monté l'escalier* (he went *upstairs*).
Elle est descendue du train (she got off the train) but *elle a descendu la valise* (she brought down *the suitcase*).
Nous sommes entrés dans la pièce (we went into the room) but *nous avons entré les données* (we entered *the data*).
Vous êtes rentrées tard (you all came back late) but *vous avez rentré le chien* (you all brought in *the dog*).
Ils sont sortis (they went out) but *ils ont sorti leurs portables* (they took out *their cell phones*).

The verb "passer" is only conjugated with "être" when it means "to be over" (*le jour de l'an est passé* = New Year's Day is over); "to pass by" (*il est passé par l'école* = he passed by the school), or "to come by" (*il est passé hier* = he came by yesterday). In all other cases, it is conjugated with "avoir."

The *passé composé* with reflexive verbs

All reflexive verbs take "être" as their helping verb when conjugated in the *passé composé*. The subject and reflexive pronouns come before the conjugated part of "être," which comes before the past participle (i.e. *Je me suis lavé le visage* = I washed my face).

The past participle only agrees in gender and in number with the subject if the reflexive pronoun is also the direct object (i.e. *elle s'est lavée* = she washed *herself*). The chart for "se laver" (to wash oneself) is below:

je me suis lavé(e) = I washed myself	nous nous sommes lavé(e)s = we washed ourselves
tu t'es lavé(e) = you washed yourself	vous vous êtes lavé(e)(s) = you washed yourself, you (pl.) washed yourselves
il/on s'est lavé = he washed himself, one washed oneself	ils se sont lavés = they (m) washed themselves
elle s'est lavée = she washed herself	elles se sont lavées = they (f) washed themselves

In French, "on" is often used to mean "nous." If this is the case, the past participle is made to agree in gender and in number with the implied subject. For example, the sentence "Hier, on est allés voir notre tante." translates as "Yesterday, we went to see our aunt."

However, when a direct object follows the reflexive verb (i.e. *elle s'est brossé les dents* = she brushed her teeth), the past participle does not agree with the subject but is invariable. See the chart for "se brosser les dents" below:

je me suis brossé les dents = I brushed my teeth	nous nous sommes brossé les dents = we brushed our teeth
tu t'es brossé les dents = you brushed your teeth	vous vous êtes brossé les dents = you, you (pl.) brushed your teeth
il, elle, on s'est brossé les dents = he brushed his teeth, she brushed her teeth, one brushes one's teeth	ils, elles se sont brossé les dents = they brushed their teeth

In a negative reflexive sentence in the *passé composé*, the "ne" comes between the subject and reflexive pronouns and the "pas" (or other negative expression) comes between the conjugated form of "être" and the past participle, as in the following examples:

*Delphine et Marguerite **ne** se sont **pas** amusées chez les Bertrand.* Delphine and Marguerite did not enjoy themselves at the Bertrand's house.

*Marie **ne** s'est **pas** levée assez tôt ce matin.* Marie did not get up early enough this morning.

Uses of past participles

- The past participle follows the verbs "avoir" (in which case it is invariable and does NOT agree with the subject of the verb) and "être" (in which case it is variable and agrees in gender and in number with the subject of the verb) in the perfect tenses. An example of this is the sentence "*J'ai ouvert la porte.*"(I have opened the door.) or the sentence "*Elle s'est levée.*" (She got up.). These sentences describe an action.

- The past participle may be used as an adjective, either with or without "être," in which case the ending will change to agree in gender and number with the word being modified. Here are two examples of this use: "*La porte est ouverte.*" (The door is open.) "*L'homme fatigué s'est endormi.*" (The tired man went to sleep.) These sentences describe the result of an action.

- The past participle may follow the verb "être" to form the passive voice, and in this case it is also considered an adjective and must agree with the subject of the verb "être." An example of this is the sentence "*La porte a été ouverte par le professeur.*" (The door was opened by the teacher.) This form of the passive voice is mainly used when the speaker wishes to indicate by whom the action was done. When this is not important, you will most often use one of the two more common forms of the passive voice, formed by (a) adding the impersonal "se" to the verb in the third person, as in the following examples:

Où se vendent les journaux? Where are newspapers sold?
Cela ne se fait pas. That is not done.

or (b) by the use of "on," as in the following example:
Ici, on parle français. French is spoken here.

The Imperfect Indicative Tense (l'imparfait de l'indicatif)

In order to talk about routine past action in French (the way things used to be) or progressive actions (what someone was doing when something else happened), you need to use the imperfect tense. While the *passé composé* allows you to describe actions and reactions in the past, the imperfect tense lets you describe past conditions, feelings, and circumstances, as well as routine or progressive actions. This is the most regular of all French tenses, with just one set of endings and only one truly irregular verb ("être") to memorize. To form this tense, you take the stem from the "nous" part of the present tense, be it regular or irregular, and add the imperfect endings.
Below is the chart for the regular endings for this tense:

-ais	-ions
-ais	-iez
-ait	-aient

Verb Guide

Here is the chart for the imperfect of the verb "parler":

je parlais = I used to speak/I was speaking	nous parlions = we used to speak/we were speaking
tu parlais = you used to speak/you were speaking	vous parliez = you, you (pl.) used to speak/you, you (pl.) were speaking
il, elle, on parlait = he used to speak/ he was speaking, she used to speak/ she was speaking, one used to speak/ one was speaking	ils, elles parlaient = they used to speak/they were speaking

The "-cer" and "-ger" verbs with a spelling change in their stem (such as "commencer" and "manger") retain that spelling change before all but the "nous" and "vous" forms of the imperfect. *Je commençais*, for example, but *nous commencions; il mangeait* but *vous mangiez.*

Here is the chart for the imperfect of the verb "finir":

je finissais = I used to finish/I was finishing	nous finissions = we used to finish/we were finishing
tu finissais = you used to finish/you were finishing	vous finissiez = you, you (pl.) used to finish/you, you (pl.) were finishing
il, elle, on finissait = he used to finish/ he was finishing, she used to finish/ she was finishing, one used to finish/ one was finishing	ils, elles finissaient = they used to finish/they were finishing

Here is the chart for the imperfect of the verb "dormir":

je dormais = I used to sleep/I was sleeping	nous dormions = we used to sleep/we were sleeping
tu dormais = you used to sleep/you were sleeping	vous dormiez = you, you (pl.) used to sleep/you, you (pl.) were sleeping
il, elle, on dormait = he used to sleep/ he was sleeping, she used to sleep/ she was sleeping, one used to sleep/ one was sleeping	ils, elles dormaient = they used to sleep/they were sleeping

Verb Guide

Here is the chart for the imperfect of the verb "rendre":

je rendais = I used to give back/I was giving back	nous rendions = we used to give back/we were giving back
tu rendais = you used to give back/you were giving back	vous rendiez = you, you (pl.) used to give back/you, you (pl.) were giving back
il, elle, on rendait = he used to give back/he was giving back, she used to give back/she was giving back, one used to give back/one was giving back	ils, elles rendaient = they used to give back/they were giving back

Even verbs that are irregular in the present tense follow the regular construction of the imperfect tense, just from their irregular "nous" stems. Here, for example, are the charts for "avoir" (to have) and "boire" (to drink):

avoir (to have)

j'avais = I used to have/I was having	nous avions = we used to have/we were having
tu avais = you used to have/you were having	vous aviez = you, you (pl.) used to have/you, you (pl.) were having
il, elle, on avait = he used to have/he was having, she used to have/she was having, one used to have/one was having	ils, elles avaient = they used to have/they were having

boire (to drink)

je buvais = I used to drink/I was drinking	nous buvions = we used to drink/we were drinking
tu buvais = you used to drink/you were drinking	vous buviez = you, you (pl.) used to drink/you, you (pl.) were drinking
il, elle, on buvait = he used to drink/he was drinking, she used to drink/she was drinking, one used to drink/one was drinking	ils, elle buvaient = they used to drink, they were drinking

"Être" in the imperfect tense

The only verb that is fully irregular in the imperfect tense is "être." Since it does not follow the pattern for the imperfect tense, you must memorize it.
Here is its chart:

"être" (to be)

j'étais = I used to be/I was being	nous étions = we used to be/we were being
tu étais = you used to be/you were being	vous étiez = you, you (pl.) used to be/you, you (pl.) were being
il, elle, on était = he used to be/he was being, she used to be/she was being, one used to be/one was being	ils, elles étaient = they used to be/they were being

Verbs whose stem ends in "-i" (such as "rire") still follow the regular pattern, and thus have a double "i" in their "nous" and "vous" forms in the imperfect tense.

Uses of the *passé composé* and the imperfect

Here is a chart to help you remember the different uses of these two tenses:

Passé composé   **Imperfect**

Passé composé	Imperfect
- describes completed past actions or events	- describes routine or repeated past actions
	- describes reactions to past actions or events
	- describes ongoing or progressive past actions
	- describes conditions or circumstances in the past
	- describes background action, as opposed to main action

Here are some examples to help you see the difference in the two tenses:

Hier, il y a eu un accident.   Yesterday there was an accident. (an event happened)

J'avais peur.   I was scared. (my reaction to the event)

Il y avait beaucoup de blessés.	There were many injured people. (the resulting condition)
La semaine dernière, je suis allé au cinéma.	Last week, I went to the movies. (a single event)
Quand j'étais petit, j'allais au parc.	When I was a child, I always used to go the park. (condition or circumstance/ repeated past action)
Je dînais quand le téléphone a sonné.	I was eating dinner when the phone rang. (action in progress when main action occurred)

Because they are conditions, time of day and age are always imperfect, but what happened at a certain time or age could be *passé composé*.

Il était cinq heures quand papa est arrivé.	It was five o'clock when Dad arrived.
J'avais cinq ans quand je me suis cassé le bras.	I was five when I broke my arm.

You can think of the imperfect tense as a long, unbroken line, with no beginning or end. The *passé composé* could be represented by specific points on that line or by a limited segment of that line, a moment framed in time. If you know when an action started, when it ended, or how long it lasted, use the *passé composé*.

There are some verbs whose definitions in English change in these two tenses, but this makes sense if you understand the overall concept of *passé composé* versus imperfect. Here are a couple of examples:

J'ai connu Pierre à l'université.	I met Pierre at the university. (a specific action)
Quand j'étais petit, je ne connaissais pas Marie.	When I was little, I *did* not *know* Marie. (an ongoing condition)
Je ne savais pas la réponse correcte.	I *did* not *know* the right answer. (a condition)
Je l'ai sue plus tard.	I *found* it *out* later. (a specific action)

The Preterite Tense (le passé simple)

The literary or formal equivalent of the *passé composé* in French is the *passé simple*, which is used, like the *passé composé*, to describe completed past actions and events. The *passé simple*, or preterite, is only used in literary, historical and formal texts, and never in conversation. There are only two sets of endings for regular verbs in this tense, one set for "-er" verbs and another for "-ir" and "-re" verbs.

Here are the "-er" endings, which you add to the infinitive stem:

Verb Guide

Preterite endings for regular "-er" verbs:

-ai	-âmes
-as	-âtes
-a	-èrent

The chart for the preterite of the verb "parler" is given below:

je parlai = I spoke	nous parlâmes = we spoke
tu parlas = you spoke	vous parlâtes = you, you (pl.) spoke
il, elle, on parla = he spoke, she spoke, one spoke	ils, elles parlèrent = they spoke

Regular "-ir" and "-re" verbs share a single set of endings:

-is	-îmes
-is	-îtes
-it	-irent

The chart for the "-ir" verb "finir" in the preterite is given below:

je finis = I finished	nous finîmes = we finished
tu finis = you finished	vous finîtes = you, you (pl.) finished
il, elle, on finit = he finished, she finished, one finished	ils, elles finirent = they finished

Spelling changes in the preterite tense

To maintain their sound, verbs whose infinitives end in "-cer" and "-ger" (such as "commencer" and "manger") have a spelling change before endings beginning with "-a." In "-cer" verbs, the "-c" changes to a "-ç," and in "-ger" verbs, the "-g" changes to "-ge." The charts for "commencer" and "manger" in the preterite tense follow:

manger (to eat)

je mangeai = I ate	nous mangeâmes = we ate
tu mangeas = you ate	vous mangeâtes = you, you (pl.) ate
il, elle, on mangea = he ate, she ate, one ate	ils, elles mangèrent = they ate

Verb Guide

commencer (to begin)

je commençai = I began	nous commençâmes = we began
tu commenças = you began	vous commençâtes = you, you (pl.) began
il, elle, on commença = he began, she began, one began	ils, elles commencèrent = they began

Irregular forms in the preterite tense

While the vast majority of verbs in French are regular in the preterite tense, some of the most commonly used verbs are irregular. Some of them retain the same endings as "-re" and "-ir" verbs, but instead of using the infinitive stem, as you do for regular verbs, you will start with special stems used only for this tense. Here are the most common irregular verbs and their preterite stems:

Infinitive	**Irregular preterite stem**
conduire (to drive)	*conduis-*
dire (to say)	*d-*
écrire (to write)	*écriv-*
faire (to make or do)	*f-*
mettre (to put)	*m-*
naître (to be born)	*naqu-*
prendre (to take)	*pr-*
rire (to laugh)	*r-*
voir (to see)	*v-*

Here is the chart for the irregular verb "faire" (to make/to do) in the preterite:

je fis = I made/I did	nous fîmes = we made/we did
tu fis = you made/you did	vous fîtes = you, you (pl.) made/you, you all did
il, elle, on fit = he made, she made, one made/he did, she did, one did	ils, elles firent = they made/they did

Other irregular verbs have an irregular stem and share a common, but irregular set of endings:

-s	-^mes
-s	-^tes
-t	-rent

Verb Guide

Here are the most common of these irregular verbs and their preterite stems:

Infinitive	Irregular preterite stem
avoir (to have)	*eu-*
boire (to drink)	*bu-*
connaître (to know)	*connu-*
courir (to run)	*couru-*
croire (to believe)	*cru-*
devoir (to have to)	*du-*
lire (to read)	*lu-*
pouvoir (to be able to)	*pu-*
recevoir (to receive)	*reçu-*
savoir (to know)	*su-*
vivre (to live)	*vécu-*
vouloir (to want)	*voulu-*

Here is the chart for the irregular verb "avoir" (to have) in the preterite:

j'eus = I had	nous eûmes = we had
tu eus = you had	vous eûtes = you, you (pl.) had
il, elle, on eut = he had, she had, one had	ils, elles eurent = they had

There are only a handful of other verbs in French that are irregular in this tense, and you can easily memorize them. They are the verbs "être," "mourir" and "venir" (and its derivatives, such as "provenir" and "devenir").

être (to be)

je fus = I was	nous fûmes = we were
tu fus = you were	vous fûtes = you, you (pl.) were
il, elle, on fut = he was, she was, one was	ils, elles furent = they were

mourir (to die)

je mourus = I died	nous mourûmes = we died
tu mourus = you died	vous mourûtes = you, you (pl.) died
il, elle, on mourut = he died, she died, one died	ils, elles moururent = they died

venir (to come)

je vins = I came	nous vînmes = we came
tu vins = you came	vous vîntes = you, you (pl.) came
il, elle, on vint = he came, she came, one came	ils, elles vinrent = they came

The Future and Conditional Tenses (le futur et le conditionnel présent)

The future tense is used to say what will happen, and the conditional tense is used to say what would happen under certain conditions. These two tenses are the only simple tenses in French that are not formed by using the infinitive stem. Instead, for all regular verbs, these tenses are based on the entire infinitive form (minus the final "-e" for "-re" verbs). In addition, for each of these tenses there is only one set of endings, which are used with all verbs, both regular and irregular. And, finally, these two tenses share the same set of irregular stems. So, once you learn the future tense, the conditional tense is really easy.

Here is the chart for future tense endings, which are added directly to the infinitive of regular verbs:

-ai	-ons
-as	-ez
-a	-ont

These same endings are used for all verbs, both regular and irregular, regardless of the conjugation. All regular "-er," "-ir" and "-re" verbs work the same way in this tense.

For the verb "parler," the future tense looks like this:

je parlerai = I will speak	nous parlerons = we will speak
tu parleras = you will speak	vous parlerez = you, you (pl.) will speak
il, elle, on parlera = he will speak, she will speak, one will speak	ils, elles parleront = they will speak

For the verb "finir," the future tense looks like this:

je finirai = I will finish	nous finirons = we will finish
tu finiras = you will finish	vous finirez = you, you (pl.) will finish
il, elle, on finira = he will finish, she will finish, one will finish	ils, elles finiront = they will finish

For the verb "rendre," the future tense looks like this:

je rendrai = I will give back	nous rendrons = we will give back
tu rendras = you will give back	vous rendrez = you, you (pl.) will give back
il, elle, on rendra = he will give back, she will give back, one will give back	ils, elles rendront = they will give back

Additional uses of the future tense:

- To express predictions in the present, as in the sentence: *Elle dit qu'elle arrivera à 5 heures*. (She says that she will arrive at 5:00 p.m.)
- After expressions of time such as "quand," "lorsque," "après que," "aussitôt que" and "dès que" when it is implied that the event will occur in the future: *Je te dirai quand je saurai la vérité.* (I will tell you when I know the truth.) English uses the present tense in these cases.
- In present "if" clauses, if they are likely: *Si je peux, je vous aiderai.* (If I can, I will help you.)

 An alternative to the future tense that is used frequently in French is known as the "immediate future," and is expressed with the verb "aller" (to go) + an infinitive complement, as in this sentence: *Je vais étudier ce soir.* (I am going to study tonight.)

Here is the chart for conditional tense endings, which are also added directly to the infinitive of regular verbs:

-ais	-ions
-ais	-iez
-ait	-aient

Notice that these endings look exactly like the endings for regular verbs in the imperfect tense, but since you add them to the infinitive, the conjugated verb forms do NOT look the same.

For the verb "parler," the conditional tense looks like this:

je parlerais = I would speak	nous parlerions = we would speak
tu parlerais = you would speak	vous parleriez = you, you (pl.) would speak
il, elle, on parlerait = he would speak, she would speak, one would speak	ils, elles parleraient = they would speak

For the verb "finir," the conditional tense looks like this:

je finirais = I would finish	nous finirions = we would finish
tu finirais = you would finish	vous finiriez = you, you (pl.) would finish
il, elle, on finirait = he would finish, she would finish, one would finish	ils, elles finiraient = they would finish

For the verb "rendre," the conditional tense looks like this:

je rendrais = I would give back	nous rendrions = we would give back
tu rendrais = you would give back	vous rendriez = you, you (pl.) would give back
il, elle, on rendrait = he would give back, she would give back, one would give back	ils, elles rendraient = they would give back

Uses of the conditional tense:

- To express predictions in the past, as in this sentence: *Elle a dit qu'elle arriverait à 5 heures.* (She said that she would arrive at 5:00 p.m.)
- After expressions of time such as "quand," "lorsque," "après que," aussitôt que" and "dès que" when the verb in the main clause is in the conditional: *Je te dirais quand je saurais la vérité.* (I would tell you when I knew the truth.) English uses the past tense in these cases.
- To express conjecture or probability in the present, as in the question and answer: *Où serait-il? Il serait chez lui.* (Where could he have been? He must have been at home.)
- To make a request, demand or desire seem less rude or direct: *Pourriez-vous me parler de ton ami?* (Could you tell me about your friend?)
- In unlikely "if" clauses, or ones that are contrary to fact: *Si je pouvais, je vous aiderais.* (If I could, I would help you.)

Spelling changes in the future and conditional tenses

For both these tenses, verbs that change "e" to "è" in the present tense retain the change. See the chart for "acheter" below:

j'achèterai/ais = I will/would buy	nous achèterons/ions = we will/would buy
tu achèteras/ais = you will/would buy	vous achèterez/iez = you, you (pl.) will/would buy
il, elle, on achètera/ait = he will/would buy, she will/would buy, one will/would buy	ils achèteront/aient = they will/would buy

"-eler" and "-eter" verbs also retain their change in the future and conditional tenses. See the chart for "jeter" below:

je jetterai/ais = I will/would throw	nous jetterons/ions = we will/would throw
tu jetteras/ais = you will/would throw	vous jetterez/iez = you, you (pl.) will/would throw
il, elle, on jettera/ait = he will/would throw, she will/would throw, one will/would throw	ils jetteront/aient = they will/would throw

Irregular stem changes in the future and conditional tenses

Both these tenses use the same irregular stems, the most common of which are listed below:

Infinitive: **Irregular stem:**

avoir   *aur-*
aller   *ir-*
envoyer   *enverr-*
être   *ser-*
faire   *fer-*
mourir   *mourr-*
pouvoir   *pourr-*
recevoir   *recevr-*
savoir   *saur-*
tenir   *tiendr-*
venir   *viendr-*
voir   *verr-*
vouloir   *voudr-*

Since the irregular stems are the same for both tenses, you simply need to learn these once, and then the two sets of endings.

Here are the charts for the verb "avoir" in these two tenses. Note that the same irregular stem is used for both; only the endings change.

The future of "avoir":

j'aurai = I will have	nous aurons = we will have
tu auras = you will have	vous aurez = you, you (pl.) will have
il, elle, on aura = he will have, she will have, one will have	ils, elles auront = they will have

The conditional of "avoir":

j'aurais = I would have	nous aurions = we would have
tu aurais = you would have	vous auriez = you, you (pl.) would have
il, elle, on aurait = he would have, she would have, one would have	ils, elles auraient = they would have

Simple Versus Compound Tenses

Simple tenses are those that are formed by a single word, and compound tenses, as the name implies, have two parts, like a compound word. The simple tenses you have learned are the present, the preterite, the imperfect, the future and the conditional. You have also learned one of the compound tenses, the *passé composé*. There are five compound tenses, known as the "perfect tenses," but only four are commonly used.

The perfect tenses, of which the *passé composé* is the most common, use the helping verbs "avoir" (to have) or "être" (to be) and the past participle of the verb, or the "-ed" form. The rules for subject-past participle agreement with "être" or agreement with a preceding direct object with "avoir" are the same as they are in the *passé composé* in all these tenses. Once you know how to form the past participle, in order to form the four perfect tenses, you merely need to change the tense of the helping verb.

The pluperfect tense (le plus-que-parfait)

The pluperfect tense is used to describe an action that took place further back in the past than another past action either mentioned or implied in the same sentence. Some examples are: "*Jacques a demandé si j'avais déjà vu le film.*" (Jacques asked if I had already seen the film.) "*Il avait déjà mangé quand nous lui avons téléphoné.*" (He had already eaten when we called him.) To form the pluperfect tense, also known as the past perfect, the helping verbs "être" and "avoir" are conjugated in the imperfect tense and then followed by the past participle. Here is the chart for the verb "manger" in this tense:

j'avais mangé = I had eaten	nous avions mangé = we had eaten
tu avais mangé = you had eaten	vous aviez mangé = you, you (pl.) had eaten
il, elle, on avait mangé = he had eaten, she had eaten, one had eaten	ils avaient mangé = they had eaten

And here is the chart for the verb "sortir" in the pluperfect tense:

j'étais sorti(e) = I had gone out	nous sommes sorti(e)s = we had gone out
tu étais sorti(e) = you had gone out	vous êtes sorti(e)(s) = you, you (pl.) had gone out
il, on était sorti = he, one had gone out	ils sont sortis = they (m) had gone out
elle était sortie = she had gone out	elles sont sorties = they (f) had gone out

The future and conditional perfect tenses (le futur antérieur et le conditionnel passé)

The future perfect tense is used to describe an action that will have been completed either before a future point in time or before another future event occurs. An example of this is the sentence: *"Nous aurons fini nos devoirs à 5 heures."* (We will have finished our homework by five o'clock.) To form the future perfect tense, "avoir" or "être" is conjugated in the future tense. Here is the chart for the verb "dormir" in this tense, and then the past participle is added:

j'aurai dormi = I will have slept	nous aurons dormi = we will have slept
tu auras dormi = you will have slept	vous aurez dormi = you, you (pl.) will have slept
il, elle, on aura dormi = he will have slept, she will have slept, one will have slept	ils, elles auront dormi = they will have slept

And here is the chart for the verb "partir" in the future perfect tense:

je serai parti(e) = I will have left	nous serons parti(e)s = we will have left
tu seras parti(e) = you will have left	vous serez parti(e)(s) = you, you (pl.) will have left
il, on sera parti = he, one will have left	ils seront partis = they (m) will have left
elle sera partie = she will have left	elles seront parties = they (f) will have left

When the future tense is used in the main clause of a sentence containing the conjunctions *après que, aussitôt que, dès que, lorsque* or *quand*, the future perfect is used after the conjunction: *"Elle nous dira quand le vol sera parti."* (She will tell us when the plane has left.)

The conditional perfect tense is used to describe a past event that did not take place, but would have, had another action taken place or event occurred. An example of this is the sentence: *"Je ne le lui aurais pas dit."* (I would not have said it to him.) To form the conditional perfect, "avoir" or "être" is conjugated in the conditional tense and used with the past participle. Here is the chart for the verb "rendre" in this tense:

j'aurais rendu = I would have given back	nous aurions rendu = we would have given back
tu aurais rendu = you would have given back	vous auriez rendu = you, you (pl.) would have given back
il, elle, on aurait rendu = he would have given back, she would have given back, one would have given back	ils, elles auraient rendu = they would have given back

Here is the chart for the verb "se lever" in this tense:

je me serais levé(e) = I would have gotten up	nous nous serions levé(e)s = we would have gotten up
tu te serais levé(e) = you would have gotten up	vous vous seriez levé(e)(s) = you, you (pl.) would have gotten up
il, on se serait levé = he would have gotten up, one would have gotten up	ils se seraient levés = they (m) would have gotten up
elle se serait levée = she would have gotten up	elles se seraient levées = they (f) would have gotten up

The preterite perfect tense (le passé antérieur)

There is one other compound tense, known as the preterite perfect or anterior preterite, but it is not commonly used in modern French. This tense is translated exactly like the past perfect, or pluperfect, so it is not necessary in everyday speech. However, if you read a lot in French, you will probably see it. It is formed by adding the preterite tense of the helper verbs "avoir" and "être" to the past participle. Here is the chart for the verb "faire" in this tense:

j'eus fait = I had made/done	nous eûmes fait = we had made/done
tu eus fait = you had made/done	vous eûtes fait = you, you (pl.) had made/done
il, elle, on eut fait = he had made/done, she had made/done, one had made/done	ils, elles eurent fait = they had made/done

Here is the chart for the verb "arriver" in this tense:

je fus arrivé(e) = I had arrived	nous fûmes arrivé(e)s = we had arrived
tu fus arrivé(e) = you had arrived	vous fûtes arrivé(e)(s) = you, you (pl.) had arrived
il/on fut arrivé = he, one had arrived	ils furent arrivés = they (m) had arrived
elle fut arrivée = she had arrived	elles furent arrivées = they (f) had arrived

What Is the Subjunctive Mood?

Most of the verb tenses you have seen so far are the "indicative mood," which must be distinguished from the "subjunctive mood." While "tense" refers to time, "mood" refers to the attitude of the speaker towards the action being described. Because the subjunctive mood is very rarely used in English, it is not a concept English speakers immediately recognize. However, it is extremely common in French, and you must use it in many situations. You will find that there are different tenses in the subjunctive mood, just as in the indicative mood.

Basically, in French you use the indicative mood when you are objectively describing your experience in the world around you, and you use the subjunctive mood when you are reacting subjectively to your experience. Here is a simple chart to help you understand the difference between the indicative and subjunctive moods:

Verbs in the indicative mood:	**Verbs in the subjunctive mood:**
-state objective truth or facts -imply certainty -inform, confirm, or verify	-give subjective reactions -imply doubt -suggest, question, or deny

Formation of the present subjunctive (le présent du subjonctif)

Once you are thoroughly familiar with the present indicative, it is easy to form the present subjunctive. Except for ten verbs with a totally irregular present subjunctive and certain stem-changing verbs, most verbs form their present subjunctive from the "ils/elles" form of the present indicative.

To form the present subjunctive of the verb "parler," you will start with the "ils/elles" form (*ils/elles parlent*), drop the final "-ent," and then add the following endings:

-e	-ions
-es	-iez
-e	-ent

Here is the present subjunctive of the verb "manger":

je mange	nous mangions
tu manges	vous mangiez
il, elle, on mange	ils mangent

Here is the present subjunctive of the common "ir" verb "dormir":

je dorme	nous dormions
tu dormes	vous dormiez
il, elle, on dorme	ils, elles dorment

Here is the present subjunctive of the "-re" verb "rendre":

je rende	nous rendions
tu rendes	vous rendiez
il, elle, on rende	ils, elles rendent

And here is the chart for the verb "lire," which like many other verbs that are irregular in the present indicative, follows the same pattern as regular verbs in the present subjunctive:

je lise	nous lisions
tu lises	vous lisiez
il, elle, on lise	ils, elles lisent

Translations have not been given for these forms because the present subjunctive has several possible translations in English. Here are some examples:

- The present subjunctive may refer to present or future actions, depending on the context:

Je ne crois pas qu'il vienne maintenant.	I don't think that *he is coming right now.*
Je ne crois pas qu'il vienne demain.	I don't think that *he will come tomorrow.*

- Although in French the present subjunctive is almost always in a dependent clause following the relative pronoun "que" (that), in English the same construction may be expressed with an infinitive clause:

Je veux que vous m'aidiez.	I want *you all to help me.*

Stem changes in the present subjunctive

Verbs with stem changes in the present tense of the indicative retain those changes in the present subjunctive, using two different stems to form the present subjunctive. The "je," "tu," "il/elle/on" and "ils/elles" forms use the regular stem (from the "ils/elles" form of the present indicative), while the "nous" and "vous" forms use the stem from the "nous" part of the present indicative. Here is the chart for "app**eler**":

j'appelle	nous appelions
tu appelles	vous appeliez
il, elle, on appelle	ils appellent

Here is the chart for "j**eter**":

je jette	nous jetions
tu jettes	vous jetiez
il, elle, on jette	ils, elles jettent

Here is the chart for "ess**ayer**":

j'essaie	nous essayions
tu essaies	vous essayiez
il, elle, on essaie	ils, elles essaient

Here is the chart for "env**oyer**":

j'envoie	nous envoyions
tu envoies	vous envoyiez
il, elle, on envoie	ils, elles envoient

Here is the chart for "ach**eter**":

j'achète	nous achetions
tu achètes	vous achetiez
il, elle, on achète	ils, elles achètent

Here is the chart for "esp**érer**":

j'espère	nous espérions
tu espères	vous espériez
il, elle, on espère	ils, elles espèrent

Some irregular verbs in the present indicative follow a similar pattern in the present subjunctive. Often, these verbs have a stem change in the "nous" and "vous" forms, and like other stem-changing verbs, they also use two different stems to form the present subjunctive. The "je," "tu," "il/elle/on" and "ils/elles" forms use the regular stem (from the "ils/elles" form of the present indicative), while the "nous" and "vous" forms use the stem from the "nous" part of the present indicative. Here are three examples of such verbs:

croire (to believe)

je croie	nous croyions
tu croies	vous croyiez
il, elle, on croie	ils, elles croient

voir (to see)

je voie	nous voyions
tu voies	vous voyiez
il, elle, on voie	ils, elles voient

prendre (to take)

je prenne	nous prenions
tu prennes	vous preniez
il, elle, on prenne	ils, elles prennent

Others include "boire," "tenir," "venir," "recevoir," "devoir," "apercevoir," "mourir" and "préférer."

Spelling Changes in the Present Subjunctive
Because the present subjunctive endings all begin with "-e" or "-i," the "-cer" and "-ger" verbs that need a spelling change in the present tense don't require that change in the present subjunctive, and are formed just like any other regular verb.

Verbs with irregular present subjunctive forms

There are only ten verbs whose present subjunctive forms are irregular, two of which ("falloir" and "pleuvoir") are only ever conjugated in the third person singular. They do not follow the pattern for the regular subjunctive and need to be memorized. These verbs are given below:

aller (to go)

j'aille	nous allions
tu ailles	vous alliez
il aille	ils, elles aillent

avoir (to have)

j'aie	nous ayons
tu aies	vous ayez
il, elle, on aie	ills, elles aient

être (to be)

je sois	nous soyons
tu sois	vous soyez
il, elle, on soit	ils, elles soient

Verb Guide

faire (to make/do)

je fasse	nous fassions
tu fasses	vous fassiez
il, elle, on fasse	ils, elles fassent

falloir (must)

il faille

pleuvoir (to rain)

il pleuve

savoir (to know)

je sache	nous sachions
tu saches	vous sachiez
il, elle, on sache	ils, elles sachent

valoir (to be of worth)

je vaille	nous valions
tu vailles	vous valiez
il, elle, on vaille	ils, elles vaillent

vouloir (to want)

je veuille	nous voulions
tu veuilles	vous vouliez
il, elle, on veuille	ils, elles veuillent

Uses of the present subjunctive

In general, the subjunctive mood is used in sentences with a dependent clause, when there is an element in the main clause that requires the subjunctive in the dependent clause. Here is what many of these sentences will look like:

Main clause* + que + second subject + dependent clause

*must contain a subjunctive cue

Verb Guide

There are four general categories of what we can call "subjunctive cues," or expressions that require the use of the subjunctive mood. These categories are doubt/negation, emotion, impersonal expressions of opinion and suggestion/command/request.

Here are some lists of common subjunctive cues in all four categories:

Doubt/negation

il n'est pas certain que*	it is not certain that
il n'est pas sûr que*	it is not sure that
il n'est pas clair que*	it is not clear that
il n'est pas évident que*	it is not obvious that
il n'est pas exact que*	it is not accurate that
Il n'est pas vrai que*	it is not true that
il est douteux que	it is doubtful that
il est possible que	it is possible that
il se peut que	it could be that
il est peu probable que	it is not likely that
il est exclu que	it is out of the question that
douter que	to doubt that
nier que	to deny that
ne pas croire que*	not to believe that
n'être pas sûr que*	to be unsure that
sembler que	to seem that
je ne dis pas que*	I'm not saying that

*If these expressions drop the negation, they become expressions of certainty and do NOT require the use of the subjunctive mood.

Je ne suis pas sûr qu'il pleuve demain.	I'm not sure that it's going to rain tomorrow.
Je suis sûr qu'il pleut demain.	I am sure that it's going to rain tomorrow.

Emotion*

avoir honte que	to be ashamed that
avoir peur que	to be afraid that
craindre que	to fear that

être content que	to be happy that
être désolé que	to be sorry that
être embarrassé que	to be embarrassed that
être enchanté que	to be delighted that
être ennuyé que	to be annoyed that
être étonné que	to be astonished that
être fâché que	to be angry that
être fier que	to be proud that
être gêné que	to be bothered that
être heureux que	to be happy that
être malheureux que	to be unhappy that
être mécontent que	to be displeased that
être navré que	to be very sorry that
être ravi que	to be delighted that
être satisfait que	to be satisfied that
être surpris que	to be surprised that
être triste que	to be sad that
regretter que	to be sorry that
s'agacer que	to be irritated that
s'énerver que	to be annoyed that
s'étonner que	to be astonished that
se fâcher que	to be angry that
se réjouir que	to be happy that

*These expressions of emotion require the subjunctive mood whether they are affirmative or negative. Either way, they express your feelings, which are subjective.

Je suis content que tu viennes à ma fête.	I am glad that you will come to my party.
Elle n'est pas heureuse qu'il ne soit pas encore ici.	She is not happy that he is not here yet.

Opinion

There are too many expressions of opinion to list here, but here are a few to help you understand the concept. These are most often impersonal expressions that contain adjectives, and usually start with "il est" or "c'est."

Il est important que	It is important that
Il est essentiel que	It is essential that
Il est nécessaire que	It is necessary that
Il est injuste que	It is unfair that
Il est intéressant que	It is interesting that
Il est possible que	It is possible that

Verb Guide

Il est bon que	It is good that
Il est temps que	It is time that
Il est ironique que	It is ironic that
Il est normal que	It is normal that
Il vaut mieux que	It is better that
Il suffit que	It is enough that
Il convient que	It is fitting that
Il faut que	It is necessary that
Il semble que*	It seems that

*Note that *il semble que* takes the subjunctive, but *il me semble que* (which expresses much more certainty) takes the indicative.

Il est possible que nous arrivions demain.	It is possible that we will arrive tomorrow.
Il est important que tout le monde parte à l'heure.	It matters that everyone leave on time.

Command/request

attendre que	to expect that
conseiller que	to advise that
consentir à ce que	to agree that
demander que	to ask that
défendre que	to forbid that
désirer que	to wish that
empêcher que	to prevent that
exiger que	to require that
insister pour que	to insist that
interdire que	to forbid that
ordonner que	to order that
permettre que	to allow that
préférer que	to prefer that
souhaiter que	to wish that
suggérer que	to suggest that
vouloir que	to want that

Note that "espérer" (to hope that) is an exception and takes the indicative.

Ses parents exigent qu'il fasse ses devoirs.	His parents require him to do his homework.
Mes amis veulent que je sois gentil.	My friends want me to be kind.
J'espère que tu vas bien.	I hope you're fine.

Remember that the pattern of these sentences is a main clause with a subjunctive cue followed by a dependent clause that uses the subjunctive. Let's look at another sentence that follows this pattern, contrasted with a similarly constructed sentence that uses the indicative.

Je doute qu'il y ait un examen aujourd'hui.	I doubt that there is a test today.

The verb "douter" (to doubt) requires the use of the subjunctive of the verb "avoir" in the dependent clause. In contrast to this sentence, if there were no doubt, you would use the indicative of the verb "avoir" in the dependent clause:

Je sais qu'il y a un examen aujourd'hui.	I know that there is a test today.

Since we so often react to the world around us, the subjunctive mood is used extensively in French. If we merely reported information, we would not need to use the subjunctive mood, but since we frequently express our opinions, feelings, and wishes, the subjunctive mood is essential for more sophisticated communication in French.

The following is an example of a statement in which we merely report information:

Mon frère Pierre est malade.	My brother Peter is sick.

The following is an example of a subjective response to that information:

C'est triste que ton frère soit malade.	It is sad that your brother Peter is sick.

In this sentence, the verb in the dependent clause is in the subjunctive because the main clause expresses an emotion.

When you give your opinion about something, it is always subjective. For that reason, the subjunctive is used after impersonal expressions of opinion. Here are some examples:

Il est bon que tu sois ici.	It is good that you are here.
Il est important que tout le monde se prépare.	It is important that everyone get ready.

However, if the impersonal clause expresses truth or certainty, the indicative is used, as in these examples:

Il est vrai que nous avons un examen aujourd'hui.	It is true that we have a test today.
Je suis sûr qu'il ne va pas pleuvoir.	I am sure that it isn't going to rain.

Another common use of the present subjunctive is in the formation of indirect commands, when we are expressing our wish that someone else do something. Here is an example of that structure:

Je conseille que tout le monde apprenne le subjonctif.	I recommend that everyone learn the subjunctive.

The verb "conseiller" (to recommend) in the first clause requires the use of the subjunctive in the second clause.

Always subjunctive

Certain expressions ALWAYS require the use of the subjunctive mood, no matter what the tense of the sentence. We have grouped these conjunctions according to their theme.

Concession

bien que	although
quoique	although
encore que	although
malgré que	although

Bien que les femmes soient aussi appliquées que les hommes, elles sont moins payées.	Although women are as diligent as men, they are paid less.

Condition

*à moins que**	unless
à condition que	provided that
pourvu que	provided that

Pourvu qu'elle me le dise auparavant, je serai content de l'aider.	Provided that she tells me beforehand, I will be happy to help her.

Fear

*de crainte que**	for fear that
*de peur que**	for fear that

Marie ne permet pas à ses enfants de sortir seuls, de peur qu'ils se perdent.	Marie doesn't let her children go out alone for fear that they will get lost.

Intention

pour que	in order that
afin que	in order that
de façon que	so that
*de manière que**	so that
*de sorte que**	so that

Pierre range sa chambre pour que ses parents ne se fâchent pas.	Pierre cleans his room so that his parents won't get mad.

Negation

sans que	without

Il ne fait rien sans qu'elle le sache.	He does nothing without her knowing.

Time

jusqu'à ce que	until
*avant que**	before
en attendant que	until

Je veux partir avant qu'il (ne) soit trop tard.	I want to leave before it is too late.

*In more formal writing – but not in speech – these expressions sometimes have the word "ne" before the verb in the affirmative. This "ne explétif" does not make the sentence negative.

The subjunctive in relative clauses

The subjunctive is used in relative adjectival clauses that refer to an indefinite or negative antecedent — in other words, when the thing referred to in the main clause does not or may not exist. Here are some examples:

Je cherche un mécanicien qui puisse dépanner ma voiture.	I am looking for a mechanic who can fix my car.
Il n'y a personne qui me comprenne.	There is no one who understands me.

If you are describing something that is definite, you don't need to use the subjunctive:

J'ai un mécanicien qui peut dépanner ma voiture	I have a mechanic who can fix my car.
Je vois la femme qui me comprend toujours.	I see the lady who always understands me.

The subjunctive after superlatives

In French, the subjunctive is used after the superlative, which often expresses subjectivity:

C'est la femme la plus belle que je connaisse.	She is the most beautiful woman I know.
C'est la meilleure chose qu'on puisse faire.	It is the best thing that can be done.

It is also used after the following expressions when they are used subjectively: "le dernier" (the last), "le premier" (the first), "le seul" (the only), "l'unique" (the only), and "ne… que" (only).

Il n'y a que lui qui sache écrire de la poésie.	Only he knows how to write poetry.

The subjunctive after indefinite expressions

The subjunctive is used after certain indefinite expressions:

aussi … que	however
de quelque manière que	howsoever
où que	wherever
pour … que	as … as (however)
quel(le)(s) que	whatever
quelque … que	however
qui que	whoever
quoi que	whatever
si … que	however
soit que … soit que	whether … or
tout(e) … que	however

Je serai content quel que soit le résultat.	I will be happy whatever the result.
Soit qu'il m'aime, soit qu'il ne m'aime pas, je dois respecter sa décision.	Whether he loves me or not, I have to respect his decision.

The subjunctive in third-person commands

French uses the subjunctive to express commands in the third person:

Qu'il vienne tout de suite!	Have him come immediately!
Que mes frères fassent leur devoir!	Have my brothers do their duty!

Other subjunctive tenses

There are only three other tenses of the subjunctive mood, and only one of those – the present perfect subjunctive – is commonly used. The others are the imperfect subjunctive and the past perfect subjunctive, which you only need to be able to recognize, as they are literary tenses never used in speech and rarely in modern writing.

The present perfect subjunctive (le subjonctif passé)

To form the perfect tenses of the subjunctive, you merely need to change the helping verbs "avoir" and "être" to the appropriate subjunctive tense. The present perfect subjunctive of "parler" looks like this:

j'aie parlé	nous ayons parlé
tu aies parlé	vous ayez parlé
il, elle, on ait parlé	ils, elles aient parlé

The present subjunctive of "aller" looks like this:

je sois allé(e)	nous soyons allé(e)s
tu sois allé(e)	vous soyez allé(e)(s)
il, on soit allé	ils soient allés
elle soit allée	elles soient allées

Imperfect subjunctive (l'imparfait du subjonctif)

To form the imperfect subjunctive, you begin with the first person singular ("je") form of the preterite, drop the final letter and add the appropriate ending. This means that whatever happens in that form (stem changes, spelling changes, irregularities, etc.) will also occur in all six forms of the imperfect subjunctive. So, once you know the preterite tense well, the imperfect subjunctive is easy to form.

Here is the chart for the endings:

-sse	-ssions
-sses	-ssiez
-^t	-ssent

Here is the verb "parler" in the imperfect subjunctive:

je parlasse	nous parlassions
tu parlasses	vous parlassiez
il, elle, on parlât	ils, elles parlassent

Since the preterite endings for first and second conjugation verbs are different, the imperfect subjunctive looks slightly different, as well.

Here is what the regular verb "finir" (to finish) looks like in the imperfect subjunctive:

je finisse	nous finissions
tu finisses	vous finissiez
il, elle, on finît	ils, elles finissent

Finally, here is what a verb that is truly irregular in the preterite – "être" – looks like in the imperfect subjunctive:

je fusse	nous fussions
tu fusses	vous fussiez
il, elle, on fût	ils, elles fussent

The pluperfect subjunctive (le plus-que-parfait du subjonctif)

The pluperfect subjunctive is formed from the imperfect subjunctive of the helping verbs "avoir" and "être" and the past participle. The pluperfect subjunctive of "parler" looks like this:

j'eusse parlé	nous eussions parlé
tu eusses parlé	vous eussiez parlé
il, elle, on eût parlé	ils, elles eussent parlé

The pluperfect subjunctive of "sortir" looks like this:

je fusse sorti(e)	nous fussions sorti(e)s
tu fusses sorti(e)	vous fussiez sorti(e)(s)
il, on fût sorti	ils fussent sortis
elle fût sortie	elles fussent sorties

Sequence of tenses

Which tense of the subjunctive – present or past – you choose will depend on the tense of the verb in the main clause. The past subjunctive indicates that the action of the subordinate clause happened **before** that of the main clause. If the action in the subordinate clause occurs at the same time as or after the action in the main clause, you must use the present subjunctive.

Il était ravi qu'elle chante.	He was delighted that she sang/was singing. (concurrent past action)
Il était ravi qu'elle ait chanté.	He was delighted that she had sung. (the singing occurred **before**)

Special cases

Although each of the 601 verbs in the reference section of conjugated verbs is shown in all tenses and forms, there are some verbs that are not generally used in all tenses and/or forms. These impersonal verbs include "falloir" (to be necessary) and "coûter" (to cost), which are normally used in the third person singular or plural, "pleuvoir" (to rain), "neiger" (to snow), "se passer" (to happen), "se pouvoir" (to be possible), "s'agir de" (to be a question of) and "valoir mieux" (to be better), which are generally used only in the third person singular.

Conclusion

Now that you understand how to conjugate a verb in French, how to form and use the different tenses, and when to use the subjunctive mood, you are ready to start using this knowledge to help you communicate in French. The rest of this book will give you a handy reference to hundreds of common verbs, as well as practice exercises to help you learn and remember how these verbs work in French. Don't be discouraged if it is challenging at first. Learning how to navigate through the French verb system will take time and effort, but it will be worth it when you can read, write, speak and understand what others say in French.

Remember that *"C'est en forgeant qu'on devient forgeron"* (practice makes perfect) in any language!

Nicky Agate, M.A.
New York University
New York, New York

to reduce, to humble

participe présent **abaissant**   participe passé **abaissé**

SINGULAR	PLURAL	SINGULAR	PLURAL

A

présent de l'indicatif

		passé composé	
abaisse	abaissons	**ai** abaissé	**avons** abaissé
abaisses	abaissez	**as** abaissé	**avez** abaissé
abaisse	abaissent	**a** abaissé	**ont** abaissé

imparfait de l'indicatif

		plus-que-parfait de l'indicatif	
abaissais	abaissions	**avais** abaissé	**avions** abaissé
abaissais	abaissiez	**avais** abaissé	**aviez** abaissé
abaissait	abaissaient	**avait** abaissé	**avaient** abaissé

passé simple

		passé antérieur	
abaissai	abaissâmes	**eus** abaissé	**eûmes** abaissé
abaissas	abaissâtes	**eus** abaissé	**eûtes** abaissé
abaissa	abaissèrent	**eut** abaissé	**eurent** abaissé

futur

		futur antérieur	
abaisserai	abaisserons	**aurai** abaissé	**aurons** abaissé
abaisseras	abaisserez	**auras** abaissé	**aurez** abaissé
abaissera	abaisseront	**aura** abaissé	**auront** abaissé

conditionnel

		conditionnel passé	
abaisserais	abaisserions	**aurais** abaissé	**aurions** abaissé
abaisserais	abaisseriez	**aurais** abaissé	**auriez** abaissé
abaisserait	abaisseraient	**aurait** abaissé	**auraient** abaissé

présent du subjonctif

		passé du subjonctif	
abaisse	abaissions	**aie** abaissé	**ayons** abaissé
abaisses	abaissiez	**aies** abaissé	**ayez** abaissé
abaisse	abaissent	**ait** abaissé	**aient** abaissé

imparfait du subjonctif

		plus-que-parfait du subjonctif	
abaissasse	abaissassions	**eusse** abaissé	**eussions** abaissé
abaissasses	abaissassiez	**eusses** abaissé	**eussiez** abaissé
abaissât	abaissassent	**eût** abaissé	**eussent** abaissé

impératif

abaisse
abaissons
abaissez

s'abaisser
to humble oneself

participe présent **s'abaissant**   participe passé **abaissé(e)(s)**

SINGULAR	PLURAL	SINGULAR	PLURAL

présent de l'indicatif
m'abaisse	nous abaissons		
t'abaisses	vous abaissez		
s'abaisse	s'abaissent		

passé composé
me suis abaissé(e)	nous sommes abaissé(e)s
t'es abaissé(e)	vous êtes abaissé(e)(s)
s'est abaissé(e)	se sont abaissé(e)s

imparfait de l'indicatif
m'abaissais	nous abaissions
t'abaissais	vous abaissiez
s'abaissait	s'abaissaient

plus-que-parfait de l'indicatif
m'étais abaissé(e)	nous étions abaissé(e)s
t'étais abaissé(e)	vous étiez abaissé(e)(s)
s'était abaissé(e)	s'étaient abaissé(e)s

passé simple
m'abaissai	nous abaissâmes
t'abaissas	vous abaissâtes
s'abaissa	s'abaissèrent

passé antérieur
me fus abaissé(e)	nous fûmes abaissé(e)s
te fus abaissé(e)	vous fûtes abaissé(e)(s)
se fut abaissé(e)	se furent abaissé(e)s

futur
m'abaisserai	nous abaisserons
t'abaisseras	vous abaisserez
s'abaissera	s'abaisseront

futur antérieur
me serai abaissé(e)	nous serons abaissé(e)s
te seras abaissé(e)	vous serez abaissé(e)(s)
se sera abaissé(e)	se seront abaissé(e)s

conditionnel
m'abaisserais	nous abaisserions
t'abaisserais	vous abaisseriez
s'abaisserait	s'abaisseraient

conditionnel passé
me serais abaissé(e)	nous serions abaissé(e)s
te serais abaissé(e)	vous seriez abaissé(e)(s)
se serait abaissé(e)	se seraient abaissé(e)s

présent du subjonctif
m'abaisse	nous abaissions
t'abaisses	vous abaissiez
s'abaisse	s'abaissent

passé du subjonctif
me sois abaissé(e)	nous soyons abaissé(e)s
te sois abaissé(e)	vous soyez abaissé(e)(s)
se soit abaissé(e)	se soient abaissé(e)s

imparfait du subjonctif
m'abaissasse	nous abaissassions
t'abaissasses	vous abaissassiez
s'abaissât	s'abaissassent

plus-que-parfait du subjonctif
me fusse abaissé(e)	nous fussions abaissé(e)s
te fusses abaissé(e)	vous fussiez abaissé(e)(s)
se fût abaissé(e)	se fussent abaissé(e)s

impératif
abaisse-toi
abaissons-nous
abaissez-vous

to daze, to stun

participe présent **abasourdissant**   participe passé **abasourdi**

SINGULAR	PLURAL	SINGULAR	PLURAL

A

présent de l'indicatif
abasourd**is**	abasourd**issons**	
abasourd**is**	abasourd**issez**	
abasourd**it**	abasourd**issent**	

passé composé
ai abasourdi	**avons** abasourdi
as abasourdi	**avez** abasourdi
a abasourdi	**ont** abasourdi

imparfait de l'indicatif
abasourd**issais**	abasourd**issions**
abasourd**issais**	abasourd**issiez**
abasourd**issait**	abasourd**issaient**

plus-que-parfait de l'indicatif
avais abasourdi	**avions** abasourdi
avais abasourdi	**aviez** abasourdi
avait abasourdi	**avaient** abasourdi

passé simple
abasourd**is**	abasourd**îmes**
abasourd**is**	abasourd**îtes**
abasourd**it**	abasourd**irent**

passé antérieur
eus abasourdi	**eûmes** abasourdi
eus abasourdi	**eûtes** abasourdi
eut abasourdi	**eurent** abasourdi

futur
abasourdir**ai**	abasourdir**ons**
abasourdir**as**	abasourdir**ez**
abasourdir**a**	abasourdir**ont**

futur antérieur
aurai abasourdi	**aurons** abasourdi
auras abasourdi	**aurez** abasourdi
aura abasourdi	**auront** abasourdi

conditionnel
abasourdir**ais**	abasourdir**ions**
abasourdir**ais**	abasourdir**iez**
abasourdir**ait**	abasourdir**aient**

conditionnel passé
aurais abasourdi	**aurions** abasourdi
aurais abasourdi	**auriez** abasourdi
aurait abasourdi	**auraient** abasourdi

présent du subjonctif
abasourd**isse**	abasourd**issions**
abasourd**isses**	abasourd**issiez**
abasourd**isse**	abasourd**issent**

passé du subjonctif
aie abasourdi	**ayons** abasourdi
aies abasourdi	**ayez** abasourdi
ait abasourdi	**aient** abasourdi

imparfait du subjonctif
abasourd**isse**	abasourd**issions**
abasourd**isses**	abasourd**issiez**
abasourd**ît**	abasourd**issent**

plus-que-parfait du subjonctif
eusse abasourdi	**eussions** abasourdi
eusses abasourdi	**eussiez** abasourdi
eût abasourdi	**eussent** abasourdi

impératif
abasourdis
abasourdissons
abasourdissez

abattre
to knock down, to cut down
participe présent **abattant**   participe passé **abattu**

A

SINGULAR	PLURAL	SINGULAR	PLURAL

présent de l'indicatif

		passé composé	
abat**s**	abatt**ons**	**ai** abattu	**avons** abattu
abat**s**	abatt**ez**	**as** abattu	**avez** abattu
abat	abatt**ent**	**a** abattu	**ont** abattu

imparfait de l'indicatif

		plus-que-parfait de l'indicatif	
abatt**ais**	abatt**ions**	**avais** abattu	**avions** abattu
abatt**ais**	abatt**iez**	**avais** abattu	**aviez** abattu
abatt**ait**	abatt**aient**	**avait** abattu	**avaient** abattu

passé simple

		passé antérieur	
abatt**is**	abatt**îmes**	**eus** abattu	**eûmes** abattu
abatt**is**	abatt**îtes**	**eus** abattu	**eûtes** abattu
abatt**it**	abatt**irent**	**eut** abattu	**eurent** abattu

futur

		futur antérieur	
abatt**rai**	abatt**rons**	**aurai** abattu	**aurons** abattu
abatt**ras**	abatt**rez**	**auras** abattu	**aurez** abattu
abatt**ra**	abatt**ront**	**aura** abattu	**auront** abattu

conditionnel

		conditionnel passé	
abatt**rais**	abatt**rions**	**aurais** abattu	**aurions** abattu
abatt**rais**	abatt**riez**	**aurais** abattu	**auriez** abattu
abatt**rait**	abatt**raient**	**aurait** abattu	**auraient** abattu

présent du subjonctif

		passé du subjonctif	
abatt**e**	abatt**ions**	**aie** abattu	**ayons** abattu
abatt**es**	abatt**iez**	**aies** abattu	**ayez** abattu
abatt**e**	abatt**ent**	**ait** abattu	**aient** abattu

imparfait du subjonctif

		plus-que-parfait du subjonctif	
abatt**isse**	abatt**issions**	**eusse** abattu	**eussions** abattu
abatt**isses**	abatt**issiez**	**eusses** abattu	**eussiez** abattu
abatt**ît**	abatt**issent**	**eût** abattu	**eussent** abattu

impératif

abat**s**
abatt**ons**
abatt**ez**

to abolish

abolir

A

SINGULAR	PLURAL	SINGULAR	PLURAL
présent de l'indicatif		**passé composé**	
abol**is**	aboliss**ons**	**ai** aboli	**avons** aboli
abol**is**	aboliss**ez**	**as** aboli	**avez** aboli
abol**it**	aboliss**ent**	**a** aboli	**ont** aboli
imparfait de l'indicatif		**plus-que-parfait de l'indicatif**	
abol**issais**	aboliss**ions**	**avais** aboli	**avions** aboli
abol**issais**	aboliss**iez**	**avais** aboli	**aviez** aboli
abol**issait**	aboliss**aient**	**avait** aboli	**avaient** aboli
passé simple		**passé antérieur**	
abol**is**	abol**îmes**	**eus** aboli	**eûmes** aboli
abol**is**	abol**îtes**	**eus** aboli	**eûtes** aboli
abol**it**	abol**irent**	**eut** aboli	**eurent** aboli
futur		**futur antérieur**	
abolir**ai**	abolir**ons**	**aurai** aboli	**aurons** aboli
abolir**as**	abolir**ez**	**auras** aboli	**aurez** aboli
abolir**a**	abolir**ont**	**aura** aboli	**auront** aboli
conditionnel		**conditionnel passé**	
abolir**ais**	abolir**ions**	**aurais** aboli	**aurions** aboli
abolir**ais**	abolir**iez**	**aurais** aboli	**auriez** aboli
abolir**ait**	abolir**aient**	**aurait** aboli	**auraient** aboli
présent du subjonctif		**passé du subjonctif**	
abol**isse**	aboliss**ions**	**aie** aboli	**ayons** aboli
abol**isses**	aboliss**iez**	**aies** aboli	**ayez** aboli
abol**isse**	aboliss**ent**	**ait** aboli	**aient** aboli
imparfait du subjonctif		**plus-que-parfait du subjonctif**	
abol**isse**	aboli**ssions**	**eusse** aboli	**eussions** aboli
abol**isses**	aboli**ssiez**	**eusses** aboli	**eussiez** aboli
abol**ît**	aboli**ssent**	**eût** aboli	**eussent** aboli
impératif			
abol**is**			
abol**issons**			
abol**issez**			

aborder

to reach, to approach

participe présent **abordant**   participe passé **abordé**

SINGULAR	PLURAL	SINGULAR	PLURAL

présent de l'indicatif

		passé composé	
aborde	abord**ons**	**ai** abordé	**avons** abordé
aborde**s**	abord**ez**	**as** abordé	**avez** abordé
aborde	abord**ent**	**a** abordé	**ont** abordé

imparfait de l'indicatif

		plus-que-parfait de l'indicatif	
abord**ais**	abord**ions**	**avais** abordé	**avions** abordé
abord**ais**	abord**iez**	**avais** abordé	**aviez** abordé
abord**ait**	abord**aient**	**avait** abordé	**avaient** abordé

passé simple

		passé antérieur	
abord**ai**	nous abord**âmes**	**eus** abordé	**eûmes** abordé
abord**as**	abord**âtes**	**eus** abordé	**eûtes** abordé
abord**a**	abord**èrent**	**eut** abordé	**eurent** abordé

futur

		futur antérieur	
aborder**ai**	aborder**ons**	**aurai** abordé	**aurons** abordé
aborder**as**	aborder**ez**	**auras** abordé	**aurez** abordé
aborder**a**	aborder**ont**	**aura** abordé	**auront** abordé

conditionnel

		conditionnel passé	
aborder**ais**	aborder**ions**	**aurais** abordé	**aurions** abordé
aborder**ais**	aborder**iez**	**aurais** abordé	**auriez** abordé
aborder**ait**	aborder**aient**	**aurait** abordé	**auraient** abordé

présent du subjonctif

		passé du subjonctif	
aborde	abord**ions**	**aie** abordé	**ayons** abordé
aborde**s**	abord**iez**	**aies** abordé	**ayez** abordé
aborde	abord**ent**	**ait** abordé	**aient** abordé

imparfait du subjonctif

		plus-que-parfait du subjonctif	
abord**asse**	abord**assions**	**eusse** abordé	**eussions** abordé
abord**asses**	abord**assiez**	**eusses** abordé	**eussiez** abordé
abord**ât**	abord**assent**	**eût** abordé	**eussent** abordé

impératif

aborde
abord**ons**
abord**ez**

to lead to, to end up

participe présent **aboutissant**   participe passé **abouti**

SINGULAR	PLURAL	SINGULAR	PLURAL

A

présent de l'indicatif
		passé composé	
about**is**	aboutiss**ons**	**ai** abouti	**avons** abouti
about**is**	aboutiss**ez**	**as** abouti	**avez** abouti
about**it**	aboutiss**ent**	**a** abouti	**ont** abouti

imparfait de l'indicatif
		plus-que-parfait de l'indicatif	
about**issais**	about**issions**	**avais** abouti	**avions** abouti
about**issais**	about**issiez**	**avais** abouti	**aviez** abouti
about**issait**	about**issaient**	**avait** abouti	**avaient** abouti

passé simple
		passé antérieur	
about**is**	about**îmes**	**eus** abouti	**eûmes** abouti
about**is**	about**îtes**	**eus** abouti	**eûtes** abouti
about**it**	about**irent**	**eut** abouti	**eurent** abouti

futur
		futur antérieur	
aboutir**ai**	aboutir**ons**	**aurai** abouti	**aurons** abouti
aboutir**as**	aboutir**ez**	**auras** abouti	**aurez** abouti
aboutir**a**	aboutir**ont**	**aura** abouti	**auront** abouti

conditionnel
		conditionnel passé	
aboutir**ais**	aboutir**ions**	**aurais** abouti	**aurions** abouti
aboutir**ais**	aboutir**iez**	**aurais** abouti	**auriez** abouti
aboutir**ait**	aboutir**aient**	**aurait** abouti	**auraient** abouti

présent du subjonctif
		passé du subjonctif	
aboutiss**e**	aboutiss**ions**	**aie** abouti	**ayons** abouti
aboutiss**es**	aboutiss**iez**	**aies** abouti	**ayez** abouti
aboutiss**e**	aboutiss**ent**	**ait** abouti	**aient** abouti

imparfait du subjonctif
		plus-que-parfait du subjonctif	
about**isse**	about**issions**	**eusse** abouti	**eussions** abouti
about**isses**	about**issiez**	**eusses** abouti	**eussiez** abouti
about**ît**	about**issent**	**eût** abouti	**eussent** abouti

impératif
aboutis
aboutissons
aboutissez

participe présent abrégeant   **participe passé** abrégé

A

SINGULAR	PLURAL	SINGULAR	PLURAL
présent de l'indicatif		**passé composé**	
abrège	abrégeons	ai abrégé	avons abrégé
abrèges	abrégez	as abrégé	avez abrégé
abrège	abrègent	a abrégé	ont abrégé
imparfait de l'indicatif		**plus-que-parfait de l'indicatif**	
abrégeais	abrégions	avais abrégé	avions abrégé
abrégeais	abrégiez	avais abrégé	aviez abrégé
abrégeait	abrégeaient	avait abrégé	avaient abrégé
passé simple		**passé antérieur**	
abrégeai	abrégeâmes	eus abrégé	eûmes abrégé
abrégeas	abrégeâtes	eus abrégé	eûtes abrégé
abrégea	abrégèrent	eut abrégé	eurent abrégé
futur		**futur antérieur**	
abrégerai	abrégerons	aurai abrégé	aurons abrégé
abrégeras	abrégerez	auras abrégé	aurez abrégé
abrégera	abrégeront	aura abrégé	auront abrégé
conditionnel		**conditionnel passé**	
abrégerais	abrégerions	aurais abrégé	aurions abrégé
abrégerais	abrégeriez	aurais abrégé	auriez abrégé
abrégerait	abrégeraient	aurait abrégé	auraient abrégé
présent du subjonctif		**passé du subjonctif**	
abrège	abrégions	aie abrégé	ayons abrégé
abrèges	abrégiez	aies abrégé	ayez abrégé
abrège	abrègent	ait abrégé	aient abrégé
imparfait du subjonctif		**plus-que-parfait du subjonctif**	
abrégeasse	abrégeassions	eusse abrégé	eussions abrégé
abrégeasses	abrégeassiez	eusses abrégé	eussiez abrégé
abrégeât	abrégeassent	eût abrégé	eussent abrégé
impératif			
abrège			
abrégeons			
abrégez			

to absolve

participe présent **absolvant**   participe passé **absous**

SINGULAR	PLURAL	SINGULAR	PLURAL
présent de l'indicatif		**passé composé**	
absous	absolvons	ai absous	avons absous
absous	absolvez	as absous	avez absous
absout	absolvent	a absous	ont absous
imparfait de l'indicatif		**plus-que-parfait de l'indicatif**	
absolvais	absolvions	avais absous	avions absous
absolvais	absolviez	avais absous	aviez absous
absolvait	absolvaient	avait absous	avaient absous
passé simple		**passé antérieur**	
absolus	absolûmes	eus absous	eûmes absous
absolus	absolûtes	eus absous	eûtes absous
absolut	absolurent	eut absous	eurent absous
futur		**futur antérieur**	
absoudrai	absoudrons	aurai absous	aurons absous
absoudras	absoudrez	auras absous	aurez absous
absoudra	absoudront	aura absous	auront absous
conditionnel		**conditionnel passé**	
absoudrais	absoudrions	aurais absous	aurions absous
absoudrais	absoudriez	aurais absous	auriez absous
absoudrait	absoudraient	aurait absous	auraient absous
présent du subjonctif		**passé du subjonctif**	
absolve	absolvions	aie absous	ayons absous
absolves	absolviez	aies absous	ayez absous
absolve	absolvent	ait absous	aient absous
imparfait du subjonctif		**plus-que-parfait du subjonctif**	
absolusse	absolussions	eusse absous	eussions absous
absolusses	absolussiez	eusses absous	eussiez absous
absolût	absolussent	eût absous	eussent absous

impératif
absous
absolvons
absolvez

participe présent **s'abstenant** participe passé **abstenu**

A

SINGULAR	PLURAL	SINGULAR	PLURAL

présent de l'indicatif
m'abst**iens**	**nous** abst**enons**
t'abst**iens**	**vous** abst**enez**
s'abst**ient**	**s'**abst**iennent**

passé composé
me suis abstenu(e)	**nous sommes** abstenu(e)s
t'es abstenu(e)	**vous êtes** abstenu(e)(s)
s'est abstenu(e)	**se sont** abstenu(e)s

imparfait de l'indicatif
m'abst**enais**	**nous** abst**enions**
t'abst**enais**	**vous** abst**eniez**
s'abst**enait**	**s'**abst**enaient**

plus-que-parfait de l'indicatif
m'étais abstenu(e)	**nous étions** abstenu(e)s
t'étais abstenu(e)	**vous étiez** abstenu(e)(s)
s'était abstenu(e)	**s'étaient** abstenu(e)s

passé simple
m'abst**ins**	**nous** abst**înmes**
t'abst**ins**	**vous** abst**întes**
s'abst**int**	**s'**abst**inrent**

passé antérieur
me fus abstenu(e)	**nous fûmes** abstenu(e)s
te fus abstenu(e)	**vous fûtes** abstenu(e)(s)
se fut abstenu(e)	**se furent** abstenu(e)s

futur
m'abstiendr**ai**	**nous** abstiendr**ons**
t'abstiendr**as**	**vous** abstiendr**ez**
s'abstiendr**a**	**s'**abstiendr**ont**

futur antérieur
me serai abstenu(e)	**nous serons** abstenu(e)s
te seras abstenu(e)	**vous serez** abstenu(e)(s)
se sera abstenu(e)	**se seront** abstenu(e)s

conditionnel
m'abstiendr**ais**	**nous** abstiendr**ions**
t'abstiendr**ais**	**vous** abstiendr**iez**
s'abstiendr**ait**	**s'**abstiendr**aient**

conditionnel passé
me serais abstenu(e)	**nous serions** abstenu(e)s
te serais abstenu(e)	**vous seriez** abstenu(e)(s)
se serait abstenu(e)	**se seraient** abstenu(e)s

présent du subjonctif
m'abst**ienne**	**nous** abst**enions**
t'abst**iennes**	**vous** abst**eniez**
s'abst**ienne**	**s'**abst**iennent**

passé du subjonctif
me sois abstenu(e)	**nous soyons** abstenu(e)s
te sois abstenu(e)	**vous soyez** abstenu(e)(s)
se soit abstenu(e)	**se soient** abstenu(e)s

imparfait du subjonctif
m'abst**insse**	**nous** abst**inssions**
t'abst**insses**	**vous** abst**inssiez**
s'abst**înt**	**s'**abst**inssent**

plus-que-parfait du subjonctif
me fusse abstenu(e)	**nous fussions** abstenu(e)s
te fusses abstenu(e)	**vous fussiez** abstenu(e)(s)
se fût abstenu(e)	**se fussent** abstenu(e)s

impératif
abstiens-toi
abstenons-nous
abstenez-vous

to stress, to emphasize

accentuer

participe présent **accentuant**   participe passé **accentué**

SINGULAR	PLURAL	SINGULAR	PLURAL

présent de l'indicatif
accentue	accentuons
accentues	accentuez
accentue	accentuent

passé composé
ai accentué	**avons** accentué
as accentué	**avez** accentué
a accentué	**ont** accentué

imparfait de l'indicatif
accentuais	accentuions
accentuais	accentuiez
accentuait	accentuaient

plus-que-parfait de l'indicatif
avais accentué	**avions** accentué
avais accentué	**aviez** accentué
avait accentué	**avaient** accentué

passé simple
accentuai	accentuâmes
accentuas	accentuâtes
accentua	accentuèrent

passé antérieur
eus accentué	**eûmes** accentué
eus accentué	**eûtes** accentué
eut accentué	**eurent** accentué

futur
accentuerai	accentuerons
accentueras	accentuerez
accentuera	accentueront

futur antérieur
aurai accentué	**aurons** accentué
auras accentué	**aurez** accentué
aura accentué	**auront** accentué

conditionnel
accentuerais	accentuerions
accentuerais	accentueriez
accentuerait	accentueraient

conditionnel passé
aurais accentué	**aurions** accentué
aurais accentué	**auriez** accentué
aurait accentué	**auraient** accentué

présent du subjonctif
accentue	accentuions
accentues	accentuiez
accentue	accentuent

passé du subjonctif
aie accentué	**ayons** accentué
aies accentué	**ayez** accentué
ait accentué	**aient** accentué

imparfait du subjonctif
accentuasse	accentuassions
accentuasses	accentuassiez
accentuât	accentuassent

plus-que-parfait du subjonctif
eusse accentué	**eussions** accentué
eusses accentué	**eussiez** accentué
eût accentué	**eussent** accentué

impératif
accentue
accentuons
accentuez

participe présent **acceptant**   participe passé **accepté**

A

SINGULAR	PLURAL	SINGULAR	PLURAL

présent de l'indicatif
accepte	acceptons		
acceptes	acceptez		
accepte	acceptent		

passé composé
ai accepté	avons accepté
as accepté	avez accepté
a accepté	ont accepté

imparfait de l'indicatif
acceptais	acceptions
acceptais	acceptiez
acceptait	acceptaient

plus-que-parfait de l'indicatif
avais accepté	avions accepté
avais accepté	aviez accepté
avait accepté	avaient accepté

passé simple
acceptai	acceptâmes
acceptas	acceptâtes
accepta	acceptèrent

passé antérieur
eus accepté	eûmes accepté
eus accepté	eûtes accepté
eut accepté	eurent accepté

futur
accepterai	accepterons
accepteras	accepterez
acceptera	accepteront

futur antérieur
aurai accepté	aurons accepté
auras accepté	aurez accepté
aura accepté	auront accepté

conditionnel
accepterais	accepterions
accepterais	accepteriez
accepterait	accepteraient

conditionnel passé
aurais accepté	aurions accepté
aurais accepté	auriez accepté
aurait accepté	auraient accepté

présent du subjonctif
accepte	acceptions
acceptes	acceptiez
accepte	acceptent

passé du subjonctif
aie accepté	ayons accepté
aies accepté	ayez accepté
ait accepté	aient accepté

imparfait du subjonctif
acceptasse	acceptassions
acceptasses	acceptassiez
acceptât	acceptassent

plus-que-parfait du subjonctif
eusse accepté	eussions accepté
eusses accepté	eussiez accepté
eût accepté	eussent accepté

impératif
accepte
acceptons
acceptez

to accompany

participe présent **accompagnant** participe passé **accompagné**

SINGULAR	PLURAL	SINGULAR	PLURAL

A

présent de l'indicatif

		passé composé	
accompagne	accompagnons	**ai** accompagné	**avons** accompagné
accompagnes	accompagnez	**as** accompagné	**avez** accompagné
accompagne	accompagnent	**a** accompagné	**ont** accompagné

imparfait de l'indicatif

		plus-que-parfait de l'indicatif	
accompagnais	accompagnions	**avais** accompagné	**avions** accompagné
accompagnais	accompagniez	**avais** accompagné	**aviez** accompagné
accompagnait	accompagnaient	**avait** accompagné	**avaient** accompagné

passé simple

		passé antérieur	
accompagnai	accompagnâmes	**eus** accompagné	**eûmes** accompagné
accompagnas	accompagnâtes	**eus** accompagné	**eûtes** accompagné
accompagna	accompagnèrent	**eut** accompagné	**eurent** accompagné

futur

		futur antérieur	
accompagnerai	accompagnerons	**aurai** accompagné	**aurons** accompagné
accompagneras	accompagnerez	**auras** accompagné	**aurez** accompagné
accompagnera	accompagneront	**aura** accompagné	**auront** accompagné

conditionnel

		conditionnel passé	
accompagnerais	accompagnerions	**aurais** accompagné	**aurions** accompagné
accompagnerais	accompagneriez	**aurais** accompagné	**auriez** accompagné
accompagnerait	accompagneraient	**aurait** accompagné	**auraient** accompagné

présent du subjonctif

		passé du subjonctif	
accompagne	accompagnions	**aie** accompagné	**ayons** accompagné
accompagnes	accompagniez	**aies** accompagné	**ayez** accompagné
accompagne	accompagnent	**ait** accompagné	**aient** accompagné

imparfait du subjonctif

		plus-que-parfait du subjonctif	
accompagnasse	accompagnassions	**eusse** accompagné	**eussions** accompagné
accompagnasses	accompagnassiez	**eusses** accompagné	**eussiez** accompagné
accompagnât	accompagnassent	**eût** accompagné	**eussent** accompagné

impératif

accompagne
accompagnons
accompagnez

participe présent **accordant**   participe passé **accordé**

A

SINGULAR	PLURAL	SINGULAR	PLURAL
présent de l'indicatif		passé composé	
accord**e**	accord**ons**	**ai** accordé	**avons** accordé
accord**es**	accord**ez**	**as** accordé	**avez** accordé
accord**e**	accord**ent**	**a** accordé	**ont** accordé
imparfait de l'indicatif		plus-que-parfait de l'indicatif	
accord**ais**	accord**ions**	**avais** accordé	**avions** accordé
accord**ais**	accord**iez**	**avais** accordé	**aviez** accordé
accord**ait**	accord**aient**	**avait** accordé	**avaient** accordé
passé simple		passé antérieur	
accord**ai**	accord**âmes**	**eus** accordé	**eûmes** accordé
accord**as**	accord**âtes**	**eus** accordé	**eûtes** accordé
accord**a**	accord**èrent**	**eut** accordé	**eurent** accordé
futur		futur antérieur	
accorder**ai**	accorder**ons**	**aurai** accordé	**aurons** accordé
accorder**as**	accorder**ez**	**auras** accordé	**aurez** accordé
accorder**a**	accorder**ont**	**aura** accordé	**auront** accordé
conditionnel		conditionnel passé	
accorder**ais**	accorder**ions**	**aurais** accordé	**aurions** accordé
accorder**ais**	accorder**iez**	**aurais** accordé	**auriez** accordé
accorder**ait**	accorder**aient**	**aurait** accordé	**auraient** accordé
présent du subjonctif		passé du subjonctif	
accord**e**	accord**ions**	**aie** accordé	**ayons** accordé
accord**es**	accord**iez**	**aies** accordé	**ayez** accordé
accord**e**	accord**ent**	**ait** accordé	**aient** accordé
imparfait du subjonctif		plus-que-parfait du subjonctif	
accord**asse**	accord**assions**	**eusse** accordé	**eussions** accordé
accord**asses**	accord**assiez**	**eusses** accordé	**eussiez** accordé
accord**ât**	accord**assent**	**eût** accordé	**eussent** accordé
impératif			
accorde			
accordons			
accordez			

to increase, to heighten

participe présent **accroissant**   participe passé **accru**

A

SINGULAR	PLURAL	SINGULAR	PLURAL
présent de l'indicatif		**passé composé**	
accrois	accroissons	ai accru	avons accru
accrois	accroissez	as accru	avez accru
accroît	accroissent	a accru	ont accru
imparfait de l'indicatif		**plus-que-parfait de l'indicatif**	
accroissais	accroissions	avais accru	avions accru
accroissais	accroissiez	avais accru	aviez accru
accroissait	accroissaient	avait accru	avaient accru
passé simple		**passé antérieur**	
accrus	accrûmes	eus accru	eûmes accru
accrus	accrûtes	eus accru	eûtes accru
accrut	accrurent	eut accru	eurent accru
futur		**futur antérieur**	
accroîtrai	accroîtrons	aurai accru	aurons accru
accroîtras	accroîtrez	auras accru	aurez accru
accroîtra	accroîtront	aura accru	auront accru
conditionnel		**conditionnel passé**	
accroîtrais	accroîtrions	aurais accru	aurions accru
accroîtrais	accroîtriez	aurais accru	auriez accru
accroîtrait	accroîtraient	aurait accru	auraient accru
présent du subjonctif		**passé du subjonctif**	
accroisse	accroissions	aie accru	ayons accru
accroisses	accroissiez	aies accru	ayez accru
accroisse	accroissent	ait accru	aient accru
imparfait du subjonctif		**plus-que-parfait du subjonctif**	
accrusse	accrussions	eusse accru	eussions accru
accrusses	accrussiez	eusses accru	eussiez accru
accrût	accrussent	eût accru	eussent accru
impératif			
accrois			
accroissons			
accroissez			

SINGULAR	PLURAL	SINGULAR	PLURAL

présent de l'indicatif

		passé composé	
accueille	accueillons	**ai** accueilli	**avons** accueilli
accueilles	accueillez	**as** accueilli	**avez** accueilli
accueille	accueillent	**a** accueilli	**ont** accueilli

imparfait de l'indicatif

		plus-que-parfait de l'indicatif	
accueillais	accueillions	**avais** accueilli	**avions** accueilli
accueillais	accueilliez	**avais** accueilli	**aviez** accueilli
accueillait	accueillaient	**avait** accueilli	**avaient** accueilli

passé simple

		passé antérieur	
accueillis	accueillîmes	**eus** accueilli	**eûmes** accueilli
accueillis	accueillîtes	**eus** accueilli	**eûtes** accueilli
accueillit	accueillirent	**eut** accueilli	**eurent** accueilli

futur

		futur antérieur	
accueillerai	accueillerons	**aurai** accueilli	**aurons** accueilli
accueilleras	accueillerez	**auras** accueilli	**aurez** accueilli
accueillera	accueilleront	**aura** accueilli	**auront** accueilli

conditionnel

		conditionnel passé	
accueillerais	accueillerions	**aurais** accueilli	**aurions** accueilli
accueillerais	accueilleriez	**aurais** accueilli	**auriez** accueilli
accueillerait	accueilleraient	**aurait** accueilli	**auraient** accueilli

présent du subjonctif

		passé du subjonctif	
accueille	accueillions	**aie** accueilli	**ayons** accueilli
accueilles	accueilliez	**aies** accueilli	**ayez** accueilli
accueille	accueillent	**ait** accueilli	**aient** accueilli

imparfait du subjonctif

		plus-que-parfait du subjonctif	
accueillisse	accueillissions	**eusse** accueilli	**eussions** accueilli
accueillisses	accueillissiez	**eusses** accueilli	**eussiez** accueilli
accueillît	accueillissent	**eût** accueilli	**eussent** accueilli

impératif

accueille
accueillons
accueillez

to accuse

accuser

participe présent **accusant**   participe passé **accusé**

A

SINGULAR	PLURAL	SINGULAR	PLURAL

présent de l'indicatif
		passé composé	
accus**e**	accus**ons**	**ai** accusé	**avons** accusé
accus**es**	accus**ez**	**as** accusé	**avez** accusé
accus**e**	accus**ent**	**a** accusé	**ont** accusé

imparfait de l'indicatif
		plus-que-parfait de l'indicatif	
accus**ais**	accus**ions**	**avais** accusé	**avions** accusé
accus**ais**	accus**iez**	**avais** accusé	**aviez** accusé
accus**ait**	accus**aient**	**avait** accusé	**avaient** accusé

passé simple
		passé antérieur	
accus**ai**	accus**âmes**	**eus** accusé	**eûmes** accusé
accus**as**	accus**âtes**	**eus** accusé	**eûtes** accusé
accus**a**	accus**èrent**	**eut** accusé	**eurent** accusé

futur
		futur antérieur	
accuser**ai**	accuser**ons**	**aurai** accusé	**aurons** accusé
accuser**as**	accuser**ez**	**auras** accusé	**aurez** accusé
accuser**a**	accuser**ont**	**aura** accusé	**auront** accusé

conditionnel
		conditionnel passé	
accuser**ais**	accuser**ions**	**aurais** accusé	**aurions** accusé
accuser**ais**	accuser**iez**	**aurais** accusé	**auriez** accusé
accuser**ait**	accuser**aient**	**aurait** accusé	**auraient** accusé

présent du subjonctif
		passé du subjonctif	
accus**e**	accus**ions**	**aie** accusé	**ayons** accusé
accus**es**	accus**iez**	**aies** accusé	**ayez** accusé
accus**e**	accus**ent**	**ait** accusé	**aient** accusé

imparfait du subjonctif
		plus-que-parfait du subjonctif	
accus**asse**	accus**assions**	**eusse** accusé	**eussions** accusé
accus**asses**	accus**assiez**	**eusses** accusé	**eussiez** accusé
accus**ât**	accus**assent**	**eût** accusé	**eussent** accusé

impératif
accuse
accusons
accusez

participe présent **achetant** participe passé **acheté**

SINGULAR	PLURAL	SINGULAR	PLURAL

présent de l'indicatif
achète	achetons
achètes	achetez
achète	achètent

passé composé
ai acheté	avons acheté
as acheté	avez acheté
a acheté	ont acheté

imparfait de l'indicatif
achetais	achetions
achetais	achetiez
achetait	achetaient

plus-que-parfait de l'indicatif
avais acheté	avions acheté
avais acheté	aviez acheté
avait acheté	avaient acheté

passé simple
achetai	achetâmes
achetas	achetâtes
acheta	achetèrent

passé antérieur
eus acheté	eûmes acheté
eus acheté	eûtes acheté
eut acheté	eurent acheté

futur
achèterai	achèterons
achèteras	achèterez
achètera	achèteront

futur antérieur
aurai acheté	aurons acheté
auras acheté	aurez acheté
aura acheté	auront acheté

conditionnel
achèterais	achèterions
achèterais	achèteriez
achèterait	achèteraient

conditionnel passé
aurais acheté	aurions acheté
aurais acheté	auriez acheté
aurait acheté	auraient acheté

présent du subjonctif
achète	achetions
achètes	achetiez
achète	achètent

passé du subjonctif
aie acheté	ayons acheté
aies acheté	ayez acheté
ait acheté	aient acheté

imparfait du subjonctif
achetasse	achetassions
achetasses	achetassiez
achetât	achetassent

plus-que-parfait du subjonctif
eusse acheté	eussions acheté
eusses acheté	eussiez acheté
eût acheté	eussent acheté

impératif
achète
achetons
achetez

MUST KNOW VERB

to achieve, to finish

achever

participe présent **achevant** participe passé **achevé**

SINGULAR	PLURAL
présent de l'indicatif	
achève	achevons
achèves	achevez
achève	achèvent
imparfait de l'indicatif	
achevais	achevions
achevais	acheviez
achevait	achevaient
passé simple	
achevai	achevâmes
achevas	achevâtes
acheva	achevèrent
futur	
achèverai	achèverons
achèveras	achèverez
achèvera	achèveront
conditionnel	
achèverais	achèverions
achèverais	achèveriez
achèverait	achèveraient
présent du subjonctif	
achève	achevions
achèves	acheviez
achève	achèvent
imparfait du subjonctif	
achevasse	achevassions
achevasses	achevassiez
achevât	achevassent
impératif	
achève	
achevons	
achevez	

SINGULAR	PLURAL
passé composé	
ai achevé	**avons** achevé
as achevé	**avez** achevé
a achevé	**ont** achevé
plus-que-parfait de l'indicatif	
avais achevé	**avions** achevé
avais achevé	**aviez** achevé
avait achevé	**avaient** achevé
passé antérieur	
eus achevé	**eûmes** achevé
eus achevé	**eûtes** achevé
eut achevé	**eurent** achevé
futur antérieur	
aurai achevé	**aurons** achevé
auras achevé	**aurez** achevé
aura achevé	**auront** achevé
conditionnel passé	
aurais achevé	**aurions** achevé
aurais achevé	**auriez** achevé
aurait achevé	**auraient** achevé
passé du subjonctif	
aie achevé	**ayons** achevé
aies achevé	**ayez** achevé
ait achevé	**aient** achevé
plus-que-parfait du subjonctif	
eusse achevé	**eussions** achevé
eusses achevé	**eussiez** achevé
eût achevé	**eussent** achevé

A

participe présent **acquérant**   participe passé **acquis**

A

SINGULAR	PLURAL	SINGULAR	PLURAL

présent de l'indicatif

		passé composé	
acqu**iers**	acqu**érons**	**ai** acquis	**avons** acquis
acqu**iers**	acqu**érez**	**as** acquis	**avez** acquis
acqu**iert**	acqu**ièrent**	**a** acquis	**ont** acquis

imparfait de l'indicatif

		plus-que-parfait de l'indicatif	
acqu**érais**	acqu**érions**	**avais** acquis	**avions** acquis
acqu**érais**	acqu**ériez**	**avais** acquis	**aviez** acquis
acqu**érait**	acqu**éraient**	**avait** acquis	**avaient** acquis

passé simple

		passé antérieur	
acqu**is**	acqu**îmes**	**eus** acquis	**eûmes** acquis
acqu**is**	acqu**îtes**	**eus** acquis	**eûtes** acquis
acqu**it**	acqu**irent**	**eut** acquis	**eurent** acquis

futur

		futur antérieur	
acquerr**ai**	acquerr**ons**	**aurai** acquis	**aurons** acquis
acquerr**as**	acquerr**ez**	**auras** acquis	**aurez** acquis
acquerr**a**	acquerr**ont**	**aura** acquis	**auront** acquis

conditionnel

		conditionnel passé	
acquerr**ais**	acquerr**ions**	**aurais** acquis	**aurions** acquis
acquerr**ais**	acquerr**iez**	**aurais** acquis	**auriez** acquis
acquerr**ait**	acquerr**aient**	**aurait** acquis	**auraient** acquis

présent du subjonctif

		passé du subjonctif	
acqu**ière**	acqu**érions**	**aie** acquis	**ayons** acquis
acqu**ières**	acqu**ériez**	**aies** acquis	**ayez** acquis
acqu**ière**	acqu**ièrent**	**ait** acquis	**aient** acquis

imparfait du subjonctif

		plus-que-parfait du subjonctif	
acqu**isse**	acqu**issions**	**eusse** acquis	**eussions** acquis
acqu**isses**	acqu**issiez**	**eusses** acquis	**eussiez** acquis
acqu**ît**	acqu**issent**	**eût** acquis	**eussent** acquis

impératif
acquiers
acquérons
acquérez

participe présent **adaptant**   participe passé **adapté**

SINGULAR	PLURAL	SINGULAR	PLURAL

présent de l'indicatif

		passé composé	
adapte	adaptons	**ai** adapté	**avons** adapté
adaptes	adaptez	**as** adapté	**avez** adapté
adapte	adaptent	**a** adapté	**ont** adapté

imparfait de l'indicatif | | **plus-que-parfait de l'indicatif** |

adaptais	adaptions	**avais** adapté	**avions** adapté
adaptais	adaptiez	**avais** adapté	**aviez** adapté
adaptait	adaptaient	**avait** adapté	**avaient** adapté

passé simple | | **passé antérieur** |

adaptai	adaptâmes	**eus** adapté	**eûmes** adapté
adaptas	adaptâtes	**eus** adapté	**eûtes** adapté
adapta	adaptèrent	**eut** adapté	**eurent** adapté

futur | | **futur antérieur** |

adapterai	adapterons	**aurai** adapté	**aurons** adapté
adapteras	adapterez	**auras** adapté	**aurez** adapté
adaptera	adapteront	**aura** adapté	**auront** adapté

conditionnel | | **conditionnel passé** |

adapterais	adapterions	**aurais** adapté	**aurions** adapté
adapterais	adapteriez	**aurais** adapté	**auriez** adapté
adapterait	adapteraient	**aurait** adapté	**auraient** adapté

présent du subjonctif | | **passé du subjonctif** |

adapte	adaptions	**aie** adapté	**ayons** adapté
adaptes	adaptiez	**aies** adapté	**ayez** adapté
adapte	adaptent	**ait** adapté	**aient** adapté

imparfait du subjonctif | | **plus-que-parfait du subjonctif** |

adaptasse	adaptassions	**eusse** adapté	**eussions** adapté
adaptasses	adaptassiez	**eusses** adapté	**eussiez** adapté
adaptât	adaptassent	**eût** adapté	**eussent** adapté

impératif

adapte
adaptons
adaptez

admettre

to admit, to suppose

participe présent admettant   **participe passé** admis

SINGULAR	PLURAL	SINGULAR	PLURAL

présent de l'indicatif
admets	admettons	**ai** admis	**avons** admis
admets	admettez	**as** admis	**avez** admis
admet	admettent	**a** admis	**ont** admis

passé composé

imparfait de l'indicatif
admettais	admettions	**avais** admis	**avions** admis
admettais	admettiez	**avais** admis	**aviez** admis
admettait	admettaient	**avait** admis	**avaient** admis

plus-que-parfait de l'indicatif

passé simple
admis	admîmes	**eus** admis	**eûmes** admis
admis	admîtes	**eus** admis	**eûtes** admis
admit	admirent	**eut** admis	**eurent** admis

passé antérieur

futur
admettrai	admettrons	**aurai** admis	**aurons** admis
admettras	admettrez	**auras** admis	**aurez** admis
admettra	admettront	**aura** admis	**auront** admis

futur antérieur

conditionnel
admettrais	admettrions	**aurais** admis	**aurions** admis
admettrais	admettriez	**aurais** admis	**auriez** admis
admettrait	admettraient	**aurait** admis	**auraient** admis

conditionnel passé

présent du subjonctif
admette	admettions	**aie** admis	**ayons** admis
admettes	admettiez	**aies** admis	**ayez** admis
admette	admettent	**ait** admis	**aient** admis

passé du subjonctif

imparfait du subjonctif
admisse	admissions	**eusse** admis	**eussions** admis
admisses	admissiez	**eusses** admis	**eussiez** admis
admît	admissent	**eût** admis	**eussent** admis

plus-que-parfait du subjonctif

impératif
admets
admettons
admettez

to adore, to worship   adorer

participe présent **adorant**   participe passé **adoré**

SINGULAR	PLURAL	SINGULAR	PLURAL
présent de l'indicatif		**passé composé**	
adore	adorons	**ai** adoré	**avons** adoré
adores	adorez	**as** adoré	**avez** adoré
adore	adorent	**a** adoré	**ont** adoré
imparfait de l'indicatif		**plus-que-parfait de l'indicatif**	
adorais	adorions	**avais** adoré	**avions** adoré
adorais	adoriez	**avais** adoré	**aviez** adoré
adorait	adoraient	**avait** adoré	**avaient** adoré
passé simple		**passé antérieur**	
adorai	adorâmes	**eus** adoré	**eûmes** adoré
adoras	adorâtes	**eus** adoré	**eûtes** adoré
adora	adorèrent	**eut** adoré	**eurent** adoré
futur		**futur antérieur**	
adorerai	adorerons	**aurai** adoré	**aurons** adoré
adoreras	adorerez	**auras** adoré	**aurez** adoré
adorera	adoreront	**aura** adoré	**auront** adoré
conditionnel		**conditionnel passé**	
adorerais	adorerions	**aurais** adoré	**aurions** adoré
adorerais	adoreriez	**aurais** adoré	**auriez** adoré
adorerait	adoreraient	**aurait** adoré	**auraient** adoré
présent du subjonctif		**passé du subjonctif**	
adore	adorions	**aie** adoré	**ayons** adoré
adores	adoriez	**aies** adoré	**ayez** adoré
adore	adorent	**ait** adoré	**aient** adoré
imparfait du subjonctif		**plus-que-parfait du subjonctif**	
adorasse	adorassions	**eusse** adoré	**eussions** adoré
adorasses	adorassiez	**eusses** adoré	**eussiez** adoré
adorât	adorassent	**eût** adoré	**eussent** adoré
impératif			
adore			
adorons			
adorez			

participe présent **adressant**   participe passé **adressé**

A

SINGULAR	PLURAL	SINGULAR	PLURAL

présent de l'indicatif
adresse	adressons		
adresses	adressez		
adresse	adressent		

passé composé
ai adressé	avons adressé
as adressé	avez adressé
a adressé	ont adressé

imparfait de l'indicatif
adressais	adressions
adressais	adressiez
adressait	adressaient

plus-que-parfait de l'indicatif
avais adressé	avions adressé
avais adressé	aviez adressé
avait adressé	avaient adressé

passé simple
adressai	adressâmes
adressas	adressâtes
adressa	adressèrent

passé antérieur
eus adressé	eûmes adressé
eus adressé	eûtes adressé
eut adressé	eurent adressé

futur
adresserai	adresserons
adresseras	adresserez
adressera	adresseront

futur antérieur
aurai adressé	aurons adressé
auras adressé	aurez adressé
aura adressé	auront adressé

conditionnel
adresserais	adresserions
adresserais	adresseriez
adresserait	adresseraient

conditionnel passé
aurais adressé	aurions adressé
aurais adressé	auriez adressé
aurait adressé	auraient adressé

présent du subjonctif
adresse	adressions
adresses	adressiez
adresse	adressent

passé du subjonctif
aie adressé	ayons adressé
aies adressé	ayez adressé
ait adressé	aient adressé

imparfait du subjonctif
adressasse	adressassions
adressasses	adressassiez
adressât	adressassent

plus-que-parfait du subjonctif
eusse adressé	eussions adressé
eusses adressé	eussiez adressé
eût adressé	eussent adressé

impératif
adresse
adressons
adressez

to declare, to affirm

participe présent **affirmant**   participe passé **affirmé**

A

SINGULAR	PLURAL	SINGULAR	PLURAL
présent de l'indicatif		passé composé	
affirm**e**	affirm**ons**	**ai** affirmé	**avons** affirmé
affirm**es**	affirm**ez**	**as** affirmé	**avez** affirmé
affirm**e**	affirm**ent**	**a** affirmé	**ont** affirmé
imparfait de l'indicatif		plus-que-parfait de l'indicatif	
affirm**ais**	affirm**ions**	**avais** affirmé	**avions** affirmé
affirm**ais**	affirm**iez**	**avais** affirmé	**aviez** affirmé
affirm**ait**	affirm**aient**	**avait** affirmé	**avaient** affirmé
passé simple		passé antérieur	
affirm**ai**	affirm**âmes**	**eus** affirmé	**eûmes** affirmé
affirm**as**	affirm**âtes**	**eus** affirmé	**eûtes** affirmé
affirm**a**	affirm**èrent**	**eut** affirmé	**eurent** affirmé
futur		futur antérieur	
affirmer**ai**	affirmer**ons**	**aurai** affirmé	**aurons** affirmé
affirmer**as**	affirmer**ez**	**auras** affirmé	**aurez** affirmé
affirmer**a**	affirmer**ont**	**aura** affirmé	**auront** affirmé
conditionnel		conditionnel passé	
affirmer**ais**	affirmer**ions**	**aurais** affirmé	**aurions** affirmé
affirmer**ais**	affirmer**iez**	**aurais** affirmé	**auriez** affirmé
affirmer**ait**	affirmer**aient**	**aurait** affirmé	**auraient** affirmé
présent du subjonctif		passé du subjonctif	
affirm**e**	affirm**ions**	**aie** affirmé	**ayons** affirmé
affirm**es**	affirm**iez**	**aies** affirmé	**ayez** affirmé
affirm**e**	affirm**ent**	**ait** affirmé	**aient** affirmé
imparfait du subjonctif		plus-que-parfait du subjonctif	
affirma**sse**	affirma**ssions**	**eusse** affirmé	**eussions** affirmé
affirma**sses**	affirma**ssiez**	**eusses** affirmé	**eussiez** affirmé
affirm**ât**	affirma**ssent**	**eût** affirmé	**eussent** affirmé
impératif			
affirm**e**			
affirm**ons**			
affirm**ez**			

participe présent **agaçant**   participe passé **agacé**

A

SINGULAR	PLURAL	SINGULAR	PLURAL

présent de l'indicatif
agace	agaçons		
agaces	agacez		
agace	agacent		

passé composé
ai agacé	avons agacé
as agacé	avez agacé
a agacé	ont agacé

imparfait de l'indicatif
agaçais	agacions
agaçais	agaciez
agaçait	agaçaient

plus-que-parfait de l'indicatif
avais agacé	avions agacé
avais agacé	aviez agacé
avait agacé	avaient agacé

passé simple
agaçai	agaçâmes
agaças	agaçâtes
agaça	agacèrent

passé antérieur
eus agacé	eûmes agacé
eus agacé	eûtes agacé
eut agacé	eurent agacé

futur
agacerai	agacerons
agaceras	agacerez
agacera	agaceront

futur antérieur
aurai agacé	aurons agacé
auras agacé	aurez agacé
aura agacé	auront agacé

conditionnel
agacerais	agacerions
agacerais	agaceriez
agacerait	agaceraient

conditionnel passé
aurais agacé	aurions agacé
aurais agacé	auriez agacé
aurait agacé	auraient agacé

présent du subjonctif
agace	agacions
agaces	agaciez
agace	agacent

passé du subjonctif
aie agacé	ayons agacé
aies agacé	ayez agacé
ait agacé	aient agacé

imparfait du subjonctif
agaçasse	agaçassions
agaçasses	agaçassiez
agaçât	agaçassent

plus-que-parfait du subjonctif
eusse agacé	eussions agacé
eusses agacé	eussiez agacé
eût agacé	eussent agacé

impératif
agace
agaçons
agacez

to act, to behave   agir

SINGULAR	PLURAL	SINGULAR	PLURAL

A

présent de l'indicatif

		passé composé	
agis	agissons	ai agi	avons agi
agis	agissez	as agi	avez agi
agit	agissent	a agi	ont agi

imparfait de l'indicatif / **plus-que-parfait de l'indicatif**

agissais	agissions	avais agi	avions agi
agissais	agissiez	avais agi	aviez agi
agissait	agissaient	avait agi	avaient agi

passé simple / **passé antérieur**

agis	agîmes	eus agi	eûmes agi
agis	agîtes	eus agi	eûtes agi
agit	agirent	eut agi	eurent agi

futur / **futur antérieur**

agirai	agirons	aurai agi	aurons agi
agiras	agirez	auras agi	aurez agi
agira	agiront	aura agi	auront agi

conditionnel / **conditionnel passé**

agirais	agirions	aurais agi	aurions agi
agirais	agiriez	aurais agi	auriez agi
agirait	agiraient	aurait agi	auraient agi

présent du subjonctif / **passé du subjonctif**

agisse	agissions	aie agi	ayons agi
agisses	agissiez	aies agi	ayez agi
agisse	agissent	ait agi	aient agi

imparfait du subjonctif / **plus-que-parfait du subjonctif**

agisse	agissions	eusse agi	eussions agi
agisses	agissiez	eusses agi	eussiez agi
agît	agissent	eût agi	eussent agi

impératif

agis
agissons
agissez

s'agir de

to be about

participe présent **s'agissant**

participe passé **agi**

A

présent de l'indicatif
il s'ag**it**

imparfait de l'indicatif
il s'agi**ssait**

passé simple
il s'ag**it**

futur
il s'agir**a**

conditionnel
il s'agir**ait**

présent du subjonctif
il s'agi**sse**

imparfait du subjonctif
il s'ag**ît**

impératif
No conjugation for this tense.

passé composé
il s'est ag**i**

plus-que-parfait de l'indicatif
il s'était ag**i**

passé antérieur
il se fut ag**i**

futur antérieur
il se sera ag**i**

conditionnel passé
il se serait ag**i**

passé du subjonctif
il se soit ag**i**

plus-que-parfait du subjonctif
il se fût ag**i**

participe présent s'aidant | **participe passé** aidé(e)(s)

SINGULAR	PLURAL	SINGULAR	PLURAL

présent de l'indicatif
m'aide	nous aidons
t'aides	vous aidez
s'aide	s'aident

passé composé
me suis aidé(e)	nous sommes aidés(e)s
t'es aidé(e)	vous êtes aidé(e)(s)
s'est aidé(e)	se sont aidé(e)s

imparfait de l'indicatif
m'aidais	nous aidions
t'aidais	vous aidiez
s'aidait	s'aidaient

plus-que-parfait de l'indicatif
m'étais aidé(e)	nous étions aidé(e)s
t'étais aidé(e)	vous étiez aidé(e)(s)
s'était aidé(e)	s'étaient aidé(e)s

passé simple
m'aidai	nous aidâmes
t'aidas	vous aidâtes
s'aida	s'aidèrent

passé antérieur
me fus aidé(e)	nous fûmes aidé(e)s
te fus aidé(e)	vous fûtes aidé(e)(s)
se fut aidé(e)	se furent aidé(e)s

futur
m'aiderai	nous aiderons
t'aideras	vous aiderez
s'aidera	s'aideront

futur antérieur
me serai aidé(e)	nous serons aidé(e)s
te seras aidé(e)	vous serez aidé(e)(s)
se sera aidé(e)	se seront aidé(e)s

conditionnel
m'aiderais	nous aiderions
t'aiderais	vous aideriez
s'aiderait	s'aideraient

conditionnel passé
me serais aidé(e)	nous serions aidé(e)s
te serais aidé(e)	vous seriez aidé(e)(s)
se serait aidé(e)	se seraient aidé(e)s

présent du subjonctif
m'aide	nous aidions
t'aides	vous aidiez
s'aide	s'aident

passé du subjonctif
me sois aidé(e)	nous soyons aidé(e)s
te sois aidé(e)	vous soyez aidé(e)(s)
se soit aidé(e)	se soient aidé(e)s

imparfait du subjonctif
m'aidasse	nous aidassions
t'aidasses	vous aidassiez
s'aidât	s'aidassent

plus-que-parfait du subjonctif
me fusse aidé(e)	nous fussions aidé(e)s
te fusses aidé(e)	vous fussiez aidé(e)(s)
se fût aidé(e)	se fussent aidé(e)s

impératif
aide-toi
aidons-nous
aidez-vous

to love, to like

participe présent **aimant**   participe passé **aimé**

SINGULAR	PLURAL	SINGULAR	PLURAL

présent de l'indicatif
		passé composé	
aime	aimons	**ai** aimé	**avons** aimé
aimes	aimez	**as** aimé	**avez** aimé
aime	aiment	**a** aimé	**ont** aimé

imparfait de l'indicatif
		plus-que-parfait de l'indicatif	
aimais	aimions	**avais** aimé	**avions** aimé
aimais	aimiez	**avais** aimé	**aviez** aimé
aimait	aimaient	**avait** aimé	**avaient** aimé

passé simple
		passé antérieur	
aimai	aimâmes	**eus** aimé	**eûmes** aimé
aimas	aimâtes	**eus** aimé	**eûtes** aimé
aima	aimèrent	**eut** aimé	**eurent** aimé

futur
		futur antérieur	
aimerai	aimerons	**aurai** aimé	**aurons** aimé
aimeras	aimerez	**auras** aimé	**aurez** aimé
aimera	aimeront	**aura** aimé	**auront** aimé

conditionnel
		conditionnel passé	
aimerais	aimerions	**aurais** aimé	**aurions** aimé
aimerais	aimeriez	**aurais** aimé	**auriez** aimé
aimerait	aimeraient	**aurait** aimé	**auraient** aimé

présent du subjonctif
		passé du subjonctif	
aime	aimions	**aie** aimé	**ayons** aimé
aimes	aimiez	**aies** aimé	**ayez** aimé
aime	aiment	**ait** aimé	**aient** aimé

imparfait du subjonctif
		plus-que-parfait du subjonctif	
aimasse	aimassions	**eusse** aimé	**eussions** aimé
aimasses	aimassiez	**eusses** aimé	**eussiez** aimé
aimât	aimassent	**eût** aimé	**eussent** aimé

impératif
aime
aimons
aimez

MUST KNOW VERB

to add

ajouter

participe présent **ajoutant**   participe passé **ajouté**

SINGULAR	PLURAL	SINGULAR	PLURAL

présent de l'indicatif

ajout**e**	ajout**ons**
ajout**es**	ajout**ez**
ajout**e**	ajout**ent**

passé composé

ai ajouté	**avons** ajouté
as ajouté	**avez** ajouté
a ajouté	**ont** ajouté

imparfait de l'indicatif

ajout**ais**	ajout**ions**
ajout**ais**	ajout**iez**
ajout**ait**	ajout**aient**

plus-que-parfait de l'indicatif

avais ajouté	**avions** ajouté
avais ajouté	**aviez** ajouté
avait ajouté	**avaient** ajouté

passé simple

ajout**ai**	ajout**âmes**
ajout**as**	ajout**âtes**
ajout**a**	ajout**èrent**

passé antérieur

eus ajouté	**eûmes** ajouté
eus ajouté	**eûtes** ajouté
eut ajouté	**eurent** ajouté

futur

ajouter**ai**	ajouter**ons**
ajouter**as**	ajouter**ez**
ajouter**a**	ajouter**ont**

futur antérieur

aurai ajouté	**aurons** ajouté
auras ajouté	**aurez** ajouté
aura ajouté	**auront** ajouté

conditionnel

ajouter**ais**	ajouter**ions**
ajouter**ais**	ajouter**iez**
ajouter**ait**	ajouter**aient**

conditionnel passé

aurais ajouté	**aurions** ajouté
aurais ajouté	**auriez** ajouté
aurait ajouté	**auraient** ajouté

présent du subjonctif

ajout**e**	ajout**ions**
ajout**es**	ajout**iez**
ajout**e**	ajout**ent**

passé du subjonctif

aie ajouté	**ayons** ajouté
aies ajouté	**ayez** ajouté
ait ajouté	**aient** ajouté

imparfait du subjonctif

ajout**asse**	ajout**assions**
ajout**asses**	ajout**assiez**
ajout**ât**	ajout**assent**

plus-que-parfait du subjonctif

eusse ajouté	**eussions** ajouté
eusses ajouté	**eussiez** ajouté
eût ajouté	**eussent** ajouté

impératif

ajoute
ajoutons
ajoutez

participe présent allant   **participe passé allé(e)(s)**

A

SINGULAR	PLURAL	SINGULAR	PLURAL

présent de l'indicatif
vais	allons	**suis** allé(e)	**sommes** allé(e)s
vas	allez	**es** allé(e)	**êtes** allé(e)(s)
va	vont	**est** allé(e)	**sont** allé(e)s

imparfait de l'indicatif / plus-que-parfait de l'indicatif
allais	allions	**étais** allé(e)	**étions** allé(e)s
allais	alliez	**étais** allé(e)	**étiez** allé(e)(s)
allait	allaient	**était** allé(e)	**étaient** allé(e)s

passé simple / passé antérieur
allai	allâmes	**fus** allé(e)	**fûmes** allé(e)s
allas	allâtes	**fus** allé(e)	**fûtes** allé(e)(s)
alla	allèrent	**fut** allé(e)	**furent** allé(e)s

futur / futur antérieur
irai	irons	**serai** allé(e)	**serons** allé(e)s
iras	irez	**seras** allé(e)	**serez** allé(e)(s)
ira	iront	**sera** allé(e)	**seront** allé(e)s

conditionnel / conditionnel passé
irais	irions	**serais** allé(e)	**serions** allé(e)s
irais	iriez	**serais** allé(e)	**seriez** allé(e)(s)
irait	iraient	**serait** allé(e)	**seraient** allé(e)s

présent du subjonctif / passé du subjonctif
aille	allions	**sois** allé(e)	**soyons** allé(e)s
ailles	alliez	**sois** allé(e)	**soyez** allé(e)(s)
aille	aillent	**soit** allé(e)	**soient** allé(e)s

imparfait du subjonctif / plus-que-parfait du subjonctif
alla**sse**	alla**ssions**	**fusse** allé(e)	**fussions** allé(e)s
alla**sses**	alla**ssiez**	**fusses** allé(e)	**fussiez** allé(e)(s)
allâ**t**	alla**ssent**	**fût** allé(e)	**fussent** allé(e)s

impératif
va
allons
allez

MUST KNOW VERB

to go away

s'en aller

participe présent **s'en allant**   participe passé **en allé(e)(s)**

SINGULAR	PLURAL
présent de l'indicatif	
m'en vais	**nous** en allons
t'en vas	**vous** en allez
s'en va	**s'**en vont
imparfait de l'indicatif	
m'en allais	**nous** en allions
t'en allais	**vous** en alliez
s'en allait	**s'**en allaient
passé simple	
m'en allai	**nous** en allâmes
t'en allas	**vous** en allâtes
s'en alla	**s'**en allèrent
futur	
m'en irai	**nous** en irons
t'en iras	**vous** en irez
s'en ira	**s'**en iront
conditionnel	
m'en irais	**nous** en irions
t'en irais	**vous** en iriez
s'en irait	**s'**en iraient
présent du subjonctif	
m'en aille	**nous** en allions
t'en ailles	**vous** en alliez
s'en aille	**s'**en aillent
imparfait du subjonctif	
m'en allasse	**nous** en allassions
t'en allasses	**vous** en allassiez
s'en allât	**s'**en allassent

impératif
va-t'en
allons-nous-en
allez-vous-en

SINGULAR	PLURAL
passé composé	
m'en suis allé(e)	**nous** en sommes allé(e)s
t'en es allé(e)	**vous** en êtes allé(e)(s)
s'en est allé(e)	**s'**en sont allé(e)s
plus-que-parfait de l'indicatif	
m'en étais allé(e)	**nous** en étions allé(e)s
t'en étais allé(e)	**vous** en étiez allé(e)(s)
s'en était allé(e)	**s'**en étaient allé(e)s
passé antérieur	
m'en fus allé(e)	**nous** en fûmes allé(e)s
t'en fus allé(e)	**vous** en fûtes allé(e)(s)
s'en fut allé(e)	**s'**en furent allé(e)s
futur antérieur	
m'en serai allé(e)	**nous** en serons allé(e)s
t'en seras allé(e)	**vous** en serez allé(e)(s)
s'en sera allé(e)	**s'**en seront allé(e)s
conditionnel passé	
m'en serais allé(e)	**nous** en serions allé(e)s
t'en serais allé(e)	**vous** en seriez allé(e)(s)
s'en serait allé(e)	**s'**en seraient allé(e)s
passé du subjonctif	
m'en sois allé(e)	**nous** en soyons allé(e)s
t'en sois allé(e)	**vous** en soyez allé(e)(s)
s'en soit allé(e)	**s'**en soient allé(e)s
plus-que-parfait du subjonctif	
m'en fusse allé(e)	**nous** en fussions allé(e)s
t'en fusses allé(e)	**vous** en fussiez allé(e)(s)
s'en fût allé(e)	**s'**en fussent allé(e)s

participe présent **amenant**   participe passé **amené**

SINGULAR	PLURAL	SINGULAR	PLURAL

A

présent de l'indicatif

amèn**e**	amen**ons**
amèn**es**	amen**ez**
amèn**e**	amèn**ent**

passé composé

ai amené	**avons** amené
as amené	**avez** amené
a amené	**ont** amené

imparfait de l'indicatif

amen**ais**	amen**ions**
amen**ais**	amen**iez**
amen**ait**	amen**aient**

plus-que-parfait de l'indicatif

avais amené	**avions** amené
avais amené	**aviez** amené
avait amené	**avaient** amené

passé simple

amen**ai**	amen**âmes**
amen**as**	amen**âtes**
amen**a**	amen**èrent**

passé antérieur

eus amené	**eûmes** amené
eus amené	**eûtes** amené
eut amené	**eurent** amené

futur

amèner**ai**	amèner**ons**
amèner**as**	amèner**ez**
amèner**a**	amèner**ont**

futur antérieur

aurai amené	**aurons** amené
auras amené	**aurez** amené
aura amené	**auront** amené

conditionnel

amèner**ais**	amèner**ions**
amèner**ais**	amèner**iez**
amèner**ait**	amèner**aient**

conditionnel passé

aurais amené	**aurions** amené
aurais amené	**auriez** amené
aurait amené	**auraient** amené

présent du subjonctif

amèn**e**	amen**ions**
amèn**es**	amen**iez**
amèn**e**	amèn**ent**

passé du subjonctif

aie amené	**ayons** amené
aies amené	**ayez** amené
ait amené	**aient** amené

imparfait du subjonctif

amen**asse**	amen**assions**
amen**asses**	amen**assiez**
amen**ât**	amen**assent**

plus-que-parfait du subjonctif

eusse amené	**eussions** amené
eusses amené	**eussiez** amené
eût amené	**eussent** amené

impératif

amèn**e**
amen**ons**
amen**ez**

to play

s'amuser

participe présent **s'amusant** participe passé **amusé(e)(s)**

SINGULAR	PLURAL	SINGULAR	PLURAL

présent de l'indicatif

m'amus**e**	**nous** amus**ons**
t'amus**es**	**vous** amus**ez**
s'amus**e**	**s'**amus**ent**

passé composé

me suis amusé(e)	**nous sommes** amusé(e)s
t'es amusé(e)	**vous êtes** amusé(e)(s)
s'est amusé(e)	**se sont** amusé(e)s

imparfait de l'indicatif

m'amus**ais**	**nous** amus**ions**
t'amus**ais**	**vous** amus**iez**
s'amus**ait**	**s'**amus**aient**

plus-que-parfait de l'indicatif

m'étais amusé(e)	**nous étions** amusé(e)s
t'étais amusé(e)	**vous étiez** amusé(e)(s)
s'était amusé(e)	**s'étaient** amusé(e)s

passé simple

m'amus**ai**	**nous** amus**âmes**
t'amus**as**	**vous** amus**âtes**
s'amus**a**	**s'**amus**èrent**

passé antérieur

me fus amusé(e)	**nous fûmes** amusé(e)s
te fus amusé(e)	**vous fûtes** amusé(e)(s)
se fut amusé(e)	**se furent** amusé(e)s

futur

m'amuser**ai**	**nous** amuser**ons**
t'amuser**as**	**vous** amuser**ez**
s'amuser**a**	**s'**amuser**ont**

futur antérieur

me serai amusé(e)	**nous serons** amusé(e)s
te seras amusé(e)	**vous serez** amusé(e)(s)
se sera amusé(e)	**se seront** amusé(e)s

conditionnel

m'amuser**ais**	**nous** amuser**ions**
t'amuser**ais**	**vous** amuser**iez**
s'amuser**ait**	**s'**amuser**aient**

conditionnel passé

me serais amusé(e)	**nous serions** amusé(e)s
te serais amusé(e)	**vous seriez** amusé(e)(s)
se serait amusé(e)	**se seraient** amusé(e)s

présent du subjonctif

m'amus**e**	**nous** amus**ions**
t'amus**es**	**vous** amus**iez**
s'amus**e**	**s'**amus**ent**

passé du subjonctif

me sois amusé(e)	**nous soyons** amusé(e)s
te sois amusé(e)	**vous soyez** amusé(e)(s)
se soit amusé(e)	**se soient** amusé(e)s

imparfait du subjonctif

m'amus**asse**	**nous** amus**assions**
t'amus**asses**	**vous** amus**assiez**
s'amus**ât**	**s'**amus**assent**

plus-que-parfait du subjonctif

me fusse amusé(e)	**nous fussions** amusé(e)s
te fusses amusé(e)	**vous fussiez** amusé(e)(s)
se fût amusé(e)	**se fussent** amusé(e)s

impératif

amuse-toi
amusons-nous
amusez-vous

participe présent **analysant**   participe passé **analysé**

A

SINGULAR	PLURAL	SINGULAR	PLURAL

présent de l'indicatif

		passé composé	
analyse	analysons	**ai** analysé	**avons** analysé
analyses	analysez	**as** analysé	**avez** analysé
analyse	analysent	**a** analysé	**ont** analysé

imparfait de l'indicatif

		plus-que-parfait de l'indicatif	
analysais	analysions	**avais** analysé	**avions** analysé
analysais	analysiez	**avais** analysé	**aviez** analysé
analysait	analysaient	**avait** analysé	**avaient** analysé

passé simple

		passé antérieur	
analysai	analysâmes	**eus** analysé	**eûmes** analysé
analysas	analysâtes	**eus** analysé	**eûtes** analysé
analysa	analysèrent	**eut** analysé	**eurent** analysé

futur

		futur antérieur	
analyserai	analyserons	**aurai** analysé	**aurons** analysé
analyseras	analyserez	**auras** analysé	**aurez** analysé
analysera	analyseront	**aura** analysé	**auront** analysé

conditionnel

		conditionnel passé	
analyserais	analyserions	**aurais** analysé	**aurions** analysé
analyserais	analyseriez	**aurais** analysé	**auriez** analysé
analyserait	analyseraient	**aurait** analysé	**auraient** analysé

présent du subjonctif

		passé du subjonctif	
analyse	analysions	**aie** analysé	**ayons** analysé
analyses	analysiez	**aies** analysé	**ayez** analysé
analyse	analysent	**ait** analysé	**aient** analysé

imparfait du subjonctif

		plus-que-parfait du subjonctif	
analysasse	analysassions	**eusse** analysé	**eussions** analysé
analysasses	analysassiez	**eusses** analysé	**eussiez** analysé
analysât	analysassent	**eût** analysé	**eussent** analysé

impératif

analyse
analysons
analysez

to lead, to run, to present, to liven up   animer

participe présent **animant**   participe passé **animé**

SINGULAR	PLURAL	SINGULAR	PLURAL

présent de l'indicatif

anim**e**	anim**ons**
anim**es**	anim**ez**
anim**e**	anim**ent**

passé composé

ai animé	**avons** animé
as animé	**avez** animé
a animé	**ont** animé

imparfait de l'indicatif

anim**ais**	anim**ions**
anim**ais**	anim**iez**
anim**ait**	anim**aient**

plus-que-parfait de l'indicatif

avais animé	**avions** animé
avais animé	**aviez** animé
avait animé	**avaient** animé

passé simple

anim**ai**	anim**âmes**
anim**as**	anim**âtes**
anim**a**	anim**èrent**

passé antérieur

eus animé	**eûmes** animé
eus animé	**eûtes** animé
eut animé	**eurent** animé

futur

animer**ai**	animer**ons**
animer**as**	animer**ez**
animer**a**	animer**ont**

futur antérieur

aurai animé	**aurons** animé
auras animé	**aurez** animé
aura animé	**auront** animé

conditionnel

animer**ais**	animer**ions**
animer**ais**	animer**iez**
animer**ait**	animer**aient**

conditionnel passé

aurais animé	**aurions** animé
aurais animé	**auriez** animé
aurait animé	**auraient** animé

présent du subjonctif

anim**e**	anim**ions**
anim**es**	anim**iez**
anim**e**	anim**ent**

passé du subjonctif

aie animé	**ayons** animé
aies animé	**ayez** animé
ait animé	**aient** animé

imparfait du subjonctif

anim**asse**	anim**assions**
anim**asses**	anim**assiez**
anim**ât**	anim**assent**

plus-que-parfait du subjonctif

eusse animé	**eussions** animé
eusses animé	**eussiez** animé
eût animé	**eussent** animé

impératif

anime
animons
animez

annoncer

participe présent **annonçant**   participe passé **annoncé**

A

SINGULAR	PLURAL	SINGULAR	PLURAL

présent de l'indicatif

annonce	annonçons	
annonces	annoncez	
annonce	annoncent	

passé composé

ai annoncé	**avons** annoncé
as annoncé	**avez** annoncé
a annoncé	**ont** annoncé

imparfait de l'indicatif

annonçais	annoncions
annonçais	annonciez
annonçait	annonçaient

plus-que-parfait de l'indicatif

avais annoncé	**avions** annoncé
avais annoncé	**aviez** annoncé
avait annoncé	**avaient** annoncé

passé simple

annonçai	annonçâmes
annonças	annonçâtes
annonça	annoncèrent

passé antérieur

eus annoncé	**eûmes** annoncé
eus annoncé	**eûtes** annoncé
eut annoncé	**eurent** annoncé

futur

annoncerai	annoncerons
annonceras	annoncerez
annoncera	annonceront

futur antérieur

aurai annoncé	**aurons** annoncé
auras annoncé	**aurez** annoncé
aura annoncé	**auront** annoncé

conditionnel

annoncerais	annoncerions
annoncerais	annonceriez
annoncerait	annonceraient

conditionnel passé

aurais annoncé	**aurions** annoncé
aurais annoncé	**auriez** annoncé
aurait annoncé	**auraient** annoncé

présent du subjonctif

annonce	annoncions
annonces	annonciez
annonce	annoncent

passé du subjonctif

aie annoncé	**ayons** annoncé
aies annoncé	**ayez** annoncé
ait annoncé	**aient** annoncé

imparfait du subjonctif

annonçasse	annonçassions
annonçasses	annonçassiez
annonçât	annonçassent

plus-que-parfait du subjonctif

eusse annoncé	**eussions** annoncé
eusses annoncé	**eussiez** annoncé
eût annoncé	**eussent** annoncé

impératif

annonce
annonçons
annoncez

to perceive   apercevoir

participe présent **apercevant**   participe passé **aperçu**

SINGULAR	PLURAL	SINGULAR	PLURAL

présent de l'indicatif

		passé composé	
aperçois	apercevons	**ai** aperçu	**avons** aperçu
aperçois	apercevez	**as** aperçu	**avez** aperçu
aperçoit	aperçoivent	**a** aperçu	**ont** aperçu

imparfait de l'indicatif / **plus-que-parfait de l'indicatif**

apercevais	apercevions	**avais** aperçu	**avions** aperçu
apercevais	aperceviez	**avais** aperçu	**aviez** aperçu
apercevait	apercevaient	**avait** aperçu	**avaient** aperçu

passé simple / **passé antérieur**

aperçus	aperçûmes	**eus** aperçu	**eûmes** aperçu
aperçus	aperçûtes	**eus** aperçu	**eûtes** aperçu
aperçut	aperçurent	**eut** aperçu	**eurent** aperçu

futur / **futur antérieur**

apercevrai	apercevrons	**aurai** aperçu	**aurons** aperçu
apercevras	apercevrez	**auras** aperçu	**aurez** aperçu
apercevra	apercevront	**aura** aperçu	**auront** aperçu

conditionnel / **conditionnel passé**

apercevrais	apercevrions	**aurais** aperçu	**aurions** aperçu
apercevrais	apercevriez	**aurais** aperçu	**auriez** aperçu
apercevrait	apercevraient	**aurait** aperçu	**auraient** aperçu

présent du subjonctif / **passé du subjonctif**

aperçoive	apercevions	**aie** aperçu	**ayons** aperçu
aperçoives	aperceviez	**aies** aperçu	**ayez** aperçu
aperçoive	aperçoivent	**ait** aperçu	**aient** aperçu

imparfait du subjonctif / **plus-que-parfait du subjonctif**

aperçusse	aperçussions	**eusse** aperçu	**eussions** aperçu
aperçusses	aperçussiez	**eusse** aperçu	**eussiez** aperçu
aperçût	aperçussent	**eût** aperçu	**eussent** aperçu

impératif
aperçois
apercevons
apercevez

s'apercevoir
to realize, to notice

participe présent **s'apercevant**   participe passé **aperçu(e)(s)**

SINGULAR	PLURAL	SINGULAR	PLURAL

présent de l'indicatif
m'aperçois	nous apercevons		
t'aperçois	vous apercevez		
s'aperçoit	s'aperçoivent		

passé composé
me suis aperçu(e)	nous sommes aperçu(e)s		
t'es aperçu(e)	vous êtes aperçu(e)(s)		
s'est aperçu(e)	se sont aperçu(e)s		

imparfait de l'indicatif
m'apercevais	nous apercevions
t'apercevais	vous aperceviez
s'apercevait	s'apercevaient

plus-que-parfait de l'indicatif
m'étais aperçu(e)	nous étions aperçu(e)s
t'étais aperçu(e)	vous étiez aperçu(e)(s)
s'était aperçu(e)	s'étaient aperçu(e)s

passé simple
m'aperçus	nous aperçûmes
t'aperçus	vous aperçûtes
s'aperçut	s'aperçurent

passé antérieur
me fus aperçu(e)	nous fûmes aperçu(e)s
te fus aperçu(e)	vous fûtes aperçu(e)(s)
se fut aperçu(e)	se furent aperçu(e)s

futur
m'apercevrai	nous apercevrons
t'apercevras	vous apercevrez
s'apercevra	s'apercevront

futur antérieur
me serai aperçu(e)	nous serons aperçu(e)s
te seras aperçu(e)	vous serez aperçu(e)(s)
se sera aperçu(e)	se seront aperçu(e)s

conditionnel
m'apercevrais	nous apercevrions
t'apercevrais	vous apercevriez
s'apercevrait	s'apercevraient

conditionnel passé
me serais aperçu(e)	nous serions aperçu(e)s
te serais aperçu(e)	vous seriez aperçu(e)(s)
se serait aperçu(e)	se seraient aperçu(e)s

présent du subjonctif
m'aperçoive	nous apercevions
t'aperçoives	vous aperceviez
s'aperçoive	s'aperçoivent

passé du subjonctif
me sois aperçu(e)	nous soyons aperçu(e)s
te sois aperçu(e)	vous soyez aperçu(e)(s)
se soit aperçu(e)	se soient aperçu(e)s

imparfait du subjonctif
m'aperçusse	nous aperçussions
t'aperçusses	vous aperçussiez
s'aperçût	s'aperçussent

plus-que-parfait du subjonctif
me fusse aperçu(e)	nous fussions aperçu(e)s
te fusses aperçu(e)	vous fussiez aperçu(e)(s)
se fût aperçu(e)	se fussent aperçu(e)s

impératif
aperçois-toi
apercevons-nous
apercevez-vous

to appear

participe présent **apparaissant**   participe passé **apparu(e)(s)**

SINGULAR	PLURAL	SINGULAR	PLURAL

A

présent de l'indicatif

		passé composé	
apparais	apparaissons	suis apparu(e)	sommes apparu(e)s
apparais	apparaissez	es apparu(e)	êtes apparus(e)(s)
apparaît	apparaissent	est apparu(e)	sont apparus(e)s

imparfait de l'indicatif

		plus-que-parfait de l'indicatif	
apparaissais	apparaissions	étais apparu(e)	étions apparus(e)s
apparaissais	apparaissiez	étais apparu(e)	étiez apparus(e)(s)
apparaissait	apparaissaient	était apparu(e)	étaient apparus(e)s

passé simple

		passé antérieur	
apparus	apparûmes	fus apparu(e)	fûmes apparus(e)s
apparus	apparûtes	fus apparu(e)	fûtes apparus(e)(s)
apparut	apparurent	fut apparu(e)	furent apparus(e)s

futur

		futur antérieur	
apparaîtrai	apparaîtrons	serai apparu(e)	serons apparus(e)s
apparaîtras	apparaîtrez	seras apparu(e)	serez apparus(e)(s)
apparaîtra	apparaîtront	sera apparu(e)	seront apparus(e)s

conditionnel

		conditionnel passé	
apparaîtrais	apparaîtrions	serais apparu(e)	serions apparus(e)s
apparaîtrais	apparaîtriez	serais apparu(e)	seriez apparus(e)(s)
apparaîtrait	apparaîtraient	serait apparu(e)	seraient apparus(e)s

présent du subjonctif

		passé du subjonctif	
apparaisse	apparaissions	sois apparu(e)	soyons apparus(e)s
apparaisses	apparaissiez	sois apparu(e)	soyez apparus(e)(s)
apparaisse	apparaissent	soit apparu(e)	soient apparus(e)s

imparfait du subjonctif

		plus-que-parfait du subjonctif	
apparusse	apparussions	fusse apparu(e)	fussions apparus(e)s
apparusses	apparussiez	fusses apparu(e)	fussiez apparus(e)(s)
apparût	apparussent	fût apparu(e)	fussent apparus(e)s

impératif
apparais
apparaissons
apparaissez

appartenir

to belong, to pertain

participe présent **appartenant**   participe passé **appartenu**

SINGULAR	PLURAL	SINGULAR	PLURAL

présent de l'indicatif

		passé composé	
appart**iens**	appart**enons**	**ai** appartenu	**avons** appartenu
appart**iens**	appart**enez**	**as** appartenu	**avez** appartenu
appart**ient**	appart**iennent**	**a** appartenu	**ont** appartenu

imparfait de l'indicatif

		plus-que-parfait de l'indicatif	
apparten**ais**	apparten**ions**	**avais** appartenu	**avions** appartenu
apparten**ais**	apparten**iez**	**avais** appartenu	**aviez** appartenu
apparten**ait**	apparten**aient**	**avait** appartenu	**avaient** appartenu

passé simple

		passé antérieur	
appart**ins**	appart**înmes**	**eus** appartenu	**eûmes** appartenu
appart**ins**	appart**întes**	**eus** appartenu	**eûtes** appartenu
appart**int**	appart**inrent**	**eut** appartenu	**eurent** appartenu

futur

		futur antérieur	
appartiend**rai**	appartiend**rons**	**aurai** appartenu	**aurons** appartenu
appartiend**ras**	appartiend**rez**	**auras** appartenu	**aurez** appartenu
appartiend**ra**	appartiend**ront**	**aura** appartenu	**auront** appartenu

conditionnel

		conditionnel passé	
appartiend**rais**	appartiend**rions**	**aurais** appartenu	**aurions** appartenu
appartiend**rais**	appartiend**riez**	**aurais** appartenu	**auriez** appartenu
appartiend**rait**	appartiend**raient**	**aurait** appartenu	**auraient** appartenu

présent du subjonctif

		passé du subjonctif	
appartienn**e**	apparten**ions**	**aie** appartenu	**ayons** appartenu
appartienn**es**	apparten**iez**	**aies** appartenu	**ayez** appartenu
appartienn**e**	appartienn**ent**	**ait** appartenu	**aient** appartenu

imparfait du subjonctif

		plus-que-parfait du subjonctif	
appartin**sse**	appartin**ssions**	**eusse** appartenu	**eussions** appartenu
appartin**sses**	appartin**ssiez**	**eusses** appartenu	**eussiez** appartenu
appart**înt**	appartin**ssent**	**eût** appartenu	**eussent** appartenu

impératif
appartiens
appartenons
appartenez

appeler

participe présent **appelant**

participe passé **appelé**

A

SINGULAR	PLURAL	SINGULAR	PLURAL

présent de l'indicatif

appelle	appelons
appelles	appelez
appelle	appellent

passé composé

ai appelé	avons appelé
as appelé	avez appelé
a appelé	ont appelé

imparfait de l'indicatif

appelais	appelions
appelais	appeliez
appelait	appelaient

plus-que-parfait de l'indicatif

avais appelé	avions appelé
avais appelé	aviez appelé
avait appelé	avaient appelé

passé simple

appelai	appelâmes
appelas	appelâtes
appela	appelèrent

passé antérieur

eus appelé	eûmes appelé
eus appelé	eûtes appelé
eut appelé	eurent appelé

futur

appellerai	appellerons
appelleras	appellerez
appellera	appelleront

futur antérieur

aurai appelé	aurons appelé
auras appelé	aurez appelé
aura appelé	auront appelé

conditionnel

appellerais	appellerions
appellerais	appelleriez
appellerait	appelleraient

conditionnel passé

aurais appelé	aurions appelé
aurais appelé	auriez appelé
aurait appelé	auraient appelé

présent du subjonctif

appelle	appelions
appelles	appeliez
appelle	appellent

passé du subjonctif

aie appelé	ayons appelé
aies appelé	ayez appelé
ait appelé	aient appelé

imparfait du subjonctif

appelasse	appelassions
appelasses	appelassiez
appelât	appelassent

plus-que-parfait du subjonctif

eusse appelé	eussions appelé
eusses appelé	eussiez appelé
eût appelé	eussent appelé

impératif

appelle
appelons
appelez

MUST KNOW VERB

participe présent   **s'appelant**   participe passé   **appelé(e)(s)**

A

SINGULAR	PLURAL	SINGULAR	PLURAL

présent de l'indicatif
m'appelle	nous appelons
t'appelles	vous appelez
s'appelle	s'appellent

passé composé
me suis appelé(e)	nous sommes appelé(e)s
t'es appelé(e)	vous êtes appelé(e)(s)
s'est appelé(e)	se sont appelé(e)s

imparfait de l'indicatif
m'appelais	nous appelions
t'appelais	vous appeliez
s'appelait	s'appelaient

plus-que-parfait de l'indicatif
m'étais appelé(e)	nous étions appelé(e)s
t'étais appelé(e)	vous étiez appelé(e)(s)
s'était appelé(e)	s'étaient appelé(e)s

passé simple
m'appelai	nous appelâmes
t'appelas	vous appelâtes
s'appela	s'appelèrent

passé antérieur
me fus appelé(e)	nous fûmes appelé(e)s
te fus appelé(e)	vous fûtes appelé(e)(s)
se fut appelé(e)	se furent appelé(e)s

futur
m'appellerai	nous appellerons
t'appelleras	vous appellerez
s'appellera	s'appelleront

futur antérieur
me serai appelé(e)	nous serons appelé(e)s
te seras appelé(e)	vous serez appelé(e)(s)
se sera appelé(e)	se seront appelé(e)s

conditionnel
m'appellerais	nous appellerions
t'appellerais	vous appelleriez
s'appellerait	s'appelleraient

conditionnel passé
me serais appelé(e)	nous serions appelé(e)s
te serais appelé(e)	vous seriez appelé(e)(s)
se serait appelé(e)	se seraient appelé(e)s

présent du subjonctif
m'appelle	nous appelions
t'appelles	vous appeliez
s'appelle	s'appellent

passé du subjonctif
me sois appelé(e)	nous soyons appelé(e)s
te sois appelé(e)	vous soyez appelé(e)(s)
se soit appelé(e)	se soient appclé(e)s

imparfait du subjonctif
m'appelasse	nous appelassions
t'appelasses	vous appelassiez
s'appelât	s'appelassent

plus-que-parfait du subjonctif
me fusse appelé(e)	nous fussions appelé(e)s
te fusses appelé(e)	vous fussiez appelé(e)(s)
se fût appelé(e)	se fussent appelé(e)s

impératif
appelle-toi
appelons-nous
appelez-vous

to apply

appliquer

participe présent **appliquant**   participe passé **appliqué**

SINGULAR	PLURAL	SINGULAR	PLURAL

présent de l'indicatif

applique	appliquons
appliques	appliquez
applique	appliquent

passé composé

ai appliqué	avons appliqué
as appliqué	avez appliqué
a appliqué	ont appliqué

imparfait de l'indicatif

appliquais	appliquions
appliquais	appliquiez
appliquait	appliquaient

plus-que-parfait de l'indicatif

avais appliqué	avions appliqué
avais appliqué	aviez appliqué
avait appliqué	avaient appliqué

passé simple

appliquai	appliquâmes
appliquas	appliquâtes
appliqua	appliquèrent

passé antérieur

eus appliqué	eûmes appliqué
eus appliqué	eûtes appliqué
eut appliqué	eurent appliqué

futur

appliquerai	appliquerons
appliqueras	appliquerez
appliquera	appliqueront

futur antérieur

aurai appliqué	aurons appliqué
auras appliqué	aurez appliqué
aura appliqué	auront appliqué

conditionnel

appliquerais	appliquerions
appliquerais	appliqueriez
appliquerait	appliqueraient

conditionnel passé

aurais appliqué	aurions appliqué
aurais appliqué	auriez appliqué
aurait appliqué	auraient appliqué

présent du subjonctif

applique	appliquions
appliques	appliquiez
applique	appliquent

passé du subjonctif

aie appliqué	ayons appliqué
aies appliqué	ayez appliqué
ait appliqué	aient appliqué

imparfait du subjonctif

appliquasse	appliquassions
appliquasses	appliquassiez
appliquât	appliquassent

plus-que-parfait du subjonctif

eusse appliqué	eussions appliqué
eusses appliqué	eussiez appliqué
eût appliqué	eussent appliqué

impératif

applique
appliquons
appliquez

s'appliquer
to take great care

participe présent **s'appliquant**   participe passé **appliqué(e)(s)**

A

SINGULAR	PLURAL	SINGULAR	PLURAL

présent de l'indicatif
m'applique	**nous** appliqu**ons**	**me suis** appliqué(e)	**nous sommes** appliqué(e)s
t'appliqu**es**	**vous** appliqu**ez**	**t'es** appliqué(e)	**vous êtes** appliqué(e)(s)
s'applique	**s'**appliqu**ent**	**s'est** appliqué(e)	**se sont** appliqué(e)s

passé composé

imparfait de l'indicatif
m'appliqu**ais**	**nous** appliqu**ions**	**m'étais** appliqué(e)	**nous étions** appliqué(e)s
t'appliqu**ais**	**vous** appliqu**iez**	**t'étais** appliqué(e)	**vous étiez** appliqué(e)(s)
s'appliqu**ait**	**s'**appliqu**aient**	**s'était** appliqué(e)	**s'étaient** appliqué(e)s

plus-que-parfait de l'indicatif

passé simple
m'appliqu**ai**	**nous** appliqu**âmes**	**me fus** appliqué(e)	**nous fûmes** appliqué(e)s
t'appliqu**as**	**vous** appliqu**âtes**	**te fus** appliqué(e)	**vous fûtes** appliqué(e)(s)
s'appliqu**a**	**s'**appliqu**èrent**	**se fut** appliqué(e)	**se furent** appliqué(e)s

passé antérieur

futur
m'appliquer**ai**	**nous** appliquer**ons**	**me serai** appliqué(e)	**nous serons** appliqué(e)s
t'appliquer**as**	**vous** appliquer**ez**	**te seras** appliqué(e)	**vous serez** appliqué(e)(s)
s'appliquer**a**	**s'**appliquer**ont**	**se sera** appliqué(e)	**se seront** appliqué(e)s

futur antérieur

conditionnel
m'appliquer**ais**	**nous** appliquer**ions**	**me serais** appliqué(e)	**nous serions** appliqué(e)s
t'appliquer**ais**	**vous** appliquer**iez**	**te serais** appliqué(e)	**vous seriez** appliqué(e)(s)
s'appliquer**ait**	**s'**appliquer**aient**	**se serait** appliqué(e)	**se seraient** appliqué(e)s

conditionnel passé

présent du subjonctif
m'applique	**nous** appliqu**ions**	**me sois** appliqué(e)	**nous soyons** appliqué(e)s
t'appliqu**es**	**vous** appliqu**iez**	**te sois** appliqué(e)	**vous soyez** appliqué(e)(s)
s'applique	**s'**appliqu**ent**	**se soit** appliqué(e)	**se soient** appliqué(e)s

passé du subjonctif

imparfait du subjonctif
m'appliqu**asse**	**nous** appliqu**assions**	**me fusse** appliqué(e)	**nous fussions** appliqué(e)s
t'appliqu**asses**	**vous** appliqu**assiez**	**te fusses** appliqué(e)	**vous fussiez** appliqué(e)(s)
s'appliqu**ât**	**s'**appliqu**assent**	**se fût** appliqué(e)	**se fussent** appliqué(e)s

plus-que-parfait du subjonctif

impératif
applique-toi
appliquons-nous
appliquez-vous

to bring, to give

SINGULAR	PLURAL	SINGULAR	PLURAL

A

présent de l'indicatif
apporte	apportons		
apportes	apportez		
apporte	apportent		

passé composé
		ai apporté	avons apporté
		as apporté	avez apporté
		a apporté	ont apporté

imparfait de l'indicatif
apportais	apportions
apportais	apportiez
apportait	apportaient

plus-que-parfait de l'indicatif
avais apporté	avions apporté
avais apporté	aviez apporté
avait apporté	avaient apporté

passé simple
apportai	apportâmes
apportas	apportâtes
apporta	apportèrent

passé antérieur
eus apporté	eûmes apporté
eus apporté	eûtes apporté
eut apporté	eurent apporté

futur
apporterai	apporterons
apporteras	apporterez
apportera	apporteront

futur antérieur
aurai apporté	aurons apporté
auras apporté	aurez apporté
aura apporté	auront apporté

conditionnel
apporterais	apporterions
apporterais	apporteriez
apporterait	apporteraient

conditionnel passé
aurais apporté	aurions apporté
aurais apporté	auriez apporté
aurait apporté	auraient apporté

présent du subjonctif
apporte	apportions
apportes	apportiez
apporte	apportent

passé du subjonctif
aie apporté	ayons apporté
aies apporté	ayez apporté
ait apporté	aient apporté

imparfait du subjonctif
apportasse	apportassions
apportasses	apportassiez
apportât	apportassent

plus-que-parfait du subjonctif
eusse apporté	eussions apporté
eusses apporté	eussiez apporté
eût apporté	eussent apporté

impératif
apporte
apportons
apportez

apprécier   to appreciate

participe présent **appréciant**   participe passé **apprécié**

SINGULAR	PLURAL	SINGULAR	PLURAL

présent de l'indicatif

		passé composé	
apprécie	apprécions	ai apprécié	avons apprécié
apprécies	appréciez	as apprécié	avez apprécié
apprécie	apprécient	a apprécié	ont apprécié

imparfait de l'indicatif

		plus-que-parfait de l'indicatif	
appréciais	appréciions	avais apprécié	avions apprécié
appréciais	appréciiez	avais apprécié	aviez apprécié
appréciait	appréciaient	avait apprécié	avaient apprécié

passé simple

		passé antérieur	
appréciai	appréciâmes	eus apprécié	eûmes apprécié
apprécias	appréciâtes	eus apprécié	eûtes apprécié
apprécia	apprécièrent	eut apprécié	eurent apprécié

futur

		futur antérieur	
apprécierai	apprécierons	aurai apprécié	aurons apprécié
apprécieras	apprécierez	auras apprécié	aurez apprécié
appréciera	apprécieront	aura apprécié	auront apprécié

conditionnel

		conditionnel passé	
apprécierais	apprécierions	aurais apprécié	aurions apprécié
apprécierais	apprécieriez	aurais apprécié	auriez apprécié
apprécierait	apprécieraient	aurait apprécié	auraient apprécié

présent du subjonctif

		passé du subjonctif	
apprécie	apprécions	aie apprécié	ayons apprécié
apprécies	appréciiez	aies apprécié	ayez apprécié
apprécie	apprécient	ait apprécié	aient apprécié

imparfait du subjonctif

		plus-que-parfait du subjonctif	
appréciasse	appréciassions	eusse apprécié	eussions apprécié
appréciasses	appréciassiez	eusses apprécié	eussiez apprécié
appréciât	appréciassent	eût apprécié	eussent apprécié

impératif
apprécie
apprécions
appréciez

to learn

apprendre

participe présent **apprenant**   participe passé **appris**

SINGULAR	PLURAL	SINGULAR	PLURAL

présent de l'indicatif

apprend**s**	apprenn**ons**
apprend**s**	appren**ez**
apprend	apprenn**ent**

passé composé

ai appris	**avons** appris
as appris	**avez** appris
a appris	**ont** appris

imparfait de l'indicatif

appren**ais**	appren**ions**
appren**ais**	appren**iez**
appren**ait**	appren**aient**

plus-que-parfait de l'indicatif

avais appris	**avions** appris
avais appris	**aviez** appris
avait appris	**avaient** appris

passé simple

appr**is**	appr**îmes**
appr**is**	appr**îtes**
appr**it**	appr**irent**

passé antérieur

eus appris	**eûmes** appris
eus appris	**eûtes** appris
eut appris	**eurent** appris

futur

apprendr**ai**	apprendr**ons**
apprendr**as**	apprendr**ez**
apprendr**a**	apprendr**ont**

futur antérieur

aurai appris	**aurons** appris
auras appris	**aurez** appris
aura appris	**auront** appris

conditionnel

apprendr**ais**	apprendr**ions**
apprendr**ais**	apprendr**iez**
apprendr**ait**	apprendr**aient**

conditionnel passé

aurais appris	**aurions** appris
aurais appris	**auriez** appris
aurait appris	**auraient** appris

présent du subjonctif

apprenn**e**	appren**ions**
apprenn**es**	appren**iez**
apprenn**e**	apprenn**ent**

passé du subjonctif

aie appris	**ayons** appris
aies appris	**ayez** appris
ait appris	**aient** appris

imparfait du subjonctif

appri**sse**	appri**ssions**
appri**sses**	appri**ssiez**
appr**ît**	appri**ssent**

plus-que-parfait du subjonctif

eusse appris	**eussions** appris
eusses appris	**eussiez** appris
eût appris	**eussent** appris

impératif

apprends
apprenons
apprenez

MUST KNOW VERB

participe présent **approfondissant**   participe passé **approfondi**

A

SINGULAR	PLURAL	SINGULAR	PLURAL

présent de l'indicatif
		passé composé	
approfondis	approfondissons	**ai** approfondi	**avons** approfondi
approfondis	approfondissez	**as** approfondi	**avez** approfondi
approfondit	approfondissent	**a** approfondi	**ont** approfondi

imparfait de l'indicatif
		plus-que-parfait de l'indicatif	
approfondissais	approfondissions	**avais** approfondi	**avions** approfondi
approfondissais	approfondissiez	**avais** approfondi	**aviez** approfondi
approfondissait	approfondissaient	**avait** approfondi	**avaient** approfondi

passé simple
		passé antérieur	
approfondis	approfondîmes	**eus** approfondi	**eûmes** approfondi
approfondis	approfondîtes	**eus** approfondi	**eûtes** approfondi
approfondit	approfondirent	**eut** approfondi	**eurent** approfondi

futur
		futur antérieur	
approfondirai	approfondirons	**aurai** approfondi	**aurons** approfondi
approfondiras	approfondirez	**auras** approfondi	**aurez** approfondi
approfondira	approfondiront	**aura** approfondi	**auront** approfondi

conditionnel
		conditionnel passé	
approfondirais	approfondirions	**aurais** approfondi	**aurions** approfondi
approfondirais	approfondiriez	**aurais** approfondi	**auriez** approfondi
approfondirait	approfondiraient	**aurait** approfondi	**auraient** approfondi

présent du subjonctif
		passé du subjonctif	
approfondisse	approfondissions	**aie** approfondi	**ayons** approfondi
approfondisses	approfondissiez	**aies** approfondi	**ayez** approfondi
approfondisse	approfondissent	**ait** approfondi	**aient** approfondi

imparfait du subjonctif
		plus-que-parfait du subjonctif	
approfondisse	approfondissions	**eusse** approfondi	**eussions** approfondi
approfondisses	approfondissiez	**eusses** approfondi	**eussiez** approfondi
approfondît	approfondissent	**eût** approfondi	**eussent** approfondi

impératif
approfondis
approfondissons
approfondissez

to approve of   approuver

SINGULAR	PLURAL	SINGULAR	PLURAL
présent de l'indicatif		**passé composé**	
approuve	approuvons	**ai** approuvé	**avons** approuvé
approuves	approuvez	**as** approuvé	**avez** approuvé
approuve	approuvent	**a** approuvé	**ont** approuvé
imparfait de l'indicatif		**plus-que-parfait de l'indicatif**	
approuvais	approuvions	**avais** approuvé	**avions** approuvé
approuvais	approuviez	**avais** approuvé	**aviez** approuvé
approuvait	approuvaient	**avait** approuvé	**avaient** approuvé
passé simple		**passé antérieur**	
approuvai	approuvâmes	**eus** approuvé	**eûmes** approuvé
approuvas	approuvâtes	**eus** approuvé	**eûtes** approuvé
approuva	approuvèrent	**eut** approuvé	**eurent** approuvé
futur		**futur antérieur**	
approuverai	approuverons	**aurai** approuvé	**aurons** approuvé
approuveras	approuverez	**auras** approuvé	**aurez** approuvé
approuvera	approuveront	**aura** approuvé	**auront** approuvé
conditionnel		**conditionnel passé**	
approuverais	approuverions	**aurais** approuvé	**aurions** approuvé
approuverais	approuveriez	**aurais** approuvé	**auriez** approuvé
approuverait	approuveraient	**aurait** approuvé	**auraient** approuvé
présent du subjonctif		**passé du subjonctif**	
approuve	approuvions	**aie** approuvé	**ayons** approuvé
approuves	approuviez	**aies** approuvé	**ayez** approuvé
approuve	approuvent	**ait** approuvé	**aient** approuvé
imparfait du subjonctif		**plus-que-parfait du subjonctif**	
approuvasse	approuvassions	**eusse** approuvé	**eussions** approuvé
approuvasses	approuvassiez	**eusses** approuvé	**eussiez** approuvé
approuvât	approuvassent	**eût** approuvé	**eussent** approuvé
impératif			
approuve			
approuvons			
approuvez			

appuyer

to press

participe présent **appuyant**   participe passé **appuyé**

A

SINGULAR	PLURAL	SINGULAR	PLURAL

présent de l'indicatif
		passé composé	
appuie	appuyons	**ai** appuyé	**avons** appuyé
appuies	appuyez	**as** appuyé	**avez** appuyé
appuie	appuient	**a** appuyé	**ont** appuyé

imparfait de l'indicatif
		plus-que-parfait de l'indicatif	
appuyais	appuyions	**avais** appuyé	**avions** appuyé
appuyais	appuyiez	**avais** appuyé	**aviez** appuyé
appuyait	appuyaient	**avait** appuyé	**avaient** appuyé

passé simple
		passé antérieur	
appuyai	appuyâmes	**eus** appuyé	**eûmes** appuyé
appuyas	appuyâtes	**eus** appuyé	**eûtes** appuyé
appuya	appuyèrent	**eut** appuyé	**eurent** appuyé

futur
		futur antérieur	
appuierai	appuierons	**aurai** appuyé	**aurons** appuyé
appuieras	appuierez	**auras** appuyé	**aurez** appuyé
appuiera	appuieront	**aura** appuyé	**auront** appuyé

conditionnel
		conditionnel passé	
appuierais	appuierions	**aurais** appuyé	**aurions** appuyé
appuierais	appuieriez	**aurais** appuyé	**auriez** appuyé
appuierait	appuieraient	**aurait** appuyé	**auraient** appuyé

présent du subjonctif
		passé du subjonctif	
appuie	appuyions	**aie** appuyé	**ayons** appuyé
appuies	appuyiez	**aies** appuyé	**ayez** appuyé
appuie	appuient	**ait** appuyé	**aient** appuyé

imparfait du subjonctif
		plus-que-parfait du subjonctif	
appuyasse	appuyassions	**eusse** appuyé	**eussions** appuyé
appuyasses	appuyassiez	**eusses** appuyé	**eussiez** appuyé
appuyât	appuyassent	**eût** appuyé	**eussent** appuyé

impératif
appuie
appuyons
appuyez

to rely on   s'appuyer (sur)

SINGULAR	PLURAL	SINGULAR	PLURAL
présent de l'indicatif		**passé composé**	
m'appui**e**	**nous** appuy**ons**	**me suis** appuyé(e)	**nous sommes** appuyé(e)s
t'appui**es**	**vous** appuy**ez**	**t'es** appuyé(e)	**vous êtes** appuyé(e)(s)
s'appui**e**	**s'**appui**ent**	**s'est** appuyé(e)	**se sont** appuyé(e)s
imparfait de l'indicatif		**plus-que-parfait de l'indicatif**	
m'appuy**ais**	**nous** appuy**ions**	**m'étais** appuyé(e)	**nous étions** appuyé(e)s
t'appuy**ais**	**vous** appuy**iez**	**t'étais** appuyé(e)	**vous étiez** appuyé(e)(s)
s'appuy**ait**	**s'**appuy**aient**	**s'était** appuyé(e)	**s'étaient** appuyé(e)s
passé simple		**passé antérieur**	
m'appuy**ai**	**nous** appuy**âmes**	**me fus** appuyé(e)	**nous fûmes** appuyé(e)s
t'appuy**as**	**vous** appuy**âtes**	**te fus** appuyé(e)	**vous fûtes** appuyé(e)(s)
s'appuy**a**	**s'**appuy**èrent**	**se fut** appuyé(e)	**se furent** appuyé(e)s
futur		**futur antérieur**	
m'appuier**ai**	**nous** appuier**ons**	**me serai** appuyé(e)	**nous serons** appuyé(e)s
t'appuier**as**	**vous** appuier**ez**	**te seras** appuyé(e)	**vous serez** appuyé(e)(s)
s'appuier**a**	**s'**appuier**ont**	**se sera** appuyé(e)	**se seront** appuyé(e)s
conditionnel		**conditionnel passé**	
m'appuier**ais**	**nous** appuier**ions**	**me serais** appuyé(e)	**nous serions** appuyé(e)s
t'appuier**ais**	**vous** appuier**iez**	**te serais** appuyé(e)	**vous seriez** appuyé(e)(s)
s'appuier**ait**	**s'**appuier**aient**	**se serait** appuyé(e)	**se seraient** appuyé(e)s
présent du subjonctif		**passé du subjonctif**	
m'appui**e**	**nous** appuy**ions**	**me sois** appuyé(e)	**nous soyons** appuyé(e)s
t'appui**es**	**vous** appuy**iez**	**te sois** appuyé(e)	**vous soyez** appuyé(e)(s)
s'appui**e**	**s'**appui**ent**	**se soit** appuyé(e)	**se soient** appuyé(e)s
imparfait du subjonctif		**plus-que-parfait du subjonctif**	
m'appuy**asse**	**nous** appuy**assions**	**me fusse** appuyé(e)	**nous fussions** appuyé(e)s
t'appuy**asses**	**vous** appuy**assiez**	**te fusses** appuyé(e)	**vous fussiez** appuyé(e)(s)
s'appuy**ât**	**s'**appuy**assent**	**se fût** appuyé(e)	**se fussent** appuyé(e)s

impératif
appuie-toi
appuyons-nous
appuyez-vous

argumenter
to argue

particie présent **argumentant**   participe passé **argumenté**

SINGULAR	PLURAL	SINGULAR	PLURAL

présent de l'indicatif

		passé composé	
argument**e**	argument**ons**	**ai** argumenté	**avons** argumenté
argument**es**	argument**ez**	**as** argumenté	**avez** argumenté
argument**e**	argument**ent**	**a** argumenté	**ont** argumenté

imparfait de l'indicatif

		plus-que-parfait de l'indicatif	
argument**ais**	argument**ions**	**avais** argumenté	**avions** argumenté
argument**ais**	argument**iez**	**avais** argumenté	**aviez** argumenté
argument**ait**	argument**aient**	**avait** argumenté	**avaient** argumenté

passé simple

		passé antérieur	
argument**ai**	argument**âmes**	**eus** argumenté	**eûmes** argumenté
argument**as**	argument**âtes**	**eus** argumenté	**eûtes** argumenté
argument**a**	argument**èrent**	**eut** argumenté	**eurent** argumenté

futur

		futur antérieur	
argumenter**ai**	argumenter**ons**	**aurai** argumenté	**aurons** argumenté
argumenter**as**	argumenter**ez**	**auras** argumenté	**aurez** argumenté
argumenter**a**	argumenter**ont**	**aura** argumenté	**auront** argumenté

conditionnel

		conditionnel passé	
argumenter**ais**	argumenter**ions**	**aurais** argumenté	**aurions** argumenté
argumenter**ais**	argumenter**iez**	**aurais** argumenté	**auriez** argumenté
argumenter**ait**	argumenter**aient**	**aurait** argumenté	**auraient** argumenté

présent du subjonctif

		passé du subjonctif	
argument**e**	argument**ions**	**aie** argumenté	**ayons** argumenté
argument**es**	argument**iez**	**aies** argumenté	**ayez** argumenté
argument**e**	argument**ent**	**ait** argumenté	**aient** argumenté

imparfait du subjonctif

		plus-que-parfait du subjonctif	
argumenta**sse**	argumenta**ssions**	**eusse** argumenté	**eussions** argumenté
argumenta**sses**	argumenta**ssiez**	**eusses** argumenté	**eussiez** argumenté
argument**ât**	argumenta**ssent**	**eût** argumenté	**eussent** argumenté

impératif

argumente
argumentons
argumentez

participe présent **arrivant**   participe passé **arrivé(e)(s)**

SINGULAR	PLURAL

A

présent de l'indicatif
arrive	arrivons
arrives	arrivez
arrive	arrivent

imparfait de l'indicatif
arrivais	arrivions
arrivais	arriviez
arrivait	arrivaient

passé simple
arrivai	arrivâmes
arrivas	arrivâtes
arriva	arrivèrent

futur
arriverai	arriverons
arriveras	arriverez
arrivera	arriveront

conditionnel
arriverais	arriverions
arriverais	arriveriez
arriverait	arriveraient

présent du subjonctif
arrive	arrivions
arrives	arriviez
arrive	arrivent

imparfait du subjonctif
arrivasse	arrivassions
arrivasses	arrivassiez
arrivât	arrivassent

impératif
arrive
arrivons
arrivez

passé composé
suis arrivé(e)	sommes arrivé(e)s
es arrivé(e)	êtes arrivé(e)(s)
est arrivé(e)	sont arrivé(e)s

plus-que-parfait de l'indicatif
étais arrivé(e)	étions arrivé(e)s
étais arrivé(e)	étiez arrivé(e)(s)
était arrivé(e)	étaient arrivé(e)s

passé antérieur
fus arrivé(e)	fûmes arrivé(e)s
fus arrivé(e)	fûtes arrivé(e)(s)
fut arrivé(e)	furent arrivé(e)s

futur antérieur
serai arrivé(e)	serons arrivé(e)s
seras arrivé(e)	serez arrivé(e)(s)
sera arrivé(e)	seront arrivé(e)s

conditionnel passé
serais arrivé(e)	serions arrivé(e)s
serais arrivé(e)	seriez arrivé(e)(s)
serait arrivé(e)	seraient arrivé(e)s

passé du subjonctif
sois arrivé(e)	soyons arrivé(e)s
sois arrivé(e)	soyez arrivé(e)(s)
soit arrivé(e)	soient arrivé(e)s

plus-que-parfait du subjonctif
fusse arrivé(e)	fussions arrivé(e)s
fusses arrivé(e)	fussiez arrivé(e)(s)
fût arrivé(e)	fussent arrivé(e)s

MUST KNOW VERB

participe présent assaillant   **participe passé** assailli

SINGULAR	PLURAL	SINGULAR	PLURAL
présent de l'indicatif		**passé composé**	
assaille	assaillons	ai assailli	avons assailli
assailles	assaillez	as assailli	avez assailli
assaille	assaillent	a assailli	ont assailli
imparfait de l'indicatif		**plus-que-parfait de l'indicatif**	
assaillais	assaillions	avais assailli	avions assailli
assaillais	assailliez	avais assailli	aviez assailli
assaillait	assaillaient	avait assailli	avaient assailli
passé simple		**passé antérieur**	
assaillis	assaillîmes	eus assailli	eûmes assailli
assaillis	assaillîtes	eus assailli	eûtes assailli
assaillit	assaillirent	eut assailli	eurent assailli
futur		**futur antérieur**	
assaillirai	assaillirons	aurai assailli	aurons assailli
assailliras	assaillirez	auras assailli	aurez assailli
assaillira	assailliront	aura assailli	auront assailli
conditionnel		**conditionnel passé**	
assaillirais	assaillirions	aurais assailli	aurions assailli
assaillirais	assailliriez	aurais assailli	auriez assailli
assaillirait	assailliraient	aurait assailli	auraient assailli
présent du subjonctif		**passé du subjonctif**	
assaille	assaillions	aie assailli	ayons assailli
assailles	assailliez	aies assailli	ayez assailli
assaille	assaillent	ait assailli	aient assailli
imparfait du subjonctif		**plus-que-parfait du subjonctif**	
assaillisse	assaillissions	eusse assailli	eussions assailli
assaillisses	assaillissiez	eusses assailli	eussiez assailli
assaillît	assaillissent	eût assailli	eussent assailli

impératif
assaille
assaillons
assaillez

participe présent **assistant**   participe passé **assisté**

SINGULAR	PLURAL	SINGULAR	PLURAL

présent de l'indicatif

		passé composé	
assiste	assistons	**ai** assisté	**avons** assisté
assistes	assistez	**as** assisté	**avez** assisté
assiste	assistent	**a** assisté	**ont** assisté

imparfait de l'indicatif   **plus-que-parfait de l'indicatif**

assistais	assistions	**avais** assisté	**avions** assisté
assistais	assistiez	**avais** assisté	**aviez** assisté
assistait	assistaient	**avait** assisté	**avaient** assisté

passé simple   **passé antérieur**

assistai	assistâmes	**eus** assisté	**eûmes** assisté
assistas	assistâtes	**eus** assisté	**eûtes** assisté
assista	assistèrent	**eut** assisté	**eurent** assisté

futur   **futur antérieur**

assisterai	assisterons	**aurai** assisté	**aurons** assisté
assisteras	assisterez	**auras** assisté	**aurez** assisté
assistera	assisteront	**aura** assisté	**auront** assisté

conditionnel   **conditionnel passé**

assisterais	assisterions	**aurais** assisté	**aurions** assisté
assisterais	assisteriez	**aurais** assisté	**auriez** assisté
assisterait	assisteraient	**aurait** assisté	**auraient** assisté

présent du subjonctif   **passé du subjonctif**

assiste	assistions	**aie** assisté	**ayons** assisté
assistes	assistiez	**aies** assisté	**ayez** assisté
assiste	assistent	**ait** assisté	**aient** assisté

imparfait du subjonctif   **plus-que-parfait du subjonctif**

assistasse	assistassions	**eusse** assisté	**eussions** assisté
assistasses	assistassiez	**eusses** assisté	**eussiez** assisté
assistât	assistassent	**eût** assisté	**eussent** assisté

impératif

assiste
assistons
assistez

associer

to associate

participe présent **associant** participe passé **associé**

SINGULAR	PLURAL	SINGULAR	PLURAL

présent de l'indicatif
associe	associons
associes	associez
associe	associent

imparfait de l'indicatif
associais	associions
associais	associiez
associait	associaient

passé simple
associai	associâmes
associas	associâtes
associa	associèrent

futur
associerai	associerons
associeras	associerez
associera	associeront

conditionnel
associerais	associerions
associerais	associeriez
associerait	associeraient

présent du subjonctif
associe	associions
associes	associiez
associe	associent

imparfait du subjonctif
associasse	associassions
associasses	associassiez
associât	associassent

impératif
associe
associons
associez

passé composé
ai associé	avons associé
as associé	avez associé
a associé	ont associé

plus-que-parfait de l'indicatif
avais associé	avions associé
avais associé	aviez associé
avait associé	avaient associé

passé antérieur
eus associé	eûmes associé
eus associé	eûtes associé
eut associé	eurent associé

futur antérieur
aurai associé	aurons associé
auras associé	aurez associé
aura associé	auront associé

conditionnel passé
aurais associé	aurions associé
aurais associé	auriez associé
aurait associé	auraient associé

passé du subjonctif
aie associé	ayons associé
aies associé	ayez associé
ait associé	aient associé

plus-que-parfait du subjonctif
eusse associé	eussions associé
eusses associé	eussiez associé
eût associé	eussent associé

118

to match

assortir

SINGULAR	PLURAL	SINGULAR	PLURAL

présent de l'indicatif

		passé composé	
assort**is**	assortiss**ons**	**ai** assorti	**avons** assorti
assort**is**	assortiss**ez**	**as** assorti	**avez** assorti
assort**it**	assortiss**ent**	**a** assorti	**ont** assorti

imparfait de l'indicatif — **plus-que-parfait de l'indicatif**

assortiss**ais**	assortiss**ions**	**avais** assorti	**avions** assorti
assortiss**ais**	assortiss**iez**	**avais** assorti	**aviez** assorti
assortiss**ait**	assortiss**aient**	**avait** assorti	**avaient** assorti

passé simple — **passé antérieur**

assort**is**	assort**îmes**	**eus** assorti	**eûmes** assorti
assort**is**	assort**îtes**	**eus** assorti	**eûtes** assorti
assort**it**	assort**irent**	**eut** assorti	**eurent** assorti

futur — **futur antérieur**

assortir**ai**	assortir**ons**	**aurai** assorti	**aurons** assorti
assortir**as**	assortir**ez**	**auras** assorti	**aurez** assorti
assortir**a**	assortir**ont**	**aura** assorti	**auront** assorti

conditionnel — **conditionnel passé**

assortir**ais**	assortir**ions**	**aurais** assorti	**aurions** assorti
assortir**ais**	assortir**iez**	**aurais** assorti	**auriez** assorti
assortir**ait**	assortir**aient**	**aurait** assorti	**auraient** assorti

présent du subjonctif — **passé du subjonctif**

assortiss**e**	assortiss**ions**	**aie** assorti	**ayons** assorti
assortiss**es**	assortiss**iez**	**aies** assorti	**ayez** assorti
assortiss**e**	assortiss**ent**	**ait** assorti	**aient** assorti

imparfait du subjonctif — **plus-que-parfait du subjonctif**

assortiss**e**	assortiss**ions**	**eusse** assorti	**eussions** assorti
assortiss**es**	assortiss**iez**	**eusses** assorti	**eussiez** assorti
assort**ît**	assortiss**ent**	**eût** assorti	**eussent** assorti

impératif

assortis
assortissons
assortissez

participe présent **attachant**   participe passé **attaché**

SINGULAR	PLURAL	SINGULAR	PLURAL

présent de l'indicatif

attache	attachons		
attaches	attachez		
attache	attachent		

passé composé

ai attaché	avons attaché
as attaché	avez attaché
a attaché	ont attaché

imparfait de l'indicatif

attachais	attachions
attachais	attachiez
attachait	attachaient

plus-que-parfait de l'indicatif

avais attaché	avions attaché
avais attaché	aviez attaché
avait attaché	avaient attaché

passé simple

attachai	attachâmes
attachas	attachâtes
attacha	attachèrent

passé antérieur

eus attaché	eûmes attaché
eus attaché	eûtes attaché
eut attaché	eurent attaché

futur

attacherai	attacherons
attacheras	attacherez
attachera	attacheront

futur antérieur

aurai attaché	aurons attaché
auras attaché	aurez attaché
aura attaché	auront attaché

conditionnel

attacherais	attacherions
attacherais	attacheriez
attacherait	attacheraient

conditionnel passé

aurais attaché	aurions attaché
aurais attaché	auriez attaché
aurait attaché	auraient attaché

présent du subjonctif

attache	attachions
attaches	attachiez
attache	attachent

passé du subjonctif

aie attaché	ayons attaché
aies attaché	ayez attaché
ait attaché	aient attaché

imparfait du subjonctif

attachasse	attachassions
attachasses	attachassiez
attachât	attachassent

plus-que-parfait du subjonctif

eusse attaché	eussions attaché
eusses attaché	eussiez attaché
eût attaché	eussent attaché

impératif

attache
attachons
attachez

to wait, to wait for, to expect   attendre

participe présent **attendant**   participe passé **attendu**

SINGULAR	PLURAL	SINGULAR	PLURAL

présent de l'indicatif

attend**s**	attend**ons**
attend**s**	attend**ez**
attend	attend**ent**

passé composé

ai attendu	**avons** attendu
as attendu	**avez** attendu
a attendu	**ont** attendu

imparfait de l'indicatif

attend**ais**	attend**ions**
attend**ais**	attend**iez**
attend**ait**	attend**aient**

plus-que-parfait de l'indicatif

avais attendu	**avions** attendu
avais attendu	**aviez** attendu
avait attendu	**avaient** attendu

passé simple

attend**is**	attend**îmes**
attend**is**	attend**îtes**
attend**it**	attend**irent**

passé antérieur

eus attendu	**eûmes** attendu
eus attendu	**eûtes** attendu
eut attendu	**eurent** attendu

futur

attendr**ai**	attendr**ons**
attendr**as**	attendr**ez**
attendr**a**	attendr**ont**

futur antérieur

aurai attendu	**aurons** attendu
auras attendu	**aurez** attendu
aura attendu	**auront** attendu

conditionnel

attendr**ais**	attendr**ions**
attendr**ais**	attendr**iez**
attendr**ait**	attendr**aient**

conditionnel passé

aurais attendu	**aurions** attendu
aurais attendu	**auriez** attendu
aurait attendu	**auraient** attendu

présent du subjonctif

attend**e**	attend**ions**
attend**es**	attend**iez**
attend**e**	attend**ent**

passé du subjonctif

aie attendu	**ayons** attendu
aies attendu	**ayez** attendu
ait attendu	**aient** attendu

imparfait du subjonctif

attend**isse**	attend**issions**
attend**isses**	attend**issiez**
attend**ît**	attend**issent**

plus-que-parfait du subjonctif

eusse attendu	**eussions** attendu
eusses attendu	**eussiez** attendu
eût attendu	**eussent** attendu

impératif

attends
attendons
attendez

MUST
KNOW
VERB

participe présent atterrissant   **participe passé** atterri

SINGULAR	PLURAL	SINGULAR	PLURAL

A

présent de l'indicatif
atterris	atterrissons		
atterris	atterrissez		
atterrit	atterrissent		

passé composé
ai atterri	avons atterri
as atterri	avez atterri
a atterri	ont atterri

imparfait de l'indicatif
atterrissais	atterrissions
atterrissais	atterrissiez
atterrissait	atterrissaient

plus-que-parfait de l'indicatif
avais atterri	avions atterri
avais atterri	aviez atterri
avait atterri	avaient atterri

passé simple
atterris	atterrîmes
atterris	atterrîtes
atterrit	atterrirent

passé antérieur
eus atterri	eûmes atterri
eus atterri	eûtes atterri
eut atterri	eurent atterri

futur
atterrirai	atterrirons
atterriras	atterrirez
atterrira	atterriront

futur antérieur
aurai atterri	aurons atterri
auras atterri	aurez atterri
aura atterri	auront atterri

conditionnel
atterrirais	atterririons
atterrirais	atterririez
atterrirait	atterriraient

conditionnel passé
aurais atterri	aurions atterri
aurais atterri	auriez atterri
aurait atterri	auraient atterri

présent du subjonctif
atterrisse	atterrissions
atterrisses	atterrissiez
atterrisse	atterrissent

passé du subjonctif
aie atterri	ayons atterri
aies atterri	ayez atterri
ait atterri	aient atterri

imparfait du subjonctif
atterrisse	atterrissions
atterrisses	atterrissiez
atterrît	atterrissent

plus-que-parfait du subjonctif
eusse atterri	eussions atterri
eusses atterri	eussiez atterri
eût atterri	eussent atterri

impératif
atterris
atterrissons
atterrissez

to get, to catch

participe présent **attrapant**   participe passé **attrapé**

SINGULAR	PLURAL	SINGULAR	PLURAL

présent de l'indicatif
attrape	attrapons
attrapes	attrapez
attrape	attrapent

imparfait de l'indicatif
attrapais	attrapions
attrapais	attrapiez
attrapait	attrapaient

passé simple
attrapai	attrapâmes
attrapas	attrapâtes
attrapa	attrapèrent

futur
attraperai	attraperons
attraperas	attraperez
attrapera	attraperont

conditionnel
attraperais	attraperions
attraperais	attraperiez
attraperait	attraperaient

présent du subjonctif
attrape	attrapions
attrapes	attrapiez
attrape	attrapent

imparfait du subjonctif
attrapasse	attrapassions
attrapasses	attrapassiez
attrapât	attrapassent

impératif
attrape
attrapons
attrapez

passé composé
ai attrapé	avons attrapé
as attrapé	avez attrapé
a attrapé	ont attrapé

plus-que-parfait de l'indicatif
avais attrapé	avions attrapé
avais attrapé	aviez attrapé
avait attrapé	avaient attrapé

passé antérieur
eus attrapé	eûmes attrapé
eus attrapé	eûtes attrapé
eut attrapé	eurent attrapé

futur antérieur
aurai attrapé	aurons attrapé
auras attrapé	aurez attrapé
aura attrapé	auront attrapé

conditionnel passé
aurais attrapé	aurions attrapé
aurais attrapé	auriez attrapé
aurait attrapé	auraient attrapé

passé du subjonctif
aie attrapé	ayons attrapé
aies attrapé	ayez attrapé
ait attrapé	aient attrapé

plus-que-parfait du subjonctif
eusse attrapé	eussions attrapé
eusses attrapé	eussiez attrapé
eût attrapé	eussent attrapé

autoriser

to allow, to authorize

participe présent **autorisant**   participe passé **autorisé**

SINGULAR	PLURAL	SINGULAR	PLURAL
présent de l'indicatif		**passé composé**	
autoris**e**	autoris**ons**	**ai** autorisé	**avons** autorisé
autoris**es**	autoris**ez**	**as** autorisé	**avez** autorisé
autoris**e**	autoris**ent**	**a** autorisé	**ont** autorisé
imparfait de l'indicatif		**plus-que-parfait de l'indicatif**	
autoris**ais**	autoris**ions**	**avais** autorisé	**avions** autorisé
autoris**ais**	autoris**iez**	**avais** autorisé	**aviez** autorisé
autoris**ait**	autoris**aient**	**avait** autorisé	**avaient** autorisé
passé simple		**passé antérieur**	
autoris**ai**	autoris**âmes**	**eus** autorisé	**eûmes** autorisé
autoris**as**	autoris**âtes**	**eus** autorisé	**eûtes** autorisé
autoris**a**	autoris**èrent**	**eut** autorisé	**eurent** autorisé
futur		**futur antérieur**	
autoriser**ai**	autoriser**ons**	**aurai** autorisé	**aurons** autorisé
autoriser**as**	autoriser**ez**	**auras** autorisé	**aurez** autorisé
autoriser**a**	autoriser**ont**	**aura** autorisé	**auront** autorisé
conditionnel		**conditionnel passé**	
autoriser**ais**	autoriser**ions**	**aurais** autorisé	**aurions** autorisé
autoriser**ais**	autoriser**iez**	**aurais** autorisé	**auriez** autorisé
autoriser**ait**	autoriser**aient**	**aurait** autorisé	**auraient** autorisé
présent du subjonctif		**passé du subjonctif**	
autoris**e**	autoris**ions**	**aie** autorisé	**ayons** autorisé
autoris**es**	autoris**iez**	**aies** autorisé	**ayez** autorisé
autoris**e**	autoris**ent**	**ait** autorisé	**aient** autorisé
imparfait du subjonctif		**plus-que-parfait du subjonctif**	
autoris**asse**	autoris**assions**	**eusse** autorisé	**eussions** autorisé
autoris**asses**	autoris**assiez**	**eusses** autorisé	**eussiez** autorisé
autoris**ât**	autoris**assent**	**eût** autorisé	**eussent** autorisé
impératif			
autorise			
autorisons			
autorisez			

to have

participe présent **ayant**	participe passé **eu**

SINGULAR	PLURAL	SINGULAR	PLURAL

A

présent de l'indicatif

SINGULAR	PLURAL	SINGULAR	PLURAL
présent de l'indicatif		**passé composé**	
ai	avons	ai eu	avons eu
as	avez	as eu	avez eu
a	ont	a eu	ont eu
imparfait de l'indicatif		**plus-que-parfait de l'indicatif**	
avais	avions	avais eu	avions eu
avais	aviez	avais eu	aviez eu
avait	avaient	avait eu	avaient eu
passé simple		**passé antérieur**	
eus	eûmes	eus eu	eûmes eu
eus	eûtes	eus eu	eûtes eu
eut	eurent	eut eu	eurent eu
futur		**futur antérieur**	
aurai	aurons	aurai eu	aurons eu
auras	aurez	auras eu	aurez eu
aura	auront	aura eu	auront eu
conditionnel		**conditionnel passé**	
aurais	aurions	aurais eu	aurions eu
aurais	auriez	aurais eu	auriez eu
aurait	auraient	aurait eu	auraient eu
présent du subjonctif		**passé du subjonctif**	
aie	ayons	aie eu	ayons eu
aies	ayez	aies eu	ayez eu
ait	aient	ait eu	aient eu
imparfait du subjonctif		**plus-que-parfait du subjonctif**	
eusse	eussions	eusse eu	eussions eu
eusses	eussiez	eusses eu	eussiez eu
eût	eussent	eût eu	eussent eu
impératif			
aie			
ayons			
ayez			

MUST
KNOW
VERB

participe présent **baissant**   participe passé **baissé**

B

SINGULAR	PLURAL	SINGULAR	PLURAL
présent de l'indicatif		**passé composé**	
baisse	baissons	ai baissé	avons baissé
baisses	baissez	as baissé	avez baissé
baisse	baissent	a baissé	ont baissé
imparfait de l'indicatif		**plus-que-parfait de l'indicatif**	
baissais	baissions	avais baissé	avions baissé
baissais	baissiez	avais baissé	aviez baissé
baissait	baissaient	avait baissé	avaient baissé
passé simple		**passé antérieur**	
baissai	baissâmes	eus baissé	eûmes baissé
baissas	baissâtes	eus baissé	eûtes baissé
baissa	baissèrent	eut baissé	eurent baissé
futur		**futur antérieur**	
baisserai	baisserons	aurai baissé	aurons baissé
baisseras	baisserez	auras baissé	aurez baissé
baissera	baisseront	aura baissé	auront baissé
conditionnel		**conditionnel passé**	
baisserais	baisserions	aurais baissé	aurions baissé
baisserais	baisseriez	aurais baissé	auriez baissé
baisserait	baisseraient	aurait baissé	auraient baissé
présent du subjonctif		**passé du subjonctif**	
baisse	baissions	aie baissé	ayons baissé
baisses	baissiez	aies baissé	ayez baissé
baisse	baissent	ait baissé	aient baissé
imparfait du subjonctif		**plus-que-parfait du subjonctif**	
baissasse	baissassions	eusse baissé	eussions baissé
baissasses	baissassiez	eusses baissé	eussiez baissé
baissât	baissassent	eût baissé	eussent baissé
impératif			
baisse			
baissons			
baissez			

to sweep   balayer

SINGULAR	PLURAL	SINGULAR	PLURAL

B

présent de l'indicatif
balaye/balaie	balayons
balayes/balaies	balayez
balaye/balaie	balayent/balaient

passé composé
ai balayé	avons balayé
as balayé	avez balayé
a balayé	ont balayé

imparfait de l'indicatif
balayais	balayions
balayais	balayiez
balayait	balayaient

plus-que-parfait de l'indicatif
avais balayé	avions balayé
avais balayé	aviez balayé
avait balayé	avaient balayé

passé simple
balayai	balayâmes
balayas	balayâtes
balaya	balayèrent

passé antérieur
eus balayé	eûmes balayé
eus balayé	eûtes balayé
eut balayé	eurent balayé

futur
balayerai/balaierai	balayerons/balaierons
balayeras/balaieras	balayerez/balaierez
balayera/balaiera	balayeront/balaieront

futur antérieur
aurai balayé	aurons balayé
auras balayé	aurez balayé
aura balayé	auront balayé

conditionnel
balayerais/balaierais	balayerions/balaierions
balayerais/balaierais	balayeriez/balaieriez
balayerait/balaierait	balayeraient/balaieraient

conditionnel passé
aurais balayé	aurions balayé
aurais balayé	auriez balayé
aurait balayé	auraient balayé

présent du subjonctif
balaye/balaie	balayions
balayes/balaies	balayiez
balaye/balaie	balayent/balaient

passé du subjonctif
aie balayé	ayons balayé
aies balayé	ayez balayé
ait balayé	aient balayé

imparfait du subjonctif
balayasse	balayassions
balayasses	balayassiez
balayât	balayassent

plus-que-parfait du subjonctif
eusse balayé	eussions balayé
eusses balayé	eussiez balayé
eût balayé	eussent balayé

impératif
balaye/balaie
balayons
balayez

bâtir   to build

B

SINGULAR	PLURAL	SINGULAR	PLURAL
présent de l'indicatif		**passé composé**	
bât**is**	bâtiss**ons**	**ai** bâti	**avons** bâti
bât**is**	bâtiss**ez**	**as** bâti	**avez** bâti
bât**it**	bâtiss**ent**	**a** bâti	**ont** bâti
imparfait de l'indicatif		**plus-que-parfait de l'indicatif**	
bâtiss**ais**	bâtiss**ions**	**avais** bâti	**avions** bâti
bâtiss**ais**	bâtiss**iez**	**avais** bâti	**aviez** bâti
bâtiss**ait**	bâtiss**aient**	**avait** bâti	**avaient** bâti
passé simple		**passé antérieur**	
bât**is**	bât**îmes**	**eus** bâti	**eûmes** bâti
bât**is**	bât**îtes**	**eus** bâti	**eûtes** bâti
bât**it**	bât**irent**	**eut** bâti	**eurent** bâti
futur		**futur antérieur**	
bâti**rai**	bâti**rons**	**aurai** bâti	**aurons** bâti
bâti**ras**	bâti**rez**	**auras** bâti	**aurez** bâti
bâti**ra**	bâti**ront**	**aura** bâti	**auront** bâti
conditionnel		**conditionnel passé**	
bâti**rais**	bâti**rions**	**aurais** bâti	**aurions** bâti
bâti**rais**	bâti**riez**	**aurais** bâti	**auriez** bâti
bâti**rait**	bâti**raient**	**aurait** bâti	**auraient** bâti
présent du subjonctif		**passé du subjonctif**	
bâtiss**e**	bâtiss**ions**	**aie** bâti	**ayons** bâti
bâtiss**es**	bâtiss**iez**	**aies** bâti	**ayez** bâti
bâtiss**e**	bâtiss**ent**	**ait** bâti	**aient** bâti
imparfait du subjonctif		**plus-que-parfait du subjonctif**	
bâtiss**e**	bâtiss**ions**	**eusse** bâti	**eussions** bâti
bâtiss**es**	bâtiss**iez**	**eusses** bâti	**eussiez** bâti
bât**ît**	bâtiss**ent**	**eût** bâti	**eussent** bâti
impératif			
bâti**s**			
bâtiss**ons**			
bâtiss**ez**			

to beat, to hit

participe présent **battant**   participe passé **battu**

SINGULAR   PLURAL   SINGULAR   PLURAL

B

présent de l'indicatif
bat**s**	batt**ons**
bat**s**	batt**ez**
bat**t**	batt**ent**

passé composé
ai battu	**avons** battu
as battu	**avez** battu
a battu	**ont** battu

imparfait de l'indicatif
batt**ais**	batt**ions**
batt**ais**	batt**iez**
batt**ait**	batt**aient**

plus-que-parfait de l'indicatif
avais battu	**avions** battu
avais battu	**aviez** battu
avait battu	**avaient** battu

passé simple
batt**is**	batt**îmes**
batt**is**	batt**îtes**
batt**it**	batt**irent**

passé antérieur
eus battu	**eûmes** battu
eus battu	**eûtes** battu
eut battu	**eurent** battu

futur
battr**ai**	battr**ons**
battr**as**	battr**ez**
battr**a**	battr**ont**

futur antérieur
aurai battu	**aurons** battu
auras battu	**aurez** battu
aura battu	**auront** battu

conditionnel
battr**ais**	battr**ions**
battr**ais**	battr**iez**
battr**ait**	battr**aient**

conditionnel passé
aurais battu	**aurions** battu
aurais battu	**auriez** battu
aurait battu	**auraient** battu

présent du subjonctif
batt**e**	batt**ions**
batt**es**	batt**iez**
batt**e**	batt**ent**

passé du subjonctif
aie battu	**ayons** battu
aies battu	**ayez** battu
ait battu	**aient** battu

imparfait du subjonctif
batt**isse**	batt**issions**
batt**isses**	batt**issiez**
batt**ît**	batt**issent**

plus-que-parfait du subjonctif
eusse battu	**eussions** battu
eusses battu	**eussiez** battu
eût battu	**eussent** battu

impératif
bats
battons
battez

129

participe présent **se battant**   participe passé **battu(e)(s)**

B

SINGULAR	PLURAL	SINGULAR	PLURAL

présent de l'indicatif

me bat**s**	nous batt**ons**
te bat**s**	vous batt**ez**
se ba**t**	se batt**ent**

passé composé

me suis battu(e)	nous sommes battu(e)s
t'es battu(e)	vous êtes battu(e)(s)
s'est battu(e)	se sont battu(e)s

imparfait de l'indicatif

me batt**ais**	nous batt**ions**
te batt**ais**	vous batt**iez**
se batt**ait**	se batt**aient**

plus-que-parfait de l'indicatif

m'**étais** battu(e)	nous étions battu(e)s
t'**étais** battu(e)	vous étiez battu(e)(s)
s'**était** battu(e)	s'**étaient** battu(e)s

passé simple

me batt**is**	nous batt**îmes**
te batt**is**	vous batt**îtes**
se batt**it**	se batt**irent**

passé antérieur

me fus battu(e)	nous fûmes battu(e)s
te fus battu(e)	vous fûtes battu(e)(s)
se fut battu(e)	se furent battu(e)s

futur

me batt**rai**	nous batt**rons**
te batt**ras**	vous batt**rez**
se batt**ra**	se batt**ront**

futur antérieur

me serai battu(e)	nous serons battu(e)s
te seras battu(e)	vous serez battu(e)(s)
se sera battu(e)	se seront battu(e)s

conditionnel

me batt**rais**	nous batt**rions**
te batt**rais**	vous batt**riez**
se batt**rait**	se batt**raient**

conditionnel passé

me serais battu(e)	nous serions battu(e)s
te serais battu(e)	vous seriez battu(e)(s)
se serait battu(e)	se seraient battu(e)s

présent du subjonctif

me batt**e**	nous batt**ions**
te batt**es**	vous batt**iez**
se batt**e**	se batt**ent**

passé du subjonctif

me sois battu(e)	nous soyons battu(e)s
te sois battu(e)	vous soyez battu(e)(s)
se soit battu(e)	se soient battu(e)s

imparfait du subjonctif

me batt**isse**	nous batt**issions**
te batt**isses**	vous batt**issiez**
se batt**ît**	se batt**issent**

plus-que-parfait du subjonctif

me fusse battu(e)	nous fussions battu(e)s
te fusses battu(e)	vous fussiez battu(e)(s)
se fût battu(e)	se fussent battu(e)s

impératif

bats-toi
battons-nous
battez-vous

to blame

blâmer

SINGULAR	PLURAL	SINGULAR	PLURAL
présent de l'indicatif		passé composé	
blâm**e**	blâm**ons**	**ai** blâmé	**avons** blâmé
blâm**es**	blâm**ez**	**as** blâmé	**avez** blâmé
blâm**e**	blâm**ent**	**a** blâmé	**ont** blâmé
imparfait de l'indicatif		plus-que-parfait de l'indicatif	
blâm**ais**	blâm**ions**	**avais** blâmé	**avions** blâmé
blâm**ais**	blâm**iez**	**avais** blâmé	**aviez** blâmé
blâm**ait**	blâm**aient**	**avait** blâmé	**avaient** blâmé
passé simple		passé antérieur	
blâm**ai**	blâm**âmes**	**eus** blâmé	**eûmes** blâmé
blâm**as**	blâm**âtes**	**eus** blâmé	**eûtes** blâmé
blâm**a**	blâm**èrent**	**eut** blâmé	**eurent** blâmé
futur		futur antérieur	
blâmer**ai**	blâmer**ons**	**aurai** blâmé	**aurons** blâmé
blâmer**as**	blâmer**ez**	**auras** blâmé	**aurez** blâmé
blâmer**a**	blâmer**ont**	**aura** blâmé	**auront** blâmé
conditionnel		conditionnel passé	
blâmer**ais**	blâmer**ions**	**aurais** blâmé	**aurions** blâmé
blâmer**ais**	blâmer**iez**	**aurais** blâmé	**auriez** blâmé
blâmer**ait**	blâmer**aient**	**aurait** blâmé	**auraient** blâmé
présent du subjonctif		passé du subjonctif	
blâm**e**	blâm**ions**	**aie** blâmé	**ayons** blâmé
blâm**es**	blâm**iez**	**aies** blâmé	**ayez** blâmé
blâm**e**	blâm**ent**	**ait** blâmé	**aient** blâmé
imparfait du subjonctif		plus-que-parfait du subjonctif	
blâm**asse**	blâm**assions**	**eusse** blâmé	**eussions** blâmé
blâm**asses**	blâm**assiez**	**eusses** blâmé	**eussiez** blâmé
blâm**ât**	blâm**assent**	**eût** blâmé	**eussent** blâmé
impératif			
blâm**e**			
blâm**ons**			
blâm**ez**			

B

participe présent **blanchissant**   participe passé **blanchi**

SINGULAR	PLURAL	SINGULAR	PLURAL

B

présent de l'indicatif

blanchi**s**	blanchiss**ons**
blanchi**s**	blanchiss**ez**
blanchi**t**	blanchiss**ent**

passé composé

ai blanchi	**avons** blanchi
as blanchi	**avez** blanchi
a blanchi	**ont** blanchi

imparfait de l'indicatif

blanchiss**ais**	blanchiss**ions**
blanchiss**ais**	blanchiss**iez**
blanchiss**ait**	blanchiss**aient**

plus-que-parfait de l'indicatif

avais blanchi	**avions** blanchi
avais blanchi	**aviez** blanchi
avait blanchi	**avaient** blanchi

passé simple

blanchi**s**	blanch**îmes**
blanchi**s**	blanch**îtes**
blanchi**t**	blanchi**rent**

passé antérieur

eus blanchi	**eûmes** blanchi
eus blanchi	**eûtes** blanchi
eut blanchi	**eurent** blanchi

futur

blanchir**ai**	blanchir**ons**
blanchir**as**	blanchir**ez**
blanchir**a**	blanchir**ont**

futur antérieur

aurai blanchi	**aurons** blanchi
auras blanchi	**aurez** blanchi
aura blanchi	**auront** blanchi

conditionnel

blanchir**ais**	blanchir**ions**
blanchir**ais**	blanchir**iez**
blanchir**ait**	blanchir**aient**

conditionnel passé

aurais blanchi	**aurions** blanchi
aurais blanchi	**auriez** blanchi
aurait blanchi	**auraient** blanchi

présent du subjonctif

blanchiss**e**	blanchiss**ions**
blanchiss**es**	blanchiss**iez**
blanchiss**e**	blanchiss**ent**

passé du subjonctif

aie blanchi	**ayons** blanchi
aies blanchi	**ayez** blanchi
ait blanchi	**aient** blanchi

imparfait du subjonctif

blanchi**sse**	blanchi**ssions**
blanchi**sses**	blanchi**ssiez**
blanch**ît**	blanchi**ssent**

plus-que-parfait du subjonctif

eusse blanchi	**eussions** blanchi
eusses blanchi	**eussiez** blanchi
eût blanchi	**eussent** blanchi

impératif

blanchis
blanchissons
blanchissez

to wound, to hurt | blesser

B

SINGULAR	PLURAL	SINGULAR	PLURAL
présent de l'indicatif		**passé composé**	
blesse	blessons	ai blessé	avons blessé
blesses	blessez	as blessé	avez blessé
blesse	blessent	a blessé	ont blessé
imparfait de l'indicatif		**plus-que-parfait de l'indicatif**	
blessais	blessions	avais blessé	avions blessé
blessais	blessiez	avais blessé	aviez blessé
blessait	blessaient	avait blessé	avaient blessé
passé simple		**passé antérieur**	
blessai	blessâmes	eus blessé	eûmes blessé
blessas	blessâtes	eus blessé	eûtes blessé
blessa	blessèrent	eut blessé	eurent blessé
futur		**futur antérieur**	
blesserai	blesserons	aurai blessé	aurons blessé
blesseras	blesserez	auras blessé	aurez blessé
blessera	blesseront	aura blessé	auront blessé
conditionnel		**conditionnel passé**	
blesserais	blesserions	aurais blessé	aurions blessé
blesserais	blesseriez	aurais blessé	auriez blessé
blesserait	blesseraient	aurait blessé	auraient blessé
présent du subjonctif		**passé du subjonctif**	
blesse	blessions	aie blessé	ayons blessé
blesses	blessiez	aies blessé	ayez blessé
blesse	blessent	ait blessé	aient blessé
imparfait du subjonctif		**plus-que-parfait du subjonctif**	
blessasse	blessassions	eusse blessé	eussions blessé
blessasses	blessassiez	eusses blessé	eussiez blessé
blessât	blessassent	eût blessé	eussent blessé
impératif			
blesse			
blessons			
blessez			

boire

to drink

participe présent buvant   **participe passé** bu

B

SINGULAR	PLURAL	SINGULAR	PLURAL
présent de l'indicatif		**passé composé**	
bois	buvons	ai bu	avons bu
bois	buvez	as bu	avez bu
boit	boivent	a bu	ont bu
imparfait de l'indicatif		**plus-que-parfait de l'indicatif**	
buvais	buvions	avais bu	avions bu
buvais	buviez	avais bu	aviez bu
buvait	buvaient	avait bu	avaient bu
passé simple		**passé antérieur**	
bus	bûmes	eus bu	eûmes bu
bus	bûtes	eus bu	eûtes bu
but	burent	eut bu	eurent bu
futur		**futur antérieur**	
boirai	boirons	aurai bu	aurons bu
boiras	boirez	auras bu	aurez bu
boira	boiront	aura bu	auront bu
conditionnel		**conditionnel passé**	
boirais	boirions	aurais bu	aurions bu
boirais	boiriez	aurais bu	auriez bu
boirait	boiraient	aurait bu	auraient bu
présent du subjonctif		**passé du subjonctif**	
boive	buvions	aie bu	ayons bu
boives	buviez	aies bu	ayez bu
boive	boivent	ait bu	aient bu
imparfait du subjonctif		**plus-que-parfait du subjonctif**	
busse	bussions	eusse bu	eussions bu
busses	bussiez	eusses bu	eussiez bu
bût	bussent	eût bu	eussent bu
impératif			
bois			
buvons			
buvez			

MUST KNOW VERB

to budge, to move

bouger

participe présent **bougeant**   participe passé **bougé**

SINGULAR	PLURAL

présent de l'indicatif
bouge	bougeons
bouges	bougez
bouge	bougent

imparfait de l'indicatif
bougeais	bougions
bougeais	bougiez
bougeait	bougeaient

passé simple
bougeai	bougeâmes
bougeas	bougeâtes
bougea	bougèrent

futur
bougerai	bougerons
bougeras	bougerez
bougera	bougeront

conditionnel
bougerais	bougerions
bougerais	bougeriez
bougerait	bougeraient

présent du subjonctif
bouge	bougions
bouges	bougiez
bouge	bougent

imparfait du subjonctif
bougeasse	bougeassions
bougeasses	bougeassiez
bougeât	bougeassent

impératif
bouge
bougeons
bougez

SINGULAR	PLURAL

passé composé
ai bougé	avons bougé
as bougé	avez bougé
a bougé	ont bougé

plus-que-parfait de l'indicatif
avais bougé	avions bougé
avais bougé	aviez bougé
avait bougé	avaient bougé

passé antérieur
eus bougé	eûmes bougé
eus bougé	eûtes bougé
eut bougé	eurent bougé

futur antérieur
aurai bougé	aurons bougé
auras bougé	aurez bougé
aura bougé	auront bougé

conditionnel passé
aurais bougé	aurions bougé
aurais bougé	auriez bougé
aurait bougé	auraient bougé

passé du subjonctif
aie bougé	ayons bougé
aies bougé	ayez bougé
ait bougé	aient bougé

plus-que-parfait du subjonctif
eusse bougé	eussions bougé
eusses bougé	eussiez bougé
eût bougé	eussent bougé

participe présent **bouillant**   participe passé **bouilli**

SINGULAR	PLURAL	SINGULAR	PLURAL
présent de l'indicatif		**passé composé**	
bous	bouillons	ai bouilli	avons bouilli
bous	bouillez	as bouilli	avez bouilli
bout	bouillent	a bouilli	ont bouilli
imparfait de l'indicatif		**plus-que-parfait de l'indicatif**	
bouillais	bouillions	avais bouilli	avions bouilli
bouillais	bouilliez	avais bouilli	aviez bouilli
bouillait	bouillaient	avait bouilli	avaient bouilli
passé simple		**passé antérieur**	
bouillis	bouillîmes	eus bouilli	eûmes bouilli
bouillis	bouillîtes	eus bouilli	eûtes bouilli
bouillit	bouillirent	eut bouilli	eurent bouilli
futur		**futur antérieur**	
bouillirai	bouillirons	aurai bouilli	aurons bouilli
bouilliras	bouillirez	auras bouilli	aurez bouilli
bouillira	bouilliront	aura bouilli	auront bouilli
conditionnel		**conditionnel passé**	
bouillirais	bouillirions	aurais bouilli	aurions bouilli
bouillirais	bouilliriez	aurais bouilli	auriez bouilli
bouillirait	bouilliraient	aurait bouilli	auraient bouilli
présent du subjonctif		**passé du subjonctif**	
bouille	bouillions	aie bouilli	ayons bouilli
bouilles	bouilliez	aies bouilli	ayez bouilli
bouille	bouillent	ait bouilli	aient bouilli
imparfait du subjonctif		**plus-que-parfait du subjonctif**	
bouillisse	bouillissions	eusse bouilli	eussions bouilli
bouillisses	bouillissiez	eusses bouilli	eussiez bouilli
bouillît	bouillissent	eût bouilli	eussent bouilli

impératif
bous
bouillons
bouillez

to plug in, to connect
brancher

participe présent **branchant**   participe passé **branché**

B

SINGULAR	PLURAL	SINGULAR	PLURAL
présent de l'indicatif		**passé composé**	
branche	branchons	**ai** branché	**avons** branché
branches	branchez	**as** branché	**avez** branché
branche	branchent	**a** branché	**ont** branché
imparfait de l'indicatif		**plus-que-parfait de l'indicatif**	
branchais	branchions	**avais** branché	**avions** branché
branchais	branchiez	**avais** branché	**aviez** branché
branchait	branchaient	**avait** branché	**avaient** branché
passé simple		**passé antérieur**	
branchai	branchâmes	**eus** branché	**eûmes** branché
branchas	branchâtes	**eus** branché	**eûtes** branché
brancha	branchèrent	**eut** branché	**eurent** branché
futur		**futur antérieur**	
brancherai	brancherons	**aurai** branché	**aurons** branché
brancheras	brancherez	**auras** branché	**aurez** branché
branchera	brancheront	**aura** branché	**auront** branché
conditionnel		**conditionnel passé**	
brancherais	brancherions	**aurais** branché	**aurions** branché
brancherais	brancheriez	**aurais** branché	**auriez** branché
brancherait	brancheraient	**aurait** branché	**auraient** branché
présent du subjonctif		**passé du subjonctif**	
branche	branchions	**aie** branché	**ayons** branché
branches	branchiez	**aies** branché	**ayez** branché
branche	branchent	**ait** branché	**aient** branché
imparfait du subjonctif		**plus-que-parfait du subjonctif**	
branchasse	branchassions	**eusse** branché	**eussions** branché
branchasses	branchassiez	**eusses** branché	**eussiez** branché
branchât	branchassent	**eût** branché	**eussent** branché
impératif			
branche			
branchons			
branchez			

briller — to shine

participe présent **brillant** participe passé **brillé**

B

SINGULAR	PLURAL	SINGULAR	PLURAL
présent de l'indicatif		passé composé	
brill**e**	brill**ons**	**ai** brillé	**avons** brillé
brill**es**	brill**ez**	**as** brillé	**avez** brillé
brill**e**	brill**ent**	**a** brillé	**ont** brillé
imparfait de l'indicatif		plus-que-parfait de l'indicatif	
brill**ais**	brill**ions**	**avais** brillé	**avions** brillé
brill**ais**	brill**iez**	**avais** brillé	**aviez** brillé
brill**ait**	brill**aient**	**avait** brillé	**avaient** brillé
passé simple		passé antérieur	
brill**ai**	brill**âmes**	**eus** brillé	**eûmes** brillé
brill**as**	brill**âtes**	**eus** brillé	**eûtes** brillé
brill**a**	brill**èrent**	**eut** brillé	**eurent** brillé
futur		futur antérieur	
briller**ai**	briller**ons**	**aurai** brillé	**aurons** brillé
briller**as**	briller**ez**	**auras** brillé	**aurez** brillé
briller**a**	briller**ont**	**aura** brillé	**auront** brillé
conditionnel		conditionnel passé	
briller**ais**	briller**ions**	**aurais** brillé	**aurions** brillé
briller**ais**	briller**iez**	**aurais** brillé	**auriez** brillé
briller**ait**	briller**aient**	**aurait** brillé	**auraient** brillé
présent du subjonctif		passé du subjonctif	
brill**e**	brill**ions**	**aie** brillé	**ayons** brillé
brill**es**	brill**iez**	**aies** brillé	**ayez** brillé
brill**e**	brill**ent**	**ait** brillé	**aient** brillé
imparfait du subjonctif		plus-que-parfait du subjonctif	
brill**asse**	brill**assions**	**eusse** brillé	**eussions** brillé
brill**asses**	brill**assiez**	**eusses** brillé	**eussiez** brillé
brill**ât**	brill**assent**	**eût** brillé	**eussent** brillé

impératif
brille
brillons
brillez

to give in to, to give up — céder

participe présent **cédant**   participe passé **cédé**

SINGULAR	PLURAL	SINGULAR	PLURAL

présent de l'indicatif

cède	cédons		
cèdes	cédez		
cède	cèdent		

passé composé

ai cédé	avons cédé		
as cédé	avez cédé		
a cédé	ont cédé		

imparfait de l'indicatif

cédais	cédions
cédais	cédiez
cédait	cédaient

plus-que-parfait de l'indicatif

avais cédé	avions cédé
avais cédé	aviez cédé
avait cédé	avaient cédé

passé simple

cédai	cédâmes
cédas	cédâtes
céda	cédèrent

passé antérieur

eus cédé	eûmes cédé
eus cédé	eûtes cédé
eut cédé	eurent cédé

futur

céderai	céderons
céderas	céderez
cédera	céderont

futur antérieur

aurai cédé	aurons cédé
auras cédé	aurez cédé
aura cédé	auront cédé

conditionnel

céderais	céderions
céderais	céderiez
céderait	céderaient

conditionnel passé

aurais cédé	aurions cédé
aurais cédé	auriez cédé
aurait cédé	auraient cédé

présent du subjonctif

cède	cédions
cèdes	cédiez
cède	cèdent

passé du subjonctif

aie cédé	ayons cédé
aies cédé	ayez cédé
ait cédé	aient cédé

imparfait du subjonctif

cédasse	cédassions
cédasses	cédassiez
cédât	cédassent

plus-que-parfait du subjonctif

eusse cédé	eussions cédé
eusses cédé	eussiez cédé
eût cédé	eussent cédé

impératif

cède
cédons
cédez

cesser

to stop

participe présent **cessant**   participe passé **cessé**

SINGULAR	PLURAL	SINGULAR	PLURAL

présent de l'indicatif

		passé composé	
cess**e**	cess**ons**	**ai** cessé	**avons** cessé
cess**es**	cess**ez**	**as** cessé	**avez** cessé
cess**e**	cess**ent**	**a** cessé	**ont** cessé

imparfait de l'indicatif

plus-que-parfait de l'indicatif

cess**ais**	cess**ions**	**avais** cessé	**avions** cessé
cess**ais**	cess**iez**	**avais** cessé	**aviez** cessé
cess**ait**	cess**aient**	**avait** cessé	**avaient** cessé

passé simple

passé antérieur

cess**ai**	cess**âmes**	**eus** cessé	**eûmes** cessé
cess**as**	cess**âtes**	**eus** cessé	**eûtes** cessé
cess**a**	cess**èrent**	**eut** cessé	**eurent** cessé

futur

futur antérieur

cesser**ai**	cesser**ons**	**aurai** cessé	**aurons** cessé
cesser**as**	cesser**ez**	**auras** cessé	**aurez** cessé
cesser**a**	cesser**ont**	**aura** cessé	**auront** cessé

conditionnel

conditionnel passé

cesser**ais**	cesser**ions**	**aurais** cessé	**aurions** cessé
cesser**ais**	cesser**iez**	**aurais** cessé	**auriez** cessé
cesser**ait**	cesser**aient**	**aurait** cessé	**auraient** cessé

présent du subjonctif

passé du subjonctif

cess**e**	cess**ions**	**aie** cessé	**ayons** cessé
cess**es**	cess**iez**	**aies** cessé	**ayez** cessé
cess**e**	cess**ent**	**ait** cessé	**aient** cessé

imparfait du subjonctif

plus-que-parfait du subjonctif

cess**asse**	cess**assions**	**eusse** cessé	**eussions** cessé
cess**asses**	cess**assiez**	**eusses** cessé	**eussiez** cessé
cess**ât**	cess**assent**	**eût** cessé	**eussent** cessé

impératif

cesse
cessons
cessez

to change

participe présent **changeant**   participe passé **changé**

SINGULAR	PLURAL	SINGULAR	PLURAL

présent de l'indicatif

change	changeons
changes	changez
change	changent

passé composé

ai changé	avons changé
as changé	avez changé
a changé	ont changé

C

imparfait de l'indicatif

changeais	changions
changeais	changiez
changeait	changeaient

plus-que-parfait de l'indicatif

avais changé	avions changé
avais changé	aviez changé
avait changé	avaient changé

passé simple

changeai	changeâmes
changeas	changeâtes
changea	changèrent

passé antérieur

eus changé	eûmes changé
eus changé	eûtes changé
eut changé	eurent changé

futur

changerai	changerons
changeras	changerez
changera	changeront

futur antérieur

aurai changé	aurons changé
auras changé	aurez changé
aura changé	auront changé

conditionnel

changerais	changerions
changerais	changeriez
changerait	changeraient

conditionnel passé

aurais changé	aurions changé
aurais changé	auriez changé
aurait changé	auraient changé

présent du subjonctif

change	changions
changes	changiez
change	changent

passé du subjonctif

aie changé	ayons changé
aies changé	ayez changé
ait changé	aient changé

imparfait du subjonctif

changeasse	changeassions
changeasses	changeassiez
changeât	changeassent

plus-que-parfait du subjonctif

eusse changé	eussions changé
eusses changé	eussiez changé
eût changé	eussent changé

impératif

change
changeons
changez

MUST KNOW VERB

chanter

to sing

SINGULAR	PLURAL	SINGULAR	PLURAL
présent de l'indicatif		**passé composé**	
chant**e**	chant**ons**	**ai** chanté	**avons** chanté
chant**es**	chant**ez**	**as** chanté	**avez** chanté
chant**e**	chant**ent**	**a** chanté	**ont** chanté
imparfait de l'indicatif		**plus-que-parfait de l'indicatif**	
chant**ais**	chant**ions**	**avais** chanté	**avions** chanté
chant**ais**	chant**iez**	**avais** chanté	**aviez** chanté
chant**ait**	chant**aient**	**avait** chanté	**avaient** chanté
passé simple		**passé antérieur**	
chant**ai**	chant**âmes**	**eus** chanté	**eûmes** chanté
chant**as**	chant**âtes**	**eus** chanté	**eûtes** chanté
chant**a**	chant**èrent**	**eut** chanté	**eurent** chanté
futur		**futur antérieur**	
chanter**ai**	chanter**ons**	**aurai** chanté	**aurons** chanté
chanter**as**	chanter**ez**	**auras** chanté	**aurez** chanté
chanter**a**	chanter**ont**	**aura** chanté	**auront** chanté
conditionnel		**conditionnel passé**	
chanter**ais**	chanter**ions**	**aurais** chanté	**aurions** chanté
chanter**ais**	chanter**iez**	**aurais** chanté	**auriez** chanté
chanter**ait**	chanter**aient**	**aurait** chanté	**auraient** chanté
présent du subjonctif		**passé du subjonctif**	
chant**e**	chant**ions**	**aie** chanté	**ayons** chanté
chant**es**	chant**iez**	**aies** chanté	**ayez** chanté
chant**e**	chant**ent**	**ait** chanté	**aient** chanté
imparfait du subjonctif		**plus-que-parfait du subjonctif**	
chant**asse**	chant**assions**	**eusse** chanté	**eussions** chanté
chant**asses**	chant**assiez**	**eusses** chanté	**eussiez** chanté
chant**ât**	chant**assent**	**eût** chanté	**eussent** chanté
impératif			
chant**e**			
chant**ons**			
chant**ez**			

C

to chase away

chasser

participe présent **chassant**   participe passé **chassé**

SINGULAR	PLURAL	SINGULAR	PLURAL

présent de l'indicatif

chasse	chassons	
chasses	chassez	
chasse	chassent	

passé composé

ai chassé	**avons** chassé
as chassé	**avez** chassé
a chassé	**ont** chassé

imparfait de l'indicatif

chassais	chassions
chassais	chassiez
chassait	chassaient

plus-que-parfait de l'indicatif

avais chassé	**avions** chassé
avais chassé	**aviez** chassé
avait chassé	**avaient** chassé

passé simple

chassai	chassâmes
chassas	chassâtes
chassa	chassèrent

passé antérieur

eus chassé	**eûmes** chassé
eus chassé	**eûtes** chassé
eut chassé	**eurent** chassé

futur

chasserai	chasserons
chasseras	chasserez
chassera	chasseront

futur antérieur

aurai chassé	**aurons** chassé
auras chassé	**aurez** chassé
aura chassé	**auront** chassé

conditionnel

chasserais	chasserions
chasserais	chasseriez
chasserait	chasseraient

conditionnel passé

aurais chassé	**aurions** chassé
aurais chassé	**auriez** chassé
aurait chassé	**auraient** chassé

présent du subjonctif

chasse	chassions
chasses	chassiez
chasse	chassent

passé du subjonctif

aie chassé	**ayons** chassé
aies chassé	**ayez** chassé
ait chassé	**aient** chassé

imparfait du subjonctif

chassasse	chassassions
chassasses	chassassiez
chassât	chassassent

plus-que-parfait du subjonctif

eusse chassé	**eussions** chassé
eusses chassé	**eussiez** chassé
eût chassé	**eussent** chassé

impératif

chasse
chassons
chassez

chercher

to look for

participe présent **cherchant**   participe passé **cherché**

C

SINGULAR	PLURAL	SINGULAR	PLURAL

présent de l'indicatif
cherche / cherchons
cherches / cherchez
cherche / cherchent

passé composé
ai cherché / avons cherché
as cherché / avez cherché
a cherché / ont cherché

imparfait de l'indicatif
cherchais / cherchions
cherchais / cherchiez
cherchait / cherchaient

plus-que-parfait de l'indicatif
avais cherché / avions cherché
avais cherché / aviez cherché
avait cherché / avaient cherché

passé simple
cherchai / cherchâmes
cherchas / cherchâtes
chercha / cherchèrent

passé antérieur
eus cherché / eûmes cherché
eus cherché / eûtes cherché
eut cherché / eurent cherché

futur
chercherai / chercherons
chercheras / chercherez
cherchera / chercheront

futur antérieur
aurai cherché / aurons cherché
auras cherché / aurez cherché
aura cherché / auront cherché

conditionnel
chercherais / chercherions
chercherais / chercheriez
chercherait / chercheraient

conditionnel passé
aurais cherché / aurions cherché
aurais cherché / auriez cherché
aurait cherché / auraient cherché

présent du subjonctif
cherche / cherchions
cherches / cherchiez
cherche / cherchent

passé du subjonctif
aie cherché / ayons cherché
aies cherché / ayez cherché
ait cherché / aient cherché

imparfait du subjonctif
cherchasse / cherchassions
cherchasses / cherchassiez
cherchât / cherchassent

plus-que-parfait du subjonctif
eusse cherché / eussions cherché
eusses cherché / eussiez cherché
eût cherché / eussent cherché

impératif
cherche
cherchons
cherchez

MUST KNOW VERB

to choose   choisir

participe présent **choisissant**   participe passé **choisi**

SINGULAR	PLURAL	SINGULAR	PLURAL

présent de l'indicatif

		passé composé	
choisis	choisissons	**ai** choisi	**avons** choisi
choisis	choisissez	**as** choisi	**avez** choisi
choisit	choisissent	**a** choisi	**ont** choisi

C

imparfait de l'indicatif

		plus-que-parfait de l'indicatif	
choisissais	choisissions	**avais** choisi	**avions** choisi
choisissais	choisissiez	**avais** choisi	**aviez** choisi
choisissait	choisissaient	**avait** choisi	**avaient** choisi

passé simple

		passé antérieur	
choisis	choisîmes	**eus** choisi	**eûmes** choisi
choisis	choisîtes	**eus** choisi	**eûtes** choisi
choisit	choisirent	**eut** choisi	**eurent** choisi

futur

		futur antérieur	
choisirai	choisirons	**aurai** choisi	**aurons** choisi
choisiras	choisirez	**auras** choisi	**aurez** choisi
choisira	choisiront	**aura** choisi	**auront** choisi

conditionnel

		conditionnel passé	
choisirais	choisirions	**aurais** choisi	**aurions** choisi
choisirais	choisiriez	**aurais** choisi	**auriez** choisi
choisirait	choisiraient	**aurait** choisi	**auraient** choisi

présent du subjonctif

		passé du subjonctif	
choisisse	choisissions	**aie** choisi	**ayons** choisi
choisisses	choisissiez	**aies** choisi	**ayez** choisi
choisisse	choisissent	**ait** choisi	**aient** choisi

imparfait du subjonctif

		plus-que-parfait du subjonctif	
choisisse	choisissions	**eusse** choisi	**eussions** choisi
choisisses	choisissiez	**eusses** choisi	**eussiez** choisi
choisît	choisissent	**eût** choisi	**eussent** choisi

impératif

choisis
choisissons
choisissez

MUST
KNOW
VERB

145

to quote, to name, to cite

participle présent **citant**   participle passé **cité**

SINGULAR	PLURAL	SINGULAR	PLURAL

présent de l'indicatif

cite	citons	
cites	citez	
cite	citent	

passé composé

ai cité	avons cité
as cité	avez cité
a cité	ont cité

imparfait de l'indicatif

citais	citions
citais	citiez
citait	citaient

plus-que-parfait de l'indicatif

avais cité	avions cité
avais cité	aviez cité
avait cité	avaient cité

passé simple

citai	citâmes
citas	citâtes
cita	citèrent

passé antérieur

eus cité	eûmes cité
eus cité	eûtes cité
eut cité	eurent cité

futur

citerai	citerons
citeras	citerez
citera	citeront

futur antérieur

aurai cité	aurons cité
auras cité	aurez cité
aura cité	auront cité

conditionnel

citerais	citerions
citerais	citeriez
citerait	citeraient

conditionnel passé

aurais cité	aurions cité
aurais cité	auriez cité
aurait cité	auraient cité

présent du subjonctif

cite	citions
cites	citiez
cite	citent

passé du subjonctif

aie cité	ayons cité
aies cité	ayez cité
ait cité	aient cité

imparfait du subjonctif

citasse	citassions
citasses	citassiez
citât	citassent

plus-que-parfait du subjonctif

eusse cité	eussions cité
eusses cité	eussiez cité
eût cité	eussent cité

impératif

cite
citons
citez

to clarify

participe présent **clarifiant**   participe passé **clarifié**

SINGULAR	PLURAL	SINGULAR	PLURAL

présent de l'indicatif
clarifie	clarifions		
clarifies	clarifiez		
clarifie	clarifient		

passé composé
ai clarifié	avons clarifié
as clarifié	avez clarifié
a clarifié	ont clarifié

imparfait de l'indicatif
clarifiais	clarifiions
clarifiais	clarifiiez
clarifiait	clarifiaient

plus-que-parfait de l'indicatif
avais clarifié	avions clarifié
avais clarifié	aviez clarifié
avait clarifié	avaient clarifié

passé simple
clarifiai	clarifiâmes
clarifias	clarifiâtes
clarifia	clarifièrent

passé antérieur
eus clarifié	eûmes clarifié
eus clarifié	eûtes clarifié
eut clarifié	eurent clarifié

futur
clarifierai	clarifierons
clarifieras	clarifierez
clarifiera	clarifieront

futur antérieur
aurai clarifié	aurons clarifié
auras clarifié	aurez clarifié
aura clarifié	auront clarifié

conditionnel
clarifierais	clarifierions
clarifierais	clarifieriez
clarifierait	clarifieraient

conditionnel passé
aurais clarifié	aurions clarifié
aurais clarifié	auriez clarifié
aurait clarifié	auraient clarifié

présent du subjonctif
clarifie	clarifiions
clarifies	clarifiiez
clarifie	clarifient

passé du subjonctif
aie clarifié	ayons clarifié
aies clarifié	ayez clarifié
ait clarifié	aient clarifié

imparfait du subjonctif
clarifiasse	clarifiassions
clarifiasses	clarifiassiez
clarifiât	clarifiassent

plus-que-parfait du subjonctif
eusse clarifié	eussions clarifié
eusses clarifié	eussiez clarifié
eût clarifié	eussent clarifié

impératif
clarifie
clarifions
clarifiez

C

to close, to end

C

SINGULAR	PLURAL	SINGULAR	PLURAL

présent de l'indicatif
clo**s**
clo**s**
clô**t**   clos**ent**

passé composé
ai clos   **avons** clos
as clos   **avez** clos
a clos   **ont** clos

imparfait de l'indicatif
No conjugation for this tense.

plus-que-parfait de l'indicatif
avais clos   **avions** clos
avais clos   **aviez** clos
avait clos   **avaient** clos

passé simple
No conjugation for this tense.

passé antérieur
eus clos   **eûmes** clos
eus clos   **eûtes** clos
eut clos   **eurent** clos

futur
clor**ai**   clor**ons**
clor**as**   clor**ez**
clor**a**   clor**ont**

futur antérieur
aurai clos   **aurons** clos
auras clos   **aurez** clos
aura clos   **auront** clos

conditionnel
clor**ais**   clor**ions**
clor**ais**   clor**iez**
clor**ait**   clor**aient**

conditionnel passé
aurais clos   **aurions** clos
aurais clos   **auriez** clos
aurait clos   **auraient** clos

présent du subjonctif
clos**e**   clos**ions**
clos**es**   clos**iez**
clos**e**   clos**ent**

passé du subjonctif
aie clos   **ayons** clos
aies clos   **ayez** clos
ait clos   **aient** clos

imparfait du subjonctif
No conjugation for this tense.

plus-que-parfait du subjonctif
eusse clos   **eussions** clos
eusses clos   **eussiez** clos
eût clos   **eussent** clos

impératif
clos

to fight   combattre

participe présent **combattant**   participe passé **combattu**

SINGULAR	PLURAL	SINGULAR	PLURAL
présent de l'indicatif		**passé composé**	
combat**s**	combatt**ons**	**ai** combattu	**avons** combattu
combat**s**	combatt**ez**	**as** combattu	**avez** combattu
comba**t**	combatt**ent**	**a** combattu	**ont** combattu
imparfait de l'indicatif		**plus-que-parfait de l'indicatif**	
combatt**ais**	combatt**ions**	**avais** combattu	**avions** combattu
combatt**ais**	combatt**iez**	**avais** combattu	**aviez** combattu
combatt**ait**	combatt**aient**	**avait** combattu	**avaient** combattu
passé simple		**passé antérieur**	
combatt**is**	combatt**îmes**	**eus** combattu	**eûmes** combattu
combatt**is**	combatt**îtes**	**eus** combattu	**eûtes** combattu
combatt**it**	combatt**irent**	**eut** combattu	**eurent** combattu
futur		**futur antérieur**	
combattr**ai**	combattr**ons**	**aurai** combattu	**aurons** combattu
combattr**as**	combattr**ez**	**auras** combattu	**aurez** combattu
combattr**a**	combattr**ont**	**aura** combattu	**auront** combattu
conditionnel		**conditionnel passé**	
combattr**ais**	combattr**ions**	**aurais** combattu	**aurions** combattu
combattr**ais**	combattr**iez**	**aurais** combattu	**auriez** combattu
combattr**ait**	combattr**aient**	**aurait** combattu	**auraient** combattu
présent du subjonctif		**passé du subjonctif**	
combatt**e**	combatt**ions**	**aie** combattu	**ayons** combattu
combatt**es**	combatt**iez**	**aies** combattu	**ayez** combattu
combatt**e**	combatt**ent**	**ait** combattu	**aient** combattu
imparfait du subjonctif		**plus-que-parfait du subjonctif**	
combatt**isse**	combatt**issions**	**eusse** combattu	**eussions** combattu
combatt**isses**	combatt**issiez**	**eusses** combattu	**eussiez** combattu
combatt**ît**	combatt**issent**	**eût** combattu	**eussent** combattu
impératif			
combats			
combattons			
combattez			

commander
to command, to order

participe présent **commandant**   participe passé **commandé**

SINGULAR	PLURAL	SINGULAR	PLURAL

présent de l'indicatif

commande	commandons		
commandes	commandez		
commande	commandent		

passé composé

ai commandé	avons commandé
as commandé	avez commandé
a commandé	ont commandé

imparfait de l'indicatif

commandais	commandions
commandais	commandiez
commandait	commandaient

plus-que-parfait de l'indicatif

avais commandé	avions commandé
avais commandé	aviez commandé
avait commandé	avaient commandé

passé simple

commandai	commandâmes
commandas	commandâtes
commanda	commandèrent

passé antérieur

eus commandé	eûmes commandé
eus commandé	eûtes commandé
eut commandé	eurent commandé

futur

commanderai	commanderons
commanderas	commanderez
commandera	commanderont

futur antérieur

aurai commandé	aurons commandé
auras commandé	aurez commandé
aura commandé	auront commandé

conditionnel

commanderais	commanderions
commanderais	commanderiez
commanderait	commanderaient

conditionnel passé

aurais commandé	aurions commandé
aurais commandé	auriez commandé
aurait commandé	auraient commandé

présent du subjonctif

commande	commandions
commandes	commandiez
commande	commandent

passé du subjonctif

aie commandé	ayons commandé
aies commandé	ayez commandé
ait commandé	aient commandé

imparfait du subjonctif

commandasse	commandassions
commandasses	commandassiez
commandât	commandassent

plus-que-parfait du subjonctif

eusse commandé	eussions commandé
eusses commandé	eussiez commandé
eût commandé	eussent commandé

impératif

commande
commandons
commandez

participe présent commençant   **participe passé** commencé

SINGULAR	PLURAL	SINGULAR	PLURAL

présent de l'indicatif

commence	commençons	
commences	commencez	
commence	commencent	

passé composé

ai commencé	**avons** commencé
as commencé	**avez** commencé
a commencé	**ont** commencé

imparfait de l'indicatif

commençais	commencions
commençais	commenciez
commençait	commençaient

plus-que-parfait de l'indicatif

avais commencé	**avions** commencé
avais commencé	**aviez** commencé
avait commencé	**avaient** commencé

passé simple

commençai	commençâmes
commenças	commençâtes
commença	commencèrent

passé antérieur

eus commencé	**eûmes** commencé
eus commencé	**eûtes** commencé
eut commencé	**eurent** commencé

futur

commencerai	commencerons
commenceras	commencerez
commencera	commenceront

futur antérieur

aurai commencé	**aurons** commencé
auras commencé	**aurez** commencé
aura commencé	**auront** commencé

conditionnel

commencerais	commencerions
commencerais	commenceriez
commencerait	commenceraient

conditionnel passé

aurais commencé	**aurions** commencé
aurais commencé	**auriez** commencé
aurait commencé	**auraient** commencé

présent du subjonctif

commence	commencions
commences	commenciez
commence	commencent

passé du subjonctif

aie commencé	**ayons** commencé
aies commencé	**ayez** commencé
ait commencé	**aient** commencé

imparfait du subjonctif

commençasse	commençassions
commençasses	commençassiez
commençât	commençassent

plus-que-parfait du subjonctif

eusse commencé	**eussions** commencé
eusses commencé	**eussiez** commencé
eût commencé	**eussent** commencé

impératif

commence
commençons
commencez

C

MUST KNOW VERB

commettre — to commit

participe présent commettant   **participe passé** commis

SINGULAR	PLURAL	SINGULAR	PLURAL
présent de l'indicatif		**passé composé**	
commets	commettons	ai commis	avons commis
commets	commettez	as commis	avez commis
commet	commettent	a commis	ont commis
imparfait de l'indicatif		**plus-que-parfait de l'indicatif**	
commettais	commettions	avais commis	avions commis
commettais	commettiez	avais commis	aviez commis
commettait	commettaient	avait commis	avaient commis
passé simple		**passé antérieur**	
commis	commîmes	eus commis	eûmes commis
commis	commîtes	eus commis	eûtes commis
commit	commirent	eut commis	eurent commis
futur		**futur antérieur**	
commettrai	commettrons	aurai commis	aurons commis
commettras	commettrez	auras commis	aurez commis
commettra	commettront	aura commis	auront commis
conditionnel		**conditionnel passé**	
commettrais	commettrions	aurais commis	aurions commis
commettrais	commettriez	aurais commis	auriez commis
commettrait	commettraient	aurait commis	auraient commis
présent du subjonctif		**passé du subjonctif**	
commette	commettions	aie commis	ayons commis
commettes	commettiez	aies commis	ayez commis
commette	commettent	ait commis	aient commis
imparfait du subjonctif		**plus-que-parfait du subjonctif**	
commisse	commissions	eusse commis	eussions commis
commisses	commissiez	eusses commis	eussiez commis
commît	commissent	eût commis	eussent commis

impératif
commets
commettons
commettez

152

to communicate, to inform   communiquer

SINGULAR	PLURAL	SINGULAR	PLURAL

présent de l'indicatif

communique	communiquons		
communiques	communiquez		
communique	communiquent		

passé composé

ai communiqué	avons communiqué
as communiqué	avez communiqué
a communiqué	ont communiqué

imparfait de l'indicatif

communiquais	communiquions
communiquais	communiquiez
communiquait	communiquaient

plus-que-parfait de l'indicatif

avais communiqué	avions communiqué
avais communiqué	aviez communiqué
avait communiqué	avaient communiqué

passé simple

communiquai	communiquâmes
communiquas	communiquâtes
communiqua	communiquèrent

passé antérieur

eus communiqué	eûmes communiqué
eus communiqué	eûtes communiqué
eut communiqué	eurent communiqué

futur

communiquerai	communiquerons
communiqueras	communiquerez
communiquera	communiqueront

futur antérieur

aurai communiqué	aurons communiqué
auras communiqué	aurez communiqué
aura communiqué	auront communiqué

conditionnel

communiquerais	communiquerions
communiquerais	communiqueriez
communiquerait	communiqueraient

conditionnel passé

aurais communiqué	aurions communiqué
aurais communiqué	auriez communiqué
aurait communiqué	auraient communiqué

présent du subjonctif

communique	communiquions
communiques	communiquiez
communique	communiquent

passé du subjonctif

aie communiqué	ayons communiqué
aies communiqué	ayez communiqué
ait communiqué	aient communiqué

imparfait du subjonctif

communiquasse	communiquassions
communiquasses	communiquassiez
communiquât	communiquassent

plus-que-parfait du subjonctif

eusse communiqué	eussions communiqué
eusses communiqué	eussiez communiqué
eût communiqué	eussent communiqué

impératif

communique
communiquons
communiquez

C

participe présent **comportant**   participe passé **comporté**

SINGULAR	PLURAL	SINGULAR	PLURAL

présent de l'indicatif

comporte	comportons
comportes	comportez
comporte	comportent

passé composé

ai comporté	avons comporté
as comporté	avez comporté
a comporté	ont comporté

imparfait de l'indicatif

comportais	comportions
comportais	comportiez
comportait	comportaient

plus-que-parfait de l'indicatif

avais comporté	avions comporté
avais comporté	aviez comporté
avait comporté	avaient comporté

passé simple

comportai	comportâmes
comportas	comportâtes
comporta	comportèrent

passé antérieur

eus comporté	eûmes comporté
eus comporté	eûtes comporté
eut comporté	eurent comporté

futur

comporterai	comporterons
comporteras	comporterez
comportera	comporteront

futur antérieur

aurai comporté	aurons comporté
auras comporté	aurez comporté
aura comporté	auront comporté

conditionnel

comporterais	comporterions
comporterais	comporteriez
comporterait	comporteraient

conditionnel passé

aurais comporté	aurions comporté
aurais comporté	auriez comporté
aurait comporté	auraient comporté

présent du subjonctif

comporte	comportions
comportes	comportiez
comporte	comportent

passé du subjonctif

aie comporté	ayons comporté
aies comporté	ayez comporté
ait comporté	aient comporté

imparfait du subjonctif

comportasse	comportassions
comportasses	comportassiez
comportât	comportassent

plus-que-parfait du subjonctif

eusse comporté	eussions comporté
eusses comporté	eussiez comporté
eût comporté	eussent comporté

impératif

comporte
comportons
comportez

to make up, to compose

participe présent **composant**   participe passé **composé**

SINGULAR	PLURAL	SINGULAR	PLURAL

présent de l'indicatif
compose   composons
composes   composez
compose   composent

passé composé
ai composé   avons composé
as composé   avez composé
a composé   ont composé

C

imparfait de l'indicatif
composais   composions
composais   composiez
composait   composaient

plus-que-parfait de l'indicatif
avais composé   avions composé
avais composé   aviez composé
avait composé   avaient composé

passé simple
composai   composâmes
composas   composâtes
composa   composèrent

passé antérieur
eus composé   eûmes composé
eus composé   eûtes composé
eut composé   eurent composé

futur
composerai   composerons
composeras   composerez
composera   composeront

futur antérieur
aurai composé   aurons composé
auras composé   aurez composé
aura composé   auront composé

conditionnel
composerais   composerions
composerais   composeriez
composerait   composeraient

conditionnel passé
aurais composé   aurions composé
aurais composé   auriez composé
aurait composé   auraient composé

présent du subjonctif
compose   composions
composes   composiez
compose   composent

passé du subjonctif
aie composé   ayons composé
aies composé   ayez composé
ait composé   aient composé

imparfait du subjonctif
composasse   composassions
composasses   composassiez
composât   composassent

plus-que-parfait du subjonctif
eusse composé   eussions composé
eusses composé   eussiez composé
eût composé   eussent composé

impératif
compose
composons
composez

comprendre   to understand, to include

participe présent **comprenant**   participe passé **compris**

SINGULAR	PLURAL	SINGULAR	PLURAL

présent de l'indicatif
comprends	comprenons
comprends	comprenez
comprend	comprennent

passé composé
ai compris	**avons** compris
as compris	**avez** compris
a compris	**ont** compris

imparfait de l'indicatif
comprenais	comprenions
comprenais	compreniez
comprenait	comprenaient

plus-que-parfait de l'indicatif
avais compris	**avions** compris
avais compris	**aviez** compris
avait compris	**avaient** compris

passé simple
compris	comprîmes
compris	comprîtes
comprit	comprirent

passé antérieur
eus compris	**eûmes** compris
eus compris	**eûtes** compris
eut compris	**eurent** compris

futur
comprendrai	comprendrons
comprendras	comprendrez
comprendra	comprendront

futur antérieur
aurai compris	**aurons** compris
auras compris	**aurez** compris
aura compris	**auront** compris

conditionnel
comprendrais	comprendrions
comprendrais	comprendriez
comprendrait	comprendraient

conditionnel passé
aurais compris	**aurions** compris
aurais compris	**auriez** compris
aurait compris	**auraient** compris

présent du subjonctif
comprenne	comprenions
comprennes	compreniez
comprenne	comprennent

passé du subjonctif
aie compris	**ayons** compris
aies compris	**ayez** compris
ait compris	**aient** compris

imparfait du subjonctif
comprisse	comprissions
comprisses	comprissiez
comprît	comprissent

plus-que-parfait du subjonctif
eusse compris	**eussions** compris
eusses compris	**eussiez** compris
eût compris	**eussent** compris

impératif
comprends
comprenons
comprenez

MUST KNOW VERB

to count

participe présent **comptant**   participe passé **compté**

SINGULAR	PLURAL	SINGULAR	PLURAL
présent de l'indicatif		passé composé	
compte	comptons	**ai** compté	**avons** compté
comptes	comptez	**as** compté	**avez** compté
compte	comptent	**a** compté	**ont** compté
imparfait de l'indicatif		plus-que-parfait de l'indicatif	
comptais	comptions	**avais** compté	**avions** compté
comptais	comptiez	**avais** compté	**aviez** compté
comptait	comptaient	**avait** compté	**avaient** compté
passé simple		passé antérieur	
comptai	comptâmes	**eus** compté	**eûmes** compté
comptas	comptâtes	**eus** compté	**eûtes** compté
compta	comptèrent	**eut** compté	**eurent** compté
futur		futur antérieur	
compterai	compterons	**aurai** compté	**aurons** compté
compteras	compterez	**auras** compté	**aurez** compté
comptera	compteront	**aura** compté	**auront** compté
conditionnel		conditionnel passé	
compterais	compterions	**aurais** compté	**aurions** compté
compterais	compteriez	**aurais** compté	**auriez** compté
compterait	compteraient	**aurait** compté	**auraient** compté
présent du subjonctif		passé du subjonctif	
compte	comptions	**aie** compté	**ayons** compté
comptes	comptiez	**aies** compté	**ayez** compté
compte	comptent	**ait** compté	**aient** compté
imparfait du subjonctif		plus-que-parfait du subjonctif	
comptasse	comptassions	**eusse** compté	**eussions** compté
comptasses	comptassiez	**eusses** compté	**eussiez** compté
comptât	comptassent	**eût** compté	**eussent** compté
impératif			
compte			
comptons			
comptez			

concerner
to concern, to refer

participe présent **concernant**   participe passé **concerné**

SINGULAR	PLURAL	SINGULAR	PLURAL

présent de l'indicatif

		passé composé	
concerne	concernons	ai concerné	avons concerné
concernes	concernez	as concerné	avez concerné
concerne	concernent	a concerné	ont concerné

imparfait de l'indicatif — **plus-que-parfait de l'indicatif**

concernais	concernions	avais concerné	avions concerné
concernais	concerniez	avais concerné	aviez concerné
concernait	concernaient	avait concerné	avaient concerné

passé simple — **passé antérieur**

concernai	concernâmes	eus concerné	eûmes concerné
concernas	concernâtes	eus concerné	eûtes concerné
concerna	concernèrent	eut concerné	eurent concerné

futur — **futur antérieur**

concernerai	concernerons	aurai concerné	aurons concerné
concerneras	concernerez	auras concerné	aurez concerné
concernera	concerneront	aura concerné	auront concerné

conditionnel — **conditionnel passé**

concernerais	concernerions	aurais concerné	aurions concerné
concernerais	concerneriez	aurais concerné	auriez concerné
concernerait	concerneraient	aurait concerné	auraient concerné

présent du subjonctif — **passé du subjonctif**

concerne	concernions	aie concerné	ayons concerné
concernes	concerniez	aies concerné	ayez concerné
concerne	concernent	ait concerné	aient concerné

imparfait du subjonctif — **plus-que-parfait du subjonctif**

concernasse	concernassions	eusse concerné	eussions concerné
concernasses	concernassiez	eusses concerné	eussiez concerné
concernât	concernassent	eût concerné	eussent concerné

impératif

concerne
concernons
concernez

C

to design, to conceive
concevoir

SINGULAR	PLURAL	SINGULAR	PLURAL
présent de l'indicatif		**passé composé**	
conçois	concevons	ai conçu	avons conçu
conçois	concevez	as conçu	avez conçu
conçoit	conçoivent	a conçu	ont conçu
imparfait de l'indicatif		**plus-que-parfait de l'indicatif**	
concevais	concevions	avais conçu	avions conçu
concevais	conceviez	avais conçu	aviez conçu
concevait	concevaient	avait conçu	avaient conçu
passé simple		**passé antérieur**	
conçus	conçûmes	eus conçu	eûmes conçu
conçus	conçûtes	eus conçu	eûtes conçu
conçut	conçurent	eut conçu	eurent conçu
futur		**futur antérieur**	
concevrai	concevrons	aurai conçu	aurons conçu
concevras	concevrez	auras conçu	aurez conçu
concevra	concevront	aura conçu	auront conçu
conditionnel		**conditionnel passé**	
concevrais	concevrions	aurais conçu	aurions conçu
concevrais	concevriez	aurais conçu	auriez conçu
concevrait	concevraient	aurait conçu	auraient conçu
présent du subjonctif		**passé du subjonctif**	
conçoive	concevions	aie conçu	ayons conçu
conçoives	conceviez	aies conçu	ayez conçu
conçoive	conçoivent	ait conçu	aient conçu
imparfait du subjonctif		**plus-que-parfait du subjonctif**	
conçusse	conçussions	eusse conçu	eussions conçu
conçusses	conçussiez	eusses conçu	eussiez conçu
conçût	conçussent	eût conçu	eussent conçu
impératif			
conçois			
concevons			
concevez			

C

se concevoir   to be understandable

participe présent **se concevant**   participe passé **conçu(e)(s)**

SINGULAR	PLURAL	SINGULAR	PLURAL

présent de l'indicatif

		passé composé	
me conçois	**nous** concevons	**me suis** conçu(e)	**nous sommes** conçu(e)s
te conçois	**vous** concevez	**t'es** conçu(e)	**vous êtes** conçu(e)(s)
se conçoit	**se** conçoivent	**s'est** conçu(e)	**se sont** conçu(e)s

imparfait de l'indicatif

		plus-que-parfait de l'indicatif	
me concevais	**nous** concevions	**m'étais** conçu(e)	**nous étions** conçu(e)s
te concevais	**vous** conceviez	**t'étais** conçu(e)	**vous étiez** conçu(e)(s)
se concevait	**se** concevaient	**s'était** conçu(e)	**s'étaient** conçu(e)s

passé simple

		passé antérieur	
me conçus	**nous** conçûmes	**me fus** conçu(e)	**nous fûmes** conçu(e)s
te conçus	**vous** conçûtes	**te fus** conçu(e)	**vous fûtes** conçu(e)(s)
se conçut	**se** conçurent	**se fut** conçu(e)	**se furent** conçu(e)s

futur

		futur antérieur	
me concevrai	**nous** concevrons	**me serai** conçu(e)	**nous serons** conçu(e)s
te concevras	**vous** concevrez	**te seras** conçu(e)	**vous serez** conçu(e)(s)
se concevra	**se** concevront	**se sera** conçu(e)	**se seront** conçu(e)s

conditionnel

		conditionnel passé	
me concevrais	**nous** concevrions	**me serais** conçu(e)	**nous serions** conçu(e)s
te concevrais	**vous** concevriez	**te serais** conçu(e)	**vous seriez** conçu(e)(s)
se concevrait	**se** concevraient	**se serait** conçu(e)	**se seraient** conçu(e)s

présent du subjonctif

		passé du subjonctif	
me conçoive	**nous** concevions	**me sois** conçu(e)	**nous soyons** conçu(e)s
te conçoives	**vous** conceviez	**te sois** conçu(e)	**vous soyez** conçu(e)(s)
se conçoive	**se** conçoivent	**se soit** conçu(e)	**se soient** conçu(e)s

imparfait du subjonctif

		plus-que-parfait du subjonctif	
me conçusse	**nous** conçussions	**me fusse** conçu(e)	**nous fussions** conçu(e)s
te conçusses	**vous** conçussiez	**te fusses** conçu(e)	**vous fussiez** conçu(e)(s)
se conçût	**se** conçussent	**se fût** conçu(e)	**se fussent** conçu(e)s

impératif
conçois-toi
concevons-nous
concevez-vous

participe présent **concluant**   participe passé **conclu**

SINGULAR	PLURAL	SINGULAR	PLURAL

présent de l'indicatif

conclus	concluons	
conclus	concluez	
conclut	concluent	

passé composé

ai conclu	avons conclu
as conclu	avez conclu
a conclu	ont conclu

C

imparfait de l'indicatif

concluais	concluions
concluais	concluiez
concluait	concluaient

plus-que-parfait de l'indicatif

avais conclu	avions conclu
avais conclu	aviez conclu
avait conclu	avaient conclu

passé simple

conclus	conclûmes
conclus	conclûtes
conclut	conclurent

passé antérieur

eus conclu	eûmes conclu
eus conclu	eûtes conclu
eut conclu	eurent conclu

futur

conclurai	conclurons
concluras	conclurez
conclura	concluront

futur antérieur

aurai conclu	aurons conclu
auras conclu	aurez conclu
aura conclu	auront conclu

conditionnel

conclurais	conclurions
conclurais	concluriez
conclurait	concluraient

conditionnel passé

aurais conclu	aurions conclu
aurais conclu	auriez conclu
aurait conclu	auraient conclu

présent du subjonctif

conclue	concluions
conclues	concluiez
conclue	concluent

passé du subjonctif

aie conclu	ayons conclu
aies conclu	ayez conclu
ait conclu	aient conclu

imparfait du subjonctif

conclusse	conclussions
conclusses	conclussiez
conclût	conclussent

plus-que-parfait du subjonctif

eusse conclu	eussions conclu
eusses conclu	eussiez conclu
eût conclu	eussent conclu

impératif

conclues
concluons
concluez

conduire   to lead

SINGULAR	PLURAL	SINGULAR	PLURAL

présent de l'indicatif

		passé composé	
conduis	conduisons	**ai** conduit	**avons** conduit
conduis	conduisez	**as** conduit	**avez** conduit
conduit	conduisent	**a** conduit	**ont** conduit

imparfait de l'indicatif

		plus-que-parfait de l'indicatif	
conduisais	conduisions	**avais** conduit	**avions** conduit
conduisais	conduisiez	**avais** conduit	**aviez** conduit
conduisait	conduisaient	**avait** conduit	**avaient** conduit

passé simple

		passé antérieur	
conduisis	conduisîmes	**eus** conduit	**eûmes** conduit
conduisis	conduisîtes	**eus** conduit	**eûtes** conduit
conduisit	conduisirent	**eut** conduit	**eurent** conduit

futur

		futur antérieur	
conduirai	conduirons	**aurai** conduit	**aurons** conduit
conduiras	conduirez	**auras** conduit	**aurez** conduit
conduira	conduiront	**aura** conduit	**auront** conduit

conditionnel

		conditionnel passé	
conduirais	conduirions	**aurais** conduit	**aurions** conduit
conduirais	conduiriez	**aurais** conduit	**auriez** conduit
conduirait	conduiraient	**aurait** conduit	**auraient** conduit

présent du subjonctif

		passé du subjonctif	
conduise	conduisions	**aie** conduit	**ayons** conduit
conduises	conduisiez	**aies** conduit	**ayez** conduit
conduise	conduisent	**ait** conduit	**aient** conduit

imparfait du subjonctif

		plus-que-parfait du subjonctif	
conduisisse	conduisissions	**eusse** conduit	**eussions** conduit
conduisisses	conduisissiez	**eusses** conduit	**eussiez** conduit
conduisît	conduisissent	**eût** conduit	**eussent** conduit

impératif

conduis
conduisons
conduisez

C

MUST
KNOW
VERB

participe présent **confirmant**   participe passé **confirmé**

SINGULAR	PLURAL	SINGULAR	PLURAL

C

présent de l'indicatif

confirm**e**	confirm**ons**
confirm**es**	confirm**ez**
confirm**e**	confirm**ent**

passé composé

ai confirmé	**avons** confirmé
as confirmé	**avez** confirmé
a confirmé	**ont** confirmé

imparfait de l'indicatif

confirm**ais**	confirm**ions**
confirm**ais**	confirm**iez**
confirm**ait**	confirm**aient**

plus-que-parfait de l'indicatif

avais confirmé	**avions** confirmé
avais confirmé	**aviez** confirmé
avait confirmé	**avaient** confirmé

passé simple

confirm**ai**	confirm**âmes**
confirm**as**	confirm**âtes**
confirm**a**	confirm**èrent**

passé antérieur

eus confirmé	**eûmes** confirmé
eus confirmé	**eûtes** confirmé
eut confirmé	**eurent** confirmé

futur

confirmer**ai**	confirmer**ons**
confirmer**as**	confirmer**ez**
confirmer**a**	confirmer**ont**

futur antérieur

aurai confirmé	**aurons** confirmé
auras confirmé	**aurez** confirmé
aura confirmé	**auront** confirmé

conditionnel

confirmer**ais**	confirmer**ions**
confirmer**ais**	confirmer**iez**
confirmer**ait**	confirmer**aient**

conditionnel passé

aurais confirmé	**aurions** confirmé
aurais confirmé	**auriez** confirmé
aurait confirmé	**auraient** confirmé

présent du subjonctif

confirm**e**	confirm**ions**
confirm**es**	confirm**iez**
confirm**e**	confirm**ent**

passé du subjonctif

aie confirmé	**ayons** confirmé
aies confirmé	**ayez** confirmé
ait confirmé	**aient** confirmé

imparfait du subjonctif

confirm**asse**	confirm**assions**
confirm**asses**	confirm**assiez**
confirm**ât**	confirm**assent**

plus-que-parfait du subjonctif

eusse confirmé	**eussions** confirmé
eusses confirmé	**eussiez** confirmé
eût confirmé	**eussent** confirmé

impératif

confirm**e**
confirm**ons**
confirm**ez**

confondre

to mix up, to confuse

participe présent **confondant**   participe passé **confondu**

SINGULAR	PLURAL	SINGULAR	PLURAL

présent de l'indicatif

confond**s**	confond**ons**	**ai** confondu	**avons** confondu
confond**s**	confond**ez**	**as** confondu	**avez** confondu
confond	confond**ent**	**a** confondu	**ont** confondu

passé composé (above, right side)

imparfait de l'indicatif

plus-que-parfait de l'indicatif

confond**ais**	confond**ions**	**avais** confondu	**avions** confondu
confond**ais**	confond**iez**	**avais** confondu	**aviez** confondu
confond**ait**	confond**aient**	**avait** confondu	**avaient** confondu

passé simple

passé antérieur

confond**is**	confond**îmes**	**eus** confondu	**eûmes** confondu
confond**is**	confond**îtes**	**eus** confondu	**eûtes** confondu
confond**it**	confond**irent**	**eut** confondu	**eurent** confondu

futur

futur antérieur

confond**rai**	confond**rons**	**aurai** confondu	**aurons** confondu
confond**ras**	confond**rez**	**auras** confondu	**aurez** confondu
confond**ra**	confond**ront**	**aura** confondu	**auront** confondu

conditionnel

conditionnel passé

confond**rais**	confond**rions**	**aurais** confondu	**aurions** confondu
confond**rais**	confond**riez**	**aurais** confondu	**auriez** confondu
confond**rait**	confond**raient**	**aurait** confondu	**auraient** confondu

présent du subjonctif

passé du subjonctif

confond**e**	confond**ions**	**aie** confondu	**ayons** confondu
confond**es**	confond**iez**	**aies** confondu	**ayez** confondu
confond**e**	confond**ent**	**ait** confondu	**aient** confondu

imparfait du subjonctif

plus-que-parfait du subjonctif

confond**isse**	confond**issions**	**eusse** confondu	**eussions** confondu
confond**isses**	confond**issiez**	**eusses** confondu	**eussiez** confondu
confond**ît**	confond**issent**	**eût** confondu	**eussent** confondu

impératif

confond**s**
confond**ons**
confond**ez**

to comply with

se conformer

participe présent **se conformant**   participe passé **conformé(e)(s)**

SINGULAR	PLURAL	SINGULAR	PLURAL

C

présent de l'indicatif
me conforme	nous conformons
te conformes	vous conformez
se conforme	se conforment

passé composé
me suis conformé(e)	nous sommes conformé(e)s
t'es conformé(e)	vous êtes conformé(e)(s)
s'est conformé(e)	se sont conformé(e)s

imparfait de l'indicatif
me conformais	nous conformions
te conformais	vous conformiez
se conformait	se conformaient

plus-que-parfait de l'indicatif
m'étais conformé(e)	nous étions conformé(e)s
t'étais conformé(e)	vous étiez conformé(e)(s)
s'était conformé(e)	s'étaient conformé(e)s

passé simple
me conformai	nous conformâmes
te conformas	vous conformâtes
se conforma	se conformèrent

passé antérieur
me fus conformé(e)	nous fûmes conformé(e)s
te fus conformé(e)	vous fûtes conformé(e)(s)
se fut conformé(e)	se furent conformé(e)s

futur
me conformerai	nous conformerons
te conformeras	vous conformerez
se conformera	se conformeront

futur antérieur
me serai conformé(e)	nous serons conformé(e)s
te seras conformé(e)	vous serez conformé(e)(s)
se sera conformé(e)	se seront conformé(e)s

conditionnel
me conformerais	nous conformerions
te conformerais	vous conformeriez
se conformerait	se conformeraient

conditionnel passé
me serais conformé(e)	nous serions conformé(e)s
te serais conformé(e)	vous seriez conformé(e)(s)
se serait conformé(e)	se seraient conformé(e)s

présent du subjonctif
me conforme	nous conformions
te conformes	vous conformiez
se conforme	se conforment

passé du subjonctif
me sois conformé(e)	nous soyons conformé(e)s
te sois conformé(e)	vous soyez conformé(e)(s)
se soit conformé(e)	se soient conformé(e)s

imparfait du subjonctif
me conformasse	nous conformassions
te conformasses	vous conformassiez
se conformât	se conformassent

plus-que-parfait du subjonctif
me fusse conformé(e)	nous fussions conformé(e)s
te fusses conformé(e)	vous fussiez conformé(e)(s)
se fût conformé(e)	se fussent conformé(e)s

impératif
conforme-toi
conformons-nous
conformez-vous

connaître   to know, to be acquainted with

C

SINGULAR	PLURAL	SINGULAR	PLURAL
présent de l'indicatif		**passé composé**	
connais	connaissons	ai connu	avons connu
connais	connaissez	as connu	avez connu
connaît	connaissent	a connu	ont connu
imparfait de l'indicatif		**plus-que-parfait de l'indicatif**	
connaissais	connaissions	avais connu	avions connu
connaissais	connaissiez	avais connu	aviez connu
connaissait	connaissaient	avait connu	avaient connu
passé simple		**passé antérieur**	
connus	connûmes	eus connu	eûmes connu
connus	connûtes	eus connu	eûtes connu
connut	connurent	eut connu	eurent connu
futur		**futur antérieur**	
connaîtrai	connaîtrons	aurai connu	aurons connu
connaîtras	connaîtrez	auras connu	aurez connu
connaîtra	connaîtront	aura connu	auront connu
conditionnel		**conditionnel passé**	
connaîtrais	connaîtrions	aurais connu	aurions connu
connaîtrais	connaîtriez	aurais connu	auriez connu
connaîtrait	connaîtraient	aurait connu	auraient connu
présent du subjonctif		**passé du subjonctif**	
connaisse	connaissions	aie connu	ayons connu
connaisses	connaissiez	aies connu	ayez connu
connaisse	connaissent	ait connu	aient connu
imparfait du subjonctif		**plus-que-parfait du subjonctif**	
connusse	connussions	eusse connu	eussions connu
connusses	connussiez	eusses connu	eussiez connu
connût	connussent	eût connu	eussent connu

impératif
connais
connaissons
connaissez

MUST
KNOW
VERB

166

to connect, to log on   se connecter

C

SINGULAR	PLURAL	SINGULAR	PLURAL

présent de l'indicatif
me connect**e**	**nous** connect**ons**
te connect**es**	**vous** connect**ez**
se connect**e**	**se** connect**ent**

passé composé
me suis connecté(e)	**nous sommes** connecté(e)s
t'es connecté(e)	**vous êtes** connecté(e)(s)
s'est connecté(e)	**se sont** connecté(e)s

imparfait de l'indicatif
me connect**ais**	**nous** connect**ions**
te connect**ais**	**vous** connect**iez**
se connect**ait**	**se** connect**aient**

plus-que-parfait de l'indicatif
m'étais connecté(e)	**nous étions** connecté(e)s
t'étais connecté(e)	**vous étiez** connecté(e)(s)
s'était connecté(e)	**s'étaient** connecté(e)s

passé simple
me connect**ai**	**nous** connect**âmes**
te connect**as**	**vous** connect**âtes**
se connect**a**	**se** connect**èrent**

passé antérieur
me fus connecté(e)	**nous fûmes** connecté(e)s
te fus connecté(e)	**vous fûtes** connecté(e)(s)
se fut connecté(e)	**se furent** connecté(e)s

futur
me connecter**ai**	**nous** connecter**ons**
te connecter**as**	**vous** connecter**ez**
se connecter**a**	**se** connecter**ont**

futur antérieur
me serai connecté(e)	**nous serons** connecté(e)s
te seras connecté(e)	**vous serez** connecté(e)(s)
se sera connecté(e)	**se seront** connecté(e)s

conditionnel
me connecter**ais**	**nous** connecter**ions**
te connecter**ais**	**vous** connecter**iez**
se connecter**ait**	**se** connecter**aient**

conditionnel passé
me serais connecté(e)	**nous serions** connecté(e)s
te serais connecté(e)	**vous seriez** connecté(e)(s)
se serait connecté(e)	**se seraient** connecté(e)s

présent du subjonctif
me connect**e**	**nous** connect**ions**
te connect**es**	**vous** connect**iez**
se connect**e**	**se** connect**ent**

passé du subjonctif
me sois connecté(e)	**nous soyons** connecté(e)s
te sois connecté(e)	**vous soyez** connecté(e)(s)
se soit connecté(e)	**se soient** connecté(e)s

imparfait du subjonctif
me connect**asse**	**nous** connect**assions**
te connect**asses**	**vous** connect**assiez**
se connect**ât**	**se** connect**assent**

plus-que-parfait du subjonctif
me fusse connecté(e)	**nous fussions** connecté(e)s
te fusses connecté(e)	**vous fussiez** connecté(e)(s)
se fût connecté(e)	**se fussent** connecté(e)s

impératif
connecte-toi
connectons-nous
connectez-vous

conquérir   to conquer

participe présent **conquérant**   participe passé **conquis**

SINGULAR	PLURAL	SINGULAR	PLURAL

présent de l'indicatif

		passé composé	
conquier**s**	conquér**ons**	**ai** conquis	**avons** conquis
conquier**s**	conquér**ez**	**as** conquis	**avez** conquis
conquier**t**	conquièr**ent**	**a** conquis	**ont** conquis

imparfait de l'indicatif

		plus-que-parfait de l'indicatif	
conquér**ais**	conquér**ions**	**avais** conquis	**avions** conquis
conquér**ais**	conquér**iez**	**avais** conquis	**aviez** conquis
conquér**ait**	conquér**aient**	**avait** conquis	**avaient** conquis

passé simple

		passé antérieur	
conqu**is**	conqu**îmes**	**eus** conquis	**eûmes** conquis
conqu**is**	conqu**îtes**	**eus** conquis	**eûtes** conquis
conqu**it**	conqu**irent**	**eut** conquis	**eurent** conquis

futur

		futur antérieur	
conquerr**ai**	conquerr**ons**	**aurai** conquis	**aurons** conquis
conquerr**as**	conquerr**ez**	**auras** conquis	**aurez** conquis
conquerr**a**	conquerr**ont**	**aura** conquis	**auront** conquis

conditionnel

		conditionnel passé	
conquerr**ais**	conquerr**ions**	**aurais** conquis	**aurions** conquis
conquerr**ais**	conquerr**iez**	**aurais** conquis	**auriez** conquis
conquerr**ait**	conquerr**aient**	**aurait** conquis	**auraient** conquis

présent du subjonctif

		passé du subjonctif	
conquièr**e**	conquér**ions**	**aie** conquis	**ayons** conquis
conquièr**es**	conquér**iez**	**aies** conquis	**ayez** conquis
conquièr**e**	conquièr**ent**	**ait** conquis	**aient** conquis

imparfait du subjonctif

		plus-que-parfait du subjonctif	
conqui**sse**	conqui**ssions**	**eusse** conquis	**eussions** conquis
conqui**sses**	conqui**ssiez**	**eusses** conquis	**eussiez** conquis
conqu**ît**	conqui**ssent**	**eût** conquis	**eussent** conquis

impératif

conquiers
conquérons
conquérez

to dedicate, to devote consacrer

participe présent **consacrant**   participe passé **consacré**

SINGULAR	PLURAL	SINGULAR	PLURAL

présent de l'indicatif

consacre	consacrons
consacres	consacrez
consacre	consacrent

passé composé

ai consacré	avons consacré
as consacré	avez consacré
a consacré	ont consacré

imparfait de l'indicatif

consacrais	consacrions
consacrais	consacriez
consacrait	consacraient

plus-que-parfait de l'indicatif

avais consacré	avions consacré
avais consacré	aviez consacré
avait consacré	avaient consacré

passé simple

consacrai	consacrâmes
consacras	consacrâtes
consacra	consacrèrent

passé antérieur

eus consacré	eûmes consacré
eus consacré	eûtes consacré
eut consacré	eurent consacré

futur

consacrerai	consacrerons
consacreras	consacrerez
consacrera	consacreront

futur antérieur

aurai consacré	aurons consacré
auras consacré	aurez consacré
aura consacré	auront consacré

conditionnel

consacrerais	consacrerions
consacrerais	consacreriez
consacrerait	consacreraient

conditionnel passé

aurais consacré	aurions consacré
aurais consacré	auriez consacré
aurait consacré	auraient consacré

présent du subjonctif

consacre	consacrions
consacres	consacriez
consacre	consacrent

passé du subjonctif

aie consacré	ayons consacré
aies consacré	ayez consacré
ait consacré	aient consacré

imparfait du subjonctif

consacrasse	consacrassions
consacrasses	consacrassiez
consacrât	consacrassent

plus-que-parfait du subjonctif

eusse consacré	eussions consacré
eusses consacré	eussiez consacré
eût consacré	eussent consacré

impératif

consacre
consacrons
consacrez

C

participe présent **conseillant**   participe passé **conseillé**

SINGULAR	PLURAL	SINGULAR	PLURAL

présent de l'indicatif

conseille	conseillons		
conseilles	conseillez		
conseille	conseillent		

passé composé

ai conseillé		**avons** conseillé	
as conseillé		**avez** conseillé	
a conseillé		**ont** conseillé	

imparfait de l'indicatif

conseillais	conseillions
conseillais	conseilliez
conseillait	conseillaient

plus-que-parfait de l'indicatif

avais conseillé	**avions** conseillé
avais conseillé	**aviez** conseillé
avait conseillé	**avaient** conseillé

passé simple

conseillai	conseillâmes
conseillas	conseillâtes
conseilla	conseillèrent

passé antérieur

eus conseillé	**eûmes** conseillé
eus conseillé	**eûtes** conseillé
eut conseillé	**eurent** conseillé

futur

conseillerai	conseillerons
conseilleras	conseillerez
conseillera	conseilleront

futur antérieur

aurai conseillé	**aurons** conseillé
auras conseillé	**aurez** conseillé
aura conseillé	**auront** conseillé

conditionnel

conseillerais	conseillerions
conseillerais	conseilleriez
conseillerait	conseilleraient

conditionnel passé

aurais conseillé	**aurions** conseillé
aurais conseillé	**auriez** conseillé
aurait conseillé	**auraient** conseillé

présent du subjonctif

conseille	conseillions
conseilles	conseilliez
conseille	conseillent

passé du subjonctif

aie conseillé	**ayons** conseillé
aies conseillé	**ayez** conseillé
ait conseillé	**aient** conseillé

imparfait du subjonctif

conseillasse	conseillassions
conseillasses	conseillassiez
conseillât	conseillassent

plus-que-parfait du subjonctif

eusse conseillé	**eussions** conseillé
eusses conseillé	**eussiez** conseillé
eût conseillé	**eussent** conseillé

impératif

conseille
conseillons
conseillez

to agree, to consent

participe présent **consentant**   participe passé **consenti**

SINGULAR	PLURAL
présent de l'indicatif	
consens	consentons
consens	consentez
consent	consentent
imparfait de l'indicatif	
consentais	consentions
consentais	consentiez
consentait	consentaient
passé simple	
consentis	consentîmes
consentis	consentîtes
consentit	consentirent
futur	
consentirai	consentirons
consentiras	consentirez
consentira	consentiront
conditionnel	
consentirais	consentirions
consentirais	consentiriez
consentirait	consentiraient
présent du subjonctif	
consente	consentions
consentes	consentiez
consente	consentent
imparfait du subjonctif	
consentisse	consentissions
consentisses	consentissiez
consentît	consentissent
impératif	
consens	
consentons	
consentez	

SINGULAR	PLURAL
passé composé	
ai consenti	avons consenti
as consenti	avez consenti
a consenti	ont consenti
plus-que-parfait de l'indicatif	
avais consenti	avions consenti
avais consenti	aviez consenti
avait consenti	avaient consenti
passé antérieur	
eus consenti	eûmes consenti
eus consenti	eûtes consenti
eut consenti	eurent consenti
futur antérieur	
aurai consenti	aurons consenti
auras consenti	aurez consenti
aura consenti	auront consenti
conditionnel passé	
aurais consenti	aurions consenti
aurais consenti	auriez consenti
aurait consenti	auraient consenti
passé du subjonctif	
aie consenti	ayons consenti
aies consenti	ayez consenti
ait consenti	aient consenti
plus-que-parfait du subjonctif	
eusse consenti	eussions consenti
eusses consenti	eussiez consenti
eût consenti	eussent consenti

C

considérer

to consider, to regard

SINGULAR	PLURAL	SINGULAR	PLURAL

présent de l'indicatif
		passé composé	
considère	considérons	**ai** considéré	**avons** considéré
considères	considérez	**as** considéré	**avez** considéré
considère	considèrent	**a** considéré	**ont** considéré

imparfait de l'indicatif
		plus-que-parfait de l'indicatif	
considérais	considérions	**avais** considéré	**avions** considéré
considérais	considériez	**avais** considéré	**aviez** considéré
considérait	considéraient	**avait** considéré	**avaient** considéré

passé simple
		passé antérieur	
considérai	considérâmes	**eus** considéré	**eûmes** considéré
considéras	considérâtes	**eus** considéré	**eûtes** considéré
considéra	considérèrent	**eut** considéré	**eurent** considéré

futur
		futur antérieur	
considérerai	considérerons	**aurai** considéré	**aurons** considéré
considéreras	considérerez	**auras** considéré	**aurez** considéré
considérera	considéreront	**aura** considéré	**auront** considéré

conditionnel
		conditionnel passé	
considérerais	considérerions	**aurais** considéré	**aurions** considéré
considérerais	considéreriez	**aurais** considéré	**auriez** considéré
considérerait	considéreraient	**aurait** considéré	**auraient** considéré

présent du subjonctif
		passé du subjonctif	
considère	considérions	**aie** considéré	**ayons** considéré
considères	considériez	**aies** considéré	**ayez** considéré
considère	considèrent	**ait** considéré	**aient** considéré

imparfait du subjonctif
		plus-que-parfait du subjonctif	
considérasse	considérassions	**eusse** considéré	**eussions** considéré
considérasses	considérassiez	**eusses** considéré	**eussiez** considéré
considérât	considérassent	**eût** considéré	**eussent** considéré

impératif
considère
considérons
considérez

to form, to set up   constituer

participe présent **constituant**   participe passé **constitué**

SINGULAR	PLURAL	SINGULAR	PLURAL

présent de l'indicatif
constitue	constituons		
constitues	constituez		
constitue	constituent		

passé composé
ai constitué	**avons** constitué
as constitué	**avez** constitué
a constitué	**ont** constitué

C

imparfait de l'indicatif
constituais	constituions
constituais	constituiez
constituait	constituaient

plus-que-parfait de l'indicatif
avais constitué	**avions** constitué
avais constitué	**aviez** constitué
avait constitué	**avaient** constitué

passé simple
constituai	constituâmes
constituas	constituâtes
constitua	constituèrent

passé antérieur
eus constitué	**eûmes** constitué
eus constitué	**eûtes** constitué
eut constitué	**eurent** constitué

futur
constituerai	constituerons
constitueras	constituerez
constituera	constitueront

futur antérieur
aurai constitué	**aurons** constitué
auras constitué	**aurez** constitué
aura constitué	**auront** constitué

conditionnel
constituerais	constituerions
constituerais	constitueriez
constituerait	constitueraient

conditionnel passé
aurais constitué	**aurions** constitué
aurais constitué	**auriez** constitué
aurait constitué	**auraient** constitué

présent du subjonctif
constitue	constituions
constitues	constituiez
constitue	constituent

passé du subjonctif
aie constitué	**ayons** constitué
aies constitué	**ayez** constitué
ait constitué	**aient** constitué

imparfait du subjonctif
constituasse	constituassions
constituasses	constituassiez
constituât	constituassent

plus-que-parfait du subjonctif
eusse constitué	**eussions** constitué
eusses constitué	**eussiez** constitué
eût constitué	**eussent** constitué

impératif
constitue
constituons
constituez

participe présent **consultant**   participe passé **consulté**

SINGULAR	PLURAL	SINGULAR	PLURAL

présent de l'indicatif

consulte	consultons		
consultes	consultez		
consulte	consultent		

passé composé

ai consulté	avons consulté
as consulté	avez consulté
a consulté	ont consulté

imparfait de l'indicatif

consultais	consultions
consultais	consultiez
consultait	consultaient

plus-que-parfait de l'indicatif

avais consulté	avions consulté
avais consulté	aviez consulté
avait consulté	avaient consulté

passé simple

consultai	consultâmes
consultas	consultâtes
consulta	consultèrent

passé antérieur

eus consulté	eûmes consulté
eus consulté	eûtes consulté
eut consulté	eurent consulté

futur

consulterai	consulterons
consulteras	consulterez
consultera	consulteront

futur antérieur

aurai consulté	aurons consulté
auras consulté	aurez consulté
aura consulté	auront consulté

conditionnel

consulterais	consulterions
consulterais	consulteriez
consulterait	consulteraient

conditionnel passé

aurais consulté	aurions consulté
aurais consulté	auriez consulté
aurait consulté	auraient consulté

présent du subjonctif

consulte	consultions
consultes	consultiez
consulte	consultent

passé du subjonctif

aie consulté	ayons consulté
aies consulté	ayez consulté
ait consulté	aient consulté

imparfait du subjonctif

consultasse	consultassions
consultasses	consultassiez
consultât	consultassent

plus-que-parfait du subjonctif

eusse consulté	eussions consulté
eusses consulté	eussiez consulté
eût consulté	eussent consulté

impératif

consulte
consultons
consultez

to contain

contenir

SINGULAR	PLURAL	SINGULAR	PLURAL
présent de l'indicatif		**passé composé**	
contien**s**	conten**ons**	**ai** contenu	**avons** contenu
contien**s**	conten**ez**	**as** contenu	**avez** contenu
contien**t**	contienn**ent**	**a** contenu	**ont** contenu
imparfait de l'indicatif		**plus-que-parfait de l'indicatif**	
conten**ais**	conten**ions**	**avais** contenu	**avions** contenu
conten**ais**	conten**iez**	**avais** contenu	**aviez** contenu
conten**ait**	conten**aient**	**avait** contenu	**avaient** contenu
passé simple		**passé antérieur**	
cont**ins**	cont**înmes**	**eus** contenu	**eûmes** contenu
cont**ins**	cont**întes**	**eus** contenu	**eûtes** contenu
cont**int**	cont**inrent**	**eut** contenu	**eurent** contenu
futur		**futur antérieur**	
contiendr**ai**	contiendr**ons**	**aurai** contenu	**aurons** contenu
contiendr**as**	contiendr**ez**	**auras** contenu	**aurez** contenu
contiendr**a**	contiendr**ont**	**aura** contenu	**auront** contenu
conditionnel		**conditionnel passé**	
contiendr**ais**	contiendr**ions**	**aurais** contenu	**aurions** contenu
contiendr**ais**	contiendr**iez**	**aurais** contenu	**auriez** contenu
contiendr**ait**	contiendr**aient**	**aurait** contenu	**auraient** contenu
présent du subjonctif		**passé du subjonctif**	
contienn**e**	conten**ions**	**aie** contenu	**ayons** contenu
contienn**es**	conten**iez**	**aies** contenu	**ayez** contenu
contienn**e**	contienn**ent**	**ait** contenu	**aient** contenu
imparfait du subjonctif		**plus-que-parfait du subjonctif**	
contin**sse**	contin**ssions**	**eusse** contenu	**eussions** contenu
contin**sses**	contin**ssiez**	**eusses** contenu	**eussiez** contenu
cont**înt**	contin**ssent**	**eût** contenu	**eussent** contenu
impératif			
contiens			
contenons			
contenez			

C

175

participe présent continuant   **participe passé** continué

SINGULAR	PLURAL	SINGULAR	PLURAL

présent de l'indicatif

		passé composé	
continue	continuons	**ai** continué	**avons** continué
continues	continuez	**as** continué	**avez** continué
continue	continuent	**a** continué	**ont** continué

imparfait de l'indicatif

		plus-que-parfait de l'indicatif	
continuais	continuions	**avais** continué	**avions** continué
continuais	continuiez	**avais** continué	**aviez** continué
continuait	continuaient	**avait** continué	**avaient** continué

passé simple

		passé antérieur	
continuai	continuâmes	**eus** continué	**eûmes** continué
continuas	continuâtes	**eus** continué	**eûtes** continué
continua	continuèrent	**eut** continué	**eurent** continué

futur

		futur antérieur	
continuerai	continuerons	**aurai** continué	**aurons** continué
continueras	continuerez	**auras** continué	**aurez** continué
continuera	continueront	**aura** continué	**auront** continué

conditionnel

		conditionnel passé	
continuerais	continuerions	**aurais** continué	**aurions** continué
continuerais	continueriez	**aurais** continué	**auriez** continué
continuerait	continueraient	**aurait** continué	**auraient** continué

présent du subjonctif

		passé du subjonctif	
continue	continuions	**aie** continué	**ayons** continué
continues	continuiez	**aies** continué	**ayez** continué
continue	continuent	**ait** continué	**aient** continué

imparfait du subjonctif

		plus-que-parfait du subjonctif	
continuasse	continuassions	**eusse** continué	**eussions** continué
continuasses	continuassiez	**eusses** continué	**eussiez** continué
continuât	continuassent	**eût** continué	**eussent** continué

impératif

continue
continuons
continuez

C

MUST KNOW VERB

to restrain, to constrain

participe présent **contraignant**   participe passé **contraint**

SINGULAR	PLURAL
présent de l'indicatif	
contrain**s**	contraign**ons**
contrain**s**	contraign**ez**
contrain**t**	contraign**ent**
imparfait de l'indicatif	
contraign**ais**	contraign**ions**
contraign**ais**	contraign**iez**
contraign**ait**	contraign**aient**
passé simple	
contraign**is**	contraign**îmes**
contraign**is**	contraign**îtes**
contraign**it**	contraign**irent**
futur	
contraindr**ai**	contraindr**ons**
contraindr**as**	contraindr**ez**
contraindr**a**	contraindr**ont**
conditionnel	
contraindr**ais**	contraindr**ions**
contraindr**ais**	contraindr**iez**
contraindr**ait**	contraindr**aient**
présent du subjonctif	
contraign**e**	contraign**ions**
contraign**es**	contraign**iez**
contraign**e**	contraign**ent**
imparfait du subjonctif	
contraign**isse**	contraign**issions**
contraign**isses**	contraign**issiez**
contraign**ît**	contraign**issent**

impératif
contrains
contraignons
contraignez

SINGULAR	PLURAL
passé composé	
ai contraint	**avons** contraint
as contraint	**avez** contraint
a contraint	**ont** contraint
plus-que-parfait de l'indicatif	
avais contraint	**avions** contraint
avais contraint	**aviez** contraint
avait contraint	**avaient** contraint
passé antérieur	
eus contraint	**eûmes** contraint
eus contraint	**eûtes** contraint
eut contraint	**eurent** contraint
futur antérieur	
aurai contraint	**aurons** contraint
auras contraint	**aurez** contraint
aura contraint	**auront** contraint
conditionnel passé	
aurais contraint	**aurions** contraint
aurais contraint	**auriez** contraint
aurait contraint	**auraient** contraint
passé du subjonctif	
aie contraint	**ayons** contraint
aies contraint	**ayez** contraint
ait contraint	**aient** contraint
plus-que-parfait du subjonctif	
eusse contraint	**eussions** contraint
eusses contraint	**eussiez** contraint
eût contraint	**eussent** contraint

participe présent **contredisant**   participe passé **contredit**

C

SINGULAR	PLURAL	SINGULAR	PLURAL

présent de l'indicatif
		passé composé	
contredis	contredisons	**ai** contredit	**avons** contredit
contredis	contredisez	**as** contredit	**avez** contredit
contredit	contredisent	**a** contredit	**ont** contredit

imparfait de l'indicatif
		plus-que-parfait de l'indicatif	
contredisais	contredisions	**avais** contredit	**avions** contredit
contredisais	contredisiez	**avais** contredit	**aviez** contredit
contredisait	contredisaient	**avait** contredit	**avaient** contredit

passé simple
		passé antérieur	
contredis	contredîmes	**eus** contredit	**eûmes** contredit
contredis	contredîtes	**eus** contredit	**eûtes** contredit
contredit	contredirent	**eut** contredit	**eurent** contredit

futur
		futur antérieur	
contredirai	contredirons	**aurai** contredit	**aurons** contredit
contrediras	contredirez	**auras** contredit	**aurez** contredit
contredira	contrediront	**aura** contredit	**auront** contredit

conditionnel
		conditionnel passé	
contredirais	contredirions	**aurais** contredit	**aurions** contredit
contredirais	contrediriez	**aurais** contredit	**auriez** contredit
contredirait	contrediraient	**aurait** contredit	**auraient** contredit

présent du subjonctif
		passé du subjonctif	
contredise	contredisions	**aie** contredit	**ayons** contredit
contredises	contredisiez	**aies** contredit	**ayez** contredit
contredise	contredisent	**ait** contredit	**aient** contredit

imparfait du subjonctif
		plus-que-parfait du subjonctif	
contredisse	contredissions	**eusse** contredit	**eussions** contredit
contredisses	contredissiez	**eusses** contredit	**eussiez** contredit
contredît	contredissent	**eût** contredit	**eussent** contredit

impératif
contredis
contredisons
contredisez

to contribute

participe présent **contribuant**   participe passé **contribué**

SINGULAR	PLURAL	SINGULAR	PLURAL
présent de l'indicatif		**passé composé**	
contribue	contribuons	ai contribué	avons contribué
contribues	contribuez	as contribué	avez contribué
contribue	contribuent	a contribué	ont contribué
imparfait de l'indicatif		**plus-que-parfait de l'indicatif**	
contribuais	contribuions	avais contribué	avions contribué
contribuais	contribuiez	avais contribué	aviez contribué
contribuait	contribuaient	avait contribué	avaient contribué
passé simple		**passé antérieur**	
contribuai	contribuâmes	eus contribué	eûmes contribué
contribuas	contribuâtes	eus contribué	eûtes contribué
contribua	contribuèrent	eut contribué	eurent contribué
futur		**futur antérieur**	
contribuerai	contribuerons	aurai contribué	aurons contribué
contribueras	contribuerez	auras contribué	aurez contribué
contribuera	contribueront	aura contribué	auront contribué
conditionnel		**conditionnel passé**	
contribuerais	contribuerions	aurais contribué	aurions contribué
contribuerais	contribueriez	aurais contribué	auriez contribué
contribuerait	contribueraient	aurait contribué	auraient contribué
présent du subjonctif		**passé du subjonctif**	
contribue	contribuions	aie contribué	ayons contribué
contribues	contribuiez	aies contribué	ayez contribué
contribue	contribuent	ait contribué	aient contribué
imparfait du subjonctif		**plus-que-parfait du subjonctif**	
contribuasse	contribuassions	eusse contribué	eussions contribué
contribuasses	contribuassiez	eusses contribué	eussiez contribué
contribuât	contribuassent	eût contribué	eussent contribué
impératif			
contribue			
contribuons			
contribuez			

C

convaincre

to convince

C

SINGULAR	PLURAL	SINGULAR	PLURAL

présent de l'indicatif
convaincs	convainquons		
convaincs	convainquez		
convainc	convainquent		

passé composé
ai convaincu	**avons** convaincu
as convaincu	**avez** convaincu
a convaincu	**ont** convaincu

imparfait de l'indicatif
convainquais	convainquions
convainquais	convainquiez
convainquait	convainquaient

plus-que-parfait de l'indicatif
avais convaincu	**avions** convaincu
avais convaincu	**aviez** convaincu
avait convaincu	**avaient** convaincu

passé simple
convainquis	convainquîmes
convainquis	convainquîtes
convainquit	convainquirent

passé antérieur
eus convaincu	**eûmes** convaincu
eus convaincu	**eûtes** convaincu
eut convaincu	**eurent** convaincu

futur
convaincrai	convaincrons
convaincras	convaincrez
convaincra	convaincront

futur antérieur
aurai convaincu	**aurons** convaincu
auras convaincu	**aurez** convaincu
aura convaincu	**auront** convaincu

conditionnel
convaincrais	convaincrions
convaincrais	convaincriez
convaincrait	convaincraient

conditionnel passé
aurais convaincu	**aurions** convaincu
aurais convaincu	**auriez** convaincu
aurait convaincu	**auraient** convaincu

présent du subjonctif
convainque	convainquions
convainques	convainquiez
convainque	convainquent

passé du subjonctif
aie convaincu	**ayons** convaincu
aies convaincu	**ayez** convaincu
ait convaincu	**aient** convaincu

imparfait du subjonctif
convainquisse	convainquissions
convainquisses	convainquissiez
convainquît	convainquissent

plus-que-parfait du subjonctif
eusse convaincu	**eussions** convaincu
eusses convaincu	**eussiez** convaincu
eût convaincu	**eussent** convaincu

impératif
convaincs
convainquons
convainquez

to be suitable to, to agree   convenir

SINGULAR	PLURAL	SINGULAR	PLURAL
présent de l'indicatif		**passé composé**	
conviens	convenons	ai convenu	avons convenu
conviens	convenez	as convenu	avez convenu
convient	conviennent	a convenu	ont convenu
imparfait de l'indicatif		**plus-que-parfait de l'indicatif**	
convenais	convenions	avais convenu	avions convenu
convenais	conveniez	avais convenu	aviez convenu
convenait	convenaient	avait convenu	avaient convenu
passé simple		**passé antérieur**	
convins	convînmes	eus convenu	eûmes convenu
convins	convîntes	eus convenu	eûtes convenu
convint	convinrent	eut convenu	eurent convenu
futur		**futur antérieur**	
conviendrai	conviendrons	aurai convenu	aurons convenu
conviendras	conviendrez	auras convenu	aurez convenu
conviendra	conviendront	aura convenu	auront convenu
conditionnel		**conditionnel passé**	
conviendrais	conviendrions	aurais convenu	aurions convenu
conviendrais	conviendriez	aurais convenu	auriez convenu
conviendrait	conviendraient	aurait convenu	auraient convenu
présent du subjonctif		**passé du subjonctif**	
convienne	convenions	aie convenu	ayons convenu
conviennes	conveniez	aies convenu	ayez convenu
convienne	conviennent	ait convenu	aient convenu
imparfait du subjonctif		**plus-que-parfait du subjonctif**	
convinsse	convinssions	eusse convenu	eussions convenu
convinsses	convinssiez	eusses convenu	eussiez convenu
convînt	convinssent	eût convenu	eussent convenu
impératif			
conviens			
convenons			
convenez			

C

coordonner   to coordinate

eparticipe présent **coordonnant**   participe passé **coordonné**

SINGULAR	PLURAL	SINGULAR	PLURAL

présent de l'indicatif

		passé composé	
coordonne	coordonnons	**ai** coordonné	**avons** coordonné
coordonnes	coordonnez	**as** coordonné	**avez** coordonné
coordonne	coordonnent	**a** coordonné	**ont** coordonné

imparfait de l'indicatif / **plus-que-parfait de l'indicatif**

coordonnais	coordonnions	**avais** coordonné	**avions** coordonné
coordonnais	coordonniez	**avais** coordonné	**aviez** coordonné
coordonnait	coordonnaient	**avait** coordonné	**avaient** coordonné

passé simple / **passé antérieur**

coordonnai	coordonnâmes	**eus** coordonné	**eûmes** coordonné
coordonnas	coordonnâtes	**eus** coordonné	**eûtes** coordonné
coordonna	coordonnèrent	**eut** coordonné	**eurent** coordonné

futur / **futur antérieur**

coordonnerai	coordonnerons	**aurai** coordonné	**aurons** coordonné
coordonneras	coordonnerez	**auras** coordonné	**aurez** coordonné
coordonnera	coordonneront	**aura** coordonné	**auront** coordonné

conditionnel / **conditionnel passé**

coordonnerais	coordonnerions	**aurais** coordonné	**aurions** coordonné
coordonnerais	coordonneriez	**aurais** coordonné	**auriez** coordonné
coordonnerait	coordonneraient	**aurait** coordonné	**auraient** coordonné

présent du subjonctif / **passé du subjonctif**

coordonne	coordonnions	**aie** coordonné	**ayons** coordonné
coordonnes	coordonniez	**aies** coordonné	**ayez** coordonné
coordonne	coordonnent	**ait** coordonné	**aient** coordonné

imparfait du subjonctif / **plus-que-parfait du subjonctif**

coordonnasse	coordonnassions	**eusse** coordonné	**eussions** coordonné
coordonnasses	coordonnassiez	**eusses** coordonné	**eussiez** coordonné
coordonnât	coordonnassent	**eût** coordonné	**eussent** coordonné

impératif

coordonne
coordonnons
coordonnez

to correct　　　　　　　　　　　　　corriger

SINGULAR	PLURAL		SINGULAR	PLURAL
présent de l'indicatif			**passé composé**	
corrige	corrigeons		**ai** corrigé	**avons** corrigé
corriges	corrigez		**as** corrigé	**avez** corrigé
corrige	corrigent		**a** corrigé	**ont** corrigé
imparfait de l'indicatif			**plus-que-parfait de l'indicatif**	
corrigeais	corrigions		**avais** corrigé	**avions** corrigé
corrigeais	corrigiez		**avais** corrigé	**aviez** corrigé
corrigeait	corrigeaient		**avait** corrigé	**avaient** corrigé
passé simple			**passé antérieur**	
corrigeai	corrigeâmes		**eus** corrigé	**eûmes** corrigé
corrigeas	corrigeâtes		**eus** corrigé	**eûtes** corrigé
corrigea	corrigèrent		**eut** corrigé	**eurent** corrigé
futur			**futur antérieur**	
corrigerai	corrigerons		**aurai** corrigé	**aurons** corrigé
corrigeras	corrigerez		**auras** corrigé	**aurez** corrigé
corrigera	corrigeront		**aura** corrigé	**auront** corrigé
conditionnel			**conditionnel passé**	
corrigerais	corrigerions		**aurais** corrigé	**aurions** corrigé
corrigerais	corrigeriez		**aurais** corrigé	**auriez** corrigé
corrigerait	corrigeraient		**aurait** corrigé	**auraient** corrigé
présent du subjonctif			**passé du subjonctif**	
corrige	corrigions		**aie** corrigé	**ayons** corrigé
corriges	corrigiez		**aies** corrigé	**ayez** corrigé
corrige	corrigent		**ait** corrigé	**aient** corrigé
imparfait du subjonctif			**plus-que-parfait du subjonctif**	
corrigeasse	corrigeassions		**eusse** corrigé	**eussions** corrigé
corrigeasses	corrigeassiez		**eusses** corrigé	**eussiez** corrigé
corrigeât	corrigeassent		**eût** corrigé	**eussent** corrigé
impératif				
corrige				
corrigeons				
corrigez				

C

coudre

to sew

participe présent **cousant**   participe passé **cousu**

SINGULAR	PLURAL	SINGULAR	PLURAL
présent de l'indicatif		**passé composé**	
couds	cousons	ai cousu	avons cousu
couds	cousez	as cousu	avez cousu
coud	cousent	a cousu	ont cousu
imparfait de l'indicatif		**plus-que-parfait de l'indicatif**	
cousais	cousions	avais cousu	avions cousu
cousais	cousiez	avais cousu	aviez cousu
cousait	cousaient	avait cousu	avaient cousu
passé simple		**passé antérieur**	
cousis	cousîmes	eus cousu	eûmes cousu
cousis	cousîtes	eus cousu	eûtes cousu
cousit	cousirent	eut cousu	eurent cousu
futur		**futur antérieur**	
coudrai	coudrons	aurai cousu	aurons cousu
coudras	coudrez	auras cousu	aurez cousu
coudra	coudront	aura cousu	auront cousu
conditionnel		**conditionnel passé**	
coudrais	coudrions	aurais cousu	aurions cousu
coudrais	coudriez	aurais cousu	auriez cousu
coudrait	coudraient	aurait cousu	auraient cousu
présent du subjonctif		**passé du subjonctif**	
couse	cousions	aie cousu	ayons cousu
couses	cousiez	aies cousu	ayez cousu
couse	cousent	ait cousu	aient cousu
imparfait du subjonctif		**plus-que-parfait du subjonctif**	
cousisse	cousissions	eusse cousu	eussions cousu
cousisses	cousissiez	eusses cousu	eussiez cousu
cousît	cousissent	eût cousu	eussent cousu

impératif
couds
cousons
cousez

C

participe présent courant   **participe passé** couru

SINGULAR	PLURAL	SINGULAR	PLURAL
présent de l'indicatif		**passé composé**	
cours	courons	ai couru	avons couru
cours	courez	as couru	avez couru
court	courent	a couru	ont couru
imparfait de l'indicatif		**plus-que-parfait de l'indicatif**	
courais	courions	avais couru	avions couru
courais	couriez	avais couru	aviez couru
courait	couraient	avait couru	avaient couru
passé simple		**passé antérieur**	
courus	courûmes	eus couru	eûmes couru
courus	courûtes	eus couru	eûtes couru
courut	coururent	eut couru	eurent couru
futur		**futur antérieur**	
courrai	courrons	aurai couru	aurons couru
courras	courrez	auras couru	aurez couru
courra	courront	aura couru	auront couru
conditionnel		**conditionnel passé**	
courrais	courrions	aurais couru	aurions couru
courrais	courriez	aurais couru	auriez couru
courrait	courraient	aurait couru	auraient couru
présent du subjonctif		**passé du subjonctif**	
coure	courions	aie couru	ayons couru
coures	couriez	aies couru	ayez couru
coure	courent	ait couru	aient couru
imparfait du subjonctif		**plus-que-parfait du subjonctif**	
courusse	courussions	eusse couru	eussions couru
courusses	courussiez	eusses couru	eussiez couru
courût	courussent	eût couru	eussent couru
impératif			
cours			
courons			
courez			

C

MUST
KNOW
VERB

participe présent **couvant**   participe passé **couvé**

SINGULAR	PLURAL	SINGULAR	PLURAL
présent de l'indicatif		passé composé	
couve	couvons	ai couvé	avons couvé
couves	couvez	as couvé	avez couvé
couve	couvent	a couvé	ont couvé
imparfait de l'indicatif		plus-que-parfait de l'indicatif	
couvais	couvions	avais couvé	avions couvé
couvais	couviez	avais couvé	aviez couvé
couvait	couvaient	avait couvé	avaient couvé
passé simple		passé antérieur	
couvai	couvâmes	eus couvé	eûmes couvé
couvas	couvâtes	eus couvé	eûtes couvé
couva	couvèrent	eut couvé	eurent couvé
futur		futur antérieur	
couverai	couverons	aurai couvé	aurons couvé
couveras	couverez	auras couvé	aurez couvé
couvera	couveront	aura couvé	auront couvé
conditionnel		conditionnel passé	
couverais	couverions	aurais couvé	aurions couvé
couverais	couveriez	aurais couvé	auriez couvé
couverait	couveraient	aurait couvé	auraient couvé
présent du subjonctif		passé du subjonctif	
couve	couvions	aie couvé	ayons couvé
couves	couviez	aies couvé	ayez couvé
couve	couvent	ait couvé	aient couvé
imparfait du subjonctif		plus-que-parfait du subjonctif	
couvasse	couvassions	eusse couvé	eussions couvé
couvasses	couvassiez	eusses couvé	eussiez couvé
couvât	couvassent	eût couvé	eussent couvé
impératif			
couve			
couvons			
couvez			

C

participe présent couvrant   **participe passé** couvert

SINGULAR	PLURAL	SINGULAR	PLURAL

présent de l'indicatif

couvre	couvrons		
couvres	couvrez		
couvre	couvrent		

passé composé

ai couvert	avons couvert
as couvert	avez couvert
a couvert	ont couvert

C

imparfait de l'indicatif

couvrais	couvrions
couvrais	couvriez
couvrait	couvraient

plus-que-parfait de l'indicatif

avais couvert	avions couvert
avais couvert	aviez couvert
avait couvert	avaient couvert

passé simple

couvris	couvrîmes
couvris	couvrîtes
couvrit	couvrirent

passé antérieur

eus couvert	eûmes couvert
eus couvert	eûtes couvert
eut couvert	eurent couvert

futur

couvrirai	couvrirons
couvriras	couvrirez
couvrira	couvriront

futur antérieur

aurai couvert	aurons couvert
auras couvert	aurez couvert
aura couvert	auront couvert

conditionnel

couvrirais	couvririons
couvrirais	couvririez
couvrirait	couvriraient

conditionnel passé

aurais couvert	aurions couvert
aurais couvert	auriez couvert
aurait couvert	auraient couvert

présent du subjonctif

couvre	couvrions
couvres	couvriez
couvre	couvrent

passé du subjonctif

aie couvert	ayons couvert
aies couvert	ayez couvert
ait couvert	aient couvert

imparfait du subjonctif

couvrisse	couvrissions
couvrisses	couvrissiez
couvrît	couvrissent

plus-que-parfait du subjonctif

eusse couvert	eussions couvert
eusses couvert	eussiez couvert
eût couvert	eussent couvert

impératif

couvre
couvrons
couvrez

craindre

to fear

participe présent **craignant**   participe passé **craint**

C

SINGULAR	PLURAL	SINGULAR	PLURAL

présent de l'indicatif
crains / craignons
crains / craignez
craint / craignent

passé composé
ai craint / avons craint
as craint / avez craint
a craint / ont craint

imparfait de l'indicatif
craignais / craignions
craignais / craigniez
craignait / craignaient

plus-que-parfait de l'indicatif
avais craint / avions craint
avais craint / aviez craint
avait craint / avaient craint

passé simple
craignis / craignîmes
craignis / craignîtes
craignit / craignirent

passé antérieur
eus craint / eûmes craint
eus craint / eûtes craint
eut craint / eurent craint

futur
craindrai / craindrons
craindras / craindrez
craindra / craindront

futur antérieur
aurai craint / aurons craint
auras craint / aurez craint
aura craint / auront craint

conditionnel
craindrais / craindrions
craindrais / craindriez
craindrait / craindraient

conditionnel passé
aurais craint / aurions craint
aurais craint / auriez craint
aurait craint / auraient craint

présent du subjonctif
craigne / craignions
craignes / craigniez
craigne / craignent

passé du subjonctif
aie craint / ayons craint
aies craint / ayez craint
ait craint / aient craint

imparfait du subjonctif
craignisse / craignissions
craignisses / craignissiez
craignît / craignissent

plus-que-parfait du subjonctif
eusse craint / eussions craint
eusses craint / eussiez craint
eût craint / eussent craint

impératif
crains
craignons
craignez

to create

participe présent créant   **participe passé** créé

SINGULAR	PLURAL	SINGULAR	PLURAL

présent de l'indicatif
		passé composé	
crée	créons	**ai** créé	**avons** créé
crées	créez	**as** créé	**avez** créé
crée	créent	**a** créé	**ont** créé

imparfait de l'indicatif
		plus-que-parfait de l'indicatif	
créais	créions	**avais** créé	**avions** créé
créais	créiez	**avais** créé	**aviez** créé
créait	créaient	**avait** créé	**avaient** créé

passé simple
		passé antérieur	
créai	créâmes	**eus** créé	**eûmes** créé
créas	créâtes	**eus** créé	**eûtes** créé
créa	créèrent	**eut** créé	**eurent** créé

futur
		futur antérieur	
créerai	créerons	**aurai** créé	**aurons** créé
créeras	créerez	**auras** créé	**aurez** créé
créera	créeront	**aura** créé	**auront** créé

conditionnel
		conditionnel passé	
créerais	créerions	**aurais** créé	**aurions** créé
créerais	créeriez	**aurais** créé	**auriez** créé
créerait	créeraient	**aurait** créé	**auraient** créé

présent du subjonctif
		passé du subjonctif	
crée	créions	**aie** créé	**ayons** créé
crées	créiez	**aies** créé	**ayez** créé
crée	créent	**ait** créé	**aient** créé

imparfait du subjonctif
		plus-que-parfait du subjonctif	
créasse	créassions	**eusse** créé	**eussions** créé
créasses	créassiez	**eusses** créé	**eussiez** créé
créât	créassent	**eût** créé	**eussent** créé

impératif
crée
créons
créez

C

participe présent **crevant**   participe passé **crevé**

SINGULAR	PLURAL	SINGULAR	PLURAL

présent de l'indicatif

		passé composé	
crève	crevons	**ai** crevé	**avons** crevé
crèves	crevez	**as** crevé	**avez** crevé
crève	crèvent	**a** crevé	**ont** crevé

imparfait de l'indicatif

		plus-que-parfait de l'indicatif	
crevais	crevions	**avais** crevé	**avions** crevé
crevais	creviez	**avais** crevé	**aviez** crevé
crevait	crevaient	**avait** crevé	**avaient** crevé

passé simple

		passé antérieur	
crevai	crevâmes	**eus** crevé	**eûmes** crevé
crevas	crevâtes	**eus** crevé	**eûtes** crevé
creva	crevèrent	**eut** crevé	**eurent** crevé

futur

		futur antérieur	
crèverai	crèverons	**aurai** crevé	**aurons** crevé
crèveras	crèverez	**auras** crevé	**aurez** crevé
crèvera	crèveront	**aura** crevé	**auront** crevé

conditionnel

		conditionnel passé	
crèverais	crèverions	**aurais** crevé	**aurions** crevé
crèverais	crèveriez	**aurais** crevé	**auriez** crevé
crèverait	crèveraient	**aurait** crevé	**auraient** crevé

présent du subjonctif

		passé du subjonctif	
crève	crevions	**aie** crevé	**ayons** crevé
crèves	creviez	**aies** crevé	**ayez** crevé
crève	crèvent	**ait** crevé	**aient** crevé

imparfait du subjonctif

		plus-que-parfait du subjonctif	
crevasse	crevassions	**eusse** crevé	**eussions** crevé
crevasses	crevassiez	**eusses** crevé	**eussiez** crevé
crevât	crevassent	**eût** crevé	**eussent** crevé

impératif
crève
crevons
crevez

to cry out, to shout

participe présent **criant**   participe passé **crié**

SINGULAR	PLURAL	SINGULAR	PLURAL

présent de l'indicatif

		passé composé	
crie	crions	**ai** crié	**avons** crié
cries	criez	**as** crié	**avez** crié
crie	crient	**a** crié	**ont** crié

imparfait de l'indicatif

		plus-que-parfait de l'indicatif	
criais	criions	**avais** crié	**avions** crié
criais	criiez	**avais** crié	**aviez** crié
criait	criaient	**avait** crié	**avaient** crié

passé simple

		passé antérieur	
criai	criâmes	**eus** crié	**eûmes** crié
crias	criâtes	**eus** crié	**eûtes** crié
cria	crièrent	**eut** crié	**eurent** crié

futur

		futur antérieur	
crierai	crierons	**aurai** crié	**aurons** crié
crieras	crierez	**auras** crié	**aurez** crié
criera	crieront	**aura** crié	**auront** crié

conditionnel

		conditionnel passé	
crierais	crierions	**aurais** crié	**aurions** crié
crierais	crieriez	**aurais** crié	**auriez** crié
crierait	crieraient	**aurait** crié	**auraient** crié

présent du subjonctif

		passé du subjonctif	
crie	criions	**aie** crié	**ayons** crié
cries	criiez	**aies** crié	**ayez** crié
crie	crient	**ait** crié	**aient** crié

imparfait du subjonctif

		plus-que-parfait du subjonctif	
criasse	criassions	**eusse** crié	**eussions** crié
criasses	criassiez	**eusses** crié	**eussiez** crié
criât	criassent	**eût** crié	**eussent** crié

impératif

crie
crions
criez

C

critiquer

to criticize

participe présent critiquant   **participe passé** critiqué

SINGULAR	PLURAL	SINGULAR	PLURAL

présent de l'indicatif / passé composé

SINGULAR	PLURAL	SINGULAR	PLURAL
critique	critiquons	**ai** critiqué	**avons** critiqué
critiques	critiquez	**as** critiqué	**avez** critiqué
critique	critiquent	**a** critiqué	**ont** critiqué

imparfait de l'indicatif / plus-que-parfait de l'indicatif

critiquais	critiquions	**avais** critiqué	**avions** critiqué
critiquais	critiquiez	**avais** critiqué	**aviez** critiqué
critiquait	critiquaient	**avait** critiqué	**avaient** critiqué

passé simple / passé antérieur

critiquai	critiquâmes	**eus** critiqué	**eûmes** critiqué
critiquas	critiquâtes	**eus** critiqué	**eûtes** critiqué
critiqua	critiquèrent	**eut** critiqué	**eurent** critiqué

futur / futur antérieur

critiquerai	critiquerons	**aurai** critiqué	**aurons** critiqué
critiqueras	critiquerez	**auras** critiqué	**aurez** critiqué
critiquera	critiqueront	**aura** critiqué	**auront** critiqué

conditionnel / conditionnel passé

critiquerais	critiquerions	**aurais** critiqué	**aurions** critiqué
critiquerais	critiqueriez	**aurais** critiqué	**auriez** critiqué
critiquerait	critiqueraient	**aurait** critiqué	**auraient** critiqué

présent du subjonctif / passé du subjonctif

critique	critiquions	**aie** critiqué	**ayons** critiqué
critiques	critiquiez	**aies** critiqué	**ayez** critiqué
critique	critiquent	**ait** critiqué	**aient** critiqué

imparfait du subjonctif / plus-que-parfait du subjonctif

critiquasse	critiquassions	**eusse** critiqué	**eussions** critiqué
critiquasses	critiquassiez	**eusses** critiqué	**eussiez** critiqué
critiquât	critiquassent	**eût** critiqué	**eussent** critiqué

impératif

critique
critiquons
critiquez

to believe   croire

participe présent **croyant**   participe passé **cru**

C

SINGULAR	PLURAL	SINGULAR	PLURAL
présent de l'indicatif		**passé composé**	
crois	croyons	ai cru	avons cru
crois	croyez	as cru	avez cru
croit	croient	a cru	ont cru
imparfait de l'indicatif		**plus-que-parfait de l'indicatif**	
croyais	croyions	avais cru	avions cru
croyais	croyiez	avais cru	aviez cru
croyait	croyaient	avait cru	avaient cru
passé simple		**passé antérieur**	
crus	crûmes	eus cru	eûmes cru
crus	crûtes	eus cru	eûtes cru
crut	crurent	eut cru	eurent cru
futur		**futur antérieur**	
croirai	croirons	aurai cru	aurons cru
croiras	croirez	auras cru	aurez cru
croira	croiront	aura cru	auront cru
conditionnel		**conditionnel passé**	
croirais	croirions	aurais cru	aurions cru
croirais	croiriez	aurais cru	auriez cru
croirait	croiraient	aurait cru	auraient cru
présent du subjonctif		**passé du subjonctif**	
croie	croyions	aie cru	ayons cru
croies	croyiez	aies cru	ayez cru
croie	croient	ait cru	aient cru
imparfait du subjonctif		**plus-que-parfait du subjonctif**	
crusse	crussions	eusse cru	eussions cru
crusses	crussiez	eusses cru	eussiez cru
crût	crussent	eût cru	eussent cru

impératif
crois
croyons
croyez

MUST
KNOW
VERB

croître

to grow, to increase

participe présent croissant   **participe passé** crû

SINGULAR	PLURAL	SINGULAR	PLURAL
présent de l'indicatif		**passé composé**	
croîs	croissons	ai crû	avons crû
croîs	croissez	as crû	avez crû
croît	croissent	a crû	ont crû
imparfait de l'indicatif		**plus-que-parfait de l'indicatif**	
croissais	croissions	avais crû	avions crû
croissais	croissiez	avais crû	aviez crû
croissait	croissaient	avait crû	avaient crû
passé simple		**passé antérieur**	
crûs	crûmes	eus crû	eûmes crû
crûs	crûtes	eus crû	eûtes crû
crût	crûrent	eut crû	eurent crû
futur		**futur antérieur**	
croîtrai	croîtrons	aurai crû	aurons crû
croîtras	croîtrez	auras crû	aurez crû
croîtra	croîtront	aura crû	auront crû
conditionnel		**conditionnel passé**	
croîtrais	croîtrions	aurais crû	aurions crû
croîtrais	croîtriez	aurais crû	auriez crû
croîtrait	croîtraient	aurait crû	auraient crû
présent du subjonctif		**passé du subjonctif**	
croisse	croissions	aie crû	ayons crû
croisses	croissiez	aies crû	ayez crû
croisse	croissent	ait crû	aient crû
imparfait du subjonctif		**plus-que-parfait du subjonctif**	
crûsse	crûssions	eusse crû	eussions crû
crûsses	crûssiez	eusses crû	eussiez crû
crût	crûssent	eût crû	eussent crû
impératif			
croîs			
croissons			
croissez			

to cook   cuire

participe présent cuisant   **participe passé** cuit

SINGULAR	PLURAL	SINGULAR	PLURAL

présent de l'indicatif

		passé composé	
cuis	cuisons	ai cuit	avons cuit
cuis	cuisez	as cuit	avez cuit
cuit	cuisent	a cuit	ont cuit

imparfait de l'indicatif **plus-que-parfait de l'indicatif**

cuisais	cuisions	avais cuit	avions cuit
cuisais	cuisiez	avais cuit	aviez cuit
cuisait	cuisaient	avait cuit	avaient cuit

passé simple **passé antérieur**

cuisis	cuisîmes	eus cuit	eûmes cuit
cuisis	cuisîtes	eus cuit	eûtes cuit
cuisit	cuisirent	eut cuit	eurent cuit

futur **futur antérieur**

cuirai	cuirons	aurai cuit	aurons cuit
cuiras	cuirez	auras cuit	aurez cuit
cuira	cuiront	aura cuit	auront cuit

conditionnel **conditionnel passé**

cuirais	cuirions	aurais cuit	aurions cuit
cuirais	cuiriez	aurais cuit	auriez cuit
cuirait	cuiraient	aurait cuit	auraient cuit

présent du subjonctif **passé du subjonctif**

cuise	cuisions	aie cuit	ayons cuit
cuises	cuisiez	aies cuit	ayez cuit
cuise	cuisent	ait cuit	aient cuit

imparfait du subjonctif **plus-que-parfait du subjonctif**

cuisisse	cuisissions	eusse cuit	eussions cuit
cuisisses	cuisissiez	eusses cuit	eussiez cuit
cuisît	cuisissent	eût cuit	eussent cuit

impératif

cuis
cuisons
cuisez

danser

to dance

SINGULAR	PLURAL	SINGULAR	PLURAL

présent de l'indicatif
danse	dansons		
danses	dansez		
danse	dansent		

passé composé
ai dansé	avons dansé		
as dansé	avez dansé		
a dansé	ont dansé		

imparfait de l'indicatif
dansais	dansions
dansais	dansiez
dansait	dansaient

plus-que-parfait de l'indicatif
avais dansé	avions dansé
avais dansé	aviez dansé
avait dansé	avaient dansé

passé simple
dansai	dansâmes
dansas	dansâtes
dansa	dansèrent

passé antérieur
eus dansé	eûmes dansé
eus dansé	eûtes dansé
eut dansé	eurent dansé

futur
danserai	danserons
danseras	danserez
dansera	danseront

futur antérieur
aurai dansé	aurons dansé
auras dansé	aurez dansé
aura dansé	auront dansé

conditionnel
danserais	danserions
danserais	danseriez
danserait	danseraient

conditionnel passé
aurais dansé	aurions dansé
aurais dansé	auriez dansé
aurait dansé	auraient dansé

présent du subjonctif
danse	dansions
danses	dansiez
danse	dansent

passé du subjonctif
aie dansé	ayons dansé
aies dansé	ayez dansé
ait dansé	aient dansé

imparfait du subjonctif
dansasse	dansassions
dansasses	dansassiez
dansât	dansassent

plus-que-parfait du subjonctif
eusse dansé	eussions dansé
eusses dansé	eussiez dansé
eût dansé	eussent dansé

impératif
danse
dansons
dansez

to clear, to rid　　　débarrasser

participe présent **débarrassant**　　participe passé **débarrassé**

SINGULAR	PLURAL

présent de l'indicatif

débarrasse	débarrassons
débarrasses	débarrassez
débarrasse	débarrassent

imparfait de l'indicatif

débarrassais	débarrassions
débarrassais	débarrassiez
débarrassait	débarrassaient

passé simple

débarrassai	débarrassâmes
débarrassas	débarrassâtes
débarrassa	débarrassèrent

futur

débarrasserai	débarrasserons
débarrasseras	débarrasserez
débarrassera	débarrasseront

conditionnel

débarrasserais	débarrasserions
débarrasserais	débarrasseriez
débarrasserait	débarrasseraient

présent du subjonctif

débarrasse	débarrassions
débarrasses	débarrassiez
débarrasse	débarrassent

imparfait du subjonctif

débarrassasse	débarrassassions
débarrassasses	débarrassassiez
débarrassât	débarrassassent

impératif

débarrasse
débarrassons
débarrassez

SINGULAR	PLURAL

passé composé

ai débarrassé	avons débarrassé
as débarrassé	avez débarrassé
a débarrassé	ont débarrassé

plus-que-parfait de l'indicatif

avais débarrassé	avions débarrassé
avais débarrassé	aviez débarrassé
avait débarrassé	avaient débarrassé

D

passé antérieur

eus débarrassé	eûmes débarrassé
eus débarrassé	eûtes débarrassé
eut débarrassé	eurent débarrassé

futur antérieur

aurai débarrassé	aurons débarrassé
auras débarrassé	aurez débarrassé
aura débarrassé	auront débarrassé

conditionnel passé

aurais débarrassé	aurions débarrassé
aurais débarrassé	auriez débarrassé
aurait débarrassé	auraient débarrassé

passé du subjonctif

aie débarrassé	ayons débarrassé
aies débarrassé	ayez débarrassé
ait débarrassé	aient débarrassé

plus-que-parfait débarrassé du subjonctif

eusse débarrassé	eussions débarrassé
eusses débarrassé	eussiez débarrassé
eût débarrassé	eussent débarrassé

se débrouiller — to manage, to improvise

participe présent **se débrouillant** participe passé **débrouillé(e)(s)**

SINGULAR	PLURAL	SINGULAR	PLURAL

présent de l'indicatif
me débrouille	nous débrouillons		
te débrouilles	vous débrouillez		
se débrouille	se débrouillent		

passé composé
me suis débrouillé(e)	nous sommes débrouillé(e)s
t'es débrouillé(e)	vous êtes débrouillé(e)(s)
s'est débrouillé(e)	se sont débrouillé(e)s

imparfait de l'indicatif
me débrouillais	nous débrouillions
te débrouillais	vous débrouilliez
se débrouillait	se débrouillaient

plus-que-parfait de l'indicatif
m'étais débrouillé(e)	nous étions débrouillé(e)s
t'étais débrouillé(e)	vous étiez débrouillé(e)(s)
s'était débrouillé(e)	s'étaient débrouillé(e)s

passé simple
me débrouillai	nous débrouillâmes
te débrouillas	vous débrouillâtes
se débrouilla	se débrouillèrent

passé antérieur
me fus débrouillé(e)	nous fûmes débrouillé(e)s
te fus débrouillé(e)	vous fûtes débrouillé(e)(s)
se fut débrouillé(e)	se furent débrouillé(e)s

futur
me débrouillerai	nous débrouillerons
te débrouilleras	vous débrouillerez
se débrouillera	se débrouilleront

futur antérieur
me serai débrouillé(e)	nous serons débrouillé(e)s
te seras débrouillé(e)	vous serez débrouillé(e)(s)
se sera débrouillé(e)	se seront débrouillé(e)s

conditionnel
me débrouillerais	nous débrouillerions
te débrouillerais	vous débrouilleriez
se débrouillerait	se débrouilleraient

conditionnel passé
me serais débrouillé(e)	nous serions débrouillé(e)s
te serais débrouillé(e)	vous seriez débrouillé(e)(s)
se serait débrouillé(e)	se seraient débrouillé(e)s

présent du subjonctif
me débrouille	nous débrouillions
te débrouilles	vous débrouilliez
se débrouille	se débrouillent

passé du subjonctif
me sois débrouillé(e)	nous soyons débrouillé(e)s
te sois débrouillé(e)	vous soyez débrouillé(e)(s)
se soit débrouillé(e)	se soient débrouillé(e)s

imparfait du subjonctif
me débrouillasse	nous débrouillassions
te débrouillasses	vous débrouillassiez
se débrouillât	se débrouillassent

plus-que-parfait du subjonctif
me fusse débrouillé(e)	nous fussions débrouillé(e)s
te fusses débrouillé(e)	vous fussiez débrouillé(e)(s)
se fût débrouillé(e)	se fussent débrouillé(e)s

impératif
débrouille-toi
débrouillons-nous
débrouillez-vous

D

to deceive, to disappoint

décevoir

SINGULAR	PLURAL
présent de l'indicatif	
déço**is**	décev**ons**
déço**is**	décev**ez**
déço**it**	déço**ivent**
imparfait de l'indicatif	
décev**ais**	décev**ions**
décev**ais**	décev**iez**
décev**ait**	décev**aient**
passé simple	
déç**us**	déç**ûmes**
déç**us**	déç**ûtes**
déç**ut**	déç**urent**
futur	
décevr**ai**	décevr**ons**
décevr**as**	décevr**ez**
décevr**a**	décevr**ont**
conditionnel	
décevr**ais**	décevr**ions**
décevr**ais**	décevr**iez**
décevr**ait**	décevr**aient**
présent du subjonctif	
déçoiv**e**	décev**ions**
déçoiv**es**	décev**iez**
déçoiv**e**	déço**ivent**
imparfait du subjonctif	
déçu**sse**	déçu**ssions**
déçu**sses**	déçu**ssiez**
déç**ût**	déçu**ssent**
impératif	
déço**is**	
décev**ons**	
décev**ez**	

SINGULAR	PLURAL
passé composé	
ai déçu	**avons** déçu
as déçu	**avez** déçu
a déçu	**ont** déçu
plus-que-parfait de l'indicatif	
avais déçu	**avions** déçu
avais déçu	**aviez** déçu
avait déçu	**avaient** déçu
passé antérieur	
eus déçu	**eûmes** déçu
eus déçu	**eûtes** déçu
eut déçu	**eurent** déçu
futur antérieur	
aurai déçu	**aurons** déçu
auras déçu	**aurez** déçu
aura déçu	**auront** déçu
conditionnel passé	
aurais déçu	**aurions** déçu
aurais déçu	**auriez** déçu
aurait déçu	**auraient** déçu
passé du subjonctif	
aie déçu	**ayons** déçu
aies déçu	**ayez** déçu
ait déçu	**aient** déçu
plus-que-parfait du subjonctif	
eusse déçu	**eussions** déçu
eusses déçu	**eussiez** déçu
eût déçu	**eussent** déçu

D

participe présent **déchiffrant**   participe passé **déchiffré**

SINGULAR	PLURAL	SINGULAR	PLURAL

présent de l'indicatif

déchiffre	déchiffrons
déchiffres	déchiffrez
déchiffre	déchiffrent

passé composé

ai déchiffré	avons déchiffré
as déchiffré	avez déchiffré
a déchiffré	ont déchiffré

imparfait de l'indicatif

déchiffrais	déchiffrions
déchiffrais	déchiffriez
déchiffrait	déchiffraient

plus-que-parfait de l'indicatif

avais déchiffré	avions déchiffré
avais déchiffré	aviez déchiffré
avait déchiffré	avaient déchiffré

passé simple

déchiffrai	déchiffrâmes
déchiffras	déchiffrâtes
déchiffra	déchiffrèrent

passé antérieur

eus déchiffré	eûmes déchiffré
eus déchiffré	eûtes déchiffré
eut déchiffré	eurent déchiffré

futur

déchiffrerai	déchiffrerons
déchiffreras	déchiffrerez
déchiffrera	déchiffreront

futur antérieur

aurai déchiffré	aurons déchiffré
auras déchiffré	aurez déchiffré
aura déchiffré	auront déchiffré

conditionnel

déchiffrerais	déchiffrerions
déchiffrerais	déchiffreriez
déchiffrerait	déchiffreraient

conditionnel passé

aurais déchiffré	aurions déchiffré
aurais déchiffré	auriez déchiffré
aurait déchiffré	auraient déchiffré

présent du subjonctif

déchiffre	déchiffrions
déchiffres	déchiffriez
déchiffre	déchiffrent

passé du subjonctif

aie déchiffré	ayons déchiffré
aies déchiffré	ayez déchiffré
ait déchiffré	aient déchiffré

imparfait du subjonctif

déchiffrasse	déchiffrassions
déchiffrasses	déchiffrassiez
déchiffrât	déchiffrassent

plus-que-parfait du subjonctif

eusse déchiffré	eussions déchiffré
eusses déchiffré	eussiez déchiffré
eût déchiffré	eussent déchiffré

impératif

déchiffre
déchiffrons
déchiffrez

to decide   décider

SINGULAR	PLURAL	SINGULAR	PLURAL
présent de l'indicatif		**passé composé**	
décid**e**	décid**ons**	**ai** décidé	**avons** décidé
décid**es**	décid**ez**	**as** décidé	**avez** décidé
décid**e**	décid**ent**	**a** décidé	**ont** décidé
imparfait de l'indicatif		**plus-que-parfait de l'indicatif**	
décid**ais**	décid**ions**	**avais** décidé	**avions** décidé
décid**ais**	décid**iez**	**avais** décidé	**aviez** décidé
décid**ait**	décid**aient**	**avait** décidé	**avaient** décidé
passé simple		**passé antérieur**	
décid**ai**	décid**âmes**	**eus** décidé	**eûmes** décidé
décid**as**	décid**âtes**	**eus** décidé	**eûtes** décidé
décid**a**	décid**èrent**	**eut** décidé	**eurent** décidé
futur		**futur antérieur**	
décider**ai**	décider**ons**	**aurai** décidé	**aurons** décidé
décider**as**	décider**ez**	**auras** décidé	**aurez** décidé
décider**a**	décider**ont**	**aura** décidé	**auront** décidé
conditionnel		**conditionnel passé**	
décider**ais**	décider**ions**	**aurais** décidé	**aurions** décidé
décider**ais**	décider**iez**	**aurais** décidé	**auriez** décidé
décider**ait**	décider**aient**	**aurait** décidé	**auraient** décidé
présent du subjonctif		**passé du subjonctif**	
décid**e**	décid**ions**	**aie** décidé	**ayons** décidé
décid**es**	décid**iez**	**aies** décidé	**ayez** décidé
décid**e**	décid**ent**	**ait** décidé	**aient** décidé
imparfait du subjonctif		**plus-que-parfait du subjonctif**	
décid**asse**	décid**assions**	**eusse** décidé	**eussions** décidé
décid**asses**	décid**assiez**	**eusses** décidé	**eussiez** décidé
décid**ât**	décid**assent**	**eût** décidé	**eussent** décidé

impératif
décide
décidons
décidez

D

déclarer

to declare

SINGULAR	PLURAL	SINGULAR	PLURAL

présent de l'indicatif

		passé composé	
déclare	déclarons	ai déclaré	avons déclaré
déclares	déclarez	as déclaré	avez déclaré
déclare	déclarent	a déclaré	ont déclaré

imparfait de l'indicatif

		plus-que-parfait de l'indicatif	
déclarais	déclarions	avais déclaré	avions déclaré
déclarais	déclariez	avais déclaré	aviez déclaré
déclarait	déclaraient	avait déclaré	avaient déclaré

passé simple

		passé antérieur	
déclarai	déclarâmes	eus déclaré	eûmes déclaré
déclaras	déclarâtes	eus déclaré	eûtes déclaré
déclara	déclarèrent	eut déclaré	eurent déclaré

futur

		futur antérieur	
déclarerai	déclarerons	aurai déclaré	aurons déclaré
déclareras	déclarerez	auras déclaré	aurez déclaré
déclarera	déclareront	aura déclaré	auront déclaré

conditionnel

		conditionnel passé	
déclarerais	déclarerions	aurais déclaré	aurions déclaré
déclarerais	déclareriez	aurais déclaré	auriez déclaré
déclarerait	déclareraient	aurait déclaré	auraient déclaré

présent du subjonctif

		passé du subjonctif	
déclare	déclarions	aie déclaré	ayons déclaré
déclares	déclariez	aies déclaré	ayez déclaré
déclare	déclarent	ait déclaré	aient déclaré

imparfait du subjonctif

		plus-que-parfait du subjonctif	
déclarasse	déclarassions	eusse déclaré	eussions déclaré
déclarasses	déclarassiez	eusses déclaré	eussiez déclaré
déclarât	déclarassent	eût déclaré	eussent déclaré

impératif

déclare
déclarons
déclarez

D

to discover   découvrir

SINGULAR	PLURAL
présent de l'indicatif	
découvre	découvrons
découvres	découvrez
découvre	découvrent
imparfait de l'indicatif	
découvrais	découvrions
découvrais	découvriez
découvrait	découvraient
passé simple	
découvris	découvrîmes
découvris	découvrîtes
découvrit	découvrirent
futur	
découvrirai	découvrirons
découvriras	découvrirez
découvrira	découvriront
conditionnel	
découvrirais	découvririons
découvrirais	découvririez
découvrirait	découvriraient
présent du subjonctif	
découvre	découvrions
découvres	découvriez
découvre	découvrent
imparfait du subjonctif	
découvrisse	découvrissions
découvrisses	découvrissiez
découvrît	découvrissent
impératif	
découvre	
découvrons	
découvrez	

SINGULAR	PLURAL
passé composé	
ai découvert	avons découvert
as découvert	avez découvert
a découvert	ont découvert
plus-que-parfait de l'indicatif	
avais découvert	avions découvert
avais découvert	aviez découvert
avait découvert	avaient découvert
passé antérieur	
eus découvert	eûmes découvert
eus découvert	eûtes découvert
eut découvert	eurent découvert
futur antérieur	
aurai découvert	aurons découvert
auras découvert	aurez découvert
aura découvert	auront découvert
conditionnel passé	
aurais découvert	aurions découvert
aurais découvert	auriez découvert
aurait découvert	auraient découvert
passé du subjonctif	
aie découvert	ayons découvert
aies découvert	ayez découvert
ait découvert	aient découvert
plus-que-parfait du subjonctif	
eusse découvert	eussions découvert
eusses découvert	eussiez découvert
eût découvert	eussent découvert

D

décrire

to describe

participe présent **décrivant**   participe passé **décrit**

SINGULAR	PLURAL	SINGULAR	PLURAL
présent de l'indicatif		**passé composé**	
décris	décrivons	ai décrit	avons décrit
décris	décrivez	as décrit	avez décrit
décrit	décrivent	a décrit	ont décrit
imparfait de l'indicatif		**plus-que-parfait de l'indicatif**	
décrivais	décrivions	avais décrit	avions décrit
décrivais	décriviez	avais décrit	aviez décrit
décrivait	décrivaient	avait décrit	avaient décrit
passé simple		**passé antérieur**	
décrivis	décrivîmes	eus décrit	eûmes décrit
décrivis	décrivîtes	eus décrit	eûtes décrit
décrivit	décrivirent	eut décrit	eurent décrit
futur		**futur antérieur**	
décrirai	décrirons	aurai décrit	aurons décrit
décriras	décrirez	auras décrit	aurez décrit
décrira	décriront	aura décrit	auront décrit
conditionnel		**conditionnel passé**	
décrirais	décririons	aurais décrit	aurions décrit
décrirais	décririez	aurais décrit	auriez décrit
décrirait	décriraient	aurait décrit	auraient décrit
présent du subjonctif		**passé du subjonctif**	
décrive	décrivions	aie décrit	ayons décrit
décrives	décriviez	aies décrit	ayez décrit
décrive	décrivent	ait décrit	aient décrit
imparfait du subjonctif		**plus-que-parfait du subjonctif**	
décrivisse	décrivissions	eusse décrit	eussions décrit
décrivisses	décrivissiez	eusses décrit	eussiez décrit
décrivît	décrivissent	eût décrit	eussent décrit

impératif
décris
décrivons
décrivez

D

to take down, to pick up — décrocher

SINGULAR	PLURAL	SINGULAR	PLURAL

présent de l'indicatif

décroche	décrochons
décroches	décrochez
décroche	décrochent

passé composé

ai décroché	avons décroché
as décroché	avez décroché
a décroché	ont décroché

imparfait de l'indicatif

décrochais	décrochions
décrochais	décrochiez
décrochait	décrochaient

plus-que-parfait de l'indicatif

avais décroché	avions décroché
avais décroché	aviez décroché
avait décroché	avaient décroché

passé simple

décrochai	décrochâmes
décrochas	décrochâtes
décrocha	décrochèrent

passé antérieur

eus décroché	eûmes décroché
eus décroché	eûtes décroché
eut décroché	eurent décroché

futur

décrocherai	décrocherons
décrocheras	décrocherez
décrochera	décrocheront

futur antérieur

aurai décroché	aurons décroché
auras décroché	aurez décroché
aura décroché	auront décroché

conditionnel

décrocherais	décrocherions
décrocherais	décrocheriez
décrocherait	décrocheraient

conditionnel passé

aurais décroché	aurions décroché
aurais décroché	auriez décroché
aurait décroché	auraient décroché

présent du subjonctif

décroche	décrochions
décroches	décrochiez
décroche	décrochent

passé du subjonctif

aie décroché	ayons décroché
aies décroché	ayez décroché
ait décroché	aient décroché

imparfait du subjonctif

décrochasse	décrochassions
décrochasses	décrochassiez
décrochât	décrochassent

plus-que-parfait du subjonctif

eusse décroché	eussions décroché
eusses décroché	eussiez décroché
eût décroché	eussent décroché

impératif

décroche
décrochons
décrochez

D

décroître

to decrease, to diminish

participe présent **décroissant**   participe passé **décru**

SINGULAR	PLURAL	SINGULAR	PLURAL
présent de l'indicatif		**passé composé**	
décroîs	décroiss**ons**	**ai** décru	**avons** décru
décroîs	décroiss**ez**	**as** décru	**avez** décru
décroît	décroiss**ent**	**a** décru	**ont** décru
imparfait de l'indicatif		**plus-que-parfait de l'indicatif**	
décroiss**ais**	décroiss**ions**	**avais** décru	**avions** décru
décroiss**ais**	décroiss**iez**	**avais** décru	**aviez** décru
décroiss**ait**	décroiss**aient**	**avait** décru	**avaient** décru
passé simple		**passé antérieur**	
décrûs	décrûmes	**eus** décru	**eûmes** décru
décrûs	décrûtes	**eus** décru	**eûtes** décru
décrût	décrûrent	**eut** décru	**eurent** décru
futur		**futur antérieur**	
décroîtr**ai**	décroîtr**ons**	**aurai** décru	**aurons** décru
décroîtr**as**	décroîtr**ez**	**auras** décru	**aurez** décru
décroîtr**a**	décroîtr**ont**	**aura** décru	**auront** décru
conditionnel		**conditionnel passé**	
décroîtr**ais**	décroîtr**ions**	**aurais** décru	**aurions** décru
décroîtr**ais**	décroîtr**iez**	**aurais** décru	**auriez** décru
décroîtr**ait**	décroîtr**aient**	**aurait** décru	**auraient** décru
présent du subjonctif		**passé du subjonctif**	
décroiss**e**	décroiss**ions**	**aie** décru	**ayons** décru
décroiss**es**	décroiss**iez**	**aies** décru	**ayez** décru
décroiss**e**	décroiss**ent**	**ait** décru	**aient** décru
imparfait du subjonctif		**plus-que-parfait du subjonctif**	
décrûsse	décrûssions	**eusse** décru	**eussions** décru
décrûsses	décrûssiez	**eusses** décru	**eussiez** décru
décrût	décrûssent	**eût** décru	**eussent** décru
impératif			
décrois			
décroissons			
décroissez			

D

to decipher

participe présent **décryptant**   participe passé **décrypté**

SINGULAR	PLURAL	SINGULAR	PLURAL

présent de l'indicatif

décrypte	décryptons
décryptes	décryptez
décrypte	décryptent

passé composé

ai décrypté	avons décrypté
as décrypté	avez décrypté
a décrypté	ont décrypté

imparfait de l'indicatif

décryptais	décryptions
décryptais	décryptiez
décryptait	décryptaient

plus-que-parfait de l'indicatif

avais décrypté	avions décrypté
avais décrypté	aviez décrypté
avait décrypté	avaient décrypté

D

passé simple

décryptai	décryptâmes
décryptas	décryptâtes
décrypta	décryptèrent

passé antérieur

eus décrypté	eûmes décrypté
eus décrypté	eûtes décrypté
eut décrypté	eurent décrypté

futur

décrypterai	décrypterons
décrypteras	décrypterez
décryptera	décrypteront

futur antérieur

aurai décrypté	aurons décrypté
auras décrypté	aurez décrypté
aura décrypté	auront décrypté

conditionnel

décrypterais	décrypterions
décrypterais	décrypteriez
décrypterait	décrypteraient

conditionnel passé

aurais décrypté	aurions décrypté
aurais décrypté	auriez décrypté
aurait décrypté	auraient décrypté

présent du subjonctif

décrypte	décryptions
décryptes	décryptiez
décrypte	décryptent

passé du subjonctif

aie décrypté	ayons décrypté
aies décrypté	ayez décrypté
ait décrypté	aient décrypté

imparfait du subjonctif

décryptasse	décryptassions
décryptasses	décryptassiez
décryptât	décryptassent

plus-que-parfait du subjonctif

eusse décrypté	eussions décrypté
eusses décrypté	eussiez décrypté
eût décrypté	eussent décrypté

impératif

décrypte
décryptons
décryptez

déduire

to deduce, to infer

participe présent **déduisant**   participe passé **déduit**

SINGULAR	PLURAL	SINGULAR	PLURAL

présent de l'indicatif
déduis	déduisons		
déduis	déduisez		
déduit	déduisent		

passé composé
ai déduit	avons déduit
as déduit	avez déduit
a déduit	ont déduit

imparfait de l'indicatif
déduisais	déduisions
déduisais	déduisiez
déduisait	déduisaient

plus-que-parfait de l'indicatif
avais déduit	avions déduit
avais déduit	aviez déduit
avait déduit	avaient déduit

D

passé simple
déduisis	déduisîmes
déduisis	déduisîtes
déduisit	déduisirent

passé antérieur
eus déduit	eûmes déduit
eus déduit	eûtes déduit
eut déduit	eurent déduit

futur
déduirai	déduirons
déduiras	déduirez
déduira	déduiront

futur antérieur
aurai déduit	aurons déduit
auras déduit	aurez déduit
aura déduit	auront déduit

conditionnel
déduirais	déduirions
déduirais	déduiriez
déduirait	déduiraient

conditionnel passé
aurais déduit	aurions déduit
aurais déduit	auriez déduit
aurait déduit	auraient déduit

présent du subjonctif
déduise	déduisions
déduises	déduisiez
déduise	déduisent

passé du subjonctif
aie déduit	ayons déduit
aies déduit	ayez déduit
ait déduit	aient déduit

imparfait du subjonctif
déduisisse	déduisissions
déduisisses	déduisissiez
déduisît	déduisissent

plus-que-parfait du subjonctif
eusse déduit	eussions déduit
eusses déduit	eussiez déduit
eût déduit	eussent déduit

impératif
déduis
déduisons
déduisez

to untie, to undo

participe présent **défaisant**   participe passé **défait**

SINGULAR	PLURAL	SINGULAR	PLURAL

présent de l'indicatif

défais	défaisons	
défais	défaites	
défait	défont	

imparfait de l'indicatif

défaisais	défaisions
défaisais	défaisiez
défaisait	défaisaient

passé simple

défis	défîmes
défis	défîtes
défit	défirent

futur

déferai	déferons
déferas	déferez
défera	déferont

conditionnel

déferais	déferions
déferais	déferiez
déferait	déferaient

présent du subjonctif

défasse	défassions
défasses	défassiez
défasse	défassent

imparfait du subjonctif

défisse	défissions
défisses	défissiez
défît	défissent

impératif

défais
défaisons
défaites

passé composé

ai défait	avons défait
as défait	avez défait
a défait	ont défait

plus-que-parfait de l'indicatif

avais défait	avions défait
avais défait	aviez défait
avait défait	avaient défait

passé antérieur

eus défait	eûmes défait
eus défait	eûtes défait
eut défait	eurent défait

futur antérieur

aurai défait	aurons défait
auras défait	aurez défait
aura défait	auront défait

conditionnel passé

aurais défait	aurions défait
aurais défait	auriez défait
aurait défait	auraient défait

passé du subjonctif

aie défait	ayons défait
aies défait	ayez défait
ait défait	aient défait

plus-que-parfait du subjonctif

eusse défait	eussions défait
eusses défait	eussiez défait
eût défait	eussent défait

D

participe présent se défendant   **participe passé** défendu(e)(s)

SINGULAR	PLURAL	SINGULAR	PLURAL

présent de l'indicatif
me défends	nous défendons
te défends	vous défendez
se défend	se défendent

passé composé
me suis défendu(e)	nous sommes défendu(e)s
t'es défendu(e)	vous êtes défendu(e)(s)
s'est défendu(e)	se sont défendu(e)s

imparfait de l'indicatif
me défendais	nous défendions
te défendais	vous défendiez
se défendait	se défendaient

plus-que-parfait de l'indicatif
m'étais défendu(e)	nous étions défendu(e)s
t'étais défendu(e)	vous étiez défendu(e)(s)
s'était défendu(e)	s'étaient défendu(e)s

passé simple
me défendis	nous défendîmes
te défendis	vous défendîtes
se défendit	se défendirent

passé antérieur
me fus défendu(e)	nous fûmes défendu(e)
te fus défendu(e)	vous fûtes défendu(e)(s)
se fut défendu(e)	se furent défendu(e)s

futur
me défendrai	nous défendrons
te défendras	vous défendrez
se défendra	se défendront

futur antérieur
me serai défendu(e)	nous serons défendu(e)s
te seras défendu(e)	vous serez défendu(e)(s)
se sera défendu(e)	se seront défendu(e)s

conditionnel
me défendrais	nous défendrions
te défendrais	vous défendriez
se défendrait	se défendraient

conditionnel passé
me serais défendu(e)	nous serions défendu(e)s
te serais défendu(e)	vous seriez défendu(e)(s)
se serait défendu(e)	se seraient défendu(e)s

présent du subjonctif
me défende	nous défendions
te défendes	vous défendiez
se défende	se défendent

passé du subjonctif
me sois défendu(e)	nous soyons défendu(e)s
te sois défendu(e)	vous soyez défendu(e)(s)
se soit défendu(e)	se soient défendu(e)s

imparfait du subjonctif
me défendisse	nous défendissions
te défendisses	vous défendissiez
se défendît	se défendissent

plus-que-parfait du subjonctif
me fusse défendu(e)	nous fussions défendu(e)s
te fusses défendu(e)	vous fussiez défendu(e)(s)
se fût défendu(e)	se fussent défendu(e)s

impératif
défends-toi
défendons-nous
défendez-vous

D

to clear

participe présent **dégageant**   participe passé **dégagé**

SINGULAR	PLURAL	SINGULAR	PLURAL

présent de l'indicatif

		passé composé	
dégage	dégageons	ai dégagé	avons dégagé
dégages	dégagez	as dégagé	avez dégagé
dégage	dégagent	a dégagé	ont dégagé

imparfait de l'indicatif — **plus-que-parfait de l'indicatif**

dégageais	dégagions	avais dégagé	avions dégagé
dégageais	dégagiez	avais dégagé	aviez dégagé
dégageait	dégageaient	avait dégagé	avaient dégagé

passé simple — **passé antérieur**

dégageai	dégageâmes	eus dégagé	eûmes dégagé
dégageas	dégageâtes	eus dégagé	eûtes dégagé
dégagea	dégagèrent	eut dégagé	eurent dégagé

futur — **futur antérieur**

dégagerai	dégagerons	aurai dégagé	aurons dégagé
dégageras	dégagerez	auras dégagé	aurez dégagé
dégagera	dégageront	aura dégagé	auront dégagé

conditionnel — **conditionnel passé**

dégagerais	dégagerions	aurais dégagé	aurions dégagé
dégagerais	dégageriez	aurais dégagé	auriez dégagé
dégagerait	dégageraient	aurait dégagé	auraient dégagé

présent du subjonctif — **passé du subjonctif**

dégage	dégagions	aie dégagé	ayons dégagé
dégages	dégagiez	aies dégagé	ayez dégagé
dégage	dégagent	ait dégagé	aient dégagé

imparfait du subjonctif — **plus-que-parfait du subjonctif**

dégageasse	dégageassions	eusse dégagé	eussions dégagé
dégageasses	dégageassiez	eusses dégagé	eussiez dégagé
dégageât	dégageassent	eût dégagé	eussent dégagé

impératif
dégage
dégageons
dégagez

D

211

déjeuner

to have lunch/breakfast

participe présent **déjeunant**   participe passé **déjeuné**

D

SINGULAR	PLURAL	SINGULAR	PLURAL
présent de l'indicatif		**passé composé**	
déjeune	déjeunons	**ai** déjeuné	**avons** déjeuné
déjeunes	déjeunez	**as** déjeuné	**avez** déjeuné
déjeune	déjeunent	**a** déjeuné	**ont** déjeuné
imparfait de l'indicatif		**plus-que-parfait de l'indicatif**	
déjeunais	déjeunions	**avais** déjeuné	**avions** déjeuné
déjeunais	déjeuniez	**avais** déjeuné	**aviez** déjeuné
déjeunait	déjeunaient	**avait** déjeuné	**avaient** déjeuné
passé simple		**passé antérieur**	
déjeunai	déjeunâmes	**eus** déjeuné	**eûmes** déjeuné
déjeunas	déjeunâtes	**eus** déjeuné	**eûtes** déjeuné
déjeuna	déjeunèrent	**eut** déjeuné	**eurent** déjeuné
futur		**futur antérieur**	
déjeunerai	déjeunerons	**aurai** déjeuné	**aurons** déjeuné
déjeuneras	déjeunerez	**auras** déjeuné	**aurez** déjeuné
déjeunera	déjeuneront	**aura** déjeuné	**auront** déjeuné
conditionnel		**conditionnel passé**	
déjeunerais	déjeunerions	**aurais** déjeuné	**aurions** déjeuné
déjeunerais	déjeuneriez	**aurais** déjeuné	**auriez** déjeuné
déjeunerait	déjeuneraient	**aurait** déjeuné	**auraient** déjeuné
présent du subjonctif		**passé du subjonctif**	
déjeune	déjeunions	**aie** déjeuné	**ayons** déjeuné
déjeunes	déjeuniez	**aies** déjeuné	**ayez** déjeuné
déjeune	déjeunent	**ait** déjeuné	**aient** déjeuné
imparfait du subjonctif		**plus-que-parfait du subjonctif**	
déjeunasse	déjeunassions	**eusse** déjeuné	**eussions** déjeuné
déjeunasses	déjeunassiez	**eusses** déjeuné	**eussiez** déjeuné
déjeunât	déjeunassent	**eût** déjeuné	**eussent** déjeuné

impératif
déjeune
déjeunons
déjeunez

to request, to ask for

demander

SINGULAR	PLURAL	SINGULAR	PLURAL

présent de l'indicatif

demande	demandons	
demandes	demandez	
demande	demandent	

passé composé

ai demandé	avons demandé
as demandé	avez demandé
a demandé	ont demandé

imparfait de l'indicatif

demandais	demandions
demandais	demandiez
demandait	demandaient

plus-que-parfait de l'indicatif

avais demandé	avions demandé
avais demandé	aviez demandé
avait demandé	avaient demandé

D

passé simple

demandai	demandâmes
demandas	demandâtes
demanda	demandèrent

passé antérieur

eus demandé	eûmes demandé
eus demandé	eûtes demandé
eut demandé	eurent demandé

futur

demanderai	demanderons
demanderas	demanderez
demandera	demanderont

futur antérieur

aurai demandé	aurons demandé
auras demandé	aurez demandé
aura demandé	auront demandé

conditionnel

demanderais	demanderions
demanderais	demanderiez
demanderait	demanderaient

conditionnel passé

aurais demandé	aurions demandé
aurais demandé	auriez demandé
aurait demandé	auraient demandé

présent du subjonctif

demande	demandions
demandes	demandiez
demande	demandent

passé du subjonctif

aie demandé	ayons demandé
aies demandé	ayez demandé
ait demandé	aient demandé

imparfait du subjonctif

demandasse	demandassions
demandasses	demandassiez
demandât	demandassent

plus-que-parfait du subjonctif

eusse demandé	eussions demandé
eusses demandé	eussiez demandé
eût demandé	eussent demandé

impératif

demande
demandons
demandez

MUST KNOW VERB

participe présent **se demandant**   participe passé **demandé(e)(s)**

SINGULAR	PLURAL	SINGULAR	PLURAL
présent de l'indicatif		**passé composé**	
me demand**e**	**nous** demand**ons**	**me suis** demandé(e)	**nous sommes** demandé(e)s
te demand**es**	**vous** demand**ez**	**t'es** demandé(e)	**vous êtes** demandé(e)(s)
se demand**e**	**se** demand**ent**	**s'est** demandé(e)	**se sont** demandé(e)s
imparfait de l'indicatif		**plus-que-parfait de l'indicatif**	
me demand**ais**	**nous** demand**ions**	**m'étais** demandé(e)	**nous étions** demandé(e)s
te demand**ais**	**vous** demand**iez**	**t'étais** demandé(e)	**vous étiez** demandé(e)(s)
se demand**ait**	**se** demand**aient**	**s'était** demandé(e)	**s'étaient** demandé(e)s
passé simple		**passé antérieur**	
me demand**ai**	**nous** demand**âmes**	**me fus** demandé(e)	**nous fûmes** demandé(e)s
te demand**as**	**vous** demand**âtes**	**te fus** demandé(e)	**vous fûtes** demandé(e)(s)
se demand**a**	**se** demand**èrent**	**se fut** demandé(e)	**se furent** demandé(e)s
futur		**futur antérieur**	
me demand**erai**	**nous** demand**erons**	**me serai** demandé(e)	**nous serons** demandé(e)s
te demand**eras**	**vous** demand**erez**	**te seras** demandé(e)	**vous serez** demandé(e)(s)
se demand**era**	**se** demand**eront**	**se sera** demandé(e)	**se seront** demandé(e)s
conditionnel		**conditionnel passé**	
me demand**erais**	**nous** demand**erions**	**me serais** demandé(e)	**nous serions** demandé(e)s
te demand**erais**	**vous** demand**eriez**	**te serais** demandé(e)	**vous seriez** demandé(e)(s)
se demand**erait**	**se** demand**eraient**	**se serait** demandé(e)	**se seraient** demandé(e)s
présent du subjonctif		**passé du subjonctif**	
me demand**e**	**nous** demand**ions**	**me sois** demandé(e)	**nous soyons** demandé(e)s
te demand**es**	**vous** demand**iez**	**te sois** demandé(e)	**vous soyez** demandé(e)(s)
se demand**e**	**se** demand**ent**	**se soit** demandé(e)	**se soient** demandé(e)s
imparfait du subjonctif		**plus-que-parfait du subjonctif**	
me demand**asse**	**nous** demand**assions**	**me fusse** demandé(e)	**nous fussions** demandé(e)s
te demand**asses**	**vous** demand**assiez**	**te fusses** demandé(e)	**vous fussiez** demandé(e)(s)
se demand**ât**	**se** demand**assent**	**se fût** demandé(e)	**se fussent** demandé(e)s

impératif
demande-toi
demandons-nous
demandez-vous

D

to live, to stay   demeurer

SINGULAR	PLURAL	SINGULAR	PLURAL

présent de l'indicatif

demeure	demeurons		
demeures	demeurez		
demeure	demeurent		

passé composé

ai demeuré	**avons** demeuré
as demeuré	**avez** demeuré
a demeuré	**ont** demeuré

imparfait de l'indicatif

demeurais	demeurions
demeurais	demeuriez
demeurait	demeuraient

plus-que-parfait de l'indicatif

avais demeuré	**avions** demeuré
avais demeuré	**aviez** demeuré
avait demeuré	**avaient** demeuré

D

passé simple

demeurai	demeurâmes
demeuras	demeurâtes
demeura	demeurèrent

passé antérieur

eus demeuré	**eûmes** demeuré
eus demeuré	**eûtes** demeuré
eut demeuré	**eurent** demeuré

futur

demeurerai	demeurerons
demeureras	demeurerez
demeurera	demeureront

futur antérieur

aurai demeuré	**aurons** demeuré
auras demeuré	**aurez** demeuré
aura demeuré	**auront** demeuré

conditionnel

demeurerais	demeurerions
demeurerais	demeureriez
demeurerait	demeureraient

conditionnel passé

aurais demeuré	**aurions** demeuré
aurais demeuré	**auriez** demeuré
aurait demeuré	**auraient** demeuré

présent du subjonctif

demeure	demeurions
demeures	demeuriez
demeure	demeurent

passé du subjonctif

aie demeuré	**ayons** demeuré
aies demeuré	**ayez** demeuré
ait demeuré	**aient** demeuré

imparfait du subjonctif

demeurasse	demeurassions
demeurasses	demeurassiez
demeurât	demeurassent

plus-que-parfait du subjonctif

eusse demeuré	**eussions** demeuré
eusses demeuré	**eussiez** demeuré
eût demeuré	**eussent** demeuré

impératif
demeure
demeurons
demeurez

participe présent **démolissant**　　participe passé **démoli**

SINGULAR	PLURAL	SINGULAR	PLURAL

présent de l'indicatif
démoli**s**	démoliss**ons**
démoli**s**	démoliss**ez**
démoli**t**	démoliss**ent**

passé composé
ai démoli	**avons** démoli
as démoli	**avez** démoli
a démoli	**ont** démoli

imparfait de l'indicatif
démoliss**ais**	démoliss**ions**
démoliss**ais**	démoliss**iez**
démoliss**ait**	démoliss**aient**

plus-que-parfait de l'indicatif
avais démoli	**avions** démoli
avais démoli	**aviez** démoli
avait démoli	**avaient** démoli

passé simple
démoli**s**	démol**îmes**
démoli**s**	démol**îtes**
démoli**t**	démol**irent**

passé antérieur
eus démoli	**eûmes** démoli
eus démoli	**eûtes** démoli
eut démoli	**eurent** démoli

futur
démolir**ai**	démolir**ons**
démolir**as**	démolir**ez**
démolir**a**	démolir**ont**

futur antérieur
aurai démoli	**aurons** démoli
auras démoli	**aurez** démoli
aura démoli	**auront** démoli

conditionnel
démolir**ais**	démolir**ions**
démolir**ais**	démolir**iez**
démolir**ait**	démolir**aient**

conditionnel passé
aurais démoli	**aurions** démoli
aurais démoli	**auriez** démoli
aurait démoli	**auraient** démoli

présent du subjonctif
démoliss**e**	démoliss**ions**
démoliss**es**	démoliss**iez**
démoliss**e**	démoliss**ent**

passé du subjonctif
aie démoli	**ayons** démoli
aies démoli	**ayez** démoli
ait démoli	**aient** démoli

imparfait du subjonctif
démoli**sse**	démoli**ssions**
démoli**sses**	démoli**ssiez**
démol**ît**	démoli**ssent**

plus-que-parfait du subjonctif
eusse démoli	**eussions** démoli
eusses démoli	**eussiez** démoli
eût démoli	**eussent** démoli

impératif
démoli**s**
démoliss**ons**
démoliss**ez**

to pass, to go past

participe présent dépassant

participe passé dépassé

SINGULAR	PLURAL	SINGULAR	PLURAL

présent de l'indicatif
dépasse	dépassons
dépasses	dépassez
dépasse	dépassent

passé composé
ai dépassé	avons dépassé
as dépassé	avez dépassé
a dépassé	ont dépassé

imparfait de l'indicatif
dépassais	dépassions
dépassais	dépassiez
dépassait	dépassaient

plus-que-parfait de l'indicatif
avais dépassé	avions dépassé
avais dépassé	aviez dépassé
avait dépassé	avaient dépassé

D

passé simple
dépassai	dépassâmes
dépassas	dépassâtes
dépassa	dépassèrent

passé antérieur
eus dépassé	eûmes dépassé
eus dépassé	eûtes dépassé
eut dépassé	eurent dépassé

futur
dépasserai	dépasserons
dépasseras	dépasserez
dépassera	dépasseront

futur antérieur
aurai dépassé	aurons dépassé
auras dépassé	aurez dépassé
aura dépassé	auront dépassé

conditionnel
dépasserais	dépasserions
dépasserais	dépasseriez
dépasserait	dépasseraient

conditionnel passé
aurais dépassé	aurions dépassé
aurais dépassé	auriez dépassé
aurait dépassé	auraient dépassé

présent du subjonctif
dépasse	dépassions
dépasses	dépassiez
dépasse	dépassent

passé du subjonctif
aie dépassé	ayons dépassé
aies dépassé	ayez dépassé
ait dépassé	aient dépassé

imparfait du subjonctif
dépassasse	dépassassions
dépassasses	dépassassiez
dépassât	dépassassent

plus-que-parfait du subjonctif
eusse dépassé	eussions dépassé
eusses dépassé	eussiez dépassé
eût dépassé	eussent dépassé

impératif
dépasse
dépassons
dépassez

participe présent **se dépêchant** participe passé **dépêché(e)(s)**

SINGULAR	PLURAL	SINGULAR	PLURAL

présent de l'indicatif

me dépêche	**nous** dépêchons		
te dépêches	**vous** dépêchez		
se dépêche	**se** dépêchent		

passé composé

me suis dépêché(e)	**nous sommes** dépêché(e)s
t'es dépêché(e)	**vous êtes** dépêché(e)(s)
s'est dépêché(e)	**se sont** dépêché(e)s

imparfait de l'indicatif

me dépêchais	**nous** dépêchions
te dépêchais	**vous** dépêchiez
se dépêchait	**se** dépêchaient

plus-que-parfait de l'indicatif

m'étais dépêché(e)	**nous étions** dépêché(e)s
t'étais dépêché(e)	**vous étiez** dépêché(e)(s)
s'était dépêché(e)	**s'étaient** dépêché(e)s

passé simple

me dépêchai	**nous** dépêchâmes
te dépêchas	**vous** dépêchâtes
se dépêcha	**se** dépêchèrent

passé antérieur

me fus dépêché(e)	**nous fûmes** dépêché(e)s
te fus dépêché(e)	**vous fûtes** dépêché(e)(s)
se fut dépêché(e)	**se furent** dépêché(e)s

futur

me dépêcherai	**nous** dépêcherons
te dépêcheras	**vous** dépêcherez
se dépêchera	**se** dépêcheront

futur antérieur

me serai dépêché(e)	**nous serons** dépêché(e)s
te seras dépêché(e)	**vous serez** dépêché(e)(s)
se sera dépêché(e)	**se seront** dépêché(e)s

conditionnel

me dépêcherais	**nous** dépêcherions
te dépêcherais	**vous** dépêcheriez
se dépêcherait	**se** dépêcheraient

conditionnel passé

me serais dépêché(e)	**nous serions** dépêché(e)s
te serais dépêché(e)	**vous seriez** dépêché(e)(s)
se serait dépêché(e)	**se seraient** dépêché(e)s

présent du subjonctif

me dépêche	**nous** dépêchions
te dépêches	**vous** dépêchiez
se dépêche	**se** dépêchent

passé du subjonctif

me sois dépêché(e)	**nous soyons** dépêché(e)s
te sois dépêché(e)	**vous soyez** dépêché(e)(s)
se soit dépêché(e)	**se soient** dépêché(e)s

imparfait du subjonctif

me dépêchasse	**nous** dépêchassions
te dépêchasses	**vous** dépêchassiez
se dépêchât	**se** dépêchassent

plus-que-parfait du subjonctif

me fusse dépêché(e)	**nous fussions** dépêché(e)s
te fusses dépêché(e)	**vous fussiez** dépêché(e)(s)
se fût dépêché(e)	**se fussent** dépêché(e)s

impératif

dépêche-toi
dépêchons-nous
dépêchez-vous

D

participe présent **dépeignant**   participe passé **dépeint**

SINGULAR	PLURAL

présent de l'indicatif
dépeins	dépeignons
dépeins	dépeignez
dépeint	dépeignent

imparfait de l'indicatif
dépeignais	dépeignions
dépeignais	dépeigniez
dépeignait	dépeignaient

passé simple
dépeignis	dépeignîmes
dépeignis	dépeignîtes
dépeignit	dépeignirent

futur
dépeindrai	dépeindrons
dépeindras	dépeindrez
dépeindra	dépeindront

conditionnel
dépeindrais	dépeindrions
dépeindrais	dépeindriez
dépeindrait	dépeindraient

présent du subjonctif
dépeigne	dépeignions
dépeignes	dépeigniez
dépeigne	dépeignent

imparfait du subjonctif
dépeignisse	dépeignissions
dépeignisses	dépeignissiez
dépeignît	dépeignissent

impératif
dépeins
dépeignons
dépeignez

SINGULAR	PLURAL

passé composé
ai dépeint	avons dépeint
as dépeint	avez dépeint
a dépeint	ont dépeint

plus-que-parfait de l'indicatif
avais dépeint	avions dépeint
avais dépeint	aviez dépeint
avait dépeint	avaient dépeint

passé antérieur
eus dépeint	eûmes dépeint
eus dépeint	eûtes dépeint
eut dépeint	eurent dépeint

futur antérieur
aurai dépeint	aurons dépeint
auras dépeint	aurez dépeint
aura dépeint	auront dépeint

conditionnel passé
aurais dépeint	aurions dépeint
aurais dépeint	auriez dépeint
aurait dépeint	auraient dépeint

passé du subjonctif
aie dépeint	ayons dépeint
aies dépeint	ayez dépeint
ait dépeint	aient dépeint

plus-que-parfait du subjonctif
eusse dépeint	eussions dépeint
eusses dépeint	eussiez dépeint
eût dépeint	eussent dépeint

D

dépenser
to spend money, to use

SINGULAR	PLURAL	SINGULAR	PLURAL

présent de l'indicatif

dépense	dépensons	
dépenses	dépensez	
dépense	dépensent	

passé composé

ai dépensé	avons dépensé
as dépensé	avez dépensé
a dépensé	ont dépensé

imparfait de l'indicatif

dépensais	dépensions
dépensais	dépensiez
dépensait	dépensaient

plus-que-parfait de l'indicatif

avais dépensé	avions dépensé
avais dépensé	aviez dépensé
avait dépensé	avaient dépensé

passé simple

dépensai	dépensâmes
dépensas	dépensâtes
dépensa	dépensèrent

passé antérieur

eus dépensé	eûmes dépensé
eus dépensé	eûtes dépensé
eut dépensé	eurent dépensé

futur

dépenserai	dépenserons
dépenseras	dépenserez
dépensera	dépenseront

futur antérieur

aurai dépensé	aurons dépensé
auras dépensé	aurez dépensé
aura dépensé	auront dépensé

conditionnel

dépenserais	dépenserions
dépenserais	dépenseriez
dépenserait	dépenseraient

conditionnel passé

aurais dépensé	aurions dépensé
aurais dépensé	auriez dépensé
aurait dépensé	auraient dépensé

présent du subjonctif

dépense	dépensions
dépenses	dépensiez
dépense	dépensent

passé du subjonctif

aie dépensé	ayons dépensé
aies dépensé	ayez dépensé
ait dépensé	aient dépensé

imparfait du subjonctif

dépensasse	dépensassions
dépensasses	dépensassiez
dépensât	dépensassent

plus-que-parfait du subjonctif

eusse dépensé	eussions dépensé
eusses dépensé	eussiez dépensé
eût dépensé	eussent dépensé

impératif

dépense
dépensons
dépensez

D

to displease

déplaire

SINGULAR	PLURAL	SINGULAR	PLURAL
présent de l'indicatif		**passé composé**	
déplais	déplaisons	ai déplu	avons déplu
déplais	déplaisez	as déplu	avez déplu
déplaît	déplaisent	a déplu	ont déplu
imparfait de l'indicatif		**plus-que-parfait de l'indicatif**	
déplaisais	déplaisions	avais déplu	avions déplu
déplaisais	déplaisiez	avais déplu	aviez déplu
déplaisait	déplaisaient	avait déplu	avaient déplu
passé simple		**passé antérieur**	
déplus	déplûmes	eus déplu	eûmes déplu
déplus	déplûtes	eus déplu	eûtes déplu
déplut	déplurent	eut déplu	eurent déplu
futur		**futur antérieur**	
déplairai	déplairons	aurai déplu	aurons déplu
déplairas	déplairez	auras déplu	aurez déplu
déplaira	déplairont	aura déplu	auront déplu
conditionnel		**conditionnel passé**	
déplairais	déplairions	aurais déplu	aurions déplu
déplairais	déplairiez	aurais déplu	auriez déplu
déplairait	déplairaient	aurait déplu	auraient déplu
présent du subjonctif		**passé du subjonctif**	
déplaise	déplaisions	aie déplu	ayons déplu
déplaises	déplaisiez	aies déplu	ayez déplu
déplaise	déplaisent	ait déplu	aient déplu
imparfait du subjonctif		**plus-que-parfait du subjonctif**	
déplusse	déplussions	eusse déplu	eussions déplu
déplusses	déplussiez	eusses déplu	eussiez déplu
déplût	déplussent	eût déplu	eussent déplu
impératif			
déplais			
déplaisons			
déplaisez			

D

221

descendre
to descend, to go down

participe présent **descendant**   participe passé **descendu(e)(s)**

SINGULAR	PLURAL	SINGULAR	PLURAL

présent de l'indicatif

		passé composé	
descend**s**	descend**ons**	**suis** descendu(e)	**sommes** descendu(e)s
descend**s**	descend**ez**	**es** descendu(e)	**êtes** descendu(e)(s)
descend	descend**ent**	**est** descendu(e)	**sont** descendu(e)s

imparfait de l'indicatif

plus-que-parfait de l'indicatif

descend**ais**	descend**ions**	**étais** descendu(e)	**étions** descendu(e)s
descend**ais**	descend**iez**	**étais** descendu(e)	**étiez** descendu(e)(s)
descend**ait**	descend**aient**	**était** descendu(e)	**étaient** descendu(e)s

passé simple

passé antérieur

descend**is**	descend**îmes**	**fus** descendu(e)	**fûmes** descendu(e)s
descend**is**	descend**îtes**	**fus** descendu(e)	**fûtes** descendu(e)(s)
descend**it**	descend**irent**	**fut** descendu(e)	**furent** descendu(e)s

futur

futur antérieur

descendr**ai**	descendr**ons**	**serai** descendu(e)	**serons** descendu(e)s
descendr**as**	descendr**ez**	**seras** descendu(e)	**serez** descendu(e)(s)
descendr**a**	descendr**ont**	**sera** descendu(e)	**seront** descendu(e)s

conditionnel

conditionnel passé

descendr**ais**	descendr**ions**	**serais** descendu(e)	**serions** descendu(e)s
descendr**ais**	descendr**iez**	**serais** descendu(e)	**seriez** descendu(e)(s)
descendr**ait**	descendr**aient**	**serait** descendu(e)	**seraient** descendu(e)s

présent du subjonctif

passé du subjonctif

descend**e**	descend**ions**	**sois** descendu(e)	**soyons** descendu(e)s
descend**es**	descend**iez**	**sois** descendu(e)	**soyez** descendu(e)(s)
descend**e**	descend**ent**	**soit** descendu(e)	**soient** descendu(e)s

imparfait du subjonctif

plus-que-parfait du subjonctif

descend**isse**	descend**issions**	**fusse** descendu(e)	**fussions** descendu(e)s
descend**isses**	descend**issiez**	**fusses** descendu(e)	**fussiez** descendu(e)(s)
descend**ît**	descend**issent**	**fût** descendu(e)	**fussent** descendu(e)s

impératif
descends
descendons
descendez

D

to desire, to want, to wish   désirer

SINGULAR	PLURAL	SINGULAR	PLURAL

présent de l'indicatif

désire	désirons		
désires	désirez		
désire	désirent		

passé composé

ai désiré	**avons** désiré		
as désiré	**avez** désiré		
a désiré	**ont** désiré		

imparfait de l'indicatif

désirais	désirions
désirais	désiriez
désirait	désiraient

plus-que-parfait de l'indicatif

avais désiré	**avions** désiré
avais désiré	**aviez** désiré
avait désiré	**avaient** désiré

D

passé simple

désirai	désirâmes
désiras	désirâtes
désira	désirèrent

passé antérieur

eus désiré	**eûmes** désiré
eus désiré	**eûtes** désiré
eut désiré	**eurent** désiré

futur

désirerai	désirerons
désireras	désirerez
désirera	désireront

futur antérieur

aurai désiré	**aurons** désiré
auras désiré	**aurez** désiré
aura désiré	**auront** désiré

conditionnel

désirerais	désirerions
désirerais	désireriez
désirerait	désireraient

conditionnel passé

aurais désiré	**aurions** désiré
aurais désiré	**auriez** désiré
aurait désiré	**auraient** désiré

présent du subjonctif

désire	désirions
désires	désiriez
désire	désirent

passé du subjonctif

aie désiré	**ayons** désiré
aies désiré	**ayez** désiré
ait désiré	**aient** désiré

imparfait du subjonctif

désirasse	désirassions
désirasses	désirassiez
désirât	désirassent

plus-que-parfait du subjonctif

eusse désiré	**eussions** désiré
eusses désiré	**eussiez** désiré
eût désiré	**eussent** désiré

impératif

désire
désirons
désirez

dessiner   to draw

SINGULAR	PLURAL	SINGULAR	PLURAL

présent de l'indicatif

		passé composé	
dessine	dessinons	**ai** dessiné	**avons** dessiné
dessines	dessinez	**as** dessiné	**avez** dessiné
dessine	dessinent	**a** dessiné	**ont** dessiné

imparfait de l'indicatif

		plus-que-parfait de l'indicatif	
dessinais	dessinions	**avais** dessiné	**avions** dessiné
dessinais	dessiniez	**avais** dessiné	**aviez** dessiné
dessinait	dessinaient	**avait** dessiné	**avaient** dessiné

passé simple

		passé antérieur	
dessinai	dessinâmes	**eus** dessiné	**eûmes** dessiné
dessinas	dessinâtes	**eus** dessiné	**eûtes** dessiné
dessina	dessinèrent	**eut** dessiné	**eurent** dessiné

futur

		futur antérieur	
dessinerai	dessinerons	**aurai** dessiné	**aurons** dessiné
dessineras	dessinerez	**auras** dessiné	**aurez** dessiné
dessinera	dessineront	**aura** dessiné	**auront** dessiné

conditionnel

		conditionnel passé	
dessinerais	dessinerions	**aurais** dessiné	**aurions** dessiné
dessinerais	dessineriez	**aurais** dessiné	**auriez** dessiné
dessinerait	dessineraient	**aurait** dessiné	**auraient** dessiné

présent du subjonctif

		passé du subjonctif	
dessine	dessinions	**aie** dessiné	**ayons** dessiné
dessines	dessiniez	**aies** dessiné	**ayez** dessiné
dessine	dessinent	**ait** dessiné	**aient** dessiné

imparfait du subjonctif

		plus-que-parfait du subjonctif	
dessinasse	dessinassions	**eusse** dessiné	**eussions** dessiné
dessinasses	dessinassiez	**eusses** dessiné	**eussiez** dessiné
dessinât	dessinassent	**eût** dessiné	**eussent** dessiné

impératif

dessine
dessinons
dessinez

D

participe présent **détaillant**　　　participe passé **détaillé**

SINGULAR	PLURAL	SINGULAR	PLURAL

présent de l'indicatif

détaille	détaillons		
détailles	détaillez		
détaille	détaillent		

passé composé

ai détaillé	avons détaillé
as détaillé	avez détaillé
a détaillé	ont détaillé

imparfait de l'indicatif

détaillais	détaillions
détaillais	détailliez
détaillait	détaillaient

plus-que-parfait de l'indicatif

avais détaillé	avions détaillé
avais détaillé	aviez détaillé
avait détaillé	avaient détaillé

D

passé simple

détaillai	détaillâmes
détaillas	détaillâtes
détailla	détaillèrent

passé antérieur

eus détaillé	eûmes détaillé
eus détaillé	eûtes détaillé
eut détaillé	eurent détaillé

futur

détaillerai	détaillerons
détailleras	détaillerez
détaillera	détailleront

futur antérieur

aurai détaillé	aurons détaillé
auras détaillé	aurez détaillé
aura détaillé	auront détaillé

conditionnel

détaillerais	détaillerions
détaillerais	détailleriez
détaillerait	détailleraient

conditionnel passé

aurais détaillé	aurions détaillé
aurais détaillé	auriez détaillé
aurait détaillé	auraient détaillé

présent du subjonctif

détaille	détaillions
détailles	détailliez
détaille	détaillent

passé du subjonctif

aie détaillé	ayons détaillé
aies détaillé	ayez détaillé
ait détaillé	aient détaillé

imparfait du subjonctif

détaillasse	détaillassions
détaillasses	détaillassiez
détaillât	détaillassent

plus-que-parfait du subjonctif

eusse détaillé	eussions détaillé
eusses détaillé	eussiez détaillé
eût détaillé	eussent détaillé

impératif

détaille
détaillons
détaillez

déterminer   to determine

SINGULAR	PLURAL	SINGULAR	PLURAL

présent de l'indicatif
détermine	déterminons
détermines	déterminez
détermine	déterminent

passé composé
ai déterminé	avons déterminé
as déterminé	avez déterminé
a déterminé	ont déterminé

imparfait de l'indicatif
déterminais	déterminions
déterminais	déterminiez
déterminait	déterminaient

plus-que-parfait de l'indicatif
avais déterminé	avions déterminé
avais déterminé	aviez déterminé
avait déterminé	avaient déterminé

passé simple
déterminai	déterminâmes
déterminas	déterminâtes
détermina	déterminèrent

passé antérieur
eus déterminé	eûmes déterminé
eus déterminé	eûtes déterminé
eut déterminé	eurent déterminé

futur
déterminerai	déterminerons
détermineras	déterminerez
déterminera	détermineront

futur antérieur
aurai déterminé	aurons déterminé
auras déterminé	aurez déterminé
aura déterminé	auront déterminé

conditionnel
déterminerais	déterminerions
déterminerais	détermineriez
déterminerait	détermineraient

conditionnel passé
aurais déterminé	aurions déterminé
aurais déterminé	auriez déterminé
aurait déterminé	auraient déterminé

présent du subjonctif
détermine	déterminions
détermines	déterminiez
détermine	déterminent

passé du subjonctif
aie déterminé	ayons déterminé
aies déterminé	ayez déterminé
ait déterminé	aient déterminé

imparfait du subjonctif
déterminasse	déterminassions
déterminasses	déterminassiez
déterminât	déterminassent

plus-que-parfait du subjonctif
eusse déterminé	eussions déterminé
eusses déterminé	eussiez déterminé
eût déterminé	eussent déterminé

impératif
détermine
déterminons
déterminez

participe présent **détestant**   participe passé **détesté**

SINGULAR	PLURAL	SINGULAR	PLURAL

présent de l'indicatif

		passé composé	
détest**e**	détest**ons**	**ai** détesté	**avons** détesté
détest**es**	détest**ez**	**as** détesté	**avez** détesté
détest**e**	détest**ent**	**a** détesté	**ont** détesté

imparfait de l'indicatif

plus-que-parfait de l'indicatif

détest**ais**	détest**ions**	**avais** détesté	**avions** détesté
détest**ais**	détest**iez**	**avais** détesté	**aviez** détesté
détest**ait**	détest**aient**	**avait** détesté	**avaient** détesté

passé simple

passé antérieur

détest**ai**	détest**âmes**	**eus** détesté	**eûmes** détesté
détest**as**	détest**âtes**	**eus** détesté	**eûtes** détesté
détest**a**	détest**èrent**	**eut** détesté	**eurent** détesté

futur

futur antérieur

détester**ai**	détester**ons**	**aurai** détesté	**aurons** détesté
détester**as**	détester**ez**	**auras** détesté	**aurez** détesté
détester**a**	détester**ont**	**aura** détesté	**auront** détesté

conditionnel

conditionnel passé

détester**ais**	détester**ions**	**aurais** détesté	**aurions** détesté
détester**ais**	détester**iez**	**aurais** détesté	**auriez** détesté
détester**ait**	détester**aient**	**aurait** détesté	**auraient** détesté

présent du subjonctif

passé du subjonctif

détest**e**	détest**ions**	**aie** détesté	**ayons** détesté
détest**es**	détest**iez**	**aies** détesté	**ayez** détesté
détest**e**	détest**ent**	**ait** détesté	**aient** détesté

imparfait du subjonctif

plus-que-parfait du subjonctif

détesta**sse**	détesta**ssions**	**eusse** détesté	**eussions** détesté
détesta**sses**	détesta**ssiez**	**eusses** détesté	**eussiez** détesté
détestâ**t**	détesta**ssent**	**eût** détesté	**eussent** détesté

impératif

déteste
détestons
détestez

D

participe présent **détournant**   participe passé **détourné**

SINGULAR	PLURAL	SINGULAR	PLURAL

présent de l'indicatif

		passé composé	
détourne	détournons	**ai** détourné	**avons** détourné
détournes	détournez	**as** détourné	**avez** détourné
détourne	détournent	**a** détourné	**ont** détourné

imparfait de l'indicatif

		plus-que-parfait de l'indicatif	
détournais	détournions	**avais** détourné	**avions** détourné
détournais	détourniez	**avais** détourné	**aviez** détourné
détournait	détournaient	**avait** détourné	**avaient** détourné

passé simple

		passé antérieur	
détournai	détournâmes	**eus** détourné	**eûmes** détourné
détournas	détournâtes	**eus** détourné	**eûtes** détourné
détourna	détournèrent	**eut** détourné	**eurent** détourné

futur

		futur antérieur	
détournerai	détournerons	**aurai** détourné	**aurons** détourné
détourneras	détournerez	**auras** détourné	**aurez** détourné
détournera	détourneront	**aura** détourné	**auront** détourné

conditionnel

		conditionnel passé	
détournerais	détournerions	**aurais** détourné	**aurions** détourné
détournerais	détourneriez	**aurais** détourné	**auriez** détourné
détournerait	détourneraient	**aurait** détourné	**auraient** détourné

présent du subjonctif

		passé du subjonctif	
détourne	détournions	**aie** détourné	**ayons** détourné
détournes	détourniez	**aies** détourné	**ayez** détourné
détourne	détournent	**ait** détourné	**aient** détourné

imparfait du subjonctif

		plus-que-parfait du subjonctif	
détournasse	détournassions	**eusse** détourné	**eussions** détourné
détournasses	détournassiez	**eusses** détourné	**eussiez** détourné
détournât	détournassent	**eût** détourné	**eussent** détourné

impératif
détourne
détournons
détournez

D

to destroy   détruire

participe présent **détruisant**   participe passé **détruit**

SINGULAR	PLURAL	SINGULAR	PLURAL

présent de l'indicatif

		passé composé	
détrui**s**	détruis**ons**	**ai** détruit	**avons** détruit
détrui**s**	détruis**ez**	**as** détruit	**avez** détruit
détrui**t**	détruis**ent**	**a** détruit	**ont** détruit

imparfait de l'indicatif   **plus-que-parfait de l'indicatif**

détruis**ais**	détruis**ions**	**avais** détruit	**avions** détruit
détruis**ais**	détruis**iez**	**avais** détruit	**aviez** détruit
détruis**ait**	détruis**aient**	**avait** détruit	**avaient** détruit

D

passé simple   **passé antérieur**

détruis**is**	détruis**îmes**	**eus** détruit	**eûmes** détruit
détruis**is**	détruis**îtes**	**eus** détruit	**eûtes** détruit
détruis**it**	détruis**irent**	**eut** détruit	**eurent** détruit

futur   **futur antérieur**

détruir**ai**	détruir**ons**	**aurai** détruit	**aurons** détruit
détruir**as**	détruir**ez**	**auras** détruit	**aurez** détruit
détruir**a**	détruir**ont**	**aura** détruit	**auront** détruit

conditionnel   **conditionnel passé**

détruir**ais**	détruir**ions**	**aurais** détruit	**aurions** détruit
détruir**ais**	détruir**iez**	**aurais** détruit	**auriez** détruit
détruir**ait**	détruir**aient**	**aurait** détruit	**auraient** détruit

présent du subjonctif   **passé du subjonctif**

détruis**e**	détruis**ions**	**aie** détruit	**ayons** détruit
détruis**es**	détruis**iez**	**aies** détruit	**ayez** détruit
détruis**e**	détruis**ent**	**ait** détruit	**aient** détruit

imparfait du subjonctif   **plus-que-parfait du subjonctif**

détruisi**sse**	détruisi**ssions**	**eusse** détruit	**eussions** détruit
détruisi**sses**	détruisi**ssiez**	**eusses** détruit	**eussiez** détruit
détruis**ît**	détruisi**ssent**	**eût** détruit	**eussent** détruit

impératif

détruis
détruisons
détruisez

développer   to develop

SINGULAR	PLURAL	SINGULAR	PLURAL

présent de l'indicatif
développe	développons
développes	développez
développe	développent

passé composé
ai développé	avons développé
as développé	avez développé
a développé	ont développé

imparfait de l'indicatif
développais	développions
développais	développiez
développait	développaient

plus-que-parfait de l'indicatif
avais développé	avions développé
avais développé	aviez développé
avait développé	avaient développé

passé simple
développai	développâmes
développas	développâtes
développa	développèrent

passé antérieur
eus développé	eûmes développé
eus développé	eûtes développé
eut développé	eurent développé

futur
développerai	développerons
développeras	développerez
développera	développeront

futur antérieur
aurai développé	aurons développé
auras développé	aurez développé
aura développé	auront développé

conditionnel
développerais	développerions
développerais	développeriez
développerait	développeraient

conditionnel passé
aurais développé	aurions développé
aurais développé	auriez développé
aurait développé	auraient développé

présent du subjonctif
développe	développions
développes	développiez
développe	développent

passé du subjonctif
aie développé	ayons développé
aies développé	ayez développé
ait développé	aient développé

imparfait du subjonctif
développasse	développassions
développasses	développassiez
développât	développassent

plus-que-parfait du subjonctif
eusse développé	eussions développé
eusses développé	eussiez développé
eût développé	eussent développé

impératif
développe
développons
développez

D

participe présent **devenant**   participe passé **devenu(e)(s)**

SINGULAR	PLURAL	SINGULAR	PLURAL

présent de l'indicatif
deviens	devenons
deviens	devenez
devient	deviennent

imparfait de l'indicatif
devenais	devenions
devenais	deveniez
devenait	devenaient

passé simple
devins	devînmes
devins	devîntes
devint	devinrent

futur
deviendrai	deviendrons
deviendras	deviendrez
deviendra	deviendront

conditionnel
deviendrais	deviendrions
deviendrais	deviendriez
deviendrait	deviendraient

présent du subjonctif
devienne	devenions
deviennes	deveniez
devienne	deviennent

imparfait du subjonctif
devinsse	devinssions
devinsses	devinssiez
devînt	devinssent

impératif
deviens
devenons
devenez

passé composé
suis devenu(e)	sommes devenu(e)s
es devenu(e)	êtes devenu(e)(s)
est devenu(e)	sont devenu(e)s

plus-que-parfait de l'indicatif
étais devenu(e)	étions devenu(e)s
étais devenu(e)	étiez devenu(e)(s)
était devenu(e)	étaient devenu(e)s

D

passé antérieur
fus devenu(e)	fûmes devenu(e)s
fus devenu(e)	fûtes devenu(e)(s)
fut devenu(e)	furent devenu(e)s

futur antérieur
serai devenu(e)	serons devenu(e)s
seras devenu(e)	serez devenu(e)(s)
sera devenu(e)	seront devenu(e)s

conditionnel passé
serais devenu(e)	serions devenu(e)s
serais devenu(e)	seriez devenu(e)(s)
serait devenu(e)	seraient devenu(e)s

passé du subjonctif
sois devenu(e)	soyons devenu(e)s
sois devenu(e)	soyez devenu(e)(s)
soit devenu(e)	soient devenu(e)s

plus-que-parfait du subjonctif
fusse devenu(e)	fussions devenu(e)s
fusses devenu(e)	fussiez devenu(e)(s)
fût devenu(e)	fussent devenu(e)s

MUST
KNOW
VERB

deviner

to guess

| | SINGULAR | PLURAL | SINGULAR | PLURAL |

D

présent de l'indicatif
devine	devinons
devines	devinez
devine	devinent

passé composé
ai deviné	avons deviné
as deviné	avez deviné
a deviné	ont deviné

imparfait de l'indicatif
devinais	devinions
devinais	deviniez
devinait	devinaient

plus-que-parfait de l'indicatif
avais deviné	avions deviné
avais deviné	aviez deviné
avait deviné	avaient deviné

passé simple
devinai	devinâmes
devinas	devinâtes
devina	devinèrent

passé antérieur
eus deviné	eûmes deviné
eus deviné	eûtes deviné
eut deviné	eurent deviné

futur
devinerai	devinerons
devineras	devinerez
devinera	devineront

futur antérieur
aurai deviné	aurons deviné
auras deviné	aurez deviné
aura deviné	auront deviné

conditionnel
devinerais	devinerions
devinerais	devineriez
devinerait	devineraient

conditionnel passé
aurais deviné	aurions deviné
aurais deviné	auriez deviné
aurait deviné	auraient deviné

présent du subjonctif
devine	devinions
devines	deviniez
devine	devinent

passé du subjonctif
aie deviné	ayons deviné
aies deviné	ayez deviné
ait deviné	aient deviné

imparfait du subjonctif
devinasse	devinassions
devinasses	devinassiez
devinât	devinassent

plus-que-parfait du subjonctif
eusse deviné	eussions deviné
eusses deviné	eussiez deviné
eût deviné	eussent deviné

impératif
devine
devinons
devinez

to have to, must, ought, to owe, should devoir

participe présent **devant**   participe passé **dû (due)**

SINGULAR	PLURAL	SINGULAR	PLURAL
présent de l'indicatif		**passé composé**	
doi**s**	dev**ons**	**ai** dû	**avons** dû
doi**s**	dev**ez**	**as** dû	**avez** dû
doi**t**	doi**vent**	**a** dû	**ont** dû
imparfait de l'indicatif		**plus-que-parfait de l'indicatif**	
dev**ais**	dev**ions**	**avais** dû	**avions** dû
dev**ais**	dev**iez**	**avais** dû	**aviez** dû
dev**ait**	dev**aient**	**avait** dû	**avaient** dû
passé simple		**passé antérieur**	
du**s**	dû**mes**	**eus** dû	**eûmes** dû
du**s**	dû**tes**	**eus** dû	**eûtes** dû
du**t**	du**rent**	**eut** dû	**eurent** dû
futur		**futur antérieur**	
devr**ai**	devr**ons**	**aurai** dû	**aurons** dû
devr**as**	devr**ez**	**auras** dû	**aurez** dû
devr**a**	devr**ont**	**aura** dû	**auront** dû
conditionnel		**conditionnel passé**	
devr**ais**	devr**ions**	**aurais** dû	**aurions** dû
devr**ais**	devr**iez**	**aurais** dû	**auriez** dû
devr**ait**	devr**aient**	**aurait** dû	**auraient** dû
présent du subjonctif		**passé du subjonctif**	
doiv**e**	dev**ions**	**aie** dû	**ayons** dû
doiv**es**	dev**iez**	**aies** dû	**ayez** dû
doiv**e**	doi**vent**	**ait** dû	**aient** dû
imparfait du subjonctif		**plus-que-parfait du subjonctif**	
du**sse**	du**ssions**	**eusse** dû	**eussions** dû
du**sses**	du**ssiez**	**eusses** dû	**eussiez** dû
dû**t**	du**ssent**	**eût** dû	**eussent** dû

impératif
dois
devons
devez

D

MUST
KNOW
VERB

dialoguer

to converse

SINGULAR	PLURAL	SINGULAR	PLURAL

D

présent de l'indicatif
dialogue	dialoguons		
dialogues	dialoguez		
dialogue	dialoguent		

passé composé
ai dialogué	avons dialogué
as dialogué	avez dialogué
a dialogué	ont dialogué

imparfait de l'indicatif
dialoguais	dialoguions
dialoguais	dialoguiez
dialoguait	dialoguaient

plus-que-parfait de l'indicatif
avais dialogué	avions dialogué
avais dialogué	aviez dialogué
avait dialogué	avaient dialogué

passé simple
dialoguai	dialoguâmes
dialoguas	dialoguâtes
dialogua	dialoguèrent

passé antérieur
eus dialogué	eûmes dialogué
eus dialogué	eûtes dialogué
eut dialogué	eurent dialogué

futur
dialoguerai	dialoguerons
dialogueras	dialoguerez
dialoguera	dialogueront

futur antérieur
aurai dialogué	aurons dialogué
auras dialogué	aurez dialogué
aura dialogué	auront dialogué

conditionnel
dialoguerais	dialoguerions
dialoguerais	dialogueriez
dialoguerait	dialogueraient

conditionnel passé
aurais dialogué	aurions dialogué
aurais dialogué	auriez dialogué
aurait dialogué	auraient dialogué

présent du subjonctif
dialogue	dialoguions
dialogues	dialoguiez
dialogue	dialoguent

passé du subjonctif
aie dialogué	ayons dialogué
aies dialogué	ayez dialogué
ait dialogué	aient dialogué

imparfait du subjonctif
dialoguasse	dialoguassions
dialoguasses	dialoguassiez
dialoguât	dialoguassent

plus-que-parfait du subjonctif
eusse dialogué	eussions dialogué
eusses dialogué	eussiez dialogué
eût dialogué	eussent dialogué

impératif
dialogue
dialoguons
dialoguez

participe présent **dictant**   participe passé **dicté**

SINGULAR	PLURAL	SINGULAR	PLURAL

présent de l'indicatif

		passé composé	
dict**e**	dict**ons**	**ai** dicté	**avons** dicté
dict**es**	dict**ez**	**as** dicté	**avez** dicté
dict**e**	dict**ent**	**a** dicté	**ont** dicté

imparfait de l'indicatif

		plus-que-parfait de l'indicatif	
dict**ais**	dict**ions**	**avais** dicté	**avions** dicté
dict**ais**	dict**iez**	**avais** dicté	**aviez** dicté
dict**ait**	dict**aient**	**avait** dicté	**avaient** dicté

passé simple

		passé antérieur	
dict**ai**	dict**âmes**	**eus** dicté	**eûmes** dicté
dict**as**	dict**âtes**	**eus** dicté	**eûtes** dicté
dict**a**	dict**èrent**	**eut** dicté	**eurent** dicté

futur

		futur antérieur	
dicter**ai**	dicter**ons**	**aurai** dicté	**aurons** dicté
dicter**as**	dicter**ez**	**auras** dicté	**aurez** dicté
dicter**a**	dicter**ont**	**aura** dicté	**auront** dicté

conditionnel

		conditionnel passé	
dicter**ais**	dicter**ions**	**aurais** dicté	**aurions** dicté
dicter**ais**	dicter**iez**	**aurais** dicté	**auriez** dicté
dicter**ait**	dicter**aient**	**aurait** dicté	**auraient** dicté

présent du subjonctif

		passé du subjonctif	
dict**e**	dict**ions**	**aie** dicté	**ayons** dicté
dict**es**	dict**iez**	**aies** dicté	**ayez** dicté
dict**e**	dict**ent**	**ait** dicté	**aient** dicté

imparfait du subjonctif

		plus-que-parfait du subjonctif	
dict**asse**	dict**assions**	**eusse** dicté	**eussions** dicté
dict**asses**	dict**assiez**	**eusses** dicté	**eussiez** dicté
dict**ât**	dict**assent**	**eût** dicté	**eussent** dicté

impératif
dicte
dictons
dictez

D

diminuer

to diminish, to decrease

participe présent **diminuant**   participe passé **diminué**

SINGULAR	PLURAL	SINGULAR	PLURAL

présent de l'indicatif

diminue	diminuons		
diminues	diminuez		
diminue	diminuent		

passé composé

ai diminué		avons diminué	
as diminué		avez diminué	
a diminué		ont diminué	

imparfait de l'indicatif

diminuais	diminuions
diminuais	diminuiez
diminuait	diminuaient

plus-que-parfait de l'indicatif

avais diminué	avions diminué
avais diminué	aviez diminué
avait diminué	avaient diminué

passé simple

diminuai	diminuâmes
diminuas	diminuâtes
diminua	diminuèrent

passé antérieur

eus diminué	eûmes diminué
eus diminué	eûtes diminué
eut diminué	eurent diminué

futur

diminuerai	diminuerons
diminueras	diminuerez
diminuera	diminueront

futur antérieur

aurai diminué	aurons diminué
auras diminué	aurez diminué
aura diminué	auront diminué

conditionnel

diminuerais	diminuerions
diminuerais	diminueriez
diminuerait	diminueraient

conditionnel passé

aurais diminué	aurions diminué
aurais diminué	auriez diminué
aurait diminué	auraient diminué

présent du subjonctif

diminue	diminuions
diminues	diminuiez
diminue	diminuent

passé du subjonctif

aie diminué	ayons diminué
aies diminué	ayez diminué
ait diminué	aient diminué

imparfait du subjonctif

diminuasse	diminuassions
diminuasses	diminuassiez
diminuât	diminuassent

plus-que-parfait du subjonctif

eusse diminué	eussions diminué
eusses diminué	eussiez diminué
eût diminué	eussent diminué

impératif

diminue
diminuons
diminuez

to say, to tell

participe présent **disant**	participe passé **dit**

SINGULAR	PLURAL	SINGULAR	PLURAL

présent de l'indicatif

dis	disons		
dis	dites		
dit	disent		

passé composé

ai dit	avons dit
as dit	avez dit
a dit	ont dit

imparfait de l'indicatif

disais	disions
disais	disiez
disait	disaient

plus-que-parfait de l'indicatif

avais dit	avions dit
avais dit	aviez dit
avait dit	avaient dit

D

passé simple

dis	dîmes
dis	dîtes
dit	dirent

passé antérieur

eus dit	eûmes dit
eus dit	eûtes dit
eut dit	eurent dit

futur

dirai	dirons
diras	direz
dira	diront

futur antérieur

aurai dit	aurons dit
auras dit	aurez dit
aura dit	auront dit

conditionnel

dirais	dirions
dirais	diriez
dirait	diraient

conditionnel passé

aurais dit	aurions dit
aurais dit	auriez dit
aurait dit	auraient dit

présent du subjonctif

dise	disions
dises	disiez
dise	disent

passé du subjonctif

aie dit	ayons dit
aies dit	ayez dit
ait dit	aient dit

imparfait du subjonctif

disse	dissions
disses	dissiez
dît	dissent

plus-que-parfait du subjonctif

eusse dit	eussions dit
eusses dit	eussiez dit
eût dit	eussent dit

impératif

dis
disons
dites

MUST KNOW VERB

participe présent **dirigeant**   participe passé **dirigé**

SINGULAR	PLURAL	SINGULAR	PLURAL

présent de l'indicatif

		passé composé	
dirige	dirigeons	ai dirigé	avons dirigé
diriges	dirigez	as dirigé	avez dirigé
dirige	dirigent	a dirigé	ont dirigé

imparfait de l'indicatif

		plus-que-parfait de l'indicatif	
dirigeais	dirigions	avais dirigé	avions dirigé
dirigeais	dirigiez	avais dirigé	aviez dirigé
dirigeait	dirigeaient	avait dirigé	avaient dirigé

passé simple

		passé antérieur	
dirigeai	dirigeâmes	eus dirigé	eûmes dirigé
dirigeas	dirigeâtes	eus dirigé	eûtes dirigé
dirigea	dirigèrent	eut dirigé	eurent dirigé

futur

		futur antérieur	
dirigerai	dirigerons	aurai dirigé	aurons dirigé
dirigeras	dirigerez	auras dirigé	aurez dirigé
dirigera	dirigeront	aura dirigé	auront dirigé

conditionnel

		conditionnel passé	
dirigerais	dirigerions	aurais dirigé	aurions dirigé
dirigerais	dirigeriez	aurais dirigé	auriez dirigé
dirigerait	dirigeraient	aurait dirigé	auraient dirigé

présent du subjonctif

		passé du subjonctif	
dirige	dirigions	aie dirigé	ayons dirigé
diriges	dirigiez	aies dirigé	ayez dirigé
dirige	dirigent	ait dirigé	aient dirigé

imparfait du subjonctif

		plus-que-parfait du subjonctif	
dirigeasse	dirigeassions	eusse dirigé	eussions dirigé
dirigeasses	dirigeassiez	eusses dirigé	eussiez dirigé
dirigeât	dirigeassent	eût dirigé	eussent dirigé

impératif

dirige
dirigeons
dirigez

D

to talk, to argue

participe présent **discutant**   participe passé **discuté**

SINGULAR	PLURAL
présent de l'indicatif	
discute	discutons
discutes	discutez
discute	discutent
imparfait de l'indicatif	
discutais	discutions
discutais	discutiez
discutait	discutaient
passé simple	
discutai	discutâmes
discutas	discutâtes
discuta	discutèrent
futur	
discuterai	discuterons
discuteras	discuterez
discutera	discuteront
conditionnel	
discuterais	discuterions
discuterais	discuteriez
discuterait	discuteraient
présent du subjonctif	
discute	discutions
discutes	discutiez
discute	discutent
imparfait du subjonctif	
discutasse	discutassions
discutasses	discutassiez
discutât	discutassent
impératif	
discute	
discutons	
discutez	

SINGULAR	PLURAL
passé composé	
ai discuté	avons discuté
as discuté	avez discuté
a discuté	ont discuté
plus-que-parfait de l'indicatif	
avais discuté	avions discuté
avais discuté	aviez discuté
avait discuté	avaient discuté
passé antérieur	
eus discuté	eûmes discuté
eus discuté	eûtes discuté
eut discuté	eurent discuté
futur antérieur	
aurai discuté	aurons discuté
auras discuté	aurez discuté
aura discuté	auront discuté
conditionnel passé	
aurais discuté	aurions discuté
aurais discuté	auriez discuté
aurait discuté	auraient discuté
passé du subjonctif	
aie discuté	ayons discuté
aies discuté	ayez discuté
ait discuté	aient discuté
plus-que-parfait du subjonctif	
eusse discuté	eussions discuté
eusses discuté	eussiez discuté
eût discuté	eussent discuté

D

disparaître

to disappear

participe présent **disparaissant**   participe passé **disparu**

SINGULAR	PLURAL	SINGULAR	PLURAL

présent de l'indicatif

dispara**is**	disparaiss**ons**		
dispara**is**	disparaiss**ez**		
dispara**ît**	disparaiss**ent**		

passé composé

ai disparu	**avons** disparu		
as disparu	**avez** disparu		
a disparu	**ont** disparu		

imparfait de l'indicatif

disparaiss**ais**	disparaiss**ions**
disparaiss**ais**	disparaiss**iez**
disparaiss**ait**	disparaiss**aient**

plus-que-parfait de l'indicatif

avais disparu	**avions** disparu
avais disparu	**aviez** disparu
avait disparu	**avaient** disparu

passé simple

dispar**us**	dispar**ûmes**
dispar**us**	dispar**ûtes**
dispar**ut**	dispar**urent**

passé antérieur

eus disparu	**eûmes** disparu
eus disparu	**eûtes** disparu
eut disparu	**eurent** disparu

futur

disparaît**rai**	disparaît**rons**
disparaît**ras**	disparaît**rez**
disparaît**ra**	disparaît**ront**

futur antérieur

aurai disparu	**aurons** disparu
auras disparu	**aurez** disparu
aura disparu	**auront** disparu

conditionnel

disparaît**rais**	disparaît**rions**
disparaît**rais**	disparaît**riez**
disparaît**rait**	disparaît**raient**

conditionnel passé

aurais disparu	**aurions** disparu
aurais disparu	**auriez** disparu
aurait disparu	**auraient** disparu

présent du subjonctif

disparaiss**e**	disparaiss**ions**
disparaiss**es**	disparaiss**iez**
disparaiss**e**	disparaiss**ent**

passé du subjonctif

aie disparu	**ayons** disparu
aies disparu	**ayez** disparu
ait disparu	**aient** disparu

imparfait du subjonctif

dispar**usse**	dispar**ussions**
dispar**usses**	dispar**ussiez**
dispar**ût**	dispar**ussent**

plus-que-parfait du subjonctif

eusse disparu	**eussions** disparu
eusses disparu	**eussiez** disparu
eût disparu	**eussent** disparu

impératif

disparais
disparaissons
disparaissez

to dispose of   disposer de

SINGULAR	PLURAL	SINGULAR	PLURAL

présent de l'indicatif

dispose	disposons
disposes	disposez
dispose	disposent

passé composé

ai disposé	avons disposé
as disposé	avez disposé
a disposé	ont disposé

imparfait de l'indicatif

disposais	disposions
disposais	disposiez
disposait	disposaient

plus-que-parfait de l'indicatif

avais disposé	avions disposé
avais disposé	aviez disposé
avait disposé	avaient disposé

D

passé simple

disposai	disposâmes
disposas	disposâtes
disposa	disposèrent

passé antérieur

eus disposé	eûmes disposé
eus disposé	eûtes disposé
eut disposé	eurent disposé

futur

disposerai	disposerons
disposeras	disposerez
disposera	disposeront

futur antérieur

aurai disposé	aurons disposé
auras disposé	aurez disposé
aura disposé	auront disposé

conditionnel

disposerais	disposerions
disposerais	disposeriez
disposerait	disposeraient

conditionnel passé

aurais disposé	aurions disposé
aurais disposé	auriez disposé
aurait disposé	auraient disposé

présent du subjonctif

dispose	disposions
disposes	disposiez
dispose	disposent

passé du subjonctif

aie disposé	ayons disposé
aies disposé	ayez disposé
ait disposé	aient disposé

imparfait du subjonctif

disposasse	disposassions
disposasses	disposassiez
disposât	disposassent

plus-que-parfait du subjonctif

eusse disposé	eussions disposé
eusses disposé	eussiez disposé
eût disposé	eussent disposé

impératif

dispose
disposons
disposez

se disputer

to fight over, to argue

participe présent **se disputant**   participe passé **disputé(e)(s)**

SINGULAR	PLURAL	SINGULAR	PLURAL

présent de l'indicatif
		passé composé	
me dispute	nous disputons	me suis disputé(e)	nous sommes disputé(e)s
te disputes	vous disputez	t'es disputé(e)	vous êtes disputé(e)(s)
se dispute	se disputent	s'est disputé(e)	se sont disputé(e)s

imparfait de l'indicatif
		plus-que-parfait de l'indicatif	
me disputais	nous disputions	m'étais disputé(e)	nous étions disputé(e)s
te disputais	vous disputiez	t'étais disputé(e)	vous étiez disputé(e)(s)
se disputait	se disputaient	s'était disputé(e)	s'étaient disputé(e)s

passé simple
		passé antérieur	
me disputai	nous disputâmes	me fus disputé(e)	nous fûmes disputé(e)s
te disputas	vous disputâtes	te fus disputé(e)	vous fûtes disputé(e)(s)
se disputa	se disputèrent	se fut disputé(e)	se furent disputé(e)s

futur
		futur antérieur	
me disputerai	nous disputerons	me serai disputé(e)	nous serons disputé(e)s
te disputeras	vous disputerez	te seras disputé(e)	vous serez disputé(e)(s)
se disputera	se disputeront	se sera disputé(e)	se seront disputé(e)s

conditionnel
		conditionnel passé	
me disputerais	nous disputerions	me serais disputé(e)	nous serions disputé(e)s
te disputerais	vous disputeriez	te serais disputé(e)	vous seriez disputé(e)(s)
se disputerait	se disputeraient	se serait disputé(e)	se seraient disputé(e)s

présent du subjonctif
		passé du subjonctif	
me dispute	nous disputions	me sois disputé(e)	nous soyons disputé(e)s
te disputes	vous disputiez	te sois disputé(e)	vous soyez disputé(e)(s)
se dispute	se disputent	se soit disputé(e)	se soient disputé(e)s

imparfait du subjonctif
		plus-que-parfait du subjonctif	
me disputasse	nous disputassions	me fusse disputé(e)	nous fussions disputé(e)s
te disputasses	vous disputassiez	te fusses disputé(e)	vous fussiez disputé(e)(s)
se disputât	se disputassent	se fût disputé(e)	se fussent disputé(e)s

impératif
dispute-toi
disputons-nous
disputez-vous

to discourse, to speak

disserter

participe présent **dissertant**   participe passé **disserté**

SINGULAR	PLURAL	SINGULAR	PLURAL

présent de l'indicatif
disserte   dissertons
dissertes   dissertez
disserte   dissertent

imparfait de l'indicatif
dissertais   dissertions
dissertais   dissertiez
dissertait   dissertaient

passé simple
dissertai   dissertâmes
dissertas   dissertâtes
disserta   dissertèrent

futur
disserterai   disserterons
disserteras   disserterez
dissertera   disserteront

conditionnel
disserterais   disserterions
disserterais   disserteriez
disserterait   disserteraient

présent du subjonctif
disserte   dissertions
dissertes   dissertiez
disserte   dissertent

imparfait du subjonctif
dissertasse   dissertassions
dissertasses   dissertassiez
dissertât   dissertassent

impératif
disserte
dissertons
dissertez

passé composé
ai disserté   avons disserté
as disserté   avez disserté
a disserté   ont disserté

plus-que-parfait de l'indicatif
avais disserté   avions disserté
avais disserté   aviez disserté
avait disserté   avaient disserté

passé antérieur
eus disserté   eûmes disserté
eus disserté   eûtes disserté
eut disserté   eurent disserté

futur antérieur
aurai disserté   aurons disserté
auras disserté   aurez disserté
aura disserté   auront disserté

conditionnel passé
aurais disserté   aurions disserté
aurais disserté   auriez disserté
aurait disserté   auraient disserté

passé du subjonctif
aie disserté   ayons disserté
aies disserté   ayez disserté
ait disserté   aient disserté

plus-que-parfait du subjonctif
eusse disserté   eussions disserté
eusses disserté   eussiez disserté
eût disserté   eussent disserté

D

participe présent **distinguant**　　participe passé **distingué**

SINGULAR	PLURAL	SINGULAR	PLURAL

présent de l'indicatif

distingue	distinguons		
distingues	distinguez		
distingue	distinguent		

passé composé

ai distingué	avons distingué
as distingué	avez distingué
a distingué	ont distingué

imparfait de l'indicatif

distinguais	distinguions
distinguais	distinguiez
distinguait	distinguaient

plus-que-parfait de l'indicatif

avais distingué	avions distingué
avais distingué	aviez distingué
avait distingué	avaient distingué

passé simple

distinguai	distinguâmes
distinguas	distinguâtes
distingua	distinguèrent

passé antérieur

eus distingué	eûmes distingué
eus distingué	eûtes distingué
eut distingué	eurent distingué

futur

distinguerai	distinguerons
distingueras	distinguerez
distinguera	distingueront

futur antérieur

aurai distingué	aurons distingué
auras distingué	aurez distingué
aura distingué	auront distingué

conditionnel

distinguerais	distinguerions
distinguerais	distingueriez
distinguerait	distingueraient

conditionnel passé

aurais distingué	aurions distingué
aurais distingué	auriez distingué
aurait distingué	auraient distingué

présent du subjonctif

distingue	distinguions
distingues	distinguiez
distingue	distinguent

passé du subjonctif

aie distingué	ayons distingué
aies distingué	ayez distingué
ait distingué	aient distingué

imparfait du subjonctif

distinguasse	distinguassions
distinguasses	distinguassiez
distinguât	distinguassent

plus-que-parfait du subjonctif

eusse distingué	eussions distingué
eusses distingué	eussiez distingué
eût distingué	eussent distingué

impératif

distingue
distinguons
distinguez

to distract, to entertain — distraire

participe présent **distrayant**   participe passé **distrait**

SINGULAR	PLURAL	SINGULAR	PLURAL
présent de l'indicatif		**passé composé**	
distrai**s**	distray**ons**	**ai** distrait	**avons** distrait
distrai**s**	distray**ez**	**as** distrait	**avez** distrait
distrai**t**	distrai**ent**	**a** distrait	**ont** distrait
imparfait de l'indicatif		**plus-que-parfait de l'indicatif**	
distray**ais**	distray**ions**	**avais** distrait	**avions** distrait
distray**ais**	distray**iez**	**avais** distrait	**aviez** distrait
distray**ait**	distray**aient**	**avait** distrait	**avaient** distrait
passé simple		**passé antérieur**	
No conjugation for this tense.		**eus** distrait	**eûmes** distrait
		eus distrait	**eûtes** distrait
		eut distrait	**eurent** distrait
futur		**futur antérieur**	
distrair**ai**	distrair**ons**	**aurai** distrait	**aurons** distrait
distrair**as**	distrair**ez**	**auras** distrait	**aurez** distrait
distrair**a**	distrair**ont**	**aura** distrait	**auront** distrait
conditionnel		**conditionnel passé**	
distrair**ais**	distrair**ions**	**aurais** distrait	**aurions** distrait
distrair**ais**	distrair**iez**	**aurais** distrait	**auriez** distrait
distrair**ait**	distrair**aient**	**aurait** distrait	**auraient** distrait
présent du subjonctif		**passé du subjonctif**	
distrai**e**	distray**ions**	**aie** distrait	**ayons** distrait
distrai**es**	distray**iez**	**aies** distrait	**ayez** distrait
distrai**e**	distrai**ent**	**ait** distrait	**aient** distrait
imparfait du subjonctif		**plus-que-parfait du subjonctif**	
No conjugation for this tense.		**eusse** distrait	**eussions** distrait
		eusses distrait	**eussiez** distrait
		eût distrait	**eussent** distrait

impératif
distrais
distrayons
distrayez

D

diviser
to divide

participe présent **divisant**   participe passé **divisé**

SINGULAR	PLURAL	SINGULAR	PLURAL

présent de l'indicatif

divise	divisons		
divises	divisez		
divise	divisent		

passé composé

ai divisé	avons divisé
as divisé	avez divisé
a divisé	ont divisé

imparfait de l'indicatif

divisais	divisions
divisais	divisiez
divisait	divisaient

plus-que-parfait de l'indicatif

avais divisé	avions divisé
avais divisé	aviez divisé
avait divisé	avaient divisé

passé simple

divisai	divisâmes
divisas	divisâtes
divisa	divisèrent

passé antérieur

eus divisé	eûmes divisé
eus divisé	eûtes divisé
eut divisé	eurent divisé

futur

diviserai	diviserons
diviseras	diviserez
divisera	diviseront

futur antérieur

aurai divisé	aurons divisé
auras divisé	aurez divisé
aura divisé	auront divisé

conditionnel

diviserais	diviserions
diviserais	diviseriez
diviserait	diviseraient

conditionnel passé

aurai divisé	aurons divisé
auras divisé	aurez divisé
aura divisé	auront divisé

présent du subjonctif

divise	divisions
divises	divisiez
divise	divisent

passé du subjonctif

aie divisé	ayons divisé
aies divisé	ayez divisé
ait divisé	aient divisé

imparfait du subjonctif

divisasse	divisassions
divisasses	divisassiez
divisât	divisassent

plus-que-parfait du subjonctif

eusse divisé	eussions divisé
eusses divisé	eussiez divisé
eût divisé	eussent divisé

impératif

divise
divisons
divisez

to dominate

dominer

participe présent **dominant**   participe passé **dominé**

SINGULAR	PLURAL	SINGULAR	PLURAL

présent de l'indicatif
domine	dominons
domines	dominez
domine	dominent

passé composé
ai dominé	**avons** dominé
as dominé	**avez** dominé
a dominé	**ont** dominé

imparfait de l'indicatif
dominais	dominions
dominais	dominiez
dominait	dominaient

plus-que-parfait de l'indicatif
avais dominé	**avions** dominé
avais dominé	**aviez** dominé
avait dominé	**avaient** dominé

D

passé simple
dominai	dominâmes
dominas	dominâtes
domina	dominèrent

passé antérieur
eus dominé	**eûmes** dominé
eus dominé	**eûtes** dominé
eut dominé	**eurent** dominé

futur
dominerai	dominerons
domineras	dominerez
dominera	domineront

futur antérieur
aurai dominé	**aurons** dominé
auras dominé	**aurez** dominé
aura dominé	**auront** dominé

conditionnel
dominerais	dominerions
dominerais	domineriez
dominerait	domineraient

conditionnel passé
aurais dominé	**aurions** dominé
aurais dominé	**auriez** dominé
aurait dominé	**auraient** dominé

présent du subjonctif
domine	dominions
domines	dominiez
domine	dominent

passé du subjonctif
aie dominé	**ayons** dominé
aies dominé	**ayez** dominé
ait dominé	**aient** dominé

imparfait du subjonctif
dominasse	dominassions
dominasses	dominassiez
dominât	dominassent

plus-que-parfait du subjonctif
eusse dominé	**eussions** dominé
eusses dominé	**eussiez** dominé
eût dominé	**eussent** dominé

impératif
domine
dominons
dominez

participe présent **donnant**   participe passé **donné**

D

SINGULAR	PLURAL	SINGULAR	PLURAL

présent de l'indicatif
donn**e**	donn**ons**
donn**es**	donn**ez**
donn**e**	donn**ent**

passé composé
ai donné	**avons** donné
as donné	**avez** donné
a donné	**ont** donné

imparfait de l'indicatif
donn**ais**	donn**ions**
donn**ais**	donn**iez**
donn**ait**	donn**aient**

plus-que-parfait de l'indicatif
avais donné	**avions** donné
avais donné	**aviez** donné
avait donné	**avaient** donné

passé simple
donn**ai**	donn**âmes**
donn**as**	donn**âtes**
donn**a**	donn**èrent**

passé antérieur
eus donné	**eûmes** donné
eus donné	**eûtes** donné
eut donné	**eurent** donné

futur
donner**ai**	donner**ons**
donner**as**	donner**ez**
donner**a**	donner**ont**

futur antérieur
aurai donné	**aurons** donné
auras donné	**aurez** donné
aura donné	**auront** donné

conditionnel
donner**ais**	donner**ions**
donner**ais**	donner**iez**
donner**ait**	donner**aient**

conditionnel passé
aurais donné	**aurions** donné
aurais donné	**auriez** donné
aurait donné	**auraient** donné

présent du subjonctif
donn**e**	donn**ions**
donn**es**	donn**iez**
donn**e**	donn**ent**

passé du subjonctif
aie donné	**ayons** donné
aies donné	**ayez** donné
ait donné	**aient** donné

imparfait du subjonctif
donna**sse**	donna**ssions**
donna**sses**	donna**ssiez**
donn**ât**	donna**ssent**

plus-que-parfait du subjonctif
eusse donné	**eussions** donné
eusses donné	**eussiez** donné
eût donné	**eussent** donné

impératif
donne
donnons
donnez

MUST
KNOW
VERB

to sleep

participe présent **dormant** participe passé **dormi**

SINGULAR	PLURAL	SINGULAR	PLURAL

présent de l'indicatif

		passé composé	
dor**s**	dorm**ons**	**ai** dormi	**avons** dormi
dor**s**	dorm**ez**	**as** dormi	**avez** dormi
dor**t**	dorm**ent**	**a** dormi	**ont** dormi

imparfait de l'indicatif

		plus-que-parfait de l'indicatif	
dorm**ais**	dorm**ions**	**avais** dormi	**avions** dormi
dorm**ais**	dorm**iez**	**avais** dormi	**aviez** dormi
dorm**ait**	dorm**aient**	**avait** dormi	**avaient** dormi

D

passé simple

		passé antérieur	
dorm**is**	dorm**îmes**	**eus** dormi	**eûmes** dormi
dorm**is**	dorm**îtes**	**eus** dormi	**eûtes** dormi
dorm**it**	dorm**irent**	**eut** dormi	**eurent** dormi

futur

		futur antérieur	
dormir**ai**	dormir**ons**	**aurai** dormi	**aurons** dormi
dormir**as**	dormir**ez**	**auras** dormi	**aurez** dormi
dormir**a**	dormir**ont**	**aura** dormi	**auront** dormi

conditionnel

		conditionnel passé	
dormir**ais**	dormir**ions**	**aurais** dormi	**aurions** dormi
dormir**ais**	dormir**iez**	**aurais** dormi	**auriez** dormi
dormir**ait**	dormir**aient**	**aurait** dormi	**auraient** dormi

présent du subjonctif

		passé du subjonctif	
dorm**e**	dorm**ions**	**aie** dormi	**ayons** dormi
dorm**es**	dorm**iez**	**aies** dormi	**ayez** dormi
dorm**e**	dorm**ent**	**ait** dormi	**aient** dormi

imparfait du subjonctif

		plus-que-parfait du subjonctif	
dorm**isse**	dorm**issions**	**eusse** dormi	**eussions** dormi
dorm**isses**	dorm**issiez**	**eusses** dormi	**eussiez** dormi
dorm**ît**	dorm**issent**	**eût** dormi	**eussent** dormi

impératif

dors
dormons
dormez

MUST
KNOW
VERB

douter
to doubt

participe présent **doutant**   participe passé **douté**

SINGULAR	PLURAL	SINGULAR	PLURAL

présent de l'indicatif
doute	doutons
doutes	doutez
doute	doutent

passé composé
ai douté	avons douté
as douté	avez douté
a douté	ont douté

imparfait de l'indicatif
doutais	doutions
doutais	doutiez
doutait	doutaient

plus-que-parfait de l'indicatif
avais douté	avions douté
avais douté	aviez douté
avait douté	avaient douté

passé simple
doutai	doutâmes
doutas	doutâtes
douta	doutèrent

passé antérieur
eus douté	eûmes douté
eus douté	eûtes douté
eut douté	eurent douté

futur
douterai	douterons
douteras	douterez
doutera	douteront

futur antérieur
aurai douté	aurons douté
auras douté	aurez douté
aura douté	auront douté

conditionnel
douterais	douterions
douterais	douteriez
douterait	douteraient

conditionnel passé
aurais douté	aurions douté
aurais douté	auriez douté
aurait douté	auraient douté

présent du subjonctif
doute	doutions
doutes	doutiez
doute	doutent

passé du subjonctif
aie douté	ayons douté
aies douté	ayez douté
ait douté	aient douté

imparfait du subjonctif
doutasse	doutassions
doutasses	doutassiez
doutât	doutassent

plus-que-parfait du subjonctif
eusse douté	eussions douté
eusses douté	eussiez douté
eût douté	eussent douté

impératif
doute
doutons
doutez

D

to build

participe présent **dressant**   participe passé **dressé**

SINGULAR	PLURAL	SINGULAR	PLURAL

présent de l'indicatif
		passé composé	
dresse	dressons	**ai** dressé	**avons** dressé
dresses	dressez	**as** dressé	**avez** dressé
dresse	dressent	**a** dressé	**ont** dressé

imparfait de l'indicatif
		plus-que-parfait de l'indicatif	
dressais	dressions	**avais** dressé	**avions** dressé
dressais	dressiez	**avais** dressé	**aviez** dressé
dressait	dressaient	**avait** dressé	**avaient** dressé

D

passé simple
		passé antérieur	
dressai	dressâmes	**eus** dressé	**eûmes** dressé
dressas	dressâtes	**eus** dressé	**eûtes** dressé
dressa	dressèrent	**eut** dressé	**eurent** dressé

futur
		futur antérieur	
dresserai	dresserons	**aurai** dressé	**aurons** dressé
dresseras	dresserez	**auras** dressé	**aurez** dressé
dressera	dresseront	**aura** dressé	**auront** dressé

conditionnel
		conditionnel passé	
dresserais	dresserions	**aurais** dressé	**aurions** dressé
dresserais	dresseriez	**aurais** dressé	**auriez** dressé
dresserait	dresseraient	**aurait** dressé	**auraient** dressé

présent du subjonctif
		passé du subjonctif	
dresse	dressions	**aie** dressé	**ayons** dressé
dresses	dressiez	**aies** dressé	**ayez** dressé
dresse	dressent	**ait** dressé	**aient** dressé

imparfait du subjonctif
		plus-que-parfait du subjonctif	
dressasse	dressassions	**eusse** dressé	**eussions** dressé
dressasses	dressassiez	**eusses** dressé	**eussiez** dressé
dressât	dressassent	**eût** dressé	**eussent** dressé

impératif
dresse
dressons
dressez

participe présent **durant** participe passé **duré**

SINGULAR	PLURAL	SINGULAR	PLURAL
présent de l'indicatif		passé composé	
dure	durons	ai duré	avons duré
dures	durez	as duré	avez duré
dure	durent	a duré	ont duré
imparfait de l'indicatif		plus-que-parfait de l'indicatif	
durais	durions	avais duré	avions duré
durais	duriez	avais duré	aviez duré
durait	duraient	avait duré	avaient duré
passé simple		passé antérieur	
durai	durâmes	eus duré	eûmes duré
duras	durâtes	eus duré	eûtes duré
dura	durèrent	eut duré	eurent duré
futur		futur antérieur	
durerai	durerons	aurai duré	aurons duré
dureras	durerez	auras duré	aurez duré
durera	dureront	aura duré	auront duré
conditionnel		conditionnel passé	
durerais	durerions	aurais duré	aurions duré
durerais	dureriez	aurais duré	auriez duré
durerait	dureraient	aurait duré	auraient duré
présent du subjonctif		passé du subjonctif	
dure	durions	aie duré	ayons duré
dures	duriez	aies duré	ayez duré
dure	durent	ait duré	aient duré
imparfait du subjonctif		plus-que-parfait du subjonctif	
durasse	durassions	eusse duré	eussions duré
durasses	durassiez	eusses duré	eussiez duré
durât	durassent	eût duré	eussent duré
impératif			
dure			
durons			
durez			

D

to exchange   *échanger*

SINGULAR	PLURAL	SINGULAR	PLURAL

présent de l'indicatif

échang**e**	échang**eons**
échang**es**	échang**ez**
échang**e**	échang**ent**

passé composé

ai échangé	**avons** échangé
as échangé	**avez** échangé
a échangé	**ont** échangé

imparfait de l'indicatif

échang**eais**	échang**ions**
échang**eais**	échang**iez**
échang**eait**	échang**eaient**

plus-que-parfait de l'indicatif

avais échangé	**avions** échangé
avais échangé	**aviez** échangé
avait échangé	**avaient** échangé

E

passé simple

échang**eai**	échang**eâmes**
échang**eas**	échang**eâtes**
échang**ea**	échang**èrent**

passé antérieur

eus échangé	**eûmes** échangé
eus échangé	**eûtes** échangé
eut échangé	**eurent** échangé

futur

échanger**ai**	échanger**ons**
échanger**as**	échanger**ez**
échanger**a**	échanger**ont**

futur antérieur

aurai échangé	**aurons** échangé
auras échangé	**aurez** échangé
aura échangé	**auront** échangé

conditionnel

échanger**ais**	échanger**ions**
échanger**ais**	échanger**iez**
échanger**ait**	échanger**aient**

conditionnel passé

aurais échangé	**aurions** échangé
aurais échangé	**auriez** échangé
aurait échangé	**auraient** échangé

présent du subjonctif

échang**e**	échang**ions**
échang**es**	échang**iez**
échang**e**	échang**ent**

passé du subjonctif

aie échangé	**ayons** échangé
aies échangé	**ayez** échangé
ait échangé	**aient** échangé

imparfait du subjonctif

échang**easse**	échang**eassions**
échang**easses**	échang**eassiez**
échang**eât**	échang**eassent**

plus-que-parfait du subjonctif

eusse échangé	**eussions** échangé
eusses échangé	**eussiez** échangé
eût échangé	**eussent** échangé

impératif

échange
échangeons
échangez

échapper
to escape, to avoid

participe présent **échappant**   participe passé **échappé**

SINGULAR	PLURAL	SINGULAR	PLURAL

présent de l'indicatif

échappe	échappons		
échappes	échappez		
échappe	échappent		

passé composé

ai échappé	**avons** échappé
as échappé	**avez** échappé
a échappé	**ont** échappé

imparfait de l'indicatif

échappais	échappions
échappais	échappiez
échappait	échappaient

plus-que-parfait de l'indicatif

avais échappé	**avions** échappé
avais échappé	**aviez** échappé
avait échappé	**avaient** échappé

passé simple

échappai	échappâmes
échappas	échappâtes
échappa	échappèrent

passé antérieur

eus échappé	**eûmes** échappé
eus échappé	**eûtes** échappé
eut échappé	**eurent** échappé

futur

échapperai	échapperons
échapperas	échapperez
échappera	échapperont

futur antérieur

aurai échappé	**aurons** échappé
auras échappé	**aurez** échappé
aura échappé	**auront** échappé

conditionnel

échapperais	échapperions
échapperais	échapperiez
échapperait	échapperaient

conditionnel passé

aurais échappé	**aurions** échappé
aurais échappé	**auriez** échappé
aurait échappé	**auraient** échappé

présent du subjonctif

échappe	échappions
échappes	échappiez
échappe	échappent

passé du subjonctif

aie échappé	**ayons** échappé
aies échappé	**ayez** échappé
ait échappé	**aient** échappé

imparfait du subjonctif

échappasse	échappassions
échappasses	échappassiez
échappât	échappassent

plus-que-parfait du subjonctif

eusse échappé	**eussions** échappé
eusses échappé	**eussiez** échappé
eût échappé	**eussent** échappé

impératif

échappe
échappons
échappez

E

254

participe présent **écoutant**   participe passé **écouté**

SINGULAR	PLURAL	SINGULAR	PLURAL

présent de l'indicatif

		passé composé	
écout**e**	écout**ons**	**ai** écouté	**avons** écouté
écout**es**	écout**ez**	**as** écouté	**avez** écouté
écout**e**	écout**ent**	**a** écouté	**ont** écouté

imparfait de l'indicatif   **plus-que-parfait de l'indicatif**

écout**ais**	écout**ions**	**avais** écouté	**avions** écouté
écout**ais**	écout**iez**	**avais** écouté	**aviez** écouté
écout**ait**	écout**aient**	**avait** écouté	**avaient** écouté

E

passé simple   **passé antérieur**

écout**ai**	écout**âmes**	**eus** écouté	**eûmes** écouté
écout**as**	écout**âtes**	**eus** écouté	**eûtes** écouté
écout**a**	écout**èrent**	**eut** écouté	**eurent** écouté

futur   **futur antérieur**

écouter**ai**	écouter**ons**	**aurai** écouté	**aurons** écouté
écouter**as**	écouter**ez**	**auras** écouté	**aurez** écouté
écouter**a**	écouter**ons**	**aura** écouté	**auront** écouté

conditionnel   **conditionnel passé**

écouter**ais**	écouter**ions**	**aurais** écouté	**aurions** écouté
écouter**ais**	écouter**iez**	**aurais** écouté	**auriez** écouté
écouter**ait**	écouter**aient**	**aurait** écouté	**auraient** écouté

présent du subjonctif   **passé du subjonctif**

écout**e**	écout**ions**	**aie** écouté	**ayons** écouté
écout**es**	écout**iez**	**aies** écouté	**ayez** écouté
écout**e**	écout**ent**	**ait** écouté	**aient** écouté

imparfait du subjonctif   **plus-que-parfait du subjonctif**

écouta**sse**	écouta**ssions**	**eusse** écouté	**eussions** écouté
écouta**sses**	écouta**ssiez**	**eusses** écouté	**eussiez** écouté
écout**ât**	écouta**ssent**	**eût** écouté	**eussent** écouté

impératif

écout**e**
écout**ons**
écout**ez**

participe présent écrivant   **participe passé** écrit

SINGULAR	PLURAL	SINGULAR	PLURAL

présent de l'indicatif

		passé composé	
écris	écrivons	ai écrit	avons écrit
écris	écrivez	as écrit	avez écrit
écrit	écrivent	a écrit	ont écrit

imparfait de l'indicatif

		plus-que-parfait de l'indicatif	
écrivais	écrivions	avais écrit	avions écrit
écrivais	écriviez	avais écrit	aviez écrit
écrivait	écrivaient	avait écrit	avaient écrit

passé simple

		passé antérieur	
écrivis	écrivîmes	eus écrit	eûmes écrit
écrivis	écrivîtes	eus écrit	eûtes écrit
écrivit	écrivirent	eut écrit	eurent écrit

futur

		futur antérieur	
écrirai	écrirons	aurai écrit	aurons écrit
écriras	écrirez	auras écrit	aurez écrit
écrira	écriront	aura écrit	auront écrit

conditionnel

		conditionnel passé	
écrirais	écririons	aurais écrit	aurions écrit
écrirais	écririez	aurais écrit	auriez écrit
écrirait	écriraient	aurait écrit	auraient écrit

présent du subjonctif

		passé du subjonctif	
écrive	écrivions	aie écrit	ayons écrit
écrives	écriviez	aies écrit	ayez écrit
écrive	écrivent	ait écrit	aient écrit

imparfait du subjonctif

		plus-que-parfait du subjonctif	
écrivisse	écrivissions	eusse écrit	eussions écrit
écrivisses	écrivissiez	eusses écrit	eussiez écrit
écrivît	écrivissent	eût écrit	eussent écrit

impératif

écris
écrivons
écrivez

MUST
KNOW
VERB

to erase

participe présent **effaçant**   participe passé **effacé**

SINGULAR	PLURAL	SINGULAR	PLURAL

présent de l'indicatif
		passé composé	
efface	effaçons	**ai** effacé	**avons** effacé
effaces	effacez	**as** effacé	**avez** effacé
efface	effacent	**a** effacé	**ont** effacé

imparfait de l'indicatif / plus-que-parfait de l'indicatif
effaçais	effacions	**avais** effacé	**avions** effacé
effaçais	effaciez	**avais** effacé	**aviez** effacé
effaçait	effaçaient	**avait** effacé	**avaient** effacé

passé simple / passé antérieur
effaçai	effaçâmes	**eus** effacé	**eûmes** effacé
effaças	effaçâtes	**eus** effacé	**eûtes** effacé
effaça	effacèrent	**eut** effacé	**eurent** effacé

futur / futur antérieur
effacerai	effacerons	**aurai** effacé	**aurons** effacé
effaceras	effacerez	**auras** effacé	**aurez** effacé
effacera	effaceront	**aura** effacé	**auront** effacé

conditionnel / conditionnel passé
effacerais	effacerions	**aurais** effacé	**aurions** effacé
effacerais	effaceriez	**aurais** effacé	**auriez** effacé
effacerait	effaceraient	**aurait** effacé	**auraient** effacé

présent du subjonctif / passé du subjonctif
efface	effacions	**aie** effacé	**ayons** effacé
effaces	effaciez	**aies** effacé	**ayez** effacé
efface	effacent	**ait** effacé	**aient** effacé

imparfait du subjonctif / plus-que-parfait du subjonctif
effaçasse	effaçassions	**eusse** effacé	**eussions** effacé
effaçasses	effaçassiez	**eusses** effacé	**eussiez** effacé
effaçât	effaçassent	**eût** effacé	**eussent** effacé

impératif
efface
effaçons
effacez

E

257

effecter to make

participe présent **effectuant** participe passé **effectué**

SINGULAR	PLURAL	SINGULAR	PLURAL
présent de l'indicatif		passé composé	
effectu**e**	effectu**ons**	**ai** effectué	**avons** effectué
effectu**es**	effectu**ez**	**as** effectué	**avez** effectué
effectu**e**	effectu**ent**	**a** effectué	**ont** effectué
imparfait de l'indicatif		plus-que-parfait de l'indicatif	
effectu**ais**	effectu**ions**	**avais** effectué	**avions** effectué
effectu**ais**	effectu**iez**	**avais** effectué	**aviez** effectué
effectu**ait**	effectu**aient**	**avait** effectué	**avaient** effectué
passé simple		passé antérieur	
effectu**ai**	effectu**âmes**	**eus** effectué	**eûmes** effectué
effectu**as**	effectu**âtes**	**eus** effectué	**eûtes** effectué
effectu**a**	effectu**èrent**	**eut** effectué	**eurent** effectué
futur		futur antérieur	
effectuer**ai**	effectuer**ons**	**aurai** effectué	**aurons** effectué
effectuer**as**	effectuer**ez**	**auras** effectué	**aurez** effectué
effectuer**a**	effectuer**ont**	**aura** effectué	**auront** effectué
conditionnel		conditionnel passé	
effectuer**ais**	effectuer**ions**	**aurais** effectué	**aurions** effectué
effectuer**ais**	effectuer**iez**	**aurais** effectué	**auriez** effectué
effectuer**ait**	effectuer**aient**	**aurait** effectué	**auraient** effectué
présent du subjonctif		passé du subjonctif	
effectu**e**	effectu**ions**	**aie** effectué	**ayons** effectué
effectu**es**	effectu**iez**	**aies** effectué	**ayez** effectué
effectu**e**	effectu**ent**	**ait** effectué	**aient** effectué
imparfait du subjonctif		plus-que-parfait du subjonctif	
effectua**sse**	effectua**ssions**	**eusse** effectué	**eussions** effectué
effectua**sses**	effectua**ssiez**	**eusses** effectué	**eussiez** effectué
effectuâ**t**	effectua**ssent**	**eût** effectué	**eussent** effectué

impératif

effectue

effectuons

effectuez

E

to frighten   effrayer

SINGULAR	PLURAL	SINGULAR	PLURAL

présent de l'indicatif

SINGULAR	PLURAL
effray**e**/effrai**e**	effray**ons**
effray**es**/effrai**es**	effray**ez**
effray**e**/effrai**e**	effray**ent**/effrai**ent**

passé composé

SINGULAR	PLURAL
ai effrayé	**avons** effrayé
as effrayé	**avez** effrayé
a effrayé	**ont** effrayé

imparfait de l'indicatif

SINGULAR	PLURAL
effray**ais**	effray**ions**
effray**ais**	effray**iez**
effray**ait**	effray**aient**

plus-que-parfait de l'indicatif

SINGULAR	PLURAL
avais effrayé	**avions** effrayé
avais effrayé	**aviez** effrayé
avait effrayé	**avaient** effrayé

E

passé simple

SINGULAR	PLURAL
effray**ai**	effray**âmes**
effray**as**	effray**âtes**
effray**a**	effray**èrent**

passé antérieur

SINGULAR	PLURAL
eus effrayé	**eûmes** effrayé
eus effrayé	**eûtes** effrayé
eut effrayé	**eurent** effrayé

futur

SINGULAR	PLURAL
effrayer**ai**/effraier**ai**	effrayer**ons**/effraier**ons**
effrayer**as**/effraier**as**	effrayer**ez**/effraier**ez**
effrayer**a**/effraier**a**	effrayer**ont**/effraier**ont**

futur antérieur

SINGULAR	PLURAL
aurai effrayé	**aurons** effrayé
auras effrayé	**aurez** effrayé
aura effrayé	**auront** effrayé

conditionnel

SINGULAR	PLURAL
effrayer**ais**/effraier**ais**	effrayer**ions**/effraier**ions**
effrayer**ais**/effraier**ais**	effrayer**iez**/effraier**iez**
effrayer**ait**/effraier**ait**	effrayer**aient**/effraier**aient**

conditionnel passé

SINGULAR	PLURAL
aurais effrayé	**aurions** effrayé
aurais effrayé	**auriez** effrayé
aurait effrayé	**auraient** effrayé

présent du subjonctif

SINGULAR	PLURAL
effray**e**/effrai**e**	effray**ions**
effray**es**/effrai**es**	effray**iez**
effray**e**/effrai**e**	effray**ent**/effrai**ent**

passé du subjonctif

SINGULAR	PLURAL
aie effrayé	**ayons** effrayé
aies effrayé	**ayez** effrayé
ait effrayé	**aient** effrayé

imparfait du subjonctif

SINGULAR	PLURAL
effray**asse**	effray**assions**
effray**asses**	effray**assiez**
effray**ât**	effray**assent**

plus-que-parfait du subjonctif

SINGULAR	PLURAL
eusse effrayé	**eussions** effrayé
eusses effrayé	**eussiez** effrayé
eût effrayé	**eussent** effrayé

impératif

effraye/effraie
effrayons
effrayez

élever

to raise, to bring up

participe présent **élevant**   participe passé **élevé**

SINGULAR	PLURAL	SINGULAR	PLURAL

présent de l'indicatif

		passé composé	
élève	élevons	ai élevé	avons élevé
élèves	élevez	as élevé	avez élevé
élève	élèvent	a élevé	ont élevé

imparfait de l'indicatif | | **plus-que-parfait de l'indicatif** | |

élevais	élevions	avais élevé	avions élevé
élevais	éleviez	avais élevé	aviez élevé
élevait	élevaient	avait élevé	avaient élevé

passé simple | | **passé antérieur** | |

élevai	élevâmes	eus élevé	eûmes élevé
élevas	élevâtes	eus élevé	eûtes élevé
éleva	élevèrent	eut élevé	eurent élevé

futur | | **futur antérieur** | |

élèverai	élèverons	aurai élevé	aurons élevé
élèveras	élèverez	auras élevé	aurez élevé
élèvera	élèveront	aura élevé	auront élevé

conditionnel | | **conditionnel passé** | |

élèverais	élèverions	aurais élevé	aurions élevé
élèverais	élèveriez	aurais élevé	auriez élevé
élèverait	élèveraient	aurait élevé	auraient élevé

présent du subjonctif | | **passé du subjonctif** | |

élève	élevions	aie élevé	ayons élevé
élèves	éleviez	aies élevé	ayez élevé
élève	élèvent	ait élevé	aient élevé

imparfait du subjonctif | | **plus-que-parfait du subjonctif** | |

élevasse	élevassions	eusse élevé	eussions élevé
élevasses	élevassiez	eusses élevé	eussiez élevé
élevât	élevassent	eût élevé	eussent élevé

impératif

élève
élevons
élevez

E

participe présent **élisant**   participe passé **élu**

SINGULAR	PLURAL	SINGULAR	PLURAL
présent de l'indicatif		**passé composé**	
élis	élisons	**ai** élu	**avons** élu
élis	élisez	**as** élu	**avez** élu
élit	élisent	**a** élu	**ont** élu
imparfait de l'indicatif		**plus-que-parfait de l'indicatif**	
élisais	élisions	**avais** élu	**avions** élu
élisais	élisiez	**avais** élu	**aviez** élu
élisait	élisaient	**avait** élu	**avaient** élu
passé simple		**passé antérieur**	
élus	élûmes	**eus** élu	**eûmes** élu
élus	élûtes	**eus** élu	**eûtes** élu
élut	élurent	**eut** élu	**eurent** élu
futur		**futur antérieur**	
élirai	élirons	**aurai** élu	**aurons** élu
éliras	élirez	**auras** élu	**aurez** élu
élira	éliront	**aura** élu	**auront** élu
conditionnel		**conditionnel passé**	
élirais	élirions	**aurais** élu	**aurions** élu
élirais	éliriez	**aurais** élu	**auriez** élu
élirait	éliraient	**aurait** élu	**auraient** élu
présent du subjonctif		**passé du subjonctif**	
élise	élisions	**aie** élu	**ayons** élu
élises	élisiez	**aies** élu	**ayez** élu
élise	élisent	**ait** élu	**aient** élu
imparfait du subjonctif		**plus-que-parfait du subjonctif**	
élusse	élussions	**eusse** élu	**eussions** élu
élusses	élussiez	**eusses** élu	**eussiez** élu
élût	élussent	**eût** élu	**eussent** élu

impératif
élis
élisons
élisez

E

participe présent embrassant   **participe passé** embrassé

SINGULAR	PLURAL	SINGULAR	PLURAL

présent de l'indicatif

		passé composé	
embrasse	embrassons	ai embrassé	avons embrassé
embrasses	embrassez	as embrassé	avez embrassé
embrasse	embrassent	a embrassé	ont embrassé

imparfait de l'indicatif   **plus-que-parfait de l'indicatif**

embrassais	embrassions	avais embrassé	avions embrassé
embrassais	embrassiez	avais embrassé	aviez embrassé
embrassait	embrassaient	avait embrassé	avaient embrassé

passé simple   **passé antérieur**

embrassai	embrassâmes	eus embrassé	eûmes embrassé
embrassas	embrassâtes	eus embrassé	eûtes embrassé
embrassa	embrassèrent	eut embrassé	eurent embrassé

futur   **futur antérieur**

embrasserai	embrasserons	aurai embrassé	aurons embrassé
embrasseras	embrasserez	auras embrassé	aurez embrassé
embrassera	embrasseront	aura embrassé	auront embrassé

conditionnel   **conditionnel passé**

embrasserais	embrasserions	aurais embrassé	aurions embrassé
embrasserais	embrasseriez	aurais embrassé	auriez embrassé
embrasserait	embrasseraient	aurait embrassé	auraient embrassé

présent du subjonctif   **passé du subjonctif**

embrasse	embrassions	aie embrassé	ayons embrassé
embrasses	embrassiez	aies embrassé	ayez embrassé
embrasse	embrassent	ait embrassé	aient embrassé

imparfait du subjonctif   **plus-que-parfait du subjonctif**

embrassasse	embrassassions	eusse embrassé	eussions embrassé
embrassasses	embrassassiez	eusses embrassé	eussiez embrassé
embrassât	embrassassent	eût embrassé	eussent embrassé

impératif

embrasse
embrassons
embrassez

E

to express, to put forward — émettre

SINGULAR	PLURAL	SINGULAR	PLURAL
présent de l'indicatif		**passé composé**	
émet**s**	émett**ons**	**ai** émis	**avons** émis
émet**s**	émett**ez**	**as** émis	**avez** émis
émet	émett**ent**	**a** émis	**ont** émis
imparfait de l'indicatif		**plus-que-parfait de l'indicatif**	
émett**ais**	émett**ions**	**avais** émis	**avions** émis
émett**ais**	émett**iez**	**avais** émis	**aviez** émis
émett**ait**	émett**aient**	**avait** émis	**avaient** émis
passé simple		**passé antérieur**	
ém**is**	ém**îmes**	**eus** émis	**eûmes** émis
ém**is**	ém**îtes**	**eus** émis	**eûtes** émis
ém**it**	ém**irent**	**eut** émis	**eurent** émis
futur		**futur antérieur**	
émettr**ai**	émettr**ons**	**aurai** émis	**aurons** émis
émettr**as**	émettr**ez**	**auras** émis	**aurez** émis
émettr**a**	émettr**ont**	**aura** émis	**auront** émis
conditionnel		**conditionnel passé**	
émettr**ais**	émettr**ions**	**aurais** émis	**aurions** émis
émettr**ais**	émettr**iez**	**aurais** émis	**auriez** émis
émettr**ait**	émettr**aient**	**aurait** émis	**auraient** émis
présent du subjonctif		**passé du subjonctif**	
émett**e**	émett**ions**	**aie** émis	**ayons** émis
émett**es**	émett**iez**	**aies** émis	**ayez** émis
émett**e**	émett**ent**	**ait** émis	**aient** émis
imparfait du subjonctif		**plus-que-parfait du subjonctif**	
ém**isse**	ém**issions**	**eusse** émis	**eussions** émis
ém**isses**	ém**issiez**	**eusses** émis	**eussiez** émis
ém**ît**	ém**issent**	**eût** émis	**eussent** émis
impératif			
émets			
émettons			
émettez			

E

SINGULAR	PLURAL	SINGULAR	PLURAL

présent de l'indicatif

		passé composé	
emmène	emmenons	**ai** emmené	**avons** emmené
emmènes	emmenez	**as** emmené	**avez** emmené
emmène	emmènent	**a** emmené	**ont** emmené

imparfait de l'indicatif

		plus-que-parfait de l'indicatif	
emmenais	emmenions	**avais** emmené	**avions** emmené
emmenais	emmeniez	**avais** emmené	**aviez** emmené
emmenait	emmenaient	**avait** emmené	**avaient** emmené

passé simple

		passé antérieur	
emmenai	emmenâmes	**eus** emmené	**eûmes** emmené
emmenas	emmenâtes	**eus** emmené	**eûtes** emmené
emmena	emmenèrent	**eut** emmené	**eurent** emmené

futur

		futur antérieur	
emmènerai	emmènerons	**aurai** emmené	**aurons** emmené
emmèneras	emmènerez	**auras** emmené	**aurez** emmené
emmènera	emmèneront	**aura** emmené	**auront** emmené

conditionnel

		conditionnel passé	
emmènerais	emmènerions	**aurais** emmené	**aurions** emmené
emmènerais	emmèneriez	**aurais** emmené	**auriez** emmené
emmènerait	emmèneraient	**aurait** emmené	**auraient** emmené

présent du subjonctif

		passé du subjonctif	
emmène	emmenions	**aie** emmené	**ayons** emmené
emmènes	emmeniez	**aies** emmené	**ayez** emmené
emmène	emmènent	**ait** emmené	**aient** emmené

imparfait du subjonctif

		plus-que-parfait du subjonctif	
emmenasse	emmenassions	**eusse** emmené	**eussions** emmené
emmenasses	emmenassiez	**eusses** emmené	**eussiez** emmené
emmenât	emmenassent	**eût** emmené	**eussent** emmené

impératif

emmène
emmenons
emmenez

E

to move, to touch

participe présent **émouvant**   participe passé **ému**

SINGULAR	PLURAL	SINGULAR	PLURAL

présent de l'indicatif
émeu**s**	émouv**ons**		
émeu**s**	émouv**ez**		
émeu**t**	émeuv**ent**		

passé composé
ai ému	**avons** ému
as ému	**avez** ému
a ému	**ont** ému

imparfait de l'indicatif
émouv**ais**	émouv**ions**
émouv**ais**	émouv**iez**
émouv**ait**	émouv**aient**

plus-que-parfait de l'indicatif
avais ému	**avions** ému
avais ému	**aviez** ému
avait ému	**avaient** ému

passé simple
ém**us**	ém**ûmes**
ém**us**	ém**ûtes**
ém**ut**	ém**urent**

passé antérieur
eus ému	**eûmes** ému
eus ému	**eûtes** ému
eut ému	**eurent** ému

futur
émouvr**ai**	émouvr**ons**
émouvr**as**	émouvr**ez**
émouvr**a**	émouvr**ont**

futur antérieur
aurai ému	**aurons** ému
auras ému	**aurez** ému
aura ému	**auront** ému

conditionnel
émouvr**ais**	émouvr**ions**
émouvr**ais**	émouvr**iez**
émouvr**ait**	émouvr**aient**

conditionnel passé
aurais ému	**aurions** ému
aurais ému	**auriez** ému
aurait ému	**auraient** ému

présent du subjonctif
émeuv**e**	émouv**ions**
émeuv**es**	émouv**iez**
émeuv**e**	émeuv**ent**

passé du subjonctif
aie ému	**ayons** ému
aies ému	**ayez** ému
ait ému	**aient** ému

imparfait du subjonctif
ému**sse**	ému**ssions**
ému**sses**	ému**ssiez**
ém**ût**	ému**ssent**

plus-que-parfait du subjonctif
eusse ému	**eussions** ému
eusses ému	**eussiez** ému
eût ému	**eussent** ému

impératif
émeus
émouvons
émouvez

E

employer

to use, to employ

E

SINGULAR	PLURAL	SINGULAR	PLURAL

présent de l'indicatif

		passé composé	
emploie	employons	**ai** employé	**avons** employé
emploies	employez	**as** employé	**avez** employé
emploie	emploient	**a** employé	**ont** employé

imparfait de l'indicatif

		plus-que-parfait de l'indicatif	
employais	employions	**avais** employé	**avions** employé
employais	employiez	**avais** employé	**aviez** employé
employait	employaient	**avait** employé	**avaient** employé

passé simple

		passé antérieur	
employai	employâmes	**eus** employé	**eûmes** employé
employas	employâtes	**eus** employé	**eûtes** employé
employa	employèrent	**eut** employé	**eurent** employé

futur

		futur antérieur	
emploierai	emploierons	**aurai** employé	**aurons** employé
emploieras	emploierez	**auras** employé	**aurez** employé
emploiera	emploieront	**aura** employé	**auront** employé

conditionnel

		conditionnel passé	
emploierais	emploierions	**aurais** employé	**aurions** employé
emploierais	emploieriez	**aurais** employé	**auriez** employé
emploierait	emploieraient	**aurait** employé	**auraient** employé

présent du subjonctif

		passé du subjonctif	
emploie	employions	**aie** employé	**ayons** employé
emploies	employiez	**aies** employé	**ayez** employé
emploie	emploient	**ait** employé	**aient** employé

imparfait du subjonctif

		plus-que-parfait du subjonctif	
employasse	employassions	**eusse** employé	**eussions** employé
employasses	employassiez	**eusses** employé	**eussiez** employé
employât	employassent	**eût** employé	**eussent** employé

impératif
emploie
employons
employez

to encourage

participe présent **encourageant**   participe passé **encouragé**

SINGULAR	PLURAL	SINGULAR	PLURAL

présent de l'indicatif
encourag**e**	encourage**ons**
encourag**es**	encourag**ez**
encourag**e**	encourag**ent**

imparfait de l'indicatif
encourage**ais**	encourag**ions**
encourage**ais**	encourag**iez**
encourage**ait**	encourage**aient**

passé simple
encourage**ai**	encourage**âmes**
encourage**as**	encourage**âtes**
encourage**a**	encourag**èrent**

futur
encourager**ai**	encourager**ons**
encourager**as**	encourager**ez**
encourager**a**	encourager**ont**

conditionnel
encourager**ais**	encourager**ions**
encourager**ais**	encourager**iez**
encourager**ait**	encourager**aient**

présent du subjonctif
encourag**e**	encourag**ions**
encourag**es**	encourag**iez**
encourag**e**	encourag**ent**

imparfait du subjonctif
encourage**asse**	encourage**assions**
encourage**asses**	encourage**assiez**
encourage**ât**	encourage**assent**

impératif
encourage
encourageons
encouragez

passé composé
ai encouragé	**avons** encouragé
as encouragé	**avez** encouragé
a encouragé	**ont** encouragé

plus-que-parfait de l'indicatif
avais encouragé	**avions** encouragé
avais encouragé	**aviez** encouragé
avait encouragé	**avaient** encouragé

passé antérieur
eus encouragé	**eûmes** encouragé
eus encouragé	**eûtes** encouragé
eut encouragé	**eurent** encouragé

futur antérieur
aurai encouragé	**aurons** encouragé
auras encouragé	**aurez** encouragé
aura encouragé	**auront** encouragé

conditionnel passé
aurais encouragé	**aurions** encouragé
aurais encouragé	**auriez** encouragé
aurait encouragé	**auraient** encouragé

passé du subjonctif
aie encouragé	**ayons** encouragé
aies encouragé	**ayez** encouragé
ait encouragé	**aient** encouragé

plus-que-parfait du subjonctif
eusse encouragé	**eussions** encouragé
eusses encouragé	**eussiez** encouragé
eût encouragé	**eussent** encouragé

E

s'enfuir

to run away, to flee

participe présent **s'enfuyant**   participe passé **enfui(e)(s)**

SINGULAR	PLURAL	SINGULAR	PLURAL
présent de l'indicatif		**passé composé**	
m'enfui**s**	**nous** enfuy**ons**	**me suis** enfui(e)	**nous sommes** enfui(e)s
t'enfui**s**	**vous** enfuy**ez**	**t'es** enfui(e)	**vous êtes** enfui(e)(s)
s'enfui**t**	**s'**enfui**ent**	**s'est** enfui(e)	**se sont** enfui(e)s
imparfait de l'indicatif		**plus-que-parfait de l'indicatif**	
m'enfuy**ais**	**nous** enfuy**ions**	**m'étais** enfui(e)	**nous étions** enfui(e)s
t'enfuy**ais**	**vous** enfuy**iez**	**t'étais** enfui(e)	**vous étiez** enfui(e)(s)
s'enfuy**ait**	**s'**enfuy**aient**	**s'était** enfui(e)	**s'étaient** enfui(e)s
passé simple		**passé antérieur**	
m'enfui**s**	**nous** enfu**îmes**	**me fus** enfui(e)	**nous fûmes** enfui(e)s
t'enfui**s**	**vous** enfu**îtes**	**te fus** enfui(e)	**vous fûtes** enfui(e)(s)
s'enfui**t**	**s'**enfui**rent**	**se fut** enfui(e)	**se furent** enfui(e)s
futur		**futur antérieur**	
m'enfui**rai**	**nous** enfui**rons**	**me serai** enfui(e)	**nous serons** enfui(e)s
t'enfui**ras**	**vous** enfui**rez**	**te seras** enfui(e)	**vous serez** enfui(e)(s)
s'enfui**ra**	**s'**enfui**ront**	**se sera** enfui(e)	**se seront** enfui(e)s
conditionnel		**conditionnel passé**	
m'enfui**rais**	**nous** enfui**rions**	**me serais** enfui(e)	**nous serions** enfui(e)s
t'enfui**rais**	**vous** enfui**riez**	**te serais** enfui(e)	**vous seriez** enfui(e)(s)
s'enfui**rait**	**s'**enfui**raient**	**se serait** enfui(e)	**se seraient** enfui(e)s
présent du subjonctif		**passé du subjonctif**	
m'enfui**e**	**nous** enfuy**ions**	**me sois** enfui(e)	**nous soyons** enfui(e)s
t'enfui**es**	**vous** enfuy**iez**	**te sois** enfui(e)	**vous soyez** enfui(e)(s)
s'enfui**e**	**s'**enfui**ent**	**se soit** enfui(e)	**se soient** enfui(e)s
imparfait du subjonctif		**plus-que-parfait du subjonctif**	
m'enfui**sse**	**nous** enfui**ssions**	**me fusse** enfui(e)	**nous fussions** enfui(e)s
t'enfui**sses**	**vous** enfui**ssiez**	**te fusses** enfui(e)	**vous fussiez** enfui(e)(s)
s'enfu**ît**	**s'**enfui**ssent**	**se fût** enfui(e)	**se fussent** enfui(e)s

impératif
enfuis-toi
enfuyons-nous
enfuyez-vous

to be bored

SINGULAR	PLURAL	SINGULAR	PLURAL

présent de l'indicatif

m'ennuie	nous ennuyons		
t'ennuies	vous ennuyez		
s'ennuie	s'ennuient		

passé composé

me suis ennuyé(e)	nous sommes ennuyé(e)s
t'es ennuyé(e)	vous êtes ennuyé(e)(s)
s'est ennuyé(e)	se sont ennuyé(e)s

imparfait de l'indicatif

m'ennuyais	nous ennuyions
t'ennuyais	vous ennuyiez
s'ennuyait	s'ennuyaient

plus-que-parfait de l'indicatif

m'étais ennuyé(e)	nous étions ennuyé(e)s
t'étais ennuyé(e)	vous étiez ennuyé(e)(s)
s'était ennuyé(e)	s'étaient ennuyé(e)s

E

passé simple

m'ennuyai	nous ennuyâmes
t'ennuyas	vous ennuyâtes
s'ennuya	s'ennuyèrent

passé antérieur

me fus ennuyé(e)	nous fûmes ennuyé(e)s
te fus ennuyé(e)	vous fûtes ennuyé(e)(s)
se fut ennuyé(e)	se furent ennuyé(e)s

futur

m'ennuierai	nous ennuierons
t'ennuieras	vous ennuierez
s'ennuiera	s'ennuieront

futur antérieur

me serai ennuyé(e)	nous serons ennuyé(e)s
te seras ennuyé(e)	vous serez ennuyé(e)(s)
se sera ennuyé(e)	se seront ennuyé(e)s

conditionnel

m'ennuierais	nous ennuierions
t'ennuierais	vous ennuieriez
s'ennuierait	s'ennuieraient

conditionnel passé

me serais ennuyé(e)	nous serions ennuyé(e)s
te serais ennuyé(e)	vous seriez ennuyé(e)(s)
se serait ennuyé(e)	se seraient ennuyé(e)s

présent du subjonctif

m'ennuie	nous ennuyions
t'ennuies	vous ennuyiez
s'ennuie	s'ennuient

passé du subjonctif

me sois ennuyé(e)	nous soyons ennuyé(e)s
te sois ennuyé(e)	vous soyez ennuyé(e)(s)
se soit ennuyé(e)	se soient ennuyé(e)s

imparfait du subjonctif

m'ennuyasse	nous ennuyassions
t'ennuyasses	vous ennuyassiez
s'ennuyât	s'ennuyassent

plus-que-parfait du subjonctif

me fusse ennuyé(e)	nous fussions ennuyé(e)s
te fusses ennuyé(e)	vous fussiez ennuyé(e)(s)
se fût ennuyé(e)	se fussent ennuyé(e)s

impératif

ennuie-toi
ennuyons-nous
ennuyez-vous

participe présent **enregistrant**   participe passé **enregistré**

SINGULAR	PLURAL	SINGULAR	PLURAL

présent de l'indicatif

		passé composé	
enregistre	enregistrons	**ai** enregistré	**avons** enregistré
enregistres	enregistrez	**as** enregistré	**avez** enregistré
enregistre	enregistrent	**a** enregistré	**ont** enregistré

imparfait de l'indicatif

		plus-que-parfait de l'indicatif	
enregistrais	enregistrions	**avais** enregistré	**avions** enregistré
enregistrais	enregistriez	**avais** enregistré	**aviez** enregistré
enregistrait	enregistraient	**avait** enregistré	**avaient** enregistré

passé simple

		passé antérieur	
enregistrai	enregistrâmes	**eus** enregistré	**eûmes** enregistré
enregistras	enregistrâtes	**eus** enregistré	**eûtes** enregistré
enregistra	enregistrèrent	**eut** enregistré	**eurent** enregistré

futur

		futur antérieur	
enregistrerai	enregistrerons	**aurai** enregistré	**aurons** enregistré
enregistreras	enregistrerez	**auras** enregistré	**aurez** enregistré
enregistrera	enregistreront	**aura** enregistré	**auront** enregistré

conditionnel

		conditionnel passé	
enregistrerais	enregistrerions	**aurais** enregistré	**aurions** enregistré
enregistrerais	enregistreriez	**aurais** enregistré	**auriez** enregistré
enregistrerait	enregistreraient	**aurait** enregistré	**auraient** enregistré

présent du subjonctif

		passé du subjonctif	
enregistre	enregistrions	**aie** enregistré	**ayons** enregistré
enregistres	enregistriez	**aies** enregistré	**ayez** enregistré
enregistre	enregistrent	**ait** enregistré	**aient** enregistré

imparfait du subjonctif

		plus-que-parfait du subjonctif	
enregistrasse	enregistrassions	**eusse** enregistré	**eussions** enregistré
enregistrasses	enregistrassiez	**eusses** enregistré	**eussiez** enregistré
enregistrât	enregistrassent	**eût** enregistré	**eussent** enregistré

impératif

enregistre
enregistrons
enregistrez

E

participe présent **enseignant**   participe passé **enseigné**

SINGULAR	PLURAL	SINGULAR	PLURAL

présent de l'indicatif

enseign**e**	enseign**ons**		
enseign**es**	enseign**ez**		
enseign**e**	enseign**ent**		

passé composé

ai enseigné	**avons** enseigné		
as enseigné	**avez** enseigné		
a enseigné	**ont** enseigné		

imparfait de l'indicatif

enseign**ais**	enseign**ions**
enseign**ais**	enseign**iez**
enseign**ait**	enseign**aient**

plus-que-parfait de l'indicatif

avais enseigné	**avions** enseigné
avais enseigné	**aviez** enseigné
avait enseigné	**avaient** enseigné

E

passé simple

enseign**ai**	enseign**âmes**
enseign**as**	enseign**âtes**
enseign**a**	enseign**èrent**

passé antérieur

eus enseigné	**eûmes** enseigné
eus enseigné	**eûtes** enseigné
eut enseigné	**eurent** enseigné

futur

enseigner**ai**	enseigner**ons**
enseigner**as**	enseigner**ez**
enseigner**a**	enseigner**ont**

futur antérieur

aurai enseigné	**aurons** enseigné
auras enseigné	**aurez** enseigné
aura enseigné	**auront** enseigné

conditionnel

enseigner**ais**	enseigner**ions**
enseigner**ais**	enseigner**iez**
enseigner**ait**	enseigner**aient**

conditionnel passé

aurais enseigné	**aurions** enseigné
aurais enseigné	**auriez** enseigné
aurait enseigné	**auraient** enseigné

présent du subjonctif

enseign**e**	enseign**ions**
enseign**es**	enseign**iez**
enseign**e**	enseign**ent**

passé du subjonctif

aie enseigné	**ayons** enseigné
aies enseigné	**ayez** enseigné
ait enseigné	**aient** enseigné

imparfait du subjonctif

enseign**asse**	enseign**assions**
enseign**asses**	enseign**assiez**
enseign**ât**	enseign**assent**

plus-que-parfait du subjonctif

eusse enseigné	**eussions** enseigné
eusses enseigné	**eussiez** enseigné
eût enseigné	**eussent** enseigné

impératif

enseigne
enseignons
enseignez

entendre

to hear, to understand

E

SINGULAR	PLURAL	SINGULAR	PLURAL

présent de l'indicatif
entend**s**	entend**ons**		
entend**s**	entend**ez**		
entend	entend**ent**		

passé composé
ai entendu	**avons** entendu
as entendu	**avez** entendu
a entendu	**ont** entendu

imparfait de l'indicatif
entend**ais**	entend**ions**
entend**ais**	entend**iez**
entend**ait**	entend**aient**

plus-que-parfait de l'indicatif
avais entendu	**avions** entendu
avais entendu	**aviez** entendu
avait entendu	**avaient** entendu

passé simple
entend**is**	entend**îmes**
entend**is**	entend**îtes**
entend**it**	entend**irent**

passé antérieur
eus entendu	**eûmes** entendu
eus entendu	**eûtes** entendu
eut entendu	**eurent** entendu

futur
entend**rai**	entend**rons**
entend**ras**	entend**rez**
entend**ra**	entend**ront**

futur antérieur
aurai entendu	**aurons** entendu
auras entendu	**aurez** entendu
aura entendu	**auront** entendu

conditionnel
entend**rais**	entend**rions**
entend**rais**	entend**riez**
entend**rait**	entend**raient**

conditionnel passé
aurais entendu	**aurions** entendu
aurais entendu	**auriez** entendu
aurait entendu	**auraient** entendu

présent du subjonctif
entend**e**	entend**ions**
entend**es**	entend**iez**
entend**e**	entend**ent**

passé du subjonctif
aie entendu	**ayons** entendu
aies entendu	**ayez** entendu
ait entendu	**aient** entendu

imparfait du subjonctif
entend**isse**	entend**issions**
entend**isses**	entend**issiez**
entend**ît**	entend**issent**

plus-que-parfait du subjonctif
eusse entendu	**eussions** entendu
eusses entendu	**eussiez** entendu
eût entendu	**eussent** entendu

impératif
entends
entendons
entendez

MUST KNOW VERB

to bury   enterrer

SINGULAR	PLURAL	SINGULAR	PLURAL

présent de l'indicatif

		passé composé	
enterre	enterrons	ai enterré	avons enterré
enterres	enterrez	as enterré	avez enterré
enterre	enterrent	a enterré	ont enterré

imparfait de l'indicatif

		plus-que-parfait de l'indicatif	
enterrais	enterrions	avais enterré	avions enterré
enterrais	enterriez	avais enterré	aviez enterré
enterrait	enterraient	avait enterré	avaient enterré

passé simple

		passé antérieur	
enterrai	enterrâmes	eus enterré	eûmes enterré
enterras	enterrâtes	eus enterré	eûtes enterré
enterra	enterrèrent	eut enterré	eurent enterré

futur

		futur antérieur	
enterrerai	enterrerons	aurai enterré	aurons enterré
enterreras	enterrerez	auras enterré	aurez enterré
enterrera	enterreront	aura enterré	auront enterré

conditionnel

		conditionnel passé	
enterrerais	enterrerions	aurais enterré	aurions enterré
enterrerais	enterreriez	aurais enterré	auriez enterré
enterrerait	enterreraient	aurait enterré	auraient enterré

présent du subjonctif

		passé du subjonctif	
enterre	enterrions	aie enterré	ayons enterré
enterres	enterriez	aies enterré	ayez enterré
enterre	enterrent	ait enterré	aient enterré

imparfait du subjonctif

		plus-que-parfait du subjonctif	
enterrasse	enterrassions	eusse enterré	eussions enterré
enterrasses	enterrassiez	eusses enterré	eussiez enterré
enterrât	enterrassent	eût enterré	eussent enterré

impératif

enterre
enterrons
enterrez

E

s'entraîner
to prepare oneself

SINGULAR	PLURAL	SINGULAR	PLURAL
présent de l'indicatif		**passé composé**	
m'entraîn**e**	**nous** entraîn**ons**	**me suis** entraîné(e)	**nous sommes** entraîné(e)s
t'entraîn**es**	**vous** entraîn**ez**	**t'es** entraîné(e)	**vous êtes** entraîné(e)(s)
s'entraîn**e**	**s'**entraîn**ent**	**s'est** entraîné(e)	**se sont** entraîné(e)s
imparfait de l'indicatif		**plus-que-parfait de l'indicatif**	
m'entraîn**ais**	**nous** entraîn**ions**	**m'étais** entraîné(e)	**nous étions** entraîné(e)s
t'entraîn**ais**	**vous** entraîn**iez**	**t'étais** entraîné(e)	**vous étiez** entraîné(e)(s)
s'entraîn**ait**	**s'**entraîn**aient**	**s'était** entraîné(e)	**s'étaient** entraîné(e)s
passé simple		**passé antérieur**	
m'entraîn**ai**	**nous** entraîn**âmes**	**me fus** entraîné(e)	**nous fûmes** entraîné(e)s
t'entraîn**as**	**vous** entraîn**âtes**	**te fus** entraîné(e)	**vous fûtes** entraîné(e)(s)
s'entraîn**a**	**s'**entraîn**èrent**	**se fut** entraîné(e)	**se furent** entraîné(e)s
futur		**futur antérieur**	
m'entraîn**erai**	**nous** entraîn**erons**	**me serai** entraîné(e)	**nous serons** entraîné(e)s
t'entraîn**eras**	**vous** entraîn**erez**	**te seras** entraîné(e)	**vous serez** entraîné(e)(s)
s'entraîn**era**	**s'**entraîn**eront**	**se sera** entraîné(e)	**se seront** entraîné(e)s
conditionnel		**conditionnel passé**	
m'entraîn**erais**	**nous** entraîn**erions**	**me serais** entraîné(e)	**nous serions** entraîné(e)s
t'entraîn**erais**	**vous** entraîn**eriez**	**te serais** entraîné(e)	**vous seriez** entraîné(e)(s)
s'entraîn**erait**	**s'**entraîn**eraient**	**se serait** entraîné(e)	**se seraient** entraîné(e)s
présent du subjonctif		**passé du subjonctif**	
m'entraîn**e**	**nous** entraîn**ions**	**me sois** entraîné(e)	**nous soyons** entraîné(e)s
t'entraîn**es**	**vous** entraîn**iez**	**te sois** entraîné(e)	**vous soyez** entraîné(e)(s)
s'entraîn**e**	**s'**entraîn**ent**	**se soit** entraîné(e)	**se soient** entraîné(e)s
imparfait du subjonctif		**plus-que-parfait du subjonctif**	
m'entraîn**asse**	**nous** entraîn**assions**	**me fusse** entraîné(e)	**nous fussions** entraîné(e)s
t'entraîn**asses**	**vous** entraîn**assiez**	**te fusses** entraîné(e)	**vous fussiez** entraîné(e)(s)
s'entraîn**ât**	**s'**entraîn**assent**	**se fût** entraîné(e)	**se fussent** entraîné(e)s

impératif
entraîne-toi
entraînons-nous
entraînez-vous

E

to enter, to come in   *entrer*

participe présent **entrant**   participe passé **entré(e)(s)**

SINGULAR	PLURAL	SINGULAR	PLURAL

présent de l'indicatif
entre	entrons
entres	entrez
entre	entrent

passé composé
suis entré(e)	sommes entré(e)s
es entré(e)	êtes entré(e)(s)
est entré(e)	sont entré(e)s

imparfait de l'indicatif
entrais	entrions
entrais	entriez
entrait	entraient

plus-que-parfait de l'indicatif
étais entré(e)	étions entré(e)s
étais entré(e)	étiez entré(e)(s)
était entré(e)	étaient entré(e)s

passé simple
entrai	entrâmes
entras	entrâtes
entra	entrèrent

passé antérieur
fus entré(e)	fûmes entré(e)s
fus entré(e)	fûtes entré(e)(s)
fut entré(e)	furent entré(e)s

futur
entrerai	entrerons
entreras	entrerez
entrera	entreront

futur antérieur
serai entré(e)	serons entré(e)s
seras entré(e)	serez entré(e)(s)
sera entré(e)	seront entré(e)s

conditionnel
entrerais	entrerions
entrerais	entreriez
entrerait	entreraient

conditionnel passé
serais entré(e)	serions entré(e)s
serais entré(e)	seriez entré(e)(s)
serait entré(e)	seraient entré(e)s

présent du subjonctif
entre	entrions
entres	entriez
entre	entrent

passé du subjonctif
sois entré(e)	soyons entré(e)s
sois entré(e)	soyez entré(e)(s)
soit entré(e)	soient entré(e)s

imparfait du subjonctif
entrasse	entrassions
entrasses	entrassiez
entrât	entrassent

plus-que-parfait du subjonctif
fusse entré(e)	fussions entré(e)s
fusses entré(e)	fussiez entré(e)(s)
fût entré(e)	fussent entré(e)s

impératif
entre
entrons
entrez

E

MUST KNOW VERB

énumérer   to enumerate

SINGULAR	PLURAL	SINGULAR	PLURAL

présent de l'indicatif
énumère / énumérons

énumères / énumérez

énumère / énumèrent

passé composé
ai énuméré / avons énuméré

as énuméré / avez énuméré

a énuméré / ont énuméré

imparfait de l'indicatif
énumérais / énumérions

énumérais / énumériez

énumérait / énuméraient

plus-que-parfait de l'indicatif
avais énuméré / avions énuméré

avais énuméré / aviez énuméré

avait énuméré / avaient énuméré

passé simple
énumérai / énumérâmes

énuméras / énumérâtes

énuméra / énumérèrent

passé antérieur
eus énuméré / eûmes énuméré

eus énuméré / eûtes énuméré

eut énuméré / eurent énuméré

futur
énumérerai / énumérerons

énuméreras / énumérerez

énumérera / énuméreront

futur antérieur
aurai énuméré / aurons énuméré

auras énuméré / aurez énuméré

aura énuméré / auront énuméré

conditionnel
énumérerais / énumérerions

énumérerais / énuméreriez

énumérerait / énuméreraient

conditionnel passé
aurais énuméré / aurions énuméré

aurais énuméré / auriez énuméré

aurait énuméré / auraient énuméré

présent du subjonctif
énumère / énumérions

énumères / énumériez

énumère / énumèrent

passé du subjonctif
aie énuméré / ayons énuméré

aies énuméré / ayez énuméré

ait énuméré / aient énuméré

imparfait du subjonctif
énumérasse / énumérassions

énumérasses / énumérassiez

énumérât / énumérassent

plus-que-parfait du subjonctif
eusse énuméré / eussions énuméré

eusses énuméré / eussiez énuméré

eût énuméré / eussent énuméré

impératif
énumère

énumérons

énumérez

E

to plan, to envisage — envisager

SINGULAR	PLURAL	SINGULAR	PLURAL

présent de l'indicatif

		passé composé	
envisage	envisageons	**ai** envisagé	**avons** envisagé
envisages	envisagez	**as** envisagé	**avez** envisagé
envisage	envisagent	**a** envisagé	**ont** envisagé

imparfait de l'indicatif / **plus-que-parfait de l'indicatif**

envisageais	envisagions	**avais** envisagé	**avions** envisagé
envisageais	envisagiez	**avais** envisagé	**aviez** envisagé
envisageait	envisageaient	**avait** envisagé	**avaient** envisagé

passé simple / **passé antérieur**

envisageai	envisageâmes	**eus** envisagé	**eûmes** envisagé
envisageas	envisageâtes	**eus** envisagé	**eûtes** envisagé
envisagea	envisagèrent	**eut** envisagé	**eurent** envisagé

E

futur / **futur antérieur**

envisagerai	envisagerons	**aurai** envisagé	**aurons** envisagé
envisageras	envisagerez	**auras** envisagé	**aurez** envisagé
envisagera	envisageront	**aura** envisagé	**auront** envisagé

conditionnel / **conditionnel passé**

envisagerais	envisagerions	**aurais** envisagé	**aurions** envisagé
envisagerais	envisageriez	**aurais** envisagé	**auriez** envisagé
envisagerait	envisageraient	**aurait** envisagé	**auraient** envisagé

présent du subjonctif / **passé du subjonctif**

envisage	envisagions	**aie** envisagé	**ayons** envisagé
envisages	envisagiez	**aies** envisagé	**ayez** envisagé
envisage	envisagent	**ait** envisagé	**aient** envisagé

imparfait du subjonctif / **plus-que-parfait du subjonctif**

envisageasse	envisageassions	**eusse** envisagé	**eussions** envisagé
envisageasses	envisageassiez	**eusses** envisagé	**eussiez** envisagé
envisageât	envisageassent	**eût** envisagé	**eussent** envisagé

impératif
envisage
envisageons
envisagez

participe présent **envoyant**   participe passé **envoyé**

SINGULAR	PLURAL	SINGULAR	PLURAL

présent de l'indicatif

envoie	envoyons	
envoies	envoyez	
envoie	envoient	

passé composé

ai envoyé	**avons** envoyé
as envoyé	**avez** envoyé
a envoyé	**ont** envoyé

imparfait de l'indicatif

envoyais	envoyions
envoyais	envoyiez
envoyait	envoyaient

plus-que-parfait de l'indicatif

avais envoyé	**avions** envoyé
avais envoyé	**aviez** envoyé
avait envoyé	**avaient** envoyé

passé simple

envoyai	envoyâmes
envoyas	envoyâtes
envoya	envoyèrent

passé antérieur

eus envoyé	**eûmes** envoyé
eus envoyé	**eûtes** envoyé
eut envoyé	**eurent** envoyé

futur

enverrai	enverrons
enverras	enverrez
enverra	enverront

futur antérieur

aurai envoyé	**aurons** envoyé
auras envoyé	**aurez** envoyé
aura envoyé	**auront** envoyé

conditionnel

enverrais	enverrions
enverrais	enverriez
enverrait	enverraient

conditionnel passé

aurais envoyé	**aurions** envoyé
aurais envoyé	**auriez** envoyé
aurait envoyé	**auraient** envoyé

présent du subjonctif

envoie	envoyions
envoies	envoyiez
envoie	envoient

passé du subjonctif

aie envoyé	**ayons** envoyé
aies envoyé	**ayez** envoyé
ait envoyé	**aient** envoyé

imparfait du subjonctif

envoyasse	envoyassions
envoyasses	envoyassiez
envoyât	envoyassent

plus-que-parfait du subjonctif

eusse envoyé	**eussions** envoyé
eusses envoyé	**eussiez** envoyé
eût envoyé	**eussent** envoyé

impératif

envoie
envoyons
envoyez

MUST
KNOW
VERB

278

to spell

épeler

SINGULAR	PLURAL	SINGULAR	PLURAL

présent de l'indicatif

		passé composé	
épelle	épelons	ai épelé	avons épelé
épelles	épelez	as épelé	avez épelé
épelle	épellent	a épelé	ont épelé

imparfait de l'indicatif

		plus-que-parfait de l'indicatif	
épelais	épelions	avais épelé	avions épelé
épelais	épeliez	avais épelé	aviez épelé
épelait	épelaient	avait épelé	avaient épelé

passé simple

		passé antérieur	
épelai	épelâmes	eus épelé	eûmes épelé
épelas	épelâtes	eus épelé	eûtes épelé
épela	épelèrent	eut épelé	eurent épelé

futur

		futur antérieur	
épellerai	épellerons	aurai épelé	aurons épelé
épelleras	épellerez	auras épelé	aurez épelé
épellera	épelleront	aura épelé	auront épelé

conditionnel

		conditionnel passé	
épellerais	épellerions	aurais épelé	aurions épelé
épellerais	épelleriez	aurais épelé	auriez épelé
épellerait	épelleraient	aurait épelé	auraient épelé

présent du subjonctif

		passé du subjonctif	
épelle	épelions	aie épelé	ayons épelé
épelles	épeliez	aies épelé	ayez épelé
épelle	épellent	ait épelé	aient épelé

imparfait du subjonctif

		plus-que-parfait du subjonctif	
épelasse	épelassions	eusse épelé	eussions épelé
épelasses	épelassiez	eusses épelé	eussiez épelé
épelât	épelassent	eût épelé	eussent épelé

impératif
épelle
épelons
épelez

E

participe présent espérant **participe passé** espéré

SINGULAR	PLURAL	SINGULAR	PLURAL

présent de l'indicatif
espère	espérons		
espères	espérez		
espère	espèrent		

passé composé
ai espéré	avons espéré
as espéré	avez espéré
a espéré	ont espéré

imparfait de l'indicatif
espérais	espérions
espérais	espériez
espérait	espéraient

plus-que-parfait de l'indicatif
avais espéré	avions espéré
avais espéré	aviez espéré
avait espéré	avaient espéré

passé simple
espérai	espérâmes
espéras	espérâtes
espéra	espérèrent

passé antérieur
eus espéré	eûmes espéré
eus espéré	eûtes espéré
eut espéré	eurent espéré

futur
espérerai	espérerons
espéreras	espérerez
espérera	espéreront

futur antérieur
aurai espéré	aurons espéré
auras espéré	aurez espéré
aura espéré	auront espéré

conditionnel
espérerais	espérerions
espérerais	espéreriez
espérerait	espéreraient

conditionnel passé
aurais espéré	aurions espéré
aurais espéré	auriez espéré
aurait espéré	auraient espéré

présent du subjonctif
espère	espérions
espères	espériez
espère	espèrent

passé du subjonctif
aie espéré	ayons espéré
aies espéré	ayez espéré
ait espéré	aient espéré

imparfait du subjonctif
espérasse	espérassions
espérasses	espérassiez
espérât	espérassent

plus-que-parfait du subjonctif
eusse espéré	eussions espéré
eusses espéré	eussiez espéré
eût espéré	eussent espéré

impératif
espère
espérons
espérez

E

to try

essayer

SINGULAR	PLURAL	SINGULAR	PLURAL

présent de l'indicatif
essay**e**
essay**es**
essay**e**

essay**ons**
essay**ez**
essay**ent**

passé composé
ai essayé
as essayé
a essayé

avons essayé
avez essayé
ont essayé

imparfait de l'indicatif
essay**ais**
essay**ais**
essay**ait**

essay**ions**
essay**iez**
essay**aient**

plus-que-parfait de l'indicatif
avais essayé
avais essayé
avait essayé

avions essayé
aviez essayé
avaient essayé

passé simple
essay**ai**
essay**as**
essay**a**

essay**âmes**
essay**âtes**
essay**èrent**

passé antérieur
eus essayé
eus essayé
eut essayé

eûmes essayé
eûtes essayé
eurent essayé

futur
essayer**ai**
essayer**as**
essayer**a**

essayer**ons**
essayer**ez**
essayer**ont**

futur antérieur
aurai essayé
auras essayé
aura essayé

aurons essayé
aurez essayé
auront essayé

conditionnel
essayer**ais**
essayer**ais**
essayer**ait**

essayer**ions**
essayer**iez**
essayer**aient**

conditionnel passé
aurais essayé
aurais essayé
aurait essayé

aurions essayé
auriez essayé
auraient essayé

présent du subjonctif
essay**e**
essay**es**
essay**e**

essay**ions**
essay**iez**
essay**ent**

passé du subjonctif
aie essayé
aies essayé
ait essayé

ayons essayé
ayez essayé
aient essayé

imparfait du subjonctif
essaya**sse**
essaya**sses**
essay**ât**

essaya**ssions**
essaya**ssiez**
essaya**ssent**

plus-que-parfait du subjonctif
eusse essayé
eusses essayé
eût essayé

eussions essayé
eussiez essayé
eussent essayé

impératif
essaye
essayons
essayez

E

MUST
KNOW
VERB

participe présent essayant   **participe passé** essayé

SINGULAR	PLURAL	SINGULAR	PLURAL
présent de l'indicatif		**passé composé**	
essaie	essayons	ai essayé	avons essayé
essaies	essayez	as essayé	avez essayé
essaie	essaient	a essayé	ont essayé
imparfait de l'indicatif		**plus-que-parfait de l'indicatif**	
essayais	essayions	avais essayé	avions essayé
essayais	essayiez	avais essayé	aviez essayé
essayait	essayaient	avait essayé	avaient essayé
passé simple		**passé antérieur**	
essayai	essayâmes	eus essayé	eûmes essayé
essayas	essayâtes	eus essayé	eûtes essayé
essaya	essayèrent	eut essayé	eurent essayé
futur		**futur antérieur**	
essaierai	essaierons	aurai essayé	aurons essayé
essaieras	essaierez	auras essayé	aurez essayé
essaiera	essaieront	aura essayé	auront essayé
conditionnel		**conditionnel passé**	
essaierais	essaierions	aurais essayé	aurions essayé
essaierais	essaieriez	aurais essayé	auriez essayé
essaierait	essaieraient	aurait essayé	auraient essayé
présent du subjonctif		**passé du subjonctif**	
essaie	essayions	aie essayé	ayons essayé
essaies	essayiez	aies essayé	ayez essayé
essaie	essaient	ait essayé	aient essayé
imparfait du subjonctif		**plus-que-parfait du subjonctif**	
essayasse	essayassions	eusse essayé	eussions essayé
essayasses	essayassiez	eusses essayé	eussiez essayé
essayât	essayassent	eût essayé	eussent essayé
impératif			
essaie			
essayons			
essayez			

E

to consider   estimer

SINGULAR	PLURAL	SINGULAR	PLURAL

présent de l'indicatif
estim**e**	estim**ons**
estim**es**	estim**ez**
estim**e**	estim**ent**

passé composé
ai estimé	**avons** estimé
as estimé	**avez** estimé
a estimé	**ont** estimé

imparfait de l'indicatif
estim**ais**	estim**ions**
estim**ais**	estim**iez**
estim**ait**	estim**aient**

plus-que-parfait de l'indicatif
avais estimé	**avions** estimé
avais estimé	**aviez** estimé
avait estimé	**avaient** estimé

passé simple
estim**ai**	estim**âmes**
estim**as**	estim**âtes**
estim**a**	estim**èrent**

passé antérieur
eus estimé	**eûmes** estimé
eus estimé	**eûtes** estimé
eut estimé	**eurent** estimé

E

futur
estimer**ai**	estimer**ons**
estimer**as**	estimer**ez**
estimer**a**	estimer**ont**

futur antérieur
aurai estimé	**aurons** estimé
auras estimé	**aurez** estimé
aura estimé	**auront** estimé

conditionnel
estimer**ais**	estimer**ions**
estimer**ais**	estimer**iez**
estimer**ait**	estimer**aient**

conditionnel passé
aurais estimé	**aurions** estimé
aurais estimé	**auriez** estimé
aurait estimé	**auraient** estimé

présent du subjonctif
estim**e**	estim**ions**
estim**es**	estim**iez**
estim**e**	estim**ent**

passé du subjonctif
aie estimé	**ayons** estimé
aies estimé	**ayez** estimé
ait estimé	**aient** estimé

imparfait du subjonctif
estim**asse**	estim**assions**
estim**asses**	estim**assiez**
estim**ât**	estim**assent**

plus-que-parfait du subjonctif
eusse estimé	**eussions** estimé
eusses estimé	**eussiez** estimé
eût estimé	**eussent** estimé

impératif
estime
estimons
estimez

étayer

to support, to back up

participe présent **étayant**   participe passé **étayé**

SINGULAR	PLURAL	SINGULAR	PLURAL
présent de l'indicatif		**passé composé**	
étay**e**/étai**e**	étay**ons**	**ai** étayé	**avons** étayé
étay**es**/étai**es**	étay**ez**	**as** étayé	**avez** étayé
étay**e**/étai**e**	étay**ent**/étai**ent**	**a** étayé	**ont** étayé
imparfait de l'indicatif		**plus-que-parfait de l'indicatif**	
étay**ais**	étay**ions**	**avais** étayé	**avions** étayé
étay**ais**	étay**iez**	**avais** étayé	**aviez** étayé
étay**ait**	étay**aient**	**avait** étayé	**avaient** étayé
passé simple		**passé antérieur**	
étay**ai**	étay**âmes**	**eus** étayé	**eûmes** étayé
étay**as**	étay**âtes**	**eus** étayé	**eûtes** étayé
étay**a**	étay**èrent**	**eut** étayé	**eurent** étayé
futur		**futur antérieur**	
étayer**ai**/étaier**ai**	étayer**ons**/étaier**ons**	**aurai** étayé	**aurons** étayé
étayer**as**/étaier**as**	étayer**ez**/étaier**ez**	**auras** étayé	**aurez** étayé
étayer**a**/étaier**a**	étayer**ont**/étaier**ont**	**aura** étayé	**auront** étayé
conditionnel		**conditionnel passé**	
étayer**ais**/étaier**ais**	étayer**ions**/étaier**ions**	**aurais** étayé	**aurions** étayé
étayer**ais**/étaier**ais**	étayer**iez**/étaier**iez**	**aurais** étayé	**auriez** étayé
étayer**ait**/étaier**ait**	étayer**aient**/étaier**aient**	**aurait** étayé	**auraient** étayé
présent du subjonctif		**passé du subjonctif**	
étay**e**/étai**e**	étay**ions**	**aie** étayé	**ayons** étayé
étay**es**/étai**es**	étay**iez**	**aies** étayé	**ayez** étayé
étay**e**/étai**e**	étay**ent**/étai**ent**	**ait** étayé	**aient** étayé
imparfait du subjonctif		**plus-que-parfait du subjonctif**	
étay**asse**	étay**assions**	**eusse** étayé	**eussions** étayé
étay**asses**	étay**assiez**	**eusses** étayé	**eussiez** étayé
étay**ât**	étay**assent**	**eût** étayé	**eussent** étayé
impératif			
étay**e**/étaie			
étay**ons**			
étay**ez**			

E

to extinguish, to turn off　　　　éteindre

SINGULAR	PLURAL	SINGULAR	PLURAL

présent de l'indicatif

éteins	éteignons
éteins	éteignez
éteint	éteignent

passé composé

ai éteint	avons éteint
as éteint	avez éteint
a éteint	ont éteint

imparfait de l'indicatif

éteignais	éteignions
éteignais	éteigniez
éteignait	éteignaient

plus-que-parfait de l'indicatif

avais éteint	avions éteint
avais éteint	aviez éteint
avait éteint	avaient éteint

E

passé simple

éteignis	éteignîmes
éteignis	éteignîtes
éteignit	éteignirent

passé antérieur

eus éteint	eûmes éteint
eus éteint	eûtes éteint
eut éteint	eurent éteint

futur

éteindrai	éteindrons
éteindras	éteindrez
éteindra	éteindront

futur antérieur

aurai éteint	aurons éteint
auras éteint	aurez éteint
aura éteint	auront éteint

conditionnel

éteindrais	éteindrions
éteindrais	éteindriez
éteindrait	éteindraient

conditionnel passé

aurais éteint	aurions éteint
aurais éteint	auriez éteint
aurait éteint	auraient éteint

présent du subjonctif

éteigne	éteignions
éteignes	éteigniez
éteigne	éteignent

passé du subjonctif

aie éteint	ayons éteint
aies éteint	ayez éteint
ait éteint	aient éteint

imparfait du subjonctif

éteignisse	éteignissions
éteignisses	éteignissiez
éteignît	éteignissent

plus-que-parfait du subjonctif

eusse éteint	eussions éteint
eusses éteint	eussiez éteint
eût éteint	eussent éteint

impératif

éteins
éteignons
éteignez

MUST
KNOW
VERB

étoffer

participe présent **étoffant**   participe passé **étoffé**

SINGULAR	PLURAL	SINGULAR	PLURAL

présent de l'indicatif
étoffe	étoffons		
étoffes	étoffez		
étoffe	étoffent		

passé composé
ai étoffé	avons étoffé
as étoffé	avez étoffé
a étoffé	ont étoffé

imparfait de l'indicatif
étoffais	étoffions
étoffais	étoffiez
étoffait	étoffaient

plus-que-parfait de l'indicatif
avais étoffé	avions étoffé
avais étoffé	aviez étoffé
avait étoffé	avaient étoffé

passé simple
étoffai	étoffâmes
étoffas	étoffâtes
étoffa	étoffèrent

passé antérieur
eus étoffé	eûmes étoffé
eus étoffé	eûtes étoffé
eut étoffé	eurent étoffé

futur
étofferai	étofferons
étofferas	étofferez
étoffera	étofferont

futur antérieur
aurai étoffé	aurons étoffé
auras étoffé	aurez étoffé
aura étoffé	auront étoffé

conditionnel
étofferais	étofferions
étofferais	étofferiez
étofferait	étofferaient

conditionnel passé
aurais étoffé	aurions étoffé
aurais étoffé	auriez étoffé
aurait étoffé	auraient étoffé

présent du subjonctif
étoffe	étoffions
étoffes	étoffiez
étoffe	étoffent

passé du subjonctif
aie étoffé	ayons étoffé
aies étoffé	ayez étoffé
ait étoffé	aient étoffé

imparfait du subjonctif
étoffasse	étoffassions
étoffasses	étoffassiez
étoffât	étoffassent

plus-que-parfait du subjonctif
eusse étoffé	eussions étoffé
eusses étoffé	eussiez étoffé
eût étoffé	eussent étoffé

impératif
étoffe
étoffons
étoffez

E

to be   être

participe présent étant   **participe passé** été

SINGULAR	PLURAL	SINGULAR	PLURAL

présent de l'indicatif
		passé composé	
suis	sommes	**ai** été	**avons** été
es	êtes	**as** été	**avez** été
est	sont	**a** été	**ont** été

imparfait de l'indicatif
		plus-que-parfait de l'indicatif	
ét**ais**	ét**ions**	**avais** été	**avions** été
ét**ais**	ét**iez**	**avais** été	**aviez** été
ét**ait**	ét**aient**	**avait** été	**avaient** été

E

passé simple
		passé antérieur	
fu**s**	fû**mes**	**eus** été	**eûmes** été
fu**s**	fû**tes**	**eus** été	**eûtes** été
fu**t**	fure**nt**	**eut** été	**eurent** été

futur
		futur antérieur	
ser**ai**	ser**ons**	**aurai** été	**aurons** été
ser**as**	ser**ez**	**auras** été	**aurez** été
ser**a**	ser**ont**	**aura** été	**auront** été

conditionnel
		conditionnel passé	
ser**ais**	ser**ions**	**aurais** été	**aurions** été
ser**ais**	ser**iez**	**aurais** été	**auriez** été
ser**ait**	ser**aient**	**aurait** été	**auraient** été

présent du subjonctif
		passé du subjonctif	
soi**s**	soy**ons**	**aie** été	**ayons** été
soi**s**	soy**ez**	**aies** été	**ayez** été
soi**t**	soi**ent**	**ait** été	**aient** été

imparfait du subjonctif
		plus-que-parfait du subjonctif	
fu**sse**	fu**ssions**	**eusse** été	**eussions** été
fu**sses**	fu**ssiez**	**eusses** été	**eussiez** été
fû**t**	fu**ssent**	**eût** été	**eussent** été

impératif
sois
soyons
soyez

MUST
KNOW
VERB

287

étudier
to study

SINGULAR	PLURAL	SINGULAR	PLURAL

présent de l'indicatif

étudie	étudions	**passé composé**	
		ai étudié	avons étudié
étudies	étudiez	as étudié	avez étudié
étudie	étudient	a étudié	ont étudié

imparfait de l'indicatif   **plus-que-parfait de l'indicatif**

étudiais	étudiions	avais étudié	avions étudié
étudiais	étudiiez	avais étudié	aviez étudié
étudiait	étudiaient	avait étudié	avaient étudié

passé simple   **passé antérieur**

étudiai	étudiâmes	eus étudié	eûmes étudié
étudias	étudiâtes	eus étudié	eûtes étudié
étudia	étudièrent	eut étudié	eurent étudié

futur   **futur antérieur**

étudierai	étudierons	aurai étudié	aurons étudié
étudieras	étudierez	auras étudié	aurez étudié
étudiera	étudieront	aura étudié	auront étudié

conditionnel   **conditionnel passé**

étudierais	étudierions	aurais étudié	aurions étudié
étudierais	étudieriez	aurais étudié	auriez étudié
étudierait	étudieraient	aurait étudié	auraient étudié

présent du subjonctif   **passé du subjonctif**

étudie	étudiions	aie étudié	ayons étudié
étudies	étudiiez	aies étudié	ayez étudié
étudie	étudient	ait étudié	aient étudié

imparfait du subjonctif   **plus-que-parfait du subjonctif**

étudiasse	étudiassions	eusse étudié	eussions étudié
étudiasses	étudiassiez	eusses étudié	eussiez étudié
étudiât	étudiassent	eût étudié	eussent étudié

impératif

étudie
étudions
étudiez

E

MUST
KNOW
VERB

to estimate, to evaluate
évaluer

SINGULAR	PLURAL	SINGULAR	PLURAL
présent de l'indicatif		**passé composé**	
évalue	évaluons	ai évalué	avons évalué
évalues	évaluez	as évalué	avez évalué
évalue	évaluent	a évalué	ont évalué
imparfait de l'indicatif		**plus-que-parfait de l'indicatif**	
évaluais	évaluions	avais évalué	avions évalué
évaluais	évaluiez	avais évalué	aviez évalué
évaluait	évaluaient	avait évalué	avaient évalué
passé simple		**passé antérieur**	
évaluai	évaluâmes	eus évalué	eûmes évalué
évaluas	évaluâtes	eus évalué	eûtes évalué
évalua	évaluèrent	eut évalué	eurent évalué
futur		**futur antérieur**	
évaluerai	évaluerons	aurai évalué	aurons évalué
évalueras	évaluerez	auras évalué	aurez évalué
évaluera	évalueront	aura évalué	auront évalué
conditionnel		**conditionnel passé**	
évaluerais	évaluerions	aurais évalué	aurions évalué
évaluerais	évalueriez	aurais évalué	auriez évalué
évaluerait	évalueraient	aurait évalué	auraient évalué
présent du subjonctif		**passé du subjonctif**	
évalue	évaluions	aie évalué	ayons évalué
évalues	évaluiez	aies évalué	ayez évalué
évalue	évaluent	ait évalué	aient évalué
imparfait du subjonctif		**plus-que-parfait du subjonctif**	
évaluasse	évaluassions	eusse évalué	eussions évalué
évaluasses	évaluassiez	eusses évalué	eussiez évalué
évaluât	évaluassent	eût évalué	eussent évalué
impératif			
évalue			
évaluons			
évaluez			

E

participe présent évitant   **participe passé** évité

SINGULAR	PLURAL	SINGULAR	PLURAL
présent de l'indicatif		**passé composé**	
évite	évitons	**ai** évité	**avons** évité
évites	évitez	**as** évité	**avez** évité
évite	évitent	**a** évité	**ont** évité
imparfait de l'indicatif		**plus-que-parfait de l'indicatif**	
évitais	évitions	**avais** évité	**avions** évité
évitais	évitiez	**avais** évité	**aviez** évité
évitait	évitaient	**avait** évité	**avaient** évité
passé simple		**passé antérieur**	
évitai	évitâmes	**eus** évité	**eûmes** évité
évitas	évitâtes	**eus** évité	**eûtes** évité
évita	évitèrent	**eut** évité	**eurent** évité
futur		**futur antérieur**	
éviterai	éviterons	**aurai** évité	**aurons** évité
éviteras	éviterez	**auras** évité	**aurez** évité
évitera	éviteront	**aura** évité	**auront** évité
conditionnel		**conditionnel passé**	
éviterais	éviterions	**aurais** évité	**aurions** évité
éviterais	éviteriez	**aurais** évité	**auriez** évité
éviterait	éviteraient	**aurait** évité	**auraient** évité
présent du subjonctif		**passé du subjonctif**	
évite	évitions	**aie** évité	**ayons** évité
évites	évitiez	**aies** évité	**ayez** évité
évite	évitent	**ait** évité	**aient** évité
imparfait du subjonctif		**plus-que-parfait du subjonctif**	
évitasse	évitassions	**eusse** évité	**eussions** évité
évitasses	évitassiez	**eusses** évité	**eussiez** évité
évitât	évitassent	**eût** évité	**eussent** évité

impératif
évite
évitons
évitez

E

to evoke   *évoquer*

SINGULAR	PLURAL	SINGULAR	PLURAL

présent de l'indicatif

évoque	évoquons
évoques	évoquez
évoque	évoquent

passé composé

ai évoqué	**avons** évoqué
as évoqué	**avez** évoqué
a évoqué	**ont** évoqué

imparfait de l'indicatif

évoquais	évoquions
évoquais	évoquiez
évoquait	évoquaient

plus-que-parfait de l'indicatif

avais évoqué	**avions** évoqué
avais évoqué	**aviez** évoqué
avait évoqué	**avaient** évoqué

passé simple

évoquai	évoquâmes
évoquas	évoquâtes
évoqua	évoquèrent

passé antérieur

eus évoqué	**eûmes** évoqué
eus évoqué	**eûtes** évoqué
eut évoqué	**eurent** évoqué

E

futur

évoquerai	évoquerons
évoqueras	évoquerez
évoquera	évoqueront

futur antérieur

aurai évoqué	**aurons** évoqué
auras évoqué	**aurez** évoqué
aura évoqué	**auront** évoqué

conditionnel

évoquerais	évoquerions
évoquerais	évoqueriez
évoquerait	évoqueraient

conditionnel passé

aurais évoqué	**aurions** évoqué
aurais évoqué	**auriez** évoqué
aurait évoqué	**auraient** évoqué

présent du subjonctif

évoque	évoquions
évoques	évoquiez
évoque	évoquent

passé du subjonctif

aie évoqué	**ayons** évoqué
aies évoqué	**ayez** évoqué
ait évoqué	**aient** évoqué

imparfait du subjonctif

évoquasse	évoquassions
évoquasses	évoquassiez
évoquât	évoquassent

plus-que-parfait du subjonctif

eusse évoqué	**eussions** évoqué
eusses évoqué	**eussiez** évoqué
eût évoqué	**eussent** évoqué

impératif

évoque
évoquons
évoquez

examiner

to examine

participe présent **examinant**   participe passé **examiné**

SINGULAR	PLURAL	SINGULAR	PLURAL

présent de l'indicatif

		passé composé	
examine	examinons	**ai** examiné	**avons** examiné
examines	examinez	**as** examiné	**avez** examiné
examine	examinent	**a** examiné	**ont** examiné

imparfait de l'indicatif

		plus-que-parfait de l'indicatif	
examinais	examinions	**avais** examiné	**avions** examiné
examinais	examiniez	**avais** examiné	**aviez** examiné
examinait	examinaient	**avait** examiné	**avaient** examiné

passé simple

		passé antérieur	
examinai	examinâmes	**eus** examiné	**eûmes** examiné
examinas	examinâtes	**eus** examiné	**eûtes** examiné
examina	examinèrent	**eut** examiné	**eurent** examiné

futur

		futur antérieur	
examinerai	examinerons	**aurai** examiné	**aurons** examiné
examineras	examinerez	**auras** examiné	**aurez** examiné
examinera	examineront	**aura** examiné	**auront** examiné

conditionnel

		conditionnel passé	
examinerais	examinerions	**aurais** examiné	**aurions** examiné
examinerais	examineriez	**aurais** examiné	**auriez** examiné
examinerait	examineraient	**aurait** examiné	**auraient** examiné

présent du subjonctif

		passé du subjonctif	
examine	examinions	**aie** examiné	**ayons** examiné
examines	examiniez	**aies** examiné	**ayez** examiné
examine	examinent	**ait** examiné	**aient** examiné

imparfait du subjonctif

		plus-que-parfait du subjonctif	
examinasse	examinassions	**eusse** examiné	**eussions** examiné
examinasses	examinassiez	**eusses** examiné	**eussiez** examiné
examinât	examinassent	**eût** examiné	**eussent** examiné

impératif

examine
examinons
examinez

participe présent **excluant**   participe passé **exclu**

SINGULAR	PLURAL	SINGULAR	PLURAL

présent de l'indicatif

		passé composé	
exclus	excluons	ai exclu	avons exclu
exclus	excluez	as exclu	avez exclu
exclut	excluent	a exclu	ont exclu

imparfait de l'indicatif

		plus-que-parfait de l'indicatif	
excluais	excluions	avais exclu	avions exclu
excluais	excluiez	avais exclu	aviez exclu
excluait	excluaient	avait exclu	avaient exclu

E

passé simple

		passé antérieur	
exclus	exclûmes	eus exclu	eûmes exclu
exclus	exclûtes	eus exclu	eûtes exclu
exclut	exclurent	eut exclu	eurent exclu

futur

		futur antérieur	
exclurai	exclurons	aurai exclu	aurons exclu
excluras	exclurez	auras exclu	aurez exclu
exclura	excluront	aura exclu	auront exclu

conditionnel

		conditionnel passé	
exclurais	exclurions	aurais exclu	aurions exclu
exclurais	excluriez	aurais exclu	auriez exclu
exclurait	excluraient	aurait exclu	auraient exclu

présent du subjonctif

		passé du subjonctif	
exclue	excluions	aie exclu	ayons exclu
exclues	excluiez	aies exclu	ayez exclu
exclue	excluent	ait exclu	aient exclu

imparfait du subjonctif

		plus-que-parfait du subjonctif	
exclusse	exclussions	eusse exclu	eussions exclu
exclusses	exclussiez	eusses exclu	eussiez exclu
exclût	exclussent	eût exclu	eussent exclu

impératif

exclus
excluons
excluez

s'excuser

to apologize

SINGULAR	PLURAL	SINGULAR	PLURAL

présent de l'indicatif

m'excuse / nous excusons
t'excuses / vous excusez
s'excuse / s'excusent

passé composé

me suis excusé(e) / nous sommes excusé(e)s
t'es excusé(e) / vous êtes excusé(e)(s)
s'est excusé(e) / se sont excusé(e)s

imparfait de l'indicatif

m'excusais / nous excusions
t'excusais / vous excusiez
s'excusait / s'excusaient

plus-que-parfait de l'indicatif

m'étais excusé(e) / nous étions excusé(e)s
t'étais excusé(e) / vous étiez excusé(e)(s)
s'était excusé(e) / s'étaient excusé(e)s

passé simple

m'excusai / nous excusâmes
t'excusas / vous excusâtes
s'excusa / s'excusèrent

passé antérieur

me fus excusé(e) / nous fûmes excusé(e)s
te fus excusé(e) / vous fûtes excusé(e)(s)
se fut excusé(e) / se furent excusé(e)s

futur

m'excuserai / nous excuserons
t'excuseras / vous excuserez
s'excusera / s'excuseront

futur antérieur

me serai excusé(e) / nous serons excusé(e)s
te seras excusé(e) / vous serez excusé(e)(s)
se sera excusé(e) / se seront excusé(e)s

conditionnel

m'excuserais / nous excuserions
t'excuserais / vous excuseriez
s'excuserait / s'excuseraient

conditionnel passé

me serais excusé(e) / nous serions excusé(e)s
te serais excusé(e) / vous seriez excusé(e)(s)
se serait excusé(e) / se seraient excusé(e)s

présent du subjonctif

m'excuse / nous excusions
t'excuses / vous excusiez
s'excuse / s'excusent

passé du subjonctif

me sois excusé(e) / nous soyons excusé(e)s
te sois excusé(e) / vous soyez excusé(e)(s)
se soit excusé(e) / se soient excusé(e)s

imparfait du subjonctif

m'excusasse / nous excusassions
t'excusasses / vous excusassiez
s'excusât / s'excusassent

plus-que-parfait du subjonctif

me fusse excusé(e) / nous fussions excusé(e)s
te fusses excusé(e) / vous fussiez excusé(e)(s)
se fût excusé(e) / se fussent excusé(e)s

impératif

excuse-toi
excusons-nous
excusez-vous

E

participe présent **exigeant**   participe passé **exigé**

SINGULAR	PLURAL	SINGULAR	PLURAL

présent de l'indicatif
exige / exigeons
exiges / exigez
exige / exigent

passé composé
ai exigé / avons exigé
as exigé / avez exigé
a exigé / ont exigé

imparfait de l'indicatif
exigeais / exigions
exigeais / exigiez
exigeait / exigeaient

plus-que-parfait de l'indicatif
avais exigé / avions exigé
avais exigé / aviez exigé
avait exigé / avaient exigé

passé simple
exigeai / exigeâmes
exigeas / exigeâtes
exigea / exigèrent

passé antérieur
eus exigé / eûmes exigé
eus exigé / eûtes exigé
eut exigé / eurent exigé

futur
exigerai / exigerons
exigeras / exigerez
exigera / exigeront

futur antérieur
aurai exigé / aurons exigé
auras exigé / aurez exigé
aura exigé / auront exigé

conditionnel
exigerais / exigerions
exigerais / exigeriez
exigerait / exigeraient

conditionnel passé
aurais exigé / aurions exigé
aurais exigé / auriez exigé
aurait exigé / auraient exigé

présent du subjonctif
exige / exigions
exiges / exigiez
exige / exigent

passé du subjonctif
aie exigé / ayons exigé
aies exigé / ayez exigé
ait exigé / aient exigé

imparfait du subjonctif
exigeasse / exigeassions
exigeasses / exigeassiez
exigeât / exigeassent

plus-que-parfait du subjonctif
eusse exigé / eussions exigé
eusses exigé / eussiez exigé
eût exigé / eussent exigé

impératif
exige
exigeons
exigez

E

expliciter — to make explicit, to clarify

participe présent **explicitant**   participe passé **explicité**

SINGULAR	PLURAL	SINGULAR	PLURAL
présent de l'indicatif		**passé composé**	
explicit**e**	explicit**ons**	**ai** explicité	**avons** explicité
explicit**es**	explicit**ez**	**as** explicité	**avez** explicité
explicit**e**	explicit**ent**	**a** explicité	**ont** explicité
imparfait de l'indicatif		**plus-que-parfait de l'indicatif**	
explicit**ais**	explicit**ions**	**avais** explicité	**avions** explicité
explicit**ais**	explicit**iez**	**avais** explicité	**aviez** explicité
explicit**ait**	explicit**aient**	**avait** explicité	**avaient** explicité
passé simple		**passé antérieur**	
explicit**ai**	explicit**âmes**	**eus** explicité	**eûmes** explicité
explicit**as**	explicit**âtes**	**eus** explicité	**eûtes** explicité
explicit**a**	explicit**èrent**	**eut** explicité	**eurent** explicité
futur		**futur antérieur**	
expliciter**ai**	expliciter**ons**	**aurai** explicité	**aurons** explicité
expliciter**as**	expliciter**ez**	**auras** explicité	**aurez** explicité
expliciter**a**	expliciter**ont**	**aura** explicité	**auront** explicité
conditionnel		**conditionnel passé**	
expliciter**ais**	expliciter**ions**	**aurais** explicité	**aurions** explicité
expliciter**ais**	expliciter**iez**	**aurais** explicité	**auriez** explicité
expliciter**ait**	expliciter**aient**	**aurait** explicité	**auraient** explicité
présent du subjonctif		**passé du subjonctif**	
explicit**e**	explicit**ions**	**aie** explicité	**ayons** explicité
explicit**es**	explicit**iez**	**aies** explicité	**ayez** explicité
explicit**e**	explicit**ent**	**ait** explicité	**aient** explicité
imparfait du subjonctif		**plus-que-parfait du subjonctif**	
explicit**asse**	explicit**assions**	**eusse** explicité	**eussions** explicité
explicit**asses**	explicit**assiez**	**eusses** explicité	**eussiez** explicité
explicit**ât**	explicit**assent**	**eût** explicité	**eussent** explicité

impératif
explicite
explicitons
explicitez

to explain
expliquer

participe présent **expliquant**   participe passé **expliqué**

SINGULAR	PLURAL	SINGULAR	PLURAL

présent de l'indicatif
explique	expliquons
expliques	expliquez
explique	expliquent

passé composé
ai expliqué	avons expliqué
as expliqué	avez expliqué
a expliqué	ont expliqué

imparfait de l'indicatif
expliquais	expliquions
expliquais	expliquiez
expliquait	expliquaient

plus-que-parfait de l'indicatif
avais expliqué	avions expliqué
avais expliqué	aviez expliqué
avait expliqué	avaient expliqué

passé simple
expliquai	expliquâmes
expliquas	expliquâtes
expliqua	expliquèrent

passé antérieur
eus expliqué	eûmes expliqué
eus expliqué	eûtes expliqué
eut expliqué	eurent expliqué

futur
expliquerai	expliquerons
expliqueras	expliquerez
expliquera	expliqueront

futur antérieur
aurai expliqué	aurons expliqué
auras expliqué	aurez expliqué
aura expliqué	auront expliqué

conditionnel
expliquerais	expliquerions
expliquerais	expliqueriez
expliquerait	expliqueraient

conditionnel passé
aurais expliqué	aurions expliqué
aurais expliqué	auriez expliqué
aurait expliqué	auraient expliqué

présent du subjonctif
explique	expliquions
expliques	expliquiez
explique	expliquent

passé du subjonctif
aie expliqué	ayons expliqué
aies expliqué	ayez expliqué
ait expliqué	aient expliqué

imparfait du subjonctif
expliquasse	expliquassions
expliquasses	expliquassiez
expliquât	expliquassent

plus-que-parfait du subjonctif
eusse expliqué	eussions expliqué
eusses expliqué	eussiez expliqué
eût expliqué	eussent expliqué

impératif
explique
expliquons
expliquez

E

MUST KNOW VERB

participe présent **exploitant**   participe passé **exploité**

SINGULAR	PLURAL	SINGULAR	PLURAL

présent de l'indicatif
exploite exploitons
exploites exploitez
exploite exploitent

passé composé
ai exploité avons exploité
as exploité avez exploité
a exploité ont exploité

imparfait de l'indicatif
exploitais exploitions
exploitais exploitiez
exploitait exploitaient

plus-que-parfait de l'indicatif
avais exploité avions exploité
avais exploité aviez exploité
avait exploité avaient exploité

passé simple
exploitai exploitâmes
exploitas exploitâtes
exploita exploitèrent

passé antérieur
eus exploité eûmes exploité
eus exploité eûtes exploité
eut exploité eurent exploité

futur
exploiterai exploiterons
exploiteras exploiterez
exploitera exploiteront

futur antérieur
aurai exploité aurons exploité
auras exploité aurez exploité
aura exploité auront exploité

conditionnel
exploiterais exploiterions
exploiterais exploiteriez
exploiterait exploiteraient

conditionnel passé
aurais exploité aurions exploité
aurais exploité auriez exploité
aurait exploité auraient exploité

présent du subjonctif
exploite exploitions
exploites exploitiez
exploite exploitent

passé du subjonctif
aie exploité ayons exploité
aies exploité ayez exploité
ait exploité aient exploité

imparfait du subjonctif
exploitasse exploitassions
exploitasses exploitassiez
exploitât exploitassent

plus-que-parfait du subjonctif
eusse exploité eussions exploité
eusses exploité eussiez exploité
eût exploité eussent exploité

impératif
exploite
exploitons
exploitez

E

to explore

participe présent **explorant**   participe passé **exploré**

SINGULAR	PLURAL	SINGULAR	PLURAL

présent de l'indicatif

explore	explorons
explores	explorez
explore	explorent

passé composé

ai exploré	avons exploré
as exploré	avez exploré
a exploré	ont exploré

imparfait de l'indicatif

explorais	explorions
explorais	exploriez
explorait	exploraient

plus-que-parfait de l'indicatif

avais exploré	avions exploré
avais exploré	aviez exploré
avait exploré	avaient exploré

E

passé simple

explorai	explorâmes
exploras	explorâtes
explora	explorèrent

passé antérieur

eus exploré	eûmes exploré
eus exploré	eûtes exploré
eut exploré	eurent exploré

futur

explorerai	explorerons
exploreras	explorerez
explorera	exploreront

futur antérieur

aurai exploré	aurons exploré
auras exploré	aurez exploré
aura exploré	auront exploré

conditionnel

explorerais	explorerions
explorerais	exploreriez
explorerait	exploreraient

conditionnel passé

aurais exploré	aurions exploré
aurais exploré	auriez exploré
aurait exploré	auraient exploré

présent du subjonctif

explore	explorions
explores	exploriez
explore	explorent

passé du subjonctif

aie exploré	ayons exploré
aies exploré	ayez exploré
ait exploré	aient exploré

imparfait du subjonctif

explorasse	explorassions
explorasses	explorassiez
explorât	explorassent

plus-que-parfait du subjonctif

eusse exploré	eussions exploré
eusses exploré	eussiez exploré
eût exploré	eussent exploré

impératif

explore
explorons
explorez

extraire

to extract

participle présent **extrayant**   participe passé **extrait**

SINGULAR	PLURAL	SINGULAR	PLURAL

présent de l'indicatif
extrais	extrayons		
extrais	extrayez		
extrait	extraient		

passé composé
ai extrait	avons extrait
as extrait	avez extrait
a extrait	ont extrait

imparfait de l'indicatif
extrayais	extrayions
extrayais	extrayiez
extrayait	extrayaient

plus-que-parfait de l'indicatif
avais extrait	avions extrait
avais extrait	aviez extrait
avait extrait	avaient extrait

passé simple
No conjugation for this tense.

passé antérieur
eus extrait	eûmes extrait
eus extrait	eûtes extrait
eut extrait	eurent extrait

futur
extrairai	extrairons
extrairas	extrairez
extraira	extrairont

futur antérieur
aurai extrait	aurons extrait
auras extrait	aurez extrait
aura extrait	auront extrait

conditionnel
extrairais	extrairions
extrairais	extrairiez
extrairait	extrairaient

conditionnel passé
aurais extrait	aurions extrait
aurais extrait	auriez extrait
aurait extrait	auraient extrait

présent du subjonctif
extraie	extrayions
extraies	extrayiez
extraie	extraient

passé du subjonctif
aie extrait	ayons extrait
aies extrait	ayez extrait
ait extrait	aient extrait

imparfait du subjonctif
No conjugation for this tense.

plus-que-parfait du subjonctif
eusse extrait	eussions extrait
eusses extrait	eussiez extrait
eût extrait	eussent extrait

impératif
extrais
extrayons
extrayez

E

to make, to manufacture — fabriquer

F

SINGULAR	PLURAL	SINGULAR	PLURAL
présent de l'indicatif		**passé composé**	
fabrique	fabriquons	**ai** fabriqué	**avons** fabriqué
fabriques	fabriquez	**as** fabriqué	**avez** fabriqué
fabrique	fabriquent	**a** fabriqué	**ont** fabriqué
imparfait de l'indicatif		**plus-que-parfait de l'indicatif**	
fabriquais	fabriquions	**avais** fabriqué	**avions** fabriqué
fabriquais	fabriquiez	**avais** fabriqué	**aviez** fabriqué
fabriquait	fabriquaient	**avait** fabriqué	**avaient** fabriqué
passé simple		**passé antérieur**	
fabriquai	fabriquâmes	**eus** fabriqué	**eûmes** fabriqué
fabriquas	fabriquâtes	**eus** fabriqué	**eûtes** fabriqué
fabriqua	fabriquèrent	**eut** fabriqué	**eurent** fabriqué
futur		**futur antérieur**	
fabriquerai	fabriquerons	**aurai** fabriqué	**aurons** fabriqué
fabriqueras	fabriquerez	**auras** fabriqué	**aurez** fabriqué
fabriquera	fabriqueront	**aura** fabriqué	**auront** fabriqué
conditionnel		**conditionnel passé**	
fabriquerais	fabriquerions	**aurais** fabriqué	**aurions** fabriqué
fabriquerais	fabriqueriez	**aurais** fabriqué	**auriez** fabriqué
fabriquerait	fabriqueraient	**aurait** fabriqué	**auraient** fabriqué
présent du subjonctif		**passé du subjonctif**	
fabrique	fabriquions	**aie** fabriqué	**ayons** fabriqué
fabriques	fabriquiez	**aies** fabriqué	**ayez** fabriqué
fabrique	fabriquent	**ait** fabriqué	**aient** fabriqué
imparfait du subjonctif		**plus-que-parfait du subjonctif**	
fabriquasse	fabriquassions	**eusse** fabriqué	**eussions** fabriqué
fabriquasses	fabriquassiez	**eusses** fabriqué	**eussiez** fabriqué
fabriquât	fabriquassent	**eût** fabriqué	**eussent** fabriqué

impératif
fabrique
fabriquons
fabriquez

se fâcher

to get angry

participe présent **se fâchant**   participe passé **fâché(e)(s)**

SINGULAR	PLURAL	SINGULAR	PLURAL
présent de l'indicatif		**passé composé**	
me fâche	**nous** fâchons	**me suis** fâché(e)	**nous sommes** fâché(e)s
te fâches	**vous** fâchez	**t'es** fâché(e)	**vous êtes** fâché(e)(s)
se fâche	**se** fâchent	**s'est** fâché(e)	**se sont** fâché(e)s
imparfait de l'indicatif		**plus-que-parfait de l'indicatif**	
me fâchais	**nous** fâchions	**m'étais** fâché(e)	**nous étions** fâché(e)s
te fâchais	**vous** fâchiez	**t'étais** fâché(e)	**vous étiez** fâché(e)(s)
se fâchait	**se** fâchaient	**s'était** fâché(e)	**s'étaient** fâché(e)s
passé simple		**passé antérieur**	
me fâchai	**nous** fâchâmes	**me fus** fâché(e)	**nous fûmes** fâché(e)s
te fâchas	**vous** fâchâtes	**te fus** fâché(e)	**vous fûtes** fâché(e)(s)
se fâcha	**se** fâchèrent	**se fut** fâché(e)	**se furent** fâché(e)s
futur		**futur antérieur**	
me fâcherai	**nous** fâcherons	**me serai** fâché(e)	**nous serons** fâché(e)s
te fâcheras	**vous** fâcherez	**te seras** fâché(e)	**vous serez** fâché(e)(s)
se fâchera	**se** fâcheront	**se sera** fâché(e)	**se seront** fâché(e)s
conditionnel		**conditionnel passé**	
me fâcherais	**nous** fâcherions	**me serais** fâché(e)	**nous serions** fâché(e)s
te fâcherais	**vous** fâcheriez	**te serais** fâché(e)	**vous seriez** fâché(e)(s)
se fâcherait	**se** fâcheraient	**se serait** fâché(e)	**se seraient** fâché(e)s
présent du subjonctif		**passé du subjonctif**	
me fâche	**nous** fâchions	**me sois** fâché(e)	**vous soyons** fâché(e)s
te fâches	**vous** fâchiez	**te sois** fâché(e)	**nous soyez** fâché(e)(s)
se fâche	**se** fâchent	**se soit** fâché(e)	**se soient** fâché(e)s
imparfait du subjonctif		**plus-que-parfait du subjonctif**	
me fâchasse	**nous** fâchassions	**me fusse** fâché(e)	**nous fussions** fâché(e)s
te fâchasses	**vous** fâchassiez	**te fusses** fâché(e)	**vous fussiez** fâché(e)(s)
se fâchât	**se** fâchassent	**se fût** fâché(e)	**se fussent** fâché(e)s

impératif
fâche-toi
fâchons-nous
fâchez-vous

F

to facilitate, to make easy · faciliter

participe présent **facilitant**   participe passé **facilité**

SINGULAR	PLURAL	SINGULAR	PLURAL

présent de l'indicatif

facilite	facilitons		
facilites	facilitez		
facilite	facilitent		

passé composé

ai facilité	**avons** facilité		
as facilité	**avez** facilité		
a facilité	**ont** facilité		

imparfait de l'indicatif

facilitais	facilitions
facilitais	facilitiez
facilitait	facilitaient

plus-que-parfait de l'indicatif

avais facilité	**avions** facilité
avais facilité	**aviez** facilité
avait facilité	**avaient** facilité

passé simple

facilitai	facilitâmes
facilitas	facilitâtes
facilita	facilitèrent

passé antérieur

eus facilité	**eûmes** facilité
eus facilité	**eûtes** facilité
eut facilité	**eurent** facilité

F

futur

faciliterai	faciliterons
faciliteras	faciliterez
facilitera	faciliteront

futur antérieur

aurai facilité	**aurons** facilité
auras facilité	**aurez** facilité
aura facilité	**auront** facilité

conditionnel

faciliterais	faciliterions
faciliterais	faciliteriez
faciliterait	faciliteraient

conditionnel passé

aurais facilité	**aurions** facilité
aurais facilité	**auriez** facilité
aurait facilité	**auraient** facilité

présent du subjonctif

facilite	facilitions
facilites	facilitiez
facilite	facilitent

passé du subjonctif

aie facilité	**ayons** facilité
aies facilité	**ayez** facilité
ait facilité	**aient** facilité

imparfait du subjonctif

facilitasse	facilitassions
facilitasses	facilitassiez
facilitât	facilitassent

plus-que-parfait du subjonctif

eusse facilité	**eussions** facilité
eusses facilité	**eussiez** facilité
eût facilité	**eussent** facilité

impératif

facilite
facilitons
facilitez

faiblir

to get weaker, to weaken

participe présent **faiblissant**   participe passé **faibli**

SINGULAR	PLURAL	SINGULAR	PLURAL

présent de l'indicatif

faiblis	faiblissons	**passé composé**	
faiblis	faiblissez		
faiblit	faiblissent		

passé composé

ai faibli	**avons** faibli
as faibli	**avez** faibli
a faibli	**ont** faibli

imparfait de l'indicatif

faiblissais	faiblissions
faiblissais	faiblissiez
faiblissait	faiblissaient

plus-que-parfait de l'indicatif

avais faibli	**avions** faibli
avais faibli	**aviez** faibli
avait faibli	**avaient** faibli

passé simple

faiblis	faiblîmes
faiblis	faiblîtes
faiblit	faiblirent

passé antérieur

eus faibli	**eûmes** faibli
eus faibli	**eûtes** faibli
eut faibli	**eurent** faibli

futur

faiblirai	faiblirons
faibliras	faiblirez
faiblira	faibliront

futur antérieur

aurai faibli	**aurons** faibli
auras faibli	**aurez** faibli
aura faibli	**auront** faibli

conditionnel

faiblirais	faiblirions
faiblirais	faibliriez
faiblirait	faibliraient

conditionnel passé

aurais faibli	**aurions** faibli
aurais faibli	**auriez** faibli
aurait faibli	**auraient** faibli

présent du subjonctif

faiblisse	faiblissions
faiblisses	faiblissiez
faiblisse	faiblissent

passé du subjonctif

aie faibli	**ayons** faibli
aies faibli	**ayez** faibli
ait faibli	**aient** faibli

imparfait du subjonctif

faiblisse	faiblissions
faiblisses	faiblissiez
faiblît	faiblissent

plus-que-parfait du subjonctif

eusse faibli	**eussions** faibli
eusses faibli	**eussiez** faibli
eût faibli	**eussent** faibli

impératif

faiblis
faiblissons
faiblissez

F

to almost do something (+ verb) **faillir**

SINGULAR	PLURAL	SINGULAR	PLURAL
présent de l'indicatif		**passé composé**	
faux	faillons	ai failli	avons failli
faux	faillez	as failli	avez failli
faut	faillent	a failli	ont failli
imparfait de l'indicatif		**plus-que-parfait de l'indicatif**	
faillais	faillions	avais failli	avions failli
faillais	failliez	avais failli	aviez failli
faillait	faillaient	avait failli	avaient failli
passé simple		**passé antérieur**	
faillis	faillîmes	eus failli	eûmes failli
faillis	faillîtes	eus failli	eûtes failli
faillit	faillirent	eut failli	eurent failli
futur		**futur antérieur**	
faillirai	faillirons	aurai failli	aurons failli
failliras	faillirez	auras failli	aurez failli
faillira	failliront	aura failli	auront failli
conditionnel		**conditionnel passé**	
faillirais	faillirions	aurais failli	aurions failli
faillirais	failliriez	aurais failli	auriez failli
faillirait	failliraient	aurait failli	auraient failli
présent du subjonctif		**passé du subjonctif**	
faillisse	faillissions	aie failli	ayons failli
faillisses	faillissiez	aies failli	ayez failli
faillisse	faillissent	ait failli	aient failli
imparfait du subjonctif		**plus-que-parfait du subjonctif**	
faillisse	faillissions	eusse failli	eussions failli
faillisses	faillissiez	eusses failli	eussiez failli
faillît	faillissent	eût failli	eussent failli

impératif
No conjugation for this tense.

F

participe présent **faisant**	participe passé **fait**

SINGULAR	PLURAL	SINGULAR	PLURAL

F

présent de l'indicatif
fais	faisons		
fais	faites		
fait	font		

passé composé
ai fait	**avons** fait
as fait	**avez** fait
a fait	**ont** fait

imparfait de l'indicatif
faisais	faisions
faisais	faisiez
faisait	faisaient

plus-que-parfait de l'indicatif
avais fait	**avions** fait
avais fait	**aviez** fait
avait fait	**avaient** fait

passé simple
fis	fîmes
fis	fîtes
fit	firent

passé antérieur
eus fait	**eûmes** fait
eus fait	**eûtes** fait
eut fait	**eurent** fait

futur
ferai	ferons
feras	ferez
fera	feront

futur antérieur
aurai fait	**aurons** fait
auras fait	**aurez** fait
aura fait	**auront** fait

conditionnel
ferais	ferions
ferais	feriez
ferait	feraient

conditionnel passé
aurais fait	**aurions** fait
aurais fait	**auriez** fait
aurait fait	**auraient** fait

présent du subjonctif
fasse	**fassions**
fasses	**fassiez**
fasse	**fassent**

passé du subjonctif
aie fait	**ayons** fait
aies fait	**ayez** fait
ait fait	**aient** fait

imparfait du subjonctif
fisse	**fissions**
fisses	**fissiez**
fit	**fissent**

plus-que-parfait du subjonctif
eusse fait	**eussions** fait
eusses fait	**eussiez** fait
eût fait	**eussent** fait

impératif
fais
faisons
faites

MUST KNOW VERB

participe présent -

participe passé **fallu**

présent de l'indicatif
fau**t**

passé composé
a fallu

imparfait de l'indicatif
fall**ait**

plus-que-parfait de l'indicatif
avait fallu

passé simple
fall**ut**

passé antérieur
eut fallu

futur
faud**ra**

futur antérieur
aura fallu

conditionnel
faud**rait**

conditionnel passé
aurait fallu

présent du subjonctif
faill**e**

passé du subjonctif
ait fallu

imparfait du subjonctif
fall**ût**

plus-que-parfait du subjonctif
eût fallu

impératif
No conjugation for this tense.

F

MUST
KNOW
VERB

fatiguer

to tire, to fatigue

SINGULAR	PLURAL	SINGULAR	PLURAL

présent de l'indicatif

fatigue	fatiguons		
fatigues	fatiguez		
fatigue	fatiguent		

passé composé

ai fatigué	**avons** fatigué
as fatigué	**avez** fatigué
a fatigué	**ont** fatigué

imparfait de l'indicatif

fatiguais	fatiguions
fatiguais	fatiguiez
fatiguait	fatiguaient

plus-que-parfait de l'indicatif

avais fatigué	**avions** fatigué
avais fatigué	**aviez** fatigué
avait fatigué	**avaient** fatigué

passé simple

fatiguai	fatiguâmes
fatiguas	fatiguâtes
fatigua	fatiguèrent

passé antérieur

eus fatigué	**eûmes** fatigué
eus fatigué	**eûtes** fatigué
eut fatigué	**eurent** fatigué

futur

fatiguerai	fatiguerons
fatigueras	fatiguerez
fatiguera	fatigueront

futur antérieur

aurai fatigué	**aurons** fatigué
auras fatigué	**aurez** fatigué
aura fatigué	**auront** fatigué

conditionnel

fatiguerais	fatiguerions
fatiguerais	fatigueriez
fatiguerait	fatigueraient

conditionnel passé

aurais fatigué	**aurions** fatigué
aurais fatigué	**auriez** fatigué
aurait fatigué	**auraient** fatigué

présent du subjonctif

fatigue	fatiguions
fatigues	fatiguiez
fatigue	fatiguent

passé du subjonctif

aie fatigué	**ayons** fatigué
aies fatigué	**ayez** fatigué
ait fatigué	**aient** fatigué

imparfait du subjonctif

fatiguasse	fatiguassions
fatiguasses	fatiguassiez
fatiguât	fatiguassent

plus-que-parfait du subjonctif

eusse fatigué	**eussions** fatigué
eusses fatigué	**eussiez** fatigué
eût fatigué	**eussent** fatigué

impératif

fatigue
fatiguons
fatiguez

F

to mow, to steal

participe passé **fauché**

SINGULAR	PLURAL	SINGULAR	PLURAL
présent de l'indicatif		**passé composé**	
fauche	fauchons	**ai** fauché	**avons** fauché
fauches	fauchez	**as** fauché	**avez** fauché
fauche	fauchent	**a** fauché	**ont** fauché
imparfait de l'indicatif		**plus-que-parfait de l'indicatif**	
fauchais	fauchions	**avais** fauché	**avions** fauché
fauchais	fauchiez	**avais** fauché	**aviez** fauché
fauchait	fauchaient	**avait** fauché	**avaient** fauché
passé simple		**passé antérieur**	
fauchai	fauchâmes	**eus** fauché	**eûmes** fauché
fauchas	fauchâtes	**eus** fauché	**eûtes** fauché
faucha	fauchèrent	**eut** fauché	**eurent** fauché
futur		**futur antérieur**	
faucherai	faucherons	**aurai** fauché	**aurons** fauché
faucheras	faucherez	**auras** fauché	**aurez** fauché
fauchera	faucheront	**aura** fauché	**auront** fauché
conditionnel		**conditionnel passé**	
faucherais	faucherions	**aurais** fauché	**aurions** fauché
faucherais	faucheriez	**aurais** fauché	**auriez** fauché
faucherait	faucheraient	**aurait** fauché	**auraient** fauché
présent du subjonctif		**passé du subjonctif**	
fauche	fauchions	**aie** fauché	**ayons** fauché
fauches	fauchiez	**aies** fauché	**ayez** fauché
fauche	fauchent	**ait** fauché	**aient** fauché
imparfait du subjonctif		**plus-que-parfait du subjonctif**	
fauchasse	fauchassions	**eusse** fauché	**eussions** fauché
fauchasses	fauchassiez	**eusses** fauché	**eussiez** fauché
fauchât	fauchassent	**eût** fauché	**eussent** fauché
impératif			
fauche			
fauchons			
fauchez			

F

se faufiler — to slip out, to snake in and out

participe présent **se faufilant** participe passé **faufilé(e)(s)**

SINGULAR	PLURAL	SINGULAR	PLURAL
présent de l'indicatif		**passé composé**	
me faufil**e**	**nous** faufil**ons**	**me suis** faufilé(e)	**nous sommes** faufilé(e)s
te faufil**es**	**vous** faufil**ez**	**t'es** faufilé(e)	**vous êtes** faufilé(e)(s)
se faufil**e**	**se** faufil**ent**	**s'est** faufilé(e)	**se sont** faufilé(e)s
imparfait de l'indicatif		**plus-que-parfait de l'indicatif**	
me faufil**ais**	**nous** faufil**ions**	**m'étais** faufilé(e)	**nous étions** faufilé(e)s
te faufil**ais**	**vous** faufil**iez**	**t'étais** faufilé(e)	**vous étiez** faufilé(e)(s)
se faufil**ait**	**se** faufil**aient**	**s'était** faufilé(e)	**s'étaient** faufilé(e)s
passé simple		**passé antérieur**	
me faufil**ai**	**nous** faufil**âmes**	**me fus** faufilé(e)	**nous fûmes** faufilé(e)s
te faufil**as**	**vous** faufil**âtes**	**te fus** faufilé(e)	**vous fûtes** faufilé(e)(s)
se faufil**a**	**se** faufil**èrent**	**se fut** faufilé(e)	**se furent** faufilé(e)s
futur		**futur antérieur**	
me faufiler**ai**	**nous** faufiler**ons**	**me serai** faufilé(e)	**nous serons** faufilé(e)s
te faufiler**as**	**vous** faufiler**ez**	**te seras** faufilé(e)	**vous serez** faufilé(e)(s)
se faufiler**a**	**se** faufiler**ont**	**se sera** faufilé(e)	**se seront** faufilé(e)s
conditionnel		**conditionnel passé**	
me faufiler**ais**	**nous** faufiler**ions**	**me serais** faufilé(e)	**nous serions** faufilé(e)s
te faufiler**ais**	**vous** faufiler**iez**	**te serais** faufilé(e)	**vous seriez** faufilé(e)(s)
se faufiler**ait**	**se** faufiler**aient**	**se serait** faufilé(e)	**se seraient** faufilé(e)s
présent du subjonctif		**passé du subjonctif**	
me faufil**e**	**nous** faufil**ions**	**me sois** faufilé(e)	**nous soyons** faufilé(e)s
te faufil**es**	**vous** faufil**iez**	**te sois** faufilé(e)	**vous soyez** faufilé(e)(s)
se faufil**e**	**se** faufil**ent**	**se soit** faufilé(e)	**se soient** faufilé(e)s
imparfait du subjonctif		**plus-que-parfait du subjonctif**	
me faufil**asse**	**nous** faufil**assions**	**me fusse** faufilé(e)	**nous fussions** faufilé(e)s
te faufil**asses**	**vous** faufil**assiez**	**te fusses** faufilé(e)	**vous fussiez** faufilé(e)(s)
se faufil**ât**	**se** faufil**assent**	**se fût** faufilé(e)	**se fussent** faufilé(e)s

impératif
faufile-toi
faufilons-nous
faufilez-vous

F

to favor   favoriser

SINGULAR	PLURAL	SINGULAR	PLURAL

présent de l'indicatif

		passé composé	
favorise	favorisons	**ai** favorisé	**avons** favorisé
favorises	favorisez	**as** favorisé	**avez** favorisé
favorise	favorisent	**a** favorisé	**ont** favorisé

imparfait de l'indicatif / **plus-que-parfait de l'indicatif**

favorisais	favorisions	**avais** favorisé	**avions** favorisé
favorisais	favorisiez	**avais** favorisé	**aviez** favorisé
favorisait	favorisaient	**avait** favorisé	**avaient** favorisé

passé simple / **passé antérieur**

favorisai	favorisâmes	**eus** favorisé	**eûmes** favorisé
favorisas	favorisâtes	**eus** favorisé	**eûtes** favorisé
favorisa	favorisèrent	**eut** favorisé	**eurent** favorisé

futur / **futur antérieur**

favoriserai	favoriserons	**aurai** favorisé	**aurons** favorisé
favoriseras	favoriserez	**auras** favorisé	**aurez** favorisé
favorisera	favoriseront	**aura** favorisé	**auront** favorisé

conditionnel / **conditionnel passé**

favoriserais	favoriserions	**aurais** favorisé	**aurions** favorisé
favoriserais	favoriseriez	**aurais** favorisé	**auriez** favorisé
favoriserait	favoriseraient	**aurait** favorisé	**auraient** favorisé

présent du subjonctif / **passé du subjonctif**

favorise	favorisions	**aie** favorisé	**ayons** favorisé
favorises	favorisiez	**aies** favorisé	**ayez** favorisé
favorise	favorisent	**ait** favorisé	**aient** favorisé

imparfait du subjonctif / **plus-que-parfait du subjonctif**

favorisasse	favorisassions	**eusse** favorisé	**eussions** favorisé
favorisasses	favorisassiez	**eusses** favorisé	**eussiez** favorisé
favorisât	favorisassent	**eût** favorisé	**eussent** favorisé

impératif

favorise
favorisons
favorisez

F

participe présent **feignant** participe passé **feint**

SINGULAR	PLURAL	SINGULAR	PLURAL

présent de l'indicatif

feins	feignons	
feins	feignez	
feint	feignent	

passé composé

ai feint	avons feint
as feint	avez feint
a feint	ont feint

imparfait de l'indicatif

feignais	feignions
feignais	feigniez
feignait	feignaient

plus-que-parfait de l'indicatif

avais feint	avions feint
avais feint	aviez feint
avait feint	avaient feint

passé simple

feignis	feignîmes
feignis	feignîtes
feignit	feignirent

passé antérieur

eus feint	eûmes feint
eus feint	eûtes feint
eut feint	eurent feint

futur

feindrai	feindrons
feindras	feindrez
feindra	feindront

futur antérieur

aurai feint	aurons feint
auras feint	aurez feint
aura feint	auront feint

conditionnel

feindrais	feindrions
feindrais	feindriez
feindrait	feindraient

conditionnel passé

aurais feint	aurions feint
aurais feint	auriez feint
aurait feint	auraient feint

présent du subjonctif

feigne	feignions
feignes	feigniez
feigne	feignent

passé du subjonctif

aie feint	ayons feint
aies feint	ayez feint
ait feint	aient feint

imparfait du subjonctif

feignisse	feignissions
feignisses	feignissiez
feignît	feignissent

plus-que-parfait du subjonctif

eusse feint	eussions feint
eusses feint	eussiez feint
eût feint	eussent feint

impératif

feins
feignons
feignez

F

to congratulate

participe présent **félicitant**   participe passé **félicité**

SINGULAR	PLURAL	SINGULAR	PLURAL

présent de l'indicatif
félicite	félicitons
félicites	félicitez
félicite	félicitent

passé composé
ai félicité	avons félicité
as félicité	avez félicité
a félicité	ont félicité

imparfait de l'indicatif
félicitais	félicitions
félicitais	félicitiez
félicitait	félicitaient

plus-que-parfait de l'indicatif
avais félicité	avions félicité
avais félicité	aviez félicité
avait félicité	avaient félicité

passé simple
félicitai	félicitâmes
félicitas	félicitâtes
félicita	félicitèrent

passé antérieur
eus félicité	eûmes félicité
eus félicité	eûtes félicité
eut félicité	eurent félicité

futur
féliciterai	féliciterons
féliciteras	féliciterez
félicitera	féliciteront

futur antérieur
aurai félicité	aurons félicité
auras félicité	aurez félicité
aura félicité	auront félicité

conditionnel
féliciterais	féliciterions
féliciterais	féliciteriez
féliciterait	féliciteraient

conditionnel passé
aurais félicité	aurions félicité
aurais félicité	auriez félicité
aurait félicité	auraient félicité

présent du subjonctif
félicite	félicitions
félicites	félicitiez
félicite	félicitent

passé du subjonctif
aie félicité	ayons félicité
aies félicité	ayez félicité
ait félicité	aient félicité

imparfait du subjonctif
félicitasse	félicitassions
félicitasses	félicitassiez
félicitât	félicitassent

plus-que-parfait du subjonctif
eusse félicité	eussions félicité
eusses félicité	eussiez félicité
eût félicité	eussent félicité

impératif
félicite
félicitons
félicitez

F

fendre

to split, to crack, to chop

participe présent **fendant**   participe passé **fendu**

SINGULAR	PLURAL	SINGULAR	PLURAL
présent de l'indicatif		**passé composé**	
fend**s**	fend**ons**	**ai** fendu	**avons** fendu
fend**s**	fend**ez**	**as** fendu	**avez** fendu
fend	fend**ent**	**a** fendu	**ont** fendu
imparfait de l'indicatif		**plus-que-parfait de l'indicatif**	
fend**ais**	fend**ions**	**avais** fendu	**avions** fendu
fend**ais**	fend**iez**	**avais** fendu	**aviez** fendu
fend**ait**	fend**aient**	**avait** fendu	**avaient** fendu
passé simple		**passé antérieur**	
fend**is**	fend**îmes**	**eus** fendu	**eûmes** fendu
fend**is**	fend**îtes**	**eus** fendu	**eûtes** fendu
fend**it**	fend**irent**	**eut** fendu	**eurent** fendu
futur		**futur antérieur**	
fend**rai**	fend**rons**	**aurai** fendu	**aurons** fendu
fend**ras**	fend**rez**	**auras** fendu	**aurez** fendu
fend**ra**	fend**ront**	**aura** fendu	**auront** fendu
conditionnel		**conditionnel passé**	
fend**rais**	fend**rions**	**aurais** fendu	**aurions** fendu
fend**rais**	fend**riez**	**aurais** fendu	**auriez** fendu
fend**rait**	fend**raient**	**aurait** fendu	**auraient** fendu
présent du subjonctif		**passé du subjonctif**	
fend**e**	fend**ions**	**aie** fendu	**ayons** fendu
fend**es**	fend**iez**	**aies** fendu	**ayez** fendu
fend**e**	fend**ent**	**ait** fendu	**aient** fendu
imparfait du subjonctif		**plus-que-parfait du subjonctif**	
fend**isse**	fend**issions**	**eusse** fendu	**eussions** fendu
fend**isses**	fend**issiez**	**eusses** fendu	**eussiez** fendu
fend**ît**	fend**issent**	**eût** fendu	**eussent** fendu

impératif
fends
fendons
fendez

F

participe présent fermant   **participe passé** fermé

SINGULAR	PLURAL	SINGULAR	PLURAL

présent de l'indicatif

		passé composé	
ferme	fermons	ai fermé	avons fermé
fermes	fermez	as fermé	avez fermé
ferme	ferment	a fermé	ont fermé

imparfait de l'indicatif

		plus-que-parfait de l'indicatif	
fermais	fermions	avais fermé	avions fermé
fermais	fermiez	avais fermé	aviez fermé
fermait	fermaient	avait fermé	avaient fermé

passé simple

		passé antérieur	
fermai	fermâmes	eus fermé	eûmes fermé
fermas	fermâtes	eus fermé	eûtes fermé
ferma	fermèrent	eut fermé	eurent fermé

F

futur

		futur antérieur	
fermerai	fermerons	aurai fermé	aurons fermé
fermeras	fermerez	auras fermé	aurez fermé
fermera	fermeront	aura fermé	auront fermé

conditionnel

		conditionnel passé	
fermerais	fermerions	aurais fermé	aurions fermé
fermerais	fermeriez	aurais fermé	auriez fermé
fermerait	fermeraient	aurait fermé	auraient fermé

présent du subjonctif

		passé du subjonctif	
ferme	fermions	aie fermé	ayons fermé
fermes	fermiez	aies fermé	ayez fermé
ferme	ferment	ait fermé	aient fermé

imparfait du subjonctif

		plus-que-parfait du subjonctif	
fermasse	fermassions	eusse fermé	eussions fermé
fermasses	fermassiez	eusses fermé	eussiez fermé
fermât	fermassent	eût fermé	eussent fermé

impératif

ferme
fermons
fermez

fêter

to celebrate

F

SINGULAR	PLURAL	SINGULAR	PLURAL
présent de l'indicatif		**passé composé**	
fête	fêtons	ai fêté	avons fêté
fêtes	fêtez	as fêté	avez fêté
fête	fêtent	a fêté	ont fêté
imparfait de l'indicatif		**plus-que-parfait de l'indicatif**	
fêtais	fêtions	avais fêté	avions fêté
fêtais	fêtiez	avais fêté	aviez fêté
fêtait	fêtaient	avait fêté	avaient fêté
passé simple		**passé antérieur**	
fêtai	fêtâmes	eus fêté	eûmes fêté
fêtas	fêtâtes	eus fêté	eûtes fêté
fêta	fêtèrent	eut fêté	eurent fêté
futur		**futur antérieur**	
fêterai	fêterons	aurai fêté	aurons fêté
fêteras	fêterez	auras fêté	aurez fêté
fêtera	fêteront	aura fêté	auront fêté
conditionnel		**conditionnel passé**	
fêterais	fêterions	aurais fêté	aurions fêté
fêterais	fêteriez	aurais fêté	auriez fêté
fêterait	fêteraient	aurait fêté	auraient fêté
présent du subjonctif		**passé du subjonctif**	
fête	fêtions	aie fêté	ayons fêté
fêtes	fêtiez	aies fêté	ayez fêté
fête	fêtent	ait fêté	aient fêté
imparfait du subjonctif		**plus-que-parfait du subjonctif**	
fêtasse	fêtassions	eusse fêté	eussions fêté
fêtasses	fêtassiez	eusses fêté	eussiez fêté
fêtât	fêtassent	eût fêté	eussent fêté
impératif			
fête			
fêtons			
fêtez			

participe présent **feuilletant**   participe passé **feuilleté**

SINGULAR	PLURAL	SINGULAR	PLURAL

présent de l'indicatif

		passé composé	
feuillet**e**	feuillet**ons**	**ai** feuilleté	**avons** feuilleté
feuillet**es**	feuillet**ez**	**as** feuilleté	**avez** feuilleté
feuillet**e**	feuillet**tent**	**a** feuilleté	**ont** feuilleté

imparfait de l'indicatif

		plus-que-parfait de l'indicatif	
feuillet**ais**	feuillet**ions**	**avais** feuilleté	**avions** feuilleté
feuillet**ais**	feuillet**iez**	**avais** feuilleté	**aviez** feuilleté
feuillet**ait**	feuillet**aient**	**avait** feuilleté	**avaient** feuilleté

passé simple

		passé antérieur	
feuillet**ai**	feuillet**âmes**	**eus** feuilleté	**eûmes** feuilleté
feuillet**as**	feuillet**âtes**	**eus** feuilleté	**eûtes** feuilleté
feuillet**a**	feuillet**èrent**	**eut** feuilleté	**eurent** feuilleté

futur

		futur antérieur	
feuilletter**ai**	feuilletter**ons**	**aurai** feuilleté	**aurons** feuilleté
feuilletter**as**	feuilletter**ez**	**auras** feuilleté	**aurez** feuilleté
feuilletter**a**	feuilletter**ont**	**aura** feuilleté	**auront** feuilleté

conditionnel

		conditionnel passé	
feuilletter**ais**	feuilletter**ions**	**aurais** feuilleté	**aurions** feuilleté
feuilletter**ais**	feuilletter**iez**	**aurais** feuilleté	**auriez** feuilleté
feuilletter**ait**	feuilletter**aient**	**aurait** feuilleté	**auraient** feuilleté

présent du subjonctif

		passé du subjonctif	
feuillet**te**	feuillet**ions**	**aie** feuilleté	**ayons** feuilleté
feuillet**tes**	feuillet**iez**	**aies** feuilleté	**ayez** feuilleté
feuillet**te**	feuillet**tent**	**ait** feuilleté	**aient** feuilleté

imparfait du subjonctif

		plus-que-parfait du subjonctif	
feuillet**asse**	feuillet**assions**	**eusse** feuilleté	**eussions** feuilleté
feuillet**asses**	feuillet**assiez**	**eusses** feuilleté	**eussiez** feuilleté
feuillet**ât**	feuillet**assent**	**eût** feuilleté	**eussent** feuilleté

impératif
feuillette
feuilletons
feuilletez

F

participe présent se fiant   **participe passé** fié(e)(s)

SINGULAR	PLURAL	SINGULAR	PLURAL

présent de l'indicatif

me fie	nous fions
te fies	vous fiez
se fie	se fient

passé composé

me suis fié(e)	nous sommes fié(e)s
t'es fié(e)	vous êtes fié(e)(s)
s'est fié(e)	se sont fié(e)s

imparfait de l'indicatif

me fiais	nous fiions
te fiais	vous fiiez
se fiait	se fiaient

plus-que-parfait de l'indicatif

m'étais fié(e)	nous étions fié(e)s
t'étais fié(e)	vous étiez fié(e)(s)
s'était fié(e)	s'étaient fié(e)s

passé simple

me fiai	nous fiâmes
te fias	vous fiâtes
se fia	se fièrent

passé antérieur

me fus fié(e)	nous fûmes fié(e)s
te fus fié(e)	vous fûtes fié(e)(s)
se fut fié(e)	se furent fié(e)s

futur

me fierai	nous fierons
te fieras	vous fierez
se fiera	se fieront

futur antérieur

me serai fié(e)	nous serons fié(e)s
te seras fié(e)	vous serez fié(e)(s)
se sera fié(e)	se seront fié(e)s

conditionnel

me fierais	nous fierions
te fierais	vous fieriez
se fierait	se fieraient

conditionnel passé

me serais fié(e)	nous serions fié(e)s
te serais fié(e)	vous seriez fié(e)(s)
se serait fié(e)	se seraient fié(e)s

présent du subjonctif

me fie	nous fiions
te fies	vous fiiez
se fie	se fient

passé du subjonctif

me sois fié(e)	nous soyons fié(e)s
te sois fié(e)	vous soyez fié(e)(s)
se soit fié(e)	se soient fié(e)s

imparfait du subjonctif

me fiasse	nous fiassions
te fiasses	vous fiassiez
se fiât	se fiassent

plus-que-parfait du subjonctif

me fusse fié(e)	nous fussions fié(e)s
te fusses fié(e)	vous fussiez fié(e)(s)
se fût fié(e)	se fussent fié(e)s

impératif

fie-toi
fions-nous
fiez-vous

F

to represent

participe présent **figurant**   participe passé **figuré**

SINGULAR	PLURAL	SINGULAR	PLURAL

présent de l'indicatif

		passé composé	
figure	figurons	**ai** figuré	**avons** figuré
figures	figurez	**as** figuré	**avez** figuré
figure	figurent	**a** figuré	**ont** figuré

imparfait de l'indicatif

		plus-que-parfait de l'indicatif	
figurais	figurions	**avais** figuré	**avions** figuré
figurais	figuriez	**avais** figuré	**aviez** figuré
figurait	figuraient	**avait** figuré	**avaient** figuré

passé simple

		passé antérieur	
figurai	figurâmes	**eus** figuré	**eûmes** figuré
figuras	figurâtes	**eus** figuré	**eûtes** figuré
figura	figurèrent	**eut** figuré	**eurent** figuré

futur

		futur antérieur	
figurerai	figurerons	**aurai** figuré	**aurons** figuré
figureras	figurerez	**auras** figuré	**aurez** figuré
figurera	figureront	**aura** figuré	**auront** figuré

conditionnel

		conditionnel passé	
figurerais	figurerions	**aurais** figuré	**aurions** figuré
figurerais	figureriez	**aurais** figuré	**auriez** figuré
figurerait	figureraient	**aurait** figuré	**auraient** figuré

présent du subjonctif

		passé du subjonctif	
figure	figurions	**aie** figuré	**ayons** figuré
figures	figuriez	**aies** figuré	**ayez** figuré
figure	figurent	**ait** figuré	**aient** figuré

imparfait du subjonctif

		plus-que-parfait du subjonctif	
figurasse	figurassions	**eusse** figuré	**eussions** figuré
figurasses	figurassiez	**eusses** figuré	**eussiez** figuré
figurât	figurassent	**eût** figuré	**eussent** figuré

impératif

figure
figurons
figurez

F

filer

to spin, to trail, to sneak off

SINGULAR	PLURAL	SINGULAR	PLURAL
présent de l'indicatif		passé composé	
file	filons	ai filé	avons filé
files	filez	as filé	avez filé
file	filent	a filé	ont filé
imparfait de l'indicatif		plus-que-parfait de l'indicatif	
filais	filions	avais filé	avions filé
filais	filiez	avais filé	aviez filé
filait	filaient	avait filé	avaient filé
passé simple		passé antérieur	
filai	filâmes	eus filé	eûmes filé
filas	filâtes	eus filé	eûtes filé
fila	filèrent	eut filé	eurent filé
futur		futur antérieur	
filerai	filerons	aurai filé	aurons filé
fileras	filerez	auras filé	aurez filé
filera	fileront	aura filé	auront filé
conditionnel		conditionnel passé	
filerais	filerions	aurais filé	aurions filé
filerais	fileriez	aurais filé	auriez filé
filerait	fileraient	aurait filé	auraient filé
présent du subjonctif		passé du subjonctif	
file	filions	aie filé	ayons filé
files	filiez	aies filé	ayez filé
file	filent	ait filé	aient filé
imparfait du subjonctif		plus-que-parfait du subjonctif	
filasse	filassions	eusse filé	eussions filé
filasses	filassiez	eusses filé	eussiez filé
filât	filassent	eût filé	eussent filé

impératif
file
filons
filez

F

to end, to finish

participe présent finissant   **participe passé** fini

SINGULAR	PLURAL	SINGULAR	PLURAL

présent de l'indicatif
finis	finissons
finis	finissez
finit	finissent

passé composé
ai fini	avons fini
as fini	avez fini
a fini	ont fini

imparfait de l'indicatif
finissais	finissions
finissais	finissiez
finissait	finissaient

plus-que-parfait de l'indicatif
avais fini	avions fini
avais fini	aviez fini
avait fini	avaient fini

passé simple
finis	finîmes
finis	finîtes
finit	finirent

passé antérieur
eus fini	eûmes fini
eus fini	eûtes fini
eut fini	eurent fini

F

futur
finirai	finirons
finiras	finirez
finira	finiront

futur antérieur
aurai fini	aurons fini
auras fini	aurez fini
aura fini	auront fini

conditionnel
finirais	finirions
finirais	finiriez
finirait	finiraient

conditionnel passé
aurais fini	aurions fini
aurais fini	auriez fini
aurait fini	auraient fini

présent du subjonctif
finisse	finissions
finisses	finissiez
finisse	finissent

passé du subjonctif
aie fini	ayons fini
aies fini	ayez fini
ait fini	aient fini

imparfait du subjonctif
finisse	finissions
finisses	finissiez
finît	finissent

plus-que-parfait du subjonctif
eusse fini	eussions fini
eusses fini	eussiez fini
eût fini	eussent fini

impératif
finis
finissons
finissez

MUST
KNOW
VERB

to attach, to stare, to determine

participe présent	fixant	participe passé	fixé

SINGULAR	PLURAL	SINGULAR	PLURAL

présent de l'indicatif

		passé composé	
fixe	fixons	ai fixé	avons fixé
fixes	fixez	as fixé	avez fixé
fixe	fixent	a fixé	ont fixé

imparfait de l'indicatif

		plus-que-parfait de l'indicatif	
fixais	fixions	avais fixé	avions fixé
fixais	fixiez	avais fixé	aviez fixé
fixait	fixaient	avait fixé	avaient fixé

passé simple

		passé antérieur	
fixai	fixâmes	eus fixé	eûmes fixé
fixas	fixâtes	eus fixé	eûtes fixé
fixa	fixèrent	eut fixé	eurent fixé

futur

		futur antérieur	
fixerai	fixerons	aurai fixé	aurons fixé
fixeras	fixerez	auras fixé	aurez fixé
fixera	fixeront	aura fixé	auront fixé

conditionnel

		conditionnel passé	
fixerais	fixerions	aurais fixé	aurions fixé
fixerais	fixeriez	aurais fixé	auriez fixé
fixerait	fixeraient	aurait fixé	auraient fixé

présent du subjonctif

		passé du subjonctif	
fixe	fixions	aie fixé	ayons fixé
fixes	fixiez	aies fixé	ayez fixé
fixe	fixent	ait fixé	aient fixé

imparfait du subjonctif

		plus-que-parfait du subjonctif	
fixasse	fixassions	eusse fixé	eussions fixé
fixasses	fixassiez	eusses fixé	eussiez fixé
fixât	fixassent	eût fixé	eussent fixé

impératif

fixe
fixons
fixez

F

to flower, to flourish · fleurir

SINGULAR	PLURAL	SINGULAR	PLURAL
présent de l'indicatif		**passé composé**	
fleur**is**	fleur**issons**	**ai** fleuri	**avons** fleuri
fleur**is**	fleur**issez**	**as** fleuri	**avez** fleuri
fleur**it**	fleur**issent**	**a** fleuri	**ont** fleuri
imparfait de l'indicatif		**plus-que-parfait de l'indicatif**	
fleur**issais**	fleur**issions**	**avais** fleuri	**avions** fleuri
fleur**issais**	fleur**issiez**	**avais** fleuri	**aviez** fleuri
fleur**issait**	fleur**issaient**	**avait** fleuri	**avaient** fleuri
passé simple		**passé antérieur**	
fleur**is**	fleur**îmes**	**eus** fleuri	**eûmes** fleuri
fleur**is**	fleur**îtes**	**eus** fleuri	**eûtes** fleuri
fleur**it**	fleur**irent**	**eut** fleuri	**eurent** fleuri
futur		**futur antérieur**	
fleurir**ai**	fleurir**ons**	**aurai** fleuri	**aurons** fleuri
fleurir**as**	fleurir**ez**	**auras** fleuri	**aurez** fleuri
fleurir**a**	fleurir**ont**	**aura** fleuri	**auront** fleuri
conditionnel		**conditionnel passé**	
fleurir**ais**	fleurir**ions**	**aurais** fleuri	**aurions** fleuri
fleurir**ais**	fleurir**iez**	**aurais** fleuri	**auriez** fleuri
fleurir**ait**	fleurir**aient**	**aurait** fleuri	**auraient** fleuri
présent du subjonctif		**passé du subjonctif**	
fleur**isse**	fleur**issions**	**aie** fleuri	**ayons** fleuri
fleur**isses**	fleur**issiez**	**aies** fleuri	**ayez** fleuri
fleur**isse**	fleur**issent**	**ait** fleuri	**aient** fleuri
imparfait du subjonctif		**plus-que-parfait du subjonctif**	
fleur**isse**	fleur**issions**	**eusse** fleuri	**eussions** fleuri
fleur**isses**	fleur**issiez**	**eusses** fleuri	**eussiez** fleuri
fleur**ît**	fleur**issent**	**eût** fleuri	**eussent** fleuri

impératif
fleuris
fleurissons
fleurissez

F

flotter
to float, to flutter, to hesitate

participe présent **flottant**   participe passé **flotté**

SINGULAR	PLURAL	SINGULAR	PLURAL
présent de l'indicatif		**passé composé**	
flotte	flottons	ai flotté	avons flotté
flottes	flottez	as flotté	avez flotté
flotte	flottent	a flotté	ont flotté
imparfait de l'indicatif		**plus-que-parfait de l'indicatif**	
flottais	flottions	avais flotté	avions flotté
flottais	flottiez	avais flotté	aviez flotté
flottait	flottaient	avait flotté	avaient flotté
passé simple		**passé antérieur**	
flottai	flottâmes	eus flotté	eûmes flotté
flottas	flottâtes	eus flotté	eûtes flotté
flotta	flottèrent	eut flotté	eurent flotté
futur		**futur antérieur**	
flotterai	flotterons	aurai flotté	aurons flotté
flotteras	flotterez	auras flotté	aurez flotté
flottera	flotteront	aura flotté	auront flotté
conditionnel		**conditionnel passé**	
flotterais	flotterions	aurais flotté	aurions flotté
flotterais	flotteriez	aurais flotté	auriez flotté
flotterait	flotteraient	aurait flotté	auraient flotté
présent du subjonctif		**passé du subjonctif**	
flotte	flottions	aie flotté	ayons flotté
flottes	flottiez	aies flotté	ayez flotté
flotte	flottent	ait flotté	aient flotté
imparfait du subjonctif		**plus-que-parfait du subjonctif**	
flottasse	flottassions	eusse flotté	eussions flotté
flottasses	flottassiez	eusses flotté	eussiez flotté
flottât	flottassent	eût flotté	eussent flotté

impératif
flotte
flottons
flottez

F

participe présent fonçant   participe passé foncé

SINGULAR	PLURAL	SINGULAR	PLURAL

présent de l'indicatif

fonce	fonçons
fonces	foncez
fonce	foncent

passé composé

ai foncé	avons foncé
as foncé	avez foncé
a foncé	ont foncé

imparfait de l'indicatif

fonçais	foncions
fonçais	fonciez
fonçait	fonçaient

plus-que-parfait de l'indicatif

avais foncé	avions foncé
avais foncé	aviez foncé
avait foncé	avaient foncé

passé simple

fonçai	fonçâmes
fonças	fonçâtes
fonça	foncèrent

passé antérieur

eus foncé	eûmes foncé
eus foncé	eûtes foncé
eut foncé	eurent foncé

futur

foncerai	foncerons
fonceras	foncerez
foncera	fonceront

futur antérieur

aurai foncé	aurons foncé
auras foncé	aurez foncé
aura foncé	auront foncé

conditionnel

foncerais	foncerions
foncerais	fonceriez
foncerait	fonceraient

conditionnel passé

aurais foncé	aurions foncé
aurais foncé	auriez foncé
aurait foncé	auraient foncé

présent du subjonctif

fonce	foncions
fonces	fonciez
fonce	foncent

passé du subjonctif

aie foncé	ayons foncé
aies foncé	ayez foncé
ait foncé	aient foncé

imparfait du subjonctif

fonçasse	fonçassions
fonçasses	fonçassiez
fonçât	fonçassent

plus-que-parfait du subjonctif

eusse foncé	eussions foncé
eusses foncé	eussiez foncé
eût foncé	eussent foncé

impératif

fonce
fonçons
foncez

F

fonctionner
to function, to work

SINGULAR	PLURAL	SINGULAR	PLURAL

présent de l'indicatif

		passé composé	
fonctionne	fonctionnons	**ai** fonctionné	**avons** fonctionné
fonctionnes	fonctionnez	**as** fonctionné	**avez** fonctionné
fonctionne	fonctionnent	**a** fonctionné	**ont** fonctionné

imparfait de l'indicatif · **plus-que-parfait de l'indicatif**

fonctionnais	fonctionnions	**avais** fonctionné	**avions** fonctionné
fonctionnais	fonctionniez	**avais** fonctionné	**aviez** fonctionné
fonctionnait	fonctionnaient	**avait** fonctionné	**avaient** fonctionné

passé simple · **passé antérieur**

fonctionnai	fonctionnâmes	**eus** fonctionné	**eûmes** fonctionné
fonctionnas	fonctionnâtes	**eus** fonctionné	**eûtes** fonctionné
fonctionna	fonctionnèrent	**eut** fonctionné	**eurent** fonctionné

futur · **futur antérieur**

fonctionnerai	fonctionnerons	**aurai** fonctionné	**aurons** fonctionné
fonctionneras	fonctionnerez	**auras** fonctionné	**aurez** fonctionné
fonctionnera	fonctionneront	**aura** fonctionné	**auront** fonctionné

conditionnel · **conditionnel passé**

fonctionnerais	fonctionnerions	**aurais** fonctionné	**aurions** fonctionné
fonctionnerais	fonctionneriez	**aurais** fonctionné	**auriez** fonctionné
fonctionnerait	fonctionneraient	**aurait** fonctionné	**auraient** fonctionné

présent du subjonctif · **passé du subjonctif**

fonctionne	fonctionnions	**aie** fonctionné	**ayons** fonctionné
fonctionnes	fonctionniez	**aies** fonctionné	**ayez** fonctionné
fonctionne	fonctionnent	**ait** fonctionné	**aient** fonctionné

imparfait du subjonctif · **plus-que-parfait du subjonctif**

fonctionnasse	fonctionnassions	**eusse** fonctionné	**eussions** fonctionné
fonctionnasses	fonctionnassiez	**eusses** fonctionné	**eussiez** fonctionné
fonctionnât	fonctionnassent	**eût** fonctionné	**eussent** fonctionné

impératif

fonctionne
fonctionnons
fonctionnez

F

to found, to establish

participe présent **fondant**   participe passé **fondé**

SINGULAR	PLURAL	SINGULAR	PLURAL

présent de l'indicatif
fond**e**	fond**ons**		
fond**es**	fond**ez**		
fond**e**	fond**ent**		

passé composé
ai fondé	**avons** fondé
as fondé	**avez** fondé
a fondé	**ont** fondé

imparfait de l'indicatif
fond**ais**	fond**ions**
fond**ais**	fond**iez**
fond**ait**	fond**aient**

plus-que-parfait de l'indicatif
avais fondé	**avions** fondé
avais fondé	**aviez** fondé
avait fondé	**avaient** fondé

passé simple
fond**ai**	fond**âmes**
fond**as**	fond**âtes**
fond**a**	fond**èrent**

passé antérieur
eus fondé	**eûmes** fondé
eus fondé	**eûtes** fondé
eut fondé	**eurent** fondé

futur
fond**erai**	fond**erons**
fond**eras**	fond**erez**
fond**era**	fond**eront**

futur antérieur
aurai fondé	**aurons** fondé
auras fondé	**aurez** fondé
aura fondé	**auront** fondé

conditionnel
fond**erais**	fond**erions**
fond**erais**	fond**eriez**
fond**erait**	fond**eraient**

conditionnel passé
aurais fondé	**aurions** fondé
aurais fondé	**auriez** fondé
aurait fondé	**auraient** fondé

présent du subjonctif
fond**e**	fond**ions**
fond**es**	fond**iez**
fond**e**	fond**ent**

passé du subjonctif
aie fondé	**ayons** fondé
aies fondé	**ayez** fondé
ait fondé	**aient** fondé

imparfait du subjonctif
fond**asse**	fond**assions**
fond**asses**	fond**assiez**
fond**ât**	fond**assent**

plus-que-parfait du subjonctif
eusse fondé	**eussions** fondé
eusses fondé	**eussiez** fondé
eût fondé	**eussent** fondé

impératif
fonde
fondons
fondez

F

fondre

to melt, to dissolve

participe présent **fondant** participe passé **fondu**

SINGULAR	PLURAL	SINGULAR	PLURAL

présent de l'indicatif

fond**s**	fond**ons**		
fond**s**	fond**ez**		
fond	fond**ent**		

passé composé

ai fondu	**avons** fondu
as fondu	**avez** fondu
a fondu	**ont** fondu

imparfait de l'indicatif

fond**ais**	fond**ions**
fond**ais**	fond**iez**
fond**ait**	fond**aient**

plus-que-parfait de l'indicatif

avais fondu	**avions** fondu
avais fondu	**aviez** fondu
avait fondu	**avaient** fondu

passé simple

fond**is**	fond**îmes**
fond**is**	fond**îtes**
fond**it**	fond**irent**

passé antérieur

eus fondu	**eûmes** fondu
eus fondu	**eûtes** fondu
eut fondu	**eurent** fondu

futur

fond**rai**	fond**rons**
fond**ras**	fond**rez**
fond**ra**	fond**ront**

futur antérieur

aurai fondu	**aurons** fondu
auras fondu	**aurez** fondu
aura fondu	**auront** fondu

conditionnel

fond**rais**	fond**rions**
fond**rais**	fond**riez**
fond**rait**	fond**raient**

conditionnel passé

aurais fondu	**aurions** fondu
aurais fondu	**auriez** fondu
aurait fondu	**auraient** fondu

présent du subjonctif

fond**e**	fond**ions**
fond**es**	fond**iez**
fond**e**	fond**ent**

passé du subjonctif

aie fondu	**ayons** fondu
aies fondu	**ayez** fondu
ait fondu	**aient** fondu

imparfait du subjonctif

fond**isse**	fond**issions**
fond**isses**	fond**issiez**
fond**ît**	fond**issent**

plus-que-parfait du subjonctif

eusse fondu	**eussions** fondu
eusses fondu	**eussiez** fondu
eût fondu	**eussent** fondu

impératif

fonds
fondons
fondez

MEMORY TIP

This restaurant is known for its chocolate **fondue** dessert.

F

to force, to strain, to oblige   forcer

participe présent **forçant**   participe passé **forcé**

SINGULAR	PLURAL	SINGULAR	PLURAL
présent de l'indicatif		**passé composé**	
force	forçons	**ai** forcé	**avons** forcé
forces	forcez	**as** forcé	**avez** forcé
force	forcent	**a** forcé	**ont** forcé
imparfait de l'indicatif		**plus-que-parfait de l'indicatif**	
forçais	forcions	**avais** forcé	**avions** forcé
forçais	forciez	**avais** forcé	**aviez** forcé
forçait	forçaient	**avait** forcé	**avaient** forcé
passé simple		**passé antérieur**	
forçai	forçâmes	**eus** forcé	**eûmes** forcé
forças	forçâtes	**eus** forcé	**eûtes** forcé
força	forcèrent	**eut** forcé	**eurent** forcé
futur		**futur antérieur**	
forcerai	forcerons	**aurai** forcé	**aurons** forcé
forceras	forcerez	**auras** forcé	**aurez** forcé
forcera	forceront	**aura** forcé	**auront** forcé
conditionnel		**conditionnel passé**	
forcerais	forcerions	**aurais** forcé	**aurions** forcé
forcerais	forceriez	**aurais** forcé	**auriez** forcé
forcerait	forceraient	**aurait** forcé	**auraient** forcé
présent du subjonctif		**passé du subjonctif**	
force	forcions	**aie** forcé	**ayons** forcé
forces	forciez	**aies** forcé	**ayez** forcé
force	forcent	**ait** forcé	**aient** forcé
imparfait du subjonctif		**plus-que-parfait du subjonctif**	
forçasse	forçassions	**eusse** forcé	**eussions** forcé
forçasses	forçassiez	**eusses** forcé	**eussiez** forcé
forçât	forçassent	**eût** forcé	**eussent** forcé

impératif
force
forçons
forcez

F

participe présent **formant**   participe passé **formé**

SINGULAR	PLURAL	SINGULAR	PLURAL

présent de l'indicatif

		passé composé	
forme	formons	ai formé	avons formé
formes	formez	as formé	avez formé
forme	forment	a formé	ont formé

imparfait de l'indicatif

		plus-que-parfait de l'indicatif	
formais	formions	avais formé	avions formé
formais	formiez	avais formé	aviez formé
formait	formaient	avait formé	avaient formé

passé simple

		passé antérieur	
formai	formâmes	eus formé	eûmes formé
formas	formâtes	eus formé	eûtes formé
forma	formèrent	eut formé	eurent formé

futur

		futur antérieur	
formerai	formerons	aurai formé	aurons formé
formeras	formerez	auras formé	aurez formé
formera	formeront	aura formé	auront formé

conditionnel

		conditionnel passé	
formerais	formerions	aurais formé	aurions formé
formerais	formeriez	aurais formé	auriez formé
formerait	formeraient	aurait formé	auraient formé

présent du subjonctif

		passé du subjonctif	
forme	formions	aie formé	ayons formé
formes	formiez	aies formé	ayez formé
forme	forment	ait formé	aient formé

imparfait du subjonctif

		plus-que-parfait du subjonctif	
formasse	formassions	eusse formé	eussions formé
formasses	formassiez	eusses formé	eussiez formé
formât	formassent	eût formé	eussent formé

impératif

forme
formons
formez

F

to formulate, to state

formuler

SINGULAR	PLURAL	SINGULAR	PLURAL
présent de l'indicatif		**passé composé**	
formule	formulons	ai formulé	avons formulé
formules	formulez	as formulé	avez formulé
formule	formulent	a formulé	ont formulé
imparfait de l'indicatif		**plus-que-parfait de l'indicatif**	
formulais	formulions	avais formulé	avions formulé
formulais	formuliez	avais formulé	aviez formulé
formulait	formulaient	avait formulé	avaient formulé
passé simple		**passé antérieur**	
formulai	formulâmes	eus formulé	eûmes formulé
formulas	formulâtes	eus formulé	eûtes formulé
formula	formulèrent	eut formulé	eurent formulé
futur		**futur antérieur**	
formulerai	formulerons	aurai formulé	aurons formulé
formuleras	formulerez	auras formulé	aurez formulé
formulera	formuleront	aura formulé	auront formulé
conditionnel		**conditionnel passé**	
formulerais	formulerions	aurais formulé	aurions formulé
formulerais	formuleriez	aurais formulé	auriez formulé
formulerait	formuleraient	aurait formulé	auraient formulé
présent du subjonctif		**passé du subjonctif**	
formule	formulions	aie formulé	ayons formulé
formules	formuliez	aies formulé	ayez formulé
formule	formulent	ait formulé	aient formulé
imparfait du subjonctif		**plus-que-parfait du subjonctif**	
formulasse	formulassions	eusse formulé	eussions formulé
formulasses	formulassiez	eusses formulé	eussiez formulé
formulât	formulassent	eût formulé	eussent formulé
impératif			
formule			
formulons			
formulez			

F

participe présent **fouillant**   participe passé **fouillé**

SINGULAR	PLURAL	SINGULAR	PLURAL

présent de l'indicatif

		passé composé	
fouill**e**	fouill**ons**	**ai** fouillé	**avons** fouillé
fouill**es**	fouill**ez**	**as** fouillé	**avez** fouillé
fouill**e**	fouill**ent**	**a** fouillé	**ont** fouillé

imparfait de l'indicatif

		plus-que-parfait de l'indicatif	
fouill**ais**	fouill**ions**	**avais** fouillé	**avions** fouillé
fouill**ais**	fouill**iez**	**avais** fouillé	**aviez** fouillé
fouill**ait**	fouill**aient**	**avait** fouillé	**avaient** fouillé

passé simple

		passé antérieur	
fouill**ai**	fouill**âmes**	**eus** fouillé	**eûmes** fouillé
fouill**as**	fouill**âtes**	**eus** fouillé	**eûtes** fouillé
fouill**a**	fouill**èrent**	**eut** fouillé	**eurent** fouillé

futur

		futur antérieur	
fouiller**ai**	fouiller**ons**	**aurai** fouillé	**aurons** fouillé
fouiller**as**	fouiller**ez**	**auras** fouillé	**aurez** fouillé
fouiller**a**	fouiller**ont**	**aura** fouillé	**auront** fouillé

conditionnel

		conditionnel passé	
fouiller**ais**	fouiller**ions**	**aurais** fouillé	**aurions** fouillé
fouiller**ais**	fouiller**iez**	**aurais** fouillé	**auriez** fouillé
fouiller**ait**	fouiller**aient**	**aurait** fouillé	**auraient** fouillé

présent du subjonctif

		passé du subjonctif	
fouill**e**	fouill**ions**	**aie** fouillé	**ayons** fouillé
fouill**es**	fouill**iez**	**aies** fouillé	**ayez** fouillé
fouill**e**	fouill**ent**	**ait** fouillé	**aient** fouillé

imparfait du subjonctif

		plus-que-parfait du subjonctif	
fouill**asse**	fouill**assions**	**eusse** fouillé	**eussions** fouillé
fouill**asses**	fouill**assiez**	**eusses** fouillé	**eussiez** fouillé
fouill**ât**	fouill**assent**	**eût** fouillé	**eussent** fouillé

impératif

fouille
fouillons
fouillez

to supply, to furnish   fournir

SINGULAR	PLURAL	SINGULAR	PLURAL
présent de l'indicatif		**passé composé**	
fourn**is**	fourn**issons**	**ai** fourni	**avons** fourni
fourn**is**	fourn**issez**	**as** fourni	**avez** fourni
fourn**it**	fourn**issent**	**a** fourni	**ont** fourni
imparfait de l'indicatif		**plus-que-parfait de l'indicatif**	
fourn**issais**	fourn**issions**	**avais** fourni	**avions** fourni
fourn**issais**	fourn**issiez**	**avais** fourni	**aviez** fourni
fourn**issait**	fourn**issaient**	**avait** fourni	**avaient** fourni
passé simple		**passé antérieur**	
fourn**is**	fourn**îmes**	**eus** fourni	**eûmes** fourni
fourn**is**	fourn**îtes**	**eus** fourni	**eûtes** fourni
fourn**it**	fourn**irent**	**eut** fourni	**eurent** fourni
futur		**futur antérieur**	
fournir**ai**	fournir**ons**	**aurai** fourni	**aurons** fourni
fournir**as**	fournir**ez**	**auras** fourni	**aurez** fourni
fournir**a**	fournir**ont**	**aura** fourni	**auront** fourni
conditionnel		**conditionnel passé**	
fournir**ais**	fournir**ions**	**aurais** fourni	**aurions** fourni
fournir**ais**	fournir**iez**	**aurais** fourni	**auriez** fourni
fournir**ait**	fournir**aient**	**aurait** fourni	**auraient** fourni
présent du subjonctif		**passé du subjonctif**	
fourn**isse**	fourn**issions**	**aie** fourni	**ayons** fourni
fourn**isses**	fourn**issiez**	**aies** fourni	**ayez** fourni
fourn**isse**	fourn**issent**	**ait** fourni	**aient** fourni
imparfait du subjonctif		**plus-que-parfait du subjonctif**	
fourn**isse**	fourn**issions**	**eusse** fourni	**eussions** fourni
fourn**isses**	fourn**issiez**	**eusses** fourni	**eussiez** fourni
fourn**ît**	fourn**issent**	**eût** fourni	**eussent** fourni
impératif			
fournis			
fournissons			
fournissez			

F

frapper

to strike, to knock, to beat

participe présent **frappant** participe passé **frappé**

SINGULAR	PLURAL	SINGULAR	PLURAL

présent de l'indicatif

		passé composé	
frappe	frappons	**ai** frappé	**avons** frappé
frappes	frappez	**as** frappé	**avez** frappé
frappe	frappent	**a** frappé	**ont** frappé

imparfait de l'indicatif

		plus-que-parfait de l'indicatif	
frappais	frappions	**avais** frappé	**avions** frappé
frappais	frappiez	**avais** frappé	**aviez** frappé
frappait	frappaient	**avait** frappé	**avaient** frappé

passé simple

		passé antérieur	
frappai	frappâmes	**eus** frappé	**eûmes** frappé
frappas	frappâtes	**eus** frappé	**eûtes** frappé
frappa	frappèrent	**eut** frappé	**eurent** frappé

futur

		futur antérieur	
frapperai	frapperons	**aurai** frappé	**aurons** frappé
frapperas	frapperez	**auras** frappé	**aurez** frappé
frappera	frapperont	**aura** frappé	**auront** frappé

conditionnel

		conditionnel passé	
frapperais	frapperions	**aurais** frappé	**aurions** frappé
frapperais	frapperiez	**aurais** frappé	**auriez** frappé
frapperait	frapperaient	**aurait** frappé	**auraient** frappé

présent du subjonctif

		passé du subjonctif	
frappe	frappions	**aie** frappé	**ayons** frappé
frappes	frappiez	**aies** frappé	**ayez** frappé
frappe	frappent	**ait** frappé	**aient** frappé

imparfait du subjonctif

		plus-que-parfait du subjonctif	
frappasse	frappassions	**eusse** frappé	**eussions** frappé
frappasses	frappassiez	**eusses** frappé	**eussiez** frappé
frappât	frappassent	**eût** frappé	**eussent** frappé

impératif

frappe
frappons
frappez

F

to brake, to slow down   freiner

participe présent **freinant**   participe passé **freiné**

SINGULAR	PLURAL	SINGULAR	PLURAL
présent de l'indicatif		**passé composé**	
freine	freinons	ai freiné	avons freiné
freines	freinez	as freiné	avez freiné
freine	freinent	a freiné	ont freiné
imparfait de l'indicatif		**plus-que-parfait de l'indicatif**	
freinais	freinions	avais freiné	avions freiné
freinais	freiniez	avais freiné	aviez freiné
freinait	freinaient	avait freiné	avaient freiné
passé simple		**passé antérieur**	
freinai	freinâmes	eus freiné	eûmes freiné
freinas	freinâtes	eus freiné	eûtes freiné
freina	freinèrent	eut freiné	eurent freiné
futur		**futur antérieur**	
freinerai	freinerons	aurai freiné	aurons freiné
freineras	freinerez	auras freiné	aurez freiné
freinera	freineront	aura freiné	auront freiné
conditionnel		**conditionnel passé**	
freinerais	freinerions	aurais freiné	aurions freiné
freinerais	freineriez	aurais freiné	auriez freiné
freinerait	freineraient	aurait freiné	auraient freiné
présent du subjonctif		**passé du subjonctif**	
freine	freinions	aie freiné	ayons freiné
freines	freiniez	aies freiné	ayez freiné
freine	freinent	ait freiné	aient freiné
imparfait du subjonctif		**plus-que-parfait du subjonctif**	
freinasse	freinassions	eusse freiné	eussions freiné
freinasses	freinassiez	eusses freiné	eussiez freiné
freinât	freinassent	eût freiné	eussent freiné
impératif			
freine			
freinons			
freinez			

F

frémir — to tremble, to shudder, to boil

SINGULAR	PLURAL	SINGULAR	PLURAL

présent de l'indicatif

		passé composé	
frémi**s**	frémi**ssons**	**ai** frémi	**avons** frémi
frémi**s**	frémi**ssez**	**as** frémi	**avez** frémi
frémi**t**	frémi**ssent**	**a** frémi	**ont** frémi

imparfait de l'indicatif

		plus-que-parfait de l'indicatif	
frémi**ssais**	frémi**ssions**	**avais** frémi	**avions** frémi
frémi**ssais**	frémi**ssiez**	**avais** frémi	**aviez** frémi
frémi**ssait**	frémi**ssaient**	**avait** frémi	**avaient** frémi

passé simple

		passé antérieur	
frémi**s**	frémî**mes**	**eus** frémi	**eûmes** frémi
frémi**s**	frémî**tes**	**eus** frémi	**eûtes** frémi
frémi**t**	frémi**rent**	**eut** frémi	**eurent** frémi

futur

		futur antérieur	
frémir**ai**	frémir**ons**	**aurai** frémi	**aurons** frémi
frémir**as**	frémir**ez**	**auras** frémi	**aurez** frémi
frémir**a**	frémir**ont**	**aura** frémi	**auront** frémi

conditionnel

		conditionnel passé	
frémir**ais**	frémir**ions**	**aurais** frémi	**aurions** frémi
frémir**ais**	frémir**iez**	**aurais** frémi	**auriez** frémi
frémir**ait**	frémir**aient**	**aurait** frémi	**auraient** frémi

présent du subjonctif

		passé du subjonctif	
frémi**sse**	frémi**ssions**	**aie** frémi	**ayons** frémi
frémi**sses**	frémi**ssiez**	**aies** frémi	**ayez** frémi
frémi**sse**	frémi**ssent**	**ait** frémi	**aient** frémi

imparfait du subjonctif

		plus-que-parfait du subjonctif	
frémi**sse**	frémi**ssions**	**eusse** frémi	**eussions** frémi
frémi**sses**	frémi**ssiez**	**eusses** frémi	**eussiez** frémi
frémî**t**	frémi**ssent**	**eût** frémi	**eussent** frémi

impératif

frémi**s**
frémi**ssons**
frémi**ssez**

to frequent, to attend

fréquenter

participe présent **fréquentant**   participe passé **fréquenté**

SINGULAR	PLURAL	SINGULAR	PLURAL

présent de l'indicatif
fréquente	fréquentons
fréquentes	fréquentez
fréquente	fréquentent

passé composé
ai fréquenté	avons fréquenté
as fréquenté	avez fréquenté
a fréquenté	ont fréquenté

imparfait de l'indicatif
fréquentais	fréquentons
fréquentais	fréquentez
fréquentait	fréquentent

plus-que-parfait de l'indicatif
avais fréquenté	avions fréquenté
avais fréquenté	aviez fréquenté
avait fréquenté	avaient fréquenté

passé simple
fréquentai	fréquentâmes
fréquentas	fréquentâtes
fréquenta	fréquentèrent

passé antérieur
eus fréquenté	eûmes fréquenté
eus fréquenté	eûtes fréquenté
eut fréquenté	eurent fréquenté

futur
fréquenterai	fréquenterons
fréquenteras	fréquenterez
fréquentera	fréquenteront

futur antérieur
aurai fréquenté	aurons fréquenté
auras fréquenté	aurez fréquenté
aura fréquenté	auront fréquenté

conditionnel
fréquenterais	fréquenterions
fréquenterais	fréquenteriez
fréquenterait	fréquenteraient

conditionnel passé
aurais fréquenté	aurions fréquenté
aurais fréquenté	auriez fréquenté
aurait fréquenté	auraient fréquenté

présent du subjonctif
fréquente	fréquentions
fréquentes	fréquentiez
fréquente	fréquentent

passé du subjonctif
aie fréquenté	ayons fréquenté
aies fréquenté	ayez fréquenté
ait fréquenté	aient fréquenté

imparfait du subjonctif
fréquentasse	fréquentassions
fréquentasses	fréquentassiez
fréquentât	fréquentassent

plus-que-parfait du subjonctif
eusse fréquenté	eussions fréquenté
eusses fréquenté	eussiez fréquenté
eût fréquenté	eussent fréquenté

impératif
fréquente
fréquentons
fréquentez

F

frissonner   to tremble, to shiver, to shimmer

SINGULAR	PLURAL	SINGULAR	PLURAL
présent de l'indicatif		**passé composé**	
frissonne	frissonnons	ai frissonné	avons frissonné
frissonnes	frissonnez	as frissonné	avez frissonné
frissonne	frissonnent	a frissonné	ont frissonné
imparfait de l'indicatif		**plus-que-parfait de l'indicatif**	
frissonnais	frissonnions	avais frissonné	avions frissonné
frissonnais	frissonniez	avais frissonné	aviez frissonné
frissonnait	frissonnaient	avait frissonné	avaient frissonné
passé simple		**passé antérieur**	
frissonnai	frissonnâmes	eus frissonné	eûmes frissonné
frissonnas	frissonnâtes	eus frissonné	eûtes frissonné
frissonna	frissonnèrent	eut frissonné	eurent frissonné
futur		**futur antérieur**	
frissonnerai	frissonnerons	aurai frissonné	aurons frissonné
frissonneras	frissonnerez	auras frissonné	aurez frissonné
frissonnera	frissonneront	aura frissonné	auront frissonné
conditionnel		**conditionnel passé**	
frissonnerais	frissonnerions	aurais frissonné	aurions frissonné
frissonnerais	frissonneriez	aurais frissonné	auriez frissonné
frissonnerait	frissonneraient	aurait frissonné	auraient frissonné
présent du subjonctif		**passé du subjonctif**	
frissonne	frissonnions	aie frissonné	ayons frissonné
frissonnes	frissonniez	aies frissonné	ayez frissonné
frissonne	frissonnent	ait frissonné	aient frissonné
imparfait du subjonctif		**plus-que-parfait du subjonctif**	
frissonnasse	frissonnassions	eusse frissonné	eussions frissonné
frissonnasses	frissonnassiez	eusses frissonné	eussiez frissonné
frissonnât	frissonnassent	eût frissonné	eussent frissonné
impératif			
frissonne			
frissonnons			
frissonnez			

F

to rub, to scrub, to chafe · frotter

participe présent **frottant**   participe passé **frotté**

SINGULAR	PLURAL	SINGULAR	PLURAL

présent de l'indicatif

		passé composé	
frotte	frottons	**ai** frotté	**avons** frotté
frottes	frottez	**as** frotté	**avez** frotté
frotte	frottent	**a** frotté	**ont** frotté

imparfait de l'indicatif

		plus-que-parfait de l'indicatif	
frottais	frottions	**avais** frotté	**avions** frotté
frottais	frottiez	**avais** frotté	**aviez** frotté
frottait	frottaient	**avait** frotté	**avaient** frotté

passé simple

		passé antérieur	
frottai	frottâmes	**eus** frotté	**eûmes** frotté
frottas	frottâtes	**eus** frotté	**eûtes** frotté
frotta	frottèrent	**eut** frotté	**eurent** frotté

futur

		futur antérieur	
frotterai	frotterons	**aurai** frotté	**aurons** frotté
frotteras	frotterez	**auras** frotté	**aurez** frotté
frottera	frotteront	**aura** frotté	**auront** frotté

conditionnel

		conditionnel passé	
frotterais	frotterions	**aurais** frotté	**aurions** frotté
frotterais	frotteriez	**aurais** frotté	**auriez** frotté
frotterait	frotteraient	**aurait** frotté	**auraient** frotté

présent du subjonctif

		passé du subjonctif	
frotte	frottions	**aie** frotté	**ayons** frotté
frottes	frottiez	**aies** frotté	**ayez** frotté
frotte	frottent	**ait** frotté	**aient** frotté

imparfait du subjonctif

		plus-que-parfait du subjonctif	
frottasse	frottassions	**eusse** frotté	**eussions** frotté
frottasses	frottassiez	**eusses** frotté	**eussiez** frotté
frottât	frottassent	**eût** frotté	**eussent** frotté

impératif

frotte
frottons
frottez

F

fuir

to escape, to run away, to flee

participe présent **fuyant**   participe passé **fui**

SINGULAR	PLURAL	SINGULAR	PLURAL
présent de l'indicatif		**passé composé**	
fuis	fuyons	ai fui	avons fui
fuis	fuyez	as fui	avez fui
fuit	fuient	a fui	ont fui
imparfait de l'indicatif		**plus-que-parfait de l'indicatif**	
fuyais	fuyions	avais fui	avions fui
fuyais	fuyiez	avais fui	aviez fui
fuyait	fuyaient	avait fui	avaient fui
passé simple		**passé antérieur**	
fuis	fuîmes	eus fui	eûmes fui
fuis	fuîtes	eus fui	eûtes fui
fuit	fuirent	eut fui	eurent fui
futur		**futur antérieur**	
fuirai	fuirons	aurai fui	aurons fui
fuiras	fuirez	auras fui	aurez fui
fuira	fuiront	aura fui	auront fui
conditionnel		**conditionnel passé**	
fuirais	fuirions	aurais fui	aurions fui
fuirais	fuiriez	aurais fui	auriez fui
fuirait	fuiraient	aurait fui	auraient fui
présent du subjonctif		**passé du subjonctif**	
fuie	fuyions	aie fui	ayons fui
fuies	fuyiez	aies fui	ayez fui
fuie	fuient	ait fui	aient fui
imparfait du subjonctif		**plus-que-parfait du subjonctif**	
fuisse	fuissions	eusse fui	eussions fui
fuisses	fuissiez	eusses fui	eussiez fui
fuît	fuissent	eût fui	eussent fui
impératif			
fuis			
fuyons			
fuyez			

F

to smoke, to steam

participe présent **fumant**   participe passé **fumé**

SINGULAR	PLURAL	SINGULAR	PLURAL

présent de l'indicatif
		passé composé	
fume	fumons	**ai** fumé	**avons** fumé
fumes	fumez	**as** fumé	**avez** fumé
fume	fument	**a** fumé	**ont** fumé

imparfait de l'indicatif
		plus-que-parfait de l'indicatif	
fumais	fumions	**avais** fumé	**avions** fumé
fumais	fumiez	**avais** fumé	**aviez** fumé
fumait	fumaient	**avait** fumé	**avaient** fumé

passé simple
		passé antérieur	
fumai	fumâmes	**eus** fumé	**eûmes** fumé
fumas	fumâtes	**eus** fumé	**eûtes** fumé
fuma	fumèrent	**eut** fumé	**eurent** fumé

futur
		futur antérieur	
fumerai	fumerons	**aurai** fumé	**aurons** fumé
fumeras	fumerez	**auras** fumé	**aurez** fumé
fumera	fumeront	**aura** fumé	**auront** fumé

conditionnel
		conditionnel passé	
fumerais	fumerions	**aurais** fumé	**aurions** fumé
fumerais	fumeriez	**aurais** fumé	**auriez** fumé
fumerait	fumeraient	**aurait** fumé	**auraient** fumé

présent du subjonctif
		passé du subjonctif	
fume	fumions	**aie** fumé	**ayons** fumé
fumes	fumiez	**aies** fumé	**ayez** fumé
fume	fument	**ait** fumé	**aient** fumé

imparfait du subjonctif
		plus-que-parfait du subjonctif	
fumasse	fumassions	**eusse** fumé	**eussions** fumé
fumasses	fumassiez	**eusses** fumé	**eussiez** fumé
fumât	fumassent	**eût** fumé	**eussent** fumé

impératif
fume
fumons
fumez

F

gâcher — to spoil, to waste, to mess up

SINGULAR	PLURAL	SINGULAR	PLURAL
présent de l'indicatif		**passé composé**	
gâche	gâchons	ai gâché	avons gâché
gâches	gâchez	as gâché	avez gâché
gâche	gâchent	a gâché	ont gâché
imparfait de l'indicatif		**plus-que-parfait de l'indicatif**	
gâchais	gâchions	avais gâché	avions gâché
gâchais	gâchiez	avais gâché	aviez gâché
gâchait	gâchaient	avait gâché	avaient gâché
passé simple		**passé antérieur**	
gâchai	gâchâmes	eus gâché	eûmes gâché
gâchas	gâchâtes	eus gâché	eûtes gâché
gâcha	gâchèrent	eut gâché	eurent gâché
futur		**futur antérieur**	
gâcherai	gâcherons	aurai gâché	aurons gâché
gâcheras	gâcherez	auras gâché	aurez gâché
gâchera	gâcheront	aura gâché	auront gâché
conditionnel		**conditionnel passé**	
gâcherais	gâcherions	aurais gâché	aurions gâché
gâcherais	gâcheriez	aurais gâché	auriez gâché
gâcherait	gâcheraient	aurait gâché	auraient gâché
présent du subjonctif		**passé du subjonctif**	
gâche	gâchions	aie gâché	ayons gâché
gâches	gâchiez	aies gâché	ayez gâché
gâche	gâchent	ait gâché	aient gâché
imparfait du subjonctif		**plus-que-parfait du subjonctif**	
gâchasse	gâchassions	eusse gâché	eussions gâché
gâchasses	gâchassiez	eusses gâché	eussiez gâché
gâchât	gâchassent	eût gâché	eussent gâché

impératif
gâche
gâchons
gâchez

G

to win, to earn, to reach   gagner

SINGULAR	PLURAL	SINGULAR	PLURAL

présent de l'indicatif

gagne	gagnons		
gagnes	gagnez		
gagne	gagnent		

passé composé

ai gagné	**avons** gagné
as gagné	**avez** gagné
a gagné	**ont** gagné

imparfait de l'indicatif

gagnais	gagnions
gagnais	gagniez
gagnait	gagnaient

plus-que-parfait de l'indicatif

avais gagné	**avions** gagné
avais gagné	**aviez** gagné
avait gagné	**avaient** gagné

passé simple

gagnai	gagnâmes
gagnas	gagnâtes
gagna	gagnèrent

passé antérieur

eus gagné	**eûmes** gagné
eus gagné	**eûtes** gagné
eut gagné	**eurent** gagné

futur

gagnerai	gagnerons
gagneras	gagnerez
gagnera	gagneront

futur antérieur

aurai gagné	**aurons** gagné
auras gagné	**aurez** gagné
aura gagné	**auront** gagné

conditionnel

gagnerais	gagnerions
gagnerais	gagneriez
gagnerait	gagneraient

conditionnel passé

aurais gagné	**aurions** gagné
aurais gagné	**auriez** gagné
aurait gagné	**auraient** gagné

présent du subjonctif

gagne	gagnions
gagnes	gagniez
gagne	gagnent

passé du subjonctif

aie gagné	**ayons** gagné
aies gagné	**ayez** gagné
ait gagné	**aient** gagné

imparfait du subjonctif

gagnasse	gagnassions
gagnasses	gagnassiez
gagnât	gagnassent

plus-que-parfait du subjonctif

eusse gagné	**eussions** gagné
eusses gagné	**eussiez** gagné
eût gagné	**eussent** gagné

impératif

gagne
gagnons
gagnez

G

participe présent **garantissant**   participe passé **garanti**

SINGULAR	PLURAL	SINGULAR	PLURAL

présent de l'indicatif

		passé composé	
garant**is**	garant**issons**	**ai** garanti	**avons** garanti
garant**is**	garant**issez**	**as** garanti	**avez** garanti
garant**it**	garant**issent**	**a** garanti	**ont** garanti

imparfait de l'indicatif

		plus-que-parfait de l'indicatif	
garant**issais**	garant**issions**	**avais** garanti	**avions** garanti
garant**issais**	garant**issiez**	**avais** garanti	**aviez** garanti
garant**issait**	garant**issaient**	**avait** garanti	**avaient** garanti

passé simple

		passé antérieur	
garant**is**	garant**îmes**	**eus** garanti	**eûmes** garanti
garant**is**	garant**îtes**	**eus** garanti	**eûtes** garanti
garant**it**	garant**irent**	**eut** garanti	**eurent** garanti

futur

		futur antérieur	
garantir**ai**	garantir**ons**	**aurai** garanti	**aurons** garanti
garantir**as**	garantir**ez**	**auras** garanti	**aurez** garanti
garantir**a**	garantir**ont**	**aura** garanti	**auront** garanti

conditionnel

		conditionnel passé	
garantir**ais**	garantir**ions**	**aurais** garanti	**aurions** garanti
garantir**ais**	garantir**iez**	**aurais** garanti	**auriez** garanti
garantir**ait**	garantir**aient**	**aurait** garanti	**auraient** garanti

présent du subjonctif

		passé du subjonctif	
garant**isse**	garant**issions**	**aie** garanti	**ayons** garanti
garant**isses**	garant**issiez**	**aies** garanti	**ayez** garanti
garant**isse**	garant**issent**	**ait** garanti	**aient** garanti

imparfait du subjonctif

		plus-que-parfait du subjonctif	
garant**isse**	garant**issions**	**eusse** garanti	**eussions** garanti
garant**isses**	garant**issiez**	**eusses** garanti	**eussiez** garanti
garant**ît**	garant**issent**	**eût** garanti	**eussent** garanti

impératif
garantis
garantissons
garantissez

G

to keep, to look after   garder

SINGULAR	PLURAL	SINGULAR	PLURAL

présent de l'indicatif

		passé composé	
garde	gardons	ai gardé	avons gardé
gardes	gardez	as gardé	avez gardé
garde	gardent	a gardé	ont gardé

imparfait de l'indicatif

		plus-que-parfait de l'indicatif	
gardais	gardions	avais gardé	avions gardé
gardais	gardiez	avais gardé	aviez gardé
gardait	gardaient	avait gardé	avaient gardé

passé simple

		passé antérieur	
gardai	gardâmes	eus gardé	eûmes gardé
gardas	gardâtes	eus gardé	eûtes gardé
garda	gardèrent	eut gardé	eurent gardé

futur

		futur antérieur	
garderai	garderons	aurai gardé	aurons gardé
garderas	garderez	auras gardé	aurez gardé
gardera	garderont	aura gardé	auront gardé

conditionnel

		conditionnel passé	
garderais	garderions	aurais gardé	aurions gardé
garderais	garderiez	aurais gardé	auriez gardé
garderait	garderaient	aurait gardé	auraient gardé

présent du subjonctif

		passé du subjonctif	
garde	gardions	aie gardé	ayons gardé
gardes	gardiez	aies gardé	ayez gardé
garde	gardent	ait gardé	aient gardé

imparfait du subjonctif

		plus-que-parfait du subjonctif	
gardasse	gardassions	eusse gardé	eussions gardé
gardasses	gardassiez	eusses gardé	eussiez gardé
gardât	gardassent	eût gardé	eussent gardé

impératif

garde
gardons
gardez

G

participe présent **se garant** participe passé **garé(e)(s)**

SINGULAR	PLURAL	SINGULAR	PLURAL

présent de l'indicatif

me gar**e**	**nous** gar**ons**		
te gar**es**	**vous** gar**ez**		
se gar**e**	**se** gar**ent**		

passé composé

me suis garé(e)	**nous sommes** garé(e)s
t'es garé(e)	**vous êtes** garé(e)(s)
s'est garé(e)	**se sont** garé(e)s

imparfait de l'indicatif

me gar**ais**	**nous** gar**ions**
te gar**ais**	**vous** gar**iez**
se gar**ait**	**se** gar**aient**

plus-que-parfait de l'indicatif

m'étais garé(e)	**nous étions** garé(e)s
t'étais garé(e)	**vous étiez** garé(e)(s)
s'était garé(e)	**s'étaient** garé(e)s

passé simple

me gar**ai**	**nous** gar**âmes**
te gar**as**	**vous** gar**âtes**
se gar**a**	**se** gar**èrent**

passé antérieur

me fus garé(e)	**nous fûmes** garé(e)s
te fus garé(e)	**vous fûtes** garé(e)(s)
se fut garé(e)	**se furent** garé(e)s

futur

me gar**erai**	**nous** gar**erons**
te gar**eras**	**vous** gar**erez**
se gar**era**	**se** gar**eront**

futur antérieur

me serai garé(e)	**nous serons** garé(e)s
te seras garé(e)	**vous serez** garé(e)(s)
se sera garé(e)	**se seront** garé(e)s

conditionnel

me gar**erais**	**nous** gar**erions**
te gar**erais**	**vous** gar**eriez**
se gar**erait**	**se** gar**eraient**

conditionnel passé

me serais garé(e)	**nous serions** garé(e)s
te serais garé(e)	**vous seriez** garé(e)(s)
se serait garé(e)	**se seraient** garé(e)s

présent du subjonctif

me gar**e**	**nous** gar**ions**
te gar**es**	**vous** gar**iez**
se gar**e**	**se** gar**ent**

passé du subjonctif

me sois garé(e)	**nous soyons** garé(e)s
te sois garé(e)	**vous soyez** garé(e)(s)
se soit garé(e)	**se soient** garé(e)s

imparfait du subjonctif

me gar**asse**	**nous** gar**assions**
te gar**asses**	**vous** gar**assiez**
se gar**ât**	**se** gar**assent**

plus-que-parfait du subjonctif

me fusse garé(e)	**nous fussions** garé(e)s
te fusses garé(e)	**vous fussiez** garé(e)(s)
se fût garé(e)	**se fussent** garé(e)s

impératif

gare-toi
garons-nous
garez-vous

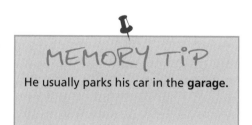

MEMORY TIP

He usually parks his car in the **garage**.

to waste

participe présent **gaspillant**   participe passé **gaspillé**

SINGULAR	PLURAL	SINGULAR	PLURAL

présent de l'indicatif

gaspille	gaspillons		
gaspilles	gaspillez		
gaspille	gaspillent		

passé composé

		ai gaspillé	**avons** gaspillé
		as gaspillé	**avez** gaspillé
		a gaspillé	**ont** gaspillé

imparfait de l'indicatif

gaspillais	gaspillions
gaspillais	gaspilliez
gaspillait	gaspillaient

plus-que-parfait de l'indicatif

avais gaspillé	**avions** gaspillé
avais gaspillé	**aviez** gaspillé
avait gaspillé	**avaient** gaspillé

passé simple

gaspillai	gaspillâmes
gaspillas	gaspillâtes
gaspilla	gaspillèrent

passé antérieur

eus gaspillé	**eûmes** gaspillé
eus gaspillé	**eûtes** gaspillé
eut gaspillé	**eurent** gaspillé

futur

gaspillerai	gaspillerons
gaspilleras	gaspillerez
gaspillera	gaspilleront

futur antérieur

aurai gaspillé	**aurons** gaspillé
auras gaspillé	**aurez** gaspillé
aura gaspillé	**auront** gaspillé

conditionnel

gaspillerais	gaspillerions
gaspillerais	gaspilleriez
gaspillerait	gaspilleraient

conditionnel passé

aurais gaspillé	**aurions** gaspillé
aurais gaspillé	**auriez** gaspillé
aurait gaspillé	**auraient** gaspillé

présent du subjonctif

gaspille	gaspillions
gaspilles	gaspilliez
gaspille	gaspillent

passé du subjonctif

aie gaspillé	**ayons** gaspillé
aies gaspillé	**ayez** gaspillé
ait gaspillé	**aient** gaspillé

imparfait du subjonctif

gaspillasse	gaspillassions
gaspillasses	gaspillassiez
gaspillât	gaspillassent

plus-que-parfait du subjonctif

eusse gaspillé	**eussions** gaspillé
eusses gaspillé	**eussiez** gaspillé
eût gaspillé	**eussent** gaspillé

impératif

gaspille
gaspillons
gaspillez

G

participe présent **gâtant**   participe passé **gâté**

SINGULAR	PLURAL	SINGULAR	PLURAL

présent de l'indicatif

gâte	gâtons		
gâtes	gâtez		
gâte	gâtent		

passé composé

ai gâté	**avons** gâté
as gâté	**avez** gâté
a gâté	**ont** gâté

imparfait de l'indicatif

gâtais	gâtions
gâtais	gâtiez
gâtait	gâtaient

plus-que-parfait de l'indicatif

avais gâté	avions gâté
avais gâté	aviez gâté
avait gâté	avaient gâté

passé simple

gâtai	gâtâmes
gâtas	gâtâtes
gâta	gâtèrent

passé antérieur

eus gâté	eûmes gâté
eus gâté	eûtes gâté
eut gâté	eurent gâté

futur

gâterai	gâterons
gâteras	gâterez
gâtera	gâteront

futur antérieur

aurai gâté	aurons gâté
auras gâté	aurez gâté
aura gâté	auront gâté

conditionnel

gâterais	gâterions
gâterais	gâteriez
gâterait	gâteraient

conditionnel passé

aurais gâté	aurions gâté
aurais gâté	auriez gâté
aurait gâté	auraient gâté

présent du subjonctif

gâte	gâtions
gâtes	gâtiez
gâte	gâtent

passé du subjonctif

aie gâté	ayons gâté
aies gâté	ayez gâté
ait gâté	aient gâté

imparfait du subjonctif

gâtasse	gâtassions
gâtasses	gâtassiez
gâtât	gâtassent

plus-que-parfait du subjonctif

eusse gâté	eussions gâté
eusses gâté	eussiez gâté
eût gâté	eussent gâté

impératif

gâte
gâtons
gâtez

G

to freeze

participe présent **gelant**   participe passé **gelé**

SINGULAR	PLURAL	SINGULAR	PLURAL

présent de l'indicatif
gèle	gelons
gèles	gelez
gèle	gèlent

passé composé
ai gelé	avons gelé
as gelé	avez gelé
a gelé	ont gelé

imparfait de l'indicatif
gelais	gelions
gelais	geliez
gelait	gelaient

plus-que-parfait de l'indicatif
avais gelé	avions gelé
avais gelé	aviez gelé
avait gelé	avaient gelé

passé simple
gelai	gelâmes
gelas	gelâtes
gela	gelèrent

passé antérieur
eus gelé	eûmes gelé
eus gelé	eûtes gelé
eut gelé	eurent gelé

G

futur
gèlerai	gèlerons
gèleras	gèlerez
gèlera	gèleront

futur antérieur
aurai gelé	aurons gelé
auras gelé	aurez gelé
aura gelé	auront gelé

conditionnel
gèlerais	gèlerions
gèlerais	gèleriez
gèlerait	gèleraient

conditionnel passé
aurais gelé	aurions gelé
aurais gelé	auriez gelé
aurait gelé	auraient gelé

présent du subjonctif
gèle	gelions
gèles	geliez
gèle	gèlent

passé du subjonctif
aie gelé	ayons gelé
aies gelé	ayez gelé
ait gelé	aient gelé

imparfait du subjonctif
gelasse	gelassions
gelasses	gelassiez
gelât	gelassent

plus-que-parfait du subjonctif
eusse gelé	eussions gelé
eusses gelé	eussiez gelé
eût gelé	eussent gelé

impératif
gèle
gelons
gelez

gêner

to bother, to hinder

participe présent **gênant**　　　participe passé **gêné**

SINGULAR	PLURAL	SINGULAR	PLURAL

présent de l'indicatif

gêne	gênons		
gênes	gênez		
gêne	gênent		

passé composé

ai gêné	avons gêné
as gêné	avez gêné
a gêné	ont gêné

imparfait de l'indicatif

gênais	gênions
gênais	gêniez
gênait	gênaient

plus-que-parfait de l'indicatif

avais gêné	avions gêné
avais gêné	aviez gêné
avait gêné	avaient gêné

passé simple

gênai	gênâmes
gênas	gênâtes
gêna	gênèrent

passé antérieur

eus gêné	eûmes gêné
eus gêné	eûtes gêné
eut gêné	eurent gêné

G

futur

gênerai	gênerons
gêneras	gênerez
gênera	gêneront

futur antérieur

aurai gêné	aurons gêné
auras gêné	aurez gêné
aura gêné	auront gêné

conditionnel

gênerais	gênerions
gênerais	gêneriez
gênerait	gêneraient

conditionnel passé

aurais gêné	aurions gêné
aurais gêné	auriez gêné
aurait gêné	auraient gêné

présent du subjonctif

gêne	gênions
gênes	gêniez
gêne	gênent

passé du subjonctif

aie gêné	ayons gêné
aies gêné	ayez gêné
ait gêné	aient gêné

imparfait du subjonctif

gênasse	gênassions
gênasses	gênassiez
gênât	gênassent

plus-que-parfait du subjonctif

eusse gêné	eussions gêné
eusses gêné	eussiez gêné
eût gêné	eussent gêné

impératif

gêne
gênons
gênez

to slip, to slide, to glide

glisser

SINGULAR	PLURAL	SINGULAR	PLURAL

présent de l'indicatif

glisse	glissons
glisses	glissez
glisse	glissent

passé composé

ai glissé	avons glissé
as glissé	avez glissé
a glissé	ont glissé

imparfait de l'indicatif

glissais	glissions
glissais	glissiez
glissait	glissaient

plus-que-parfait de l'indicatif

avais glissé	avions glissé
avais glissé	aviez glissé
avait glissé	avaient glissé

passé simple

glissai	glissâmes
glissas	glissâtes
glissa	glissèrent

passé antérieur

eus glissé	eûmes glissé
eus glissé	eûtes glissé
eut glissé	eurent glissé

G

futur

glisserai	glisserons
glisseras	glisserez
glissera	glisseront

futur antérieur

aurai glissé	aurons glissé
auras glissé	aurez glissé
aura glissé	auront glissé

conditionnel

glisserais	glisserions
glisserais	glisseriez
glisserait	glisseraient

conditionnel passé

aurais glissé	aurions glissé
aurais glissé	auriez glissé
aurait glissé	auraient glissé

présent du subjonctif

glisse	glissions
glisses	glissiez
glisse	glissent

passé du subjonctif

aie glissé	ayons glissé
aies glissé	ayez glissé
ait glissé	aient glissé

imparfait du subjonctif

glissasse	glissassions
glissasses	glissassiez
glissât	glissassent

plus-que-parfait du subjonctif

eusse glissé	eussions glissé
eusses glissé	eussiez glissé
eût glissé	eussent glissé

impératif

glisse
glissons
glissez

gonfler

to inflate, to swell, to rise

participe présent **gonflant**   participe passé **gonflé**

SINGULAR	PLURAL	SINGULAR	PLURAL
présent de l'indicatif		**passé composé**	
gonfl**e**	gonfl**ons**	**ai** gonflé	**avons** gonflé
gonfl**es**	gonfl**ez**	**as** gonflé	**avez** gonflé
gonfl**e**	gonfl**ent**	**a** gonflé	**ont** gonflé
imparfait de l'indicatif		**plus-que-parfait de l'indicatif**	
gonfl**ais**	gonfl**ions**	**avais** gonflé	**avions** gonflé
gonfl**ais**	gonfl**iez**	**avais** gonflé	**aviez** gonflé
gonfl**ait**	gonfl**aient**	**avait** gonflé	**avaient** gonflé
passé simple		**passé antérieur**	
gonfl**ai**	gonfl**âmes**	**eus** gonflé	**eûmes** gonflé
gonfl**as**	gonfl**âtes**	**eus** gonflé	**eûtes** gonflé
gonfl**a**	gonfl**èrent**	**eut** gonflé	**eurent** gonflé
futur		**futur antérieur**	
gonfler**ai**	gonfler**ons**	**aurai** gonflé	**aurons** gonflé
gonfler**as**	gonfler**ez**	**auras** gonflé	**aurez** gonflé
gonfler**a**	gonfler**ont**	**aura** gonflé	**auront** gonflé
conditionnel		**conditionnel passé**	
gonfler**ais**	gonfler**ions**	**aurais** gonflé	**aurions** gonflé
gonfler**ais**	gonfler**iez**	**aurais** gonflé	**auriez** gonflé
gonfler**ait**	gonfler**aient**	**aurait** gonflé	**auraient** gonflé
présent du subjonctif		**passé du subjonctif**	
gonfl**e**	gonfl**ions**	**aie** gonflé	**ayons** gonflé
gonfl**es**	gonfl**iez**	**aies** gonflé	**ayez** gonflé
gonfl**e**	gonfl**ent**	**ait** gonflé	**aient** gonflé
imparfait du subjonctif		**plus-que-parfait du subjonctif**	
gonfla**sse**	gonfla**ssions**	**eusse** gonflé	**eussions** gonflé
gonfla**sses**	gonfla**ssiez**	**eusses** gonflé	**eussiez** gonflé
gonflâ**t**	gonfla**ssent**	**eût** gonflé	**eussent** gonflé
impératif			
gonfl**e**			
gonfl**ons**			
gonfl**ez**			

G

to taste, to have a snack   goûter

SINGULAR	PLURAL	SINGULAR	PLURAL

présent de l'indicatif

		passé composé	
goûte	goûtons	ai goûté	avons goûté
goûtes	goûtez	as goûté	avez goûté
goûte	goûtent	a goûté	ont goûté

imparfait de l'indicatif

		plus-que-parfait de l'indicatif	
goûtais	goûtions	avais goûté	avions goûté
goûtais	goûtiez	avais goûté	aviez goûté
goûtait	goûtaient	avait goûté	avaient goûté

passé simple

		passé antérieur	
goûtai	goûtâmes	eus goûté	eûmes goûté
goûtas	goûtâtes	eus goûté	eûtes goûté
goûta	goûtèrent	eut goûté	eurent goûté

futur

		futur antérieur	
goûterai	goûterons	aurai goûté	aurons goûté
goûteras	goûterez	auras goûté	aurez goûté
goûtera	goûteront	aura goûté	auront goûté

G

conditionnel

		conditionnel passé	
goûterais	goûterions	aurais goûté	aurions goûté
goûterais	goûteriez	aurais goûté	auriez goûté
goûterait	goûteraient	aurait goûté	auraient goûté

présent du subjonctif

		passé du subjonctif	
goûte	goûtions	aie goûté	ayons goûté
goûtes	goûtiez	aies goûté	ayez goûté
goûte	goûtent	ait goûté	aient goûté

imparfait du subjonctif

		plus-que-parfait du subjonctif	
goûtasse	goûtassions	eusse goûté	eussions goûté
goûtasses	goûtassiez	eusses goûté	eussiez goûté
goûtât	goûtassent	eût goûté	eussent goûté

impératif

goûte
goûtons
goûtez

participe présent **grandissant**   participe passé **grandi**

SINGULAR	PLURAL	SINGULAR	PLURAL
présent de l'indicatif		**passé composé**	
grand**is**	grand**issons**	**ai** grandi	**avons** grandi
grand**is**	grand**issez**	**as** grandi	**avez** grandi
grand**it**	grand**issent**	**a** grandi	**ont** grandi
imparfait de l'indicatif		**plus-que-parfait de l'indicatif**	
grand**issais**	grand**issions**	**avais** grandi	**avions** grandi
grand**issais**	grand**issiez**	**avais** grandi	**aviez** grandi
grand**issait**	grand**issaient**	**avait** grandi	**avaient** grandi
passé simple		**passé antérieur**	
grand**is**	grand**îmes**	**eus** grandi	**eûmes** grandi
grand**is**	grand**îtes**	**eus** grandi	**eûtes** grandi
grand**it**	grand**irent**	**eut** grandi	**eurent** grandi
futur		**futur antérieur**	
grandir**ai**	grandir**ons**	**aurai** grandi	**aurons** grandi
grandir**as**	grandir**ez**	**auras** grandi	**aurez** grandi
grandir**a**	grandir**ont**	**aura** grandi	**auront** grandi
conditionnel		**conditionnel passé**	
grandir**ais**	grandir**ions**	**aurais** grandi	**aurions** grandi
grandir**ais**	grandir**iez**	**aurais** grandi	**auriez** grandi
grandir**ait**	grandir**aient**	**aurait** grandi	**auraient** grandi
présent du subjonctif		**passé du subjonctif**	
grand**isse**	grand**issions**	**aie** grandi	**ayons** grandi
grand**isses**	grand**issiez**	**aies** grandi	**ayez** grandi
grand**isse**	grand**issent**	**ait** grandi	**aient** grandi
imparfait du subjonctif		**plus-que-parfait du subjonctif**	
grand**isse**	grand**issions**	**eusse** grandi	**eussions** grandi
grand**isses**	grand**issiez**	**eusses** grandi	**eussiez** grandi
grand**ît**	grand**issent**	**eût** grandi	**eussent** grandi

impératif
grandis
grandissons
grandissez

G

to scrape, to scratch — gratter

participe présent **grattant**   participe passé **gratté**

SINGULAR	PLURAL	SINGULAR	PLURAL
présent de l'indicatif		**passé composé**	
gratt**e**	gratt**ons**	**ai** gratté	**avons** gratté
gratt**es**	gratt**ez**	**as** gratté	**avez** gratté
gratt**e**	gratt**ent**	**a** gratté	**ont** gratté
imparfait de l'indicatif		**plus-que-parfait de l'indicatif**	
gratt**ais**	gratt**ions**	**avais** gratté	**avions** gratté
gratt**ais**	gratt**iez**	**avais** gratté	**aviez** gratté
gratt**ait**	gratt**aient**	**avait** gratté	**avaient** gratté
passé simple		**passé antérieur**	
gratt**ai**	gratt**âmes**	**eus** gratté	**eûmes** gratté
gratt**as**	gratt**âtes**	**eus** gratté	**eûtes** gratté
gratt**a**	gratt**èrent**	**eut** gratté	**eurent** gratté
futur		**futur antérieur**	
gratter**ai**	gratter**ons**	**aurai** gratté	**aurons** gratté
gratter**as**	gratter**ez**	**auras** gratté	**aurez** gratté
gratter**a**	gratter**ont**	**aura** gratté	**auront** gratté
conditionnel		**conditionnel passé**	
gratter**ais**	gratter**ions**	**aurais** gratté	**aurions** gratté
gratter**ais**	gratter**iez**	**aurais** gratté	**auriez** gratté
gratter**ait**	gratter**aient**	**aurait** gratté	**auraient** gratté
présent du subjonctif		**passé du subjonctif**	
gratt**e**	gratt**ions**	**aie** gratté	**ayons** gratté
gratt**es**	gratt**iez**	**aies** gratté	**ayez** gratté
gratt**e**	gratt**ent**	**ait** gratté	**aient** gratté
imparfait du subjonctif		**plus-que-parfait du subjonctif**	
gratt**asse**	gratt**assions**	**eusse** gratté	**eussions** gratté
gratt**asses**	gratt**assiez**	**eusses** gratté	**eussiez** gratté
gratt**ât**	gratt**assent**	**eût** gratté	**eussent** gratté

impératif
gratte
grattons
grattez

G

participe présent **grimpant**   participe passé **grimpé**

SINGULAR	PLURAL	SINGULAR	PLURAL

présent de l'indicatif

grimpe	grimpons
grimpes	grimpez
grimpe	grimpent

passé composé

ai grimpé	avons grimpé
as grimpé	avez grimpé
a grimpé	ont grimpé

imparfait de l'indicatif

grimpais	grimpions
grimpais	grimpiez
grimpait	grimpaient

plus-que-parfait de l'indicatif

avais grimpé	avions grimpé
avais grimpé	aviez grimpé
avait grimpé	avaient grimpé

passé simple

grimpai	grimpâmes
grimpas	grimpâtes
grimpa	grimpèrent

passé antérieur

eus grimpé	eûmes grimpé
eus grimpé	eûtes grimpé
eut grimpé	eurent grimpé

futur

grimperai	grimperons
grimperas	grimperez
grimpera	grimperont

futur antérieur

aurai grimpé	aurons grimpé
auras grimpé	aurez grimpé
aura grimpé	auront grimpé

conditionnel

grimperais	grimperions
grimperais	grimperiez
grimperait	grimperaient

conditionnel passé

aurais grimpé	aurions grimpé
aurais grimpé	auriez grimpé
aurait grimpé	auraient grimpé

présent du subjonctif

grimpe	grimpions
grimpes	grimpiez
grimpe	grimpent

passé du subjonctif

aie grimpé	ayons grimpé
aies grimpé	ayez grimpé
ait grimpé	aient grimpé

imparfait du subjonctif

grimpasse	grimpassions
grimpasses	grimpassiez
grimpât	grimpassent

plus-que-parfait du subjonctif

eusse grimpé	eussions grimpé
eusses grimpé	eussiez grimpé
eût grimpé	eussent grimpé

impératif

grimpe
grimpons
grimpez

G

to scold, to chide, to roar · gronder

participe présent **grondant**   participe passé **grondé**

SINGULAR	PLURAL	SINGULAR	PLURAL

présent de l'indicatif

		passé composé	
gronde	grondons	**ai** grondé	**avons** grondé
grondes	grondez	**as** grondé	**avez** grondé
gronde	grondent	**a** grondé	**ont** grondé

imparfait de l'indicatif

		plus-que-parfait de l'indicatif	
grondais	grondions	**avais** grondé	**avions** grondé
grondais	grondiez	**avais** grondé	**aviez** grondé
grondait	grondaient	**avait** grondé	**avaient** grondé

passé simple

		passé antérieur	
grondai	grondâmes	**eus** grondé	**eûmes** grondé
grondas	grondâtes	**eus** grondé	**eûtes** grondé
gronda	grondèrent	**eut** grondé	**eurent** grondé

futur

		futur antérieur	
gronderai	gronderons	**aurai** grondé	**aurons** grondé
gronderas	gronderez	**auras** grondé	**aurez** grondé
grondera	gronderont	**aura** grondé	**auront** grondé

conditionnel

		conditionnel passé	
gronderais	gronderions	**aurais** grondé	**aurions** grondé
gronderais	gronderiez	**aurais** grondé	**auriez** grondé
gronderait	gronderaient	**aurait** grondé	**auraient** grondé

présent du subjonctif

		passé du subjonctif	
gronde	grondions	**aie** grondé	**ayons** grondé
grondes	grondiez	**aies** grondé	**ayez** grondé
gronde	grondent	**ait** grondé	**aient** grondé

imparfait du subjonctif

		plus-que-parfait du subjonctif	
grondasse	grondassions	**eusse** grondé	**eussions** grondé
grondasses	grondassiez	**eusses** grondé	**eussiez** grondé
grondât	grondassent	**eût** grondé	**eussent** grondé

impératif
gronde
grondons
grondez

G

grossir — to increase, to put on weight

SINGULAR	PLURAL	SINGULAR	PLURAL
présent de l'indicatif		**passé composé**	
grossis	grossissons	ai grossi	avons grossi
grossis	grossissez	as grossi	avez grossi
grossit	grossissent	a grossi	ont grossi
imparfait de l'indicatif		**plus-que-parfait de l'indicatif**	
grossissais	grossissions	avais grossi	avions grossi
grossissais	grossissiez	avais grossi	aviez grossi
grossissait	grossissaient	avait grossi	avaient grossi
passé simple		**passé antérieur**	
grossis	grossîmes	eus grossi	eûmes grossi
grossis	grossîtes	eus grossi	eûtes grossi
grossit	grossirent	eut grossi	eurent grossi
futur		**futur antérieur**	
grossirai	grossirons	aurai grossi	aurons grossi
grossiras	grossirez	auras grossi	aurez grossi
grossira	grossiront	aura grossi	auront grossi
conditionnel		**conditionnel passé**	
grossirais	grossirions	aurais grossi	aurions grossi
grossirais	grossiriez	aurais grossi	auriez grossi
grossirait	grossiraient	aurait grossi	auraient grossi
présent du subjonctif		**passé du subjonctif**	
grossisse	grossissions	aie grossi	ayons grossi
grossisses	grossissiez	aies grossi	ayez grossi
grossisse	grossissent	ait grossi	aient grossi
imparfait du subjonctif		**plus-que-parfait du subjonctif**	
grossisse	grossissions	eusse grossi	eussions grossi
grossisses	grossissiez	eusses grossi	eussiez grossi
grossît	grossissent	eût grossi	eussent grossi

impératif
grossis
grossissons
grossissez

G

to recover, to cure, to heal　　　guérir

SINGULAR	PLURAL	SINGULAR	PLURAL

présent de l'indicatif

		passé composé	
guéris	guérissons	**ai** guéri	**avons** guéri
guéris	guérissez	**as** guéri	**avez** guéri
guérit	guérissent	**a** guéri	**ont** guéri

imparfait de l'indicatif　　　**plus-que-parfait de l'indicatif**

guérissais	guérissions	**avais** guéri	**avions** guéri
guérissais	guérissiez	**avais** guéri	**aviez** guéri
guérissait	guérissaient	**avait** guéri	**avaient** guéri

passé simple　　　**passé antérieur**

guéris	guérîmes	**eus** guéri	**eûmes** guéri
guéris	guérîtes	**eus** guéri	**eûtes** guéri
guérit	guérirent	**eut** guéri	**eurent** guéri

G

futur　　　**futur antérieur**

guérirai	guérirons	**aurai** guéri	**aurons** guéri
guériras	guérirez	**auras** guéri	**aurez** guéri
guérira	guériront	**aura** guéri	**auront** guéri

conditionnel　　　**conditionnel passé**

guérirais	guéririons	**aurais** guéri	**aurions** guéri
guérirais	guéririez	**aurais** guéri	**auriez** guéri
guérirait	guériraient	**aurait** guéri	**auraient** guéri

présent du subjonctif　　　**passé du subjonctif**

guérisse	guérissions	**aie** guéri	**ayons** guéri
guérisses	guérissiez	**aies** guéri	**ayez** guéri
guérisse	guérissent	**ait** guéri	**aient** guéri

imparfait du subjonctif　　　**plus-que-parfait du subjonctif**

guérisse	guérissions	**eusse** guéri	**eussions** guéri
guérisses	guérissiez	**eusses** guéri	**eussiez** guéri
guérît	guérissent	**eût** guéri	**eussent** guéri

impératif

guéris
guérissons
guérissez

participe présent guettant   **participe passé** guetté

SINGULAR	PLURAL	SINGULAR	PLURAL

présent de l'indicatif

guette	guettons		
guettes	guettez		
guette	guettent		

passé composé

ai guetté	avons guetté
as guetté	avez guetté
a guetté	ont guetté

imparfait de l'indicatif

guettais	guettions
guettais	guettiez
guettait	guettaient

plus-que-parfait de l'indicatif

avais guetté	avions guetté
avais guetté	aviez guetté
avait guetté	avaient guetté

passé simple

guettai	guettâmes
guettas	guettâtes
guetta	guettèrent

passé antérieur

eus guetté	eûmes guetté
eus guetté	eûtes guetté
eut guetté	eurent guetté

futur

guetterai	guetterons
guetteras	guetterez
guettera	guetteront

futur antérieur

aurai guetté	aurons guetté
auras guetté	aurez guetté
aura guetté	auront guetté

conditionnel

guetterais	guetterions
guetterais	guetteriez
guetterait	guetteraient

conditionnel passé

aurais guetté	aurions guetté
aurais guetté	auriez guetté
aurait guetté	auraient guetté

présent du subjonctif

guette	guettions
guettes	guettiez
guette	guettent

passé du subjonctif

aie guetté	ayons guetté
aies guetté	ayez guetté
ait guetté	aient guetté

imparfait du subjonctif

guettasse	guettassions
guettasses	guettassiez
guettât	guettassent

plus-que-parfait du subjonctif

eusse guetté	eussions guetté
eusses guetté	eussiez guetté
eût guetté	eussent guetté

impératif

guette
guettons
guettez

G

to get dressed

s'habiller

SINGULAR	PLURAL	SINGULAR	PLURAL

présent de l'indicatif

SINGULAR	PLURAL
m'habille	nous habillons
t'habilles	vous habillez
s'habille	s'habillent

passé composé

SINGULAR	PLURAL
me suis habillé(e)	nous sommes habillé(e)s
t'es habillé(e)	vous êtes habillé(e)(s)
s'est habillé(e)	se sont habillé(e)s

imparfait de l'indicatif

SINGULAR	PLURAL
m'habillais	nous habillions
t'habillais	vous habilliez
s'habillait	s'habillaient

plus-que-parfait de l'indicatif

SINGULAR	PLURAL
m'étais habillé(e)	nous étions habillé(e)s
t'étais habillé(e)	vous étiez habillé(e)(s)
s'était habillé(e)	s'étaient habillé(e)s

passé simple

SINGULAR	PLURAL
m'habillai	nous habillâmes
t'habillas	vous habillâtes
s'habilla	s'habillèrent

passé antérieur

SINGULAR	PLURAL
me fus habillé(e)	nous fûmes habillé(e)s
te fus habillé(e)	vous fûtes habillé(e)(s)
se fut habillé(e)	se furent habillé(e)s

futur

SINGULAR	PLURAL
m'habillerai	nous habillerons
t'habilleras	vous habillerez
s'habillera	s'habilleront

futur antérieur

SINGULAR	PLURAL
me serai habillé(e)	nous serons habillé(e)s
te seras habillé(e)	vous serez habillé(e)(s)
se sera habillé(e)	se seront habillé(e)s

conditionnel

SINGULAR	PLURAL
m'habillerais	nous habillerions
t'habillerais	vous habilleriez
s'habillerait	s'habilleraient

conditionnel passé

SINGULAR	PLURAL
me serais habillé(e)	nous serions habillé(e)s
te serais habillé(e)	vous seriez habillé(e)(s)
se serait habillé(e)	se seraient habillé(e)s

présent du subjonctif

SINGULAR	PLURAL
m'habille	nous habillions
t'habilles	vous habilliez
s'habille	s'habillent

passé du subjonctif

SINGULAR	PLURAL
me sois habillé(e)	nous soyons habillé(e)s
te sois habillé(e)	vous soyez habillé(e)(s)
se soit habillé(e)	se soient habillé(e)s

imparfait du subjonctif

SINGULAR	PLURAL
m'habillasse	nous habillassions
t'habillasses	vous habillassiez
s'habillât	s'habillassent

plus-que-parfait du subjonctif

SINGULAR	PLURAL
me fusse habillé(e)	nous fussions habillé(e)s
te fusses habillé(e)	vous fussiez habillé(e)(s)
se fût habillé(e)	se fussent habillé(e)s

impératif

habille-toi
habillons-nous
habillez-vous

H

participe présent **habitant**   participe passé **habité**

SINGULAR	PLURAL

présent de l'indicatif

habit**e**	habit**ons**
habit**es**	habit**ez**
habit**e**	habit**ent**

imparfait de l'indicatif

habit**ais**	habit**ions**
habit**ais**	habit**iez**
habit**ait**	habit**aient**

passé simple

habit**ai**	habit**âmes**
habit**as**	habit**âtes**
habit**a**	habit**èrent**

futur

habiter**ai**	habiter**ons**
habiter**as**	habiter**ez**
habiter**a**	habiter**ont**

conditionnel

habiter**ais**	habiter**ions**
habiter**ais**	habiter**iez**
habiter**ait**	habiter**aient**

présent du subjonctif

habit**e**	habit**ions**
habit**es**	habit**iez**
habit**e**	habit**ent**

imparfait du subjonctif

habit**asse**	habit**assions**
habit**asses**	habit**assiez**
habit**ât**	habit**assent**

impératif

habite
habitons
habitez

SINGULAR	PLURAL

passé composé

ai habité	**avons** habité
as habité	**avez** habité
a habité	**ont** habité

plus-que-parfait de l'indicatif

avais habité	**avions** habité
avais habité	**aviez** habité
avait habité	**avaient** habité

passé antérieur

eus habité	**eûmes** habité
eus habité	**eûtes** habité
eut habité	**eurent** habité

futur antérieur

aurai habité	**aurons** habité
auras habité	**aurez** habité
aura habité	**auront** habité

conditionnel passé

aurais habité	**aurions** habité
aurais habité	**auriez** habité
aurait habité	**auraient** habité

passé du subjonctif

aie habité	**ayons** habité
aies habité	**ayez** habité
ait habité	**aient** habité

plus-que-parfait du subjonctif

eusse habité	**eussions** habité
eusses habité	**eussiez** habité
eût habité	**eussent** habité

H

to get used to

s'habituer

SINGULAR	PLURAL

présent de l'indicatif

m'habitu**e**	nous habitu**ons**
t'habitu**es**	vous habitu**ez**
s'habitu**e**	s'habitu**ent**

imparfait de l'indicatif

m'habitu**ais**	nous habitu**ions**
t'habitu**ais**	vous habitu**iez**
s'habitu**ait**	s'habitu**aient**

passé simple

m'habitu**ai**	nous habitu**âmes**
t'habitu**as**	vous habitu**âtes**
s'habitu**a**	s'habitu**èrent**

futur

m'habitu**erai**	nous habitu**erons**
t'habitu**eras**	vous habitu**erez**
s'habitu**era**	s'habitu**eront**

conditionnel

m'habitu**erais**	nous habitu**erions**
t'habitu**erais**	vous habitu**eriez**
s'habitu**erait**	s'habitu**eraient**

présent du subjonctif

m'habitu**e**	nous habitu**ions**
t'habitu**es**	vous habitu**iez**
s'habitu**e**	s'habitu**ent**

imparfait du subjonctif

m'habitu**asse**	nous habitu**assions**
t'habitu**asses**	vous habitu**assiez**
s'habitu**ât**	s'habitu**assent**

impératif

habitue-toi
habituons-nous
habituez-vous

SINGULAR	PLURAL

passé composé

me suis habitué(e)	nous sommes habitué(e)s
t'es habitué(e)	vous êtes habitué(e)(s)
s'est habitué(e)	se sont habitué(e)s

plus-que-parfait de l'indicatif

m'étais habitué(e)	nous étions habitué(e)s
t'étais habitué(e)	vous étiez habitué(e)(s)
s'était habitué(e)	s'étaient habitué(e)s

passé antérieur

me fus habitué(e)	nous fûmes habitué(e)s
te fus habitué(e)	vous fûtes habitué(e)(s)
se fut habitué(e)	se furent habitué(e)s

futur antérieur

me serai habitué(e)	nous serons habitué(e)s
te seras habitué(e)	vous serez habitué(e)(s)
se sera habitué(e)	se seront habitué(e)s

conditionnel passé

me serais habitué(e)	nous serions habitué(e)s
te serais habitué(e)	vous seriez habitué(e)(s)
se serait habitué(e)	se seraient habitué(e)s

passé du subjonctif

me sois habitué(e)	nous soyons habitué(e)s
te sois habitué(e)	vous soyez habitué(e)(s)
se soit habitué(e)	se soient habitué(e)s

plus-que-parfait du subjonctif

me fusse habitué(e)	nous fussions habitué(e)s
te fusses habitué(e)	vous fussiez habitué(e)(s)
se fût habitué(e)	se fussent habitué(e)s

H

participe présent haïssant　　　　　**participe passé** haï

SINGULAR	PLURAL	SINGULAR	PLURAL

présent de l'indicatif

		passé composé	
hais	haïssons	ai haï	avons haï
hais	haïssez	as haï	avez haï
hait	haïssent	a haï	ont haï

imparfait de l'indicatif

		plus-que-parfait de l'indicatif	
haïssais	haïssions	avais haï	avions haï
haïssais	haïssiez	avais haï	aviez haï
haïssait	haïssaient	avait haï	avaient haï

passé simple

		passé antérieur	
haïs	haïmes	eus haï	eûmes haï
haïs	haïtes	eus haï	eûtes haï
haït	haïrent	eut haï	eurent haï

futur

		futur antérieur	
haïrai	haïrons	aurai haï	aurons haï
haïras	haïrez	auras haï	aurez haï
haïra	haïront	aura haï	auront haï

conditionnel

		conditionnel passé	
haïrais	haïrions	aurais haï	aurions haï
haïrais	haïriez	aurais haï	auriez haï
haïrait	haïraient	aurait haï	auraient haï

présent du subjonctif

		passé du subjonctif	
haïsse	haïssions	aie haï	ayons haï
haïsses	haïssiez	aies haï	ayez haï
haïsse	haïssent	ait haï	aient haï

imparfait du subjonctif

		plus-que-parfait du subjonctif	
haïsse	haïssions	eusse haï	eussions haï
haïsses	haïssiez	eusses haï	eussiez haï
haït	haïssent	eût haï	eussent haï

impératif

haïs
haïssons
haïssez

H

to hurry, to hasten　　　　　　　　　　hâter

SINGULAR	PLURAL	SINGULAR	PLURAL

présent de l'indicatif

		passé composé	
hât**e**	hât**ons**	**ai** hâté	**avons** hâté
hât**es**	hât**ez**	**as** hâté	**avez** hâté
hât**e**	hât**ent**	**a** hâté	**ont** hâté

imparfait de l'indicatif

		plus-que-parfait de l'indicatif	
hât**ais**	hât**ions**	**avais** hâté	**avions** hâté
hât**ais**	hât**iez**	**avais** hâté	**aviez** hâté
hât**ait**	hât**aient**	**avait** hâté	**avaient** hâté

passé simple

		passé antérieur	
hât**ai**	hât**âmes**	**eus** hâté	**eûmes** hâté
hât**as**	hât**âtes**	**eus** hâté	**eûtes** hâté
hât**a**	hât**èrent**	**eut** hâté	**eurent** hâté

futur

		futur antérieur	
hâter**ai**	hâter**ons**	**aurai** hâté	**aurons** hâté
hâter**as**	hâter**ez**	**auras** hâté	**aurez** hâté
hâter**a**	hâter**ont**	**aura** hâté	**auront** hâté

conditionnel

		conditionnel passé	
hâter**ais**	hâter**ions**	**aurais** hâté	**aurions** hâté
hâter**ais**	hâter**iez**	**aurais** hâté	**auriez** hâté
hâter**ait**	hâter**aient**	**aurait** hâté	**auraient** hâté

présent du subjonctif

		passé du subjonctif	
hât**e**	hât**ions**	**aie** hâté	**ayons** hâté
hât**es**	hât**iez**	**aies** hâté	**ayez** hâté
hât**e**	hât**ent**	**ait** hâté	**aient** hâté

imparfait du subjonctif

		plus-que-parfait du subjonctif	
hât**asse**	hât**assions**	**eusse** hâté	**eussions** hâté
hât**asses**	hât**assiez**	**eusses** hâté	**eussiez** hâté
hât**ât**	hât**assent**	**eût** hâté	**eussent** hâté

impératif

hâte
hâtons
hâtez

H

hausser

to raise, to shrug

participe présent **haussant**   participe passé **haussé**

SINGULAR	PLURAL	SINGULAR	PLURAL

présent de l'indicatif
hausse	haussons
hausses	haussez
hausse	haussent

passé composé
ai haussé	avons haussé
as haussé	avez haussé
a haussé	ont haussé

imparfait de l'indicatif
haussais	haussions
haussais	haussiez
haussait	haussaient

plus-que-parfait de l'indicatif
avais haussé	avions haussé
avais haussé	aviez haussé
avait haussé	avaient haussé

passé simple
haussai	haussâmes
haussas	haussâtes
haussa	haussèrent

passé antérieur
eus haussé	eûmes haussé
eus haussé	eûtes haussé
eut haussé	eurent haussé

futur
hausserai	hausserons
hausseras	hausserez
haussera	hausseront

futur antérieur
aurai haussé	aurons haussé
auras haussé	aurez haussé
aura haussé	auront haussé

H

conditionnel
hausserais	hausserions
hausserais	hausseriez
hausserait	hausseraient

conditionnel passé
aurais haussé	aurions haussé
aurais haussé	auriez haussé
aurait haussé	auraient haussé

présent du subjonctif
hausse	haussions
hausses	haussiez
hausse	haussent

passé du subjonctif
aie haussé	ayons haussé
aies haussé	ayez haussé
ait haussé	aient haussé

imparfait du subjonctif
haussasse	haussassions
haussasses	haussassiez
haussât	haussassent

plus-que-parfait du subjonctif
eusse haussé	eussions haussé
eusses haussé	eussiez haussé
eût haussé	eussent haussé

impératif
hausse
haussons
haussez

to hesitate   **hésiter**

SINGULAR	PLURAL	SINGULAR	PLURAL
présent de l'indicatif		**passé composé**	
hésite	hésitons	ai hésité	avons hésité
hésites	hésitez	as hésité	avez hésité
hésite	hésitent	a hésité	ont hésité
imparfait de l'indicatif		**plus-que-parfait de l'indicatif**	
hésitais	hésitions	avais hésité	avions hésité
hésitais	hésitiez	avais hésité	aviez hésité
hésitait	hésitaient	avait hésité	avaient hésité
passé simple		**passé antérieur**	
hésitai	hésitâmes	eus hésité	eûmes hésité
hésitas	hésitâtes	eus hésité	eûtes hésité
hésita	hésitèrent	eut hésité	eurent hésité
futur		**futur antérieur**	
hésiterai	hésiterons	aurai hésité	aurons hésité
hésiteras	hésiterez	auras hésité	aurez hésité
hésitera	hésiteront	aura hésité	auront hésité
conditionnel		**conditionnel passé**	
hésiterais	hésiterions	aurais hésité	aurions hésité
hésiterais	hésiteriez	aurais hésité	auriez hésité
hésiterait	hésiteraient	aurait hésité	auraient hésité
présent du subjonctif		**passé du subjonctif**	
hésite	hésitions	aie hésité	ayons hésité
hésites	hésitiez	aies hésité	ayez hésité
hésite	hésitent	ait hésité	aient hésité
imparfait du subjonctif		**plus-que-parfait du subjonctif**	
hésitasse	hésitassions	eusse hésité	eussions hésité
hésitasses	hésitassiez	eusses hésité	eussiez hésité
hésitât	hésitassent	eût hésité	eussent hésité
impératif			
hésite			
hésitons			
hésitez			

H

participe présent **heurtant**   participe passé **heurté**

SINGULAR	PLURAL	SINGULAR	PLURAL

présent de l'indicatif

heurte	heurtons		
heurtes	heurtez		
heurte	heurtent		

passé composé

ai heurté		avons heurté	
as heurté		avez heurté	
a heurté		ont heurté	

imparfait de l'indicatif

heurtais	heurtions
heurtais	heurtiez
heurtait	heurtaient

plus-que-parfait de l'indicatif

avais heurté	avions heurté
avais heurté	aviez heurté
avait heurté	avaient heurté

passé simple

heurtai	heurtâmes
heurtas	heurtâtes
heurta	heurtèrent

passé antérieur

eus heurté	eûmes heurté
eus heurté	eûtes heurté
eut heurté	eurent heurté

futur

heurterai	heurterons
heurteras	heurterez
heurtera	heurteront

futur antérieur

aurai heurté	aurons heurté
auras heurté	aurez heurté
aura heurté	auront heurté

H

conditionnel

heurterais	heurterions
heurterais	heurteriez
heurterait	heurteraient

conditionnel passé

aurais heurté	aurions heurté
aurais heurté	auriez heurté
aurait heurté	auraient heurté

présent du subjonctif

heurte	heurtions
heurtes	heurtiez
heurte	heurtent

passé du subjonctif

aie heurté	ayons heurté
aies heurté	ayez heurté
ait heurté	aient heurté

imparfait du subjonctif

heurtasse	heurtassions
heurtasses	heurtassiez
heurtât	heurtassent

plus-que-parfait du subjonctif

eusse heurté	eussions heurté
eusses heurté	eussiez heurté
eût heurté	eussent heurté

impératif

heurte
heurtons
heurtez

to scream, to howl, to yell, to wail   hurler

participe présent **hurlant**   participe passé **hurlé**

SINGULAR	PLURAL	SINGULAR	PLURAL
présent de l'indicatif		**passé composé**	
hurle	hurlons	ai hurlé	avons hurlé
hurles	hurlez	as hurlé	avez hurlé
hurle	hurlent	a hurlé	ont hurlé
imparfait de l'indicatif		**plus-que-parfait de l'indicatif**	
hurlais	hurlions	avais hurlé	avions hurlé
hurlais	hurliez	avais hurlé	aviez hurlé
hurlait	hurlaient	avait hurlé	avaient hurlé
passé simple		**passé antérieur**	
hurlai	hurlâmes	eus hurlé	eûmes hurlé
hurlas	hurlâtes	eus hurlé	eûtes hurlé
hurla	hurlèrent	eut hurlé	eurent hurlé
futur		**futur antérieur**	
hurlerai	hurlerons	aurai hurlé	aurons hurlé
hurleras	hurlerez	auras hurlé	aurez hurlé
hurlera	hurleront	aura hurlé	auront hurlé
conditionnel		**conditionnel passé**	
hurlerais	hurlerions	aurais hurlé	aurions hurlé
hurlerais	hurleriez	aurais hurlé	auriez hurlé
hurlerait	hurleraient	aurait hurlé	auraient hurlé
présent du subjonctif		**passé du subjonctif**	
hurle	hurlions	aie hurlé	ayons hurlé
hurles	hurliez	aies hurlé	ayez hurlé
hurle	hurlent	ait hurlé	aient hurlé
imparfait du subjonctif		**plus-que-parfait du subjonctif**	
hurlasse	hurlassions	eusse hurlé	eussions hurlé
hurlasses	hurlassiez	eusses hurlé	eussiez hurlé
hurlât	hurlassent	eût hurlé	eussent hurlé
impératif			
hurle			
hurlons			
hurlez			

H

ignorer to not know, to be unaware, to ignore

SINGULAR	PLURAL	SINGULAR	PLURAL
présent de l'indicatif		passé composé	
ignore	ignorons	**ai** ignoré	**avons** ignoré
ignores	ignorez	**as** ignoré	**avez** ignoré
ignore	ignorent	**a** ignoré	**ont** ignoré
imparfait de l'indicatif		plus-que-parfait de l'indicatif	
ignorais	ignorions	**avais** ignoré	**avions** ignoré
ignorais	ignoriez	**avais** ignoré	**aviez** ignoré
ignorait	ignoraient	**avait** ignoré	**avaient** ignoré
passé simple		passé antérieur	
ignorai	ignorâmes	**eus** ignoré	**eûmes** ignoré
ignoras	ignorâtes	**eus** ignoré	**eûtes** ignoré
ignora	ignorèrent	**eut** ignoré	**eurent** ignoré
futur		futur antérieur	
ignorerai	ignorerons	**aurai** ignoré	**aurons** ignoré
ignoreras	ignorerez	**auras** ignoré	**aurez** ignoré
ignorera	ignoreront	**aura** ignoré	**auront** ignoré
conditionnel		conditionnel passé	
ignorerais	ignorerions	**aurais** ignoré	**aurions** ignoré
ignorerais	ignoreriez	**aurais** ignoré	**auriez** ignoré
ignorerait	ignoreraient	**aurait** ignoré	**auraient** ignoré
présent du subjonctif		passé du subjonctif	
ignore	ignorions	**aie** ignoré	**ayons** ignoré
ignores	ignoriez	**aies** ignoré	**ayez** ignoré
ignore	ignorent	**ait** ignoré	**aient** ignoré
imparfait du subjonctif		plus-que-parfait du subjonctif	
ignorasse	ignorassions	**eusse** ignoré	**eussions** ignoré
ignorasses	ignorassiez	**eusses** ignoré	**eussiez** ignoré
ignorât	ignorassent	**eût** ignoré	**eussent** ignoré
impératif			
ignore			
ignorons			
ignorez			

I

to imagine, to conceive of   imaginer

participe présent **imaginant**   participe passé **imaginé**

SINGULAR	PLURAL
présent de l'indicatif	
imagine	imaginons
imagines	imaginez
imagine	imaginent
imparfait de l'indicatif	
imaginais	imaginions
imaginais	imaginiez
imaginait	imaginaient
passé simple	
imaginai	imaginâmes
imaginas	imaginâtes
imagina	imaginèrent
futur	
imaginerai	imaginerons
imagineras	imaginerez
imaginera	imagineront
conditionnel	
imaginerais	imaginerions
imaginerais	imagineriez
imaginerait	imagineraient
présent du subjonctif	
imagine	imaginions
imagines	imaginiez
imagine	imaginent
imparfait du subjonctif	
imaginasse	imaginassions
imaginasses	imaginassiez
imaginât	imaginassent
impératif	
imagine	
imaginons	
imaginez	

SINGULAR	PLURAL
passé composé	
ai imaginé	avons imaginé
as imaginé	avez imaginé
a imaginé	ont imaginé
plus-que-parfait de l'indicatif	
avais imaginé	avions imaginé
avais imaginé	aviez imaginé
avait imaginé	avaient imaginé
passé antérieur	
eus imaginé	eûmes imaginé
eus imaginé	eûtes imaginé
eut imaginé	eurent imaginé
futur antérieur	
aurai imaginé	aurons imaginé
auras imaginé	aurez imaginé
aura imaginé	auront imaginé
conditionnel passé	
aurais imaginé	aurions imaginé
aurais imaginé	auriez imaginé
aurait imaginé	auraient imaginé
passé du subjonctif	
aie imaginé	ayons imaginé
aies imaginé	ayez imaginé
ait imaginé	aient imaginé
plus-que-parfait du subjonctif	
eusse imaginé	eussions imaginé
eusses imaginé	eussiez imaginé
eût imaginé	eussent imaginé

I

imiter

to imitate

SINGULAR	PLURAL	SINGULAR	PLURAL

présent de l'indicatif

imite / imitons
imites / imitez
imite / imitent

passé composé

ai imité / avons imité
as imité / avez imité
a imité / ont imité

imparfait de l'indicatif

imitais / imitions
imitais / imitiez
imitait / imitaient

plus-que-parfait de l'indicatif

avais imité / avions imité
avais imité / aviez imité
avait imité / avaient imité

passé simple

imitai / imitâmes
imitas / imitâtes
imita / imitèrent

passé antérieur

eus imité / eûmes imité
eus imité / eûtes imité
eut imité / eurent imité

futur

imiterai / imiterons
imiteras / imiterez
imitera / imiteront

futur antérieur

aurai imité / aurons imité
auras imité / aurez imité
aura imité / auront imité

conditionnel

imiterais / imiterions
imiterais / imiteriez
imiterait / imiteraient

conditionnel passé

aurais imité / aurions imité
aurais imité / auriez imité
aurait imité / auraient imité

présent du subjonctif

imite / imitions
imites / imitiez
imite / imitent

passé du subjonctif

aie imité / ayons imité
aies imité / ayez imité
ait imité / aient imité

imparfait du subjonctif

imitasse / imitassions
imitasses / imitassiez
imitât / imitassent

plus-que-parfait du subjonctif

eusse imité / eussions imité
eusses imité / eussiez imité
eût imité / eussent imité

impératif

imite
imitons
imitez

I

to lose patience

s'impatienter

SINGULAR	PLURAL
présent de l'indicatif	
m'impatient**e**	**nous** impatient**ons**
t'impatient**es**	**vous** impatient**ez**
s'impatient**e**	**s'**impatient**ent**
imparfait de l'indicatif	
m'impatient**ais**	**nous** impatient**ions**
t'impatient**ais**	**vous** impatient**iez**
s'impatient**ait**	**s'**impatient**aient**
passé simple	
m'impatient**ai**	**nous** impatient**âmes**
t'impatient**as**	**vous** impatient**âtes**
s'impatient**a**	**s'**impatient**èrent**
futur	
m'impatienter**ai**	**nous** impatienter**ons**
t'impatienter**as**	**vous** impatienter**ez**
s'impatienter**a**	**s'**impatienter**ont**
conditionnel	
m'impatienter**ais**	**nous** impatienter**ions**
t'impatienter**ais**	**vous** impatienter**iez**
s'impatienter**ait**	**s'**impatienter**aient**
présent du subjonctif	
m'impatient**e**	**nous** impatient**ions**
t'impatient**es**	**vous** impatient**iez**
s'impatient**e**	**s'**impatient**ent**
imparfait du subjonctif	
m'impatient**asse**	**nous** impatient**assions**
t'impatient**asses**	**vous** impatient**assiez**
s'impatient**ât**	**s'**impatient**assent**

impératif

impatiente-toi
impatientons-nous
impatientez-vous

SINGULAR	PLURAL
passé composé	
me suis impatienté(e)	**nous sommes** impatienté(e)s
t'es impatienté(e)	**vous êtes** impatienté(e)(s)
s'est impatienté(e)	**se sont** impatienté(e)s
plus-que-parfait de l'indicatif	
m'étais impatienté(e)	**nous étions** impatienté(e)s
t'étais impatienté(e)	**vous étiez** impatienté(e)(s)
s'était impatienté(e)	**s'étaient** impatienté(e)s
passé antérieur	
me fus impatienté(e)	**nous fûmes** impatienté(e)s
te fus impatienté(e)	**vous fûtes** impatienté(e)(s)
se fut impatienté(e)	**se furent** impatienté(e)s
futur antérieur	
me serai impatienté(e)	**nous serons** impatienté(e)s
te seras impatienté(e)	**vous serez** impatienté(e)(s)
se sera impatienté(e)	**se seront** impatienté(e)s
conditionnel passé	
me serais impatienté(e)	**nous serions** impatienté(e)s
te serais impatienté(e)	**vous seriez** impatienté(e)(s)
se serait impatienté(e)	**se seraient** impatienté(e)s
passé du subjonctif	
me sois impatienté(e)	**nous soyons** impatienté(e)s
te sois impatienté(e)	**vous soyez** impatienté(e)(s)
se soit impatienté(e)	**se soient** impatienté(e)s
plus-que-parfait du subjonctif	
me fusse impatienté(e)	**nous fussions** impatienté(e)s
te fusses impatienté(e)	**vous fussiez** impatienté(e)(s)
se fût impatienté(e)	**se fussent** impatienté(e)s

I

participe présent imposant   **participe passé** imposé

SINGULAR	PLURAL	SINGULAR	PLURAL
présent de l'indicatif		**passé composé**	
impose	imposons	ai imposé	avons imposé
imposes	imposez	as imposé	avez imposé
impose	imposent	a imposé	ont imposé
imparfait de l'indicatif		**plus-que-parfait de l'indicatif**	
imposais	imposions	avais imposé	avions imposé
imposais	imposiez	avais imposé	aviez imposé
imposait	imposaient	avait imposé	avaient imposé
passé simple		**passé antérieur**	
imposai	imposâmes	eus imposé	eûmes imposé
imposas	imposâtes	eus imposé	eûtes imposé
imposa	imposèrent	eut imposé	eurent imposé
futur		**futur antérieur**	
imposerai	imposerons	aurai imposé	aurons imposé
imposeras	imposerez	auras imposé	aurez imposé
imposera	imposeront	aura imposé	auront imposé
conditionnel		**conditionnel passé**	
imposerais	imposerions	aurais imposé	aurions imposé
imposerais	imposeriez	aurais imposé	auriez imposé
imposerait	imposeraient	aurait imposé	auraient imposé
présent du subjonctif		**passé du subjonctif**	
impose	imposions	aie imposé	ayons imposé
imposes	imposiez	aies imposé	ayez imposé
impose	imposent	ait imposé	aient imposé
imparfait du subjonctif		**plus-que-parfait du subjonctif**	
imposasse	imposassions	eusse imposé	eussions imposé
imposasses	imposassiez	eusses imposé	eussiez imposé
imposât	imposassent	eût imposé	eussent imposé

impératif
impose
imposons
imposez

I

to be indispensible, to impose upon s'imposer

SINGULAR	PLURAL	SINGULAR	PLURAL

présent de l'indicatif
m'impose	nous imposons		
t'imposes	vous imposez		
s'impose	s'imposent		

passé composé
me suis imposé(e)	nous sommes imposé(e)s
t'es imposé(e)	vous êtes imposé(e)(s)
s'est imposé(e)	se sont imposé(e)s

imparfait de l'indicatif
m'imposais	nous imposions
t'imposais	vous imposiez
s'imposait	s'imposaient

plus-que-parfait de l'indicatif
m'étais imposé(e)	nous étions imposé(e)s
t'étais imposé(e)	vous étiez imposé(e)(s)
s'était imposé(e)	s'étaient imposé(e)s

passé simple
m'imposai	nous imposâmes
t'imposas	vous imposâtes
s'imposa	s'imposèrent

passé antérieur
me fus imposé(e)	nous fûmes imposé(e)s
te fus imposé(e)	vous fûtes imposé(e)(s)
se fut imposé(e)	se furent imposé(e)s

futur
m'imposerai	nous imposerons
t'imposeras	vous imposerez
s'imposera	s'imposeront

futur antérieur
me serai imposé(e)	nous serons imposé(e)s
te seras imposé(e)	vous serez imposé(e)(s)
se sera imposé(e)	se seront imposé(e)s

conditionnel
m'imposerais	nous imposerions
t'imposerais	vous imposeriez
s'imposerait	s'imposeraient

conditionnel passé
me serais imposé(e)	nous serions imposé(e)s
te serais imposé(e)	vous seriez imposé(e)(s)
se serait imposé(e)	se seraient imposé(e)s

présent du subjonctif
m'impose	nous imposions
t'imposes	vous imposiez
s'impose	s'imposent

passé du subjonctif
me sois imposé(e)	nous soyons imposé(e)s
te sois imposé(e)	vous soyez imposé(e)(s)
se soit imposé(e)	se soient imposé(e)s

imparfait du subjonctif
m'imposasse	nous imposassions
t'imposasses	vous imposassiez
s'imposât	s'imposassent

plus-que-parfait du subjonctif
me fusse imposé(e)	nous fussions imposé(e)s
te fusses imposé(e)	vous fussiez imposé(e)(s)
se fût imposé(e)	se fussent imposé(e)s

impératif
impose-toi
imposons-nous
imposez-vous

I

participe présent **imprimant**   participe passé **imprimé**

SINGULAR	PLURAL	SINGULAR	PLURAL

présent de l'indicatif

imprime	imprimons		
imprimes	imprimez		
imprime	impriment		

passé composé

ai imprimé	avons imprimé
as imprimé	avez imprimé
a imprimé	ont imprimé

imparfait de l'indicatif

imprimais	imprimions
imprimais	imprimiez
imprimait	imprimaient

plus-que-parfait de l'indicatif

avais imprimé	avions imprimé
avais imprimé	aviez imprimé
avait imprimé	avaient imprimé

passé simple

imprimai	imprimâmes
imprimas	imprimâtes
imprima	imprimèrent

passé antérieur

eus imprimé	eûmes imprimé
eus imprimé	eûtes imprimé
eut imprimé	eurent imprimé

futur

imprimerai	imprimerons
imprimeras	imprimerez
imprimera	imprimeront

futur antérieur

aurai imprimé	aurons imprimé
auras imprimé	aurez imprimé
aura imprimé	auront imprimé

I

conditionnel

imprimerais	imprimerions
imprimerais	imprimeriez
imprimerait	imprimeraient

conditionnel passé

aurais imprimé	aurions imprimé
aurais imprimé	auriez imprimé
aurait imprimé	auraient imprimé

présent du subjonctif

imprime	imprimions
imprimes	imprimiez
imprime	impriment

passé du subjonctif

aie imprimé	ayons imprimé
aies imprimé	ayez imprimé
ait imprimé	aient imprimé

imparfait du subjonctif

imprimasse	imprimassions
imprimasses	imprimassiez
imprimât	imprimassent

plus-que-parfait du subjonctif

eusse imprimé	eussions imprimé
eusses imprimé	eussiez imprimé
eût imprimé	eussent imprimé

impératif

imprime
imprimons
imprimez

to include

inclure

SINGULAR	PLURAL	SINGULAR	PLURAL

présent de l'indicatif

		passé composé	
inclus	incluons	**ai** inclus	**avons** inclus
inclus	incluez	**as** inclus	**avez** inclus
inclut	incluent	**a** inclus	**ont** inclus

imparfait de l'indicatif

		plus-que-parfait de l'indicatif	
incluais	incluions	**avais** inclus	**avions** inclus
incluais	incluiez	**avais** inclus	**aviez** inclus
incluait	incluaient	**avait** inclus	**avaient** inclus

passé simple

		passé antérieur	
inclus	inclûmes	**eus** inclus	**eûmes** inclus
inclus	inclûtes	**eus** inclus	**eûtes** inclus
inclut	inclurent	**eut** inclus	**eurent** inclus

futur

		futur antérieur	
inclurai	inclurons	**aurai** inclus	**aurons** inclus
incluras	inclurez	**auras** inclus	**aurez** inclus
inclura	incluront	**aura** inclus	**auront** inclus

conditionnel

		conditionnel passé	
inclurais	inclurions	**aurais** inclus	**aurions** inclus
inclurais	incluriez	**aurais** inclus	**auriez** inclus
inclurait	incluraient	**aurait** inclus	**auraient** inclus

présent du subjonctif

		passé du subjonctif	
inclue	incluions	**aie** inclus	**ayons** inclus
inclues	incluiez	**aies** inclus	**ayez** inclus
inclue	incluent	**ait** inclus	**aient** inclus

imparfait du subjonctif

		plus-que-parfait du subjonctif	
inclusse	inclussions	**eusse** inclus	**eussions** inclus
inclusses	inclussiez	**eusses** inclus	**eussiez** inclus
inclût	inclussent	**eût** inclus	**eussent** inclus

impératif

inclus
incluons
incluez

I

participe présent indiquant   **participe passé** indiqué

SINGULAR	PLURAL	SINGULAR	PLURAL

présent de l'indicatif

indique	indiquons
indiques	indiquez
indique	indiquent

imparfait de l'indicatif

indiquais	indiquions
indiquais	indiquiez
indiquait	indiquaient

passé simple

indiquai	indiquâmes
indiquas	indiquâtes
indiqua	indiquèrent

futur

indiquerai	indiquerons
indiqueras	indiquerez
indiquera	indiqueront

conditionnel

indiquerais	indiquerions
indiquerais	indiqueriez
indiquerait	indiqueraient

présent du subjonctif

indique	indiquions
indiques	indiquiez
indique	indiquent

imparfait du subjonctif

indiquasse	indiquassions
indiquasses	indiquassiez
indiquât	indiquassent

impératif

indique
indiquons
indiquez

passé composé

ai indiqué	avons indiqué
as indiqué	avez indiqué
a indiqué	ont indiqué

plus-que-parfait de l'indicatif

avais indiqué	avions indiqué
avais indiqué	aviez indiqué
avait indiqué	avaient indiqué

passé antérieur

eus indiqué	eûmes indiqué
eus indiqué	eûtes indiqué
eut indiqué	eurent indiqué

futur antérieur

aurai indiqué	aurons indiqué
auras indiqué	aurez indiqué
aura indiqué	auront indiqué

conditionnel passé

aurais indiqué	aurions indiqué
aurais indiqué	auriez indiqué
aurait indiqué	auraient indiqué

passé du subjonctif

aie indiqué	ayons indiqué
aies indiqué	ayez indiqué
ait indiqué	aient indiqué

plus-que-parfait du subjonctif

eusse indiqué	eussions indiqué
eusses indiqué	eussiez indiqué
eût indiqué	eussent indiqué

I

to inquire, to keep informed   s'informer

SINGULAR	PLURAL	SINGULAR	PLURAL

présent de l'indicatif
m'informe
t'informe**s**
s'informe

nous inform**ons**
vous inform**ez**
s'inform**ent**

passé composé
me suis informé(e)
t'es informé(e)
s'est informé(e)

nous sommes informé(e)s
vous êtes informé(e)(s)
se sont informé(e)s

imparfait de l'indicatif
m'inform**ais**
t'inform**ais**
s'inform**ait**

nous inform**ions**
vous inform**iez**
s'inform**aient**

plus-que-parfait de l'indicatif
m'étais informé(e)
t'étais informé(e)
s'était informé(e)

nous étions informé(e)s
vous étiez informé(e)(s)
s'étaient informé(e)s

passé simple
m'inform**ai**
t'inform**as**
s'inform**a**

nous inform**âmes**
vous inform**âtes**
s'inform**èrent**

passé antérieur
me fus informé(e)
te fus informé(e)
se fut informé(e)

nous fûmes informé(e)s
vous fûtes informé(e)(s)
se furent informé(e)s

futur
m'informer**ai**
t'informer**as**
s'informer**a**

nous informer**ons**
vous informer**ez**
s'informer**ont**

futur antérieur
me serai informé(e)
te seras informé(e)
se sera informé(e)

nous serons informé(e)s
vous serez informé(e)(s)
se seront informé(e)s

conditionnel
m'informer**ais**
t'informer**ais**
s'informer**ait**

nous informer**ions**
vous informer**iez**
s'informer**aient**

conditionnel passé
me serais informé(e)
te serais informé(e)
se serait informé(e)

nous serions informé(e)s
vous seriez informé(e)(s)
se seraient informé(e)s

présent du subjonctif
m'inform**e**
t'inform**es**
s'inform**e**

nous inform**ions**
vous inform**iez**
s'inform**ent**

passé du subjonctif
me sois informé(e)
te sois informé(e)
se soit informé(e)

nous soyons informé(e)s
vous soyez informé(e)(s)
se soient informé(e)s

imparfait du subjonctif
m'inform**asse**
t'inform**asses**
s'inform**ât**

nous inform**assions**
vous inform**assiez**
s'inform**assent**

plus-que-parfait du subjonctif
me fusse informé(e)
te fusses informé(e)
se fût informé(e)

nous fussions informé(e)s
vous fussiez informé(e)(s)
se fussent informé(e)s

impératif
informe-toi
informons-nous
informez-vous

I

inonder · to flood, to inundate, to overflow

SINGULAR	PLURAL	SINGULAR	PLURAL

présent de l'indicatif

		passé composé	
inonde	inondons	**ai** inondé	**avons** inondé
inondes	inondez	**as** inondé	**avez** inondé
inonde	inondent	**a** inondé	**ont** inondé

imparfait de l'indicatif

		plus-que-parfait de l'indicatif	
inondais	inondons	**avais** inondé	**avions** inondé
inondais	inondez	**avais** inondé	**aviez** inondé
inondait	inondent	**avait** inondé	**avaient** inondé

passé simple

		passé antérieur	
inondai	inondâmes	**eus** inondé	**eûmes** inondé
inondas	inondâtes	**eus** inondé	**eûtes** inondé
inonda	inondèrent	**eut** inondé	**eurent** inondé

futur

		futur antérieur	
inonderai	inonderons	**aurai** inondé	**aurons** inondé
inonderas	inonderez	**auras** inondé	**aurez** inondé
inondera	inonderont	**aura** inondé	**auront** inondé

conditionnel

		conditionnel passé	
inonderais	inonderions	**aurais** inondé	**aurions** inondé
inonderais	inonderiez	**aurais** inondé	**auriez** inondé
inonderait	inonderaient	**aurait** inondé	**auraient** inondé

présent du subjonctif

		passé du subjonctif	
inonde	inondions	**aie** inondé	**ayons** inondé
inondes	inondiez	**aies** inondé	**ayez** inondé
inonde	inondent	**ait** inondé	**aient** inondé

imparfait du subjonctif

		plus-que-parfait du subjonctif	
inondasse	inondassions	**eusse** inondé	**eussions** inondé
inondasses	inondassiez	**eusses** inondé	**eussiez** inondé
inondât	inondassent	**eût** inondé	**eussent** inondé

impératif

inonde
inondons
inondez

to worry

participe présent **s'inquiétant**   participe passé **inquiété(e)(s)**

SINGULAR	PLURAL	SINGULAR	PLURAL

présent de l'indicatif

m'inquiè**te**	**nous** inquiét**ons**
t'inquiè**tes**	**vous** inquiét**ez**
s'inquiè**te**	**s'**inquiè**tent**

imparfait de l'indicatif

m'inquiét**ais**	**nous** inquiét**ions**
t'inquiét**ais**	**vous** inquiét**iez**
s'inquiét**ait**	**s'**inquiét**aient**

passé simple

m'inquiét**ai**	**nous** inquiét**âmes**
t'inquiét**as**	**vous** inquiét**âtes**
s'inquiét**a**	**s'**inquiét**èrent**

futur

m'inquiéter**ai**	**nous** inquiéter**ons**
t'inquiéter**as**	**vous** inquiéter**ez**
s'inquiéter**a**	**s'**inquiéter**ont**

conditionnel

m'inquiéter**ais**	**nous** inquiéter**ions**
t'inquiéter**ais**	**vous** inquiéter**iez**
s'inquiéter**ait**	**s'**inquiéter**aient**

présent du subjonctif

m'inquiè**te**	**nous** inquiét**ions**
t'inquiè**tes**	**vous** inquiét**iez**
s'inquiè**te**	**s'**inquiè**tent**

imparfait du subjonctif

m'inquiét**asse**	**nous** inquiét**assions**
t'inquiét**asses**	**vous** inquiét**assiez**
s'inquiét**ât**	**s'**inquiét**assent**

impératif

inquiète-toi
inquiétons-nous
inquiétez-vous

passé composé

me suis inquiété(e)	**nous sommes** inquiété(e)s
t'es inquiété(e)	**vous êtes** inquiété(e)(s)
s'est inquiété(e)	**se sont** inquiété(e)s

plus-que-parfait de l'indicatif

m'étais inquiété(e)	**nous étions** inquiété(e)s
t'étais inquiété(e)	**vous étiez** inquiété(e)(s)
s'était inquiété(e)	**s'étaient** inquiété(e)s

passé antérieur

me fus inquiété(e)	**nous fûmes** inquiété(e)s
te fus inquiété(e)	**vous fûtes** inquiété(e)(s)
se fut inquiété(e)	**se furent** inquiété(e)s

futur antérieur

me serai inquiété(e)	**nous serons** inquiété(e)s
te seras inquiété(e)	**vous serez** inquiété(e)(s)
se sera inquiété(e)	**se seront** inquiété(e)s

conditionnel passé

me serais inquiété(e)	**nous serions** inquiété(e)s
te serais inquiété(e)	**vous seriez** inquiété(e)(s)
se serait inquiété(e)	**se seraient** inquiété(e)s

passé du subjonctif

me sois inquiété(e)	**nous soyons** inquiété(e)s
te sois inquiété(e)	**vous soyez** inquiété(e)(s)
se soit inquiété(e)	**se soient** inquiété(e)s

plus-que-parfait du subjonctif

me fusse inquiété(e)	**nous fussions** inquiété(e)s
te fusses inquiété(e)	**vous fussiez** inquiété(e)(s)
se fût inquiété(e)	**se fussent** inquiété(e)s

I

participe présent **inscrivant**   participe passé **inscrit**

SINGULAR	PLURAL	SINGULAR	PLURAL

présent de l'indicatif

		passé composé	
inscris	inscrivons	**ai** inscrit	**avons** inscrit
inscris	inscrivez	**as** inscrit	**avez** inscrit
inscrit	inscrivent	**a** inscrit	**ont** inscrit

imparfait de l'indicatif

		plus-que-parfait de l'indicatif	
inscrivais	inscrivions	**avais** inscrit	**avions** inscrit
inscrivais	inscriviez	**avais** inscrit	**aviez** inscrit
inscrivait	inscrivaient	**avait** inscrit	**avaient** inscrit

passé simple

		passé antérieur	
inscrivis	inscrivîmes	**eus** inscrit	**eûmes** inscrit
inscrivis	inscrivîtes	**eus** inscrit	**eûtes** inscrit
inscrivit	inscrivirent	**eut** inscrit	**eurent** inscrit

futur

		futur antérieur	
inscrirai	inscrirons	**aurai** inscrit	**aurons** inscrit
inscriras	inscrirez	**auras** inscrit	**aurez** inscrit
inscrira	inscriront	**aura** inscrit	**auront** inscrit

conditionnel

		conditionnel passé	
inscrirais	inscririons	**aurais** inscrit	**aurions** inscrit
inscrirais	inscririez	**aurais** inscrit	**auriez** inscrit
inscrirait	inscriraient	**aurait** inscrit	**auraient** inscrit

présent du subjonctif

		passé du subjonctif	
inscrive	inscrivions	**aie** inscrit	**ayons** inscrit
inscrives	inscriviez	**aies** inscrit	**ayez** inscrit
inscrive	inscrivent	**ait** inscrit	**aient** inscrit

imparfait du subjonctif

		plus-que-parfait du subjonctif	
inscrivisse	inscrivissions	**eusse** inscrit	**eussions** inscrit
inscrivisses	inscrivissiez	**eusses** inscrit	**eussiez** inscrit
inscrivît	inscrivissent	**eût** inscrit	**eussent** inscrit

impératif
inscris
inscrivons
inscrivez

I

to insist
insister

SINGULAR	PLURAL	SINGULAR	PLURAL

présent de l'indicatif
insiste	insistons
insistes	insistez
insiste	insistent

passé composé
ai insisté	**avons** insisté
as insisté	**avez** insisté
a insisté	**ont** insisté

imparfait de l'indicatif
insistais	insistions
insistais	insistiez
insistait	insistaient

plus-que-parfait de l'indicatif
avais insisté	**avions** insisté
avais insisté	**aviez** insisté
avait insisté	**avaient** insisté

passé simple
insistai	insistâmes
insistas	insistâtes
insista	insistèrent

passé antérieur
eus insisté	**eûmes** insisté
eus insisté	**eûtes** insisté
eut insisté	**eurent** insisté

futur
insisterai	insisterons
insisteras	insisterez
insistera	insisteront

futur antérieur
aurai insisté	**aurons** insisté
auras insisté	**aurez** insisté
aura insisté	**auront** insisté

conditionnel
insisterais	insisterions
insisterais	insisteriez
insisterait	insisteraient

conditionnel passé
aurais insisté	**aurions** insisté
aurais insisté	**auriez** insisté
aurait insisté	**auraient** insisté

présent du subjonctif
insiste	insistions
insistes	insistiez
insiste	insistent

passé du subjonctif
aie insisté	**ayons** insisté
aies insisté	**ayez** insisté
ait insisté	**aient** insisté

imparfait du subjonctif
insistasse	insistassions
insistasses	insistassiez
insistât	insistassent

plus-que-parfait du subjonctif
eusse insisté	**eussions** insisté
eusses insisté	**eussiez** insisté
eût insisté	**eussent** insisté

impératif
insiste
insistons
insistez

I

installer
to install, to set up, to insist

participe présent **installant**   participe passé **installé**

SINGULAR	PLURAL	SINGULAR	PLURAL

présent de l'indicatif
install**e**	install**ons**		
install**es**	install**ez**		
install**e**	install**ent**		

passé composé
ai installé	**avons** installé
as installé	**avez** installé
a installé	**ont** installé

imparfait de l'indicatif
install**ais**	install**ions**
install**ais**	install**iez**
install**ait**	install**aient**

plus-que-parfait de l'indicatif
avais installé	**avions** installé
avais installé	**aviez** installé
avait installé	**avaient** installé

passé simple
install**ai**	install**âmes**
install**as**	install**âtes**
install**a**	install**èrent**

passé antérieur
eus installé	**eûmes** installé
eus installé	**eûtes** installé
eut installé	**eurent** installé

futur
install**erai**	install**erons**
install**eras**	install**erez**
install**era**	install**eront**

futur antérieur
aurai installé	**aurons** installé
auras installé	**aurez** installé
aura installé	**auront** installé

conditionnel
install**erais**	install**erions**
install**erais**	install**eriez**
install**erait**	install**eraient**

conditionnel passé
aurais installé	**aurions** installé
aurais installé	**auriez** installé
aurait installé	**auraient** installé

présent du subjonctif
install**e**	install**ions**
install**es**	install**iez**
install**e**	install**ent**

passé du subjonctif
aie installé	**ayons** installé
aies installé	**ayez** installé
ait installé	**aient** installé

imparfait du subjonctif
install**asse**	install**assions**
install**asses**	install**assiez**
install**ât**	install**assent**

plus-que-parfait du subjonctif
eusse installé	**eussions** installé
eusses installé	**eussiez** installé
eût installé	**eussent** installé

impératif
installe
installons
installez

I

to institute

participe présent **instituant**   participe passé **institué**

SINGULAR	PLURAL	SINGULAR	PLURAL

présent de l'indicatif

		passé composé	
institue	instituons	**ai** institué	**avons** institué
institues	instituez	**as** institué	**avez** institué
institue	instituent	**a** institué	**ont** institué

imparfait de l'indicatif

		plus-que-parfait de l'indicatif	
instituais	instituions	**avais** institué	**avions** institué
instituais	instituiez	**avais** institué	**aviez** institué
instituait	instituaient	**avait** institué	**avaient** institué

passé simple

		passé antérieur	
instituai	instituâmes	**eus** institué	**eûmes** institué
instituas	instituâtes	**eus** institué	**eûtes** institué
institua	instituèrent	**eut** institué	**eurent** institué

futur

		futur antérieur	
instituerai	instituerons	**aurai** institué	**aurons** institué
institueras	instituerez	**auras** institué	**aurez** institué
instituera	institueront	**aura** institué	**auront** institué

conditionnel

		conditionnel passé	
instituerais	instituerions	**aurais** institué	**aurions** institué
instituerais	institueriez	**aurais** institué	**auriez** institué
instituerait	institueraient	**aurait** institué	**auraient** institué

présent du subjonctif

		passé du subjonctif	
institue	instituions	**aie** institué	**ayons** institué
institues	instituiez	**aies** institué	**ayez** institué
institue	instituent	**ait** institué	**aient** institué

imparfait du subjonctif

		plus-que-parfait du subjonctif	
instituasse	instituassions	**eusse** institué	**eussions** institué
instituasses	instituassiez	**eusses** institué	**eussiez** institué
instituât	instituassent	**eût** institué	**eussent** institué

impératif

institue
instituons
instituez

I

instruire to instruct, to educate, to investigate

SINGULAR	PLURAL	SINGULAR	PLURAL

présent de l'indicatif
instrui**s**	instrui**sons**		
instrui**s**	instrui**sez**		
instrui**t**	instrui**sent**		

passé composé
ai instruit	**avons** instruit
as instruit	**avez** instruit
a instruit	**ont** instruit

imparfait de l'indicatif
instrui**sais**	instrui**sions**
instrui**sais**	instrui**siez**
instrui**sait**	instrui**saient**

plus-que-parfait de l'indicatif
avais instruit	**avions** instruit
avais instruit	**aviez** instruit
avait instruit	**avaient** instruit

passé simple
instrui**sis**	instrui**sîmes**
instrui**sis**	instrui**sîtes**
instrui**sit**	instrui**sirent**

passé antérieur
eus instruit	**eûmes** instruit
eus instruit	**eûtes** instruit
eut instruit	**eurent** instruit

futur
instrui**rai**	instrui**rons**
instrui**ras**	instrui**rez**
instrui**ra**	instrui**ront**

futur antérieur
aurai instruit	**aurons** instruit
auras instruit	**aurez** instruit
aura instruit	**auront** instruit

conditionnel
instrui**rais**	instrui**rions**
instrui**rais**	instrui**riez**
instrui**rait**	instrui**raient**

conditionnel passé
aurais instruit	**aurions** instruit
aurais instruit	**auriez** instruit
aurait instruit	**auraient** instruit

présent du subjonctif
instrui**se**	instrui**sions**
instrui**ses**	instrui**siez**
instrui**se**	instrui**sent**

passé du subjonctif
aie instruit	**ayons** instruit
aies instruit	**ayez** instruit
ait instruit	**aient** instruit

imparfait du subjonctif
instrui**sisse**	instrui**sissions**
instrui**sisses**	instrui**sissiez**
instrui**sît**	instrui**sissent**

plus-que-parfait du subjonctif
eusse instruit	**eussions** instruit
eusses instruit	**eussiez** instruit
eût instruit	**eussent** instruit

impératif
instruis
instruisons
instruisez

I

to forbid, to prohibit, to ban — interdire

SINGULAR	PLURAL	SINGULAR	PLURAL

présent de l'indicatif

interdis	interdisons		
interdis	interdisez		
interdit	interdisent		

passé composé

ai interdit	**avons** interdit
as interdit	**avez** interdit
a interdit	**ont** interdit

imparfait de l'indicatif

interdisais	interdisions
interdisais	interdisiez
interdisait	interdisaient

plus-que-parfait de l'indicatif

avais interdit	**avions** interdit
avais interdit	**aviez** interdit
avait interdit	**avaient** interdit

passé simple

interdis	interdîmes
interdis	interdîtes
interdit	interdirent

passé antérieur

eus interdit	**eûmes** interdit
eus interdit	**eûtes** interdit
eut interdit	**eurent** interdit

futur

interdirai	interdirons
interdiras	interdirez
interdira	interdiront

futur antérieur

aurai interdit	**aurons** interdit
auras interdit	**aurez** interdit
aura interdit	**auront** interdit

conditionnel

interdirais	interdirions
interdirais	interdiriez
interdirait	interdiraient

conditionnel passé

aurais interdit	**aurions** interdit
aurais interdit	**auriez** interdit
aurait interdit	**auraient** interdit

présent du subjonctif

interdise	interdisions
interdises	interdisiez
interdise	interdisent

passé du subjonctif

aie interdit	**ayons** interdit
aies interdit	**ayez** interdit
ait interdit	**aient** interdit

imparfait du subjonctif

interdisse	interdissions
interdisses	interdissiez
interdît	interdissent

plus-que-parfait du subjonctif

eusse interdit	**eussions** interdit
eusses interdit	**eussiez** interdit
eût interdit	**eussent** interdit

impératif

interdis
interdisons
interdisez

I

participe présent **s'intéressant**   participe passé **intéressé(e)(s)**

SINGULAR	PLURAL	SINGULAR	PLURAL

présent de l'indicatif

m'intéress**e**	**nous** intéress**ons**
t'intéress**es**	**vous** intéress**ez**
s'intéress**e**	**s'**intéress**ent**

passé composé

me suis intéressé(e)	**nous sommes** intéressé(e)s
t'es intéressé(e)	**vous êtes** intéressé(e)(s)
s'est intéressé(e)	**se sont** intéressé(e)s

imparfait de l'indicatif

m'intéress**ais**	**nous** intéress**ions**
t'intéress**ais**	**vous** intéress**iez**
s'intéress**ait**	**s'**intéress**aient**

plus-que-parfait de l'indicatif

m'étais intéressé(e)	**nous étions** intéressé(e)s
t'étais intéressé(e)	**vous étiez** intéressé(e)(s)
s'était intéressé(e)	**s'étaient** intéressé(e)s

passé simple

m'intéress**ai**	**nous** intéress**âmes**
t'intéress**as**	**vous** intéress**âtes**
s'intéress**a**	**s'**intéress**èrent**

passé antérieur

me fus intéressé(e)	**nous fûmes** intéressé(e)s
te fus intéressé(e)	**vous fûtes** intéressé(e)(s)
se fut intéressé(e)	**se furent** intéressé(e)s

futur

m'intéress**erai**	**nous** intéress**erons**
t'intéress**eras**	**vous** intéress**erez**
s'intéress**era**	**s'**intéress**eront**

futur antérieur

me serai intéressé(e)	**nous serons** intéressé(e)s
te seras intéressé(e)	**vous serez** intéressé(e)(s)
se sera intéressé(e)	**se seront** intéressé(e)s

conditionnel

m'intéress**erais**	**nous** intéress**erions**
t'intéress**erais**	**vous** intéress**eriez**
s'intéress**erait**	**s'**intéress**eraient**

conditionnel passé

me serais intéressé(e)	**nous serions** intéressé(e)s
te serais intéressé(e)	**vous seriez** intéressé(e)(s)
se serait intéressé(e)	**se seraient** intéressé(e)s

présent du subjonctif

m'intéress**e**	**nous** intéress**ions**
t'intéress**es**	**vous** intéress**iez**
s'intéress**e**	**s'**intéress**ent**

passé du subjonctif

me sois intéressé(e)	**nous soyons** intéressé(e)s
te sois intéressé(e)	**vous soyez** intéressé(e)(s)
se soit intéressé(e)	**se soient** intéressé(e)s

imparfait du subjonctif

m'intéress**asse**	**nous** intéress**assions**
t'intéress**asses**	**vous** intéress**assiez**
s'intéress**ât**	**s'**intéress**assent**

plus-que-parfait du subjonctif

me fusse intéressé(e)	**nous fussions** intéressé(e)s
te fusses intéressé(e)	**vous fussiez** intéressé(e)(s)
se fût intéressé(e)	**se fussent** intéressé(e)s

impératif

intéresse-toi
intéressons-nous
intéressez-vous

I

to interpret, to play (a role)　　　interpréter

SINGULAR	PLURAL	SINGULAR	PLURAL

présent de l'indicatif

		passé composé	
interprète	interprétons	ai interprété	avons interprété
interprètes	interprétez	as interprété	avez interprété
interprète	interprètent	a interprété	ont interprété

imparfait de l'indicatif　　**plus-que-parfait de l'indicatif**

interprétais	interprétions	avais interprété	avions interprété
interprétais	interprétiez	avais interprété	aviez interprété
interprétait	interprétaient	avait interprété	avaient interprété

passé simple　　　　　　**passé antérieur**

interprétai	interprétâmes	eus interprété	eûmes interprété
interprétas	interprétâtes	eus interprété	eûtes interprété
interpréta	interprétèrent	eut interprété	eurent interprété

futur　　　　　　　　　**futur antérieur**

interpréterai	interpréterons	aurai interprété	aurons interprété
interpréteras	interpréterez	auras interprété	aurez interprété
interprétera	interpréteront	aura interprété	auront interprété

conditionnel　　　　　　**conditionnel passé**

interpréterais	interpréterions	aurais interprété	aurions interprété
interpréterais	interpréteriez	aurais interprété	auriez interprété
interpréterait	interpréteraient	aurait interprété	auraient interprété

présent du subjonctif　　**passé du subjonctif**

interprète	interprétions	aie interprété	ayons interprété
interprètes	interprétiez	aies interprété	ayez interprété
interprète	interprètent	ait interprété	aient interprété

imparfait du subjonctif　　**plus-que-parfait du subjonctif**

interprétasse	interprétassions	eusse interprété	eussions interprété
interprétasses	interprétassiez	eusses interprété	eussiez interprété
interprétât	interprétassent	eût interprété	eussent interprété

impératif

interprète
interprétons
interprétez

I

interroger — to question, to ask, to examine

participe présent **interrogeant**   participe passé **interrogé**

SINGULAR	PLURAL	SINGULAR	PLURAL

présent de l'indicatif

		passé composé	
interrog**e**	interroge**ons**	**ai** interrogé	**avons** interrogé
interrog**es**	interrog**ez**	**as** interrogé	**avez** interrogé
interrog**e**	interrog**ent**	**a** interrogé	**ont** interrogé

imparfait de l'indicatif

		plus-que-parfait de l'indicatif	
interroge**ais**	interrog**ions**	**avais** interrogé	**avions** interrogé
interroge**ais**	interrog**iez**	**avais** interrogé	**aviez** interrogé
interroge**ait**	interroge**aient**	**avait** interrogé	**avaient** interrogé

passé simple

		passé antérieur	
interroge**ai**	interroge**âmes**	**eus** interrogé	**eûmes** interrogé
interroge**as**	interroge**âtes**	**eus** interrogé	**eûtes** interrogé
interroge**a**	interrog**èrent**	**eut** interrogé	**eurent** interrogé

futur

		futur antérieur	
interroger**ai**	interroger**ons**	**aurai** interrogé	**aurons** interrogé
interroger**as**	interroger**ez**	**auras** interrogé	**aurez** interrogé
interroger**a**	interroger**ont**	**aura** interrogé	**auront** interrogé

conditionnel

		conditionnel passé	
interroger**ais**	interroger**ions**	**aurais** interrogé	**aurions** interrogé
interroger**ais**	interroger**iez**	**aurais** interrogé	**auriez** interrogé
interroger**ait**	interroger**aient**	**aurait** interrogé	**auraient** interrogé

présent du subjonctif

		passé du subjonctif	
interrog**e**	interrog**ions**	**aie** interrogé	**ayons** interrogé
interrog**es**	interrog**iez**	**aies** interrogé	**ayez** interrogé
interrog**e**	interrog**ent**	**ait** interrogé	**aient** interrogé

imparfait du subjonctif

		plus-que-parfait du subjonctif	
interroge**asse**	interroge**assions**	**eusse** interrogé	**eussions** interrogé
interroge**asses**	interroge**assiez**	**eusses** interrogé	**eussiez** interrogé
interroge**ât**	interroge**assent**	**eût** interrogé	**eussent** interrogé

impératif

interroge
interrogeons
interrogez

I

participe présent **interrompant**   participe passé **interrompu**

SINGULAR	PLURAL

présent de l'indicatif
interromp**s**	interromp**ons**
interromp**s**	interromp**ez**
interromp**t**	interromp**ent**

imparfait de l'indicatif
interromp**ais**	interromp**ions**
interromp**ais**	interromp**iez**
interromp**ait**	interromp**aient**

passé simple
interromp**is**	interromp**îmes**
interromp**is**	interromp**îtes**
interromp**it**	interromp**irent**

futur
interrompr**ai**	interrompr**ons**
interrompr**as**	interrompr**ez**
interrompr**a**	interrompr**ont**

conditionnel
interrompr**ais**	interrompr**ions**
interrompr**ais**	interrompr**iez**
interrompr**ait**	interrompr**aient**

présent du subjonctif
interromp**e**	interromp**ions**
interromp**es**	interromp**iez**
interromp**e**	interromp**ent**

imparfait du subjonctif
interromp**isse**	interromp**issions**
interromp**isses**	interromp**issiez**
interromp**ît**	interromp**issent**

impératif
interromp**s**
interromp**ons**
interromp**ez**

SINGULAR	PLURAL

passé composé
ai interrompu	**avons** interrompu
as interrompu	**avez** interrompu
a interrompu	**ont** interrompu

plus-que-parfait de l'indicatif
avais interrompu	**avions** interrompu
avais interrompu	**aviez** interrompu
avait interrompu	**avaient** interrompu

passé antérieur
eus interrompu	**eûmes** interrompu
eus interrompu	**eûtes** interrompu
eut interrompu	**eurent** interrompu

futur antérieur
aurai interrompu	**aurons** interrompu
auras interrompu	**aurez** interrompu
aura interrompu	**auront** interrompu

conditionnel passé
aurais interrompu	**aurions** interrompu
aurais interrompu	**auriez** interrompu
aurait interrompu	**auraient** interrompu

passé du subjonctif
aie interrompu	**ayons** interrompu
aies interrompu	**ayez** interrompu
ait interrompu	**aient** interrompu

plus-que-parfait du subjonctif
eusse interrompu	**eussions** interrompu
eusses interrompu	**eussiez** interrompu
eût interrompu	**eussent** interrompu

I

participe présent **introduisant**   participe passé **introduit**

SINGULAR	PLURAL	SINGULAR	PLURAL
présent de l'indicatif		**passé composé**	
introdui**s**	introduis**ons**	**ai** introduit	**avons** introduit
introdui**s**	introduis**ez**	**as** introduit	**avez** introduit
introdui**t**	introduis**ent**	**a** introduit	**ont** introduit
imparfait de l'indicatif		**plus-que-parfait de l'indicatif**	
introduis**ais**	introduis**ions**	**avais** introduit	**avions** introduit
introduis**ais**	introduis**iez**	**avais** introduit	**aviez** introduit
introduis**ait**	introduis**aient**	**avait** introduit	**avaient** introduit
passé simple		**passé antérieur**	
introdui**s**	introdu**îmes**	**eus** introduit	**eûmes** introduit
introdui**s**	introdu**îtes**	**eus** introduit	**eûtes** introduit
introdui**t**	introdui**rent**	**eut** introduit	**eurent** introduit
futur		**futur antérieur**	
introduir**ai**	introduir**ons**	**aurai** introduit	**aurons** introduit
introduir**as**	introduir**ez**	**auras** introduit	**aurez** introduit
introduir**a**	introduir**ont**	**aura** introduit	**auront** introduit
conditionnel		**conditionnel passé**	
introduir**ais**	introduir**ions**	**aurais** introduit	**aurions** introduit
introduir**ais**	introduir**iez**	**aurais** introduit	**auriez** introduit
introduir**ait**	introduir**aient**	**aurait** introduit	**auraient** introduit
présent du subjonctif		**passé du subjonctif**	
introduis**e**	introduis**ions**	**aie** introduit	**ayons** introduit
introduis**es**	introduis**iez**	**aies** introduit	**ayez** introduit
introduis**e**	introduis**ent**	**ait** introduit	**aient** introduit
imparfait du subjonctif		**plus-que-parfait du subjonctif**	
introduis**isse**	introduis**issions**	**eusse** introduit	**eussions** introduit
introduis**isses**	introduis**issiez**	**eusses** introduit	**eussiez** introduit
introduis**ît**	introduis**issent**	**eût** introduit	**eussent** introduit

impératif
introdui**s**
introduis**ons**
introduis**ez**

I

to invent, to devise

participe présent **inventant**   participe passé **inventé**

SINGULAR	PLURAL	SINGULAR	PLURAL

présent de l'indicatif
invente	inventons
inventes	inventez
invente	inventent

passé composé
ai inventé	**avons** inventé
as inventé	**avez** inventé
a inventé	**ont** inventé

imparfait de l'indicatif
inventais	inventions
inventais	inventiez
inventait	inventaient

plus-que-parfait de l'indicatif
avais inventé	**avions** inventé
avais inventé	**aviez** inventé
avait inventé	**avaient** inventé

passé simple
inventai	inventâmes
inventas	inventâtes
inventa	inventèrent

passé antérieur
eus inventé	**eûmes** inventé
eus inventé	**eûtes** inventé
eut inventé	**eurent** inventé

futur
inventerai	inventerons
inventeras	inventerez
inventera	inventeront

futur antérieur
aurai inventé	**aurons** inventé
auras inventé	**aurez** inventé
aura inventé	**auront** inventé

conditionnel
inventerais	inventerions
inventerais	inventeriez
inventerait	inventeraient

conditionnel passé
aurais inventé	**aurions** inventé
aurais inventé	**auriez** inventé
aurait inventé	**auraient** inventé

présent du subjonctif
invente	inventions
inventes	inventiez
invente	inventent

passé du subjonctif
aie inventé	**ayons** inventé
aies inventé	**ayez** inventé
ait inventé	**aient** inventé

imparfait du subjonctif
inventasse	inventassions
inventasses	inventassiez
inventât	inventassent

plus-que-parfait du subjonctif
eusse inventé	**eussions** inventé
eusses inventé	**eussiez** inventé
eût inventé	**eussent** inventé

impératif
invente
inventons
inventez

I

inviter

to invite

participe présent **invitant**   participe passé **invité**

SINGULAR	PLURAL	SINGULAR	PLURAL

présent de l'indicatif
invite	invitons
invites	invitez
invite	invitent

passé composé
ai invité	**avons** invité
as invité	**avez** invité
a invité	**ont** invité

imparfait de l'indicatif
invitais	invitions
invitais	invitiez
invitait	invitaient

plus-que-parfait de l'indicatif
avais invité	**avions** invité
avais invité	**aviez** invité
avait invité	**avaient** invité

passé simple
invitai	invitâmes
invitas	invitâtes
invita	invitèrent

passé antérieur
eus invité	**eûmes** invité
eus invité	**eûtes** invité
eut invité	**eurent** invité

futur
inviterai	inviterons
inviteras	inviterez
invitera	inviteront

futur antérieur
aurai invité	**aurons** invité
auras invité	**aurez** invité
aura invité	**auront** invité

conditionnel
inviterais	inviterions
inviterais	inviteriez
inviterait	inviteraient

conditionnel passé
aurais invité	**aurions** invité
aurais invité	**auriez** invité
aurait invité	**auraient** invité

présent du subjonctif
invite	invitions
invites	invitiez
invite	invitent

passé du subjonctif
aie invité	**ayons** invité
aies invité	**ayez** invité
ait invité	**aient** invité

imparfait du subjonctif
invitasse	invitassions
invitasses	invitassiez
invitât	invitassent

plus-que-parfait du subjonctif
eusse invité	**eussions** invité
eusses invité	**eussiez** invité
eût invité	**eussent** invité

impératif
invite
invitons
invitez

to invoke, to call upon   **invoquer**

SINGULAR	PLURAL	SINGULAR	PLURAL

présent de l'indicatif

invoque	invoquons		
invoques	invoquez		
invoque	invoquent		

imparfait de l'indicatif

invoquais	invoquions
invoquais	invoquiez
invoquait	invoquaient

passé simple

invoquai	invoquâmes
invoquas	invoquâtes
invoqua	invoquèrent

futur

invoquerai	invoquerons
invoqueras	invoquerez
invoquera	invoqueront

conditionnel

invoquerais	invoquerions
invoquerais	invoqueriez
invoquerait	invoqueraient

présent du subjonctif

invoque	invoquions
invoques	invoquiez
invoque	invoquent

imparfait du subjonctif

invoquasse	invoquassions
invoquasses	invoquassiez
invoquât	invoquassent

impératif

invoque
invoquons
invoquez

passé composé

ai invoqué	**avons** invoqué
as invoqué	**avez** invoqué
a invoqué	**ont** invoqué

plus-que-parfait de l'indicatif

avais invoqué	**avions** invoqué
avais invoqué	**aviez** invoqué
avait invoqué	**avaient** invoqué

passé antérieur

eus invoqué	**eûmes** invoqué
eus invoqué	**eûtes** invoqué
eut invoqué	**eurent** invoqué

futur antérieur

aurai invoqué	**aurons** invoqué
auras invoqué	**aurez** invoqué
aura invoqué	**auront** invoqué

conditionnel passé

aurais invoqué	**aurions** invoqué
aurais invoqué	**auriez** invoqué
aurait invoqué	**auraient** invoqué

passé du subjonctif

aie invoqué	**ayons** invoqué
aies invoqué	**ayez** invoqué
ait invoqué	**aient** invoqué

plus-que-parfait du subjonctif

eusse invoqué	**eussions** invoqué
eusses invoqué	**eussiez** invoqué
eût invoqué	**eussent** invoqué

I

participe présent **isolant**   participe passé **isolé**

SINGULAR	PLURAL	SINGULAR	PLURAL

présent de l'indicatif

		passé composé	
isol**e**	isol**ons**	**ai** isolé	**avons** isolé
isol**es**	isol**ez**	**as** isolé	**avez** isolé
isol**e**	isol**ent**	**a** isolé	**ont** isolé

imparfait de l'indicatif   **plus-que-parfait de l'indicatif**

isol**ais**	isol**ions**	**avais** isolé	**avions** isolé
isol**ais**	isol**iez**	**avais** isolé	**aviez** isolé
isol**ait**	isol**aient**	**avait** isolé	**avaient** isolé

passé simple   **passé antérieur**

isol**ai**	isol**âmes**	**eus** isolé	**eûmes** isolé
isol**as**	isol**âtes**	**eus** isolé	**eûtes** isolé
isol**a**	isol**èrent**	**eut** isolé	**eurent** isolé

futur   **futur antérieur**

isoler**ai**	isoler**ons**	**aurai** isolé	**aurons** isolé
isoler**as**	isoler**ez**	**auras** isolé	**aurez** isolé
isoler**a**	isoler**ont**	**aura** isolé	**auront** isolé

conditionnel   **conditionnel passé**

isoler**ais**	isoler**ions**	**aurais** isolé	**aurions** isolé
isoler**ais**	isoler**iez**	**aurais** isolé	**auriez** isolé
isoler**ait**	isoler**aient**	**aurait** isolé	**auraient** isolé

présent du subjonctif   **passé du subjonctif**

isol**e**	isol**ions**	**aie** isolé	**ayons** isolé
isol**es**	isol**iez**	**aies** isolé	**ayez** isolé
isol**e**	isol**ent**	**ait** isolé	**aient** isolé

imparfait du subjonctif   **plus-que-parfait du subjonctif**

isol**asse**	isol**assions**	**eusse** isolé	**eussions** isolé
isol**asses**	isol**assiez**	**eusses** isolé	**eussiez** isolé
isol**ât**	isol**assent**	**eût** isolé	**eussent** isolé

impératif

isole
isolons
isolez

I

to out, to gush, to shoot out   jaillir

SINGULAR	PLURAL	SINGULAR	PLURAL
présent de l'indicatif		**passé composé**	
jaill**is**	jaill**issons**	**ai** jailli	**avons** jailli
jaill**is**	jaill**issez**	**as** jailli	**avez** jailli
jaill**it**	jaill**issent**	**a** jailli	**ont** jailli
imparfait de l'indicatif		**plus-que-parfait de l'indicatif**	
jaillss**ais**	jaillss**ions**	**avais** jailli	**avions** jailli
jaillss**ais**	jaillss**iez**	**avais** jailli	**aviez** jailli
jaillss**ait**	jaillss**aient**	**avait** jailli	**avaient** jailli
passé simple		**passé antérieur**	
jaill**is**	jaill**îmes**	**eus** jailli	**eûmes** jailli
jaill**is**	jaill**îtes**	**eus** jailli	**eûtes** jailli
jaill**it**	jaill**irent**	**eut** jailli	**eurent** jailli
futur		**futur antérieur**	
jaillir**ai**	jaillir**ons**	**aurai** jailli	**aurons** jailli
jaillir**as**	jaillir**ez**	**auras** jailli	**aurez** jailli
jaillir**a**	jaillir**ont**	**aura** jailli	**auront** jailli
conditionnel		**conditionnel passé**	
jaillir**ais**	jaillir**ions**	**aurais** jailli	**aurions** jailli
jaillir**ais**	jaillir**iez**	**aurais** jailli	**auriez** jailli
jaillir**ait**	jaillir**aient**	**aurait** jailli	**auraient** jailli
présent du subjonctif		**passé du subjonctif**	
jaillss**e**	jaillss**ions**	**aie** jailli	**ayons** jailli
jaillss**es**	jaillss**iez**	**aies** jailli	**ayez** jailli
jaillss**e**	jaillss**ent**	**ait** jailli	**aient** jailli
imparfait du subjonctif		**plus-que-parfait du subjonctif**	
jaillss**e**	jaillss**ions**	**eusse** jailli	**eussions** jailli
jaillss**es**	jaillss**iez**	**eusses** jailli	**eussiez** jailli
jaill**ît**	jaillss**ent**	**eût** jailli	**eussent** jailli

impératif
jaillis
jaillissons
jaillissez

J

participe présent **jaunissant**   participe passé **jauni**

SINGULAR	PLURAL	SINGULAR	PLURAL

présent de l'indicatif
jaun**is**	jaun**issons**		
jaun**is**	jaun**issez**		
jaun**it**	jaun**issent**		

passé composé
ai jauni	**avons** jauni		
as jauni	**avez** jauni		
a jauni	**ont** jauni		

imparfait de l'indicatif
jauniss**ais**	jauniss**ions**
jauniss**ais**	jauniss**iez**
jauniss**ait**	jauniss**aient**

plus-que-parfait de l'indicatif
avais jauni	**avions** jauni
avais jauni	**aviez** jauni
avait jauni	**avaient** jauni

passé simple
jaun**is**	jaun**îmes**
jaun**is**	jaun**îtes**
jaun**it**	jaun**irent**

passé antérieur
eus jauni	**eûmes** jauni
eus jauni	**eûtes** jauni
eut jauni	**eurent** jauni

futur
jaunir**ai**	jaunir**ons**
jaunir**as**	jaunir**ez**
jaunir**a**	jaunir**ont**

futur antérieur
aurai jauni	**aurons** jauni
auras jauni	**aurez** jauni
aura jauni	**auront** jauni

conditionnel
jaunir**ais**	jaunir**ions**
jaunir**ais**	jaunir**iez**
jaunir**ait**	jaunir**aient**

conditionnel passé
aurais jauni	**aurions** jauni
aurais jauni	**auriez** jauni
aurait jauni	**auraient** jauni

présent du subjonctif
jaun**isse**	jauniss**ions**
jaun**isses**	jauniss**iez**
jaun**isse**	jaun**issent**

passé du subjonctif
aie jauni	**ayons** jauni
aies jauni	**ayez** jauni
ait jauni	**aient** jauni

imparfait du subjonctif
jaun**isse**	jaun**issions**
jaun**isses**	jaun**issiez**
jaun**ît**	jaun**issent**

plus-que-parfait du subjonctif
eusse jauni	**eussions** jauni
eusses jauni	**eussiez** jauni
eût jauni	**eussent** jauni

impératif
jaun**is**
jaun**issons**
jaun**issez**

J

participe présent jetant   **participe passé** jeté

SINGULAR	PLURAL	SINGULAR	PLURAL

présent de l'indicatif

		passé composé	
jette	jetons	**ai** jeté	**avons** jeté
jettes	jetez	**as** jeté	**avez** jeté
jette	jettent	**a** jeté	**ont** jeté

imparfait de l'indicatif   **plus-que-parfait de l'indicatif**

jetais	jetions	**avais** jeté	**avions** jeté
jetais	jetiez	**avais** jeté	**aviez** jeté
jetait	jetaient	**avait** jeté	**avaient** jeté

passé simple   **passé antérieur**

jetai	jetâmes	**eus** jeté	**eûmes** jeté
jetas	jetâtes	**eus** jeté	**eûtes** jeté
jeta	jetèrent	**eut** jeté	**eurent** jeté

futur   **futur antérieur**

jetterai	jetterons	**aurai** jeté	**aurons** jeté
jetteras	jetterez	**auras** jeté	**aurez** jeté
jettera	jetteront	**aura** jeté	**auront** jeté

conditionnel   **conditionnel passé**

jetterais	jetterions	**aurais** jeté	**aurions** jeté
jetterais	jetteriez	**aurais** jeté	**auriez** jeté
jetterait	jetteraient	**aurait** jeté	**auraient** jeté

J

présent du subjonctif   **passé du subjonctif**

jette	jetions	**aie** jeté	**ayons** jeté
jettes	jetiez	**aies** jeté	**ayez** jeté
jette	jettent	**ait** jeté	**aient** jeté

imparfait du subjonctif   **plus-que-parfait du subjonctif**

jetasse	jetassions	**eusse** jeté	**eussions** jeté
jetasses	jetassiez	**eusses** jeté	**eussiez** jeté
jetât	jetassent	**eût** jeté	**eussent** jeté

impératif

jette
jetons
jetez

MEMORY TIP

Busy executives **jet** from one city to the next for meetings.

joindre

to join, to get in touch with

SINGULAR	PLURAL	SINGULAR	PLURAL

présent de l'indicatif
joins	joignons	**ai** joint	**avons** joint
joins	joignez	**as** joint	**avez** joint
joint	joignent	**a** joint	**ont** joint

passé composé
(shown above right)

imparfait de l'indicatif
joignais	joignions	**avais** joint	**avions** joint
joignais	joigniez	**avais** joint	**aviez** joint
joignait	joignaient	**avait** joint	**avaient** joint

plus-que-parfait de l'indicatif
(shown above right)

passé simple
joignis	joignîmes	**eus** joint	**eûmes** joint
joignis	joignîtes	**eus** joint	**eûtes** joint
joignit	joignirent	**eut** joint	**eurent** joint

passé antérieur
(shown above right)

futur
joindrai	joindrons	**aurai** joint	**aurons** joint
joindras	joindrez	**auras** joint	**aurez** joint
joindra	joindront	**aura** joint	**auront** joint

futur antérieur
(shown above right)

conditionnel
joindrais	joindrions	**aurais** joint	**aurions** joint
joindrais	joindriez	**aurais** joint	**auriez** joint
joindrait	joindraient	**aurait** joint	**auraient** joint

conditionnel passé
(shown above right)

présent du subjonctif
joigne	joignions	**aie** joint	**ayons** joint
joignes	joigniez	**aies** joint	**ayez** joint
joigne	joignent	**ait** joint	**aient** joint

passé du subjonctif
(shown above right)

imparfait du subjonctif
joignisse	joignissions	**eusse** joint	**eussions** joint
joignisses	joignissiez	**eusses** joint	**eussiez** joint
joignît	joignissent	**eût** joint	**eussent** joint

plus-que-parfait du subjonctif
(shown above right)

impératif
joins
joignons
joignez

J

to play, to act (in a play), to gamble · **jouer**

participe présent **jouant**   participe passé **joué**

SINGULAR	PLURAL	SINGULAR	PLURAL

présent de l'indicatif

		passé composé	
jou**e**	jou**ons**	**ai** joué	**avons** joué
jou**es**	jou**ez**	**as** joué	**avez** joué
jou**e**	jou**ent**	**a** joué	**ont** joué

imparfait de l'indicatif   **plus-que-parfait de l'indicatif**

jou**ais**	jou**ions**	**avais** joué	**avions** joué
jou**ais**	jou**iez**	**avais** joué	**aviez** joué
jou**ait**	jou**aient**	**avait** joué	**avaient** joué

passé simple   **passé antérieur**

jou**ai**	jou**âmes**	**eus** joué	**eûmes** joué
jou**as**	jou**âtes**	**eus** joué	**eûtes** joué
jou**a**	jou**èrent**	**eut** joué	**eurent** joué

futur   **futur antérieur**

jou**erai**	jou**erons**	**aurai** joué	**aurons** joué
jou**eras**	jou**erez**	**auras** joué	**aurez** joué
jou**era**	jou**eront**	**aura** joué	**auront** joué

conditionnel   **conditionnel passé**

jou**erais**	jou**erions**	**aurais** joué	**aurions** joué
jou**erais**	jou**eriez**	**aurais** joué	**auriez** joué
jou**erait**	jou**eraient**	**aurait** joué	**auraient** joué

J

présent du subjonctif   **passé du subjonctif**

jou**e**	jou**ions**	**aie** joué	**ayons** joué
jou**es**	jou**iez**	**aies** joué	**ayez** joué
jou**e**	jou**ent**	**ait** joué	**aient** joué

imparfait du subjonctif   **plus-que-parfait du subjonctif**

jou**asse**	jou**assions**	**eusse** joué	**eussions** joué
jou**asses**	jou**assiez**	**eusses** joué	**eussiez** joué
jou**ât**	jou**assent**	**eût** joué	**eussent** joué

impératif

joue
jouons
jouez

MUST
KNOW
VERB

jouir

to enjoy

SINGULAR	PLURAL	SINGULAR	PLURAL

présent de l'indicatif

		passé composé	
jouis	jouissons	**ai** joui	**avons** joui
jouis	jouissez	**as** joui	**avez** joui
jouit	jouissent	**a** joui	**ont** joui

imparfait de l'indicatif / plus-que-parfait de l'indicatif

jouissais	jouissions	**avais** joui	**avions** joui
jouissais	jouissiez	**avais** joui	**aviez** joui
jouissait	jouissaient	**avait** joui	**avaient** joui

passé simple / passé antérieur

jouis	jouîmes	**eus** joui	**eûmes** joui
jouis	jouîtes	**eus** joui	**eûtes** joui
jouit	jouirent	**eut** joui	**eurent** joui

futur / futur antérieur

jouirai	jouirons	**aurai** joui	**aurons** joui
jouiras	jouirez	**auras** joui	**aurez** joui
jouira	jouiront	**aura** joui	**auront** joui

conditionnel / conditionnel passé

jouirais	jouirions	**aurais** joui	**aurions** joui
jouirais	jouiriez	**aurais** joui	**auriez** joui
jouirait	jouiraient	**aurait** joui	**auraient** joui

présent du subjonctif / passé du subjonctif

jouisse	jouissions	**aie** joui	**ayons** joui
jouisses	jouissiez	**aies** joui	**ayez** joui
jouisse	jouissent	**ait** joui	**aient** joui

imparfait du subjonctif / plus-que-parfait du subjonctif

jouisse	jouissions	**eusse** joui	**eussions** joui
jouisses	jouissiez	**eusses** joui	**eussiez** joui
jouît	jouissent	**eût** joui	**eussent** joui

impératif

jouis
jouissons
jouissez

J

to judge, to try, to adjudicate

participe présent **jugeant**   participe passé **jugé**

SINGULAR	PLURAL	SINGULAR	PLURAL

présent de l'indicatif

		passé composé	
juge	jugeons	ai jugé	avons jugé
juges	jugez	as jugé	avez jugé
juge	jugent	a jugé	ont jugé

imparfait de l'indicatif / **plus-que-parfait de l'indicatif**

jugeais	jugions	avais jugé	avions jugé
jugeais	jugiez	avais jugé	aviez jugé
jugeait	jugeaient	avait jugé	avaient jugé

passé simple / **passé antérieur**

jugeai	jugeâmes	eus jugé	eûmes jugé
jugeas	jugeâtes	eus jugé	eûtes jugé
jugea	jugèrent	eut jugé	eurent jugé

futur / **futur antérieur**

jugerai	jugerons	aurai jugé	aurons jugé
jugeras	jugerez	auras jugé	aurez jugé
jugera	jugeront	aura jugé	auront jugé

conditionnel / **conditionnel passé**

jugerais	jugerions	aurais jugé	aurions jugé
jugerais	jugeriez	aurais jugé	auriez jugé
jugerait	jugeraient	aurait jugé	auraient jugé

présent du subjonctif / **passé du subjonctif**

juge	jugions	aie jugé	ayons jugé
juges	jugiez	aies jugé	ayez jugé
juge	jugent	ait jugé	aient jugé

imparfait du subjonctif / **plus-que-parfait du subjonctif**

jugeasse	jugeassions	eusse jugé	eussions jugé
jugeasses	jugeassiez	eusses jugé	eussiez jugé
jugeât	jugeassent	eût jugé	eussent jugé

impératif

juge
jugeons
jugez

J

jurer

to swear, to clash

participe présent **jurant**   participe passé **juré**

SINGULAR	PLURAL	SINGULAR	PLURAL
présent de l'indicatif		passé composé	
jure	jurons	ai juré	avons juré
jures	jurez	as juré	avez juré
jure	jurent	a juré	ont juré
imparfait de l'indicatif		plus-que-parfait de l'indicatif	
jurais	jurions	avais juré	avions juré
jurais	juriez	avais juré	aviez juré
jurait	juraient	avait juré	avaient juré
passé simple		passé antérieur	
jurai	jurâmes	eus juré	eûmes juré
juras	jurâtes	eus juré	eûtes juré
jura	jurèrent	eut juré	eurent juré
futur		futur antérieur	
jurerai	jurerons	aurai juré	aurons juré
jureras	jurerez	auras juré	aurez juré
jurera	jureront	aura juré	auront juré
conditionnel		conditionnel passé	
jurerais	jurerions	aurais juré	aurions juré
jurerais	jureriez	aurais juré	auriez juré
jurerait	jureraient	aurait juré	auraient juré
présent du subjonctif		passé du subjonctif	
jure	jurions	aie juré	ayons juré
jures	juriez	aies juré	ayez juré
jure	jurent	ait juré	aient juré
imparfait du subjonctif		plus-que-parfait du subjonctif	
jurasse	jurassions	eusse juré	eussions juré
jurasses	jurassiez	eusses juré	eussiez juré
jurât	jurassent	eût juré	eussent juré
impératif			
jure			
jurons			
jurez			

J

to prove, to justify
justifier

SINGULAR	PLURAL	SINGULAR	PLURAL

présent de l'indicatif

		passé composé	
justifi**e**	justifi**ons**	**ai** justifié	**avons** justifié
justifi**es**	justifi**ez**	**as** justifié	**avez** justifié
justifi**e**	justifi**ent**	**a** justifié	**ont** justifié

imparfait de l'indicatif

		plus-que-parfait de l'indicatif	
justifi**ais**	justifi**ions**	**avais** justifié	**avions** justifié
justifi**ais**	justifi**iez**	**avais** justifié	**aviez** justifié
justifi**ait**	justifi**ent**	**avait** justifié	**avaient** justifié

passé simple

		passé antérieur	
justifi**ai**	justifi**âmes**	**eus** justifié	**eûmes** justifié
justifi**as**	justifi**âtes**	**eus** justifié	**eûtes** justifié
justifi**a**	justifi**èrent**	**eut** justifié	**eurent** justifié

futur

		futur antérieur	
justifier**ai**	justifier**ons**	**aurai** justifié	**aurons** justifié
justifier**as**	justifier**ez**	**auras** justifié	**aurez** justifié
justifier**a**	justifier**ont**	**aura** justifié	**auront** justifié

conditionnel

		conditionnel passé	
justifier**ais**	justifier**ions**	**aurais** justifié	**aurions** justifié
justifier**ais**	justifier**iez**	**aurais** justifié	**auriez** justifié
justifier**ait**	justifier**aient**	**aurait** justifié	**auraient** justifié

J

présent du subjonctif

		passé du subjonctif	
justifi**e**	justifi**ions**	**aie** justifié	**ayons** justifié
justifi**es**	justifi**iez**	**aies** justifié	**ayez** justifié
justifi**e**	justifi**ent**	**ait** justifié	**aient** justifié

imparfait du subjonctif

		plus-que-parfait du subjonctif	
justifi**asse**	justifi**assions**	**eusse** justifié	**eussions** justifié
justifi**asses**	justifi**assiez**	**eusses** justifié	**eussiez** justifié
justifi**ât**	justifi**assent**	**eût** justifié	**eussent** justifié

impératif

justifie
justifions
justifiez

lâcher   to loosen, to let go, to release, to unleash

participe présent **lâchant**   participe passé **lâché**

SINGULAR	PLURAL	SINGULAR	PLURAL
présent de l'indicatif		**passé composé**	
lâche	lâchons	ai lâché	avons lâché
lâches	lâchez	as lâché	avez lâché
lâche	lâchent	a lâché	ont lâché
imparfait de l'indicatif		**plus-que-parfait de l'indicatif**	
lâchais	lâchions	avais lâché	avions lâché
lâchais	lâchiez	avais lâché	aviez lâché
lâchait	lâchaient	avait lâché	avaient lâché
passé simple		**passé antérieur**	
lâchai	lâchâmes	eus lâché	eûmes lâché
lâchas	lâchâtes	eus lâché	eûtes lâché
lâcha	lâchèrent	eut lâché	eurent lâché
futur		**futur antérieur**	
lâcherai	lâcherons	aurai lâché	aurons lâché
lâcheras	lâcherez	auras lâché	aurez lâché
lâchera	lâcheront	aura lâché	auront lâché
conditionnel		**conditionnel passé**	
lâcherais	lâcherions	aurais lâché	aurions lâché
lâcherais	lâcheriez	aurais lâché	auriez lâché
lâcherait	lâcheraient	aurait lâché	auraient lâché
présent du subjonctif		**passé du subjonctif**	
lâche	lâchions	aie lâché	ayons lâché
lâches	lâchiez	aies lâché	ayez lâché
lâche	lâchent	ait lâché	aient lâché
imparfait du subjonctif		**plus-que-parfait du subjonctif**	
lâchasse	lâchassions	eusse lâché	eussions lâché
lâchasses	lâchassiez	eusses lâché	eussiez lâché
lâchât	lâchassent	eût lâché	eussent lâché
impératif			
lâche			
lâchons			
lâchez			

L

to let, to allow, to leave
laisser

SINGULAR	PLURAL	SINGULAR	PLURAL
présent de l'indicatif		passé composé	
laisse	laissons	**ai** laissé	**avons** laissé
laisses	laissez	**as** laissé	**avez** laissé
laisse	laissent	**a** laissé	**ont** laissé
imparfait de l'indicatif		plus-que-parfait de l'indicatif	
laissais	laissions	**avais** laissé	**avions** laissé
laissais	laissiez	**avais** laissé	**aviez** laissé
laissait	laissaient	**avait** laissé	**avaient** laissé
passé simple		passé antérieur	
laissai	laissâmes	**eus** laissé	**eûmes** laissé
laissas	laissâtes	**eus** laissé	**eûtes** laissé
laissa	laissèrent	**eut** laissé	**eurent** laissé
futur		futur antérieur	
laisserai	laisserons	**aurai** laissé	**aurons** laissé
laisseras	laisserez	**auras** laissé	**aurez** laissé
laissera	laisseront	**aura** laissé	**auront** laissé
conditionnel		conditionnel passé	
laisserais	laisserions	**aurais** laissé	**aurions** laissé
laisserais	laisseriez	**aurais** laissé	**auriez** laissé
laisserait	laisseraient	**aurait** laissé	**auraient** laissé
présent du subjonctif		passé du subjonctif	
laisse	laissions	**aie** laissé	**ayons** laissé
laisses	laissiez	**aies** laissé	**ayez** laissé
laisse	laissent	**ait** laissé	**aient** laissé
imparfait du subjonctif		plus-que-parfait du subjonctif	
laissasse	laissassions	**eusse** laissé	**eussions** laissé
laissasses	laissassiez	**eusses** laissé	**eussiez** laissé
laissât	laissassent	**eût** laissé	**eussent** laissé

L

impératif
laisse
laissons
laissez

lancer   to throw

SINGULAR	PLURAL	SINGULAR	PLURAL

présent de l'indicatif

		passé composé	
lance	lançons	**ai** lancé	**avons** lancé
lances	lancez	**as** lancé	**avez** lancé
lance	lancent	**a** lancé	**ont** lancé

imparfait de l'indicatif   **plus-que-parfait de l'indicatif**

lançais	lancions	**avais** lancé	**avions** lancé
lançais	lanciez	**avais** lancé	**aviez** lancé
lançait	lançaient	**avait** lancé	**avaient** lancé

passé simple   **passé antérieur**

lançai	lançâmes	**eus** lancé	**eûmes** lancé
lanças	lançâtes	**eus** lancé	**eûtes** lancé
lança	lancèrent	**eut** lancé	**eurent** lancé

futur   **futur antérieur**

lancerai	lancerons	**aurai** lancé	**aurons** lancé
lanceras	lancerez	**auras** lancé	**aurez** lancé
lancera	lanceront	**aura** lancé	**auront** lancé

conditionnel   **conditionnel passé**

lancerais	lancerions	**aurais** lancé	**aurions** lancé
lancerais	lanceriez	**aurais** lancé	**auriez** lancé
lancerait	lanceraient	**aurait** lancé	**auraient** lancé

L

présent du subjonctif   **passé du subjonctif**

lance	lancions	**aie** lancé	**ayons** lancé
lances	lanciez	**aies** lancé	**ayez** lancé
lance	lancent	**ait** lancé	**aient** lancé

imparfait du subjonctif   **plus-que-parfait du subjonctif**

lançasse	lançassions	**eusse** lancé	**eussions** lancé
lançasses	lançassiez	**eusses** lancé	**eussiez** lancé
lançât	lançassent	**eût** lancé	**eussent** lancé

impératif

lance
lançons
lancez

to wash   laver

SINGULAR	PLURAL	SINGULAR	PLURAL
présent de l'indicatif		**passé composé**	
lave	lavons	ai lavé	avons lavé
laves	lavez	as lavé	avez lavé
lave	lavent	a lavé	ont lavé
imparfait de l'indicatif		**plus-que-parfait de l'indicatif**	
lavais	lavions	avais lavé	avions lavé
lavais	laviez	avais lavé	aviez lavé
lavait	lavaient	avait lavé	avaient lavé
passé simple		**passé antérieur**	
lavai	lavâmes	eus lavé	eûmes lavé
lavas	lavâtes	eus lavé	eûtes lavé
lava	lavèrent	eut lavé	eurent lavé
futur		**futur antérieur**	
laverai	laverons	aurai lavé	aurons lavé
laveras	laverez	auras lavé	aurez lavé
lavera	laveront	aura lavé	auront lavé
conditionnel		**conditionnel passé**	
laverais	laverions	aurais lavé	aurions lavé
laverais	laveriez	aurais lavé	auriez lavé
laverait	laveraient	aurait lavé	auraient lavé
présent du subjonctif		**passé du subjonctif**	
lave	lavions	aie lavé	ayons lavé
laves	laviez	aies lavé	ayez lavé
lave	lavent	ait lavé	aient lavé
imparfait du subjonctif		**plus-que-parfait du subjonctif**	
lavasse	lavassions	eusse lavé	eussions lavé
lavasses	lavassiez	eusses lavé	eussiez lavé
lavât	lavassent	eût lavé	eussent lavé
impératif			
lave			
lavons			
lavez			

L

MUST KNOW VERB

409

participe présent   **se lavant**   participe passé   **lavé(e)(s)**

SINGULAR	PLURAL	SINGULAR	PLURAL
présent de l'indicatif		passé composé	
me lav**e**	**nous** lav**ons**	**me suis** lavé(e)	**nous sommes** lavé(e)s
te lav**es**	**vous** lav**ez**	**t'es** lavé(e)	**vous êtes** lavé(e)(s)
se lav**e**	**se** lav**ent**	**s'est** lavé(e)	**se sont** lavé(e)s
imparfait de l'indicatif		plus-que-parfait de l'indicatif	
me lav**ais**	**nous** lav**ions**	**m'étais** lavé(e)	**nous étions** lavé(e)s
te lav**ais**	**vous** lav**iez**	**t'étais** lavé(e)	**vous étiez** lavé(e)(s)
se lav**ait**	**se** lav**aient**	**s'était** lavé(e)	**s'étaient** lavé(e)s
passé simple		passé antérieur	
me lav**ai**	**nous** lav**âmes**	**me fus** lavé(e)	**nous fûmes** lavé(e)s
te lav**as**	**vous** lav**âtes**	**te fus** lavé(e)	**vous fûtes** lavé(e)(s)
se lav**a**	**se** lav**èrent**	**se fut** lavé(e)	**se furent** lavé(e)s
futur		futur antérieur	
me lav**erai**	**nous** lav**erons**	**me serai** lavé(e)	**nous serons** lavé(e)s
te lav**eras**	**vous** lav**erez**	**te seras** lavé(e)	**vous serez** lavé(e)(s)
se lav**era**	**se** lav**eront**	**se sera** lavé(e)	**se seront** lavé(e)s
conditionnel		conditionnel passé	
me lav**erais**	**nous** lav**erions**	**me serais** lavé(e)	**nous serions** lavé(e)s
te lav**erais**	**vous** lav**eriez**	**te serais** lavé(e)	**vous seriez** lavé(e)(s)
se lav**erait**	**se** lav**eraient**	**se serait** lavé(e)	**se seraient** lavé(e)s
présent du subjonctif		passé du subjonctif	
me lav**e**	**nous** lav**ions**	**me sois** lavé(e)	**nous soyons** lavé(e)s
te lav**es**	**vous** lav**iez**	**te sois** lavé(e)	**vous soyez** lavé(e)(s)
se lav**e**	**se** lav**ent**	**se soit** lavé(e)	**se soient** lavé(e)s
imparfait du subjonctif		plus-que-parfait du subjonctif	
me lav**asse**	**nous** lav**assions**	**me fusse** lavé(e)	**nous fussions** lavé(e)s
te lav**asses**	**vous** lav**assiez**	**te fusses** lavé(e)	**vous fussiez** lavé(e)(s)
se lav**ât**	**se** lav**assent**	**se fût** lavé(e)	**se fussent** lavé(e)s

impératif
lave-toi
lavons-nous
lavez-vous

L

to bequeath, to pass on   léguer

SINGULAR	PLURAL	SINGULAR	PLURAL
présent de l'indicatif		**passé composé**	
lègue	léguons	ai légué	avons légué
lègues	léguez	as légué	avez légué
lègue	lèguent	a légué	ont légué
imparfait de l'indicatif		**plus-que-parfait de l'indicatif**	
léguais	léguions	avais légué	avions légué
léguais	léguiez	avais légué	aviez légué
léguait	léguaient	avait légué	avaient légué
passé simple		**passé antérieur**	
léguai	léguâmes	eus légué	eûmes légué
léguas	léguâtes	eus légué	eûtes légué
légua	léguèrent	eut légué	eurent légué
futur		**futur antérieur**	
léguerai	léguerons	aurai légué	aurons légué
légueras	léguerez	auras légué	aurez légué
léguera	légueront	aura légué	auront légué
conditionnel		**conditionnel passé**	
léguerais	léguerions	aurais légué	aurions légué
léguerais	légueriez	aurais légué	auriez légué
léguerait	légueraient	aurait légué	auraient légué
présent du subjonctif		**passé du subjonctif**	
lègue	léguions	aie légué	ayons légué
lègues	léguiez	aies légué	ayez légué
lègue	lèguent	ait légué	aient légué
imparfait du subjonctif		**plus-que-parfait du subjonctif**	
léguasse	léguassions	eusse légué	eussions légué
léguasses	léguassiez	eusses légué	eussiez légué
léguât	léguassent	eût légué	eussent légué
impératif			
lègue			
léguons			
léguez			

L

lever

to lift, to raise

participe présent levant   **participe passé** levé

SINGULAR	PLURAL	SINGULAR	PLURAL

présent de l'indicatif
lève	levons		
lèves	levez		
lève	lèvent		

passé composé
ai levé	avons levé		
as levé	avez levé		
a levé	ont levé		

imparfait de l'indicatif
levais	levions
levais	leviez
levait	levaient

plus-que-parfait de l'indicatif
avais levé	avions levé
avais levé	aviez levé
avait levé	avaient levé

passé simple
levai	levâmes
levas	levâtes
leva	levèrent

passé antérieur
eus levé	eûmes levé
eus levé	eûtes levé
eut levé	eurent levé

futur
lèverai	lèverons
lèveras	lèverez
lèvera	lèveront

futur antérieur
aurai levé	aurons levé
auras levé	aurez levé
aura levé	auront levé

conditionnel
lèverais	lèverions
lèverais	lèveriez
lèverait	lèveraient

conditionnel passé
aurais levé	aurions levé
aurais levé	auriez levé
aurait levé	auraient levé

L

présent du subjonctif
lève	levions
lèves	leviez
lève	lèvent

passé du subjonctif
aie levé	ayons levé
aies levé	ayez levé
ait levé	aient levé

imparfait du subjonctif
levasse	levassions
levasses	levassiez
levât	levassent

plus-que-parfait du subjonctif
eusse levé	eussions levé
eusses levé	eussiez levé
eût levé	eussent levé

impératif
lève
levons
levez

to get up

se lever

SINGULAR	PLURAL	SINGULAR	PLURAL

présent de l'indicatif

me lève	nous levons
te lèves	vous levez
se lève	se lèvent

passé composé

me suis levé(e)	nous sommes levé(e)s
t'es levé(e)	vous êtes levé(e)(s)
s'est levé(e)	se sont levé(e)s

imparfait de l'indicatif

me levais	nous levions
te levais	vous leviez
se levait	se levaient

plus-que-parfait de l'indicatif

m'étais levé(e)	nous étions levé(e)s
t'étais levé(e)	vous étiez levé(e)(s)
s'était levé(e)	s'étaient levé(e)s

passé simple

me levai	nous levâmes
te levas	vous levâtes
se leva	se levèrent

passé antérieur

me fus levé(e)	nous fûmes levé(e)s
te fus levé(e)	vous fûtes levé(e)(s)
se fut levé(e)	se furent levé(e)s

futur

me lèverai	nous lèverons
te lèveras	vous lèverez
se lèvera	se lèveront

futur antérieur

me serai levé(e)	nous serons levé(e)s
te seras levé(e)	vous serez levé(e)(s)
se sera levé(e)	se seront levé(e)s

conditionnel

me lèverais	nous lèverions
te lèverais	vous lèveriez
se lèverait	se lèveraient

conditionnel passé

me serais levé(e)	nous serions levé(e)s
te serais levé(e)	vous seriez levé(e)(s)
se serait levé(e)	se seraient levé(e)s

L

présent du subjonctif

me lève	nous levions
te lèves	vous leviez
se lève	se lèvent

passé du subjonctif

me sois levé(e)	nous soyons levé(e)s
te sois levé(e)	vous soyez levé(e)(s)
se soit levé(e)	se soient levé(e)s

imparfait du subjonctif

me levasse	nous levassions
te levasses	vous levassiez
se levât	se levassent

plus-que-parfait du subjonctif

me fusse levé(e)	nous fussions levé(e)s
te fusses levé(e)	vous fussiez levé(e)(s)
se fût levé(e)	se fussent levé(e)s

impératif

lève-toi
levons-nous
levez-vous

MUST
KNOW
VERB

lire
to read

SINGULAR	PLURAL	SINGULAR	PLURAL

présent de l'indicatif

lis	lisons
lis	lisez
lit	lisent

passé composé

ai lu	avons lu
as lu	avez lu
a lu	ont lu

imparfait de l'indicatif

lisais	lisions
lisais	lisiez
lisait	lisaient

plus-que-parfait de l'indicatif

avais lu	avions lu
avais lu	aviez lu
avait lu	avaient lu

passé simple

lus	lûmes
lus	lûtes
lut	lurent

passé antérieur

eus lu	eûmes lu
eus lu	eûtes lu
eut lu	eurent lu

futur

lirai	lirons
liras	lirez
lira	liront

futur antérieur

aurai lu	aurons lu
auras lu	aurez lu
aura lu	auront lu

conditionnel

lirais	lirions
lirais	liriez
lirait	liraient

conditionnel passé

aurais lu	aurions lu
aurais lu	auriez lu
aurait lu	auraient lu

L

présent du subjonctif

lise	lisions
lises	lisiez
lise	lisent

passé du subjonctif

aie lu	ayons lu
aies lu	ayez lu
ait lu	aient lu

imparfait du subjonctif

lusse	lussions
lusses	lussiez
lût	lussent

plus-que-parfait du subjonctif

eusse lu	eussions lu
eusses lu	eussiez lu
eût lu	eussent lu

impératif

lis
lisons
lisez

MUST
KNOW
VERB

414

to stay, to house, to put up — loger

participe présent logeant   **participe passé** logé

SINGULAR	PLURAL	SINGULAR	PLURAL
présent de l'indicatif		**passé composé**	
loge	logeons	ai logé	avons logé
loges	logez	as logé	avez logé
loge	logent	a logé	ont logé
imparfait de l'indicatif		**plus-que-parfait de l'indicatif**	
logeais	logions	avais logé	avions logé
logeais	logiez	avais logé	aviez logé
logeait	logeaient	avait logé	avaient logé
passé simple		**passé antérieur**	
logeai	logeâmes	eus logé	eûmes logé
logeas	logeâtes	eus logé	eûtes logé
logea	logèrent	eut logé	eurent logé
futur		**futur antérieur**	
logerai	logerons	aurai logé	aurons logé
logeras	logerez	auras logé	aurez logé
logera	logeront	aura logé	auront logé
conditionnel		**conditionnel passé**	
logerais	logerions	aurais logé	aurions logé
logerais	logeriez	aurais logé	auriez logé
logerait	logeraient	aurait logé	auraient logé
présent du subjonctif		**passé du subjonctif**	
loge	logions	aie logé	ayons logé
loges	logiez	aies logé	ayez logé
loge	logent	ait logé	aient logé
imparfait du subjonctif		**plus-que-parfait du subjonctif**	
logeasse	logeassions	eusse logé	eussions logé
logeasses	logeassiez	eusses logé	eussiez logé
logeât	logeassent	eût logé	eussent logé
impératif			
loge			
logeons			
logez			

L

louer

to praise, to rent, to rent out

participe présent **louant**   participe passé **loué**

SINGULAR	PLURAL	SINGULAR	PLURAL

présent de l'indicatif
loue	louons		
loues	louez		
loue	louent		

passé composé
ai loué	avons loué		
as loué	avez loué		
a loué	ont loué		

imparfait de l'indicatif
louais	louions
louais	louiez
louait	louaient

plus-que-parfait de l'indicatif
avais loué	avions loué
avais loué	aviez loué
avait loué	avaient loué

passé simple
louai	louâmes
louas	louâtes
loua	louèrent

passé antérieur
eus loué	eûmes loué
eus loué	eûtes loué
eut loué	eurent loué

futur
louerai	louerons
loueras	louerez
louera	loueront

futur antérieur
aurai loué	aurons loué
auras loué	aurez loué
aura loué	auront loué

conditionnel
louerais	louerions
louerais	loueriez
louerait	loueraient

conditionnel passé
aurais loué	aurions loué
aurais loué	auriez loué
aurait loué	auraient loué

L

présent du subjonctif
loue	louions
loues	louiez
loue	louent

passé du subjonctif
aie loué	ayons loué
aies loué	ayez loué
ait loué	aient loué

imparfait du subjonctif
louasse	louassions
louasses	louassiez
louât	louassent

plus-que-parfait du subjonctif
eusse loué	eussions loué
eusses loué	eussiez loué
eût loué	eussent loué

impératif
loue
louons
louez

to struggle, to fight

lutter

SINGULAR	PLURAL	SINGULAR	PLURAL
présent de l'indicatif		passé composé	
lutt**e**	lutt**ons**	**ai** lutté	**avons** lutté
lutt**es**	lutt**ez**	**as** lutté	**avez** lutté
lutt**e**	lutt**ent**	**a** lutté	**ont** lutté
imparfait de l'indicatif		plus-que-parfait de l'indicatif	
lutt**ais**	lutt**ions**	**avais** lutté	**avions** lutté
lutt**ais**	lutt**iez**	**avais** lutté	**aviez** lutté
lutt**ait**	lutt**aient**	**avait** lutté	**avaient** lutté
passé simple		passé antérieur	
lutt**ai**	lutt**âmes**	**eus** lutté	**eûmes** lutté
lutt**as**	lutt**âtes**	**eus** lutté	**eûtes** lutté
lutt**a**	lutt**èrent**	**eut** lutté	**eurent** lutté
futur		futur antérieur	
lutter**ai**	lutter**ons**	**aurai** lutté	**aurons** lutté
lutter**as**	lutter**ez**	**auras** lutté	**aurez** lutté
lutter**a**	lutter**ont**	**aura** lutté	**auront** lutté
conditionnel		conditionnel passé	
lutter**ais**	lutter**ions**	**aurais** lutté	**aurions** lutté
lutter**ais**	lutter**iez**	**aurais** lutté	**auriez** lutté
lutter**ait**	lutter**aient**	**aurait** lutté	**auraient** lutté
présent du subjonctif		passé du subjonctif	
lutt**e**	lutt**ions**	**aie** lutté	**ayons** lutté
lutt**es**	lutt**iez**	**aies** lutté	**ayez** lutté
lutt**e**	lutt**ent**	**ait** lutté	**aient** lutté
imparfait du subjonctif		plus-que-parfait du subjonctif	
lutt**asse**	lutt**assions**	**eusse** lutté	**eussions** lutté
lutt**asses**	lutt**assiez**	**eusses** lutté	**eussiez** lutté
lutt**ât**	lutt**assent**	**eût** lutté	**eussent** lutté
impératif			
lutte			
luttons			
luttez			

L

magasiner

to shop (Quebec)

participe présent magasinant   **participe passé** magasiné

SINGULAR	PLURAL	SINGULAR	PLURAL

présent de l'indicatif
		passé composé	
magasine	magasinons	**ai** magasiné	**avons** magasiné
magasines	magasinez	**as** magasiné	**avez** magasiné
magasine	magasinent	**a** magasiné	**ont** magasiné

imparfait de l'indicatif
		plus-que-parfait de l'indicatif	
magasinais	magasinions	**avais** magasiné	**avions** magasiné
magasinais	magasiniez	**avais** magasiné	**aviez** magasiné
magasinait	magasinaient	**avait** magasiné	**avaient** magasiné

passé simple
		passé antérieur	
magasinai	magasinâmes	**eus** magasiné	**eûmes** magasiné
magasinas	magasinâtes	**eus** magasiné	**eûtes** magasiné
magasina	magasinèrent	**eut** magasiné	**eurent** magasiné

futur
		futur antérieur	
magasinerai	magasinerons	**aurai** magasiné	**aurons** magasiné
magasineras	magasinerez	**auras** magasiné	**aurez** magasiné
magasinera	magasineront	**aura** magasiné	**auront** magasiné

conditionnel
		conditionnel passé	
magasinerais	magasinerions	**aurais** magasiné	**aurions** magasiné
magasinerais	magasineriez	**aurais** magasiné	**auriez** magasiné
magasinerait	magasineraient	**aurait** magasiné	**auraient** magasiné

présent du subjonctif
		passé du subjonctif	
magasine	magasinions	**aie** magasiné	**ayons** magasiné
magasines	magasiniez	**aies** magasiné	**ayez** magasiné
magasine	magasinent	**ait** magasiné	**aient** magasiné

imparfait du subjonctif
		plus-que-parfait du subjonctif	
magasinasse	magasinassions	**eusse** magasiné	**eussions** magasiné
magasinasses	magasinassiez	**eusses** magasiné	**eussiez** magasiné
magasinât	magasinassent	**eût** magasiné	**eussent** magasiné

impératif
magasine
magasinons
magasinez

M

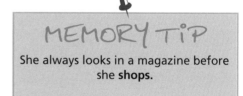

MEMORY TIP

She always looks in a magazine before she **shops.**

to lose weight, to grow thinner — maigrir

SINGULAR	PLURAL	SINGULAR	PLURAL
présent de l'indicatif		**passé composé**	
maigris	maigrissons	ai maigri	avons maigri
maigris	maigrissez	as maigri	avez maigri
maigrit	maigrissent	a maigri	ont maigri
imparfait de l'indicatif		**plus-que-parfait de l'indicatif**	
maigrissais	maigrissions	avais maigri	avions maigri
maigrissais	maigrissiez	avais maigri	aviez maigri
maigrissait	maigrissaient	avait maigri	avaient maigri
passé simple		**passé antérieur**	
maigris	maigrîmes	eus maigri	eûmes maigri
maigris	maigrîtes	eus maigri	eûtes maigri
maigrit	maigrirent	eut maigri	eurent maigri
futur		**futur antérieur**	
maigrirai	maigrirons	aurai maigri	aurons maigri
maigriras	maigrirez	auras maigri	aurez maigri
maigrira	maigriront	aura maigri	auront maigri
conditionnel		**conditionnel passé**	
maigrirais	maigririons	aurais maigri	aurions maigri
maigrirais	maigririez	aurais maigri	auriez maigri
maigrirait	maigriraient	aurait maigri	auraient maigri
présent du subjonctif		**passé du subjonctif**	
maigrisse	maigrissions	aie maigri	ayons maigri
maigrisses	maigrissiez	aies maigri	ayez maigri
maigrisse	maigrissent	ait maigri	aient maigri
imparfait du subjonctif		**plus-que-parfait du subjonctif**	
maigrisse	maigrissions	eusse maigri	eussions maigri
maigrisses	maigrissiez	eusses maigri	eussiez maigri
maigrît	maigrissent	eût maigri	eussent maigri

impératif
maigris
maigrissons
maigrissez

M

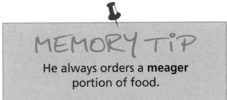

MEMORY TIP
He always orders a **meager**
portion of food.

manger

to eat

participe présent **mangeant**   participe passé **mangé**

SINGULAR	PLURAL	SINGULAR	PLURAL

présent de l'indicatif

mange	mangeons
manges	mangez
mange	mangent

passé composé

ai mangé	**avons** mangé
as mangé	**avez** mangé
a mangé	**ont** mangé

imparfait de l'indicatif

mange**ais**	mang**ions**
mange**ais**	mang**iez**
mange**ait**	mange**aient**

plus-que-parfait de l'indicatif

avais mangé	**avions** mangé
avais mangé	**aviez** mangé
avait mangé	**avaient** mangé

passé simple

mange**ai**	mange**âmes**
mange**as**	mange**âtes**
mange**a**	mange**rent**

passé antérieur

eus mangé	**eûmes** mangé
eus mangé	**eûtes** mangé
eut mangé	**eurent** mangé

futur

manger**ai**	manger**ons**
manger**as**	manger**ez**
manger**a**	manger**ont**

futur antérieur

aurai mangé	**aurons** mangé
auras mangé	**aurez** mangé
aura mangé	**auront** mangé

conditionnel

manger**ais**	manger**ions**
manger**ais**	manger**iez**
manger**ait**	manger**aient**

conditionnel passé

aurais mangé	**aurions** mangé
aurais mangé	**auriez** mangé
aurait mangé	**auraient** mangé

présent du subjonctif

mange	mang**ions**
mange**s**	mang**iez**
mange	mang**ent**

passé du subjonctif

aie mangé	**ayons** mangé
aies mangé	**ayez** mangé
ait mangé	**aient** mangé

imparfait du subjonctif

mange**asse**	mange**assions**
mange**asses**	mange**assiez**
mange**ât**	mange**assent**

plus-que-parfait du subjonctif

eusse mangé	**eussions** mangé
eusses mangé	**eussiez** mangé
eût mangé	**eussent** mangé

impératif

mange
mangeons
mangez

M

MUST
KNOW
VERB

to be missing, to lack   manquer

participe présent **manquant**   participe passé **manqué**

SINGULAR	PLURAL	SINGULAR	PLURAL

présent de l'indicatif
		passé composé	
manque	manquons	**ai** manqué	**avons** manqué
manques	manquez	**as** manqué	**avez** manqué
manque	manquent	**a** manqué	**ont** manqué

imparfait de l'indicatif
		plus-que-parfait de l'indicatif	
manquais	manquions	**avais** manqué	**avions** manqué
manquais	manquiez	**avais** manqué	**aviez** manqué
manquait	manquaient	**avait** manqué	**avaient** manqué

passé simple
		passé antérieur	
manquai	manquâmes	**eus** manqué	**eûmes** manqué
manquas	manquâtes	**eus** manqué	**eûtes** manqué
manqua	manquèrent	**eut** manqué	**eurent** manqué

futur
		futur antérieur	
manquerai	manquerons	**aurai** manqué	**aurons** manqué
manqueras	manquerez	**auras** manqué	**aurez** manqué
manquera	manqueront	**aura** manqué	**auront** manqué

conditionnel
		conditionnel passé	
manquerais	manquerions	**aurais** manqué	**aurions** manqué
manquerais	manqueriez	**aurais** manqué	**auriez** manqué
manquerait	manqueraient	**aurait** manqué	**auraient** manqué

présent du subjonctif
		passé du subjonctif	
manque	manquions	**aie** manqué	**ayons** manqué
manques	manquiez	**aies** manqué	**ayez** manqué
manque	manquent	**ait** manqué	**aient** manqué

imparfait du subjonctif
		plus-que-parfait du subjonctif	
manquasse	manquassions	**eusse** manqué	**eussions** manqué
manquasses	manquassiez	**eusses** manqué	**eussiez** manqué
manquât	manquassent	**eût** manqué	**eussent** manqué

impératif
manque
manquons
manquez

M

marcher   to walk (people), to work (things)

participe présent **marchant**   participe passé **marché**

SINGULAR	PLURAL	SINGULAR	PLURAL

présent de l'indicatif

march**e**	march**ons**	
march**es**	march**ez**	
march**e**	march**ent**	

passé composé

ai marché	**avons** marché
as marché	**avez** marché
a marché	**ont** marché

imparfait de l'indicatif

march**ais**	march**ions**
march**ais**	march**iez**
march**ait**	march**aient**

plus-que-parfait de l'indicatif

avais marché	**avions** marché
avais marché	**aviez** marché
avait marché	**avaient** marché

passé simple

march**ai**	march**âmes**
march**as**	march**âtes**
march**a**	march**èrent**

passé antérieur

eus marché	**eûmes** marché
eus marché	**eûtes** marché
eut marché	**eurent** marché

futur

marcher**ai**	marcher**ons**
marcher**as**	marcher**ez**
marcher**a**	marcher**ont**

futur antérieur

aurai marché	**aurons** marché
auras marché	**aurez** marché
aura marché	**auront** marché

conditionnel

marcher**ais**	marcher**ions**
marcher**ais**	marcher**iez**
marcher**ait**	marcher**aient**

conditionnel passé

aurais marché	**aurions** marché
aurais marché	**auriez** marché
aurait marché	**auraient** marché

présent du subjonctif

march**e**	march**ions**
march**es**	march**iez**
march**e**	march**ent**

passé du subjonctif

aie marché	**ayons** marché
aies marché	**ayez** marché
ait marché	**aient** marché

imparfait du subjonctif

march**asse**	march**assions**
march**asses**	march**assiez**
march**ât**	march**assent**

plus-que-parfait du subjonctif

eusse marché	**eussions** marché
eusses marché	**eussiez** marché
eût marché	**eussent** marché

impératif

marche
marchons
marchez

M

MEMORY TiP
They walked to the park to sign up
for the Protest **March.**

MUST
KNOW
VERB

to curse

maudire

participe présent **maudissant**   participe passé **maudit**

SINGULAR	PLURAL	SINGULAR	PLURAL

présent de l'indicatif
maudis / maudissons
maudis / maudissez
maudit / maudissent

passé composé
ai maudit / avons maudit
as maudit / avez maudit
a maudit / ont maudit

imparfait de l'indicatif
maudissais / maudissions
maudissais / maudissiez
maudissait / maudissaient

plus-que-parfait de l'indicatif
avais maudit / avions maudit
avais maudit / aviez maudit
avait maudit / avaient maudit

passé simple
maudis / maudîmes
maudis / maudîtes
maudit / maudirent

passé antérieur
eus maudit / eûmes maudit
eus maudit / eûtes maudit
eut maudit / eurent maudit

futur
maudirai / maudirons
maudiras / maudirez
maudira / maudiront

futur antérieur
aurai maudit / aurons maudit
auras maudit / aurez maudit
aura maudit / auront maudit

conditionnel
maudirais / maudirions
maudirais / maudiriez
maudirait / maudiraient

conditionnel passé
aurais maudit / aurions maudit
aurais maudit / auriez maudit
aurait maudit / auraient maudit

présent du subjonctif
maudisse / maudissions
maudisses / maudissiez
maudisse / maudissent

passé du subjonctif
aie maudit / ayons maudit
aies maudit / ayez maudit
ait maudit / aient maudit

M

imparfait du subjonctif
maudisse / maudissions
maudisses / maudissiez
maudît / maudissent

plus-que-parfait du subjonctif
eusse maudit / eussions maudit
eusses maudit / eussiez maudit
eût maudit / eussent maudit

impératif
maudis
maudissons
maudissez

méconnaître — to misunderstand

participe présent méconnaissant **participe passé** méconnu

SINGULAR	PLURAL	SINGULAR	PLURAL
présent de l'indicatif		**passé composé**	
méconnais	méconnaissons	ai méconnu	avons méconnu
méconnais	méconnaissez	as méconnu	avez méconnu
méconnaît	méconnaissent	a méconnu	ont méconnu
imparfait de l'indicatif		**plus-que-parfait de l'indicatif**	
méconnaissais	méconnaissions	avais méconnu	avions méconnu
méconnaissais	méconnaissiez	avais méconnu	aviez méconnu
méconnaissait	méconnaissaient	avait méconnu	avaient méconnu
passé simple		**passé antérieur**	
méconnus	méconnûmes	eus méconnu	eûmes méconnu
méconnus	méconnûtes	eus méconnu	eûtes méconnu
méconnut	méconnurent	eut méconnu	eurent méconnu
futur		**futur antérieur**	
méconnaîtrai	méconnaîtrons	aurai méconnu	aurons méconnu
méconnaîtras	méconnaîtrez	auras méconnu	aurez méconnu
méconnaîtra	méconnaîtront	aura méconnu	auront méconnu
conditionnel		**conditionnel passé**	
méconnaîtrais	méconnaîtrions	aurais méconnu	aurions méconnu
méconnaîtrais	méconnaîtriez	aurais méconnu	auriez méconnu
méconnaîtrait	méconnaîtraient	aurait méconnu	auraient méconnu
présent du subjonctif		**passé du subjonctif**	
méconnaisse	méconnaissions	aie méconnu	ayons méconnu
méconnaisses	méconnaissiez	aies méconnu	ayez méconnu
méconnaisse	méconnaissent	ait méconnu	aient méconnu
imparfait du subjonctif		**plus-que-parfait du subjonctif**	
méconnusse	méconnussions	eusse méconnu	eussions méconnu
méconnusses	méconnussiez	eusses méconnu	eussiez méconnu
méconnût	méconnussent	eût méconnu	eussent méconnu

impératif
méconnais
méconnaissons
méconnaissez

M

to beware, to mistrust

se méfier

SINGULAR	PLURAL	SINGULAR	PLURAL

présent de l'indicatif
me méfie	**nous** méfions
te méfies	**vous** méfiez
se méfie	**se** méfient

passé composé
me suis méfié(e)	**nous sommes** méfiés(e)s
t'es méfié(e)	**vous êtes** méfié(e)(s)
s'est méfié(e)	**se sont** méfiés(e)s

imparfait de l'indicatif
me méfiais	**nous** méfiions
te méfiais	**vous** méfiiez
se méfiait	**se** méfiaient

plus-que-parfait de l'indicatif
m'étais méfié(e)	**nous étions** méfiés(e)s
t'étais méfié(e)	**vous étiez** méfié(e)(s)
s'était méfié(e)	**s'étaient** méfiés(e)s

passé simple
me méfiai	**nous** méfiâmes
te méfias	**vous** méfiâtes
se méfia	**se** méfièrent

passé antérieur
me fus méfié(e)	**nous fûmes** méfié(e)s
te fus méfié(e)	**vous fûtes** méfié(e)(s)
se fut méfié(e)	**se furent** méfié(e)s

futur
me méfierai	**nous** méfierons
te méfieras	**vous** méfierez
se méfiera	**se** méfieront

futur antérieur
me serai méfié(e)	**nous serons** méfié(e)s
te seras méfié(e)	**vous serez** méfié(e)(s)
se sera méfié(e)	**se seront** méfié(e)s

conditionnel
me méfierais	**nous** méfierions
te méfierais	**vous** méfieriez
se méfierait	**se** méfieraient

conditionnel passé
me serais méfié(e)	**nous serions** méfié(e)s
te serais méfié(e)	**vous seriez** méfié(e)(s)
se serait méfié(e)	**se seraient** méfié(e)s

présent du subjonctif
me méfie	**nous** méfiions
te méfies	**vous** méfiiez
se méfie	**se** méfient

passé du subjonctif
me sois méfié(e)	**nous soyons** méfié(e)s
te sois méfié(e)	**vous soyez** méfié(e)(s)
se soit méfié(e)	**se soient** méfié(e)s

M

imparfait du subjonctif
me méfiasse	**nous** méfiassions
te méfiasses	**vous** méfiassiez
se méfiât	**se** méfiassent

plus-que-parfait du subjonctif
me fusse méfié(e)	**nous fussions** méfié(e)s
te fusses méfié(e)	**vous fussiez** méfié(e)(s)
se fût méfié(e)	**se fussent** méfié(e)s

impératif
méfie-toi
méfions-nous
méfiez-vous

mélanger

to mix

participe présent **mélangeant**   participe passé **mélangé**

SINGULAR	PLURAL	SINGULAR	PLURAL

présent de l'indicatif

		passé composé	
mélange	mélangeons	**ai** mélangé	**avons** mélangé
mélanges	mélangez	**as** mélangé	**avez** mélangé
mélange	mélangent	**a** mélangé	**ont** mélangé

imparfait de l'indicatif   **plus-que-parfait de l'indicatif**

mélangeais	mélangions	**avais** mélangé	**avions** mélangé
mélangeais	mélangiez	**avais** mélangé	**aviez** mélangé
mélangeait	mélangeaient	**avait** mélangé	**avaient** mélangé

passé simple   **passé antérieur**

mélangeai	mélangeâmes	**eus** mélangé	**eûmes** mélangé
mélangeas	mélangeâtes	**eus** mélangé	**eûtes** mélangé
mélangea	mélangèrent	**eut** mélangé	**eurent** mélangé

futur   **futur antérieur**

mélangerai	mélangerons	**aurai** mélangé	**aurons** mélangé
mélangeras	mélangerez	**auras** mélangé	**aurez** mélangé
mélangera	mélangeront	**aura** mélangé	**auront** mélangé

conditionnel   **conditionnel passé**

mélangerais	mélangerions	**aurais** mélangé	**aurions** mélangé
mélangerais	mélangeriez	**aurais** mélangé	**auriez** mélangé
mélangerait	mélangeraient	**aurait** mélangé	**auraient** mélangé

présent du subjonctif   **passé du subjonctif**

mélange	mélangions	**aie** mélangé	**ayons** mélangé
mélanges	mélangiez	**aies** mélangé	**ayez** mélangé
mélange	mélangent	**ait** mélangé	**aient** mélangé

imparfait du subjonctif   **plus-que-parfait du subjonctif**

mélangeasse	mélangeassions	**eusse** mélangé	**eussions** mélangé
mélangeasses	mélangeassiez	**eusses** mélangé	**eussiez** mélangé
mélangeât	mélangeassent	**eût** mélangé	**eussent** mélangé

impératif

mélange
mélangeons
mélangez

M

to mix, to combine, to blend

participe présent **mêlant**　　participe passé **mêlé**

SINGULAR	PLURAL	SINGULAR	PLURAL
présent de l'indicatif		passé composé	
mêle	mêlons	ai mêlé	avons mêlé
mêles	mêlez	as mêlé	avez mêlé
mêle	mêlent	a mêlé	ont mêlé
imparfait de l'indicatif		plus-que-parfait de l'indicatif	
mêlais	mêlions	avais mêlé	avions mêlé
mêlais	mêliez	avais mêlé	aviez mêlé
mêlait	mêlaient	avait mêlé	avaient mêlé
passé simple		passé antérieur	
mêlai	mêlâmes	eus mêlé	eûmes mêlé
mêlas	mêlâtes	eus mêlé	eûtes mêlé
mêla	mêlèrent	eut mêlé	eurent mêlé
futur		futur antérieur	
mêlerai	mêlerons	aurai mêlé	aurons mêlé
mêleras	mêlerez	auras mêlé	aurez mêlé
mêlera	mêleront	aura mêlé	auront mêlé
conditionnel		conditionnel passé	
mêlerais	mêlerions	aurais mêlé	aurions mêlé
mêlerais	mêleriez	aurais mêlé	auriez mêlé
mêlerait	mêleraient	aurait mêlé	auraient mêlé
présent du subjonctif		passé du subjonctif	
mêle	mêlions	aie mêlé	ayons mêlé
mêles	mêliez	aies mêlé	ayez mêlé
mêle	mêlent	ait mêlé	aient mêlé
imparfait du subjonctif		plus-que-parfait du subjonctif	
mêlasse	mêlassions	eusse mêlé	eussions mêlé
mêlasses	mêlassiez	eusses mêlé	eussiez mêlé
mêlât	mêlassent	eût mêlé	eussent mêlé
impératif			
mêle			
mêlons			
mêlez			

M

menacer
to threaten, to pose a threat to

SINGULAR	PLURAL	SINGULAR	PLURAL
présent de l'indicatif		**passé composé**	
menace	menaçons	**ai** menacé	**avons** menacé
menaces	menacez	**as** menacé	**avez** menacé
menace	menacent	**a** menacé	**ont** menacé
imparfait de l'indicatif		**plus-que-parfait de l'indicatif**	
menaçais	menacions	**avais** menacé	**avions** menacé
menaçais	menaciez	**avais** menacé	**aviez** menacé
menaçait	menaçaient	**avait** menacé	**avaient** menacé
passé simple		**passé antérieur**	
menaçai	menaçâmes	**eus** menacé	**eûmes** menacé
menaças	menaçâtes	**eus** menacé	**eûtes** menacé
menaça	menacèrent	**eut** menacé	**eurent** menacé
futur		**futur antérieur**	
menacerai	menacerons	**aurai** menacé	**aurons** menacé
menaceras	menacerez	**auras** menacé	**aurez** menacé
menacera	menaceront	**aura** menacé	**auront** menacé
conditionnel		**conditionnel passé**	
menacerais	menacerions	**aurais** menacé	**aurions** menacé
menacerais	menaceriez	**aurais** menacé	**auriez** menacé
menacerait	menaceraient	**aurait** menacé	**auraient** menacé
présent du subjonctif		**passé du subjonctif**	
menace	menacions	**aie** menacé	**ayons** menacé
menaces	menaciez	**aies** menacé	**ayez** menacé
menace	menacent	**ait** menacé	**aient** menacé
imparfait du subjonctif		**plus-que-parfait du subjonctif**	
menaçasse	menaçassions	**eusse** menacé	**eussions** menacé
menaçasses	menaçassiez	**eusses** menacé	**eussiez** menacé
menaçât	menaçassent	**eût** menacé	**eussent** menacé

impératif
menace
menaçons
menacez

M

MEMORY TIP
The approach of the dog was **menacing**.

to lead, to conduct — mener

participe présent **menant**   participe passé **mené**

SINGULAR	PLURAL	SINGULAR	PLURAL

présent de l'indicatif
mèn**e**	men**ons**		
mèn**es**	men**ez**		
mèn**e**	mèn**ent**		

passé composé
ai mené	**avons** mené
as mené	**avez** mené
a mené	**ont** mené

imparfait de l'indicatif
men**ais**	men**ions**
men**ais**	men**iez**
men**ait**	men**aient**

plus-que-parfait de l'indicatif
avais mené	**avions** mené
avais mené	**aviez** mené
avait mené	**avaient** mené

passé simple
men**ai**	men**âmes**
men**as**	men**âtes**
men**a**	men**èrent**

passé antérieur
eus mené	**eûmes** mené
eus mené	**eûtes** mené
eut mené	**eurent** mené

futur
mèner**ai**	mener**ons**
mèner**as**	mener**ez**
mèner**a**	mèner**ont**

futur antérieur
aurai mené	**aurons** mené
auras mené	**aurez** mené
aura mené	**auront** mené

conditionnel
mèner**ais**	mener**ions**
mèner**ais**	mener**iez**
mèner**ait**	mèner**aient**

conditionnel passé
aurais mené	**aurions** mené
aurais mené	**auriez** mené
aurait mené	**auraient** mené

présent du subjonctif
mèn**e**	men**ions**
mèn**es**	men**iez**
mèn**e**	mèn**ent**

passé du subjonctif
aie mené	**ayons** mené
aies mené	**ayez** mené
ait mené	**aient** mené

M

imparfait du subjonctif
mena**sse**	mena**ssions**
mena**sses**	mena**ssiez**
men**ât**	mena**ssent**

plus-que-parfait du subjonctif
eusse mené	**eussions** mené
eusses mené	**eussiez** mené
eût mené	**eussent** mené

impératif
mène
menons
menez

mentir   to lie

SINGULAR	PLURAL	SINGULAR	PLURAL

présent de l'indicatif

mens	mentons		
mens	mentez		
ment	mentent		

passé composé

ai menti	avons menti
as menti	avez menti
a menti	ont menti

imparfait de l'indicatif

mentais	mentions
mentais	mentiez
mentait	mentaient

plus-que-parfait de l'indicatif

avais menti	avions menti
avais menti	aviez menti
avait menti	avaient menti

passé simple

mentis	mentîmes
mentis	mentîtes
mentit	mentirent

passé antérieur

eus menti	eûmes menti
eus menti	eûtes menti
eut menti	eurent menti

futur

mentirai	mentirons
mentiras	mentirez
mentira	mentiront

futur antérieur

aurai menti	aurons menti
auras menti	aurez menti
aura menti	auront menti

conditionnel

mentirais	mentirions
mentirais	mentiriez
mentirait	mentiraient

conditionnel passé

aurais menti	aurions menti
aurais menti	auriez menti
aurait menti	auraient menti

présent du subjonctif

mente	mentions
mentes	mentiez
mente	mentent

passé du subjonctif

aie menti	ayons menti
aies menti	ayez menti
ait menti	aient menti

imparfait du subjonctif

mentisse	mentissions
mentisses	mentissiez
mentît	mentissent

plus-que-parfait du subjonctif

eusse menti	eussions menti
eusses menti	eussiez menti
eût menti	eussent menti

impératif

mens
mentons
mentez

M

to be mistaken

participe présent se méprenant participe passé mépris(e)(es)

SINGULAR	PLURAL

présent de l'indicatif
me méprends	nous méprenons
te méprends	vous méprenez
se méprend	se méprennent

imparfait de l'indicatif
me méprenais	nous méprenions
te méprenais	vous mépreniez
se méprenait	se méprenaient

passé simple
me mépris	nous méprîmes
te mépris	vous méprîtes
se méprit	se méprirent

futur
me méprendrai	nous méprendrons
te méprendras	vous méprendrez
se méprendra	se méprendront

conditionnel
me méprendrais	nous méprendrions
te méprendrais	vous méprendriez
se méprendrait	se méprendraient

présent du subjonctif
me méprenne	nous méprenions
te méprennes	vous mépreniez
se méprenne	se méprennent

imparfait du subjonctif
me méprisse	nous méprissions
te méprisses	vous méprissiez
se méprît	se méprissent

impératif
méprends-toi
méprenons-nous
méprenez-vous

SINGULAR	PLURAL

passé composé
me suis mépris(e)	nous sommes mépris(es)
t'es mépris(e)	vous êtes mépris(e)(es)
s'est mépris(e)	se sont mépris(es)

plus-que-parfait de l'indicatif
m'étais mépris(e)	nous étions mépris(es)
t'étais mépris(e)	vous étiez mépris(e)(es)
s'était mépris(e)	s'étaient mépris(es)

passé antérieur
me fus mépris(e)	nous fûmes mépris(es)
te fus mépris(e)	vous fûtes mépris(e)(es)
se fut mépris(e)	se furent mépris(es)

futur antérieur
me serai mépris(e)	nous serons mépris(es)
te seras mépris(e)	vous serez mépris(e)(es)
se sera mépris(e)	se seront mépris(es)

conditionnel passé
me serais mépris(e)	nous serions mépris(es)
te serais mépris(e)	vous seriez mépris(e)(es)
se serait mépris(e)	se seraient mépris(es)

passé du subjonctif
me sois mépris(e)	nous soyons mépris(es)
te sois mépris(e)	vous soyez mépris(e)(es)
se soit mépris(e)	se soient mépris(es)

plus-que-parfait du subjonctif
me fusse mépris(e)	nous fussions mépris(es)
te fusses mépris(e)	vous fussiez mépris(e)(es)
se fût mépris(e)	se fussent mépris(es)

M

mépriser — to despise

participe présent **méprisant**   participe passé **méprisé**

SINGULAR	PLURAL	SINGULAR	PLURAL

présent de l'indicatif

		passé composé	
méprise	méprisons	ai méprisé	avons méprisé
méprises	méprisez	as méprisé	avez méprisé
méprise	méprisent	a méprisé	ont méprisé

imparfait de l'indicatif   **plus-que-parfait de l'indicatif**

méprisais	méprisions	avais méprisé	avions méprisé
méprisais	méprisiez	avais méprisé	aviez méprisé
méprisait	méprisaient	avait méprisé	avaient méprisé

passé simple   **passé antérieur**

méprisai	méprisâmes	eus méprisé	eûmes méprisé
méprisas	méprisâtes	eus méprisé	eûtes méprisé
méprisa	méprisèrent	eut méprisé	eurent méprisé

futur   **futur antérieur**

mépriserai	mépriserons	aurai méprisé	aurons méprisé
mépriseras	mépriserez	auras méprisé	aurez méprisé
méprisera	mépriseront	aura méprisé	auront méprisé

conditionnel   **conditionnel passé**

mépriserais	mépriserions	aurais méprisé	aurions méprisé
mépriserais	mépriseriez	aurais méprisé	auriez méprisé
mépriserait	mépriseraient	aurait méprisé	auraient méprisé

présent du subjonctif   **passé du subjonctif**

méprise	méprisions	aie méprisé	ayons méprisé
méprises	méprisiez	aies méprisé	ayez méprisé
méprise	méprisent	ait méprisé	aient méprisé

imparfait du subjonctif   **plus-que-parfait du subjonctif**

méprisasse	méprisassions	eusse méprisé	eussions méprisé
méprisasses	méprisassiez	eusses méprisé	eussiez méprisé
méprisât	méprisassent	eût méprisé	eussent méprisé

impératif

méprise
méprisons
méprisez

M

to merit, to deserve

mériter

SINGULAR	PLURAL	SINGULAR	PLURAL
présent de l'indicatif		**passé composé**	
mérit**e**	mérit**ons**	**ai** mérité	**avons** mérité
mérit**es**	mérit**ez**	**as** mérité	**avez** mérité
mérit**e**	mérit**ent**	**a** mérité	**ont** mérité
imparfait de l'indicatif		**plus-que-parfait de l'indicatif**	
mérit**ais**	mérit**ions**	**avais** mérité	**avions** mérité
mérit**ais**	mérit**iez**	**avais** mérité	**aviez** mérité
mérit**ait**	mérit**aient**	**avait** mérité	**avaient** mérité
passé simple		**passé antérieur**	
mérit**ai**	mérit**âmes**	**eus** mérité	**eûmes** mérité
mérit**as**	mérit**âtes**	**eus** mérité	**eûtes** mérité
mérit**a**	mérit**èrent**	**eut** mérité	**eurent** mérité
futur		**futur antérieur**	
mériter**ai**	mériter**ons**	**aurai** mérité	**aurons** mérité
mériter**as**	mériter**ez**	**auras** mérité	**aurez** mérité
mériter**a**	mériter**ont**	**aura** mérité	**auront** mérité
conditionnel		**conditionnel passé**	
mériter**ais**	mériter**ions**	**aurais** mérité	**aurions** mérité
mériter**ais**	mériter**iez**	**aurais** mérité	**auriez** mérité
mériter**ait**	mériter**aient**	**aurait** mérité	**auraient** mérité
présent du subjonctif		**passé du subjonctif**	
mérit**e**	mérit**ions**	**aie** mérité	**ayons** mérité
mérit**es**	mérit**iez**	**aies** mérité	**ayez** mérité
mérit**e**	mérit**ent**	**ait** mérité	**aient** mérité
imparfait du subjonctif		**plus-que-parfait du subjonctif**	
mérit**asse**	mérit**assions**	**eusse** mérité	**eussions** mérité
mérit**asses**	mérit**assiez**	**eusses** mérité	**eussiez** mérité
mérit**ât**	mérit**assent**	**eût** mérité	**eussent** mérité

impératif
mérit**e**
mérit**ons**
mérit**ez**

M

mettre

to put, to put on (clothing)

participe présent **mettant**   participe passé **mis**

SINGULAR	PLURAL	SINGULAR	PLURAL

présent de l'indicatif

met**s**	mett**ons**	**ai** mis	**avons** mis
met**s**	mett**ez**	**as** mis	**avez** mis
met	mett**ent**	**a** mis	**ont** mis

passé composé

imparfait de l'indicatif

mett**ais**	mett**ions**	**avais** mis	**avions** mis
mett**ais**	mett**iez**	**avais** mis	**aviez** mis
mett**ait**	mett**aient**	**avait** mis	**avaient** mis

plus-que-parfait de l'indicatif

passé simple

m**is**	m**îmes**	**eus** mis	**eûmes** mis
m**is**	m**îtes**	**eus** mis	**eûtes** mis
m**it**	m**irent**	**eut** mis	**eurent** mis

passé antérieur

futur

mettr**ai**	mettr**ons**	**aurai** mis	**aurons** mis
mettr**as**	mettr**ez**	**auras** mis	**aurez** mis
mettr**a**	mettr**ont**	**aura** mis	**auront** mis

futur antérieur

conditionnel

mettr**ais**	mettr**ions**	**aurais** mis	**aurions** mis
mettr**ais**	mettr**iez**	**aurais** mis	**auriez** mis
mettr**ait**	mettr**aient**	**aurait** mis	**auraient** mis

conditionnel passé

présent du subjonctif

mett**e**	mett**ions**	**aie** mis	**ayons** mis
mett**es**	mett**iez**	**aies** mis	**ayez** mis
mett**e**	mett**ent**	**ait** mis	**aient** mis

passé du subjonctif

imparfait du subjonctif

mi**sse**	mi**ssions**	**eusse** mis	**eussions** mis
mi**sses**	mi**ssiez**	**eusses** mis	**eussiez** mis
m**ît**	mi**ssent**	**eût** mis	**eussent** mis

plus-que-parfait du subjonctif

impératif

mets
mettons
mettez

M

MUST KNOW VERB

to begin, to place oneself

se mettre

participe présent **se mettant**   participe passé **mis(e)(s)**

SINGULAR	PLURAL	SINGULAR	PLURAL

présent de l'indicatif
me met**s**	**nous** mett**ons**
te met**s**	**vous** mett**ez**
se met	**se** mett**ent**

passé composé
me suis mis(e)	**nous sommes** mis(es)
t'es mis(e)	**vous êtes** mis(e)(es)
s'est mis(e)	**se sont** mis(es)

imparfait de l'indicatif
me mett**ais**	**nous** mett**ions**
te mett**ais**	**vous** mett**iez**
se mett**ait**	**se** mett**aient**

plus-que-parfait de l'indicatif
m'étais mis(e)	**nous étions** mis(es)
t'étais mis(e)	**vous étiez** mis(e)(es)
s'était mis(e)	**s'étaient** mis(es)

passé simple
me mis	**nous** mîmes
te mis	**vous** mîtes
se mit	**se** mirent

passé antérieur
me fus mis(e)	**nous fûmes** mis(es)
te fus mis(e)	**vous fûtes** mis(e)(es)
se fut mis(e)	**se furent** mis(es)

futur
me mett**rai**	**nous** mett**rons**
te mett**ras**	**vous** mett**rez**
se mett**ra**	**se** mett**ront**

futur antérieur
me serai mis(e)	**nous serons** mis(es)
te seras mis(e)	**vous serez** mis(e)(es)
se sera mis(e)	**se seront** mis(es)

conditionnel
me mett**rais**	**nous** mett**rions**
te mett**rais**	**vous** mett**riez**
se mett**rait**	**se** mett**raient**

conditionnel passé
me serais mis(e)	**nous serions** mis(es)
te serais mis(e)	**vous seriez** mis(e)(es)
se serait mis(e)	**se seraient** mis(es)

présent du subjonctif
me mett**e**	**nous** mett**ions**
te mett**es**	**vous** mett**iez**
se mett**e**	**se** mett**ent**

passé du subjonctif
me sois mis(e)	**nous soyons** mis(es)
te sois mis(e)	**vous soyez** mis(e)(es)
se soit mis(e)	**se soient** mis(es)

imparfait du subjonctif
me mi**sse**	**nous** mi**ssions**
te mi**sses**	**vous** mi**ssiez**
se mît	**se** mi**ssent**

plus-que-parfait du subjonctif
me fusse mis(e)	**nous fussions** mis(es)
te fusses mis(e)	**vous fussiez** mis(e)(es)
se fût mis(e)	**se fussent** mis(es)

impératif
mets-toi
mettons-nous
mettez-vous

M

435

participle présent mirant   **participe passé** miré

SINGULAR	PLURAL	SINGULAR	PLURAL

présent de l'indicatif

		passé composé	
mire	mirons	ai miré	avons miré
mires	mirez	as miré	avez miré
mire	mirent	a miré	ont miré

imparfait de l'indicatif

		plus-que-parfait de l'indicatif	
mirais	mirions	avais miré	avions miré
mirais	miriez	avais miré	aviez miré
mirait	miraient	avait miré	avaient miré

passé simple

		passé antérieur	
mirai	mirâmes	eus miré	eûmes miré
miras	mirâtes	eus miré	eûtes miré
mira	mirèrent	eut miré	eurent miré

futur

		futur antérieur	
mirerai	mirerons	aurai miré	aurons miré
mireras	mirerez	auras miré	aurez miré
mirera	mireront	aura miré	auront miré

conditionnel

		conditionnel passé	
mirerais	mirerions	aurais miré	aurions miré
mirerais	mireriez	aurais miré	auriez miré
mirerait	mireraient	aurait miré	auraient miré

présent du subjonctif

		passé du subjonctif	
mire	mirions	aie miré	ayons miré
mires	miriez	aies miré	ayez miré
mire	mirent	ait miré	aient miré

imparfait du subjonctif

		plus-que-parfait du subjonctif	
mirasse	mirassions	eusse miré	eussions miré
mirasses	mirassiez	eusses miré	eussiez miré
mirât	mirassent	eût miré	eussent miré

impératif

mire
mirons
mirez

M

to model, to shape

participe présent **modelant**   participe passé **modelé**

SINGULAR	PLURAL

présent de l'indicatif
modèle	modelons
modèles	modelez
modèle	modèlent

imparfait de l'indicatif
modelais	modelions
modelais	modeliez
modelait	modelaient

passé simple
modelai	modelâmes
modelas	modelâtes
modela	modelèrent

futur
modèlerai	modèlerons
modèleras	modèlerez
modèlera	modèleront

conditionnel
modèlerais	modèlerions
modèlerais	modèleriez
modèlerait	modèleraient

présent du subjonctif
modèle	modelions
modèles	modeliez
modèle	modèlent

imparfait du subjonctif
modelasse	modelassions
modelasses	modelassiez
modelât	modelassent

impératif
modèle
modelons
modelez

SINGULAR	PLURAL

passé composé
ai modelé	avons modelé
as modelé	avez modelé
a modelé	ont modelé

plus-que-parfait de l'indicatif
avais modelé	avions modelé
avais modelé	aviez modelé
avait modelé	avaient modelé

passé antérieur
eus modelé	eûmes modelé
eus modelé	eûtes modelé
eut modelé	eurent modelé

futur antérieur
aurai modelé	aurons modelé
auras modelé	aurez modelé
aura modelé	auront modelé

conditionnel passé
aurais modelé	aurions modelé
aurais modelé	auriez modelé
aurait modelé	auraient modelé

passé du subjonctif
aie modelé	ayons modelé
aies modelé	ayez modelé
ait modelé	aient modelé

plus-que-parfait du subjonctif
eusse modelé	eussions modelé
eusses modelé	eussiez modelé
eût modelé	eussent modelé

M

molester

to harass, to bother

participe présent **molestant**   participe passé **molesté**

SINGULAR	PLURAL	SINGULAR	PLURAL
présent de l'indicatif		**passé composé**	
moleste	molestons	ai molesté	avons molesté
molestes	molestez	as molesté	avez molesté
moleste	molestent	a molesté	ont molesté
imparfait de l'indicatif		**plus-que-parfait de l'indicatif**	
molestais	molestions	avais molesté	avions molesté
molestais	molestiez	avais molesté	aviez molesté
molestait	molestaient	avait molesté	avaient molesté
passé simple		**passé antérieur**	
molestai	molestâmes	eus molesté	eûmes molesté
molestas	molestâtes	eus molesté	eûtes molesté
molesta	molestèrent	eut molesté	eurent molesté
futur		**futur antérieur**	
molesterai	molesterons	aurai molesté	aurons molesté
molesteras	molesterez	auras molesté	aurez molesté
molestera	molesteront	aura molesté	auront molesté
conditionnel		**conditionnel passé**	
molesterais	molesterions	aurais molesté	aurions molesté
molesterais	molesteriez	aurais molesté	auriez molesté
molesterait	molesteraient	aurait molesté	auraient molesté
présent du subjonctif		**passé du subjonctif**	
moleste	molestions	aie molesté	ayons molesté
molestes	molestiez	aies molesté	ayez molesté
moleste	molestent	ait molesté	aient molesté
imparfait du subjonctif		**plus-que-parfait du subjonctif**	
molestasse	molestassions	eusse molesté	eussions molesté
molestasses	molestassiez	eusses molesté	eussiez molesté
molestât	molestassent	eût molesté	eussent molesté

impératif
moleste
molestons
molestez

M

to rise, to go up

participe présent **montant**   participe passé **monté(e)(s)**

SINGULAR	PLURAL	SINGULAR	PLURAL

présent de l'indicatif

mont**e**	mont**ons**		
mont**es**	mont**ez**		
mont**e**	mont**ent**		

passé composé

suis monté(e)	**sommes** monté(e)s
es monté(e)	**êtes** monté(e)(s)
est monté(e)	**sont** monté(e)s

imparfait de l'indicatif

mont**ais**	mont**ions**
mont**ais**	mont**iez**
mont**ait**	mont**aient**

plus-que-parfait de l'indicatif

étais monté(e)	**étions** monté(e)s
étais monté(e)	**étiez** monté(e)(s)
était monté(e)	**étaient** monté(e)s

passé simple

mont**ai**	mont**âmes**
mont**as**	mont**âtes**
mont**a**	mont**èrent**

passé antérieur

fus monté(e)	**fûmes** monté(e)s
fus monté(e)	**fûtes** monté(e)(s)
fut monté(e)	**furent** monté(e)s

futur

mont**erai**	mont**erons**
mont**eras**	mont**erez**
mont**era**	mont**eront**

futur antérieur

serai monté(e)	**serons** monté(e)s
seras monté(e)	**serez** monté(e)(s)
sera monté(e)	**seront** monté(e)s

conditionnel

mont**erais**	mont**erions**
mont**erais**	mont**eriez**
mont**erait**	mont**eraient**

conditionnel passé

serais monté(e)	**serions** monté(e)s
serais monté(e)	**seriez** monté(e)(s)
serait monté(e)	**seraient** monté(e)s

présent du subjonctif

mont**e**	mont**ions**
mont**es**	mont**iez**
mont**e**	mont**ent**

passé du subjonctif

sois monté(e)	**soyons** monté(e)s
sois monté(e)	**soyez** monté(e)(s)
soit monté(e)	**soient** monté(e)s

imparfait du subjonctif

mont**asse**	mont**assions**
mont**asses**	mont**assiez**
mont**ât**	mont**assent**

plus-que-parfait du subjonctif

fusse monté(e)	**fussions** monté(e)s
fusses monté(e)	**fussiez** monté(e)(s)
fût monté(e)	**fussent** monté(e)s

impératif

monte
montons
montez

M

montrer

to show, to display

SINGULAR	PLURAL	SINGULAR	PLURAL

présent de l'indicatif

		passé composé	
montre	montrons	**ai** montré	**avons** montré
montres	montrez	**as** montré	**avez** montré
montre	montrent	**a** montré	**ont** montré

imparfait de l'indicatif | **plus-que-parfait de l'indicatif**

montrais	montrions	**avais** montré	**avions** montré
montrais	montriez	**avais** montré	**aviez** montré
montrait	montraient	**avait** montré	**avaient** montré

passé simple | **passé antérieur**

montrai	montrâmes	**eus** montré	**eûmes** montré
montras	montrâtes	**eus** montré	**eûtes** montré
montra	montrèrent	**eut** montré	**eurent** montré

futur | **futur antérieur**

montrerai	montrerons	**aurai** montré	**aurons** montré
montreras	montrerez	**auras** montré	**aurez** montré
montrera	montreront	**aura** montré	**auront** montré

conditionnel | **conditionnel passé**

montrerais	montrerions	**aurais** montré	**aurions** montré
montrerais	montreriez	**aurais** montré	**auriez** montré
montrerait	montreraient	**aurait** montré	**auraient** montré

présent du subjonctif | **passé du subjonctif**

montre	montrions	**aie** montré	**ayons** montré
montres	montriez	**aies** montré	**ayez** montré
montre	montrent	**ait** montré	**aient** montré

imparfait du subjonctif | **plus-que-parfait du subjonctif**

montrasse	montrassions	**eusse** montré	**eussions** montré
montrasses	montrassiez	**eusses** montré	**eussiez** montré
montrât	montrassent	**eût** montré	**eussent** montré

impératif

montre
montrons
montrez

M

to make fun

participe présent **se moquant**   participe passé **moqué(e)(s)**

SINGULAR	PLURAL

présent de l'indicatif
me moque	**nous** moqu**ons**
te moqu**es**	**vous** moqu**ez**
se moque	**se** moqu**ent**

imparfait de l'indicatif
me moqu**ais**	**nous** moqu**ions**
te moqu**ais**	**vous** moqu**iez**
se moqu**ait**	**se** moqu**aient**

passé simple
me moqu**ai**	**nous** moqu**âmes**
te moqu**as**	**vous** moqu**âtes**
se moqu**a**	**se** moqu**èrent**

futur
me moquer**ai**	**nous** moquer**ons**
te moquer**as**	**vous** moquer**ez**
se moquer**a**	**se** moquer**ont**

conditionnel
me moquer**ais**	**nous** moquer**ions**
te moquer**ais**	**vous** moquer**iez**
se moquer**ait**	**se** moquer**aient**

présent du subjonctif
me moque	**nous** moqu**ions**
te moqu**es**	**vous** moqu**iez**
se moque	**se** moqu**ent**

imparfait du subjonctif
me moqu**asse**	**nous** moqu**assions**
te moqu**asses**	**vous** moqu**assiez**
se moqu**ât**	**se** moqu**assent**

impératif
moque-toi
moquons-nous
moquez-vous

SINGULAR	PLURAL

passé composé
me suis moqué(e)	**nous sommes** moqué(e)s
t'es moqué(e)	**vous êtes** moqué(e)(s)
s'est moqué(e)	**se sont** moqué(e)s

plus-que-parfait de l'indicatif
m'étais moqué(e)	**nous étions** moqué(e)s
t'étais moqué(e)	**vous étiez** moqué(e)(s)
s'était moqué(e)	**s'étaient** moqué(e)s

passé antérieur
me fus moqué(e)	**nous fûmes** moqué(e)s
te fus moqué(e)	**vous fûtes** moqué(e)(s)
se fut moqué(e)	**se furent** moqué(e)s

futur antérieur
me serai moqué(e)	**nous serons** moqué(e)s
te seras moqué(e)	**vous serez** moqué(e)(s)
se sera moqué(e)	**se seront** moqué(e)s

conditionnel passé
me serais moqué(e)	**nous serions** moqué(e)s
te serais moqué(e)	**vous seriez** moqué(e)(s)
se serait moqué(e)	**se seraient** moqué(e)s

passé du subjonctif
me sois moqué(e)	**nous soyons** moqué(e)s
te sois moqué(e)	**vous soyez** moqué(e)(s)
se soit moqué(e)	**se soient** moqué(e)s

plus-que-parfait du subjonctif
me fusse moqué(e)	**nous fussions** moqué(e)s
te fusses moqué(e)	**vous fussiez** moqué(e)(s)
se fût moqué(e)	**se fussent** moqué(e)s

M

mordre

to bite

SINGULAR	PLURAL	SINGULAR	PLURAL

présent de l'indicatif

mord**s**	mord**ons**		
mord**s**	mord**ez**		
mord	mord**ent**		

passé composé

ai mordu	**avons** mordu		
as mordu	**avez** mordu		
a mordu	**ont** mordu		

imparfait de l'indicatif

mord**ais**	mord**ions**
mord**ais**	mord**iez**
mord**ait**	mord**aient**

plus-que-parfait de l'indicatif

avais mordu	**avions** mordu
avais mordu	**aviez** mordu
avait mordu	**avaient** mordu

passé simple

mord**is**	mord**îmes**
mord**is**	mord**îtes**
mord**it**	mord**irent**

passé antérieur

eus mordu	**eûmes** mordu
eus mordu	**eûtes** mordu
eut mordu	**eurent** mordu

futur

mordr**ai**	mordr**ons**
mordr**as**	mordr**ez**
mordr**a**	mordr**ont**

futur antérieur

aurai mordu	**aurons** mordu
auras mordu	**aurez** mordu
aura mordu	**auront** mordu

conditionnel

mordr**ais**	mordr**ions**
mordr**ais**	mordr**iez**
mordr**ait**	mordr**aient**

conditionnel passé

aurais mordu	**aurions** mordu
aurais mordu	**auriez** mordu
aurait mordu	**auraient** mordu

présent du subjonctif

mord**e**	mord**ions**
mord**es**	mord**iez**
mord**e**	mord**ent**

passé du subjonctif

aie mordu	**ayons** mordu
aies mordu	**ayez** mordu
ait mordu	**aient** mordu

imparfait du subjonctif

mord**isse**	mord**issions**
mord**isses**	mord**issiez**
mord**ît**	mord**issent**

plus-que-parfait du subjonctif

eusse mordu	**eussions** mordu
eusses mordu	**eussiez** mordu
eût mordu	**eussent** mordu

impératif

mord**s**
mord**ons**
mord**ez**

M

to grind

participe présent **moulant**   participe passé **moulu**

SINGULAR	PLURAL	SINGULAR	PLURAL

présent de l'indicatif
		passé composé	
mou**ds**	moul**ons**	**ai** moulu	**avons** moulu
mou**ds**	moul**ez**	**as** moulu	**avez** moulu
moud	moul**ent**	**a** moulu	**ont** moulu

imparfait de l'indicatif
		plus-que-parfait de l'indicatif	
moul**ais**	moul**ions**	**avais** moulu	**avions** moulu
moul**ais**	moul**iez**	**avais** moulu	**aviez** moulu
moul**ait**	moul**aient**	**avait** moulu	**avaient** moulu

passé simple
		passé antérieur	
moul**us**	moul**ûmes**	**eus** moulu	**eûmes** moulu
moul**us**	moul**ûtes**	**eus** moulu	**eûtes** moulu
moul**ut**	moul**urent**	**eut** moulu	**eurent** moulu

futur
		futur antérieur	
moudr**ai**	moudr**ons**	**aurai** moulu	**aurons** moulu
moudr**as**	moudr**ez**	**auras** moulu	**aurez** moulu
moudr**a**	moudr**ont**	**aura** moulu	**auront** moulu

conditionnel
		conditionnel passé	
moudr**ais**	moudr**ions**	**aurais** moulu	**aurions** moulu
moudr**ais**	moudr**iez**	**aurais** moulu	**auriez** moulu
moudr**ait**	moudr**aient**	**aurait** moulu	**auraient** moulu

présent du subjonctif
		passé du subjonctif	
moul**e**	moul**ions**	**aie** moulu	**ayons** moulu
moul**es**	moul**iez**	**aies** moulu	**ayez** moulu
moul**e**	moul**ent**	**ait** moulu	**aient** moulu

imparfait du subjonctif
		plus-que-parfait du subjonctif	
moul**usse**	moul**ussions**	**eusse** moulu	**eussions** moulu
moul**usses**	moul**ussiez**	**eusses** moulu	**eussiez** moulu
moul**ût**	moul**ussent**	**eût** moulu	**eussent** moulu

impératif
mouds
moulons
moulez

M

participe présent mouillant   **participe passé** mouillé

SINGULAR	PLURAL	SINGULAR	PLURAL

présent de l'indicatif

		passé composé	
mouille	mouillons	ai mouillé	avons mouillé
mouilles	mouillez	as mouillé	avez mouillé
mouille	mouillent	a mouillé	ont mouillé

imparfait de l'indicatif

		plus-que-parfait de l'indicatif	
mouillais	mouillions	avais mouillé	avions mouillé
mouillais	mouilliez	avais mouillé	aviez mouillé
mouillait	mouillaient	avait mouillé	avaient mouillé

passé simple

		passé antérieur	
mouillai	mouillâmes	eus mouillé	eûmes mouillé
mouillas	mouillâtes	eus mouillé	eûtes mouillé
mouilla	mouillèrent	eut mouillé	eurent mouillé

futur

		futur antérieur	
mouillerai	mouillerons	aurai mouillé	aurons mouillé
mouilleras	mouillerez	auras mouillé	aurez mouillé
mouillera	mouilleront	aura mouillé	auront mouillé

conditionnel

		conditionnel passé	
mouillerais	mouillerions	aurais mouillé	aurions mouillé
mouillerais	mouilleriez	aurais mouillé	auriez mouillé
mouillerait	mouilleraient	aurait mouillé	auraient mouillé

présent du subjonctif

		passé du subjonctif	
mouille	mouillions	aie mouillé	ayons mouillé
mouilles	mouilliez	aies mouillé	ayez mouillé
mouille	mouillent	ait mouillé	aient mouillé

imparfait du subjonctif

		plus-que-parfait du subjonctif	
mouillasse	mouillassions	eusse mouillé	eussions mouillé
mouillasses	mouillassiez	eusses mouillé	eussiez mouillé
mouillât	mouillassent	eût mouillé	eussent mouillé

impératif

mouille
mouillons
mouillez

M

to die

mourir

participe présent **mourant**   participe passé **mort(e)(s)**

SINGULAR	PLURAL	SINGULAR	PLURAL

présent de l'indicatif

meur**s**	mour**ons**		
meur**s**	mour**ez**		
meur**t**	meur**ent**		

passé composé

suis mort(e)	**sommes** mort(e)s		
es mort(e)	**êtes** mort(e)(s)		
est mort(e)	**sont** mort(e)s		

imparfait de l'indicatif

mour**ais**	mour**ions**
mour**ais**	mour**iez**
mour**ait**	mour**aient**

plus-que-parfait de l'indicatif

étais mort(e)	**étions** mort(e)s
étais mort(e)	**étiez** mort(e)(s)
était mort(e)	**étaient** mort(e)s

passé simple

mour**us**	mour**ûmes**
mour**us**	mour**ûtes**
mour**ut**	mour**urent**

passé antérieur

fus mort(e)	**fûmes** mort(e)s
fus mort(e)	**fûtes** mort(e)(s)
fut mort(e)	**furent** mort(e)s

futur

mourr**ai**	mourr**ons**
mourr**as**	mourr**ez**
mourr**a**	mourr**ont**

futur antérieur

serai mort(e)	**serons** mort(e)s
seras mort(e)	**serez** mort(e)(s)
sera mort(e)	**seront** mort(e)s

conditionnel

mourr**ais**	mourr**ions**
mourr**ais**	mourr**iez**
mourr**ait**	mourr**aient**

conditionnel passé

serais mort(e)	**serions** mort(e)s
serais mort(e)	**seriez** mort(e)(s)
serait mort(e)	**seraient** mort(e)s

présent du subjonctif

meur**e**	mour**ions**
meur**es**	mour**iez**
meur**e**	meur**ent**

passé du subjonctif

sois mort(e)	**soyons** mort(e)s
sois mort(e)	**soyez** mort(e)(s)
soit mort(e)	**soient** mort(e)s

M

imparfait du subjonctif

mouru**sse**	mouru**ssions**
mouru**sses**	mouru**ssiez**
mour**ût**	mouru**ssent**

plus-que-parfait du subjonctif

fusse mort(e)	**fussions** mort(e)s
fusses mort(e)	**fussiez** mort(e)(s)
fût mort(e)	**fussent** mort(e)s

impératif

meur**s**
mour**ons**
mour**ez**

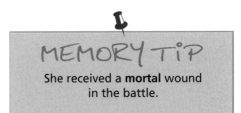

MEMORY TiP
She received a **mortal** wound
in the battle.

participe présent **mouvant**   participe passé **mû**

SINGULAR	PLURAL	SINGULAR	PLURAL

présent de l'indicatif

meus	mouvons		
meus	mouvez		
meut	meuvent		

passé composé

ai mû		avons mû	
as mû		avez mû	
a mû		ont mû	

imparfait de l'indicatif

mouvais	mouvions
mouvais	mouviez
mouvait	mouvaient

plus-que-parfait de l'indicatif

avais mû	avions mû
avais mû	aviez mû
avait mû	avaient mû

passé simple

mus	mûmes
mus	mûtes
mut	murent

passé antérieur

eus mû	eûmes mû
eus mû	eûtes mû
eut mû	eurent mû

futur

mouvrai	mouvrons
mouvras	mouvrez
mouvra	mouvront

futur antérieur

aurai mû	aurons mû
auras mû	aurez mû
aura mû	auront mû

conditionnel

mouvrais	mouvrions
mouvrais	mouvriez
mouvrait	mouvraient

conditionnel passé

aurais mû	aurions mû
aurais mû	auriez mû
aurait mû	auraient mû

présent du subjonctif

meuve	mouvions
meuves	mouviez
meuve	meuvent

passé du subjonctif

aie mû	ayons mû
aies mû	ayez mû
ait mû	aient mû

imparfait du subjonctif

musse	mussions
musses	mussiez
mût	mussent

plus-que-parfait du subjonctif

eusse mû	eussions mû
eusses mû	eussiez mû
eût mû	eussent mû

impératif

meus
mouvons
mouvez

M

to swim   nager

SINGULAR	PLURAL	SINGULAR	PLURAL

présent de l'indicatif

		passé composé	
nage	nageons	**ai** nagé	**avons** nagé
nages	nagez	**as** nagé	**avez** nagé
nage	nagent	**a** nagé	**ont** nagé

imparfait de l'indicatif

		plus-que-parfait de l'indicatif	
nageais	nagions	**avais** nagé	**avions** nagé
nageais	nagiez	**avais** nagé	**aviez** nagé
nageait	nageaient	**avait** nagé	**avaient** nagé

passé simple

		passé antérieur	
nageai	nageâmes	**eus** nagé	**eûmes** nagé
nageas	nageâtes	**eus** nagé	**eûtes** nagé
nagea	nagèrent	**eut** nagé	**eurent** nagé

futur

		futur antérieur	
nagerai	nagerons	**aurai** nagé	**aurons** nagé
nageras	nagerez	**auras** nagé	**aurez** nagé
nagera	nageront	**aura** nagé	**auront** nagé

conditionnel

		conditionnel passé	
nagerais	nagerions	**aurais** nagé	**aurions** nagé
nagerais	nageriez	**aurais** nagé	**auriez** nagé
nagerait	nageraient	**aurait** nagé	**auraient** nagé

présent du subjonctif

		passé du subjonctif	
nage	nagions	**aie** nagé	**ayons** nagé
nages	nagiez	**aies** nagé	**ayez** nagé
nage	nagent	**ait** nagé	**aient** nagé

imparfait du subjonctif

		plus-que-parfait du subjonctif	
nageasse	nageassions	**eusse** nagé	**eussions** nagé
nageasses	nageassiez	**eusses** nagé	**eussiez** nagé
nageât	nageassent	**eût** nagé	**eussent** nagé

N

impératif

nage
nageons
nagez

naître

to be born

participe présent naissant   **participe passé né(e)(s)**

SINGULAR	PLURAL	SINGULAR	PLURAL

présent de l'indicatif

		passé composé	
nais	naissons	suis né(e)	sommes né(e)s
nais	naissez	es né(e)	êtes né(e)(s)
naît	naissent	est né(e)	sont né(e)s

imparfait de l'indicatif   **plus-que-parfait de l'indicatif**

naissais	naissions	étais né(e)	étions né(e)s
naissais	naissiez	étais né(e)	étiez né(e)(s)
naissait	naissaient	était né(e)	étaient né(e)s

passé simple   **passé antérieur**

naquis	naquîmes	fus né(e)	fûmes né(e)s
naquis	naquîtes	fus né(e)	fûtes né(e)(s)
naquit	naquirent	fut né(e)	furent né(e)s

futur   **futur antérieur**

naîtrai	naîtrons	serai né(e)	serons né(e)s
naîtras	naîtrez	seras né(e)	serez né(e)(s)
naîtra	naîtront	sera né(e)	seront né(e)s

conditionnel   **conditionnel passé**

naîtrais	naîtrions	serais né(e)	serions né(e)s
naîtrais	naîtriez	serais né(e)	seriez né(e)(s)
naîtrait	naîtraient	serait né(e)	seraient né(e)s

présent du subjonctif   **passé du subjonctif**

naisse	naissions	sois né(e)	soyons né(e)s
naisses	naissiez	sois né(e)	soyez né(e)(s)
naisse	naissent	soit né(e)	soient né(e)s

imparfait du subjonctif   **plus-que-parfait du subjonctif**

naquisse	naquissions	fusse né(e)	fussions né(e)s
naquisses	naquissiez	fusses né(e)	fussiez né(e)(s)
naquît	naquissent	fût né(e)	fussent né(e)s

impératif

nais
naissons
naissez

N

MEMORY TIP
**The winner was Courtney
Arquette née Cox.**

to navigate, to steer   naviguer

SINGULAR	PLURAL	SINGULAR	PLURAL

présent de l'indicatif

		passé composé	
navigue	naviguons	ai navigué	avons navigué
navigues	naviguez	as navigué	avez navigué
navigue	naviguent	a navigué	ont navigué

imparfait de l'indicatif

		plus-que-parfait de l'indicatif	
naviguais	naviguions	avais navigué	avions navigué
naviguais	naviguiez	avais navigué	aviez navigué
naviguait	naviguaient	avait navigué	avaient navigué

passé simple

		passé antérieur	
naviguai	naviguâmes	eus navigué	eûmes navigué
naviguas	naviguâtes	eus navigué	eûtes navigué
navigua	naviguèrent	eut navigué	eurent navigué

futur

		futur antérieur	
naviguerai	naviguerons	aurai navigué	aurons navigué
navigueras	naviguerez	auras navigué	aurez navigué
naviguera	navigueront	aura navigué	auront navigué

conditionnel

		conditionnel passé	
naviguerais	naviguerions	aurais navigué	aurions navigué
naviguerais	navigueriez	aurais navigué	auriez navigué
naviguerait	navigueraient	aurait navigué	auraient navigué

présent du subjonctif

		passé du subjonctif	
navigue	naviguions	aie navigué	ayons navigué
navigues	naviguiez	aies navigué	ayez navigué
navigue	naviguent	ait navigué	aient navigué

imparfait du subjonctif

		plus-que-parfait du subjonctif	
naviguasse	naviguassions	eusse navigué	eussions navigué
naviguasses	naviguassiez	eusses navigué	eussiez navigué
naviguât	naviguassent	eût navigué	eussent navigué

impératif

navigue
naviguons
naviguez

N

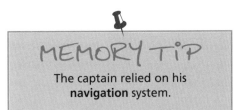

MEMORY TiP

The captain relied on his
navigation system.

participe présent **nécessitant**   participe passé **nécessité**

SINGULAR	PLURAL	SINGULAR	PLURAL

présent de l'indicatif

		passé composé	
nécessite	nécessitons	**ai** nécessité	**avons** nécessité
nécessites	nécessitez	**as** nécessité	**avez** nécessité
nécessite	nécessitent	**a** nécessité	**ont** nécessité

imparfait de l'indicatif

		plus-que-parfait de l'indicatif	
nécessitais	nécessitions	**avais** nécessité	**avions** nécessité
nécessitais	nécessitiez	**avais** nécessité	**aviez** nécessité
nécessitait	nécessitaient	**avait** nécessité	**avaient** nécessité

passé simple

		passé antérieur	
nécessitai	nécessitâmes	**eus** nécessité	**eûmes** nécessité
nécessitas	nécessitâtes	**eus** nécessité	**eûtes** nécessité
nécessita	nécessitèrent	**eut** nécessité	**eurent** nécessité

futur

		futur antérieur	
nécessiterai	nécessiterons	**aurai** nécessité	**aurons** nécessité
nécessiteras	nécessiterez	**auras** nécessité	**aurez** nécessité
nécessitera	nécessiteront	**aura** nécessité	**auront** nécessité

conditionnel

		conditionnel passé	
nécessiterais	nécessiterions	**aurais** nécessité	**aurions** nécessité
nécessiterais	nécessiteriez	**aurais** nécessité	**auriez** nécessité
nécessiterait	nécessiteraient	**aurait** nécessité	**auraient** nécessité

présent du subjonctif

		passé du subjonctif	
nécessite	nécessitions	**aie** nécessité	**ayons** nécessité
nécessites	nécessitiez	**aies** nécessité	**ayez** nécessité
nécessite	nécessitent	**ait** nécessité	**aient** nécessité

imparfait du subjonctif

		plus-que-parfait du subjonctif	
nécessitasse	nécessitassions	**eusse** nécessité	**eussions** nécessité
nécessitasses	nécessitassiez	**eusses** nécessité	**eussiez** nécessité
nécessitât	nécessitassent	**eût** nécessité	**eussent** nécessité

impératif

nécessite
nécessitons
nécessitez

N

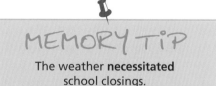

MEMORY TiP
The weather **necessitated**
school closings.

to snow

neiger

présent de l'indicatif
neige

imparfait de l'indicatif
neigeait

passé simple
neigea

futur
neigera

conditionnel
neigerait

présent du subjonctif
neige

imparfait du subjonctif
neigeât

impératif
No conjugation for this tense.

passé composé
a neigé

plus-que-parfait de l'indicatif
avait neigé

passé antérieur
eut neigé

futur antérieur
aura neigé

conditionnel passé
aurait neigé

passé du subjonctif
ait neigé

plus-que-parfait du subjonctif
eût neigé

N

participe présent **nettoyant**   participe passé **nettoyé**

SINGULAR	PLURAL	SINGULAR	PLURAL

présent de l'indicatif
nettoie	nettoyons		
nettoies	nettoyez		
nettoie	nettoient		

passé composé
ai nettoyé	avons nettoyé
as nettoyé	avez nettoyé
a nettoyé	ont nettoyé

imparfait de l'indicatif
nettoyais	nettoyions
nettoyais	nettoyiez
nettoyait	nettoyaient

plus-que-parfait de l'indicatif
avais nettoyé	avions nettoyé
avais nettoyé	aviez nettoyé
avait nettoyé	avaient nettoyé

passé simple
nettoyai	nettoyâmes
nettoyas	nettoyâtes
nettoya	nettoyèrent

passé antérieur
eus nettoyé	eûmes nettoyé
eus nettoyé	eûtes nettoyé
eut nettoyé	eurent nettoyé

futur
nettoierai	nettoierons
nettoieras	nettoierez
nettoiera	nettoieront

futur antérieur
aurai nettoyé	aurons nettoyé
auras nettoyé	aurez nettoyé
aura nettoyé	auront nettoyé

conditionnel
nettoierais	nettoierions
nettoierais	nettoieriez
nettoierait	nettoieraient

conditionnel passé
aurais nettoyé	aurions nettoyé
aurais nettoyé	auriez nettoyé
aurait nettoyé	auraient nettoyé

présent du subjonctif
nettoie	nettoyions
nettoies	nettoyiez
nettoie	nettoient

passé du subjonctif
aie nettoyé	ayons nettoyé
aies nettoyé	ayez nettoyé
ait nettoyé	aient nettoyé

imparfait du subjonctif
nettoyasse	nettoyassions
nettoyasses	nettoyassiez
nettoyât	nettoyassent

plus-que-parfait du subjonctif
eusse nettoyé	eussions nettoyé
eusses nettoyé	eussiez nettoyé
eût nettoyé	eussent nettoyé

impératif
nettoie
nettoyons
nettoyez

N

participe présent niant   **participe passé** nié

SINGULAR	PLURAL	SINGULAR	PLURAL
présent de l'indicatif		**passé composé**	
nie	nions	ai nié	avons nié
nies	niez	as nié	avez nié
nie	nient	a nié	ont nié
imparfait de l'indicatif		**plus-que-parfait de l'indicatif**	
niais	niions	avais nié	avions nié
niais	niiez	avais nié	aviez nié
niait	niaient	avait nié	avaient nié
passé simple		**passé antérieur**	
niai	niâmes	eus nié	eûmes nié
nias	niâtes	eus nié	eûtes nié
nia	nièrent	eut nié	eurent nié
futur		**futur antérieur**	
nierai	nierons	aurai nié	aurons nié
nieras	nierez	auras nié	aurez nié
niera	nieront	aura nié	auront nié
conditionnel		**conditionnel passé**	
nierais	nierions	aurais nié	aurions nié
nierais	nieriez	aurais nié	auriez nié
nierait	nieraient	aurait nié	auraient nié
présent du subjonctif		**passé du subjonctif**	
nie	niions	aie nié	ayons nié
nies	niiez	aies nié	ayez nié
nie	nient	ait nié	aient nié
imparfait du subjonctif		**plus-que-parfait du subjonctif**	
niasse	niassions	eusse nié	eussions nié
niasses	niassiez	eusses nié	eussiez nié
niât	niassent	eût nié	eussent nié
impératif			
nie			
nions			
niez			

N

participe présent nommant   **participe passé** nommé

SINGULAR	PLURAL	SINGULAR	PLURAL

présent de l'indicatif
nomme	nommons		
nommes	nommez		
nomme	nomment		

passé composé
ai nommé	avons nommé
as nommé	avez nommé
a nommé	ont nommé

imparfait de l'indicatif
nommais	nommions
nommais	nommiez
nommait	nommaient

plus-que-parfait de l'indicatif
avais nommé	avions nommé
avais nommé	aviez nommé
avait nommé	avaient nommé

passé simple
nommai	nommâmes
nommas	nommâtes
nomma	nommèrent

passé antérieur
eus nommé	eûmes nommé
eus nommé	eûtes nommé
eut nommé	eurent nommé

futur
nommerai	nommerons
nommeras	nommerez
nommera	nommeront

futur antérieur
aurai nommé	aurons nommé
auras nommé	aurez nommé
aura nommé	auront nommé

conditionnel
nommerais	nommerions
nommerais	nommeriez
nommerait	nommeraient

conditionnel passé
aurais nommé	aurions nommé
aurais nommé	auriez nommé
aurait nommé	auraient nommé

présent du subjonctif
nomme	nommions
nommes	nommiez
nomme	nomment

passé du subjonctif
aie nommé	ayons nommé
aies nommé	ayez nommé
ait nommé	aient nommé

imparfait du subjonctif
nommasse	nommassions
nommasses	nommassiez
nommât	nommassent

plus-que-parfait du subjonctif
eusse nommé	eussions nommé
eusses nommé	eussiez nommé
eût nommé	eussent nommé

impératif
nomme
nommons
nommez

N

to feed, to nourish

participe présent **nourrissant** participe passé **nourri**

SINGULAR	PLURAL	SINGULAR	PLURAL

présent de l'indicatif

		passé composé	
nourris	nourrissons	ai nourri	avons nourri
nourris	nourrissez	as nourri	avez nourri
nourrit	nourrissent	a nourri	ont nourri

imparfait de l'indicatif

		plus-que-parfait de l'indicatif	
nourrissais	nourrissions	avais nourri	avions nourri
nourrissais	nourrissiez	avais nourri	aviez nourri
nourrissait	nourrissaient	avait nourri	avaient nourri

passé simple

		passé antérieur	
nourris	nourrîmes	eus nourri	eûmes nourri
nourris	nourrîtes	eus nourri	eûtes nourri
nourrit	nourrirent	eut nourri	eurent nourri

futur

		futur antérieur	
nourrirai	nourrirons	aurai nourri	aurons nourri
nourriras	nourririez	auras nourri	aurez nourri
nourrira	nourriront	aura nourri	auront nourri

conditionnel

		conditionnel passé	
nourrirais	nourririons	aurais nourri	aurions nourri
nourrirais	nourririez	aurais nourri	auriez nourri
nourrirait	nourriraient	aurait nourri	auraient nourri

présent du subjonctif

		passé du subjonctif	
nourrisse	nourrissions	aie nourri	ayons nourri
nourrisses	nourrissiez	aies nourri	ayez nourri
nourrisse	nourrissent	ait nourri	aient nourri

imparfait du subjonctif

		plus-que-parfait du subjonctif	
nourrisse	nourrissions	eusse nourri	eussions nourri
nourrisses	nourrissiez	eusses nourri	eussiez nourri
nourrît	nourrissent	eût nourri	eussent nourri

impératif

nourris
nourrissons
nourrissez

N

participe présent se noyant   **participe passé noyé(e)(s)**

SINGULAR	PLURAL	SINGULAR	PLURAL

présent de l'indicatif
me noie	nous noyons		
te noies	vous noyez		
se noie	se noient		

passé composé
me suis noyé(e)	nous sommes noyé(e)s
t'es noyé(e)	vous êtes noyé(e)(s)
s'est noyé(e)	se sont noyé(e)s

imparfait de l'indicatif
me noyais	nous noyions
te noyais	vous noyiez
se noyait	se noyaient

plus-que-parfait de l'indicatif
m'étais noyé(e)	nous étions noyé(e)s
t'étais noyé(e)	vous étiez noyé(e)(s)
s'était noyé(e)	s'étaient noyé(e)s

passé simple
me noyai	nous noyâmes
te noyas	vous noyâtes
se noya	se noyèrent

passé antérieur
me fus noyé(e)	nous fûmes noyé(e)s
te fus noyé(e)	vous fûtes noyé(e)(s)
se fut noyé(e)	se furent noyé(e)s

futur
me noierai	nous noierons
te noieras	vous noierez
se noiera	se noieront

futur antérieur
me serai noyé(e)	nous serons noyé(e)s
te seras noyé(e)	vous serez noyé(e)(s)
se sera noyé(e)	se seront noyé(e)s

conditionnel
me noierais	nous noierions
te noierais	vous noieriez
se noierait	se noieraient

conditionnel passé
me serais noyé(e)	nous serions noyé(e)s
te serais noyé(e)	vous seriez noyé(e)(s)
se serait noyé(e)	se seraient noyé(e)s

présent du subjonctif
me noie	nous noyions
te noies	vous noyiez
se noie	se noient

passé du subjonctif
me sois noyé(e)	nous soyons noyé(e)s
te sois noyé(e)	vous soyez noyé(e)(s)
se soit noyé(e)	se soient noyé(e)s

imparfait du subjonctif
me noyasse	nous noyassions
te noyasses	vous noyassiez
se noyât	se noyassent

plus-que-parfait du subjonctif
me fusse noyé(e)	nous fussions noyé(e)s
te fusses noyé(e)	vous fussiez noyé(e)(s)
se fût noyé(e)	se fussent noyé(e)s

impératif
noie-toi
noyons-nous
noyez-vous

N

to harm, to hinder

nuire

participe présent **nuisant**   participe passé **nui**

SINGULAR	PLURAL	SINGULAR	PLURAL
présent de l'indicatif		**passé composé**	
nui**s**	nui**sons**	**ai** nui	**avons** nui
nui**s**	nui**sez**	**as** nui	**avez** nui
nui**t**	nui**sent**	**a** nui	**ont** nui
imparfait de l'indicatif		**plus-que-parfait de l'indicatif**	
nui**sais**	nui**sions**	**avais** nui	**avions** nui
nui**sais**	nui**siez**	**avais** nui	**aviez** nui
nui**sait**	nui**saient**	**avait** nui	**avaient** nui
passé simple		**passé antérieur**	
nui**sis**	nui**sîmes**	**eus** nui	**eûmes** nui
nui**sis**	nui**sîtes**	**eus** nui	**eûtes** nui
nui**sit**	nui**sirent**	**eut** nui	**eurent** nui
futur		**futur antérieur**	
nui**rai**	nui**rons**	**aurai** nui	**aurons** nui
nui**ras**	nui**rez**	**auras** nui	**aurez** nui
nui**ra**	nui**ront**	**aura** nui	**auront** nui
conditionnel		**conditionnel passé**	
nui**rais**	nui**rions**	**aurais** nui	**aurions** nui
nui**rais**	nui**riez**	**aurais** nui	**auriez** nui
nui**rait**	nui**raient**	**aurait** nui	**auraient** nui
présent du subjonctif		**passé du subjonctif**	
nui**se**	nui**sions**	**aie** nui	**ayons** nui
nui**ses**	nui**siez**	**aies** nui	**ayez** nui
nui**se**	nui**sent**	**ait** nui	**aient** nui
imparfait du subjonctif		**plus-que-parfait du subjonctif**	
nui**sisse**	nui**sissions**	**eusse** nui	**eussions** nui
nui**sisses**	nui**sissiez**	**eusses** nui	**eussiez** nui
nui**sît**	nui**sissent**	**eût** nui	**eussent** nui
impératif			
nui**s**			
nui**sons**			
nui**sez**			

N

obéir

to obey

SINGULAR	PLURAL	SINGULAR	PLURAL

présent de l'indicatif
		passé composé	
obéis	obéissons	**ai** obéi	**avons** obéi
obéis	obéissez	**as** obéi	**avez** obéi
obéit	obéissent	**a** obéi	**ont** obéi

imparfait de l'indicatif
		plus-que-parfait de l'indicatif	
obéissais	obéissions	**avais** obéi	**avions** obéi
obéissais	obéissiez	**avais** obéi	**aviez** obéi
obéissait	obéissaient	**avait** obéi	**avaient** obéi

passé simple
		passé antérieur	
obéis	obéîmes	**eus** obéi	**eûmes** obéi
obéis	obéîtes	**eus** obéi	**eûtes** obéi
obéit	obéirent	**eut** obéi	**eurent** obéi

futur
		futur antérieur	
obéirai	obéirons	**aurai** obéi	**aurons** obéi
obéiras	obéirez	**auras** obéi	**aurez** obéi
obéira	obéiront	**aura** obéi	**auront** obéi

conditionnel
		conditionnel passé	
obéirais	obéirions	**aurais** obéi	**aurions** obéi
obéirais	obéiriez	**aurais** obéi	**auriez** obéi
obéirait	obéiraient	**aurait** obéi	**auraient** obéi

présent du subjonctif
		passé du subjonctif	
obéisse	obéissions	**aie** obéi	**ayons** obéi
obéisses	obéissiez	**aies** obéi	**ayez** obéi
obéisse	obéissent	**ait** obéi	**aient** obéi

imparfait du subjonctif
		plus-que-parfait du subjonctif	
obéisse	obéissions	**eusse** obéi	**eussions** obéi
obéisses	obéissiez	**eusses** obéi	**eussiez** obéi
obéît	obéissent	**eût** obéi	**eussent** obéi

impératif
obéis
obéissons
obéissez

O

MEMORY TIP
The puppy **obeyed**
the little girl.

to oblige (to), to require (to)   *obliger*

participe présent **obligeant**   participe passé **obligé**

SINGULAR	PLURAL	SINGULAR	PLURAL

présent de l'indicatif

oblig**e**	oblige**ons**		
oblig**es**	oblig**ez**		
oblig**e**	oblig**ent**		

passé composé

ai obligé	**avons** obligé
as obligé	**avez** obligé
a obligé	**ont** obligé

imparfait de l'indicatif

oblige**ais**	oblig**ions**
oblige**ais**	oblig**iez**
oblige**ait**	oblige**aient**

plus-que-parfait de l'indicatif

avais obligé	**avions** obligé
avais obligé	**aviez** obligé
avait obligé	**avaient** obligé

passé simple

oblige**ai**	oblige**âmes**
oblige**as**	oblige**âtes**
oblige**a**	oblig**èrent**

passé antérieur

eus obligé	**eûmes** obligé
eus obligé	**eûtes** obligé
eut obligé	**eurent** obligé

futur

obliger**ai**	obliger**ons**
obliger**as**	obliger**ez**
obliger**a**	obliger**ont**

futur antérieur

aurai obligé	**aurons** obligé
auras obligé	**aurez** obligé
aura obligé	**auront** obligé

conditionnel

obliger**ais**	obliger**ions**
obliger**ais**	obliger**iez**
obliger**ait**	obliger**aient**

conditionnel passé

aurais obligé	**aurions** obligé
aurais obligé	**auriez** obligé
aurait obligé	**auraient** obligé

présent du subjonctif

oblig**e**	oblig**ions**
oblig**es**	oblig**iez**
oblig**e**	oblig**ent**

passé du subjonctif

aie obligé	**ayons** obligé
aies obligé	**ayez** obligé
ait obligé	**aient** obligé

imparfait du subjonctif

oblige**asse**	oblige**assions**
oblige**asses**	oblige**assiez**
oblige**ât**	oblige**assent**

plus-que-parfait du subjonctif

eusse obligé	**eussions** obligé
eusses obligé	**eussiez** obligé
eût obligé	**eussent** obligé

impératif

oblige
obligeons
obligez

O

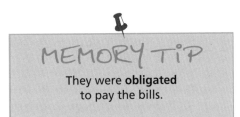

MEMORY TIP

They were **obligated**
to pay the bills.

participe présent **obscurcissant**   participe passé **obscurci**

SINGULAR	PLURAL	SINGULAR	PLURAL

présent de l'indicatif

obscurc**is**	obscurc**issons**
obscurc**is**	obscurc**issez**
obscurc**it**	obscurc**issent**

passé composé

ai obscurci	**avons** obscurci
as obscurci	**avez** obscurci
a obscurci	**ont** obscurci

imparfait de l'indicatif

obscurciss**ais**	obscurciss**ions**
obscurciss**ais**	obscurciss**iez**
obscurciss**ait**	obscurciss**aient**

plus-que-parfait de l'indicatif

avais obscurci	**avions** obscurci
avais obscurci	**aviez** obscurci
avait obscurci	**avaient** obscurci

passé simple

obscurc**is**	obscur**cîmes**
obscurc**is**	obscur**cîtes**
obscurc**it**	obscurc**irent**

passé antérieur

eus obscurci	**eûmes** obscurci
eus obscurci	**eûtes** obscurci
eut obscurci	**eurent** obscurci

futur

obscurcir**ai**	obscurcir**ons**
obscurcir**as**	obscurcir**ez**
obscurcir**a**	obscurcir**ont**

futur antérieur

aurai obscurci	**aurons** obscurci
auras obscurci	**aurez** obscurci
aura obscurci	**auront** obscurci

conditionnel

obscurcir**ais**	obscurcir**ions**
obscurcir**ais**	obscurcir**iez**
obscurcir**ait**	obscurcir**aient**

conditionnel passé

aurais obscurci	**aurions** obscurci
aurais obscurci	**auriez** obscurci
aurait obscurci	**auraient** obscurci

présent du subjonctif

obscurc**isse**	obscurc**issions**
obscurc**isses**	obscurc**issiez**
obscurc**isse**	obscurc**issent**

passé du subjonctif

aie obscurci	**ayons** obscurci
aies obscurci	**ayez** obscurci
ait obscurci	**aient** obscurci

imparfait du subjonctif

obscurc**isse**	obscurc**issions**
obscurc**isses**	obscurc**issiez**
obscur**cît**	obscurc**issent**

plus-que-parfait du subjonctif

eusse obscurci	**eussions** obscurci
eusses obscurci	**eussiez** obscurci
eût obscurci	**eussent** obscurci

impératif

obscurc**is**
obscurc**issons**
obscurc**issez**

O

MEMORY TIP

The meaning was **obscure**.

to get, to obtain

participe présent obtenant   **participe passé** obtenu

SINGULAR	PLURAL	SINGULAR	PLURAL

présent de l'indicatif

obtiens	obtenons
obtiens	obtenez
obtient	obtiennent

passé composé

ai obtenu	avons obtenu
as obtenu	avez obtenu
a obtenu	ont obtenu

imparfait de l'indicatif

obtenais	obtenions
obtenais	obteniez
obtenait	obtenaient

plus-que-parfait de l'indicatif

avais obtenu	avions obtenu
avais obtenu	aviez obtenu
avait obtenu	avaient obtenu

passé simple

obtins	obtînmes
obtins	obtîntes
obtint	obtinrent

passé antérieur

eus obtenu	eûmes obtenu
eus obtenu	eûtes obtenu
eut obtenu	eurent obtenu

futur

obtiendrai	obtiendrons
obtiendras	obtiendrez
obtiendra	obtiendront

futur antérieur

aurai obtenu	aurons obtenu
auras obtenu	aurez obtenu
aura obtenu	auront obtenu

conditionnel

obtiendrais	obtiendrions
obtiendrais	obtiendriez
obtiendrait	obtiendraient

conditionnel passé

aurais obtenu	aurions obtenu
aurais obtenu	auriez obtenu
aurait obtenu	auraient obtenu

présent du subjonctif

obtienne	obtenions
obtiennes	obteniez
obtienne	obtiennent

passé du subjonctif

aie obtenu	ayons obtenu
aies obtenu	ayez obtenu
ait obtenu	aient obtenu

imparfait du subjonctif

obtinsse	obtinssions
obtinsses	obtinssiez
obtînt	obtinssent

plus-que-parfait du subjonctif

eusse obtenu	eussions obtenu
eusses obtenu	eussiez obtenu
eût obtenu	eussent obtenu

O

impératif

obtiens
obtenons
obtenez

MUST
KNOW
VERB

occuper   to occupy a place, person or position

SINGULAR	PLURAL	SINGULAR	PLURAL

présent de l'indicatif

		passé composé	
occupe	occupons	**ai** occupé	**avons** occupé
occupes	occupez	**as** occupé	**avez** occupé
occupe	occupent	**a** occupé	**ont** occupé

imparfait de l'indicatif

		plus-que-parfait de l'indicatif	
occupais	occupions	**avais** occupé	**avions** occupé
occupais	occupiez	**avais** occupé	**aviez** occupé
occupait	occupaient	**avait** occupé	**avaient** occupé

passé simple

		passé antérieur	
occupai	occupâmes	**eus** occupé	**eûmes** occupé
occupas	occupâtes	**eus** occupé	**eûtes** occupé
occupa	occupèrent	**eut** occupé	**eurent** occupé

futur

		futur antérieur	
occuperai	occuperons	**aurai** occupé	**aurons** occupé
occuperas	occuperez	**auras** occupé	**aurez** occupé
occupera	occuperont	**aura** occupé	**auront** occupé

conditionnel

		conditionnel passé	
occuperais	occuperions	**aurais** occupé	**aurions** occupé
occuperais	occuperiez	**aurais** occupé	**auriez** occupé
occuperait	occuperaient	**aurait** occupé	**auraient** occupé

présent du subjonctif

		passé du subjonctif	
occupe	occupions	**aie** occupé	**ayons** occupé
occupes	occupiez	**aies** occupé	**ayez** occupé
occupe	occupent	**ait** occupé	**aient** occupé

imparfait du subjonctif

		plus-que-parfait du subjonctif	
occupasse	occupassions	**eusse** occupé	**eussions** occupé
occupasses	occupassiez	**eusses** occupé	**eussiez** occupé
occupât	occupassent	**eût** occupé	**eussent** occupé

impératif
occupe
occupons
occupez

O

MEMORY TIP
The homework kept them
very **occupied**.

to be busy, to keep oneself occupied   s'occuper

SINGULAR	PLURAL	SINGULAR	PLURAL

présent de l'indicatif
m'occupe	nous occupons		
t'occupes	vous occupez		
s'occupe	s'occupent		

passé composé
me suis occupé(e)	nous sommes occupé(e)s
t'es occupé(e)	vous êtes occupé(e)(s)
s'est occupé(e)	se sont occupé(e)s

imparfait de l'indicatif
m'occupais	nous occupions
t'occupais	vous occupiez
s'occupait	s'occupaient

plus-que-parfait de l'indicatif
m'étais occupé(e)	nous étions occupé(e)s
t'étais occupé(e)	vous étiez occupé(e)(s)
s'était occupé(e)	s'étaient occupé(e)s

passé simple
m'occupai	nous occupâmes
t'occupas	vous occupâtes
s'occupa	s'occupèrent

passé antérieur
me fus occupé(e)	nous fûmes occupé(e)s
te fus occupé(e)	vous fûtes occupé(e)(s)
se fut occupé(e)	se furent occupé(e)s

futur
m'occuperai	nous occuperons
t'occuperas	vous occuperez
s'occupera	s'occuperont

futur antérieur
me serai occupé(e)	nous serons occupé(e)s
te seras occupé(e)	vous serez occupé(e)(s)
se sera occupé(e)	se seront occupé(e)s

conditionnel
m'occuperais	nous occuperions
t'occuperais	vous occuperiez
s'occuperait	s'occuperaient

conditionnel passé
me serais occupé(e)	nous serions occupé(e)s
te serais occupé(e)	vous seriez occupé(e)(s)
se serait occupé(e)	se seraient occupé(e)s

présent du subjonctif
m'occupe	nous occupions
t'occupes	vous occupiez
s'occupe	s'occupent

passé du subjonctif
me sois occupé(e)	nous soyons occupé(e)s
te sois occupé(e)	vous soyez occupé(e)(s)
se soit occupé(e)	se soient occupé(e)s

imparfait du subjonctif
m'occupasse	nous occupassions
t'occupasses	vous occupassiez
s'occupât	s'occupassent

plus-que-parfait du subjonctif
me fusse occupé(e)	nous fussions occupé(e)s
te fusses occupé(e)	vous fussiez occupé(e)(s)
se fût occupé(e)	se fussent occupé(e)s

O

impératif
occupe-toi
occupons-nous
occupez-vous

offrir

to offer, to give, to volunteer

participe présent **offrant**   participe passé **offert**

SINGULAR	PLURAL	SINGULAR	PLURAL
présent de l'indicatif		**passé composé**	
offre	offrons	**ai** offert	**avons** offert
offres	offrez	**as** offert	**avez** offert
offre	offrent	**a** offert	**ont** offert
imparfait de l'indicatif		**plus-que-parfait de l'indicatif**	
offrais	offrions	**avais** offert	**avions** offert
offrais	offriez	**avais** offert	**aviez** offert
offrait	offraient	**avait** offert	**avaient** offert
passé simple		**passé antérieur**	
offris	offrîmes	**eus** offert	**eûmes** offert
offris	offrîtes	**eus** offert	**eûtes** offert
offrît	offrirent	**eut** offert	**eurent** offert
futur		**futur antérieur**	
offrirai	offrirons	**aurai** offert	**aurons** offert
offriras	offrirez	**auras** offert	**aurez** offert
offrira	offriront	**aura** offert	**auront** offert
conditionnel		**conditionnel passé**	
offrirais	offririons	**aurais** offert	**aurions** offert
offrirais	offririez	**aurais** offert	**auriez** offert
offrirait	offriraient	**aurait** offert	**auraient** offert
présent du subjonctif		**passé du subjonctif**	
offre	offrions	**aie** offert	**ayons** offert
offres	offriez	**aies** offert	**ayez** offert
offre	offrent	**ait** offert	**aient** offert
imparfait du subjonctif		**plus-que-parfait du subjonctif**	
offrisse	offrissions	**eusse** offert	**eussions** offert
offrisses	offrissiez	**eusses** offert	**eussiez** offert
offrît	offrissent	**eût** offert	**eussent** offert
impératif			
offre			
offrons			
offrez			

O

to omit

omettre

SINGULAR	PLURAL	SINGULAR	PLURAL

présent de l'indicatif
omet**s**	omett**ons**		
omet**s**	omett**ez**		
omet	omett**ent**		

passé composé
ai omis	**avons** omis
as omis	**avez** omis
a omis	**ont** omis

imparfait de l'indicatif
omett**ais**	omett**ions**
omett**ais**	omett**iez**
omett**ait**	omett**aient**

plus-que-parfait de l'indicatif
avais omis	**avions** omis
avais omis	**aviez** omis
avait omis	**avaient** omis

passé simple
om**is**	om**îmes**
om**is**	om**îtes**
om**it**	om**irent**

passé antérieur
eus omis	**eûmes** omis
eus omis	**eûtes** omis
eut omis	**eurent** omis

futur
omett**rai**	omett**rons**
omett**ras**	omett**rez**
omett**ra**	omett**ront**

futur antérieur
aurai omis	**aurons** omis
auras omis	**aurez** omis
aura omis	**auront** omis

conditionnel
omett**rais**	omett**rions**
omett**rais**	omett**riez**
omett**rait**	omett**raient**

conditionnel passé
aurais omis	**aurions** omis
aurais omis	**auriez** omis
aurait omis	**auraient** omis

présent du subjonctif
omett**e**	omett**ions**
omett**es**	omett**iez**
omett**e**	omett**ent**

passé du subjonctif
aie omis	**ayons** omis
aies omis	**ayez** omis
ait omis	**aient** omis

imparfait du subjonctif
omi**sse**	omi**ssions**
omi**sses**	omi**ssiez**
om**ît**	omi**ssent**

plus-que-parfait du subjonctif
eusse omis	**eussions** omis
eusses omis	**eussiez** omis
eût omis	**eussent** omis

impératif
omets
omettons
omettez

O

participe présent **organisant**   participe passé **organisé**

SINGULAR	PLURAL	SINGULAR	PLURAL
présent de l'indicatif		**passé composé**	
organise	organisons	ai organisé	avons organisé
organises	organisez	as organisé	avez organisé
organise	organisent	a organisé	ont organisé
imparfait de l'indicatif		**plus-que-parfait de l'indicatif**	
organisais	organisions	avais organisé	avions organisé
organisais	organisiez	avais organisé	aviez organisé
organisait	organisaient	avait organisé	avaient organisé
passé simple		**passé antérieur**	
organisai	organisâmes	eus organisé	eûmes organisé
organisas	organisâtes	eus organisé	eûtes organisé
organisa	organisèrent	eut organisé	eurent organisé
futur		**futur antérieur**	
organiserai	organiserons	aurai organisé	aurons organisé
organiseras	organiserez	auras organisé	aurez organisé
organisera	organiseront	aura organisé	auront organisé
conditionnel		**conditionnel passé**	
organiserais	organiserions	aurais organisé	aurions organisé
organiserais	organiseriez	aurais organisé	auriez organisé
organiserait	organiseraient	aurait organisé	auraient organisé
présent du subjonctif		**passé du subjonctif**	
organise	organisions	aie organisé	ayons organisé
organises	organisiez	aies organisé	ayez organisé
organise	organisent	ait organisé	aient organisé
imparfait du subjonctif		**plus-que-parfait du subjonctif**	
organisasse	organisassions	eusse organisé	eussions organisé
organisasses	organisassiez	eusses organisé	eussiez organisé
organisât	organisassent	eût organisé	eussent organisé
impératif			
organise			
organisons			
organisez			

O

to dare

participe présent osant   **participe passé osé**

SINGULAR	PLURAL	SINGULAR	PLURAL

présent de l'indicatif
ose	osons
oses	osez
ose	osent

imparfait de l'indicatif
osais	osions
osais	osiez
osait	osaient

passé simple
osai	osâmes
osas	osâtes
osa	osèrent

futur
oserai	oserons
oseras	oserez
osera	oseront

conditionnel
oserais	oserions
oserais	oseriez
oserait	oseraient

présent du subjonctif
ose	osions
oses	osiez
ose	osent

imparfait du subjonctif
osasse	osassions
osasses	osassiez
osât	osassent

impératif
ose
osons
osez

passé composé
ai osé	avons osé
as osé	avez osé
a osé	ont osé

plus-que-parfait de l'indicatif
avais osé	avions osé
avais osé	aviez osé
avait osé	avaient osé

passé antérieur
eus osé	eûmes osé
eus osé	eûtes osé
eut osé	eurent osé

futur antérieur
aurai osé	aurons osé
auras osé	aurez osé
aura osé	auront osé

conditionnel passé
aurais osé	aurions osé
aurais osé	auriez osé
aurait osé	auraient osé

passé du subjonctif
aie osé	ayons osé
aies osé	ayez osé
ait osé	aient osé

plus-que-parfait du subjonctif
eusse osé	eussions osé
eusses osé	eussiez osé
eût osé	eussent osé

O

participe présent ôtant   **participe passé** ôté

SINGULAR	PLURAL	SINGULAR	PLURAL

présent de l'indicatif

ôte	ôtons	
ôtes	ôtez	
ôte	ôtent	

passé composé

ai ôté	avons ôté
as ôté	avez ôté
a ôté	ont ôté

imparfait de l'indicatif

ôtais	ôtions
ôtais	ôtiez
ôtait	ôtaient

plus-que-parfait de l'indicatif

avais ôté	avions ôté
avais ôté	aviez ôté
avait ôté	avaient ôté

passé simple

ôtai	ôtâmes
ôtas	ôtâtes
ôta	ôtèrent

passé antérieur

eus ôté	eûmes ôté
eus ôté	eûtes ôté
eut ôté	eurent ôté

futur

ôterai	ôterons
ôteras	ôterez
ôtera	ôteront

futur antérieur

aurai ôté	aurons ôté
auras ôté	aurez ôté
aura ôté	auront ôté

conditionnel

ôterais	ôterions
ôterais	ôteriez
ôterait	ôteraient

conditionnel passé

aurais ôté	aurions ôté
aurais ôté	auriez ôté
aurait ôté	auraient ôté

présent du subjonctif

ôte	ôtions
ôtes	ôtiez
ôte	ôtent

passé du subjonctif

aie ôté	ayons ôté
aies ôté	ayez ôté
ait ôté	aient ôté

imparfait du subjonctif

ôtasse	ôtassions
ôtasses	ôtassiez
ôtât	ôtassent

plus-que-parfait du subjonctif

eusse ôté	eussions ôté
eusses ôté	eussiez ôté
eût ôté	eussent ôté

impératif

ôte
ôtons
ôtez

O

to forget   oublier

SINGULAR	PLURAL	SINGULAR	PLURAL

présent de l'indicatif

		passé composé	
oubli**e**	oubli**ons**	**ai** oublié	**avons** oublié
oubli**es**	oubli**ez**	**as** oublié	**avez** oublié
oubli**e**	oubli**ent**	**a** oublié	**ont** oublié

imparfait de l'indicatif / plus-que-parfait de l'indicatif

oubli**ais**	oubli**ions**	**avais** oublié	**avions** oublié
oubli**ais**	oubli**iez**	**avais** oublié	**aviez** oublié
oubli**ait**	oubli**aient**	**avait** oublié	**avaient** oublié

passé simple / passé antérieur

oubli**ai**	oubli**âmes**	**eus** oublié	**eûmes** oublié
oubli**as**	oubli**âtes**	**eus** oublié	**eûtes** oublié
oubli**a**	oubli**èrent**	**eut** oublié	**eurent** oublié

futur / futur antérieur

oublier**ai**	oublier**ons**	**aurai** oublié	**aurons** oublié
oublier**as**	oublier**ez**	**auras** oublié	**aurez** oublié
oublier**a**	oublier**ont**	**aura** oublié	**auront** oublié

conditionnel / conditionnel passé

oublier**ais**	oublier**ions**	**aurais** oublié	**aurions** oublié
oublier**ais**	oublier**iez**	**aurais** oublié	**auriez** oublié
oublier**ait**	oublier**aient**	**aurait** oublié	**auraient** oublié

présent du subjonctif / passé du subjonctif

oubli**e**	oubli**ions**	**aie** oublié	**ayons** oublié
oubli**es**	oubli**iez**	**aies** oublié	**ayez** oublié
oubli**e**	oubli**ent**	**ait** oublié	**aient** oublié

imparfait du subjonctif / plus-que-parfait du subjonctif

oubli**asse**	oubli**assions**	**eusse** oublié	**eussions** oublié
oubli**asses**	oubli**assiez**	**eusses** oublié	**eussiez** oublié
oubli**ât**	oubli**assent**	**eût** oublié	**eussent** oublié

impératif

oublie
oublions
oubliez

O

ouvrir

to open, to open up, to undo

SINGULAR	PLURAL	SINGULAR	PLURAL
présent de l'indicatif		**passé composé**	
ouvre	ouvrons	**ai** ouvert	**avons** ouvert
ouvres	ouvrez	**as** ouvert	**avez** ouvert
ouvre	ouvrent	**a** ouvert	**ont** ouvert
imparfait de l'indicatif		**plus-que-parfait de l'indicatif**	
ouvrais	ouvrions	**avais** ouvert	**avions** ouvert
ouvrais	ouvriez	**avais** ouvert	**aviez** ouvert
ouvrait	ouvraient	**avait** ouvert	**avaient** ouvert
passé simple		**passé antérieur**	
ouvris	ouvrîmes	**eus** ouvert	**eûmes** ouvert
ouvris	ouvrîtes	**eus** ouvert	**eûtes** ouvert
ouvrit	ouvrirent	**eut** ouvert	**eurent** ouvert
futur		**futur antérieur**	
ouvrirai	ouvrirons	**aurai** ouvert	**aurons** ouvert
ouvriras	ouvrirez	**auras** ouvert	**aurez** ouvert
ouvrira	ouvriront	**aura** ouvert	**auront** ouvert
conditionnel		**conditionnel passé**	
ouvrirais	ouvririons	**aurais** ouvert	**aurions** ouvert
ouvrirais	ouvririez	**aurais** ouvert	**auriez** ouvert
ouvrirait	ouvriraient	**aurait** ouvert	**auraient** ouvert
présent du subjonctif		**passé du subjonctif**	
ouvre	ouvrions	**aie** ouvert	**ayons** ouvert
ouvres	ouvriez	**aies** ouvert	**ayez** ouvert
ouvre	ouvrent	**ait** ouvert	**aient** ouvert
imparfait du subjonctif		**plus-que-parfait du subjonctif**	
ouvrisse	ouvrissions	**eusse** ouvert	**eussions** ouvert
ouvrisses	ouvrissiez	**eusses** ouvert	**eussiez** ouvert
ouvrît	ouvrissent	**eût** ouvert	**eussent** ouvert
impératif			
ouvre			
ouvrons			
ouvrez			

O

MUST
KNOW
VERB

470

participe présent **pâlissant**   participe passé **pâli**

SINGULAR	PLURAL	SINGULAR	PLURAL

présent de l'indicatif

		passé composé	
pâl**is**	pâl**issons**	**ai** pâli	**avons** pâli
pâl**is**	pâl**issez**	**as** pâli	**avez** pâli
pâl**it**	pâl**issent**	**a** pâli	**ont** pâli

imparfait de l'indicatif

		plus-que-parfait de l'indicatif	
pâliss**ais**	pâliss**ions**	**avais** pâli	**avions** pâli
pâliss**ais**	pâliss**iez**	**avais** pâli	**aviez** pâli
pâliss**ait**	pâliss**aient**	**avait** pâli	**avaient** pâli

passé simple

		passé antérieur	
pâl**is**	pâl**îmes**	**eus** pâli	**eûmes** pâli
pâl**is**	pâl**îtes**	**eus** pâli	**eûtes** pâli
pâl**it**	pâl**irent**	**eut** pâli	**eurent** pâli

futur

		futur antérieur	
pâlir**ai**	pâlir**ons**	**aurai** pâli	**aurons** pâli
pâlir**as**	pâlir**ez**	**auras** pâli	**aurez** pâli
pâlir**a**	pâlir**ont**	**aura** pâli	**auront** pâli

conditionnel

		conditionnel passé	
pâlir**ais**	pâlir**ions**	**aurais** pâli	**aurions** pâli
pâlir**ais**	pâlir**iez**	**aurais** pâli	**auriez** pâli
pâlir**ait**	pâlir**aient**	**aurait** pâli	**auraient** pâli

présent du subjonctif

		passé du subjonctif	
pâliss**e**	pâliss**ions**	**aie** pâli	**ayons** pâli
pâliss**es**	pâliss**iez**	**aies** pâli	**ayez** pâli
pâliss**e**	pâliss**ent**	**ait** pâli	**aient** pâli

imparfait du subjonctif

		plus-que-parfait du subjonctif	
pâliss**e**	pâliss**ions**	**eusse** pâli	**eussions** pâli
pâliss**es**	pâliss**iez**	**eusses** pâli	**eussiez** pâli
pâl**ît**	pâliss**ent**	**eût** pâli	**eussent** pâli

impératif

pâl**is**
pâl**issons**
pâl**issez**

P

paraître
to appear, to seem

participe présent **paraissant** participe passé **paru**

SINGULAR	PLURAL	SINGULAR	PLURAL

présent de l'indicatif

parais	paraissons
parais	paraissez
paraît	paraissent

passé composé

ai paru	avons paru
as paru	avez paru
a paru	ont paru

imparfait de l'indicatif

paraissais	paraissions
paraissais	paraissiez
paraissait	paraissaient

plus-que-parfait de l'indicatif

avais paru	avions paru
avais paru	aviez paru
avait paru	avaient paru

passé simple

parus	parûmes
parus	parûtes
parut	parurent

passé antérieur

eus paru	eûmes paru
eus paru	eûtes paru
eut paru	eurent paru

futur

paraîtrai	paraîtrons
paraîtras	paraîtrez
paraîtra	paraîtront

futur antérieur

aurai paru	aurons paru
auras paru	aurez paru
aura paru	auront paru

conditionnel

paraîtrais	paraîtrions
paraîtrais	paraîtriez
paraîtrait	paraîtraient

conditionnel passé

aurais paru	aurions paru
aurais paru	auriez paru
aurait paru	auraient paru

présent du subjonctif

paraisse	paraissions
paraisses	paraissiez
paraisse	paraissent

passé du subjonctif

aie paru	ayons paru
aies paru	ayez paru
ait paru	aient paru

imparfait du subjonctif

parusse	parussions
parusses	parussiez
parût	parussent

plus-que-parfait du subjonctif

eusse paru	eussions paru
eusses paru	eussiez paru
eût paru	eussent paru

impératif

parais
paraissons
paraissez

P

to pardon, to forgive pardonner

SINGULAR	PLURAL	SINGULAR	PLURAL

présent de l'indicatif
pardonne	pardonnons
pardonnes	pardonnez
pardonne	pardonnent

passé composé
ai pardonné	avons pardonné
as pardonné	avez pardonné
a pardonné	ont pardonné

imparfait de l'indicatif
pardonnais	pardonnions
pardonnais	pardonniez
pardonnait	pardonnaient

plus-que-parfait de l'indicatif
avais pardonné	avions pardonné
avais pardonné	aviez pardonné
avait pardonné	avaient pardonné

passé simple
pardonnai	pardonnâmes
pardonnas	pardonnâtes
pardonna	pardonnèrent

passé antérieur
eus pardonné	eûmes pardonné
eus pardonné	eûtes pardonné
eut pardonné	eurent pardonné

futur
pardonnerai	pardonnerons
pardonneras	pardonnerez
pardonnera	pardonneront

futur antérieur
aurai pardonné	aurons pardonné
auras pardonné	aurez pardonné
aura pardonné	auront pardonné

conditionnel
pardonnerais	pardonnerions
pardonnerais	pardonneriez
pardonnerait	pardonneraient

conditionnel passé
aurais pardonné	aurions pardonné
aurais pardonné	auriez pardonné
aurait pardonné	auraient pardonné

présent du subjonctif
pardonne	pardonnions
pardonnes	pardonniez
pardonne	pardonnent

passé du subjonctif
aie pardonné	ayons pardonné
aies pardonné	ayez pardonné
ait pardonné	aient pardonné

imparfait du subjonctif
pardonnasse	pardonnassions
pardonnasses	pardonnassiez
pardonnât	pardonnassent

plus-que-parfait du subjonctif
eusse pardonné	eussions pardonné
eusses pardonné	eussiez pardonné
eût pardonné	eussent pardonné

P

impératif
pardonne
pardonnons
pardonnez

parler

to talk, to speak

participe présent **parlant**   participe passé **parlé**

SINGULAR	PLURAL	SINGULAR	PLURAL

présent de l'indicatif

		passé composé	
parle	parlons	**ai** parlé	**avons** parlé
parles	parlez	**as** parlé	**avez** parlé
parle	parlent	**a** parlé	**ont** parlé

imparfait de l'indicatif

		plus-que-parfait de l'indicatif	
parlais	parlions	**avais** parlé	**avions** parlé
parlais	parliez	**avais** parlé	**aviez** parlé
parlait	parlaient	**avait** parlé	**avaient** parlé

passé simple

		passé antérieur	
parlai	parlâmes	**eus** parlé	**eûmes** parlé
parlas	parlâtes	**eus** parlé	**eûtes** parlé
parla	parlèrent	**eut** parlé	**eurent** parlé

futur

		futur antérieur	
parlerai	parlerons	**aurai** parlé	**aurons** parlé
parleras	parlerez	**auras** parlé	**aurez** parlé
parlera	parleront	**aura** parlé	**auront** parlé

conditionnel

		conditionnel passé	
parlerais	parlerions	**aurais** parlé	**aurions** parlé
parlerais	parleriez	**aurais** parlé	**auriez** parlé
parlerait	parleraient	**aurait** parlé	**auraient** parlé

présent du subjonctif

		passé du subjonctif	
parle	parlions	**aie** parlé	**ayons** parlé
parles	parliez	**aies** parlé	**ayez** parlé
parle	parlent	**ait** parlé	**aient** parlé

imparfait du subjonctif

		plus-que-parfait du subjonctif	
parlasse	parlassions	**eusse** parlé	**eussions** parlé
parlasses	parlassiez	**eusses** parlé	**eussiez** parlé
parlât	parlassent	**eût** parlé	**eussent** parlé

P

impératif
parle
parlons
parlez

MUST KNOW VERB

474

to share   partager

SINGULAR	PLURAL	SINGULAR	PLURAL

présent de l'indicatif

		passé composé	
partage	partageons	**ai** partagé	**avons** partagé
partages	partagez	**as** partagé	**avez** partagé
partage	partagent	**a** partagé	**ont** partagé

imparfait de l'indicatif

		plus-que-parfait de l'indicatif	
partageais	partagions	**avais** partagé	**avions** partagé
partageais	partagiez	**avais** partagé	**aviez** partagé
partageait	partageaient	**avait** partagé	**avaient** partagé

passé simple

		passé antérieur	
partageai	partageâmes	**eus** partagé	**eûmes** partagé
partageas	partageâtes	**eus** partagé	**eûtes** partagé
partagea	partagèrent	**eut** partagé	**eurent** partagé

futur

		futur antérieur	
partagerai	partagerons	**aurai** partagé	**aurons** partagé
partageras	partagerez	**auras** partagé	**aurez** partagé
partagera	partageront	**aura** partagé	**auront** partagé

conditionnel

		conditionnel passé	
partagerais	partagerions	**aurais** partagé	**aurions** partagé
partagerais	partageriez	**aurais** partagé	**auriez** partagé
partagerait	partageraient	**aurait** partagé	**auraient** partagé

présent du subjonctif

		passé du subjonctif	
partage	partagions	**aie** partagé	**ayons** partagé
partages	partagiez	**aies** partagé	**ayez** partagé
partage	partagent	**ait** partagé	**aient** partagé

imparfait du subjonctif

		plus-que-parfait du subjonctif	
partageasse	partageassions	**eusse** partagé	**eussions** partagé
partageasses	partageassiez	**eusses** partagé	**eussiez** partagé
partageât	partageassent	**eût** partagé	**eussent** partagé

impératif

partage
partageons
partagez

P

participe présent **partant**　　　participe passé **parti(e)(s)**

SINGULAR	PLURAL	SINGULAR	PLURAL

présent de l'indicatif

par**s**	part**ons**
par**s**	part**ez**
par**t**	part**ent**

passé composé

suis parti(e)	**sommes** parti(e)s
es parti(e)	**êtes** parti(e)(s)
est parti(e)	**sont** parti(e)s

imparfait de l'indicatif

part**ais**	part**ions**
part**ais**	part**iez**
part**ait**	part**aient**

plus-que-parfaît de l'indicatif

étais parti(e)	**étions** parti(e)s
étais parti(e)	**étiez** parti(e)(s)
était parti(e)	**étaient** parti(e)s

passé simple

part**is**	part**îmes**
part**is**	part**îtes**
part**it**	part**irent**

passé antérieur

fus parti(e)	**fûmes** parti(e)s
fus parti(e)	**fûtes** parti(e)(s)
fut parti(e)	**furent** parti(e)s

futur

partir**ai**	partir**ons**
partir**as**	partir**ez**
partir**a**	partir**ont**

futur antérieur

serai parti(e)	**serons** parti(e)s
seras parti(e)	**serez** parti(e)(s)
sera parti(e)	**seront** parti(e)s

conditionnel

partir**ais**	partir**ions**
partir**ais**	partir**iez**
partir**ait**	partir**aient**

conditionnel passé

serais parti(e)	**serions** parti(e)s
serais parti(e)	**seriez** parti(e)(s)
serait parti(e)	**seraient** parti(e)s

présent du subjonctif

part**e**	part**ions**
part**es**	part**iez**
part**e**	part**ent**

passé du subjonctif

sois parti(e)	**soyons** parti(e)s
sois parti(e)	**soyez** parti(e)(s)
soit parti(e)	**soient** parti(e)s

imparfait du subjonctif

part**isse**	part**issions**
part**isses**	part**issiez**
part**ît**	part**issent**

plus-que-parfait du subjonctif

fusse parti(e)	**fussions** parti(e)s
fusses parti(e)	**fussiez** parti(e)(s)
fût parti(e)	**fussent** parti(e)s

impératif

pars
partons
partez

P

MUST
KNOW
VERB

to pass, to spend (time)

participe présent **passant**   participe passé **passé**

SINGULAR	PLURAL
présent de l'indicatif	
pass**e**	pass**ons**
pass**es**	pass**ez**
pass**e**	pass**ent**
imparfait de l'indicatif	
pass**ais**	pass**ions**
pass**ais**	pass**iez**
pass**ait**	pass**aient**
passé simple	
pass**ai**	pass**âmes**
pass**as**	pass**âtes**
pass**a**	pass**èrent**
futur	
passer**ai**	passer**ons**
passer**as**	passer**ez**
passer**a**	passer**ont**
conditionnel	
passer**ais**	passer**ions**
passer**ais**	passer**iez**
passer**ait**	passer**aient**
présent du subjonctif	
pass**e**	pass**ions**
pass**es**	pass**iez**
pass**e**	pass**ent**
imparfait du subjonctif	
passa**sse**	passa**ssions**
passa**sses**	passa**ssiez**
passâ**t**	passa**ssent**
impératif	
pass**e**	
pass**ons**	
pass**ez**	

SINGULAR	PLURAL
passé composé	
ai passé	**avons** passé
as passé	**avez** passé
a passé	**ont** passé
plus-que-parfait de l'indicatif	
avais passé	**avions** passé
avais passé	**aviez** passé
avait passé	**avaient** passé
passé antérieur	
eus passé	**eûmes** passé
eus passé	**eûtes** passé
eut passé	**eurent** passé
futur antérieur	
aurai passé	**aurons** passé
auras passé	**aurez** passé
aura passé	**auront** passé
conditionnel passé	
aurais passé	**aurions** passé
aurais passé	**auriez** passé
aurait passé	**auraient** passé
passé du subjonctif	
aie passé	**ayons** passé
aies passé	**ayez** passé
ait passé	**aient** passé
plus-que-parfait du subjonctif	
eusse passé	**eussions** passé
eusses passé	**eussiez** passé
eût passé	**eussent** passé

P

participe présent **patinant**   participe passé **patiné**

SINGULAR	PLURAL	SINGULAR	PLURAL

présent de l'indicatif

		passé composé	
patine	patinons	**ai** patiné	**avons** patiné
patines	patinez	**as** patiné	**avez** patiné
patine	patinent	**a** patiné	**ont** patiné

imparfait de l'indicatif

		plus-que-parfait de l'indicatif	
patinais	patinions	**avais** patiné	**avions** patiné
patinais	patiniez	**avais** patiné	**aviez** patiné
patinait	patinaient	**avait** patiné	**avaient** patiné

passé simple

		passé antérieur	
patinai	patinâmes	**eus** patiné	**eûmes** patiné
patinas	patinâtes	**eus** patiné	**eûtes** patiné
patina	patinèrent	**eut** patiné	**eurent** patiné

futur

		futur antérieur	
patinerai	patinerons	**aurai** patiné	**aurons** patiné
patineras	patinerez	**auras** patiné	**aurez** patiné
patinera	patineront	**aura** patiné	**auront** patiné

conditionnel

		conditionnel passé	
patinerais	patinerions	**aurais** patiné	**aurions** patiné
patinerais	patineriez	**aurais** patiné	**auriez** patiné
patinerait	patineraient	**aurait** patiné	**auraient** patiné

présent du subjonctif

		passé du subjonctif	
patine	patinions	**aie** patiné	**ayons** patiné
patines	patiniez	**aies** patiné	**ayez** patiné
patine	patinent	**ait** patiné	**aient** patiné

imparfait du subjonctif

		plus-que-parfait du subjonctif	
patinasse	patinassions	**eusse** patiné	**eussions** patiné
patinasses	patinassiez	**eusses** patiné	**eussiez** patiné
patinât	patinassent	**eût** patiné	**eussent** patiné

impératif

patine
patinons
patinez

P

to pay (for)

payer

participe présent **payant**   participe passé **payé**

SINGULAR	PLURAL	SINGULAR	PLURAL

présent de l'indicatif
paye	payons
payes	payez
paye	payent

passé composé
ai payé	avons payé
as payé	avez payé
a payé	ont payé

imparfait de l'indicatif
payais	payions
payais	payiez
payait	payaient

plus-que-parfait de l'indicatif
avais payé	avions payé
avais payé	aviez payé
avait payé	avaient payé

passé simple
payai	payâmes
payas	payâtes
paya	payèrent

passé antérieur
eus payé	eûmes payé
eus payé	eûtes payé
eut payé	eurent payé

futur
payerai	payerons
payeras	payerez
payera	payeront

futur antérieur
aurai payé	aurons payé
auras payé	aurez payé
aura payé	auront payé

conditionnel
payerais	payerions
payerais	payeriez
payerait	payeraient

conditionnel passé
aurais payé	aurions payé
aurais payé	auriez payé
aurait payé	auraient payé

présent du subjonctif
paye	payions
payes	payiez
paye	payent

passé du subjonctif
aie payé	ayons payé
aies payé	ayez payé
ait payé	aient payé

imparfait du subjonctif
payasse	payassions
payasses	payassiez
payât	payassent

plus-que-parfait du subjonctif
eusse payé	eussions payé
eusses payé	eussiez payé
eût payé	eussent payé

impératif
paye
payons
payez

P

MUST
KNOW
VERB

pêcher · to fish, to go fishing, to fish for

participe présent **pêchant** participe passé **pêché**

SINGULAR	PLURAL	SINGULAR	PLURAL
présent de l'indicatif		**passé composé**	
pêch**e**	pêch**ons**	**ai** pêché	**avons** pêché
pêch**es**	pêch**ez**	**as** pêché	**avez** pêché
pêch**e**	pêch**ent**	**a** pêché	**ont** pêché
imparfait de l'indicatif		**plus-que-parfait de l'indicatif**	
pêch**ais**	pêch**ions**	**avais** pêché	**avions** pêché
pêch**ais**	pêch**iez**	**avais** pêché	**aviez** pêché
pêch**ait**	pêch**aient**	**avait** pêché	**avaient** pêché
passé simple		**passé antérieur**	
pêch**ai**	pêch**âmes**	**eus** pêché	**eûmes** pêché
pêch**as**	pêch**âtes**	**eus** pêché	**eûtes** pêché
pêch**a**	pêch**èrent**	**eut** pêché	**eurent** pêché
futur		**futur antérieur**	
pêcher**ai**	pêcher**ons**	**aurai** pêché	**aurons** pêché
pêcher**as**	pêcher**ez**	**auras** pêché	**aurez** pêché
pêcher**a**	pêcher**ont**	**aura** pêché	**auront** pêché
conditionnel		**conditionnel passé**	
pêcher**ais**	pêcher**ions**	**aurais** pêché	**aurions** pêché
pêcher**ais**	pêcher**iez**	**aurais** pêché	**auriez** pêché
pêcher**ait**	pêcher**aient**	**aurait** pêché	**auraient** pêché
présent du subjonctif		**passé du subjonctif**	
pêch**e**	pêch**ions**	**aie** pêché	**ayons** pêché
pêch**es**	pêch**iez**	**aies** pêché	**ayez** pêché
pêch**e**	pêch**ent**	**ait** pêché	**aient** pêché
imparfait du subjonctif		**plus-que-parfait du subjonctif**	
pêch**asse**	pêch**assions**	**eusse** pêché	**eussions** pêché
pêch**asses**	pêch**assiez**	**eusses** pêché	**eussiez** pêché
pêch**ât**	pêch**assent**	**eût** pêché	**eussent** pêché
impératif			
pêch**e**			
pêch**ons**			
pêch**ez**			

P

to comb one's hair

se peigner

SINGULAR	PLURAL	SINGULAR	PLURAL

présent de l'indicatif
me peigne
te peignes
se peigne

nous peignons
vous peignez
se peignent

passé composé
me suis peigné(e)
t'es peigné(e)
s'est peigné(e)

nous sommes peigné(e)s
vous êtes peigné(e)(s)
se sont peigné(e)s

imparfait de l'indicatif
me peignais
te peignais
se peignait

nous peignions
vous peigniez
se peignaient

plus-que-parfait de l'indicatif
m'étais peigné(e)
t'étais peigné(e)
s'était peigné(e)

nous étions peigné(e)s
vous étiez peigné(e)(s)
s'étaient peigné(e)s

passé simple
me peignai
te peignas
se peigna

nous peignâmes
vous peignâtes
se peignèrent

passé antérieur
me fus peigné(e)
te fus peigné(e)
se fut peigné(e)

nous fûmes peigné(e)s
vous fûtes peigné(e)(s)
se furent peigné(e)s

futur
me peignerai
te peigneras
se peignera

nous peignerons
vous peignerez
se peigneront

futur antérieur
me serai peigné(e)
te seras peigné(e)
se sera peigné(e)

nous serons peigné(e)s
vous serez peigné(e)(s)
se seront peigné(e)s

conditionnel
me peignerais
te peignerais
se peignerait

nous peignerions
vous peigneriez
se peigneraient

conditionnel passé
me serais peigné(e)
te serais peigné(e)
se serait peigné(e)

nous serions peigné(e)s
vous seriez peigné(e)(s)
se seraient peigné(e)s

présent du subjonctif
me peigne
te peignes
se peigne

nous peignions
vous peigniez
se peignent

passé du subjonctif
me sois peigné(e)
te sois peigné(e)
se soit peigné(e)

nous soyons peigné(e)s
vous soyez peigné(e)(s)
se soient peigné(e)s

imparfait du subjonctif
me peignasse
te peignasses
se peignât

nous peignassions
vous peignassiez
se peignassent

plus-que-parfait du subjonctif
me fusse peigné(e)
te fusses peigné(e)
se fût peigné(e)

nous fussions peigné(e)s
vous fussiez peigné(e)(s)
se fussent peigné(e)s

impératif
peigne-toi
peignons-nous
peignez-vous

P

participe présent peignant   **participe passé** peint

SINGULAR	PLURAL	SINGULAR	PLURAL
présent de l'indicatif		passé composé	
peins	peignons	**ai** peint	**avons** peint
peins	peignez	**as** peint	**avez** peint
peint	peignent	**a** peint	**ont** peint
imparfait de l'indicatif		plus-que-parfait de l'indicatif	
peignais	peignions	**avais** peint	**avions** peint
peignais	peigniez	**avais** peint	**aviez** peint
peignait	peignaient	**avait** peint	**avaient** peint
passé simple		passé antérieur	
peignis	peignîmes	**eus** peint	**eûmes** peint
peignis	peignîtes	**eus** peint	**eûtes** peint
peignit	peignirent	**eut** peint	**eurent** peint
futur		futur antérieur	
peindrai	peindrons	**aurai** peint	**aurons** peint
peindras	peindrez	**auras** peint	**aurez** peint
peindra	peindront	**aura** peint	**auront** peint
conditionnel		conditionnel passé	
peindrais	peindrions	**aurais** peint	**aurions** peint
peindrais	peindriez	**aurais** peint	**auriez** peint
peindrait	peindraient	**aurait** peint	**auraient** peint
présent du subjonctif		passé du subjonctif	
peigne	peignions	**aie** peint	**ayons** peint
peignes	peigniez	**aies** peint	**ayez** peint
peigne	peignent	**ait** peint	**aient** peint
imparfait du subjonctif		plus-que-parfait du subjonctif	
peignisse	peignissions	**eusse** peint	**eussions** peint
peignisses	peignissiez	**eusses** peint	**eussiez** peint
peignît	peignissent	**eût** peint	**eussent** peint
impératif			
peins			
peignons			
peignez			

P

to hang, to suspend

pendre

SINGULAR	PLURAL	SINGULAR	PLURAL

présent de l'indicatif

		passé composé	
pend**s**	pend**ons**	**ai** pendu	**avons** pendu
pend**s**	pend**ez**	**as** pendu	**avez** pendu
pend	pend**ent**	**a** pendu	**ont** pendu

imparfait de l'indicatif

		plus-que-parfait de l'indicatif	
pend**ais**	pend**ions**	**avais** pendu	**avions** pendu
pend**ais**	pend**iez**	**avais** pendu	**aviez** pendu
pend**ait**	pend**aient**	**avait** pendu	**avaient** pendu

passé simple

		passé antérieur	
pend**is**	pend**îmes**	**eus** pendu	**eûmes** pendu
pend**is**	pend**îtes**	**eus** pendu	**eûtes** pendu
pend**it**	pend**irent**	**eut** pendu	**eurent** pendu

futur

		futur antérieur	
pend**rai**	pend**rons**	**aurai** pendu	**aurons** pendu
pend**ras**	pend**rez**	**auras** pendu	**aurez** pendu
pend**ra**	pend**ront**	**aura** pendu	**auront** pendu

conditionnel

		conditionnel passé	
pend**rais**	pend**rions**	**aurais** pendu	**aurions** pendu
pend**rais**	pend**riez**	**aurais** pendu	**auriez** pendu
pend**rait**	pend**raient**	**aurait** pendu	**auraient** pendu

présent du subjonctif

		passé du subjonctif	
pend**e**	pend**ions**	**aie** pendu	**ayons** pendu
pend**es**	pend**iez**	**aies** pendu	**ayez** pendu
pend**e**	pend**ent**	**ait** pendu	**aient** pendu

imparfait du subjonctif

		plus-que-parfait du subjonctif	
pend**isse**	pend**issions**	**eusse** pendu	**eussions** pendu
pend**isses**	pend**issiez**	**eusses** pendu	**eussiez** pendu
pend**ît**	pend**issent**	**eût** pendu	**eussent** pendu

impératif

pend**s**
pend**ons**
pend**ez**

P

penser

to think

participe présent **pensant**   participe passé **pensé**

SINGULAR	PLURAL	SINGULAR	PLURAL

présent de l'indicatif
pens**e**	pens**ons**
pens**es**	pens**ez**
pens**e**	pens**ent**

passé composé
ai pensé	**avons** pensé
as pensé	**avez** pensé
a pensé	**ont** pensé

imparfait de l'indicatif
pens**ais**	pens**ions**
pens**ais**	pens**iez**
pens**ait**	pens**aient**

plus-que-parfait de l'indicatif
avais pensé	**avions** pensé
avais pensé	**aviez** pensé
avait pensé	**avaient** pensé

passé simple
pens**ai**	pens**âmes**
pens**as**	pens**âtes**
pens**a**	pens**èrent**

passé antérieur
eus pensé	**eûmes** pensé
eus pensé	**eûtes** pensé
eut pensé	**eurent** pensé

futur
penser**ai**	penser**ons**
penser**as**	penser**ez**
penser**a**	penser**ont**

futur antérieur
aurai pensé	**aurons** pensé
auras pensé	**aurez** pensé
aura pensé	**auront** pensé

conditionnel
penser**ais**	penser**ions**
penser**ais**	penser**iez**
penser**ait**	penser**aient**

conditionnel passé
aurais pensé	**aurions** pensé
aurais pensé	**auriez** pensé
aurait pensé	**auraient** pensé

présent du subjonctif
pens**e**	pens**ions**
pens**es**	pens**iez**
pens**e**	pens**ent**

passé du subjonctif
aie pensé	**ayons** pensé
aies pensé	**ayez** pensé
ait pensé	**aient** pensé

imparfait du subjonctif
pensa**sse**	pensa**ssions**
pensa**sses**	pensa**ssiez**
pens**ât**	pensa**ssent**

plus-que-parfait du subjonctif
eusse pensé	**eussions** pensé
eusses pensé	**eussiez** pensé
eût pensé	**eussent** pensé

impératif
pense
pensons
pensez

P

> MEMORY TIP
>
> She is a **pensive** young lady.

MUST KNOW VERB

to perceive, to sense — percevoir

SINGULAR	PLURAL	SINGULAR	PLURAL

présent de l'indicatif

		passé composé	
perçois	percevons	**ai** perçu	**avons** perçu
perçois	percevez	**as** perçu	**avez** perçu
perçoit	perçoivent	**a** perçu	**ont** perçu

imparfait de l'indicatif / **plus-que-parfait de l'indicatif**

percevais	percevions	**avais** perçu	**avions** perçu
percevais	perceviez	**avais** perçu	**aviez** perçu
percevait	percevaient	**avait** perçu	**avaient** perçu

passé simple / **passé antérieur**

perçus	perçûmes	**eus** perçu	**eûmes** perçu
perçus	perçûtes	**eus** perçu	**eûtes** perçu
perçut	perçurent	**eut** perçu	**eurent** perçu

futur / **futur antérieur**

percevrai	percevrons	**aurai** perçu	**aurons** perçu
percevras	percevrez	**auras** perçu	**aurez** perçu
percevra	percevront	**aura** perçu	**auront** perçu

conditionnel / **conditionnel passé**

percevrais	percevrions	**aurais** perçu	**aurions** perçu
percevrais	percevriez	**aurais** perçu	**auriez** perçu
percevrait	percevraient	**aurait** perçu	**auraient** perçu

présent du subjonctif / **passé du subjonctif**

perçoive	percevions	**aie** perçu	**ayons** perçu
perçoives	perceviez	**aies** perçu	**ayez** perçu
perçoive	perçoivent	**ait** perçu	**aient** perçu

imparfait du subjonctif / **plus-que-parfait du subjonctif**

perçusse	perçussions	**eusse** perçu	**eussions** perçu
perçusses	perçussiez	**eusses** perçu	**eussiez** perçu
perçût	perçussent	**eût** perçu	**eussent** perçu

impératif

perçois
percevons
percevez

P

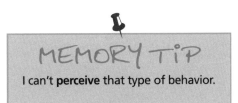

MEMORY TIP

I can't **perceive** that type of behavior.

perdre   to lose

SINGULAR	PLURAL	SINGULAR	PLURAL

présent de l'indicatif

SINGULAR	PLURAL
perd**s**	perd**ons**
perd**s**	perd**ez**
perd	perd**ent**

passé composé

SINGULAR	PLURAL
ai perdu	**avons** perdu
as perdu	**avez** perdu
a perdu	**ont** perdu

imparfait de l'indicatif

perd**ais**	perd**ions**
perd**ais**	perd**iez**
perd**ait**	perd**aient**

plus-que-parfait de l'indicatif

avais perdu	**avions** perdu
avais perdu	**aviez** perdu
avait perdu	**avaient** perdu

passé simple

perd**is**	perd**îmes**
perd**is**	perd**îtes**
perd**it**	perd**irent**

passé antérieur

eus perdu	**eûmes** perdu
eus perdu	**eûtes** perdu
eut perdu	**eurent** perdu

futur

perdr**ai**	perdr**ons**
perdr**as**	perdr**ez**
perdr**a**	perdr**ont**

futur antérieur

aurai perdu	**aurons** perdu
auras perdu	**aurez** perdu
aura perdu	**auront** perdu

conditionnel

perdr**ais**	perdr**ions**
perdr**ais**	perdr**iez**
perdr**ait**	perdr**aient**

conditionnel passé

aurais perdu	**aurions** perdu
aurais perdu	**auriez** perdu
aurait perdu	**auraient** perdu

présent du subjonctif

perd**e**	perd**ions**
perd**es**	perd**iez**
perd**e**	perd**ent**

passé du subjonctif

aie perdu	**ayons** perdu
aies perdu	**ayez** perdu
ait perdu	**aient** perdu

imparfait du subjonctif

perd**isse**	perd**issions**
perd**isses**	perd**issiez**
perd**ît**	perd**issent**

plus-que-parfait du subjonctif

eusse perdu	**eussions** perdu
eusses perdu	**eussiez** perdu
eût perdu	**eussent** perdu

P

impératif

perd**s**
perd**ons**
perd**ez**

MUST
KNOW
VERB

to refine, to perfect, to improve **perfectionner**

participe présent **perfectionnant** participe passé **perfectionné**

SINGULAR	PLURAL	SINGULAR	PLURAL

présent de l'indicatif

		passé composé	
perfectionne	perfectionn**ons**	**ai** perfectionné	**avons** perfectionné
perfectionne**s**	perfectionn**ez**	**as** perfectionné	**avez** perfectionné
perfectionne	perfectionn**ent**	**a** perfectionné	**ont** perfectionné

imparfait de l'indicatif

		plus-que-parfait de l'indicatif	
perfectionn**ais**	perfectionn**ions**	**avais** perfectionné	**avions** perfectionné
perfectionn**ais**	perfectionn**iez**	**avais** perfectionné	**aviez** perfectionné
perfectionn**ait**	perfectionn**aient**	**avait** perfectionné	**avaient** perfectionné

passé simple

		passé antérieur	
perfectionn**ai**	perfectionn**âmes**	**eus** perfectionné	**eûmes** perfectionné
perfectionn**as**	perfectionn**âtes**	**eus** perfectionné	**eûtes** perfectionné
perfectionn**a**	perfectionn**èrent**	**eut** perfectionné	**eurent** perfectionné

futur

		futur antérieur	
perfectionner**ai**	perfectionner**ons**	**aurai** perfectionné	**aurons** perfectionné
perfectionner**as**	perfectionner**ez**	**auras** perfectionné	**aurez** perfectionné
perfectionner**a**	perfectionner**ont**	**aura** perfectionné	**auront** perfectionné

conditionnel

		conditionnel passé	
perfectionner**ais**	perfectionner**ions**	**aurais** perfectionné	**aurions** perfectionné
perfectionner**ais**	perfectionner**iez**	**aurais** perfectionné	**auriez** perfectionné
perfectionner**ait**	perfectionner**aient**	**aurait** perfectionné	**auraient** perfectionné

présent du subjonctif

		passé du subjonctif	
perfectionne	perfectionn**ions**	**aie** perfectionné	**ayons** perfectionné
perfectionne**s**	perfectionn**iez**	**aies** perfectionné	**ayez** perfectionné
perfectionne	perfectionn**ent**	**ait** perfectionné	**aient** perfectionné

imparfait du subjonctif

		plus-que-parfait du subjonctif	
perfectionn**asse**	perfectionn**assions**	**eusse** perfectionné	**eussions** perfectionné
perfectionn**asses**	perfectionn**assiez**	**eusses** perfectionné	**eussiez** perfectionné
perfectionn**ât**	perfectionn**assent**	**eût** perfectionné	**eussent** perfectionné

impératif

perfectionne
perfectionnons
perfectionnez

P

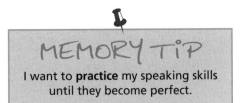

MEMORY TIP

I want to **practice** my speaking skills
until they become perfect.

périr

to perish, to die

participe présent **périssant**   participe passé **péri**

SINGULAR	PLURAL	SINGULAR	PLURAL

présent de l'indicatif

		passé composé	
péris	périssons	ai péri	avons péri
péris	périssez	as péri	avez péri
périt	périssent	a péri	ont péri

imparfait de l'indicatif

		plus-que-parfait de l'indicatif	
périssais	périssions	avais péri	avions péri
périssais	périssiez	avais péri	aviez péri
périssait	périssaient	avait péri	avaient péri

passé simple

		passé antérieur	
péris	pérîmes	eus péri	eûmes péri
péris	pérîtes	eus péri	eûtes péri
périt	périrent	eut péri	eurent péri

futur

		futur antérieur	
périrai	périrons	aurai péri	aurons péri
périras	périrez	auras péri	aurez péri
périra	périront	aura péri	auront péri

conditionnel

		conditionnel passé	
périrais	péririons	aurais péri	aurions péri
périrais	péririez	aurais péri	auriez péri
périrait	périraient	aurait péri	auraient péri

présent du subjonctif

		passé du subjonctif	
périsse	périssions	aie péri	ayons péri
périsses	périssiez	aies péri	ayez péri
périsse	périssent	ait péri	aient péri

imparfait du subjonctif

		plus-que-parfait du subjonctif	
périsse	périssions	eusse péri	eussions péri
périsses	périssiez	eusses péri	eussiez péri
pérît	périssent	eût péri	eussent péri

P

impératif

péris
périssons
périssez

to permit, to allow · permettre

participe présent **permettant**   participe passé **permis**

SINGULAR	PLURAL	SINGULAR	PLURAL

présent de l'indicatif
permet**s**	permett**ons**
permet**s**	permett**ez**
permet	permett**ent**

passé composé
ai permis	**avons** permis
as permis	**avez** permis
a permis	**ont** permis

imparfait de l'indicatif
permett**ais**	permett**ions**
permett**ais**	permett**iez**
permett**ait**	permett**aient**

plus-que-parfait de l'indicatif
avais permis	**avions** permis
avais permis	**aviez** permis
avait permis	**avaient** permis

passé simple
perm**is**	perm**îmes**
perm**is**	perm**îtes**
perm**it**	perm**îrent**

passé antérieur
eus permis	**eûmes** permis
eus permis	**eûtes** permis
eut permis	**eurent** permis

futur
permettr**ai**	permettr**ons**
permettr**as**	permettr**ez**
permettr**a**	permettr**ont**

futur antérieur
aurai permis	**aurons** permis
auras permis	**aurez** permis
aura permis	**auront** permis

conditionnel
permettr**ais**	permettr**ions**
permettr**ais**	permettr**iez**
permettr**ait**	permettr**aient**

conditionnel passé
aurais permis	**aurions** permis
aurais permis	**auriez** permis
aurait permis	**auraient** permis

présent du subjonctif
permett**e**	permett**ions**
permett**es**	permett**iez**
permett**e**	permett**ent**

passé du subjonctif
aie permis	**ayons** permis
aies permis	**ayez** permis
ait permis	**aient** permis

imparfait du subjonctif
permi**sse**	permi**ssions**
permi**sses**	permi**ssiez**
perm**ît**	permi**ssent**

plus-que-parfait du subjonctif
eusse permis	**eussions** permis
eusses permis	**eussiez** permis
eût permis	**eussent** permis

P

impératif
permets
permettons
permettez

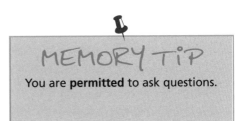

MEMORY TIP

You are **permitted** to ask questions.

persuader to persuade, to convince, to induce

participe présent **persuadant**   participe passé **persuadé**

SINGULAR	PLURAL	SINGULAR	PLURAL

présent de l'indicatif
persuade	persuadons		
persuades	persuadez		
persuade	persuadent		

passé composé
ai persuadé	avons persuadé
as persuadé	avez persuadé
a persuadé	ont persuadé

imparfait de l'indicatif
persuadais	persuadions
persuadais	persuadiez
persuadait	persuadaient

plus-que-parfait de l'indicatif
avais persuadé	avions persuadé
avais persuadé	aviez persuadé
avait persuadé	avaient persuadé

passé simple
persuadai	persuadâmes
persuadas	persuadâtes
persuada	persuadèrent

passé antérieur
eus persuadé	eûmes persuadé
eus persuadé	eûtes persuadé
eut persuadé	eurent persuadé

futur
persuaderai	persuaderons
persuaderas	persuaderez
persuadera	persuaderont

futur antérieur
aurai persuadé	aurons persuadé
auras persuadé	aurez persuadé
aura persuadé	auront persuadé

conditionnel
persuaderais	persuaderions
persuaderais	persuaderiez
persuaderait	persuaderaient

conditionnel passé
aurais persuadé	aurions persuadé
aurais persuadé	auriez persuadé
aurait persuadé	auraient persuadé

présent du subjonctif
persuade	persuadions
persuades	persuadiez
persuade	persuadent

passé du subjonctif
aie persuadé	ayons persuadé
aies persuadé	ayez persuadé
ait persuadé	aient persuadé

imparfait du subjonctif
persuadasse	persuadassions
persuadasses	persuadassiez
persuadât	persuadassent

plus-que-parfait du subjonctif
eusse persuadé	eussions persuadé
eusses persuadé	eussiez persuadé
eût persuadé	eussent persuadé

P

impératif
persuade
persuadons
persuadez

to weigh

participe présent **pesant**

participe passé **pesé**

SINGULAR	PLURAL	SINGULAR	PLURAL

présent de l'indicatif
pèse	pesons		
pèses	pesez		
pèse	pèsent		

passé composé
ai pesé	avons pesé
as pesé	avez pesé
a pesé	ont pesé

imparfait de l'indicatif
pesais	pesions
pesais	pesiez
pesait	pesaient

plus-que-parfait de l'indicatif
avais pesé	avions pesé
avais pesé	aviez pesé
avait pesé	avaient pesé

passé simple
pesai	pesâmes
pesas	pesâtes
pesa	pesèrent

passé antérieur
eus pesé	eûmes pesé
eus pesé	eûtes pesé
eut pesé	eurent pesé

futur
pèserai	pèserons
pèseras	pèserez
pèsera	pèseront

futur antérieur
aurai pesé	aurons pesé
auras pesé	aurez pesé
aura pesé	auront pesé

conditionnel
pèserais	pèserions
pèserais	pèseriez
pèserait	pèseraient

conditionnel passé
aurais pesé	aurions pesé
aurais pesé	auriez pesé
aurait pesé	auraient pesé

présent du subjonctif
pèse	pesions
pèses	pesiez
pèse	pèsent

passé du subjonctif
aie pesé	ayons pesé
aies pesé	ayez pesé
ait pesé	aient pesé

imparfait du subjonctif
pesasse	pesassions
pesasses	pesassiez
pesât	pesassent

plus-que-parfait du subjonctif
eusse pesé	eussions pesé
eusses pesé	eussiez pesé
eût pesé	eussent pesé

impératif
pèse
pesons
pesez

P

participe présent **pétillant**   participe passé **pétillé**

SINGULAR	PLURAL	SINGULAR	PLURAL
présent de l'indicatif		**passé composé**	
pétill**e**	pétill**ons**	**ai** pétillé	**avons** pétillé
pétill**es**	pétill**ez**	**as** pétillé	**avez** pétillé
pétill**e**	pétill**ent**	**a** pétillé	**ont** pétillé
imparfait de l'indicatif		**plus-que-parfait de l'indicatif**	
pétill**ais**	pétill**ions**	**avais** pétillé	**avions** pétillé
pétill**ais**	pétill**iez**	**avais** pétillé	**aviez** pétillé
pétill**ait**	pétill**aient**	**avait** pétillé	**avaient** pétillé
passé simple		**passé antérieur**	
pétill**ai**	pétill**âmes**	**eus** pétillé	**eûmes** pétillé
pétill**as**	pétill**âtes**	**eus** pétillé	**eûtes** pétillé
pétill**a**	pétill**èrent**	**eut** pétillé	**eurent** pétillé
futur		**futur antérieur**	
pétiller**ai**	pétiller**ons**	**aurai** pétillé	**aurons** pétillé
pétiller**as**	pétiller**ez**	**auras** pétillé	**aurez** pétillé
pétiller**a**	pétiller**ont**	**aura** pétillé	**auront** pétillé
conditionnel		**conditionnel passé**	
pétiller**ais**	pétiller**ions**	**aurais** pétillé	**aurions** pétillé
pétiller**ais**	pétiller**iez**	**aurais** pétillé	**auriez** pétillé
pétiller**ait**	pétiller**aient**	**aurait** pétillé	**auraient** pétillé
présent du subjonctif		**passé du subjonctif**	
pétill**e**	pétill**ions**	**aie** pétillé	**ayons** pétillé
pétill**es**	pétill**iez**	**aies** pétillé	**ayez** pétillé
pétill**e**	pétill**ent**	**ait** pétillé	**aient** pétillé
imparfait du subjonctif		**plus-que-parfait du subjonctif**	
pétill**asse**	pétill**assions**	**eusse** pétillé	**eussions** pétillé
pétill**asses**	pétill**assiez**	**eusses** pétillé	**eussiez** pétillé
pétill**ât**	pétill**assent**	**eût** pétillé	**eussent** pétillé

P

impératif
pétille
pétillons
pétillez

to put/place (object), to seat (person)   placer

SINGULAR	PLURAL	SINGULAR	PLURAL
présent de l'indicatif		**passé composé**	
place	plaçons	ai placé	avons placé
places	placez	as placé	avez placé
place	placent	a placé	ont placé
imparfait de l'indicatif		**plus-que-parfait de l'indicatif**	
plaçais	placions	avais placé	avions placé
plaçais	placiez	avais placé	aviez placé
plaçait	plaçaient	avait placé	avaient placé
passé simple		**passé antérieur**	
plaçai	plaçâmes	eus placé	eûmes placé
plaças	plaçâtes	eus placé	eûtes placé
plaça	placèrent	eut placé	eurent placé
futur		**futur antérieur**	
placerai	placerons	aurai placé	aurons placé
placeras	placerez	auras placé	aurez placé
placera	placeront	aura placé	auront placé
conditionnel		**conditionnel passé**	
placerais	placerions	aurais placé	aurions placé
placerais	placeriez	aurais placé	auriez placé
placerait	placeraient	aurait placé	auraient placé
présent du subjonctif		**passé du subjonctif**	
place	placions	aie placé	ayons placé
places	placiez	aies placé	ayez placé
place	placent	ait placé	aient placé
imparfait du subjonctif		**plus-que-parfait du subjonctif**	
plaçasse	plaçassions	eusse placé	eussions placé
plaçasses	plaçassiez	eusses placé	eussiez placé
plaçât	plaçassent	eût placé	eussent placé

impératif
place
plaçons
placez

P

493

plaindre   to pity

SINGULAR	PLURAL	SINGULAR	PLURAL
présent de l'indicatif		**passé composé**	
plains	plaignons	ai plaint	avons plaint
plains	plaignez	as plaint	avez plaint
plaint	plaignent	a plaint	ont plaint
imparfait de l'indicatif		**plus-que-parfait de l'indicatif**	
plaignais	plaignions	avais plaint	avions plaint
plaignais	plaigniez	avais plaint	aviez plaint
plaignait	plaignaient	avait plaint	avaient plaint
passé simple		**passé antérieur**	
plaignis	plaignîmes	eus plaint	eûmes plaint
plaignis	plaignîtes	eus plaint	eûtes plaint
plaignit	plaignirent	eut plaint	eurent plaint
futur		**futur antérieur**	
plaindrai	plaindrons	aurai plaint	aurons plaint
plaindras	plaindrez	auras plaint	aurez plaint
plaindra	plaindront	aura plaint	auront plaint
conditionnel		**conditionnel passé**	
plaindrais	plaindrions	aurais plaint	aurions plaint
plaindrais	plaindriez	aurais plaint	auriez plaint
plaindrait	plaindraient	aurait plaint	auraient plaint
présent du subjonctif		**passé du subjonctif**	
plaigne	plaignions	aie plaint	ayons plaint
plaignes	plaigniez	aies plaint	ayez plaint
plaigne	plaignent	ait plaint	aient plaint
imparfait du subjonctif		**plus-que-parfait du subjonctif**	
plaignisse	plaignissions	eusse plaint	eussions plaint
plaignisses	plaignissiez	eusses plaint	eussiez plaint
plaignît	plaignissent	eût plaint	eussent plaint

impératif
plains
plaignons
plaignez

P

to complain, to lament, to moan   se plaindre

SINGULAR	PLURAL	SINGULAR	PLURAL

présent de l'indicatif
me plains	nous plaignons		
te plains	vous plaignez		
se plaint	se plaignent		

passé composé
me suis plaint(e)	nous sommes plaint(e)s
t'es plaint(e)	vous êtes plaint(e)(s)
s'est plaint(e)	se sont plaint(e)s

imparfait de l'indicatif
me plaignais	nous plaignions
te plaignais	vous plaigniez
se plaignait	se plaignaient

plus-que-parfait de l'indicatif
m'étais plaint(e)	nous étions plaint(e)s
t'étais plaint(e)	vous étiez plaint(e)(s)
s'était plaint(e)	s'étaient plaint(e)s

passé simple
me plaignis	nous plaignîmes
te plaignis	vous plaignîtes
se plaignit	se plaignirent

passé antérieur
me fus plaint(e)	nous fûmes plaint(e)s
te fus plaint(e)	vous fûtes plaint(e)(s)
se fut plaint(e)	se furent plaint(e)s

futur
me plaindrai	nous plaindrons
te plaindras	vous plaindrez
se plaindra	se plaindront

futur antérieur
me serai plaint(e)	nous serons plaint(e)s
te seras plaint(e)	vous serez plaint(e)(s)
se sera plaint(e)	se seront plaint(e)s

conditionnel
me plaindrais	nous plaindrions
te plaindrais	vous plaindriez
se plaindrait	se plaindraient

conditionnel passé
me serais plaint(e)	nous serions plaint(e)s
te serais plaint(e)	vous seriez plaint(e)(s)
se serait plaint(e)	se seraient plaint(e)s

présent du subjonctif
me plaigne	nous plaignions
te plaignes	vous plaigniez
se plaigne	se plaignent

passé du subjonctif
me sois plaint(e)	nous soyons plaint(e)s
te sois plaint(e)	vous soyez plaint(e)(s)
se soit plaint(e)	se soient plaint(e)s

imparfait du subjonctif
me plaignisse	nous plaignissions
te plaignisses	vous plaignissiez
se plaignît	se plaignissent

plus-que-parfait du subjonctif
me fusse plaint(e)	nous fussions plaint(e)s
te fusses plaint(e)	vous fussiez plaint(e)(s)
se fût plaint(e)	se fussent plaint(e)s

impératif
plains-toi
plaignons-nous
plaignez-vous

P

participe présent plaisant   **participe passé** plu

SINGULAR	PLURAL	SINGULAR	PLURAL

présent de l'indicatif
plais	plaisons		
plais	plaisez		
plaît	plaisent		

passé composé
ai plu	avons plu
as plu	avez plu
a plu	ont plu

imparfait de l'indicatif
plaisais	plaisions
plaisais	plaisiez
plaisait	plaisaient

plus-que-parfait de l'indicatif
avais plu	avions plu
avais plu	aviez plu
avait plu	avaient plu

passé simple
plus	plûmes
plus	plûtes
plut	plurent

passé antérieur
eus plu	eûmes plu
eus plu	eûtes plu
eut plu	eurent plu

futur
plairai	plairons
plairas	plairez
plaira	plairont

futur antérieur
aurai plu	aurons plu
auras plu	aurez plu
aura plu	auront plu

conditionnel
plairais	plairions
plairais	plairiez
plairait	plairaient

conditionnel passé
aurais plu	aurions plu
aurais plu	auriez plu
aurait plu	auraient plu

présent du subjonctif
plaise	plaisions
plaises	plaisiez
plaise	plaisent

passé du subjonctif
aie plu	ayons plu
aies plu	ayez plu
ait plu	aient plu

imparfait du subjonctif
plusse	plussions
plusses	plussiez
plût	plussent

plus-que-parfait du subjonctif
eusse plu	eussions plu
eusses plu	eussiez plu
eût plu	eussent plu

impératif
plais
plaisons
plaisez

P

MUST
KNOW
VERB

to joke
plaisanter

participe présent **plaisantant**   participe passé **plaisanté**

SINGULAR	PLURAL	SINGULAR	PLURAL

présent de l'indicatif

		passé composé	
plaisante	plaisantons	**ai** plaisanté	**avons** plaisanté
plaisantes	plaisantez	**as** plaisanté	**avez** plaisanté
plaisante	plaisantent	**a** plaisanté	**ont** plaisanté

imparfait de l'indicatif

		plus-que-parfait de l'indicatif	
plaisantais	plaisantions	**avais** plaisanté	**avions** plaisanté
plaisantais	plaisantiez	**avais** plaisanté	**aviez** plaisanté
plaisantait	plaisantaient	**avait** plaisanté	**avaient** plaisanté

passé simple

		passé antérieur	
plaisantai	plaisantâmes	**eus** plaisanté	**eûmes** plaisanté
plaisantas	plaisantâtes	**eus** plaisanté	**eûtes** plaisanté
plaisanta	plaisantèrent	**eut** plaisanté	**eurent** plaisanté

futur

		futur antérieur	
plaisanterai	plaisanterons	**aurai** plaisanté	**aurons** plaisanté
plaisanteras	plaisanterez	**auras** plaisanté	**aurez** plaisanté
plaisantera	plaisanteront	**aura** plaisanté	**auront** plaisanté

conditionnel

		conditionnel passé	
plaisanterais	plaisanterions	**aurais** plaisanté	**aurions** plaisanté
plaisanterais	plaisanteriez	**aurais** plaisanté	**auriez** plaisanté
plaisanterait	plaisanteraient	**aurait** plaisanté	**auraient** plaisanté

présent du subjonctif

		passé du subjonctif	
plaisante	plaisantions	**aie** plaisanté	**ayons** plaisanté
plaisantes	plaisantiez	**aies** plaisanté	**ayez** plaisanté
plaisante	plaisantent	**ait** plaisanté	**aient** plaisanté

imparfait du subjonctif

		plus-que-parfait du subjonctif	
plaisantasse	plaisantassions	**eusse** plaisanté	**eussions** plaisanté
plaisantasses	plaisantassiez	**eusses** plaisanté	**eussiez** plaisanté
plaisantât	plaisantassent	**eût** plaisanté	**eussent** plaisanté

impératif

plaisante
plaisantons
plaisantez

P

participe présent pleuvant   **participe passé** plu

présent de l'indicatif pleut	passé composé **a** plu
imparfait de l'indicatif pleuvait	plus-que-parfait de l'indicatif **avait** plu
passé simple plut	passé antérieur **eut** plu
futur pleuvra	futur antérieur **aura** plu
conditionnel pleuvrait	conditionnel passé **aurait** plu
présent du subjonctif pleuve	passé du subjonctif **ait** plu
imparfait du subjonctif plût	plus-que-parfait du subjonctif **eût** plu
impératif No conjugation for this tense.	

P

to fold, to bend

plier

SINGULAR	PLURAL	SINGULAR	PLURAL

présent de l'indicatif

plie	plions
plies	pliez
plie	plient

passé composé

ai plié	avons plié
as plié	avez plié
a plié	ont plié

imparfait de l'indicatif

pliais	pliions
pliais	pliiez
pliait	pliaient

plus-que-parfait de l'indicatif

avais plié	avions plié
avais plié	aviez plié
avait plié	avaient plié

passé simple

pliai	pliâmes
plias	pliâtes
plia	plièrent

passé antérieur

eus plié	eûmes plié
eus plié	eûtes plié
eut plié	eurent plié

futur

plierai	plierons
plieras	plierez
pliera	plieront

futur antérieur

aurai plié	aurons plié
auras plié	aurez plié
aura plié	auront plié

conditionnel

plierais	plierions
plierais	plieriez
plierait	plieraient

conditionnel passé

aurais plié	aurions plié
aurais plié	auriez plié
aurait plié	auraient plié

présent du subjonctif

plie	pliions
plies	pliiez
plie	plient

passé du subjonctif

aie plié	ayons plié
aies plié	ayez plié
ait plié	aient plié

imparfait du subjonctif

pliasse	pliassions
pliasses	pliassiez
pliât	pliassent

plus-que-parfait du subjonctif

eusse plié	eussions plié
eusses plié	eussiez plié
eût plié	eussent plié

impératif

plie
plions
pliez

P

porter

to wear, to carry

participe présent **portant**   participe passé **porté**

SINGULAR	PLURAL	SINGULAR	PLURAL

présent de l'indicatif

porte	portons
portes	portez
porte	portent

passé composé

ai porté	avons porté
as porté	avez porté
a porté	ont porté

imparfait de l'indicatif

portais	portions
portais	portiez
portait	portaient

plus-que-parfait de l'indicatif

avais porté	avions porté
avais porté	aviez porté
avait porté	avaient porté

passé simple

portai	portâmes
portas	portâtes
porta	portèrent

passé antérieur

eus porté	eûmes porté
eus porté	eûtes porté
eut porté	eurent porté

futur

porterai	porterons
porteras	porterez
portera	porteront

futur antérieur

aurai porté	aurons porté
auras porté	aurez porté
aura porté	auront porté

conditionnel

porterais	porterions
porterais	porteriez
porterait	porteraient

conditionnel passé

aurais porté	aurions porté
aurais porté	auriez porté
aurait porté	auraient porté

présent du subjonctif

porte	portions
portes	portiez
porte	portent

passé du subjonctif

aie porté	ayons porté
aies porté	ayez porté
ait porté	aient porté

imparfait du subjonctif

portasse	portassions
portasses	portassiez
portât	portassent

plus-que-parfait du subjonctif

eusse porté	eussions porté
eusses porté	eussiez porté
eût porté	eussent porté

P

impératif

porte
portons
portez

MEMORY TIP

It was a **portable** phone.

to place, to lay, to position, to pose, to put   poser

participe présent posant   **participe passé posé**

SINGULAR	PLURAL	SINGULAR	PLURAL

présent de l'indicatif

		passé composé	
pose	posons	ai posé	avons posé
poses	posez	as posé	avez posé
pose	posent	a posé	ont posé

imparfait de l'indicatif

		plus-que-parfait de l'indicatif	
posais	posions	avais posé	avions posé
posais	posiez	avais posé	aviez posé
posait	posaient	avait posé	avaient posé

passé simple

		passé antérieur	
posai	posâmes	eus posé	eûmes posé
posas	posâtes	eus posé	eûtes posé
posa	posèrent	eut posé	eurent posé

futur

		futur antérieur	
poserai	poserons	aurai posé	aurons posé
poseras	poserez	auras posé	aurez posé
posera	poseront	aura posé	auront posé

conditionnel

		conditionnel passé	
poserais	poserions	aurais posé	aurions posé
poserais	poseriez	aurais posé	auriez posé
poserait	poseraient	aurait posé	auraient posé

présent du subjonctif

		passé du subjonctif	
pose	posions	aie posé	ayons posé
poses	posiez	aies posé	ayez posé
pose	posent	ait posé	aient posé

imparfait du subjonctif

		plus-que-parfait du subjonctif	
posasse	posassions	eusse posé	eussions posé
posasses	posassiez	eusses posé	eussiez posé
posât	posassent	eût posé	eussent posé

impératif

pose
posons
posez

P

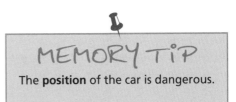

MEMORY TIP

The **position** of the car is dangerous.

participe présent **possédant**   participe passé **possédé**

SINGULAR	PLURAL	SINGULAR	PLURAL

présent de l'indicatif
possède	possédons
possèdes	possédez
possède	possèdent

passé composé
ai possédé	avons possédé
as possédé	avez possédé
a possédé	ont possédé

imparfait de l'indicatif
possédais	possédions
possédais	possédiez
possédait	possédaient

plus-que-parfait de l'indicatif
avais possédé	avions possédé
avais possédé	aviez possédé
avait possédé	avaient possédé

passé simple
possédai	possédâmes
possédas	possédâtes
posséda	possédèrent

passé antérieur
eus possédé	eûmes possédé
eus possédé	eûtes possédé
eut possédé	eurent possédé

futur
posséderai	posséderons
posséderas	posséderez
possédera	posséderont

futur antérieur
aurai possédé	aurons possédé
auras possédé	aurez possédé
aura possédé	auront possédé

conditionnel
posséderais	posséderions
posséderais	posséderiez
posséderait	posséderaient

conditionnel passé
aurais possédé	aurions possédé
aurais possédé	auriez possédé
aurait possédé	auraient possédé

présent du subjonctif
possède	possédions
possèdes	possédiez
possède	possèdent

passé du subjonctif
aie possédé	ayons possédé
aies possédé	ayez possédé
ait possédé	aient possédé

imparfait du subjonctif
possédasse	possédassions
possédasses	possédassiez
possédât	possédassent

plus-que-parfait du subjonctif
eusse possédé	eussions possédé
eusses possédé	eussiez possédé
eût possédé	eussent possédé

impératif
possède
possédons
possédez

P

to rot, to go bad, to spoil

pourrir

SINGULAR	PLURAL	SINGULAR	PLURAL

présent de l'indicatif
pourris	pourrissons
pourris	pourrissez
pourrit	pourrissent

passé composé
ai pourri	avons pourri
as pourri	avez pourri
a pourri	ont pourri

imparfait de l'indicatif
pourrissais	pourrissions
pourrissais	pourrissiez
pourrissait	pourrissaient

plus-que-parfait de l'indicatif
avais pourri	avions pourri
avais pourri	aviez pourri
avait pourri	avaient pourri

passé simple
pourris	pourrîmes
pourris	pourrîtes
pourrit	pourrirent

passé antérieur
eus pourri	eûmes pourri
eus pourri	eûtes pourri
eut pourri	eurent pourri

futur
pourrirai	pourrirons
pourriras	pourrirez
pourrira	pourriront

futur antérieur
aurai pourri	aurons pourri
auras pourri	aurez pourri
aura pourri	auront pourri

conditionnel
pourrirais	pourririons
pourrirais	pourririez
pourrirait	pourriraient

conditionnel passé
aurais pourri	aurions pourri
aurais pourri	auriez pourri
aurait pourri	auraient pourri

présent du subjonctif
pourrisse	pourrissions
pourrisses	pourrissiez
pourrisse	pourrissent

passé du subjonctif
aie pourri	ayons pourri
aies pourri	ayez pourri
ait pourri	aient pourri

imparfait du subjonctif
pourrisse	pourrissions
pourrisses	pourrissiez
pourrît	pourrissent

plus-que-parfait du subjonctif
eusse pourri	eussions pourri
eusses pourri	eussiez pourri
eût pourri	eussent pourri

impératif
pourris
pourrissons
pourrissez

P

poursuivre   to pursue, to continue (studies)

participe présent **poursuivant**   participe passé **poursuivi**

SINGULAR	PLURAL	SINGULAR	PLURAL
présent de l'indicatif		**passé composé**	
poursui**s**	poursuiv**ons**	**ai** poursuivi	**avons** poursuivi
poursui**s**	poursuiv**ez**	**as** poursuivi	**avez** poursuivi
poursui**t**	poursuiv**ent**	**a** poursuivi	**ont** poursuivi
imparfait de l'indicatif		**plus-que-parfait de l'indicatif**	
poursuiv**ais**	poursuiv**ions**	**avais** poursuivi	**avions** poursuivi
poursuiv**ais**	poursuiv**iez**	**avais** poursuivi	**aviez** poursuivi
poursuiv**ait**	poursuiv**aient**	**avait** poursuivi	**avaient** poursuivi
passé simple		**passé antérieur**	
poursuiv**is**	poursuiv**îmes**	**eus** poursuivi	**eûmes** poursuivi
poursuiv**is**	poursuiv**îtes**	**eus** poursuivi	**eûtes** poursuivi
poursuiv**it**	poursuiv**irent**	**eut** poursuivi	**eurent** poursuivi
futur		**futur antérieur**	
poursuivr**ai**	poursuivr**ons**	**aurai** poursuivi	**aurons** poursuivi
poursuivr**as**	poursuivr**ez**	**auras** poursuivi	**aurez** poursuivi
poursuivr**a**	poursuivr**ont**	**aura** poursuivi	**auront** poursuivi
conditionnel		**conditionnel passé**	
poursuivr**ais**	poursuivr**ions**	**aurais** poursuivi	**aurions** poursuivi
poursuivr**ais**	poursuivr**iez**	**aurais** poursuivi	**auriez** poursuivi
poursuivr**ait**	poursuivr**aient**	**aurait** poursuivi	**auraient** poursuivi
présent du subjonctif		**passé du subjonctif**	
poursuiv**e**	poursuiv**ions**	**aie** poursuivi	**ayons** poursuivi
poursuiv**es**	poursuiv**iez**	**aies** poursuivi	**ayez** poursuivi
poursuiv**e**	poursuiv**ent**	**ait** poursuivi	**aient** poursuivi
imparfait du subjonctif		**plus-que-parfait du subjonctif**	
poursuiv**isse**	poursuiv**issions**	**eusse** poursuivi	**eussions** poursuivi
poursuiv**isses**	poursuiv**issiez**	**eusses** poursuivi	**eussiez** poursuivi
poursuiv**ît**	poursuiv**issent**	**eût** poursuivi	**eussent** poursuivi
impératif			
poursuis			
poursuivons			
poursuivez			

P

to push, to grow   pousser

SINGULAR	PLURAL	SINGULAR	PLURAL
présent de l'indicatif		**passé composé**	
pousse	poussons	ai poussé	avons poussé
pousses	poussez	as poussé	avez poussé
pousse	poussent	a poussé	ont poussé
imparfait de l'indicatif		**plus-que-parfait de l'indicatif**	
poussais	poussions	avais poussé	avions poussé
poussais	poussiez	avais poussé	aviez poussé
poussait	poussaient	avait poussé	avaient poussé
passé simple		**passé antérieur**	
poussai	poussâmes	eus poussé	eûmes poussé
poussas	poussâtes	eus poussé	eûtes poussé
poussa	poussèrent	eut poussé	eurent poussé
futur		**futur antérieur**	
pousserai	pousserons	aurai poussé	aurons poussé
pousseras	pousserez	auras poussé	aurez poussé
poussera	pousseront	aura poussé	auront poussé
conditionnel		**conditionnel passé**	
pousserais	pousserions	aurais poussé	aurions poussé
pousserais	pousseriez	aurais poussé	auriez poussé
pousserait	pousseraient	aurait poussé	auraient poussé
présent du subjonctif		**passé du subjonctif**	
pousse	poussions	aie poussé	ayons poussé
pousses	poussiez	aies poussé	ayez poussé
pousse	poussent	ait poussé	aient poussé
imparfait du subjonctif		**plus-que-parfait du subjonctif**	
poussasse	poussassions	eusse poussé	eussions poussé
poussasses	poussassiez	eusses poussé	eussiez poussé
poussât	poussassent	eût poussé	eussent poussé

impératif
pousse
poussons
poussez

P

pouvoir
to be able, can

SINGULAR	PLURAL	SINGULAR	PLURAL
présent de l'indicatif		**passé composé**	
peux or **puis**	pouvons	ai pu	avons pu
peux	pouvez	as pu	avez pu
peut	peuvent	a pu	ont pu
imparfait de l'indicatif		**plus-que-parfait de l'indicatif**	
pouvais	pouvions	avais pu	avions pu
pouvais	pouviez	avais pu	aviez pu
pouvait	pouvaient	avait pu	avaient pu
passé simple		**passé antérieur**	
pus	pûmes	eus pu	eûmes pu
pus	pûtes	eus pu	eûtes pu
put	purent	eut pu	eurent pu
futur		**futur antérieur**	
pourrai	pourrons	aurai pu	aurons pu
pourras	pourrez	auras pu	aurez pu
pourra	pourront	aura pu	auront pu
conditionnel		**conditionnel passé**	
pourrais	pourrions	aurais pu	aurions pu
pourrais	pourriez	aurais pu	auriez pu
pourrait	pourraient	aurait pu	auraient pu
présent du subjonctif		**passé du subjonctif**	
puisse	puissions	aie pu	ayons pu
puisses	puissiez	aies pu	ayez pu
puisse	puissent	ait pu	aient pu
imparfait du subjonctif		**plus-que-parfait du subjonctif**	
pusse	pussions	eusse pu	eussions pu
pusses	pussiez	eusses pu	eussiez pu
pût	pussent	eût pu	eussent pu

P

impératif
No conjugation for this tense.

MUST
KNOW
VERB

to predict, to foretell
prédire

SINGULAR	PLURAL	SINGULAR	PLURAL
présent de l'indicatif		**passé composé**	
prédis	prédisons	ai prédit	avons prédit
prédis	prédisez	as prédit	avez prédit
prédit	prédisent	a prédit	ont prédit
imparfait de l'indicatif		**plus-que-parfait de l'indicatif**	
prédisais	prédisions	avais prédit	avions prédit
prédisais	prédisiez	avais prédit	aviez prédit
prédisait	prédisaient	avait prédit	avaient prédit
passé simple		**passé antérieur**	
prédis	prédîmes	eus prédit	eûmes prédit
prédis	prédîtes	eus prédit	eûtes prédit
prédit	prédirent	eut prédit	eurent prédit
futur		**futur antérieur**	
prédirai	prédirons	aurai prédit	aurons prédit
prédiras	prédirez	auras prédit	aurez prédit
prédira	prédiront	aura prédit	auront prédit
conditionnel		**conditionnel passé**	
prédirais	prédirions	aurais prédit	aurions prédit
prédirais	prédiriez	aurais prédit	auriez prédit
prédirait	prédiraient	aurait prédit	auraient prédit
présent du subjonctif		**passé du subjonctif**	
prédise	prédisions	aie prédit	ayons prédit
prédises	prédisiez	aies prédit	ayez prédit
prédise	prédisent	ait prédit	aient prédit
imparfait du subjonctif		**plus-que-parfait du subjonctif**	
prédisse	prédissions	eusse prédit	eussions prédit
prédisses	prédissiez	eusses prédit	eussiez prédit
prédît	prédissent	eût prédit	eussent prédit
impératif			
prédis			
prédisons			
prédisez			

P

préférer

to prefer, to like better

participe présent **préférant**   participe passé **préféré**

SINGULAR	PLURAL	SINGULAR	PLURAL

présent de l'indicatif
préfère	préférons	
préfères	préférez	
préfère	préfèrent	

passé composé
ai préféré	avons préféré
as préféré	avez préféré
a préféré	ont préféré

imparfait de l'indicatif
préférais	préférions
préférais	préfériez
préférait	préféraient

plus-que-parfait de l'indicatif
avais préféré	avions préféré
avais préféré	aviez préféré
avait préféré	avaient préféré

passé simple
préférai	préférâmes
préféras	préférâtes
préféra	préférèrent

passé antérieur
eus préféré	eûmes préféré
eus préféré	eûtes préféré
eut préféré	eurent préféré

futur
préférerai	préférerons
préféreras	préférerez
préférera	préféreront

futur antérieur
aurai préféré	aurons préféré
auras préféré	aurez préféré
aura préféré	auront préféré

conditionnel
préférerais	préférerions
préférerais	préféreriez
préférerait	préféreraient

conditionnel passé
aurais préféré	aurions préféré
aurais préféré	auriez préféré
aurait préféré	auraient préféré

présent du subjonctif
préfère	préférions
préfères	préfériez
préfère	préfèrent

passé du subjonctif
aie préféré	ayons préféré
aies préféré	ayez préféré
ait préféré	aient préféré

imparfait du subjonctif
préférasse	préférassions
préférasses	préférassiez
préférât	préférassent

plus-que-parfait du subjonctif
eusse préféré	eussions préféré
eusses préféré	eussiez préféré
eût préféré	eussent préféré

impératif
préfère
préférons
préférez

P

508

to take   prendre

SINGULAR	PLURAL	SINGULAR	PLURAL

présent de l'indicatif

		passé composé	
prend**s**	pren**ons**	**ai** pris	**avons** pris
prend**s**	pren**ez**	**as** pris	**avez** pris
prend	prenn**ent**	**a** pris	**ont** pris

imparfait de l'indicatif

		plus-que-parfait de l'indicatif	
pren**ais**	pren**ions**	**avais** pris	**avions** pris
pren**ais**	pren**iez**	**avais** pris	**aviez** pris
pren**ait**	pren**aient**	**avait** pris	**avaient** pris

passé simple

		passé antérieur	
pri**s**	prî**mes**	**eus** pris	**eûmes** pris
pri**s**	prî**tes**	**eus** pris	**eûtes** pris
pri**t**	pri**rent**	**eut** pris	**eurent** pris

futur

		futur antérieur	
prendr**ai**	prendr**ons**	**aurai** pris	**aurons** pris
prendr**as**	prendr**ez**	**auras** pris	**aurez** pris
prendr**a**	prendr**ont**	**aura** pris	**auront** pris

conditionnel

		conditionnel passé	
prendr**ais**	prendr**ions**	**aurais** pris	**aurions** pris
prendr**ais**	prendr**iez**	**aurais** pris	**auriez** pris
prendr**ait**	prendr**aient**	**aurait** pris	**auraient** pris

présent du subjonctif

		passé du subjonctif	
prenn**e**	pren**ions**	**aie** pris	**ayons** pris
prenn**es**	pren**iez**	**aies** pris	**ayez** pris
prenn**e**	prenn**ent**	**ait** pris	**aient** pris

imparfait du subjonctif

		plus-que-parfait du subjonctif	
pri**sse**	pri**ssions**	**eusse** pris	**eussions** pris
pri**sses**	pri**ssiez**	**eusses** pris	**eussiez** pris
prî**t**	pri**ssent**	**eût** pris	**eussent** pris

impératif
prend**s**
pren**ons**
pren**ez**

P

MUST
KNOW
VERB

préparer   to prepare

participe présent **préparant**   participe passé **préparé**

SINGULAR	PLURAL	SINGULAR	PLURAL

présent de l'indicatif

		passé composé	
prépare	préparons	ai préparé	avons préparé
prépares	préparez	as préparé	avez préparé
prépare	préparent	a préparé	ont préparé

imparfait de l'indicatif

		plus-que-parfait de l'indicatif	
préparais	préparions	avais préparé	avions préparé
préparais	prépariez	avais préparé	aviez préparé
préparait	préparaient	avait préparé	avaient préparé

passé simple

		passé antérieur	
préparai	préparâmes	eus préparé	eûmes préparé
préparas	préparâtes	eus préparé	eûtes préparé
prépara	préparèrent	eut préparé	eurent préparé

futur

		futur antérieur	
préparerai	préparerons	aurai préparé	aurons préparé
prépareras	préparerez	auras préparé	aurez préparé
préparera	prépareront	aura préparé	auront préparé

conditionnel

		conditionnel passé	
préparerais	préparerions	aurais préparé	aurions préparé
préparerais	prépareriez	aurais préparé	auriez préparé
préparerait	prépareraient	aurait préparé	auraient préparé

présent du subjonctif

		passé du subjonctif	
prépare	préparions	aie préparé	ayons préparé
prépares	prépariez	aies préparé	ayez préparé
prépare	préparent	ait préparé	aient préparé

imparfait du subjonctif

		plus-que-parfait du subjonctif	
préparasse	préparassions	eusse préparé	eussions préparé
préparasses	préparassiez	eusses préparé	eussiez préparé
préparât	préparassent	eût préparé	eussent préparé

P

impératif

prépare
préparons
préparez

to introduce, to present   présenter

participe présent **présentant**   participe passé **présenté**

SINGULAR	PLURAL	SINGULAR	PLURAL

présent de l'indicatif

présente	présentons		
présentes	présentez		
présente	présentent		

passé composé

ai présenté	avons présenté
as présenté	avez présenté
a présenté	ont présenté

imparfait de l'indicatif

présentais	présentions
présentais	présentiez
présentait	présentaient

plus-que-parfait de l'indicatif

avais présenté	avions présenté
avais présenté	aviez présenté
avait présenté	avaient présenté

passé simple

présentai	présentâmes
présentas	présentâtes
présenta	présentèrent

passé antérieur

eus présenté	eûmes présenté
eus présenté	eûtes présenté
eut présenté	eurent présenté

futur

présenterai	présenterons
présenteras	présenterez
présentera	présenteront

futur antérieur

aurai présenté	aurons présenté
auras présenté	aurez présenté
aura présenté	auront présenté

conditionnel

présenterais	présenterions
présenterais	présenteriez
présenterait	présenteraient

conditionnel passé

aurais présenté	aurions présenté
aurais présenté	auriez présenté
aurait présenté	auraient présenté

présent du subjonctif

présente	présentions
présentes	présentiez
présente	présentent

passé du subjonctif

aie présenté	ayons présenté
aies présenté	ayez présenté
ait présenté	aient présenté

imparfait du subjonctif

présentasse	présentassions
présentasses	présentassiez
présentât	présentassent

plus-que-parfait du subjonctif

eusse présenté	eussions présenté
eusses présenté	eussiez présenté
eût présenté	eussent présenté

impératif

présente
présentons
présentez

P

511

participe présent **se présentant**   participe passé **présenté(e)(s)**

SINGULAR	PLURAL	SINGULAR	PLURAL

présent de l'indicatif
me présent**e**
te présent**es**
se présent**e**
nous présent**ons**
vous présent**ez**
se présent**ent**

imparfait de l'indicatif
me présent**ais**
te présent**ais**
se présent**ait**
nous présent**ions**
vous présent**iez**
se présent**aient**

passé simple
me présent**ai**
te présent**as**
se présent**a**
nous présent**âmes**
vous présent**âtes**
se présent**èrent**

futur
me présenter**ai**
te présenter**as**
se présenter**a**
nous présenter**ons**
vous présenter**ez**
se présenter**ont**

conditionnel
me présenter**ais**
te présenter**ais**
se présenter**ait**
nous présenter**ions**
vous présenter**iez**
se présenter**aient**

présent du subjonctif
me présent**e**
te présent**es**
se présent**e**
nous présent**ions**
vous présent**iez**
se présent**ent**

imparfait du subjonctif
me présent**asse**
te présent**asses**
se présent**ât**
nous présent**assions**
vous présent**assiez**
se présent**assent**

impératif
présent**e**-toi
présent**ons**-nous
présent**ez**-vous

passé composé
me suis présenté(e)
t'es présenté(e)
s'est présenté(e)
nous sommes présenté(e)s
vous êtes présenté(e)(s)
se sont présenté(e)s

plus-que-parfait de l'indicatif
m'étais présenté(e)
t'étais présenté(e)
s'était présenté(e)
nous étions présenté(e)s
vous étiez présenté(e)(s)
s'étaient présenté(e)s

passé antérieur
me fus présenté(e)
te fus présenté(e)
se fut présenté(e)
nous fûmes présenté(e)s
vous fûtes présenté(e)(s)
se furent présenté(e)s

futur antérieur
me serai présenté(e)
te seras présenté(e)
se sera présenté(e)
nous serons présenté(e)s
vous serez présenté(e)(s)
se seront présenté(e)s

conditionnel passé
me serais présenté(e)
te serais présenté(e)
se serait présenté(e)
nous serions présenté(e)s
vous seriez présenté(e)(s)
se seraient présenté(e)s

passé du subjonctif
me sois présenté(e)
te sois présenté(e)
se soit présenté(e)
nous soyons présenté(e)s
vous soyez présenté(e)(s)
se soient présenté(e)s

plus-que-parfait du subjonctif
me fusse présenté(e)
te fusses présenté(e)
se fût présenté(e)
nous fussions présenté(e)s
vous fussiez présenté(e)(s)
se fussent présenté(e)s

P

to pretend, to claim — prétendre

SINGULAR	PLURAL	SINGULAR	PLURAL
présent de l'indicatif		**passé composé**	
prétends	prétendons	ai prétendu	avons prétendu
prétends	prétendez	as prétendu	avez prétendu
prétend	prétendent	a prétendu	ont prétendu
imparfait de l'indicatif		**plus-que-parfait de l'indicatif**	
prétendais	prétendions	avais prétendu	avions prétendu
prétendais	prétendiez	avais prétendu	aviez prétendu
prétendait	prétendaient	avait prétendu	avaient prétendu
passé simple		**passé antérieur**	
prétendis	prétendîmes	eus prétendu	eûmes prétendu
prétendis	prétendîtes	eus prétendu	eûtes prétendu
prétendit	prétendirent	eut prétendu	eurent prétendu
futur		**futur antérieur**	
prétendrai	prétendrons	aurai prétendu	aurons prétendu
prétendras	prétendrez	auras prétendu	aurez prétendu
prétendra	prétendront	aura prétendu	auront prétendu
conditionnel		**conditionnel passé**	
prétendrais	prétendrions	aurais prétendu	aurions prétendu
prétendrais	prétendriez	aurais prétendu	auriez prétendu
prétendrait	prétendraient	aurait prétendu	auraient prétendu
présent du subjonctif		**passé du subjonctif**	
prétende	prétendions	aie prétendu	ayons prétendu
prétendes	prétendiez	aies prétendu	ayez prétendu
prétende	prétendent	ait prétendu	aient prétendu
imparfait du subjonctif		**plus-que-parfait du subjonctif**	
prétendisse	prétendissions	eusse prétendu	eussions prétendu
prétendisses	prétendissiez	eusses prétendu	eussiez prétendu
prétendît	prétendissent	eût prétendu	eussent prétendu

impératif
prétends
prétendons
prétendez

P

participe présent prêtant   **participe passé prêté**

SINGULAR	PLURAL	SINGULAR	PLURAL

présent de l'indicatif

		passé composé	
prête	prêtons	ai prêté	avons prêté
prêtes	prêtez	as prêté	avez prêté
prête	prêtent	a prêté	ont prêté

imparfait de l'indicatif   **plus-que-parfait de l'indicatif**

prêtais	prêtions	avais prêté	avions prêté
prêtais	prêtiez	avais prêté	aviez prêté
prêtait	prêtaient	avait prêté	avaient prêté

passé simple   **passé antérieur**

prêtai	prêtâmes	eus prêté	eûmes prêté
prêtas	prêtâtes	eus prêté	eûtes prêté
prêta	prêtèrent	eut prêté	eurent prêté

futur   **futur antérieur**

prêterai	prêterons	aurai prêté	aurons prêté
prêteras	prêterez	auras prêté	aurez prêté
prêtera	prêteront	aura prêté	auront prêté

conditionnel   **conditionnel passé**

prêterais	prêterions	aurais prêté	aurions prêté
prêterais	prêteriez	aurais prêté	auriez prêté
prêterait	prêteraient	aurait prêté	auraient prêté

présent du subjonctif   **passé du subjonctif**

prête	prêtions	aie prêté	ayons prêté
prêtes	prêtiez	aies prêté	ayez prêté
prête	prêtent	ait prêté	aient prêté

imparfait du subjonctif   **plus-que-parfait du subjonctif**

prêtasse	prêtassions	eusse prêté	eussions prêté
prêtasses	prêtassiez	eusses prêté	eussiez prêté
prêtât	prêtassent	eût prêté	eussent prêté

impératif

prête
prêtons
prêtez

P

to warn, to forestall, to ward off   prévenir

SINGULAR	PLURAL	SINGULAR	PLURAL

présent de l'indicatif

		passé composé	
préviens	prévenons	**ai** prévenu	**avons** prévenu
préviens	prévenez	**as** prévenu	**avez** prévenu
prévient	préviennent	**a** prévenu	**ont** prévenu

imparfait de l'indicatif

		plus-que-parfait de l'indicatif	
prévenais	prévenions	**avais** prévenu	**avions** prévenu
prévenais	préveniez	**avais** prévenu	**aviez** prévenu
prévenait	prévenaient	**avait** prévenu	**avaient** prévenu

passé simple

		passé antérieur	
prévins	prévînmes	**eus** prévenu	**eûmes** prévenu
prévins	prévîntes	**eus** prévenu	**eûtes** prévenu
prévint	prévinrent	**eut** prévenu	**eurent** prévenu

futur

		futur antérieur	
préviendrai	préviendrons	**aurai** prévenu	**aurons** prévenu
préviendras	préviendrez	**auras** prévenu	**aurez** prévenu
préviendra	préviendront	**aura** prévenu	**auront** prévenu

conditionnel

		conditionnel passé	
préviendrais	préviendrions	**aurais** prévenu	**aurions** prévenu
préviendrais	préviendriez	**aurais** prévenu	**auriez** prévenu
préviendrait	préviendraient	**aurait** prévenu	**auraient** prévenu

présent du subjonctif

		passé du subjonctif	
prévienne	prévenions	**aie** prévenu	**ayons** prévenu
préviennes	préveniez	**aies** prévenu	**ayez** prévenu
prévienne	préviennent	**ait** prévenu	**aient** prévenu

imparfait du subjonctif

		plus-que-parfait du subjonctif	
prévinsse	prévinssions	**eusse** prévenu	**eussions** prévenu
prévinsses	prévinssiez	**eusses** prévenu	**eussiez** prévenu
prévînt	prévinssent	**eût** prévenu	**eussent** prévenu

impératif

préviens
prévenons
prévenez

P

participe présent prévoyant | **participe passé** prévu

SINGULAR	PLURAL	SINGULAR	PLURAL

présent de l'indicatif

		passé composé	
prévois	prévoyons	ai prévu	avons prévu
prévois	prévoyez	as prévu	avez prévu
prévoit	prévoient	a prévu	ont prévu

imparfait de l'indicatif

		plus-que-parfait de l'indicatif	
prévoyais	prévoyions	avais prévu	avions prévu
prévoyais	prévoyiez	avais prévu	aviez prévu
prévoyait	prévoyaient	avait prévu	avaient prévu

passé simple

		passé antérieur	
prévis	prévîmes	eus prévu	eûmes prévu
prévis	prévîtes	eus prévu	eûtes prévu
prévit	prévirent	eut prévu	eurent prévu

futur

		futur antérieur	
prévoirai	prévoirons	aurai prévu	aurons prévu
prévoiras	prévoirez	auras prévu	aurez prévu
prévoira	prévoiront	aura prévu	auront prévu

conditionnel

		conditionnel passé	
prévoirais	prévoirions	aurais prévu	aurions prévu
prévoirais	prévoiriez	aurais prévu	auriez prévu
prévoirait	prévoiraient	aurait prévu	auraient prévu

présent du subjonctif

		passé du subjonctif	
prévoie	prévoyions	aie prévu	ayons prévu
prévoies	prévoyiez	aies prévu	ayez prévu
prévoie	prévoient	ait prévu	aient prévu

imparfait du subjonctif

		plus-que-parfait du subjonctif	
prévisse	prévissions	eusse prévu	eussions prévu
prévisses	prévissiez	eusses prévu	eussiez prévu
prévît	prévissent	eût prévu	eussent prévu

impératif

prévois
prévoyons
prévoyez

P

to pray, to beg   prier

SINGULAR	PLURAL	SINGULAR	PLURAL

présent de l'indicatif
prie	prions		
pries	priez		
prie	prient		

passé composé
ai prié	avons prié
as prié	avez prié
a prié	ont prié

imparfait de l'indicatif
priais	priions
priais	priiez
priait	priaient

plus-que-parfait de l'indicatif
avais prié	avions prié
avais prié	aviez prié
avait prié	avaient prié

passé simple
priai	priâmes
prias	priâtes
pria	prièrent

passé antérieur
eus prié	eûmes prié
eus prié	eûtes prié
eut prié	eurent prié

futur
prierai	prierons
prieras	prierez
priera	prieront

futur antérieur
aurai prié	aurons prié
auras prié	aurez prié
aura prié	auront prié

conditionnel
prierais	prierions
prierais	prieriez
prierait	prieraient

conditionnel passé
aurais prié	aurions prié
aurais prié	auriez prié
aurait prié	auraient prié

présent du subjonctif
prie	priions
pries	priiez
prie	prient

passé du subjonctif
aie prié	ayons prié
aies prié	ayez prié
ait prié	aient prié

imparfait du subjonctif
priasse	priassions
priasses	priassiez
priât	priassent

plus-que-parfait du subjonctif
eusse prié	eussions prié
eusses prié	eussiez prié
eût prié	eussent prié

P

impératif
prie
prions
priez

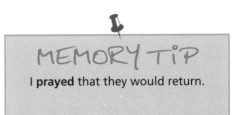

MEMORY TIP

I **prayed** that they would return.

produire

to produce

participe présent **produisant**   participe passé **produit**

SINGULAR	PLURAL	SINGULAR	PLURAL

présent de l'indicatif

produi**s**	produis**ons**
produi**s**	produis**ez**
produi**t**	produis**ent**

passé composé

ai produit	**avons** produit
as produit	**avez** produit
a produit	**ont** produit

imparfait de l'indicatif

produis**ais**	produis**ions**
produis**ais**	produis**iez**
produis**ait**	produis**aient**

plus-que-parfait de l'indicatif

avais produit	**avions** produit
avais produit	**aviez** produit
avait produit	**avaient** produit

passé simple

produis**is**	produis**îmes**
produis**is**	produis**îtes**
produis**it**	produis**irent**

passé antérieur

eus produit	**eûmes** produit
eus produit	**eûtes** produit
eut produit	**eurent** produit

futur

produir**ai**	produir**ons**
produir**as**	produir**ez**
produir**a**	produir**ont**

futur antérieur

aurai produit	**aurons** produit
auras produit	**aurez** produit
aura produit	**auront** produit

conditionnel

produir**ais**	produir**ions**
produir**ais**	produir**iez**
produir**ait**	produir**aient**

conditionnel passé

aurais produit	**aurions** produit
aurais produit	**auriez** produit
aurait produit	**auraient** produit

présent du subjonctif

produis**e**	produis**ions**
produis**es**	produis**iez**
produis**e**	produis**ent**

passé du subjonctif

aie produit	**ayons** produit
aies produit	**ayez** produit
ait produit	**aient** produit

imparfait du subjonctif

produis**isse**	produis**issions**
produis**isses**	produis**issiez**
produis**ît**	produis**issent**

plus-que-parfait du subjonctif

eusse produit	**eussions** produit
eusses produit	**eussiez** produit
eût produit	**eussent** produit

impératif

produis
produisons
produisez

P

to program, to plan — **programmer**

SINGULAR	PLURAL	SINGULAR	PLURAL

présent de l'indicatif

programme	programmons
programmes	programmez
programme	programment

passé composé

ai programmé	avons programmé
as programmé	avez programmé
a programmé	ont programmé

imparfait de l'indicatif

programmais	programmions
programmais	programmiez
programmait	programmaient

plus-que-parfait de l'indicatif

avais programmé	avions programmé
avais programmé	aviez programmé
avait programmé	avaient programmé

passé simple

programmai	programmâmes
programmas	programmâtes
programma	programmèrent

passé antérieur

eus programmé	eûmes programmé
eus programmé	eûtes programmé
eut programmé	eurent programmé

futur

programmerai	programmerons
programmeras	programmerez
programmera	programmeront

futur antérieur

aurai programmé	aurons programmé
auras programmé	aurez programmé
aura programmé	auront programmé

conditionnel

programmerais	programmerions
programmerais	programmeriez
programmerait	programmeraient

conditionnel passé

aurais programmé	aurions programmé
aurais programmé	auriez programmé
aurait programmé	auraient programmé

présent du subjonctif

programme	programmions
programmes	programmiez
programme	programment

passé du subjonctif

aie programmé	ayons programmé
aies programmé	ayez programmé
ait programmé	aient programmé

imparfait du subjonctif

programmasse	programmassions
programmasses	programmassiez
programmât	programmassent

plus-que-parfait du subjonctif

eusse programmé	eussions programmé
eusses programmé	eussiez programmé
eût programmé	eussent programmé

impératif

programme
programmons
programmez

P

projeter   to plan, to throw, to show (a film)

participe présent projetant   **participe passé** projeté

SINGULAR	PLURAL	SINGULAR	PLURAL

présent de l'indicatif
projette	projetons	
projettes	projetez	
projette	projettent	

passé composé
ai projeté	avons projeté
as projeté	avez projeté
a projeté	ont projeté

imparfait de l'indicatif
projetais	projetions
projetais	projetiez
projetait	projetaient

plus-que-parfait de l'indicatif
avais projeté	avions projeté
avais projeté	aviez projeté
avait projeté	avaient projeté

passé simple
projetai	projetâmes
projetas	projetâtes
projeta	projetèrent

passé antérieur
eus projeté	eûmes projeté
eus projeté	eûtes projeté
eut projeté	eurent projeté

futur
projetterai	projetterons
projetteras	projetterez
projettera	projetteront

futur antérieur
aurai projeté	aurons projeté
auras projeté	aurez projeté
aura projeté	auront projeté

conditionnel
projetterais	projetterions
projetterais	projetteriez
projetterait	projetteraient

conditionnel passé
aurais projeté	aurions projeté
aurais projeté	auriez projeté
aurait projeté	auraient projeté

présent du subjonctif
projette	projetions
projettes	projetiez
projette	projettent

passé du subjonctif
aie projeté	ayons projeté
aies projeté	ayez projeté
ait projeté	aient projeté

imparfait du subjonctif
projetasse	projetassions
projetasses	projetassiez
projetât	projetassent

plus-que-parfait du subjonctif
eusse projeté	eussions projeté
eusses projeté	eussiez projeté
eût projeté	eussent projeté

impératif
projette
projetons
projetez

P

MEMORY TIP
The images were **projected** on the wall.

to take for a walk   promener

SINGULAR	PLURAL	SINGULAR	PLURAL
présent de l'indicatif		**passé composé**	
promène	promenons	ai promené	avons promené
promènes	promenez	as promené	avez promené
promène	promènent	a promené	ont promené
imparfait de l'indicatif		**plus-que-parfait de l'indicatif**	
promenais	promenions	avais promené	avions promené
promenais	promeniez	avais promené	aviez promené
promenait	promenaient	avait promené	avaient promené
passé simple		**passé antérieur**	
promenai	promenâmes	eus promené	eûmes promené
promenas	promenâtes	eus promené	eûtes promené
promena	promenèrent	eut promené	eurent promené
futur		**futur antérieur**	
promènerai	promènerons	aurai promené	aurons promené
promèneras	promènerez	auras promené	aurez promené
promènera	promèneront	aura promené	auront promené
conditionnel		**conditionnel passé**	
promènerais	promènerions	aurais promené	aurions promené
promènerais	promèneriez	aurais promené	auriez promené
promènerait	promèneraient	aurait promené	auraient promené
présent du subjonctif		**passé du subjonctif**	
promène	promenions	aie promené	ayons promené
promènes	promeniez	aies promené	ayez promené
promène	promènent	ait promené	aient promené
imparfait du subjonctif		**plus-que-parfait du subjonctif**	
promenasse	promenassions	eusse promené	eussions promené
promenasses	promenassiez	eusses promené	eussiez promené
promenât	promenassent	eût promené	eussent promené

impératif
promène
promenons
promenez

P

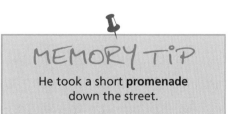

MEMORY TIP

He took a short **promenade**
down the street.

SINGULAR	PLURAL	SINGULAR	PLURAL

présent de l'indicatif

me promène	nous promenons
te promènes	vous promenez
se promène	se promènent

imparfait de l'indicatif

me promenais	nous promenions
te promenais	vous promeniez
se promenait	se promenaient

passé simple

me promenai	nous promenâmes
te promenas	vous promenâtes
se promena	se promenèrent

futur

me promènerai	nous promènerons
te promèneras	vous promènerez
se promènera	se promèneront

conditionnel

me promènerais	nous promènerions
te promènerais	vous promèneriez
se promènerait	se promèneraient

présent du subjonctif

me promène	nous promenions
te promènes	vous promeniez
se promène	se promènent

imparfait du subjonctif

me promenasse	nous promenassions
te promenasses	vous promenassiez
se promenât	se promenassent

impératif

promène-toi
promenons-nous
promenez-vous

passé composé

me suis promené(e)	nous sommes promené(e)s
t'es promené(e)	vous êtes promené(e)(s)
s'est promené(e)	se sont promené(e)s

plus-que-parfait de l'indicatif

m'étais promené(e)	nous étions promené(e)s
t'étais promené(e)	vous étiez promené(e)(s)
s'était promené(e)	s'étaient promené(e)s

passé antérieur

me fus promené(e)	nous fûmes promené(e)s
te fus promené(e)	vous fûtes promené(e)(s)
se fut promené(e)	se furent promené(e)s

futur antérieur

me serai promené(e)	nous serons promené(e)s
te seras promené(e)	vous serez promené(e)(s)
se sera promené(e)	se seront promené(e)s

conditionnel passé

me serais promené(e)	nous serions promené(e)s
te serais promené(e)	vous seriez promené(e)(s)
se serait promené(e)	se seraient promené(e)s

passé du subjonctif

me sois promené(e)	nous soyons promené(e)s
te sois promené(e)	vous soyez promené(e)(s)
se soit promené(e)	se soient promené(e)s

plus-que-parfait du subjonctif

me fusse promené(e)	nous fussions promené(e)s
te fusses promené(e)	vous fussiez promené(e)(s)
se fût promené(e)	se fussent promené(e)s

P

to promise, to show promise   promettre

SINGULAR	PLURAL	SINGULAR	PLURAL

présent de l'indicatif

promet**s**	promett**ons**
promet**s**	promett**ez**
promet	promett**ent**

passé composé

ai promis	**avons** promis
as promis	**avez** promis
a promis	**ont** promis

imparfait de l'indicatif

promett**ais**	promett**ions**
promett**ais**	promett**iez**
promett**ait**	promett**aient**

plus-que-parfait de l'indicatif

avais promis	**avions** promis
avais promis	**aviez** promis
avait promis	**avaient** promis

passé simple

prom**is**	prom**îmes**
prom**is**	prom**îtes**
prom**it**	prom**îrent**

passé antérieur

eus promis	**eûmes** promis
eus promis	**eûtes** promis
eut promis	**eurent** promis

futur

promett**rai**	promett**rons**
promett**ras**	promett**rez**
promett**ra**	promett**ront**

futur antérieur

aurai promis	**aurons** promis
auras promis	**aurez** promis
aura promis	**auront** promis

conditionnel

promett**rais**	promett**rions**
promett**rais**	promett**riez**
promett**rait**	promett**raient**

conditionnel passé

aurais promis	**aurions** promis
aurais promis	**auriez** promis
aurait promis	**auraient** promis

présent du subjonctif

promett**e**	promett**ions**
promett**es**	promett**iez**
promett**e**	promett**ent**

passé du subjonctif

aie promis	**ayons** promis
aies promis	**ayez** promis
ait promis	**aient** promis

imparfait du subjonctif

promi**sse**	promi**ssions**
promi**sses**	promi**ssiez**
prom**ît**	promi**ssent**

plus-que-parfait du subjonctif

eusse promis	**eussions** promis
eusses promis	**eussiez** promis
eût promis	**eussent** promis

impératif

promets
promettons
promettez

P

prononcer
to pronounce, to declare

participe présent **prononçant**   participe passé **prononcé**

SINGULAR	PLURAL	SINGULAR	PLURAL

présent de l'indicatif

prononce	prononçons
prononces	prononcez
prononce	prononcent

passé composé

ai prononcé	avons prononcé
as prononcé	avez prononcé
a prononcé	ont prononcé

imparfait de l'indicatif

prononçais	prononcions
prononçais	prononciez
prononçait	prononçaient

plus-que-parfait de l'indicatif

avais prononcé	avions prononcé
avais prononcé	aviez prononcé
avait prononcé	avaient prononcé

passé simple

prononçai	prononçâmes
prononças	prononçâtes
prononça	prononcèrent

passé antérieur

eus prononcé	eûmes prononcé
eus prononcé	eûtes prononcé
eut prononcé	eurent prononcé

futur

prononcerai	prononcerons
prononceras	prononcerez
prononcera	prononceront

futur antérieur

aurai prononcé	aurons prononcé
auras prononcé	aurez prononcé
aura prononcé	auront prononcé

conditionnel

prononcerais	prononcerions
prononcerais	prononceriez
prononcerait	prononceraient

conditionnel passé

aurais prononcé	aurions prononcé
aurais prononcé	auriez prononcé
aurait prononcé	auraient prononcé

présent du subjonctif

prononce	prononcions
prononces	prononciez
prononce	prononcent

passé du subjonctif

aie prononcé	ayons prononcé
aies prononcé	ayez prononcé
ait prononcé	aient prononcé

imparfait du subjonctif

prononçasse	prononçassions
prononçasses	prononçassiez
prononçât	prononçassent

plus-que-parfait du subjonctif

eusse prononce	eussions prononcé
eusses prononcé	eussiez prononcé
eût prononcé	eussent prononcé

impératif

prononce
prononçons
prononcez

P

to prove

prouver

SINGULAR	PLURAL
présent de l'indicatif	
prouve	prouvons
prouves	prouvez
prouve	prouvent
imparfait de l'indicatif	
prouvais	prouvions
prouvais	prouviez
prouvait	prouvaient
passé simple	
prouvai	prouvâmes
prouvas	prouvâtes
prouva	prouvèrent
futur	
prouverai	prouverons
prouveras	prouverez
prouvera	prouveront
conditionnel	
prouverais	prouverions
prouverais	prouveriez
prouverait	prouveraient
présent du subjonctif	
prouve	prouvions
prouves	prouviez
prouve	prouvent
imparfait du subjonctif	
prouvasse	prouvassions
prouvasses	prouvassiez
prouvât	prouvassent
impératif	
prouve	
prouvons	
prouvez	

SINGULAR	PLURAL
passé composé	
ai prouvé	avons prouvé
as prouvé	avez prouvé
a prouvé	ont prouvé
plus-que-parfait de l'indicatif	
avais prouvé	avions prouvé
avais prouvé	aviez prouvé
avait prouvé	avaient prouvé
passé antérieur	
eus prouvé	eûmes prouvé
eus prouvé	eûtes prouvé
eut prouvé	eurent prouvé
futur antérieur	
aurai prouvé	aurons prouvé
auras prouvé	aurez prouvé
aura prouvé	auront prouvé
conditionnel passé	
aurais prouvé	aurions prouvé
aurais prouvé	auriez prouvé
aurait prouvé	auraient prouvé
passé du subjonctif	
aie prouvé	ayons prouvé
aies prouvé	ayez prouvé
ait prouvé	aient prouvé
plus-que-parfait du subjonctif	
eusse prouvé	eussions prouvé
eusses prouvé	eussiez prouvé
eût prouvé	eussent prouvé

P

punir

to punish

SINGULAR	PLURAL	SINGULAR	PLURAL

présent de l'indicatif

		passé composé	
punis	punissons	ai puni	avons puni
punis	punissez	as puni	avez puni
punit	punissent	a puni	ont puni

imparfait de l'indicatif

		plus-que-parfait de l'indicatif	
punissais	punissions	avais puni	avions puni
punissais	punissiez	avais puni	aviez puni
punissait	punissaient	avait puni	avaient puni

passé simple

		passé antérieur	
punis	punîmes	eus puni	eûmes puni
punis	punîtes	eus puni	eûtes puni
punit	punirent	eut puni	eurent puni

futur

		futur antérieur	
punirai	punirons	aurai puni	aurons puni
puniras	punirez	auras puni	aurez puni
punira	puniront	aura puni	auront puni

conditionnel

		conditionnel passé	
punirais	punirions	aurais puni	aurions puni
punirais	puniriez	aurais puni	auriez puni
punirait	puniraient	aurait puni	auraient puni

présent du subjonctif

		passé du subjonctif	
punisse	punissions	aie puni	ayons puni
punisses	punissiez	aies puni	ayez puni
punisse	punissent	ait puni	aient puni

imparfait du subjonctif

		plus-que-parfait du subjonctif	
punisse	punissions	eusse puni	eussions puni
punisses	punissiez	eusses puni	eussiez puni
punît	punissent	eût puni	eussent puni

impératif

punis
punissons
punissez

P

MEMORY TIP

The **punishment** for the crime was excessive.

to leave (someone/someplace) quitter

SINGULAR	PLURAL	SINGULAR	PLURAL

présent de l'indicatif
		passé composé	
quitte	quittons	**ai** quitté	**avons** quitté
quittes	quittez	**as** quitté	**avez** quitté
quitte	quittent	**a** quitté	**ont** quitté

imparfait de l'indicatif
		plus-que-parfait de l'indicatif	
quittais	quittions	**avais** quitté	**avions** quitté
quittais	quittiez	**avais** quitté	**aviez** quitté
quittait	quittaient	**avait** quitté	**avaient** quitté

passé simple
		passé antérieur	
quittai	quittâmes	**eus** quitté	**eûmes** quitté
quittas	quittâtes	**eus** quitté	**eûtes** quitté
quitta	quittèrent	**eut** quitté	**eurent** quitté

futur
		futur antérieur	
quitterai	quitterons	**aurai** quitté	**aurons** quitté
quitteras	quitterez	**auras** quitté	**aurez** quitté
quittera	quitteront	**aura** quitté	**auront** quitté

conditionnel
		conditionnel passé	
quitterais	quitterions	**aurais** quitté	**aurions** quitté
quitterais	quitteriez	**aurais** quitté	**auriez** quitté
quitterait	quitteraient	**aurait** quitté	**auraient** quitté

présent du subjonctif
		passé du subjonctif	
quitte	quittions	**aie** quitté	**ayons** quitté
quittes	quittiez	**aies** quitté	**ayez** quitté
quitte	quittent	**ait** quitté	**aient** quitté

imparfait du subjonctif
		plus-que-parfait du subjonctif	
quittasse	quittassions	**eusse** quitté	**eussions** quitté
quittasses	quittassiez	**eusses** quitté	**eussiez** quitté
quittât	quittassent	**eût** quitté	**eussent** quitté

impératif
quitte
quittons
quittez

Q

raconter   to tell a story, to describe, to narrate

participe présent **racontant**   participe passé **raconté**

SINGULAR	PLURAL	SINGULAR	PLURAL

présent de l'indicatif

		passé composé	
racont**e**	racont**ons**	**ai** raconté	**avons** raconté
racont**es**	racont**ez**	**as** raconté	**avez** raconté
racont**e**	racont**ent**	**a** raconté	**ont** raconté

imparfait de l'indicatif

		plus-que-parfait de l'indicatif	
racont**ais**	racont**ions**	**avais** raconté	**avions** raconté
racont**ais**	racont**iez**	**avais** raconté	**aviez** raconté
racont**ait**	racont**aient**	**avait** raconté	**avaient** raconté

passé simple

		passé antérieur	
racont**ai**	racont**âmes**	**eus** raconté	**eûmes** raconté
racont**as**	racont**âtes**	**eus** raconté	**eûtes** raconté
racont**a**	racont**èrent**	**eut** raconté	**eurent** raconté

futur

		futur antérieur	
raconter**ai**	raconter**ons**	**aurai** raconté	**aurons** raconté
raconter**as**	raconter**ez**	**auras** raconté	**aurez** raconté
raconter**a**	raconter**ont**	**aura** raconté	**auront** raconté

conditionnel

		conditionnel passé	
raconter**ais**	raconter**ions**	**aurais** raconté	**aurions** raconté
raconter**ais**	raconter**iez**	**aurais** raconté	**auriez** raconté
raconter**ait**	raconter**aient**	**aurait** raconté	**auraient** raconté

présent du subjonctif

		passé du subjonctif	
racont**e**	racont**ions**	**aie** raconté	**ayons** raconté
racont**es**	racont**iez**	**aies** raconté	**ayez** raconté
racont**e**	racont**ent**	**ait** raconté	**aient** raconté

imparfait du subjonctif

		plus-que-parfait du subjonctif	
racont**asse**	racont**assions**	**eusse** raconté	**eussions** raconté
racont**asses**	racont**assiez**	**eusses** raconté	**eussiez** raconté
racont**ât**	racont**assent**	**eût** raconté	**eussent** raconté

impératif
raconte
racontons
racontez

R

MEMORY TIP

They **recounted** the story with many details.

to get cooler, to refresh oneself   se rafraîchir

participe présent **se rafraîchissant**   participe passé   **rafraîchi(e)(s)**

SINGULAR | PLURAL | SINGULAR | PLURAL

présent de l'indicatif
me rafraîch**is**
te rafraîch**is**
se rafraîch**it**
nous rafraîch**issons**
vous rafraîch**issez**
se rafraîch**issent**

passé composé
me suis rafraîchi(e)
t'es rafraîchi(e)
s'est rafraîchi(e)
nous sommes rafraîchi(e)s
vous êtes rafraîchi(e)(s)
se sont rafraîchi(e)s

imparfait de l'indicatif
me rafraîch**issais**
te rafraîch**issais**
se rafraîch**issait**
nous rafraîch**issions**
vous rafraîch**issiez**
se rafraîch**issaient**

plus-que-parfait de l'indicatif
m'étais rafraîchi(e)
t'étais rafraîchi(e)
s'était rafraîchi(e)
nous étions rafraîchi(e)s
vous étiez rafraîchi(e)(s)
s'étaient rafraîchi(e)s

passé simple
me rafraîch**is**
te rafraîch**is**
se rafraîch**it**
nous rafraîch**îmes**
vous rafraîch**îtes**
se rafraîch**irent**

passé antérieur
me fus rafraîchi(e)
te fus rafraîchi(e)
se fut rafraîchi(e)
nous fûmes rafraîchi(e)s
vous fûtes rafraîchi(e)(s)
se furent rafraîchi(e)s

futur
me rafraîchir**ai**
te rafraîchir**as**
se rafraîchir**a**
nous rafraîchir**ons**
vous rafraîchir**ez**
se rafraîchir**ont**

futur antérieur
me serai rafraîchi(e)
te seras rafraîchi(e)
se sera rafraîchi(e)
nous serons rafraîchi(e)s
vous serez rafraîchi(e)(s)
se seront rafraîchi(e)s

conditionnel
me rafraîchir**ais**
te rafraîchir**ais**
se rafraîchir**ait**
nous rafraîchir**ions**
vous rafraîchir**iez**
se rafraîchir**aient**

conditionnel passé
me serais rafraîchi(e)
te serais rafraîchi(e)
se serait rafraîchi(e)
nous serions rafraîchi(e)s
vous seriez rafraîchi(e)(s)
se seraient rafraîchi(e)s

présent du subjonctif
me rafraîch**isse**
te rafraîch**isses**
se rafraîch**isse**
nous rafraîch**issions**
vous rafraîch**issiez**
se rafraîch**issent**

passé du subjonctif
me sois rafraîchi(e)
te sois rafraîchi(e)
se soit rafraîchi(e)
nous soyons rafraîchi(e)s
vous soyez rafraîchi(e)(s)
se soient rafraîchi(e)s

imparfait du subjonctif
me rafraîch**isse**
te rafraîch**isses**
se rafraîch**ît**
nous rafraîch**issions**
vous rafraîch**issiez**
se rafraîch**issent**

plus-que-parfait du subjonctif
me fusse rafraîchi(e)
te fusses rafraîchi(e)
se fût rafraîchi(e)
nous fussions rafraîchi(e)s
vous fussiez rafraîchi(e)(s)
se fussent rafraîchi(e)s

impératif
rafraîchis-toi
rafraîchissons-nous
rafraîchissez-vous

R

rajeunir
to rejuvenate, to update

participe présent **rajeunissant**   participe passé **rajeuni**

SINGULAR	PLURAL	SINGULAR	PLURAL
présent de l'indicatif		**passé composé**	
rajeun**is**	rajeun**issons**	**ai** rajeuni	**avons** rajeuni
rajeun**is**	rajeun**issez**	**as** rajeuni	**avez** rajeuni
rajeun**it**	rajeun**issent**	**a** rajeuni	**ont** rajeuni
imparfait de l'indicatif		**plus-que-parfait de l'indicatif**	
rajeuniss**ais**	rajeuniss**ions**	**avais** rajeuni	**avions** rajeuni
rajeuniss**ais**	rajeuniss**iez**	**avais** rajeuni	**aviez** rajeuni
rajeuniss**ait**	rajeuniss**aient**	**avait** rajeuni	**avaient** rajeuni
passé simple		**passé antérieur**	
rajeun**is**	rajeun**îmes**	**eus** rajeuni	**eûmes** rajeuni
rajeun**is**	rajeun**îtes**	**eus** rajeuni	**eûtes** rajeuni
rajeun**it**	rajeun**irent**	**eut** rajeuni	**eurent** rajeuni
futur		**futur antérieur**	
rajeunir**ai**	rajeunir**ons**	**aurai** rajeuni	**aurons** rajeuni
rajeunir**as**	rajeunir**ez**	**auras** rajeuni	**aurez** rajeuni
rajeunir**a**	rajeunir**ont**	**aura** rajeuni	**auront** rajeuni
conditionnel		**conditionnel passé**	
rajeunir**ais**	rajeunir**ions**	**aurais** rajeuni	**aurions** rajeuni
rajeunir**ais**	rajeunir**iez**	**aurais** rajeuni	**auriez** rajeuni
rajeunir**ait**	rajeunir**aient**	**aurait** rajeuni	**auraient** rajeuni
présent du subjonctif		**passé du subjonctif**	
rajeuniss**e**	rajeuniss**ions**	**aie** rajeuni	**ayons** rajeuni
rajeuniss**es**	rajeuniss**iez**	**aies** rajeuni	**ayez** rajeuni
rajeuniss**e**	rajeuniss**ent**	**ait** rajeuni	**aient** rajeuni
imparfait du subjonctif		**plus-que-parfait du subjonctif**	
rajeuni**sse**	rajeuni**ssions**	**eusse** rajeuni	**eussions** rajeuni
rajeuni**sses**	rajeuni**ssiez**	**eusses** rajeuni	**eussiez** rajeuni
rajeun**ît**	rajeuni**ssent**	**eût** rajeuni	**eussent** rajeuni
impératif			
rajeunis			
rajeunissons			
rajeunissez			

R

MEMORY TIP
I was **rejuvenated** by the news.

to slow down, to slacken   ralentir

participe présent **ralentissant**   participe passé **ralenti**

SINGULAR	PLURAL	SINGULAR	PLURAL

présent de l'indicatif

SINGULAR	PLURAL	SINGULAR	PLURAL
ralent**is**	ralent**issons**		
ralent**is**	ralent**issez**		
ralent**it**	ralent**issent**		

passé composé

SINGULAR	PLURAL
ai ralenti	**avons** ralenti
as ralenti	**avez** ralenti
a ralenti	**ont** ralenti

imparfait de l'indicatif

SINGULAR	PLURAL
ralentiss**ais**	ralentiss**ions**
ralentiss**ais**	ralentiss**iez**
ralentiss**ait**	ralentiss**aient**

plus-que-parfait de l'indicatif

SINGULAR	PLURAL
avais ralenti	**avions** ralenti
avais ralenti	**aviez** ralenti
avait ralenti	**avaient** ralenti

passé simple

SINGULAR	PLURAL
ralent**is**	ralent**îmes**
ralent**is**	ralent**îtes**
ralent**it**	ralent**irent**

passé antérieur

SINGULAR	PLURAL
eus ralenti	**eûmes** ralenti
eus ralenti	**eûtes** ralenti
eut ralenti	**eurent** ralenti

futur

SINGULAR	PLURAL
ralentir**ai**	ralentir**ons**
ralentir**as**	ralentir**ez**
ralentir**a**	ralentir**ont**

futur antérieur

SINGULAR	PLURAL
aurai ralenti	**aurons** ralenti
auras ralenti	**aurez** ralenti
aura ralenti	**auront** ralenti

conditionnel

SINGULAR	PLURAL
ralentir**ais**	ralentir**ions**
ralentir**ais**	ralentir**iez**
ralentir**ait**	ralentir**aient**

conditionnel passé

SINGULAR	PLURAL
aurais ralenti	**aurions** ralenti
aurais ralenti	**auriez** ralenti
aurait ralenti	**auraient** ralenti

présent du subjonctif

SINGULAR	PLURAL
ralentiss**e**	ralentiss**ions**
ralentiss**es**	ralentiss**iez**
ralentiss**e**	ralentiss**ent**

passé du subjonctif

SINGULAR	PLURAL
aie ralenti	**ayons** ralenti
aies ralenti	**ayez** ralenti
ait ralenti	**aient** ralenti

imparfait du subjonctif

SINGULAR	PLURAL
ralent**isse**	ralent**issions**
ralent**isses**	ralent**issiez**
ralent**ît**	ralent**issent**

plus-que-parfait du subjonctif

SINGULAR	PLURAL
eusse ralenti	**eussions** ralenti
eusses ralenti	**eussiez** ralenti
eût ralenti	**eussent** ralenti

impératif

ralent**is**
ralent**issons**
ralent**issez**

R

ranger
to tidy up

SINGULAR	PLURAL	SINGULAR	PLURAL

présent de l'indicatif

		passé composé	
range	rangeons	**ai** rangé	**avons** rangé
ranges	rangez	**as** rangé	**avez** rangé
range	rangent	**a** rangé	**ont** rangé

imparfait de l'indicatif

		plus-que-parfait de l'indicatif	
rangeais	rangions	**avais** rangé	**avions** rangé
rangeais	rangiez	**avais** rangé	**aviez** rangé
rangeait	rangeaient	**avait** rangé	**avaient** rangé

passé simple

		passé antérieur	
rangeai	rangeâmes	**eus** rangé	**eûmes** rangé
rangeas	rangeâtes	**eus** rangé	**eûtes** rangé
rangea	rangèrent	**eut** rangé	**eurent** rangé

futur

		futur antérieur	
rangerai	rangerons	**aurai** rangé	**aurons** rangé
rangeras	rangerez	**auras** rangé	**aurez** rangé
rangera	rangeront	**aura** rangé	**auront** rangé

conditionnel

		conditionnel passé	
rangerais	rangerions	**aurais** rangé	**aurions** rangé
rangerais	rangeriez	**aurais** rangé	**auriez** rangé
rangerait	rangeraient	**aurait** rangé	**auraient** rangé

présent du subjonctif

		passé du subjonctif	
range	rangions	**aie** rangé	**ayons** rangé
ranges	rangiez	**aies** rangé	**ayez** rangé
range	rangent	**ait** rangé	**aient** rangé

imparfait du subjonctif

		plus-que-parfait du subjonctif	
rangeasse	rangeassions	**eusse** rangé	**eussions** rangé
rangeasses	rangeassiez	**eusses** rangé	**eussiez** rangé
rangeât	rangeassent	**eût** rangé	**eussent** rangé

impératif

range
rangeons
rangez

R

to recall, to call back, to remind — rappeler

participe présent **rappelant** participe passé **rappelé**

SINGULAR	PLURAL	SINGULAR	PLURAL
présent de l'indicatif		**passé composé**	
rappelle	rappelons	ai rappelé	avons rappelé
rappelles	rappelez	as rappelé	avez rappelé
rappelle	rappellent	a rappelé	ont rappelé
imparfait de l'indicatif		**plus-que-parfait de l'indicatif**	
rappelais	rappelions	avais rappelé	avions rappelé
rappelais	rappeliez	avais rappelé	aviez rappelé
rappelait	rappelaient	avait rappelé	avaient rappelé
passé simple		**passé antérieur**	
rappelai	rappelâmes	eus rappelé	eûmes rappelé
rappelas	rappelâtes	eus rappelé	eûtes rappelé
rappela	rappelèrent	eut rappelé	eurent rappelé
futur		**futur antérieur**	
rappellerai	rappellerons	aurai rappelé	aurons rappelé
rappelleras	rappellerez	auras rappelé	aurez rappelé
rappellera	rappelleront	aura rappelé	auront rappelé
conditionnel		**conditionnel passé**	
rappellerais	rappellerions	aurais rappelé	aurions rappelé
rappellerais	rappelleriez	aurais rappelé	auriez rappelé
rappellerait	rappelleraient	aurait rappelé	auraient rappelé
présent du subjonctif		**passé du subjonctif**	
rappelle	rappelions	aie rappelé	ayons rappelé
rappelles	rappeliez	aies rappelé	ayez rappelé
rappelle	rappellent	ait rappelé	aient rappelé
imparfait du subjonctif		**plus-que-parfait du subjonctif**	
rappelasse	rappelassions	eusse rappelé	eussions rappelé
rappelasses	rappelassiez	eusses rappelé	eussiez rappelé
rappelât	rappelassent	eût rappelé	eussent rappelé
impératif			
rappelle			
rappelons			
rappelez			

R

se rappeler   to remember, to recollect

participe présent **se rappelant**   participe passé **rappelé(e)(s)**

SINGULAR	PLURAL	SINGULAR	PLURAL
présent de l'indicatif		**passé composé**	
me rappell**e**	**nous** rappel**ons**	**me suis** rappelé(e)	**nous sommes** rappelé(e)s
te rappell**es**	**vous** rappel**ez**	**t'es** rappelé(e)	**vous êtes** rappelé(e)(s)
se rappell**e**	**se** rappell**ent**	**s'est** rappelé(e)	**se sont** rappelé(e)s
imparfait de l'indicatif		**plus-que-parfait de l'indicatif**	
me rappel**ais**	**nous** rappel**ions**	**m'étais** rappelé(e)	**nous étions** rappelé(e)s
te rappel**ais**	**vous** rappel**iez**	**t'étais** rappelé(e)	**vous étiez** rappelé(e)(s)
se rappel**ait**	**se** rappel**aient**	**s'était** rappelé(e)	**s'étaient** rappelé(e)s
passé simple		**passé antérieur**	
me rappel**ai**	**nous** rappel**âmes**	**me fus** rappelé(e)	**nous fûmes** rappelé(e)s
te rappel**as**	**vous** rappel**âtes**	**te fus** rappelé(e)	**vous fûtes** rappelé(e)(s)
se rappel**a**	**se** rappel**èrent**	**se fut** rappelé(e)	**se furent** rappelé(e)s
futur		**futur antérieur**	
me rappeller**ai**	**nous** rappeller**ons**	**me serai** rappelé(e)	**nous serons** rappelé(e)s
te rappeller**as**	**vous** rappeller**ez**	**te seras** rappelé(e)	**vous serez** rappelé(e)(s)
se rappeller**a**	**se** rappeller**ont**	**se sera** rappelé(e)	**se seront** rappelé(e)s
conditionnel		**conditionnel passé**	
me rappeller**ais**	**nous** rappeller**ions**	**me serais** rappelé(e)	**nous serions** rappelé(e)s
te rappeller**ais**	**vous** rappeller**iez**	**te serais** rappelé(e)	**vous seriez** rappelé(e)(s)
se rappeller**ait**	**se** rappeller**aient**	**se serait** rappelé(e)	**se seraient** rappelé(e)s
présent du subjonctif		**passé du subjonctif**	
me rappell**e**	**nous** rappel**ions**	**me sois** rappelé(e)	**nous soyons** rappelé(e)s
te rappell**es**	**vous** rappel**iez**	**te sois** rappelé(e)	**vous soyez** rappelé(e)(s)
se rappell**e**	**se** rappell**ent**	**se soit** rappelé(e)	**se soient** rappelé(e)s
imparfait du subjonctif		**plus-que-parfait du subjonctif**	
me rappel**asse**	**nous** rappel**assions**	**me fusse** rappelé(e)	**nous fussions** rappelé(e)s
te rappel**asses**	**vous** rappel**assiez**	**te fusses** rappelé(e)	**vous fussiez** rappelé(e)(s)
se rappel**ât**	**se** rappel**assent**	**se fût** rappelé(e)	**se fussent** rappelé(e)s

impératif
rappelle-toi
rappelons-nous
rappelez-vous

R

participe présent ratant   **participe passé** raté

SINGULAR	PLURAL	SINGULAR	PLURAL

présent de l'indicatif

		passé composé	
rate	ratons	**ai** raté	**avons** raté
rates	ratez	**as** raté	**avez** raté
rate	ratent	**a** raté	**ont** raté

imparfait de l'indicatif / **plus-que-parfait de l'indicatif**

ratais	rations	**avais** raté	**avions** raté
ratais	ratiez	**avais** raté	**aviez** raté
ratait	rataient	**avait** raté	**avaient** raté

passé simple / **passé antérieur**

ratai	ratâmes	**eus** raté	**eûmes** raté
ratas	ratâtes	**eus** raté	**eûtes** raté
rata	ratèrent	**eut** raté	**eurent** raté

futur / **futur antérieur**

raterai	raterons	**aurai** raté	**aurons** raté
rateras	raterez	**auras** raté	**aurez** raté
ratera	rateront	**aura** raté	**auront** raté

conditionnel / **conditionnel passé**

raterais	raterions	**aurais** raté	**aurions** raté
raterais	rateriez	**aurais** raté	**auriez** raté
raterait	rateraient	**aurait** raté	**auraient** raté

présent du subjonctif / **passé du subjonctif**

rate	rations	**aie** raté	**ayons** raté
rates	ratiez	**aies** raté	**ayez** raté
rate	ratent	**ait** raté	**aient** raté

imparfait du subjonctif / **plus-que-parfait du subjonctif**

ratasse	ratassions	**eusse** raté	**eussions** raté
ratasses	ratassiez	**eusses** raté	**eussiez** raté
ratât	ratassent	**eût** raté	**eussent** raté

impératif

rate
ratons
ratez

R

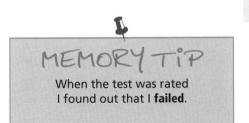

MEMORY TIP

When the test was rated
I found out that I **failed**.

recevoir   to receive, to get, to welcome (guests)

SINGULAR	PLURAL	SINGULAR	PLURAL

présent de l'indicatif

reçois	recevons		
reçois	recevez		
reçoit	reçoivent		

passé composé

ai reçu	**avons** reçu
as reçu	**avez** reçu
a reçu	**ont** reçu

imparfait de l'indicatif

recevais	recevions
recevais	receviez
recevait	recevaient

plus-que-parfait de l'indicatif

avais reçu	**avions** reçu
avais reçu	**aviez** reçu
avait reçu	**avaient** reçu

passé simple

reçus	reçûmes
reçus	reçûtes
reçut	reçurent

passé antérieur

eus reçu	**eûmes** reçu
eus reçu	**eûtes** reçu
eut reçu	**eurent** reçu

futur

recevrai	recevrons
recevras	recevrez
recevra	recevront

futur antérieur

aurai reçu	**aurons** reçu
auras reçu	**aurez** reçu
aura reçu	**auront** reçu

conditionnel

recevrais	recevrions
recevrais	recevriez
recevrait	recevraient

conditionnel passé

aurais reçu	**aurions** reçu
aurais reçu	**auriez** reçu
aurait reçu	**auraient** reçu

présent du subjonctif

reçoive	recevions
reçoives	receviez
reçoive	reçoivent

passé du subjonctif

aie reçu	**ayons** reçu
aies reçu	**ayez** reçu
ait reçu	**aient** reçu

imparfait du subjonctif

reçusse	reçussions
reçusses	reçûssiez
reçut	reçussent

plus-que-parfait du subjonctif

eusse reçu	**eussions** reçu
eusses reçu	**eussiez** reçu
eût reçu	**eussent** reçu

impératif

reçois
recevons
recevez

MUST
KNOW
VERB

to recognize, to acknowledge — reconnaître

SINGULAR	PLURAL	SINGULAR	PLURAL
présent de l'indicatif		**passé composé**	
reconn**ais**	reconnaiss**ons**	**ai** reconnu	**avons** reconnu
reconn**ais**	reconnaiss**ez**	**as** reconnu	**avez** reconnu
reconn**aît**	reconnaiss**ent**	**a** reconnu	**ont** reconnu
imparfait de l'indicatif		**plus-que-parfait de l'indicatif**	
reconnaiss**ais**	reconnaiss**ions**	**avais** reconnu	**avions** reconnu
reconnaiss**ais**	reconnaiss**iez**	**avais** reconnu	**aviez** reconnu
reconnaiss**ait**	reconnaiss**aient**	**avait** reconnu	**avaient** reconnu
passé simple		**passé antérieur**	
reconn**us**	reconn**ûmes**	**eus** reconnu	**eûmes** reconnu
reconn**us**	reconn**ûtes**	**eus** reconnu	**eûtes** reconnu
reconn**ut**	reconn**urent**	**eut** reconnu	**eurent** reconnu
futur		**futur antérieur**	
reconnaîtr**ai**	reconnaîtr**ons**	**aurai** reconnu	**aurons** reconnu
reconnaîtr**as**	reconnaîtr**ez**	**auras** reconnu	**aurez** reconnu
reconnaîtr**a**	reconnaîtr**ont**	**aura** reconnu	**auront** reconnu
conditionnel		**conditionnel passé**	
reconnaîtr**ais**	reconnaîtr**ions**	**aurais** reconnu	**aurions** reconnu
reconnaîtr**ais**	reconnaîtr**iez**	**aurais** reconnu	**auriez** reconnu
reconnaîtr**ait**	reconnaîtr**aient**	**aurait** reconnu	**auraient** reconnu
présent du subjonctif		**passé du subjonctif**	
reconnaiss**e**	reconnaiss**ions**	**aie** reconnu	**ayons** reconnu
reconnaiss**es**	reconnaiss**iez**	**aies** reconnu	**ayez** reconnu
reconnaiss**e**	reconnaiss**ent**	**ait** reconnu	**aient** reconnu
imparfait du subjonctif		**plus-que-parfait du subjonctif**	
reconnu**sse**	reconnu**ssions**	**eusse** reconnu	**eussions** reconnu
reconnu**sses**	reconnu**ssiez**	**eusses** reconnu	**eussiez** reconnu
reconn**ût**	reconnu**issent**	**eût** reconnu	**eussent** reconnu

impératif
reconnais
reconnaissons
reconnaissez

R

MEMORY TIP
The soldiers' reconnaissance helped them **recognize** the enemy territory.

participe présent recueillant   **participe passé** recueilli

SINGULAR	PLURAL	SINGULAR	PLURAL

présent de l'indicatif

		passé composé	
recueille	recueillons	ai recueilli	avons recueilli
recueilles	recueillez	as recueilli	avez recueilli
recueille	recueillent	a recueilli	ont recueilli

imparfait de l'indicatif

		plus-que-parfait de l'indicatif	
recueillais	recueillions	avais recueilli	avions recueilli
recueillais	recueilliez	avais recueilli	aviez recueilli
recueillait	recueillaient	avait recueilli	avaient recueilli

passé simple

		passé antérieur	
recueillis	recueillîmes	eus recueilli	eûmes recueilli
recueillis	recueillîtes	eus recueilli	eûtes recueilli
recueillit	recueillirent	eut recueilli	eurent recueilli

futur

		futur antérieur	
recueillerai	recueillerons	aurai recueilli	aurons recueilli
recueilleras	recueillerez	auras recueilli	aurez recueilli
recueillera	recueilleront	aura recueilli	auront recueilli

conditionnel

		conditionnel passé	
recueillerais	recueillerions	aurais recueilli	aurions recueilli
recueillerais	recueilleriez	aurais recueilli	auriez recueilli
recueillerait	recueilleraient	aurait recueilli	auraient recueilli

présent du subjonctif

		passé du subjonctif	
recueille	recueillions	aie recueilli	ayons recueilli
recueilles	recueilliez	aies recueilli	ayez recueilli
recueille	recueillent	ait recueilli	aient recueilli

imparfait du subjonctif

		plus-que-parfait du subjonctif	
recueillisse	recueillissions	eusse recueilli	eussions recueilli
recueillisses	recueillissiez	eusses recueilli	eussiez recueilli
recueillît	recueillissent	eût recueilli	eussent recueilli

impératif
recueille
recueillons
recueillez

R

to reduce   réduire

SINGULAR	PLURAL	SINGULAR	PLURAL

présent de l'indicatif

SINGULAR	PLURAL
rédu**is**	rédu**isons**
rédu**is**	rédu**isez**
rédu**it**	rédu**isent**

passé composé

SINGULAR	PLURAL
ai réduit	**avons** réduit
as réduit	**avez** réduit
a réduit	**ont** réduit

imparfait de l'indicatif

SINGULAR	PLURAL
réduis**ais**	réduis**ions**
réduis**ais**	réduis**iez**
réduis**ait**	réduis**aient**

plus-que-parfait de l'indicatif

SINGULAR	PLURAL
avais réduit	**avions** réduit
avais réduit	**aviez** réduit
avait réduit	**avaient** réduit

passé simple

SINGULAR	PLURAL
réduis**is**	réduis**îmes**
réduis**is**	réduis**îtes**
réduis**it**	réduis**irent**

passé antérieur

SINGULAR	PLURAL
eus réduit	**eûmes** réduit
eus réduit	**eûtes** réduit
eut réduit	**eurent** réduit

futur

SINGULAR	PLURAL
réduir**ai**	réduir**ons**
réduir**as**	réduir**ez**
réduir**a**	réduir**ont**

futur antérieur

SINGULAR	PLURAL
aurai réduit	**aurons** réduit
auras réduit	**aurez** réduit
aura réduit	**auront** réduit

conditionnel

SINGULAR	PLURAL
réduir**ais**	réduir**ions**
réduir**ais**	réduir**iez**
réduir**ait**	réduir**aient**

conditionnel passé

SINGULAR	PLURAL
aurais réduit	**aurions** réduit
aurais réduit	**auriez** réduit
aurait réduit	**auraient** réduit

présent du subjonctif

SINGULAR	PLURAL
rédu**ise**	réduis**ions**
rédu**ises**	réduis**iez**
rédu**ise**	réduis**ent**

passé du subjonctif

SINGULAR	PLURAL
aie réduit	**ayons** réduit
aies réduit	**ayez** réduit
ait réduit	**aient** réduit

imparfait du subjonctif

SINGULAR	PLURAL
réduis**isse**	réduis**issions**
réduis**isses**	réduis**issiez**
réduis**ît**	réduis**issent**

plus-que-parfait du subjonctif

SINGULAR	PLURAL
eusse réduit	**eussions** réduit
eusses réduit	**eussiez** réduit
eût réduit	**eussent** réduit

impératif

réduis
réduisons
réduisez

R

réfléchir

to reflect, to ponder

SINGULAR	PLURAL	SINGULAR	PLURAL

présent de l'indicatif

réfléch**is**	réfléch**issons**
réfléch**is**	réfléch**issez**
réfléch**it**	réfléch**issent**

passé composé

ai réfléchi	**avons** réfléchi
as réfléchi	**avez** réfléchi
a réfléchi	**ont** réfléchi

imparfait de l'indicatif

réfléchiss**ais**	réfléchiss**ions**
réfléchiss**ais**	réfléchiss**iez**
réfléchiss**ait**	réfléchiss**aient**

plus-que-parfait de l'indicatif

avais réfléchi	**avions** réfléchi
avais réfléchi	**aviez** réfléchi
avait réfléchi	**avaient** réfléchi

passé simple

réfléch**is**	réfléch**îmes**
réfléch**is**	réfléch**îtes**
réfléch**it**	réfléch**irent**

passé antérieur

eus réfléchi	**eûmes** réfléchi
eus réfléchi	**eûtes** réfléchi
eut réfléchi	**eurent** réfléchi

futur

réfléchir**ai**	réfléchir**ons**
réfléchir**as**	réfléchir**ez**
réfléchir**a**	réfléchir**ont**

futur antérieur

aurai réfléchi	**aurons** réfléchi
auras réfléchi	**aurez** réfléchi
aura réfléchi	**auront** réfléchi

conditionnel

réfléchir**ais**	réfléchir**ions**
réfléchir**ais**	réfléchir**iez**
réfléchir**ait**	réfléchir**aient**

conditionnel passé

aurais réfléchi	**aurions** réfléchi
aurais réfléchi	**auriez** réfléchi
aurait réfléchi	**auraient** réfléchi

présent du subjonctif

réfléchiss**e**	réfléchiss**ions**
réfléchiss**es**	réfléchiss**iez**
réfléchiss**e**	réfléchiss**ent**

passé du subjonctif

aie réfléchi	**ayons** réfléchi
aies réfléchi	**ayez** réfléchi
ait réfléchi	**aient** réfléchi

imparfait du subjonctif

réfléchi**sse**	réfléchi**ssions**
réfléchi**sses**	réfléchi**ssiez**
réfléch**ît**	réfléchi**ssent**

plus-que-parfait du subjonctif

eusse réfléchi	**eussions** réfléchi
eusses réfléchi	**eussiez** réfléchi
eût réfléchi	**eussent** réfléchi

impératif

réfléchis
réfléchissons
réfléchissez

R

MEMORY TIP

The **reflection** of the moon on the lake was beautiful.

to refuse, to turn down, to reject   refuser

SINGULAR	PLURAL	SINGULAR	PLURAL
présent de l'indicatif		**passé composé**	
refuse	refusons	ai refusé	avons refusé
refuses	refusez	as refusé	avez refusé
refuse	refusent	a refusé	ont refusé
imparfait de l'indicatif		**plus-que-parfait de l'indicatif**	
refusais	refusions	avais refusé	avions refusé
refusais	refusiez	avais refusé	aviez refusé
refusait	refusaient	avait refusé	avaient refusé
passé simple		**passé antérieur**	
refusai	refusâmes	eus refusé	eûmes refusé
refusas	refusâtes	eus refusé	eûtes refusé
refusa	refusèrent	eut refusé	eurent refusé
futur		**futur antérieur**	
refuserai	refuserons	aurai refusé	aurons refusé
refuseras	refuserez	auras refusé	aurez refusé
refusera	refuseront	aura refusé	auront refusé
conditionnel		**conditionnel passé**	
refuserais	refuserions	aurais refusé	aurions refusé
refuserais	refuseriez	aurais refusé	auriez refusé
refuserait	refuseraient	aurait refusé	auraient refusé
présent du subjonctif		**passé du subjonctif**	
refuse	refusions	aie refusé	ayons refusé
refuses	refusiez	aies refusé	ayez refusé
refuse	refusent	ait refusé	aient refusé
imparfait du subjonctif		**plus-que-parfait du subjonctif**	
refusasse	refusassions	eusse refusé	eussions refusé
refusasses	refusassiez	eusses refusé	eussiez refusé
refusât	refusassent	eût refusé	eussent refusé
impératif			
refuse			
refusons			
refusez			

R

SINGULAR	PLURAL	SINGULAR	PLURAL

présent de l'indicatif

		passé composé	
regarde	regardons	**ai** regardé	**avons** regardé
regardes	regardez	**as** regardé	**avez** regardé
regarde	regardent	**a** regardé	**ont** regardé

imparfait de l'indicatif

		plus-que-parfait de l'indicatif	
regardais	regardions	**avais** regardé	**avions** regardé
regardais	regardiez	**avais** regardé	**aviez** regardé
regardait	regardaient	**avait** regardé	**avaient** regardé

passé simple

		passé antérieur	
regardai	regardâmes	**eus** regardé	**eûmes** regardé
regardas	regardâtes	**eus** regardé	**eûtes** regardé
regarda	regardèrent	**eut** regardé	**eurent** regardé

futur

		futur antérieur	
regarderai	regarderons	**aurai** regardé	**aurons** regardé
regarderas	regarderez	**auras** regardé	**aurez** regardé
regardera	regarderont	**aura** regardé	**auront** regardé

conditionnel

		conditionnel passé	
regarderais	regarderions	**aurais** regardé	**aurions** regardé
regarderais	regarderiez	**aurais** regardé	**auriez** regardé
regarderait	regarderaient	**aurait** regardé	**auraient** regardé

présent du subjonctif

		passé du subjonctif	
regarde	regardions	**aie** regardé	**ayons** regardé
regardes	regardiez	**aies** regardé	**ayez** regardé
regarde	regardent	**ait** regardé	**aient** regardé

imparfait du subjonctif

		plus-que-parfait du subjonctif	
regardasse	regardassions	**eusse** regardé	**eussions** regardé
regardasses	regardassiez	**eusses** regardé	**eussiez** regardé
regardât	regardassent	**eût** regardé	**eussent** regardé

impératif

regarde
regardons
regardez

R

MUST KNOW VERB

to pay
régler

SINGULAR	PLURAL	SINGULAR	PLURAL

présent de l'indicatif

		passé composé	
règle	réglons	**ai** réglé	**avons** réglé
règles	réglez	**as** réglé	**avez** réglé
règle	règlent	**a** réglé	**ont** réglé

imparfait de l'indicatif

plus-que-parfait de l'indicatif

réglais	réglions	**avais** réglé	**avions** réglé
réglais	régliez	**avais** réglé	**aviez** réglé
réglait	réglaient	**avait** réglé	**avaient** réglé

passé simple

passé antérieur

réglai	réglâmes	**eus** réglé	**eûmes** réglé
réglas	réglâtes	**eus** réglé	**eûtes** réglé
régla	réglèrent	**eut** réglé	**eurent** réglé

futur

futur antérieur

réglerai	réglerons	**aurai** réglé	**aurons** réglé
régleras	réglerez	**auras** réglé	**aurez** réglé
réglera	régleront	**aura** réglé	**auront** réglé

conditionnel

conditionnel passé

réglerais	réglerions	**aurais** réglé	**aurions** réglé
réglerais	régleriez	**aurais** réglé	**auriez** réglé
réglerait	régleraient	**aurait** réglé	**auraient** réglé

présent du subjonctif

passé du subjonctif

règle	réglions	**aie** réglé	**ayons** réglé
règles	régliez	**aies** réglé	**ayez** réglé
règle	règlent	**ait** réglé	**aient** réglé

imparfait du subjonctif

plus-que-parfait du subjonctif

réglasse	réglassions	**eusse** réglé	**eussions** réglé
réglasses	réglassiez	**eusses** réglé	**eussiez** réglé
réglât	réglassent	**eût** réglé	**eussent** réglé

impératif

règle
réglons
réglez

R

regretter

to be sorry about, to regret

participe présent **regrettant**   participe passé **regretté**

SINGULAR	PLURAL	SINGULAR	PLURAL

présent de l'indicatif
regrett**e**	regrett**ons**
regrett**es**	regrett**ez**
regrett**e**	regrett**ent**

passé composé
ai regretté	**avons** regretté
as regretté	**avez** regretté
a regretté	**ont** regretté

imparfait de l'indicatif
regrett**ais**	regrett**ions**
regrett**ais**	regrett**iez**
regrett**ait**	regrett**aient**

plus-que-parfait de l'indicatif
avais regretté	**avions** regretté
avais regretté	**aviez** regretté
avait regretté	**avaient** regretté

passé simple
regrett**ai**	regrett**âmes**
regrett**as**	regrett**âtes**
regrett**a**	regrett**èrent**

passé antérieur
eus regretté	**eûmes** regretté
eus regretté	**eûtes** regretté
eut regretté	**eurent** regretté

futur
regretter**ai**	regretter**ons**
regretter**as**	regretter**ez**
regretter**a**	regretter**ont**

futur antérieur
aurai regretté	**aurons** regretté
auras regretté	**aurez** regretté
aura regretté	**auront** regretté

conditionnel
regretter**ais**	regretter**ions**
regretter**ais**	regretter**iez**
regretter**ait**	regretter**aient**

conditionnel passé
aurais regretté	**aurions** regretté
aurais regretté	**auriez** regretté
aurait regretté	**auraient** regretté

présent du subjonctif
regrett**e**	regrett**ions**
regrett**es**	regrett**iez**
regrett**e**	regrett**ent**

passé du subjonctif
aie regretté	**ayons** regretté
aies regretté	**ayez** regretté
ait regretté	**aient** regretté

imparfait du subjonctif
regrett**asse**	regrett**assions**
regrett**asses**	regrett**assiez**
regrett**ât**	regrett**assent**

plus-que-parfait du subjonctif
eusse regretté	**eussions** regretté
eusses regretté	**eussiez** regretté
eût regretté	**eussent** regretté

impératif
regrette
regrettons
regrettez

R

to reread

participe présent relisant   **participe passé** relu

SINGULAR	PLURAL	SINGULAR	PLURAL

présent de l'indicatif

		passé composé	
relis	relisons	ai relu	avons relu
relis	relisez	as relu	avez relu
relit	relisent	a relu	ont relu

imparfait de l'indicatif

		plus-que-parfait de l'indicatif	
relisais	relisions	avais relu	avions relu
relisais	relisiez	avais relu	aviez relu
relisait	relisaient	avait relu	avaient relu

passé simple

		passé antérieur	
relus	relûmes	eus relu	eûmes relu
relus	relûtes	eus relu	eûtes relu
relut	relurent	eut relu	eurent relu

futur

		futur antérieur	
relirai	relirons	aurai relu	aurons relu
reliras	relirez	auras relu	aurez relu
relira	reliront	aura relu	auront relu

conditionnel

		conditionnel passé	
relirais	relirions	aurais relu	aurions relu
relirais	reliriez	aurais relu	auriez relu
relirait	reliraient	aurait relu	auraient relu

présent du subjonctif

		passé du subjonctif	
relise	relisions	aie relu	ayons relu
relises	relisiez	aies relu	ayez relu
relise	relisent	ait relu	aient relu

imparfait du subjonctif

		plus-que-parfait du subjonctif	
relusse	relussions	eusse relu	eussions relu
relusses	relussiez	eusses relu	eussiez relu
relût	relussent	eût relu	eussent relu

impératif

relis
relisons
relisez

R

remarquer   to notice, to observe

participe présent **remarquant**   participe passé **remarqué**

SINGULAR	PLURAL	SINGULAR	PLURAL

présent de l'indicatif

		passé composé	
remarque	remarquons	ai remarqué	avons remarqué
remarques	remarquez	as remarqué	avez remarqué
remarque	remarquent	a remarqué	ont remarqué

imparfait de l'indicatif

		plus-que-parfait de l'indicatif	
remarquais	remarquions	avais remarqué	avions remarqué
remarquais	remarquiez	avais remarqué	aviez remarqué
remarquait	remarquaient	avait remarqué	avaient remarqué

passé simple

		passé antérieur	
remarquai	remarquâmes	eus remarqué	eûmes remarqué
remarquas	remarquâtes	eus remarqué	eûtes remarqué
remarqua	remarquèrent	eut remarqué	eurent remarqué

futur

		futur antérieur	
remarquerai	remarquerons	aurai remarqué	aurons remarqué
remarqueras	remarquerez	auras remarqué	aurez remarqué
remarquera	remarqueront	aura remarqué	auront remarqué

conditionnel

		conditionnel passé	
remarquerais	remarquerions	aurais remarqué	aurions remarqué
remarquerais	remarqueriez	aurais remarqué	auriez remarqué
remarquerait	remarqueraient	aurait remarqué	auraient remarqué

présent du subjonctif

		passé du subjonctif	
remarque	remarquions	aie remarqué	ayons remarqué
remarques	remarquiez	aies remarqué	ayez remarqué
remarque	remarquent	ait remarqué	aient remarqué

imparfait du subjonctif

		plus-que-parfait du subjonctif	
remarquasse	remarquassions	eusse remarqué	eussions remarqué
remarquasses	remarquassiez	eusses remarqué	eussiez remarqué
remarquât	remarquassent	eût remarqué	eussent remarqué

impératif

remarque
remarquons
remarquez

R

to thank, to give thanks · remercier

SINGULAR	PLURAL	SINGULAR	PLURAL

présent de l'indicatif

		passé composé	
remercie	remercions	**ai** remercié	**avons** remercié
remercies	remerciez	**as** remercié	**avez** remercié
remercie	remercient	**a** remercié	**ont** remercié

imparfait de l'indicatif

		plus-que-parfait de l'indicatif	
remerciais	remerciions	**avais** remercié	**avions** remercié
remerciais	remerciiez	**avais** remercié	**aviez** remercié
remerciait	remerciaient	**avait** remercié	**avaient** remercié

passé simple

		passé antérieur	
remerciai	remerciâmes	**eus** remercié	**eûmes** remercié
remercias	remerciâtes	**eus** remercié	**eûtes** remercié
remercia	remercièrent	**eut** remercié	**eurent** remercié

futur

		futur antérieur	
remercierai	remercierons	**aurai** remercié	**aurons** remercié
remercieras	remercierez	**auras** remercié	**aurez** remercié
remerciera	remercieront	**aura** remercié	**auront** remercié

conditionnel

		conditionnel passé	
remercierais	remercierions	**aurais** remercié	**aurions** remercié
remercierais	remercieriez	**aurais** remercié	**auriez** remercié
remercierait	remercieraient	**aurait** remercié	**auraient** remercié

présent du subjonctif

		passé du subjonctif	
remercie	remerciions	**aie** remercié	**ayons** remercié
remercies	remerciiez	**aies** remercié	**ayez** remercié
remercie	remercient	**ait** remercié	**aient** remercié

imparfait du subjonctif

		plus-que-parfait du subjonctif	
remerciasse	remerciassions	**eusse** remercié	**eussions** remercié
remerciasses	remerciassiez	**eusses** remercié	**eussiez** remercié
remerciât	remerciassent	**eût** remercié	**eussent** remercié

impératif

remercie
remercions
remerciez

R

547

participe présent remettant   **participe passé** remis

SINGULAR	PLURAL	SINGULAR	PLURAL

présent de l'indicatif
		passé composé	
remets	remettons	**ai** remis	**avons** remis
remets	remettez	**as** remis	**avez** remis
remet	remettent	**a** remis	**ont** remis

imparfait de l'indicatif
		plus-que-parfait de l'indicatif	
remettais	remettions	**avais** remis	**avions** remis
remettais	remettiez	**avais** remis	**aviez** remis
remettait	remettaient	**avait** remis	**avaient** remis

passé simple
		passé antérieur	
remis	remîmes	**eus** remis	**eûmes** remis
remis	remîtes	**eus** remis	**eûtes** remis
remit	remirent	**eut** remis	**eurent** remis

futur
		futur antérieur	
remettrai	remettrons	**aurai** remis	**aurons** remis
remettras	remettrez	**auras** remis	**aurez** remis
remettra	remettront	**aura** remis	**auront** remis

conditionnel
		conditionnel passé	
remettrais	remettrions	**aurais** remis	**aurions** remis
remettrais	remettriez	**aurais** remis	**auriez** remis
remettrait	remettraient	**aurait** remis	**auraient** remis

présent du subjonctif
		passé du subjonctif	
remette	remettions	**aie** remis	**ayons** remis
remettes	remettiez	**aies** remis	**ayez** remis
remette	remettent	**ait** remis	**aient** remis

imparfait du subjonctif
		plus-que-parfait du subjonctif	
remisse	remissions	**eusse** remis	**eussions** remis
remisses	remissiez	**eusses** remis	**eussiez** remis
remît	remissent	**eût** remis	**eussent** remis

impératif
remets
remettons
remettez

R

MEMORY TIP
The owner needed to **remit** the payment immediately.

to replace

remplacer

SINGULAR	PLURAL	SINGULAR	PLURAL

présent de l'indicatif
		passé composé	
remplace	remplaçons	**ai** remplacé	**avons** remplacé
remplaces	remplacez	**as** remplacé	**avez** remplacé
remplace	remplacent	**a** remplacé	**ont** remplacé

imparfait de l'indicatif
		plus-que-parfait de l'indicatif	
remplaçais	remplacions	**avais** remplacé	**avions** remplacé
remplaçais	remplaciez	**avais** remplacé	**aviez** remplacé
remplaçait	remplaçaient	**avait** remplacé	**avaient** remplacé

passé simple
		passé antérieur	
remplaçai	remplaçâmes	**eus** remplacé	**eûmes** remplacé
remplaças	remplaçâtes	**eus** remplacé	**eûtes** remplacé
remplaça	remplacèrent	**eut** remplacé	**eurent** remplacé

futur
		futur antérieur	
remplacerai	remplacerons	**aurai** remplacé	**aurons** remplacé
remplaceras	remplacerez	**auras** remplacé	**aurez** remplacé
remplacera	remplaceront	**aura** remplacé	**auront** remplacé

conditionnel
		conditionnel passé	
remplacerais	remplacerions	**aurais** remplacé	**aurions** remplacé
remplacerais	remplaceriez	**aurais** remplacé	**auriez** remplacé
remplacerait	remplaceraient	**aurait** remplacé	**auraient** remplacé

présent du subjonctif
		passé du subjonctif	
remplace	remplacions	**aie** remplacé	**ayons** remplacé
remplaces	remplaciez	**aies** remplacé	**ayez** remplacé
remplace	remplacent	**ait** remplacé	**aient** remplacé

imparfait du subjonctif
		plus-que-parfait du subjonctif	
remplaçasse	remplaçassions	**eusse** remplacé	**eussions** remplacé
remplaçasses	remplaçassiez	**eusses** remplacé	**eussiez** remplacé
remplaçât	remplaçassent	**eût** remplacé	**eussent** remplacé

impératif
remplace
remplaçons
remplacez

R

SINGULAR	PLURAL	SINGULAR	PLURAL
présent de l'indicatif		**passé composé**	
remplis	remplissons	ai rempli	avons rempli
remplis	remplissez	as rempli	avez rempli
remplit	remplissent	a rempli	ont rempli
imparfait de l'indicatif		**plus-que-parfait de l'indicatif**	
remplissais	remplissions	avais rempli	avions rempli
remplissais	remplissiez	avais rempli	aviez rempli
remplissait	remplissaient	avait rempli	avaient rempli
passé simple		**passé antérieur**	
remplis	remplîmes	eus rempli	eûmes rempli
remplis	remplîtes	eus rempli	eûtes rempli
remplit	remplirent	eut rempli	eurent rempli
futur		**futur antérieur**	
remplirai	remplirons	aurai rempli	aurons rempli
rempliras	remplirez	auras rempli	aurez rempli
remplira	rempliront	aura rempli	auront rempli
conditionnel		**conditionnel passé**	
remplirais	remplirions	aurais rempli	aurions rempli
remplirais	rempliriez	aurais rempli	auriez rempli
remplirait	rempliraient	aurait rempli	auraient rempli
présent du subjonctif		**passé du subjonctif**	
remplisse	remplissions	aie rempli	ayons rempli
remplisses	remplissiez	aies rempli	ayez rempli
remplisse	remplissent	ait rempli	aient rempli
imparfait du subjonctif		**plus-que-parfait du subjonctif**	
remplisse	remplissions	eusse rempli	eussions rempli
remplisses	remplissiez	eusses rempli	eussiez rempli
remplît	remplissent	eût rempli	eussent rempli
impératif			
remplis			
remplissons			
remplissez			

R

to meet, to encounter   rencontrer

SINGULAR	PLURAL	SINGULAR	PLURAL

présent de l'indicatif

rencontre	rencontrons	
rencontres	rencontrez	
rencontre	rencontrent	

passé composé

ai rencontré	**avons** rencontré
as rencontré	**avez** rencontré
a rencontré	**ont** rencontré

imparfait de l'indicatif

rencontrais	rencontrions
rencontrais	rencontriez
rencontrait	rencontraient

plus-que-parfait de l'indicatif

avais rencontré	**avions** rencontré
avais rencontré	**aviez** rencontré
avait rencontré	**avaient** rencontré

passé simple

rencontrai	rencontrâmes
rencontras	rencontrâtes
rencontra	rencontrèrent

passé antérieur

eus rencontré	**eûmes** rencontré
eus rencontré	**eûtes** rencontré
eut rencontré	**eurent** rencontré

futur

rencontrerai	rencontrerons
rencontreras	rencontrerez
rencontrera	rencontreront

futur antérieur

aurai rencontré	**aurons** rencontré
auras rencontré	**aurez** rencontré
aura rencontré	**auront** rencontré

conditionnel

rencontrerais	rencontrerions
rencontrerais	rencontreriez
rencontrerait	rencontreraient

conditionnel passé

aurais rencontré	**aurions** rencontré
aurais rencontré	**auriez** rencontré
aurait rencontré	**auraient** rencontré

présent du subjonctif

rencontre	rencontrions
rencontres	rencontriez
rencontre	rencontrent

passé du subjonctif

aie rencontré	**ayons** rencontré
aies rencontré	**ayez** rencontré
ait rencontré	**aient** rencontré

imparfait du subjonctif

rencontrasse	rencontrassions
rencontrasses	rencontrassiez
rencontrât	rencontrassent

plus-que-parfait du subjonctif

eusse rencontré	**eussions** rencontré
eusses rencontré	**eussiez** rencontré
eût rencontré	**eussent** rencontré

impératif

rencontre
rencontrons
rencontrez

R

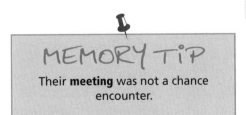

MEMORY TIP

Their **meeting** was not a chance encounter.

participe présent **rendant**   participe passé **rendu**

SINGULAR	PLURAL	SINGULAR	PLURAL

présent de l'indicatif

		passé composé	
rend**s**	rend**ons**	**ai** rendu	**avons** rendu
rend**s**	rend**ez**	**as** rendu	**avez** rendu
rend	rend**ent**	**a** rendu	**ont** rendu

imparfait de l'indicatif

plus-que-parfait de l'indicatif

rend**ais**	rend**ions**	**avais** rendu	**avions** rendu
rend**ais**	rend**iez**	**avais** rendu	**aviez** rendu
rend**ait**	rend**aient**	**avait** rendu	**avaient** rendu

passé simple

passé antérieur

rend**is**	rend**îmes**	**eus** rendu	**eûmes** rendu
rend**is**	rend**îtes**	**eus** rendu	**eûtes** rendu
rend**it**	rend**irent**	**eut** rendu	**eurent** rendu

futur

futur antérieur

rend**rai**	rend**rons**	**aurai** rendu	**aurons** rendu
rend**ras**	rend**rez**	**auras** rendu	**aurez** rendu
rend**ra**	rend**ront**	**aura** rendu	**auront** rendu

conditionnel

conditionnel passé

rend**rais**	rend**rions**	**aurais** rendu	**aurions** rendu
rend**rais**	rend**riez**	**aurais** rendu	**auriez** rendu
rend**rait**	rend**raient**	**aurait** rendu	**auraient** rendu

présent du subjonctif

passé du subjonctif

rend**e**	rend**ions**	**aie** rendu	**ayons** rendu
rend**es**	rend**iez**	**aies** rendu	**ayez** rendu
rend**e**	rend**ent**	**ait** rendu	**aient** rendu

imparfait du subjonctif

plus-que-parfait du subjonctif

rend**isse**	rend**issions**	**eusse** rendu	**eussions** rendu
rend**isses**	rend**issiez**	**eusses** rendu	**eussiez** rendu
rend**ît**	rend**issent**	**eût** rendu	**eussent** rendu

impératif

rends
rendons
rendez

R

MUST KNOW VERB

to give up, to renounce

participe présent **renonçant**

participe passé **renoncé**

SINGULAR	PLURAL	SINGULAR	PLURAL

présent de l'indicatif / passé composé

SINGULAR	PLURAL	SINGULAR	PLURAL
renonce	renonçons	**ai** renoncé	**avons** renoncé
renonces	renoncez	**as** renoncé	**avez** renoncé
renonce	renoncent	**a** renoncé	**ont** renoncé

imparfait de l'indicatif / plus-que-parfait de l'indicatif

renonçais	renoncions	**avais** renoncé	**avions** renoncé
renonçais	renonciez	**avais** renoncé	**aviez** renoncé
renonçait	renonçaient	**avait** renoncé	**avaient** renoncé

passé simple / passé antérieur

renonçai	renonçâmes	**eus** renoncé	**eûmes** renoncé
renonças	renonçâtes	**eus** renoncé	**eûtes** renoncé
renonça	renoncèrent	**eut** renoncé	**eurent** renoncé

futur / futur antérieur

renoncerai	renoncerons	**aurai** renoncé	**aurons** renoncé
renonceras	renoncerez	**auras** renoncé	**aurez** renoncé
renoncera	renonceront	**aura** renoncé	**auront** renoncé

conditionnel / conditionnel passé

renoncerais	renoncerions	**aurais** renoncé	**aurions** renoncé
renoncerais	renonceriez	**aurais** renoncé	**auriez** renoncé
renoncerait	renonceraient	**aurait** renoncé	**auraient** renoncé

présent du subjonctif / passé du subjonctif

renonce	renoncions	**aie** renoncé	**ayons** renoncé
renonces	renonciez	**aies** renoncé	**ayez** renoncé
renonce	renoncent	**ait** renoncé	**aient** renoncé

imparfait du subjonctif / plus-que-parfait du subjonctif

renonçasse	renonçassions	**eusse** renoncé	**eussions** renoncé
renonçasses	renonçassiez	**eusses** renoncé	**eussiez** renoncé
renonçât	renonçassent	**eût** renoncé	**eussent** renoncé

impératif

renonce
renonçons
renoncez

R

rentrer
to return

SINGULAR	PLURAL	SINGULAR	PLURAL

présent de l'indicatif
rentre	rentrons		
rentres	rentrez		
rentre	rentrent		

passé composé
suis rentré(e)	**sommes** rentré(e)s
es rentré(e)	**êtes** rentré(e)(s)
est rentré(e)	**sont** rentré(e)s

imparfait de l'indicatif
rentrais	rentrions
rentrais	rentriez
rentrait	rentraient

plus-que-parfait de l'indicatif
étais rentré(e)	**étions** rentré(e)s
étais rentré(e)	**étiez** rentré(e)(s)
était rentré(e)	**étaient** rentré(e)s

passé simple
rentrai	rentrâmes
rentras	rentrâtes
rentra	rentrèrent

passé antérieur
fus rentré(e)	**fûmes** rentré(e)s
fus rentré(e)	**fûtes** rentré(e)(s)
fut rentré(e)	**furent** rentré(e)s

futur
rentrerai	rentrerons
rentreras	rentrerez
rentrera	rentreront

futur antérieur
serai rentré(e)	**serons** rentré(e)s
seras rentré(e)	**serez** rentré(e)(s)
sera rentré(e)	**seront** rentré(e)s

conditionnel
rentrerais	rentrerions
rentrerais	rentreriez
rentrerait	rentreraient

conditionnel passé
serais rentré(e)	**serions** rentré(e)s
serais rentré(e)	**seriez** rentré(e)(s)
serait rentré(e)	**seraient** rentré(e)s

présent du subjonctif
rentre	rentrions
rentres	rentriez
rentre	rentrent

passé du subjonctif
sois rentré(e)	**soyons** rentré(e)s
sois rentré(e)	**soyez** rentré(e)(s)
soit rentré(e)	**soient** rentré(e)s

imparfait du subjonctif
rentrasse	rentrassions
rentrasses	rentrassiez
rentrât	rentrassent

plus-que-parfait du subjonctif
fusse rentré(e)	**fussions** rentré(e)s
fusses rentré(e)	**fussiez** rentré(e)(s)
fût rentré(e)	**fussent** rentré(e)s

impératif
rentre
rentrons
rentrez

R

MUST KNOW VERB

to spread   répandre

SINGULAR	PLURAL	SINGULAR	PLURAL

présent de l'indicatif
répands	répandons	
répands	répandez	
répand	répandent	

passé composé
ai répandu	avons répandu	
as répandu	avez répandu	
a répandu	ont répandu	

imparfait de l'indicatif
répandais	répandions
répandais	répandiez
répandait	répandaient

plus-que-parfait de l'indicatif
avais répandu	avions répandu
avais répandu	aviez répandu
avait répandu	avaient répandu

passé simple
répandis	répandîmes
répandis	répandîtes
répandit	répandirent

passé antérieur
eus répandu	eûmes répandu
eus répandu	eûtes répandu
eut répandu	eurent répandu

futur
répandrai	répandrons
répandras	répandrez
répandra	répandront

futur antérieur
aurai répandu	aurons répandu
auras répandu	aurez répandu
aura répandu	auront répandu

conditionnel
répandrais	répandrions
répandrais	répandriez
répandrait	répandraient

conditionnel passé
aurais répandu	aurions répandu
aurais répandu	auriez répandu
aurait répandu	auraient répandu

présent du subjonctif
répande	répandions
répandes	répandiez
répande	répandent

passé du subjonctif
aie répandu	ayons répandu
aies répandu	ayez répandu
ait répandu	aient répandu

imparfait du subjonctif
répandisse	répandissions
répandisses	répandissiez
répandît	répandissent

plus-que-parfait du subjonctif
eusse répandu	eussions répandu
eusses répandu	eussiez répandu
eût répandu	eussent répandu

impératif
répands
répandons
répandez

R

participe présent **reparaissant**   participe passé **reparu**

SINGULAR	PLURAL	SINGULAR	PLURAL

présent de l'indicatif

		passé composé	
reparais	reparaissons	**ai** reparu	**avons** reparu
reparais	reparaissez	**as** reparu	**avez** reparu
reparaît	reparaissent	**a** reparu	**ont** reparu

imparfait de l'indicatif

		plus-que-parfait de l'indicatif	
reparaissais	reparaissions	**avais** reparu	**avions** reparu
reparaissais	reparaissiez	**avais** reparu	**aviez** reparu
reparaissait	reparaissaient	**avait** reparu	**avaient** reparu

passé simple

		passé antérieur	
reparus	reparûmes	**eus** reparu	**eûmes** reparu
reparus	reparûtes	**eus** reparu	**eûtes** reparu
reparut	reparurent	**eut** reparu	**eurent** reparu

futur

		futur antérieur	
reparaîtrai	reparaîtrons	**aurai** reparu	**aurons** reparu
reparaîtras	reparaîtrez	**auras** reparu	**aurez** reparu
reparaîtra	reparaîtront	**aura** reparu	**auront** reparu

conditionnel

		conditionnel passé	
reparaîtrais	reparaîtrions	**aurais** reparu	**aurions** reparu
reparaîtrais	reparaîtriez	**aurais** reparu	**auriez** reparu
reparaîtrait	reparaîtraient	**aurait** reparu	**auraient** reparu

présent du subjonctif

		passé du subjonctif	
reparaisse	reparaissions	**aie** reparu	**ayons** reparu
reparaisses	reparaissiez	**aies** reparu	**ayez** reparu
reparaisse	reparaissent	**ait** reparu	**aient** reparu

imparfait du subjonctif

		plus-que-parfait du subjonctif	
reparusse	reparussions	**eusse** reparu	**eussions** reparu
reparusses	reparussiez	**eusses** reparu	**eussiez** reparu
reparût	reparussent	**eût** reparu	**eussent** reparu

impératif

reparais
reparaissons
reparaissez

R

to fix, to repair   réparer

SINGULAR	PLURAL	SINGULAR	PLURAL

présent de l'indicatif
		passé composé	
répar**e**	répar**ons**	**ai** réparé	**avons** réparé
répar**es**	répar**ez**	**as** réparé	**avez** réparé
répar**e**	répar**ent**	**a** réparé	**ont** réparé

imparfait de l'indicatif
		plus-que-parfait de l'indicatif	
répar**ais**	répar**ions**	**avais** réparé	**avions** réparé
répar**ais**	répar**iez**	**avais** réparé	**aviez** réparé
répar**ait**	répar**aient**	**avait** réparé	**avaient** réparé

passé simple
		passé antérieur	
répar**ai**	répar**âmes**	**eus** réparé	**eûmes** réparé
répar**as**	répar**âtes**	**eus** réparé	**eûtes** réparé
répar**a**	répar**èrent**	**eut** réparé	**eurent** réparé

futur
		futur antérieur	
réparer**ai**	réparer**ons**	**aurai** réparé	**aurons** réparé
réparer**as**	réparer**ez**	**auras** réparé	**aurez** réparé
réparer**a**	réparer**ont**	**aura** réparé	**auront** réparé

conditionnel
		conditionnel passé	
réparer**ais**	réparer**ions**	**aurais** réparé	**aurions** réparé
réparer**ais**	réparer**iez**	**aurais** réparé	**auriez** réparé
réparer**ait**	réparer**aient**	**aurait** réparé	**auraient** réparé

présent du subjonctif
		passé du subjonctif	
répar**e**	répar**ions**	**aie** réparé	**ayons** réparé
répar**es**	répar**iez**	**aies** réparé	**ayez** réparé
répar**e**	répar**ent**	**ait** réparé	**aient** réparé

imparfait du subjonctif
		plus-que-parfait du subjonctif	
répara**sse**	répara**ssions**	**eusse** réparé	**eussions** réparé
répara**sses**	répara**ssiez**	**eusses** réparé	**eussiez** réparé
répar**ât**	répara**ssent**	**eût** réparé	**eussent** réparé

impératif
répare
réparons
réparez

R

repasser

to iron, to pass again

participe présent **repassant**   participe passé **repassé**

SINGULAR	PLURAL	SINGULAR	PLURAL

présent de l'indicatif
repasse	repassons
repasses	repassez
repasse	repassent

passé composé
ai repassé	avons repassé
as repassé	avez repassé
a repassé	ont repassé

imparfait de l'indicatif
repassais	repassions
repassais	repassiez
repassait	repassaient

plus-que-parfait de l'indicatif
avais repassé	avions repassé
avais repassé	aviez repassé
avait repassé	avaient repassé

passé simple
repassai	repassâmes
repassas	repassâtes
repassa	repassèrent

passé antérieur
eus repassé	eûmes repassé
eus repassé	eûtes repassé
eut repassé	eurent repassé

futur
repasserai	repasserons
repasseras	repasserez
repassera	repasseront

futur antérieur
aurai repassé	aurons repassé
auras repassé	aurez repassé
aura repassé	auront repassé

conditionnel
repasserais	repasserions
repasserais	repasseriez
repasserait	repasseraient

conditionnel passé
aurais repassé	aurions repassé
aurais repassé	auriez repassé
aurait repassé	auraient repassé

présent du subjonctif
repasse	repassions
repasses	repassiez
repasse	repassent

passé du subjonctif
aie repassé	ayons repassé
aies repassé	ayez repassé
ait repassé	aient repassé

imparfait du subjonctif
repassasse	repassassions
repassasses	repassassiez
repassât	repassassent

plus-que-parfait du subjonctif
eusse repassé	eussions repassé
eusses repassé	eussiez repassé
eût repassé	eussent repassé

impératif
repasse
repassons
repassez

R

to repeat, to rehearse, to rehearse for   répéter

SINGULAR	PLURAL	SINGULAR	PLURAL
présent de l'indicatif		**passé composé**	
répète	répétons	ai répété	avons répété
répètes	répétez	as répété	avez répété
répète	répètent	a répété	ont répété
imparfait de l'indicatif		**plus-que-parfait de l'indicatif**	
répétais	répétions	avais répété	avions répété
répétais	répétiez	avais répété	aviez répété
répétait	répétaient	avait répété	avaient répété
passé simple		**passé antérieur**	
répétai	répétâmes	eus répété	eûmes répété
répétas	répétâtes	eus répété	eûtes répété
répéta	répétèrent	eut répété	eurent répété
futur		**futur antérieur**	
répèterai	répèterons	aurai répété	aurons répété
répèteras	répèterez	auras répété	aurez répété
répètera	répèteront	aura répété	auront répété
conditionnel		**conditionnel passé**	
répèterais	répèterions	aurais répété	aurions répété
répèterais	répèteriez	aurais répété	auriez répété
répèterait	répèteraient	aurait répété	auraient répété
présent du subjonctif		**passé du subjonctif**	
répète	répétions	aie répété	ayons répété
répètes	répétiez	aies répété	ayez répété
répète	répètent	ait répété	aient répété
imparfait du subjonctif		**plus-que-parfait du subjonctif**	
répétasse	répétassions	eusse répété	eussions répété
répétasses	répétassiez	eusses répété	eussiez répété
répétât	répétassent	eût répété	eussent répété
impératif			
répète			
répétons			
répétez			

R

participe présent **répondant**   participe passé **répondu**

SINGULAR	PLURAL	SINGULAR	PLURAL

présent de l'indicatif
		passé composé	
réponds	répondons	**ai** répondu	**avons** répondu
réponds	répondez	**as** répondu	**avez** répondu
répond	répondent	**a** répondu	**ont** répondu

imparfait de l'indicatif
		plus-que-parfait de l'indicatif	
répondais	répondions	**avais** répondu	**avions** répondu
répondais	répondiez	**avais** répondu	**aviez** répondu
répondait	répondaient	**avait** répondu	**avaient** répondu

passé simple
		passé antérieur	
répondis	répondîmes	**eus** répondu	**eûmes** répondu
répondis	répondîtes	**eus** répondu	**eûtes** répondu
répondit	répondirent	**eut** répondu	**eurent** répondu

futur
		futur antérieur	
répondrai	répondrons	**aurai** répondu	**aurons** répondu
répondras	répondrez	**auras** répondu	**aurez** répondu
répondra	répondront	**aura** répondu	**auront** répondu

conditionnel
		conditionnel passé	
répondrais	répondrions	**aurais** répondu	**aurions** répondu
répondrais	répondriez	**aurais** répondu	**auriez** répondu
répondrait	répondraient	**aurait** répondu	**auraient** répondu

présent du subjonctif
		passé du subjonctif	
réponde	répondions	**aie** répondu	**ayons** répondu
répondes	répondiez	**aies** répondu	**ayez** répondu
réponde	répondent	**ait** répondu	**aient** répondu

imparfait du subjonctif
		plus-que-parfait du subjonctif	
répondisse	répondissions	**eusse** répondu	**eussions** répondu
répondisses	répondissiez	**eusses** répondu	**eussiez** répondu
répondît	répondissent	**eût** répondu	**eussent** répondu

impératif
réponds
répondons
répondez

R

MUST
KNOW
VERB

to rest, to relax, to take a break　se reposer

SINGULAR	PLURAL	SINGULAR	PLURAL

présent de l'indicatif
me repos**e**	**nous** repos**ons**		
te repos**es**	**vous** repos**ez**		
se repos**e**	**se** repos**ent**		

passé composé
me suis reposé(e)	**nous sommes** reposé(e)s
t'es reposé(e)	**vous êtes** reposé(e)(s)
s'est reposé(e)	**se sont** reposé(e)s

imparfait de l'indicatif
me repos**ais**	**nous** repos**ions**
te repos**ais**	**vous** repos**iez**
se repos**ait**	**se** repos**aient**

plus-que-parfait de l'indicatif
m'étais reposé(e)	**nous étions** reposé(e)s
t'étais reposé(e)	**vous étiez** reposé(e)(s)
s'était reposé(e)	**s'étaient** reposé(e)s

passé simple
me repos**ai**	**nous** repos**âmes**
te repos**as**	**vous** repos**âtes**
se repos**a**	**se** repos**èrent**

passé antérieur
me fus reposé(e)	**nous fûmes** reposé(e)s
te fus reposé(e)	**vous fûtes** reposé(e)(s)
se fut reposé(e)	**se furent** reposé(e)s

futur
me repos**erai**	**nous** repos**erons**
te repos**eras**	**vous** repos**erez**
se repos**era**	**se** repos**eront**

futur antérieur
me serai reposé(e)	**nous serons** reposé(e)s
te seras reposé(e)	**vous serez** reposé(e)(s)
se sera reposé(e)	**se seront** reposé(e)s

conditionnel
me repos**erais**	**nous** repos**erions**
te repos**erais**	**vous** repos**eriez**
se repos**erait**	**se** repos**eraient**

conditionnel passé
me serais reposé(e)	**nous serions** reposé(e)s
te serais reposé(e)	**vous seriez** reposé(e)(s)
se serait reposé(e)	**se seraient** reposé(e)s

présent du subjonctif
me repos**e**	**nous** repos**ions**
te repos**es**	**vous** repos**iez**
se repos**e**	**se** repos**ent**

passé du subjonctif
me sois reposé(e)	**nous soyons** reposé(e)s
te sois reposé(e)	**vous soyez** reposé(e)(s)
se soit reposé(e)	**se soient** reposé(e)s

imparfait du subjonctif
me repos**asse**	**nous** repos**assions**
te repos**asses**	**vous** repos**assiez**
se repos**ât**	**se** repos**assent**

plus-que-parfait du subjonctif
me fusse reposé(e)	**nous fussions** reposé(e)s
te fusses reposé(e)	**vous fussiez** reposé(e)(s)
se fût reposé(e)	**se fussent** reposé(e)s

impératif
repose-toi
reposons-nous
reposez-vous

R

reprendre

to take back, to resume

participe présent **reprenant**   participe passé **repris**

SINGULAR	PLURAL
présent de l'indicatif	
repren**ds**	repren**ons**
repren**ds**	repren**ez**
reprend	repren**nent**
imparfait de l'indicatif	
repren**ais**	repren**ions**
repren**ais**	repren**iez**
repren**ait**	repren**aient**
passé simple	
repr**is**	repr**îmes**
repr**is**	repr**îtes**
repr**it**	repr**irent**
futur	
reprendr**ai**	reprendr**ons**
reprendr**as**	reprendr**ez**
reprendr**a**	reprendr**ont**
conditionnel	
reprendr**ais**	reprendr**ions**
reprendr**ais**	reprendr**iez**
reprendr**ait**	reprendr**aient**
présent du subjonctif	
reprenn**e**	repren**ions**
reprenn**es**	repren**iez**
reprenn**e**	reprenn**ent**
imparfait du subjonctif	
repri**sse**	repri**ssions**
repri**sses**	repri**ssiez**
repr**ît**	repri**ssent**
impératif	
reprends	
reprenons	
reprenez	

SINGULAR	PLURAL
passé composé	
ai repris	**avons** repris
as repris	**avez** repris
a repris	**ont** repris
plus-que-parfait de l'indicatif	
avais repris	**avions** repris
avais repris	**aviez** repris
avait repris	**avaient** repris
passé antérieur	
eus repris	**eûmes** repris
eus repris	**eûtes** repris
eut repris	**eurent** repris
futur antérieur	
aurai repris	**aurons** repris
auras repris	**aurez** repris
aura repris	**auront** repris
conditionnel passé	
aurais repris	**aurions** repris
aurais repris	**auriez** repris
aurait repris	**auraient** repris
passé du subjonctif	
aie repris	**ayons** repris
aies repris	**ayez** repris
ait repris	**aient** repris
plus-que-parfait du subjonctif	
eusse repris	**eussions** repris
eusses repris	**eussiez** repris
eût repris	**eussent** repris

R

to reprimand, to rebuke réprimander

participe présent **réprimandant**   participe passé **réprimandé**

SINGULAR	PLURAL
présent de l'indicatif	
réprimand**e**	réprimand**ons**
réprimand**es**	réprimand**ez**
réprimand**e**	réprimand**ent**
imparfait de l'indicatif	
réprimand**ais**	réprimand**ions**
réprimand**ais**	réprimand**iez**
réprimand**ait**	réprimand**aient**
passé simple	
réprimand**ai**	réprimand**âmes**
réprimand**as**	réprimand**âtes**
réprimand**a**	réprimand**èrent**
futur	
réprimander**ai**	réprimander**ons**
réprimander**as**	réprimander**ez**
réprimander**a**	réprimander**ont**
conditionnel	
réprimander**ais**	réprimander**ions**
réprimander**ais**	réprimander**iez**
réprimander**ait**	réprimander**aient**
présent du subjonctif	
réprimand**e**	réprimand**ions**
réprimand**es**	réprimand**iez**
réprimand**e**	réprimand**ent**
imparfait du subjonctif	
réprimand**asse**	réprimand**assions**
réprimand**asses**	réprimand**assiez**
réprimand**ât**	réprimand**assent**
impératif	
réprimande	
réprimandons	
réprimandez	

SINGULAR	PLURAL
passé composé	
ai réprimandé	**avons** réprimandé
as réprimandé	**avez** réprimandé
a réprimandé	**ont** réprimandé
plus-que-parfait de l'indicatif	
avais réprimandé	**avions** réprimandé
avais réprimandé	**aviez** réprimandé
avait réprimandé	**avaient** réprimandé
passé antérieur	
eus réprimandé	**eûmes** réprimandé
eus réprimandé	**eûtes** réprimandé
eut réprimandé	**eurent** réprimandé
futur antérieur	
aurai réprimandé	**aurons** réprimandé
auras réprimandé	**aurez** réprimandé
aura réprimandé	**auront** réprimandé
conditionnel passé	
aurais réprimandé	**aurions** réprimandé
aurais réprimandé	**auriez** réprimandé
aurait réprimandé	**auraient** réprimandé
passé du subjonctif	
aie réprimandé	**ayons** réprimandé
aies réprimandé	**ayez** réprimandé
ait réprimandé	**aient** réprimandé
plus-que-parfait du subjonctif	
eusse réprimandé	**eussions** réprimandé
eusses réprimandé	**eussiez** réprimandé
eût réprimandé	**eussent** réprimandé

R

reproduire   to reproduce

participe présent **reproduisant**   participe passé **reproduit**

SINGULAR	PLURAL	SINGULAR	PLURAL
présent de l'indicatif		**passé composé**	
reprodu**is**	reprodu**isons**	**ai** reproduit	**avons** reproduit
reprodu**is**	reprodu**isez**	**as** reproduit	**avez** reproduit
reprodu**it**	reprodu**isent**	**a** reproduit	**ont** reproduit
imparfait de l'indicatif		**plus-que-parfait de l'indicatif**	
reproduis**ais**	reproduis**ions**	**avais** reproduit	**avions** reproduit
reproduis**ais**	reproduis**iez**	**avais** reproduit	**aviez** reproduit
reproduis**ait**	reproduis**aient**	**avait** reproduit	**avaient** reproduit
passé simple		**passé antérieur**	
reproduis**is**	reproduis**îmes**	**eus** reproduit	**eûmes** reproduit
reproduis**is**	reproduis**îtes**	**eus** reproduit	**eûtes** reproduit
reproduis**it**	reproduis**irent**	**eut** reproduit	**eurent** reproduit
futur		**futur antérieur**	
reproduir**ai**	reproduir**ons**	**aurai** reproduit	**aurons** reproduit
reproduir**as**	reproduir**ez**	**auras** reproduit	**aurez** reproduit
reproduir**a**	reproduir**ont**	**aura** reproduit	**auront** reproduit
conditionnel		**conditionnel passé**	
reproduir**ais**	reproduir**ions**	**aurais** reproduit	**aurions** reproduit
reproduir**ais**	reproduir**iez**	**aurais** reproduit	**auriez** reproduit
reproduir**ait**	reproduir**aient**	**aurait** reproduit	**auraient** reproduit
présent du subjonctif		**passé du subjonctif**	
reprodu**ise**	reprodu**isions**	**aie** reproduit	**ayons** reproduit
reprodu**ises**	reprodu**isiez**	**aies** reproduit	**ayez** reproduit
reprodu**ise**	reprodu**isent**	**ait** reproduit	**aient** reproduit
imparfait du subjonctif		**plus-que-parfait du subjonctif**	
reproduis**isse**	reproduis**issions**	**eusse** reproduit	**eussions** reproduit
reproduis**isses**	reproduis**issiez**	**eusses** reproduit	**eussiez** reproduit
reproduis**ît**	reproduis**issent**	**eût** reproduit	**eussent** reproduit
impératif			
reproduis			
reproduisons			
reproduisez			

R

to resolve, to solve

résoudre

SINGULAR	PLURAL	SINGULAR	PLURAL
présent de l'indicatif		passé composé	
résou**s**	résolv**ons**	**ai** résolu	**avons** résolu
résou**s**	résolv**ez**	**as** résolu	**avez** résolu
résou**t**	résolv**ent**	**a** résolu	**ont** résolu
imparfait de l'indicatif		plus-que-parfait de l'indicatif	
résolv**ais**	résolv**ions**	**avais** résolu	**avions** résolu
résolv**ais**	résolv**iez**	**avais** résolu	**aviez** résolu
résolv**ait**	résolv**aient**	**avait** résolu	**avaient** résolu
passé simple		passé antérieur	
résol**us**	résol**ûmes**	**eus** résolu	**eûmes** résolu
résol**us**	résol**ûtes**	**eus** résolu	**eûtes** résolu
résol**ut**	résol**urent**	**eut** résolu	**eurent** résolu
futur		futur antérieur	
résoudr**ai**	résoudr**ons**	**aurai** résolu	**aurons** résolu
résoudr**as**	résoudr**ez**	**auras** résolu	**aurez** résolu
résoudr**a**	résoudr**ont**	**aura** résolu	**auront** résolu
conditionnel		conditionnel passé	
résoudr**ais**	résoudr**ions**	**aurais** résolu	**aurions** résolu
résoudr**ais**	résoudr**iez**	**aurais** résolu	**auriez** résolu
résoudr**ait**	résoudr**aient**	**aurait** résolu	**auraient** résolu
présent du subjonctif		passé du subjonctif	
résolv**e**	résolv**ions**	**aie** résolu	**ayons** résolu
résolv**es**	résolv**iez**	**aies** résolu	**ayez** résolu
résolv**e**	résolv**ent**	**ait** résolu	**aient** résolu
imparfait du subjonctif		plus-que-parfait du subjonctif	
résolu**sse**	résolu**ssions**	**eusse** résolu	**eussions** résolu
résolu**sses**	résolu**ssiez**	**eusses** résolu	**eussiez** résolu
résol**ût**	résolu**ssent**	**eût** résolu	**eussent** résolu

impératif
résous
résolvons
résolvez

R

ressembler to resemble, to be like, to look like

participe présent **ressemblant**   participe passé **ressemblé**

SINGULAR	PLURAL	SINGULAR	PLURAL

présent de l'indicatif

ressemble	ressemblons
ressembles	ressemblez
ressemble	ressemblent

passé composé

ai ressemblé	avons ressemblé
as ressemblé	avez ressemblé
a ressemblé	ont ressemblé

imparfait de l'indicatif

ressemblais	ressemblions
ressemblais	ressembliez
ressemblait	ressemblaient

plus-que-parfait de l'indicatif

avais ressemblé	avions ressemblé
avais ressemblé	aviez ressemblé
avait ressemblé	avaient ressemblé

passé simple

ressemblai	ressemblâmes
ressemblas	ressemblâtes
ressembla	ressemblèrent

passé antérieur

eus ressemblé	eûmes ressemblé
eus ressemblé	eûtes ressemblé
eut ressemblé	eurent ressemblé

futur

ressemblerai	ressemblerons
ressembleras	ressemblerez
ressemblera	ressembleront

futur antérieur

aurai ressemblé	aurons ressemblé
auras ressemblé	aurez ressemblé
aura ressemblé	auront ressemblé

conditionnel

ressemblerais	ressemblerions
ressemblerais	ressembleriez
ressemblerait	ressembleraient

conditionnel passé

aurais ressemblé	aurions ressemblé
aurais ressemblé	auriez ressemblé
aurait ressemblé	auraient ressemblé

présent du subjonctif

ressemble	ressemblions
ressembles	ressembliez
ressemble	ressemblent

passé du subjonctif

aie ressemblé	ayons ressemblé
aies ressemblé	ayez ressemblé
ait ressemblé	aient ressemblé

imparfait du subjonctif

ressemblasse	ressemblassions
ressemblasses	ressemblassiez
ressemblât	ressemblassent

plus-que-parfait du subjonctif

eusse ressemblé	eussions ressemblé
eusses ressemblé	eussiez ressemblé
eût ressemblé	eussent ressemblé

impératif

ressemble
ressemblons
ressemblez

R

to remain, to stay, to be left (over)   rester

participe présent **restant**   participe passé **resté(e)(s)**

SINGULAR	PLURAL	SINGULAR	PLURAL

présent de l'indicatif

rest**e**	rest**ons**	
rest**es**	rest**ez**	
rest**e**	rest**ent**	

passé composé

suis resté(e)	**sommes** resté(e)s
es resté(e)	**êtes** resté(e)(s)
est resté(e)	**sont** resté(e)s

imparfait de l'indicatif

rest**ais**	rest**ions**
rest**ais**	rest**iez**
rest**ait**	rest**aient**

plus-que-parfait de l'indicatif

étais resté(e)	**étions** resté(e)s
étais resté(e)	**étiez** resté(e)(s)
était resté(e)	**étaient** resté(e)s

passé simple

rest**ai**	rest**âmes**
rest**as**	rest**âtes**
rest**a**	rest**èrent**

passé antérieur

fus resté(e)	**fûmes** resté(e)s
fus resté(e)	**fûtes** resté(e)(s)
fut resté(e)	**furent** resté(e)s

futur

rester**ai**	rester**ons**
rester**as**	rester**ez**
rester**a**	rester**ont**

futur antérieur

serai resté(e)	**serons** resté(e)s
seras resté(e)	**serez** resté(e)(s)
sera resté(e)	**seront** resté(e)s

conditionnel

rester**ais**	rester**ions**
rester**ais**	rester**iez**
rester**ait**	rester**aient**

conditionnel passé

serais resté(e)	**serions** resté(e)s
serais resté(e)	**seriez** resté(e)(s)
serait resté(e)	**seraient** resté(e)s

présent du subjonctif

rest**e**	rest**ions**
rest**es**	rest**iez**
rest**e**	rest**ent**

passé du subjonctif

sois resté(e)	**soyons** resté(e)s
sois resté(e)	**soyez** resté(e)(s)
soit resté(e)	**soient** resté(e)s

imparfait du subjonctif

rest**asse**	rest**assions**
rest**asses**	rest**assiez**
rest**ât**	rest**assent**

plus-que-parfait du subjonctif

fusse resté(e)	**fussions** resté(e)s
fusses resté(e)	**fussiez** resté(e)(s)
fût resté(e)	**fussent** resté(e)s

impératif

reste
restons
restez

R

MUST KNOW VERB

participe présent **retenant**   participe passé **retenu**

SINGULAR	PLURAL	SINGULAR	PLURAL
présent de l'indicatif		**passé composé**	
retien**s**	reten**ons**	**ai** retenu	**avons** retenu
retien**s**	reten**ez**	**as** retenu	**avez** retenu
retien**t**	retien**nent**	**a** retenu	**ont** retenu
imparfait de l'indicatif		**plus-que-parfait de l'indicatif**	
reten**ais**	reten**ions**	**avais** retenu	**avions** retenu
reten**ais**	reten**iez**	**avais** retenu	**aviez** retenu
reten**ait**	reten**aient**	**avait** retenu	**avaient** retenu
passé simple		**passé antérieur**	
retin**s**	retîn**mes**	**eus** retenu	**eûmes** retenu
retin**s**	retîn**tes**	**eus** retenu	**eûtes** retenu
retin**t**	retin**rent**	**eut** retenu	**eurent** retenu
futur		**futur antérieur**	
retiendr**ai**	retiendr**ons**	**aurai** retenu	**aurons** retenu
retiendr**as**	retiendr**ez**	**auras** retenu	**aurez** retenu
retiendr**a**	retiendr**ont**	**aura** retenu	**auront** retenu
conditionnel		**conditionnel passé**	
retiendr**ais**	retiendr**ions**	**aurais** retenu	**aurions** retenu
retiendr**ais**	retiendr**iez**	**aurais** retenu	**auriez** retenu
retiendr**ait**	retiendr**aient**	**aurait** retenu	**auraient** retenu
présent du subjonctif		**passé du subjonctif**	
retienn**e**	reten**ions**	**aie** retenu	**ayons** retenu
retienn**es**	reten**iez**	**aies** retenu	**ayez** retenu
retienn**e**	retienn**ent**	**aie** retenu	**aient** retenu
imparfait du subjonctif		**plus-que-parfait du subjonctif**	
retin**sse**	retin**ssions**	**eusse** retenu	**eussions** retenu
retin**sses**	retin**ssiez**	**eusses** retenu	**eussiez** retenu
retîn**t**	retin**ssent**	**eût** retenu	**eussent** retenu
impératif			
retiens			
retenons			
retenez			

R

MEMORY TIP

We're **retaining** the check until Monday.

to draw (out) again, to pull again · retirer

participe présent **retirant**   participe passé **retiré**

SINGULAR	PLURAL	SINGULAR	PLURAL

présent de l'indicatif
retire	retirons	
retires	retirez	
retire	retirent	

passé composé
ai retiré	**avons** retiré
as retiré	**avez** retiré
a retiré	**ont** retiré

imparfait de l'indicatif
retirais	retirions
retirais	retiriez
retirait	retiraient

plus-que-parfait de l'indicatif
avais retiré	**avions** retiré
avais retiré	**aviez** retiré
avait retiré	**avaient** retiré

passé simple
retirai	retirâmes
retiras	retirâtes
retira	retirèrent

passé antérieur
eus retiré	**eûmes** retiré
eus retiré	**eûtes** retiré
eut retiré	**eurent** retiré

futur
retirerai	retirerons
retireras	retirerez
retirera	retireront

futur antérieur
aurai retiré	**aurons** retiré
auras retiré	**aurez** retiré
aura retiré	**auront** retiré

conditionnel
retirerais	retirerions
retirerais	retireriez
retirerait	retireraient

conditionnel passé
aurais retiré	**aurions** retiré
aurais retiré	**auriez** retiré
aurait retiré	**auraient** retiré

présent du subjonctif
retire	retirions
retires	retiriez
retire	retirent

passé du subjonctif
aie retiré	**ayons** retiré
aies retiré	**ayez** retiré
ait retiré	**aient** retiré

imparfait du subjonctif
retirasse	retirassions
retirasses	retirassiez
retirât	retirassent

plus-que-parfait du subjonctif
eusse retiré	**eussions** retiré
eusses retiré	**eussiez** retiré
eût retiré	**eussent** retiré

impératif
retire
retirons
retirez

R

se retirer

to retire, to withdraw

SINGULAR	PLURAL	SINGULAR	PLURAL
présent de l'indicatif		**passé composé**	
me retire	**nous** retirons	**me suis** retiré(e)	**nous sommes** retiré(e)s
te retires	**vous** retirez	**t'es** retiré(e)	**vous êtes** retiré(e)(s)
se retire	**se** retirent	**s'est** retiré(e)	**se sont** retiré(e)s
imparfait de l'indicatif		**plus-que-parfait de l'indicatif**	
me retirais	**nous** retirions	**m'étais** retiré(e)	**nous étions** retiré(e)s
te retirais	**vous** retiriez	**t'étais** retiré(e)	**vous étiez** retiré(e)(s)
se retirait	**se** retiraient	**s'était** retiré(e)	**s'étaient** retiré(e)s
passé simple		**passé antérieur**	
me retirai	**nous** retirâmes	**me fus** retiré(e)	**nous fûmes** retiré(e)s
te retiras	**vous** retirâtes	**te fus** retiré(e)	**vous fûtes** retiré(e)(s)
se retira	**se** retirèrent	**se fut** retiré(e)	**se furent** retiré(e)s
futur		**futur antérieur**	
me retirerai	**nous** retirerons	**me serai** retiré(e)	**nous serons** retiré(e)s
te retireras	**vous** retirerez	**te seras** retiré(e)	**vous serez** retiré(e)(s)
se retirera	**se** retireront	**se sera** retiré(e)	**se seront** retiré(e)s
conditionnel		**conditionnel passé**	
me retirerais	**nous** retirerions	**me serais** retiré(e)	**nous serions** retiré(e)s
te retirerais	**vous** retireriez	**te serais** retiré(e)	**vous seriez** retiré(e)(s)
se retirerait	**se** retireraient	**se serait** retiré(e)	**se seraient** retiré(e)s
présent du subjonctif		**passé du subjonctif**	
me retire	**nous** retirions	**me sois** retiré(e)	**nous soyons** retiré(e)s
te retires	**vous** retiriez	**te sois** retiré(e)	**vous soyez** retiré(e)(s)
se retire	**se** retirent	**se soit** retiré(e)	**se soient** retiré(e)s
imparfait du subjonctif		**plus-que-parfait du subjonctif**	
me retirasse	**nous** retirassions	**me fusse** retiré(e)	**nous fussions** retiré(e)s
te retirasses	**vous** retirassiez	**te fusses** retiré(e)	**vous fussiez** retiré(e)(s)
se retirât	**se** retirassent	**se fût** retiré(e)	**se fussent** retiré(e)s

impératif
retire-toi
retirons-nous
retirez-vous

R

to turn over, to turn around   se retourner

SINGULAR	PLURAL
présent de l'indicatif	
me retourne	**nous** retournons
te retournes	**vous** retournez
se retourne	**se** retournent
imparfait de l'indicatif	
me retournais	**nous** retournions
te retournais	**vous** retourniez
se retournait	**se** retournaient
passé simple	
me retournai	**nous** retournâmes
te retournas	**vous** retournâtes
se retourna	**se** retournèrent
futur	
me retournerai	**nous** retournerons
te retourneras	**vous** retournerez
se retournera	**se** retourneront
conditionnel	
me retournerais	**nous** retournerions
te retournerais	**vous** retourneriez
se retournerait	**se** retourneraient
présent du subjonctif	
me retourne	**nous** retournions
te retournes	**vous** retourniez
se retourne	**se** retournent
imparfait du subjonctif	
me retournasse	**nous** retournassions
te retournasses	**vous** retournassiez
se retournât	**se** retournassent

impératif
retourne-toi
retournons-nous
retournez-vous

SINGULAR	PLURAL
passé composé	
me suis retourné(e)	**nous sommes** retourné(e)s
t'es retourné(e)	**vous êtes** retourné(e)(s)
s'est retourné(e)	**se sont** retourné(e)s
plus-que-parfait de l'indicatif	
m'étais retourné(e)	**nous étions** retourné(e)s
t'étais retourné(e)	**vous étiez** retourné(e)(s)
s'était retourné(e)	**s'étaient** retourné(e)s
passé antérieur	
me fus retourné(e)	**nous fûmes** retourné(e)s
te fus retourné(e)	**vous fûtes** retourné(e)(s)
se fut retourné(e)	**se furent** retourné(e)s
futur antérieur	
me serai retourné(e)	**nous serons** retourné(e)s
te seras retourné(e)	**vous serez** retourné(e)(s)
se sera retourné(e)	**se seront** retourné(e)s
conditionnel passé	
me serais retourné(e)	**nous serions** retourné(e)s
te serais retourné(e)	**vous seriez** retourné(e)(s)
se serait retourné(e)	**se seraient** retourné(e)s
passé du subjonctif	
me sois retourné(e)	**nous soyons** retourné(e)s
te sois retourné(e)	**vous soyez** retourné(e)(s)
se soit retourné(e)	**se soient** retourné(e)s
plus-que-parfait du subjonctif	
me fusse retourné(e)	**nous fussions** retourné(e)s
te fusses retourné(e)	**vous fussiez** retourné(e)(s)
se fût retourné(e)	**se fussent** retourné(e)s

R

réussir   to succeed, to do well, to pass

participe présent réussissant   **participe passé** réussi

SINGULAR	PLURAL	SINGULAR	PLURAL
présent de l'indicatif		**passé composé**	
réussis	réussissons	ai réussi	avons réussi
réussis	réussissez	as réussi	avez réussi
réussit	réussissent	a réussi	ont réussi
imparfait de l'indicatif		**plus-que-parfait de l'indicatif**	
réussissais	réussissions	avais réussi	avions réussi
réussissais	réussissiez	avais réussi	aviez réussi
réussissait	réussissaient	avait réussi	avaient réussi
passé simple		**passé antérieur**	
réussis	réussîmes	eus réussi	eûmes réussi
réussis	réussîtes	eus réussi	eûtes réussi
réussit	réussirent	eut réussi	eurent réussi
futur		**futur antérieur**	
réussirai	réussirons	aurai réussi	aurons réussi
réussiras	réussirez	auras réussi	aurez réussi
réussira	réussiront	aura réussi	auront réussi
conditionnel		**conditionnel passé**	
réussirais	réussirions	aurais réussi	aurions réussi
réussirais	réussiriez	aurais réussi	auriez réussi
réussirait	réussiraient	aurait réussi	auraient réussi
présent du subjonctif		**passé du subjonctif**	
réussisse	réussissions	aie réussi	ayons réussi
réussisses	réussissiez	aies réussi	ayez réussi
réussisse	réussissent	ait réussi	aient réussi
imparfait du subjonctif		**plus-que-parfait du subjonctif**	
réussisse	réussissions	eusse réussi	eussions réussi
réussisses	réussissiez	eusses réussi	eussiez réussi
réussît	réussissent	eût réussi	eussent réussi
impératif			
réussis			
réussissons			
réussissez			

R

to wake up, to awaken

se réveiller

participe présent se réveillant   **participe passé** réveillé(e)(s)

SINGULAR	PLURAL	SINGULAR	PLURAL

présent de l'indicatif
me réveille	nous réveillons		
te réveilles	vous réveillez		
se réveille	se réveillent		

passé composé
me suis réveillé(e)	nous sommes réveillé(e)s
t'es réveillé(e)	vous êtes réveillé(e)(s)
s'est réveillé(e)	se sont réveillé(e)s

imparfait de l'indicatif
me réveillais	nous réveillions
te réveillais	vous réveilliez
se réveillait	se réveillaient

plus-que-parfait de l'indicatif
m'étais réveillé(e)	nous étions réveillé(e)s
t'étais réveillé(e)	vous étiez réveillé(e)(s)
s'était réveillé(e)	s'étaient réveillé(e)s

passé simple
me réveillai	nous réveillâmes
te réveillas	vous réveillâtes
se réveilla	se réveillèrent

passé antérieur
me fus réveillé(e)	nous fûmes réveillé(e)s
te fus réveillé(e)	vous fûtes réveillé(e)(s)
se fut réveillé(e)	se furent réveillé(e)s

futur
me réveillerai	nous réveillerons
te réveilleras	vous réveillerez
se réveillera	se réveilleront

futur antérieur
me serai réveillé(e)	nous serons réveillé(e)s
te seras réveillé(e)	vous serez réveillé(e)(s)
se sera réveillé(e)	se seront réveillé(e)s

conditionnel
me réveillerais	nous réveillerions
te réveillerais	vous réveilleriez
se réveillerait	se réveilleraient

conditionnel passé
me serais réveillé(e)	nous serions réveillé(e)s
te serais réveillé(e)	vous seriez réveillé(e)(s)
se serait réveillé(e)	se seraient réveillé(e)s

présent du subjonctif
me réveille	nous réveillions
te réveilles	vous réveilliez
se réveille	se réveillent

passé du subjonctif
me sois réveillé(e)	nous soyons réveillé(e)s
te sois réveillé(e)	vous soyez réveillé(e)(s)
se soit réveillé(e)	se soient réveillé(e)s

imparfait du subjonctif
me réveillasse	nous réveillassions
te réveillasses	vous réveillassiez
se réveillât	se réveillassent

plus-que-parfait du subjonctif
me fusse réveillé(e)	nous fussions réveillé(e)s
te fusses réveillé(e)	vous fussiez réveillé(e)(s)
se fût réveillé(e)	se fussent réveillé(e)s

impératif
réveille-toi
réveillons-nous
réveillez-vous

R

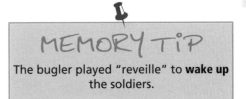

MEMORY TIP

The bugler played "reveille" to **wake up**
the soldiers.

revenir

to come back, to return

participe présent **revenant** participe passé **revenu(e)(s)**

SINGULAR	PLURAL	SINGULAR	PLURAL
présent de l'indicatif		**passé composé**	
reviens	revenons	**suis** revenu(e)	**sommes** revenu(e)s
reviens	revenez	**es** revenu(e)	**êtes** revenu(e)(s)
revient	reviennent	**est** revenu(e)	**sont** revenu(e)s
imparfait de l'indicatif		**plus-que-parfait de l'indicatif**	
revenais	revenions	**étais** revenu(e)	**étions** revenu(e)s
revenais	reveniez	**étais** revenu(e)	**étiez** revenu(e)(s)
revenait	revenaient	**était** revenu(e)	**étaient** revenu(e)s
passé simple		**passé antérieur**	
revins	revînmes	**fus** revenu(e)	**fûmes** revenu(e)s
revins	revîntes	**fus** revenu(e)	**fûtes** revenu(e)(s)
revint	revinrent	**fut** revenu(e)	**furent** revenu(e)s
futur		**futur antérieur**	
reviendrai	reviendrons	**serai** revenu(e)	**serons** revenu(e)s
reviendras	reviendrez	**seras** revenu(e)	**serez** revenu(e)(s)
reviendra	reviendront	**sera** revenu(e)	**seront** revenu(e)s
conditionnel		**conditionnel passé**	
reviendrais	reviendrions	**serais** revenu(e)	**serions** revenu(e)s
reviendrais	reviendriez	**serais** revenu(e)	**seriez** revenu(e)(s)
reviendrait	reviendraient	**serait** revenu(e)	**seraient** revenu(e)s
présent du subjonctif		**passé du subjonctif**	
revienne	revenions	**sois** revenu(e)	**soyons** revenu(e)s
reviennes	reveniez	**sois** revenu(e)	**soyez** revenu(e)(s)
revienne	reviennent	**soit** revenu(e)	**soient** revenu(e)s
imparfait du subjonctif		**plus-que-parfait du subjonctif**	
revinsse	revinssions	**fusse** revenu(e)	**fussions** revenu(e)s
revinsses	revinssiez	**fusses** revenu(e)	**fussiez** revenu(e)(s)
revînt	revinssent	**fût** revenu(e)	**fussent** revenu(e)s
impératif			
reviens			
revenons			
revenez			

R

to dream   rêver

SINGULAR	PLURAL	SINGULAR	PLURAL

présent de l'indicatif

		passé composé	
rêve	rêvons	**ai** rêvé	**avons** rêvé
rêves	rêvez	**as** rêvé	**avez** rêvé
rêve	rêvent	**a** rêvé	**ont** rêvé

imparfait de l'indicatif

		plus-que-parfait de l'indicatif	
rêvais	rêvions	**avais** rêvé	**avions** rêvé
rêvais	rêviez	**avais** rêvé	**aviez** rêvé
rêvait	rêvaient	**avait** rêvé	**avaient** rêvé

passé simple

		passé antérieur	
rêvai	rêvâmes	**eus** rêvé	**eûmes** rêvé
rêvas	rêvâtes	**eus** rêvé	**eûtes** rêvé
rêva	rêvèrent	**eut** rêvé	**eurent** rêvé

futur

		futur antérieur	
rêverai	rêverons	**aurai** rêvé	**aurons** rêvé
rêveras	rêverez	**auras** rêvé	**aurez** rêvé
rêvera	rêveront	**aura** rêvé	**auront** rêvé

conditionnel

		conditionnel passé	
rêverais	rêverions	**aurais** rêvé	**aurions** rêvé
rêverais	rêveriez	**aurais** rêvé	**auriez** rêvé
rêverait	rêveraient	**aurait** rêvé	**auraient** rêvé

présent du subjonctif

		passé du subjonctif	
rêve	rêvions	**aie** rêvé	**ayons** rêvé
rêves	rêviez	**aies** rêvé	**ayez** rêvé
rêve	rêvent	**ait** rêvé	**aient** rêvé

imparfait du subjonctif

		plus-que-parfait du subjonctif	
rêvasse	rêvassions	**eusse** rêvé	**eussions** rêvé
rêvasses	rêvassiez	**eusses** rêvé	**eussiez** rêvé
rêvât	rêvassent	**eût** rêvé	**eussent** rêvé

impératif

rêve
rêvons
rêvez

R

to see again, to see once more

participe présent **revoyant**   participe passé **revu**

SINGULAR	PLURAL	SINGULAR	PLURAL
présent de l'indicatif		**passé composé**	
revois	revoyons	ai revu	avons revu
revois	revoyez	as revu	avez revu
revoit	revoient	a revu	ont revu
imparfait de l'indicatif		**plus-que-parfait de l'indicatif**	
revoyais	revoyions	avais revu	avions revu
revoyais	revoyiez	avais revu	aviez revu
revoyait	revoyaient	avait revu	avaient revu
passé simple		**passé antérieur**	
revis	revîmes	eus revu	eûmes revu
revis	revîtes	eus revu	eûtes revu
revit	revirent	eut revu	eurent revu
futur		**futur antérieur**	
reverrai	reverrons	aurai revu	aurons revu
reverras	reverrez	auras revu	aurez revu
reverra	reverront	aura revu	auront revu
conditionnel		**conditionnel passé**	
reverrais	reverrions	aurais revu	aurions revu
reverrais	reverriez	aurais revu	auriez revu
reverrait	reverraient	aurait revu	auraient revu
présent du subjonctif		**passé du subjonctif**	
revoie	revoyions	aie revu	ayons revu
revoies	revoyiez	aies revu	ayez revu
revoie	revoient	ait revu	aient revu
imparfait du subjonctif		**plus-que-parfait du subjonctif**	
revisse	revissions	eusse revu	eussions revu
revisses	revissiez	eusses revu	eussiez revu
revît	revissent	eût revu	eussent revu
impératif			
revois			
revoyons			
revoyez			

R

to laugh   rire

SINGULAR	PLURAL	SINGULAR	PLURAL

présent de l'indicatif | | **passé composé** | |
ris | ri**ons** | **ai** ri | **avons** ri
ris | ri**ez** | **as** ri | **avez** ri
ri**t** | ri**ent** | **a** ri | **ont** ri

imparfait de l'indicatif | | **plus-que-parfait de l'indicatif** | |
ri**ais** | ri**ions** | **avais** ri | **avions** ri
ri**ais** | ri**iez** | **avais** ri | **aviez** ri
ri**ait** | ri**aient** | **avait** ri | **avaient** ri

passé simple | | **passé antérieur** | |
ris | r**îmes** | **eus** ri | **eûmes** ri
ris | r**îtes** | **eus** ri | **eûtes** ri
ri**t** | ri**rent** | **eut** ri | **eurent** ri

futur | | **futur antérieur** | |
rir**ai** | rir**ons** | **aurai** ri | **aurons** ri
rir**as** | rir**ez** | **auras** ri | **aurez** ri
rir**a** | rir**ont** | **aura** ri | **auront** ri

conditionnel | | **conditionnel passé** | |
rir**ais** | rir**ions** | **aurais** ri | **aurions** ri
rir**ais** | rir**iez** | **aurais** ri | **auriez** ri
rir**ait** | rir**aient** | **aurait** ri | **auraient** ri

présent du subjonctif | | **passé du subjonctif** | |
ri**e** | ri**ions** | **aie** ri | **ayons** ri
ri**es** | ri**iez** | **aies** ri | **ayez** ri
ri**e** | ri**ent** | **ait** ri | **aient** ri

imparfait du subjonctif | | **plus-que-parfait du subjonctif** | |
ri**sse** | ri**ssions** | **eusse** ri | **eussions** ri
ri**sses** | ri**ssiez** | **eusses** ri | **eussiez** ri
r**ît** | ri**ssent** | **eût** ri | **eussent** ri

impératif | | | |
ris | | | |
rions | | | |
riez | | | |

R

rompre

to break, to break up, to sever

participe présent **rompant**   participe passé **rompu**

SINGULAR	PLURAL	SINGULAR	PLURAL

présent de l'indicatif

romp**s**	romp**ons**
romp**s**	romp**ez**
romp**t**	romp**ent**

passé composé

ai rompu	**avons** rompu
as rompu	**avez** rompu
a rompu	**ont** rompu

imparfait de l'indicatif

romp**ais**	romp**ions**
romp**ais**	romp**iez**
romp**ait**	romp**aient**

plus-que-parfait de l'indicatif

avais rompu	**avions** rompu
avais rompu	**aviez** rompu
avait rompu	**avaient** rompu

passé simple

romp**is**	romp**îmes**
romp**is**	romp**îtes**
romp**it**	romp**irent**

passé antérieur

eus rompu	**eûmes** rompu
eus rompu	**eûtes** rompu
eut rompu	**eurent** rompu

futur

romp**rai**	romp**rons**
romp**ras**	romp**rez**
romp**ra**	romp**ront**

futur antérieur

aurai rompu	**aurons** rompu
auras rompu	**aurez** rompu
aura rompu	**auront** rompu

conditionnel

romp**rais**	romp**rions**
romp**rais**	romp**riez**
romp**rait**	romp**raient**

conditionnel passé

aurais rompu	**aurions** rompu
aurais rompu	**auriez** rompu
aurait rompu	**auraient** rompu

présent du subjonctif

romp**e**	romp**ions**
romp**es**	romp**iez**
romp**e**	romp**ent**

passé du subjonctif

aie rompu	**ayons** rompu
aies rompu	**ayez** rompu
ait rompu	**aient** rompu

imparfait du subjonctif

romp**isse**	romp**issions**
romp**isses**	romp**issiez**
romp**ît**	romp**issent**

plus-que-parfait du subjonctif

eusse rompu	**eussions** rompu
eusses rompu	**eussiez** rompu
eût rompu	**eussent** rompu

impératif

romp**s**
romp**ons**
romp**ez**

R

to turn red, to blush, to redden   rougir

SINGULAR	PLURAL	SINGULAR	PLURAL
présent de l'indicatif		**passé composé**	
rougis	rougissons	**ai** rougi	**avons** rougi
rougis	rougissez	**as** rougi	**avez** rougi
rougit	rougissent	**a** rougi	**ont** rougi
imparfait de l'indicatif		**plus-que-parfait de l'indicatif**	
rougissais	rougissions	**avais** rougi	**avions** rougi
rougissais	rougissiez	**avais** rougi	**aviez** rougi
rougissait	rougissaient	**avait** rougi	**avaient** rougi
passé simple		**passé antérieur**	
rougis	rougîmes	**eus** rougi	**eûmes** rougi
rougis	rougîtes	**eus** rougi	**eûtes** rougi
rougit	rougirent	**eut** rougi	**eurent** rougi
futur		**futur antérieur**	
rougirai	rougirons	**aurai** rougi	**aurons** rougi
rougiras	rougirez	**auras** rougi	**aurez** rougi
rougira	rougiront	**aura** rougi	**auront** rougi
conditionnel		**conditionnel passé**	
rougirais	rougirions	**aurais** rougi	**aurions** rougi
rougirais	rougiriez	**aurais** rougi	**auriez** rougi
rougirait	rougiraient	**aurait** rougi	**auraient** rougi
présent du subjonctif		**passé du subjonctif**	
rougisse	rougissions	**aie** rougi	**ayons** rougi
rougisses	rougissiez	**aies** rougi	**ayez** rougi
rougisse	rougissent	**ait** rougi	**aient** rougi
imparfait du subjonctif		**plus-que-parfait du subjonctif**	
rougisse	rougissions	**eusse** rougi	**eussions** rougi
rougisses	rougissiez	**eusses** rougi	**eussiez** rougi
rougît	rougissent	**eût** rougi	**eussent** rougi

impératif
rougis
rougissons
rougissez

R

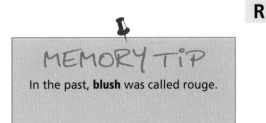

MEMORY TIP

In the past, **blush** was called rouge.

rouler

to roll, to roll along, to drive

participe présent **roulant**   participe passé **roulé**

SINGULAR	PLURAL	SINGULAR	PLURAL
présent de l'indicatif		**passé composé**	
roul**e**	roul**ons**	**ai** roulé	**avons** roulé
roul**es**	roul**ez**	**as** roulé	**avez** roulé
roul**e**	roul**ent**	**a** roulé	**ont** roulé
imparfait de l'indicatif		**plus-que-parfait de l'indicatif**	
roul**ais**	roul**ions**	**avais** roulé	**avions** roulé
roul**ais**	roul**iez**	**avais** roulé	**aviez** roulé
roul**ait**	roul**aient**	**avait** roulé	**avaient** roulé
passé simple		**passé antérieur**	
roul**ai**	roul**âmes**	**eus** roulé	**eûmes** roulé
roul**as**	roul**âtes**	**eus** roulé	**eûtes** roulé
roul**a**	roul**èrent**	**eut** roulé	**eurent** roulé
futur		**futur antérieur**	
rouler**ai**	rouler**ons**	**aurai** roulé	**aurons** roulé
rouler**as**	rouler**ez**	**auras** roulé	**aurez** roulé
rouler**a**	rouler**ont**	**aura** roulé	**auront** roulé
conditionnel		**conditionnel passé**	
rouler**ais**	rouler**ions**	**aurais** roulé	**aurions** roulé
rouler**ais**	rouler**iez**	**aurais** roulé	**auriez** roulé
rouler**ait**	rouler**aient**	**aurait** roulé	**auraient** roulé
présent du subjonctif		**passé du subjonctif**	
roul**e**	roul**ions**	**aie** roulé	**ayons** roulé
roul**es**	roul**iez**	**aies** roulé	**ayez** roulé
roul**e**	roul**ent**	**ait** roulé	**aient** roulé
imparfait du subjonctif		**plus-que-parfait du subjonctif**	
roul**asse**	roul**assions**	**eusse** roulé	**eussions** roulé
roul**asses**	roul**assiez**	**eusses** roulé	**eussiez** roulé
roul**ât**	roul**assent**	**eût** roulé	**eussent** roulé

impératif
roule
roulons
roulez

R

to seize, to comprehend saisir

SINGULAR	PLURAL	SINGULAR	PLURAL

présent de l'indicatif

		passé composé	
saisis	saisissons	**ai** saisi	**avons** saisi
saisis	saisissez	**as** saisi	**avez** saisi
saisit	saisissent	**a** saisi	**ont** saisi

imparfait de l'indicatif

		plus-que-parfait de l'indicatif	
saisissais	saisissions	**avais** saisi	**avions** saisi
saisissais	saisissiez	**avais** saisi	**aviez** saisi
saisissait	saisissaient	**avait** saisi	**avaient** saisi

passé simple

		passé antérieur	
saisis	saisîmes	**eus** saisi	**eûmes** saisi
saisis	saisîtes	**eus** saisi	**eûtes** saisi
saisit	saisirent	**eut** saisi	**eurent** saisi

futur

		futur antérieur	
saisirai	saisirons	**aurai** saisi	**aurons** saisi
saisiras	saisirez	**auras** saisi	**aurez** saisi
saisira	saisiront	**aura** saisi	**auront** saisi

conditionnel

		conditionnel passé	
saisirais	saisirions	**aurais** saisi	**aurions** saisi
saisirais	saisiriez	**aurais** saisi	**auriez** saisi
saisirait	saisiraient	**aurait** saisi	**auraient** saisi

présent du subjonctif

		passé du subjonctif	
saisisse	saisissions	**aie** saisi	**ayons** saisi
saisisses	saisissiez	**aies** saisi	**ayez** saisi
saisisse	saisissent	**ait** saisi	**aient** saisi

imparfait du subjonctif

		plus-que-parfait du subjonctif	
saisisse	saisissions	**eusse** saisi	**eussions** saisi
saisisses	saisissiez	**eusses** saisi	**eussiez** saisi
saisît	saisissent	**eût** saisi	**eussent** saisi

impératif

saisis
saisissons
saisissez

S

salir

to soil, to dirty

participe présent **salissant**   participe passé **sali**

SINGULAR	PLURAL	SINGULAR	PLURAL

présent de l'indicatif
salis	salissons		
salis	salissez		
salit	salissent		

passé composé
ai sali	avons sali
as sali	avez sali
a sali	ont sali

imparfait de l'indicatif
salissais	salissions
salissais	salissiez
salissait	salissaient

plus-que-parfait de l'indicatif
avais sali	avions sali
avais sali	aviez sali
avait sali	avaient sali

passé simple
salis	salîmes
salis	salîtes
salit	salirent

passé antérieur
eus sali	eûmes sali
eus sali	eûtes sali
eut sali	eurent sali

futur
salirai	salirons
saliras	salirez
salira	saliront

futur antérieur
aurai sali	aurons sali
auras sali	aurez sali
aura sali	auront sali

conditionnel
salirais	salirions
salirais	saliriez
salirait	saliraient

conditionnel passé
aurais sali	aurions sali
aurais sali	auriez sali
aurait sali	auraient sali

présent du subjonctif
salisse	salissions
salisses	salissiez
salisse	salissent

passé du subjonctif
aie sali	ayons sali
aies sali	ayez sali
ait sali	aient sali

imparfait du subjonctif
salisse	salissions
salisses	salissiez
salît	salissent

plus-que-parfait du subjonctif
eusse sali	eussions sali
eusses sali	eussiez sali
eût sali	eussent sali

impératif
salis
salissons
salissez

S

to satisfy

satisfaire

participe présent satisfaisant

participe passé satisfait

SINGULAR	PLURAL	SINGULAR	PLURAL
présent de l'indicatif		**passé composé**	
satisfais	satisfaisons	ai satisfait	avons satisfait
satisfais	satisfaites	as satisfait	avez satisfait
satisfait	satisfont	a satisfait	ont satisfait
imparfait de l'indicatif		**plus-que-parfait de l'indicatif**	
satisfaisais	satisfaisions	avais satisfait	avions satisfait
satisfaisais	satisfaisiez	avais satisfait	aviez satisfait
satisfaisait	satisfaisaient	avait satisfait	avaient satisfait
passé simple		**passé antérieur**	
satisfis	satisfîmes	eus satisfait	eûmes satisfait
satisfis	satisfîtes	eus satisfait	eûtes satisfait
satisfit	satisfirent	eut satisfait	eurent satisfait
futur		**futur antérieur**	
satisferai	satisferons	aurai satisfait	aurons satisfait
satisferas	satisferez	auras satisfait	aurez satisfait
satisfera	satisferont	aura satisfait	auront satisfait
conditionnel		**conditionnel passé**	
satisferais	satisferions	aurais satisfait	aurions satisfait
satisferais	satisferiez	aurais satisfait	auriez satisfait
satisferait	satisferaient	aurait satisfait	auraient satisfait
présent du subjonctif		**passé du subjonctif**	
satisfasse	satisfassions	aie satisfait	ayons satisfait
satisfasses	satisfassiez	aies satisfait	ayez satisfait
satisfasse	satisfassent	ait satisfait	aient satisfait
imparfait du subjonctif		**plus-que-parfait du subjonctif**	
satisfisse	satisfissions	eusse satisfait	eussions satisfait
satisfisses	satisfissiez	eusses satisfait	eussiez satisfait
satisfît	satisfissent	eût satisfait	eussent satisfait

impératif
satisfais
satisfaisons
satisfaites

S

participe présent sautant

participe passé sauté

SINGULAR	PLURAL	SINGULAR	PLURAL

présent de l'indicatif
		passé composé	
saute	sautons	**ai** sauté	**avons** sauté
sautes	sautez	**as** sauté	**avez** sauté
saute	sautent	**a** sauté	**ont** sauté

imparfait de l'indicatif
		plus-que-parfait de l'indicatif	
sautais	sautions	**avais** sauté	**avions** sauté
sautais	sautiez	**avais** sauté	**aviez** sauté
sautait	sautaient	**avait** sauté	**avaient** sauté

passé simple
		passé antérieur	
sautai	sautâmes	**eus** sauté	**eûmes** sauté
sautas	sautâtes	**eus** sauté	**eûtes** sauté
sauta	sautèrent	**eut** sauté	**eurent** sauté

futur
		futur antérieur	
sauterai	sauterons	**aurai** sauté	**aurons** sauté
sauteras	sauterez	**auras** sauté	**aurez** sauté
sautera	sauteront	**aura** sauté	**auront** sauté

conditionnel
		conditionnel passé	
sauterais	sauterions	**aurais** sauté	**aurions** sauté
sauterais	sauteriez	**aurais** sauté	**auriez** sauté
sauterait	sauteraient	**aurait** sauté	**auraient** sauté

présent du subjonctif
		passé du subjonctif	
saute	sautions	**aie** sauté	**ayons** sauté
sautes	sautiez	**aies** sauté	**ayez** sauté
saute	sautent	**ait** sauté	**aient** sauté

imparfait du subjonctif
		plus-que-parfait du subjonctif	
sautasse	sautassions	**eusse** sauté	**eussions** sauté
sautasses	sautassiez	**eusses** sauté	**eussiez** sauté
sautât	sautassent	**eût** sauté	**eussent** sauté

impératif
saute
sautons
sautez

S

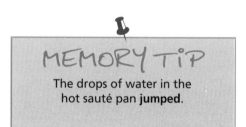

MEMORY TIP

The drops of water in the
hot sauté pan **jumped**.

to rescue, to save

participe présent sauvant   **participe passé** sauvé

SINGULAR	PLURAL	SINGULAR	PLURAL

présent de l'indicatif

		passé composé	
sauve	sauvons	**ai** sauvé	**avons** sauvé
sauves	sauvez	**as** sauvé	**avez** sauvé
sauve	sauvent	**a** sauvé	**ont** sauvé

imparfait de l'indicatif   **plus-que-parfait de l'indicatif**

sauvais	sauvions	**avais** sauvé	**avions** sauvé
sauvais	sauviez	**avais** sauvé	**aviez** sauvé
sauvait	sauvaient	**avait** sauvé	**avaient** sauvé

passé simple   **passé antérieur**

sauvai	sauvâmes	**eus** sauvé	**eûmes** sauvé
sauvas	sauvâtes	**eus** sauvé	**eûtes** sauvé
sauva	sauvèrent	**eut** sauvé	**eurent** sauvé

futur   **futur antérieur**

sauverai	sauverons	**aurai** sauvé	**aurons** sauvé
sauveras	sauverez	**auras** sauvé	**aurez** sauvé
sauvera	sauveront	**aura** sauvé	**auront** sauvé

conditionnel   **conditionnel passé**

sauverais	sauverions	**aurais** sauvé	**aurions** sauvé
sauverais	sauveriez	**aurais** sauvé	**auriez** sauvé
sauverait	sauveraient	**aurait** sauvé	**auraient** sauvé

présent du subjonctif   **passé du subjonctif**

sauve	sauvions	**aie** sauvé	**ayons** sauvé
sauves	sauviez	**aies** sauvé	**ayez** sauvé
sauve	sauvent	**ait** sauvé	**aient** sauvé

imparfait du subjonctif   **plus-que-parfait du subjonctif**

sauvasse	sauvassions	**eusse** sauvé	**eussions** sauvé
sauvasses	sauvassiez	**eusses** sauvé	**eussiez** sauvé
sauvât	sauvassent	**eût** sauvé	**eussent** sauvé

impératif

sauve
sauvons
sauvez

S

se sauver

to run away

participe présent **se sauvant** participe passé **sauvé(e)(s)**

SINGULAR	PLURAL	SINGULAR	PLURAL

présent de l'indicatif

me sauve	nous sauvons		
te sauves	vous sauvez		
se sauve	se sauvent		

passé composé

me suis sauvé(e)	nous sommes sauvé(e)s
t'es sauvé(e)	vous êtes sauvé(e)(s)
s'est sauvé(e)	se sont sauvé(e)s

imparfait de l'indicatif

me sauvais	nous sauvions
te sauvais	vous sauviez
se sauvait	se sauvaient

plus-que-parfait de l'indicatif

m'étais sauvé(e)	nous étions sauvé(e)s
t'étais sauvé(e)	vous étiez sauvé(e)(s)
s'était sauvé(e)	s'étaient sauvé(e)s

passé simple

me sauvai	nous sauvâmes
te sauvas	vous sauvâtes
se sauva	se sauvèrent

passé antérieur

me fus sauvé(e)	nous fûmes sauvé(e)s
te fus sauvé(e)	vous fûtes sauvé(e)(s)
se fut sauvé(e)	se furent sauvé(e)s

futur

me sauverai	nous sauverons
te sauveras	vous sauverez
se sauvera	se sauveront

futur antérieur

me serai sauvé(e)	nous serons sauvé(e)s
te seras sauvé(e)	vous serez sauvé(e)(s)
se sera sauvé(e)	se seront sauvé(e)s

conditionnel

me sauverais	nous sauverions
te sauverais	vous sauveriez
se sauverait	se sauveraient

conditionnel passé

me serais sauvé(e)	nous serions sauvé(e)s
te serais sauvé(e)	vous seriez sauvé(e)(s)
se serait sauvé(e)	se seraient sauvé(e)s

présent du subjonctif

me sauve	nous sauvions
te sauves	vous sauviez
se sauve	se sauvent

passé du subjonctif

me sois sauvé(e)	nous soyons sauvé(e)s
te sois sauvé(e)	vous soyez sauvé(e)(s)
se soit sauvé(e)	se soient sauvé(e)s

imparfait du subjonctif

me sauvasse	nous sauvassions
te sauvasses	vous sauvassiez
se sauvât	se sauvassent

plus-que-parfait du subjonctif

me fusse sauvé(e)	nous fussions sauvé(e)s
te fusses sauvé(e)	vous fussiez sauvé(e)(s)
se fût sauvé(e)	se fussent sauvé(e)s

impératif

sauve-toi
sauvons-nous
sauvez-vous

S

586

to know (how)

participe présent **sachant**   participe passé **su**

SINGULAR	PLURAL	SINGULAR	PLURAL

présent de l'indicatif

sai**s**	sav**ons**
sai**s**	sav**ez**
sai**t**	sav**ent**

imparfait de l'indicatif

sav**ais**	sav**ions**
sav**ais**	sav**iez**
sav**ait**	sav**aient**

passé simple

s**us**	s**ûmes**
s**us**	s**ûtes**
s**ut**	s**urent**

futur

saur**ai**	saur**ons**
saur**as**	saur**ez**
saur**a**	saur**ont**

conditionnel

saur**ais**	saur**ions**
saur**ais**	saur**iez**
saur**ait**	saur**aient**

présent du subjonctif

sach**e**	sach**ions**
sach**es**	sach**iez**
sach**e**	sach**ent**

imparfait du subjonctif

su**sse**	su**ssions**
su**sses**	su**ssiez**
s**ût**	su**ssent**

impératif

sache
sachons
sachez

passé composé

ai su	**avons** su
as su	**avez** su
a su	**ont** su

plus-que-parfait de l'indicatif

avais su	**avions** su
avais su	**aviez** su
avait su	**avaient** su

passé antérieur

eus su	**eûmes** su
eus su	**eûtes** su
eut su	**eurent** su

futur antérieur

aurai su	**aurons** su
auras su	**aurez** su
aura su	**auront** su

conditionnel passé

aurais su	**aurions** su
aurais su	**auriez** su
aurait su	**auraient** su

passé du subjonctif

aie su	**ayons** su
aies su	**ayez** su
ait su	**aient** su

plus-que-parfait du subjonctif

eusse su	**eussions** su
eusses su	**eussiez** su
eût su	**eussent** su

S

MUST
KNOW
VERB

sécher

to dry

SINGULAR	PLURAL	SINGULAR	PLURAL

présent de l'indicatif
sèche	séchons		
sèches	séchez		
sèche	sèchent		

passé composé
ai séché	avons séché
as séché	avez séché
a séché	ont séché

imparfait de l'indicatif
séchais	séchions
séchais	séchiez
séchait	séchaient

plus-que-parfait de l'indicatif
avais séché	avions séché
avais séché	aviez séché
avait séché	avaient séché

passé simple
séchai	séchâmes
séchas	séchâtes
sécha	séchèrent

passé antérieur
eus séché	eûmes séché
eus séché	eûtes séché
eut séché	eurent séché

futur
sécherai	sécherons
sécheras	sécherez
séchera	sécheront

futur antérieur
aurai séché	aurons séché
auras séché	aurez séché
aura séché	auront séché

conditionnel
sécherais	sécherions
sécherais	sécheriez
sécherait	sécheraient

conditionnel passé
aurais séché	aurions séché
aurais séché	auriez séché
aurait séché	auraient séché

présent du subjonctif
sèche	séchions
sèches	séchiez
sèche	sèchent

passé du subjonctif
aie séché	ayons séché
aies séché	ayez séché
ait séché	aient séché

imparfait du subjonctif
séchasse	séchassions
séchasses	séchassiez
séchât	séchassent

plus-que-parfait du subjonctif
eusse séché	eussions séché
eusses séché	eussiez séché
eût séché	eussent séché

impératif
sèche
séchons
séchez

S

to shake   secouer

SINGULAR	PLURAL	SINGULAR	PLURAL

présent de l'indicatif

secou**e**	secou**ons**
secou**es**	secou**ez**
secou**e**	secou**ent**

passé composé

ai secoué	**avons** secoué
as secoué	**avez** secoué
a secoué	**ont** secoué

imparfait de l'indicatif

secou**ais**	secou**ions**
secou**ais**	secou**iez**
secou**ait**	secou**aient**

plus-que-parfait de l'indicatif

avais secoué	**avions** secoué
avais secoué	**aviez** secoué
avait secoué	**avaient** secoué

passé simple

secou**ai**	secou**âmes**
secou**as**	secou**âtes**
secou**a**	secou**èrent**

passé antérieur

eus secoué	**eûmes** secoué
eus secoué	**eûtes** secoué
eut secoué	**eurent** secoué

futur

secouer**ai**	secouer**ons**
secouer**as**	secouer**ez**
secouer**a**	secouer**ont**

futur antérieur

aurai secoué	**aurons** secoué
auras secoué	**aurez** secoué
aura secoué	**auront** secoué

conditionnel

secouer**ais**	secouer**ions**
secouer**ais**	secouer**iez**
secouer**ait**	secouer**aient**

conditionnel passé

aurais secoué	**aurions** secoué
aurais secoué	**auriez** secoué
aurait secoué	**auraient** secoué

présent du subjonctif

secou**e**	secou**ions**
secou**es**	secou**iez**
secou**e**	secou**ent**

passé du subjonctif

aie secoué	**ayons** secoué
aies secoué	**ayez** secoué
ait secoué	**aient** secoué

imparfait du subjonctif

secou**asse**	secou**assions**
secou**asses**	secou**assiez**
secou**ât**	secou**assent**

plus-que-parfait du subjonctif

eusse secoué	**eussions** secoué
eusses secoué	**eussiez** secoué
eût secoué	**eussent** secoué

impératif

secoue
secouons
secouez

S

secourir

to help, to rescue

SINGULAR	PLURAL	SINGULAR	PLURAL

présent de l'indicatif
passé composé

secour**s**	secour**ons**	**ai** secouru	**avons** secouru
secour**s**	secour**ez**	**as** secouru	**avez** secouru
secour**t**	secour**ent**	**a** secouru	**ont** secouru

imparfait de l'indicatif
plus-que-parfait de l'indicatif

secour**ais**	secour**ions**	**avais** secouru	**avions** secouru
secour**ais**	secour**iez**	**avais** secouru	**aviez** secouru
secour**ait**	secour**aient**	**avait** secouru	**avaient** secouru

passé simple
passé antérieur

secour**us**	secour**ûmes**	**eus** secouru	**eûmes** secouru
secour**us**	secour**ûtes**	**eus** secouru	**eûtes** secouru
secour**ut**	secour**urent**	**eut** secouru	**eurent** secouru

futur
futur antérieur

secourr**ai**	secourr**ons**	**aurai** secouru	**aurons** secouru
secourr**as**	secourr**ez**	**auras** secouru	**aurez** secouru
secourr**a**	secourr**ont**	**aura** secouru	**auront** secouru

conditionnel
conditionnel passé

secourr**ais**	secourr**ions**	**aurais** secouru	**aurions** secouru
secourr**ais**	secourr**iez**	**aurais** secouru	**auriez** secouru
secourr**ait**	secourr**aient**	**aurait** secouru	**auraient** secouru

présent du subjonctif
passé du subjonctif

secour**e**	secour**ions**	**aie** secouru	**ayons** secouru
secour**es**	secour**iez**	**aies** secouru	**ayez** secouru
secour**e**	secour**ent**	**ait** secouru	**aient** secouru

imparfait du subjonctif
plus-que-parfait du subjonctif

secour**usse**	secour**ussions**	**eusse** secouru	**eussions** secouru
secour**usses**	secour**ussiez**	**eusses** secouru	**eussiez** secouru
secour**ût**	secour**ussent**	**eût** secouru	**eussent** secouru

impératif
secours
secourons
secourez

S

to seduce, to captivate   séduire

SINGULAR	PLURAL	SINGULAR	PLURAL

présent de l'indicatif

		passé composé	
séduis	séduisons	ai séduit	avons séduit
séduis	séduisez	as séduit	avez séduit
séduit	séduisent	a séduit	ont séduit

imparfait de l'indicatif

plus-que-parfait de l'indicatif

séduisais	séduisions	avais séduit	avions séduit
séduisais	séduisiez	avais séduit	aviez séduit
séduisait	séduisaient	avait séduit	avaient séduit

passé simple

passé antérieur

séduisis	séduisîmes	eus séduit	eûmes séduit
séduisis	séduisîtes	eus séduit	eûtes séduit
séduisit	séduisirent	eut séduit	eurent séduit

futur

futur antérieur

séduirai	séduirons	aurai séduit	aurons séduit
séduiras	séduirez	auras séduit	aurez séduit
séduira	séduiront	aura séduit	auront séduit

conditionnel

conditionnel passé

séduirais	séduirions	aurais séduit	aurions séduit
séduirais	séduiriez	aurais séduit	auriez séduit
séduirait	séduiraient	aurait séduit	auraient séduit

présent du subjonctif

passé du subjonctif

séduise	séduisions	aie séduit	ayons séduit
séduises	séduisiez	aies séduit	ayez séduit
séduise	séduisent	ait séduit	aient séduit

imparfait du subjonctif

plus-que-parfait du subjonctif

séduisisse	séduisissions	eusse séduit	eussions séduit
séduisisses	séduisissiez	eusses séduit	eussiez séduit
séduisît	séduisissent	eût séduit	eussent séduit

impératif

séduis
séduisons
séduisez

S

participe présent **sentant**　　participe passé **senti**

SINGULAR	PLURAL	SINGULAR	PLURAL

présent de l'indicatif

sen**s**	sent**ons**
sen**s**	sent**ez**
sen**t**	sent**ent**

passé composé

ai senti	**avons** senti
as senti	**avez** senti
a senti	**ont** senti

imparfait de l'indicatif

sent**ais**	sent**ions**
sent**ais**	sent**iez**
sent**ait**	sent**aient**

plus-que-parfait de l'indicatif

avais senti	**avions** senti
avais senti	**aviez** senti
avait senti	**avaient** senti

passé simple

sent**is**	sent**îmes**
sent**is**	sent**îtes**
sent**it**	sent**irent**

passé antérieur

eus senti	**eûmes** senti
eus senti	**eûtes** senti
eut senti	**eurent** senti

futur

sent**irai**	sent**irons**
sent**iras**	sent**irez**
sent**ira**	sent**iront**

futur antérieur

aurai senti	**aurons** senti
auras senti	**aurez** senti
aura senti	**auront** senti

conditionnel

sent**irais**	sent**irions**
sent**irais**	sent**iriez**
sent**irait**	sent**iraient**

conditionnel passé

aurais senti	**aurions** senti
aurais senti	**auriez** senti
aurait senti	**auraient** senti

présent du subjonctif

sent**e**	sent**ions**
sent**es**	sent**iez**
sent**e**	sent**ent**

passé du subjonctif

aie senti	**ayons** senti
aies senti	**ayez** senti
ait senti	**aient** senti

imparfait du subjonctif

sent**isse**	sent**issions**
sent**isses**	sent**issiez**
sent**ît**	sent**issent**

plus-que-parfait du subjonctif

eusse senti	**eussions** senti
eusses senti	**eussiez** senti
eût senti	**eussent** senti

impératif

sens
sentons
sentez

S

MUST KNOW VERB

to separate, to split · séparer

SINGULAR	PLURAL	SINGULAR	PLURAL

présent de l'indicatif

sépare	séparons		
sépares	séparez		
sépare	séparent		

passé composé

ai séparé	avons séparé
as séparé	avez séparé
a séparé	ont séparé

imparfait de l'indicatif

séparais	séparions
séparais	sépariez
séparait	séparaient

plus-que-parfait de l'indicatif

avais séparé	avions séparé
avais séparé	aviez séparé
avait séparé	avaient séparé

passé simple

séparai	séparâmes
séparas	séparâtes
sépara	séparèrent

passé antérieur

eus séparé	eûmes séparé
eus séparé	eûtes séparé
eut séparé	eurent séparé

futur

séparerai	séparerons
sépareras	séparerez
séparera	sépareront

futur antérieur

aurai séparé	aurons séparé
auras séparé	aurez séparé
aura séparé	auront séparé

conditionnel

séparerais	séparerions
séparerais	sépareriez
séparerait	sépareraient

conditionnel passé

aurais séparé	aurions séparé
aurais séparé	auriez séparé
aurait séparé	auraient séparé

présent du subjonctif

sépare	séparions
sépares	sépariez
sépare	séparent

passé du subjonctif

aie séparé	ayons séparé
aies séparé	ayez séparé
ait séparé	aient séparé

imparfait du subjonctif

séparasse	séparassions
séparasses	séparassiez
séparât	séparassent

plus-que-parfait du subjonctif

eusse séparé	eussions séparé
eusses séparé	eussiez séparé
eût séparé	eussent séparé

impératif

sépare
séparons
séparez

S

participe présent **se séparant**   participe passé **séparé(e)(s)**

SINGULAR	PLURAL	SINGULAR	PLURAL

présent de l'indicatif
me sépare	nous séparons
te sépares	vous séparez
se sépare	se séparent

passé composé
me suis séparé(e)	nous sommes séparé(e)s
t'es séparé(e)	vous êtes séparé(e)(s)
s'est séparé(e)	se sont séparé(e)s

imparfait de l'indicatif
me séparais	nous séparions
te séparais	vous sépariez
se séparait	se séparaient

plus-que-parfait de l'indicatif
m'étais séparé(e)	nous étions séparé(e)s
t'étais séparé(e)	vous étiez séparé(e)(s)
s'était séparé(e)	s'étaient séparé(e)s

passé simple
me séparai	nous séparâmes
te séparas	vous séparâtes
se sépara	se séparèrent

passé antérieur
me fus séparé(e)	nous fûmes séparé(e)s
te fus séparé(e)	vous fûtes séparé(e)(s)
se fut séparé(e)	se furent séparé(e)s

futur
me séparerai	nous séparerons
te sépareras	vous séparerez
se séparera	se sépareront

futur antérieur
me serai séparé(e)	nous serons séparé(e)s
te seras séparé(e)	vous serez séparé(e)(s)
se sera séparé(e)	se seront séparé(e)s

conditionnel
me séparerais	nous séparerions
te séparerais	vous sépareriez
se séparerait	se sépareraient

conditionnel passé
me serais séparé(e)	nous serions séparé(e)s
te serais séparé(e)	vous seriez séparé(e)(s)
se serait séparé(e)	se seraient séparé(e)s

présent du subjonctif
me sépare	nous séparions
te sépares	vous sépariez
se sépare	se séparent

passé du subjonctif
me sois séparé(e)	nous soyons séparé(e)s
te sois séparé(e)	vous soyez séparé(e)(s)
se soit séparé(e)	se soient séparé(e)s

imparfait du subjonctif
me séparasse	nous séparassions
te séparasses	vous séparassiez
se séparât	se séparassent

plus-que-parfait du subjonctif
me fusse séparé(e)	nous fussions séparé(e)s
te fusses séparé(e)	vous fussiez séparé(e)(s)
se fût séparé(e)	se fussent séparé(e)s

impératif
sépare-toi
séparons-nous
séparez-vous

S

to grasp, to squeeze

serrer

participle présent **serrant** participle passé **serré**

SINGULAR	PLURAL	SINGULAR	PLURAL

présent de l'indicatif
		passé composé	
serre	serrons	**ai** serré	**avons** serré
serres	serrez	**as** serré	**avez** serré
serre	serrent	**a** serré	**ont** serré

imparfait de l'indicatif
		plus-que-parfait de l'indicatif	
serrais	serrions	**avais** serré	**avions** serré
serrais	serriez	**avais** serré	**aviez** serré
serrait	serraient	**avait** serré	**avaient** serré

passé simple
		passé antérieur	
serrai	serrâmes	**eus** serré	**eûmes** serré
serras	serrâtes	**eus** serré	**eûtes** serré
serra	serrèrent	**eut** serré	**eurent** serré

futur
		futur antérieur	
serrerai	serrerons	**aurai** serré	**aurons** serré
serreras	serrerez	**auras** serré	**aurez** serré
serrera	serreront	**aura** serré	**auront** serré

conditionnel
		conditionnel passé	
serrerais	serrerions	**aurais** serré	**aurions** serré
serrerais	serreriez	**aurais** serré	**auriez** serré
serrerait	serreraient	**aurait** serré	**auraient** serré

présent du subjonctif
		passé du subjonctif	
serre	serrions	**aie** serré	**ayons** serré
serres	serriez	**aies** serré	**ayez** serré
serre	serrent	**ait** serré	**aient** serré

imparfait du subjonctif
		plus-que-parfait du subjonctif	
serrasse	serrassions	**eusse** serré	**eussions** serré
serrasses	serrassiez	**eusses** serré	**eussiez** serré
serrât	serrassent	**eût** serré	**eussent** serré

impératif
serre
serrons
serrez

S

595

participe présent **servant**   participe passé **servi**

SINGULAR	PLURAL	SINGULAR	PLURAL
présent de l'indicatif		**passé composé**	
sers	servons	ai servi	avons servi
sers	servez	as servi	avez servi
sert	servent	a servi	ont servi
imparfait de l'indicatif		**plus-que-parfait de l'indicatif**	
servais	servions	avais servi	avions servi
servais	serviez	avais servi	aviez servi
servait	servaient	avait servi	avaient servi
passé simple		**passé antérieur**	
servis	servîmes	eus servi	eûmes servi
servis	servîtes	eus servi	eûtes servi
servit	servirent	eut servi	eurent servi
futur		**futur antérieur**	
servirai	servirons	aurai servi	aurons servi
serviras	servirez	auras servi	aurez servi
servira	serviront	aura servi	auront servi
conditionnel		**conditionnel passé**	
servirais	servirions	aurais servi	aurions servi
servirais	serviriez	aurais servi	auriez servi
servirait	serviraient	aurait servi	auraient servi
présent du subjonctif		**passé du subjonctif**	
serve	servions	aie servi	ayons servi
serves	serviez	aies servi	ayez servi
serve	servent	ait servi	aient servi
imparfait du subjonctif		**plus-que-parfait du subjonctif**	
servisse	servissions	eusse servi	eussions servi
servisses	servissiez	eusses servi	eussiez servi
servît	servissent	eût servi	eussent servi

impératif
sers
servons
servez

S

to help oneself

se servir

SINGULAR	PLURAL	SINGULAR	PLURAL

présent de l'indicatif
me sers   **nous** servons
te sers   **vous** servez
se sert   **se** servent

passé composé
me suis servi(e)   **nous sommes** servi(e)s
t'es servi(e)   **vous êtes** servi(e)(s)
s'est servi(e)   **se sont** servi(e)s

imparfait de l'indicatif
me servais   **nous** servions
te servais   **vous** serviez
se servait   **se** servaient

plus-que-parfait de l'indicatif
m'étais servi(e)   **nous étions** servi(e)s
t'étais servi(e)   **vous étiez** servi(e)(s)
s'était servi(e)   **s'étaient** servi(e)s

passé simple
me servis   **nous** servîmes
te servis   **vous** servîtes
se servit   **se** servirent

passé antérieur
me fus servi(e)   **nous fûmes** servi(e)s
te fus servi(e)   **vous fûtes** servi(e)(s)
se fut servi(e)   **se furent** servi(e)s

futur
me servirai   **nous** servirons
te serviras   **vous** servirez
se servira   **se** serviront

futur antérieur
me serai servi(e)   **nous serons** servi(e)s
te seras servi(e)   **vous serez** servi(e)(s)
se sera servi(e)   **se seront** servi(e)s

conditionnel
me servirais   **nous** servirions
te servirais   **vous** serviriez
se servirait   **se** serviraient

conditionnel passé
me serais servi(e)   **nous serions** servi(e)s
te serais servi(e)   **vous seriez** servi(e)(s)
se serait servi(e)   **se seraient** servi(e)s

présent du subjonctif
me serve   **nous** servions
te serves   **vous** serviez
se serve   **se** servent

passé du subjonctif
me sois servi(e)   **nous soyons** servi(e)s
te sois servi(e)   **vous soyez** servi(e)(s)
se soit servi(e)   **se soient** servi(e)s

imparfait du subjonctif
me servisse   **nous** servissions
te servisses **vous** servissiez
se servît   **se** servissent

plus-que-parfait du subjonctif
me fusse servi(e)   **nous fussions** servi(e)s
te fusses servi(e)   **vous fussiez** servi(e)(s)
se fût servi(e)   **se fussent** servi(e)s

impératif
sers-toi
servons-nous
servez-vous

S

signaler

to point out, to signal

participe présent **signalant**

participe passé **signalé**

SINGULAR	PLURAL	SINGULAR	PLURAL

présent de l'indicatif

signale	signalons
signales	signalez
signale	signalent

passé composé

ai signalé	avons signalé
as signalé	avez signalé
a signalé	ont signalé

imparfait de l'indicatif

signalais	signalions
signalais	signaliez
signalait	signalaient

plus-que-parfait de l'indicatif

avais signalé	avions signalé
avais signalé	aviez signalé
avait signalé	avaient signalé

passé simple

signalai	signalâmes
signalas	signalâtes
signala	signalèrent

passé antérieur

eus signalé	eûmes signalé
eus signalé	eûtes signalé
eut signalé	eurent signalé

futur

signalerai	signalerons
signaleras	signalerez
signalera	signaleront

futur antérieur

aurai signalé	aurons signalé
auras signalé	aurez signalé
aura signalé	auront signalé

conditionnel

signalerais	signalerions
signalerais	signaleriez
signalerait	signaleraient

conditionnel passé

aurais signalé	aurions signalé
aurais signalé	auriez signalé
aurait signalé	auraient signalé

présent du subjonctif

signale	signalions
signales	signaliez
signale	signalent

passé du subjonctif

aie signalé	ayons signalé
aies signalé	ayez signalé
ait signalé	aient signalé

imparfait du subjonctif

signalasse	signalassions
signalasses	signalassiez
signalât	signalassent

plus-que-parfait du subjonctif

eusse signalé	eussions signalé
eusses signalé	eussiez signalé
eût signalé	eussent signalé

impératif

signale
signalons
signalez

S

to sign

participe présent **signant**   participe passé **signé**

SINGULAR	PLURAL	SINGULAR	PLURAL

présent de l'indicatif

		passé composé	
signe	signons	**ai** signé	**avons** signé
signes	signez	**as** signé	**avez** signé
signe	signent	**a** signé	**ont** signé

imparfait de l'indicatif

		plus-que-parfait de l'indicatif	
signais	signions	**avais** signé	**avions** signé
signais	signiez	**avais** signé	**aviez** signé
signait	signaient	**avait** signé	**avaient** signé

passé simple

		passé antérieur	
signai	signâmes	**eus** signé	**eûmes** signé
signas	signâtes	**eus** signé	**eûtes** signé
signa	signèrent	**eut** signé	**eurent** signé

futur

		futur antérieur	
signerai	signerons	**aurai** signé	**aurons** signé
signeras	signerez	**auras** signé	**aurez** signé
signera	signeront	**aura** signé	**auront** signé

conditionnel

		conditionnel passé	
signerais	signerions	**aurais** signé	**aurions** signé
signerais	signeriez	**aurais** signé	**auriez** signé
signerait	signeraient	**aurait** signé	**auraient** signé

présent du subjonctif

		passé du subjonctif	
signe	signions	**aie** signé	**ayons** signé
signes	signiez	**aies** signé	**ayez** signé
signe	signent	**ait** signé	**aient** signé

imparfait du subjonctif

		plus-que-parfait du subjonctif	
signasse	signassions	**eusse** signé	**eussions** signé
signasses	signassiez	**eusses** signé	**eussiez** signé
signât	signassent	**eût** signé	**eussent** signé

impératif

signe
signons
signez

S

songer

to dream, to think

participe présent **songeant**   participe passé **songé**

SINGULAR	PLURAL	SINGULAR	PLURAL
présent de l'indicatif		passé composé	
songe	songeons	**ai** songé	**avons** songé
songes	songez	**as** songé	**avez** songé
songe	songent	**a** songé	**ont** songé
imparfait de l'indicatif		plus-que-parfait de l'indicatif	
songeais	songions	**avais** songé	**avions** songé
songeais	songiez	**avais** songé	**aviez** songé
songeait	songeaient	**avait** songé	**avaient** songé
passé simple		passé antérieur	
songeai	songeâmes	**eus** songé	**eûmes** songé
songeas	songeâtes	**eus** songé	**eûtes** songé
songea	songèrent	**eut** songé	**eurent** songé
futur		futur antérieur	
songerai	songerons	**aurai** songé	**aurons** songé
songeras	songerez	**auras** songé	**aurez** songé
songera	songeront	**aura** songé	**auront** songé
conditionnel		conditionnel passé	
songerais	songerions	**aurais** songé	**aurions** songé
songerais	songeriez	**aurais** songé	**auriez** songé
songerait	songeraient	**aurait** songé	**auraient** songé
présent du subjonctif		passé du subjonctif	
songe	songions	**aie** songé	**ayons** songé
songes	songiez	**aies** songé	**ayez** songé
songe	songent	**ait** songé	**aient** songé
imparfait du subjonctif		plus-que-parfait du subjonctif	
songeasse	songeassions	**eusse** songé	**eussions** songé
songeasses	songeassiez	**eusses** songé	**eussiez** songé
songeât	songeassent	**eût** songé	**eussent** songé
impératif			
songe			
songeons			
songez			

S

to ring

participe présent **sonnant**   participe passé **sonné**

SINGULAR	PLURAL	SINGULAR	PLURAL
présent de l'indicatif		**passé composé**	
sonne	sonnons	**ai** sonné	**avons** sonné
sonnes	sonnez	**as** sonné	**avez** sonné
sonne	sonnent	**a** sonné	**ont** sonné
imparfait de l'indicatif		**plus-que-parfait de l'indicatif**	
sonnais	sonnions	**avais** sonné	**avions** sonné
sonnais	sonniez	**avais** sonné	**aviez** sonné
sonnait	sonnaient	**avait** sonné	**avaient** sonné
passé simple		**passé antérieur**	
sonnai	sonnâmes	**eus** sonné	**eûmes** sonné
sonnas	sonnâtes	**eus** sonné	**eûtes** sonné
sonna	sonnèrent	**eut** sonné	**eurent** sonné
futur		**futur antérieur**	
sonnerai	sonnerons	**aurai** sonné	**aurons** sonné
sonneras	sonnerez	**auras** sonné	**aurez** sonné
sonnera	sonneront	**aura** sonné	**auront** sonné
conditionnel		**conditionnel passé**	
sonnerais	sonnerions	**aurais** sonné	**aurions** sonné
sonnerais	sonneriez	**aurais** sonné	**auriez** sonné
sonnerait	sonneraient	**aurait** sonné	**auraient** sonné
présent du subjonctif		**passé du subjonctif**	
sonne	sonnions	**aie** sonné	**ayons** sonné
sonnes	sonniez	**aies** sonné	**ayez** sonné
sonne	sonnent	**ait** sonné	**aient** sonné
imparfait du subjonctif		**plus-que-parfait du subjonctif**	
sonnasse	sonnassions	**eusse** sonné	**eussions** sonné
sonnasses	sonnassiez	**eusses** sonné	**eussiez** sonné
sonnât	sonnassent	**eût** sonné	**eussent** sonné
impératif			
sonne			
sonnons			
sonnez			

S

participe présent sortant   **participe passé** sorti(e)(s)

SINGULAR	PLURAL	SINGULAR	PLURAL

présent de l'indicatif

sors	sortons		
sors	sortez		
sort	sortent		

passé composé

suis sorti(e)	**sommes** sorti(e)s		
es sorti(e)	**êtes** sorti(e)(s)		
est sorti(e)	**sont** sorti(e)s		

imparfait de l'indicatif

sortais	sortions
sortais	sortiez
sortait	sortaient

plus-que-parfait de l'indicatif

étais sorti(e)	**étions** sorti(e)s
étais sorti(e)	**étiez** sorti(e)(s)
était sorti(e)	**étaient** sorti(e)s

passé simple

sortis	sortîmes
sortis	sortîtes
sortit	sortirent

passé antérieur

fus sorti(e)	**fûmes** sorti(e)s
fus sorti(e)	**fûtes** sorti(e)(s)
fut sorti(e)	**furent** sorti(e)s

futur

sortirai	sortirons
sortiras	sortirez
sortira	sortiront

futur antérieur

serai sorti(e)	**serons** sorti(e)s
seras sorti(e)	**serez** sorti(e)(s)
sera sorti(e)	**seront** sorti(e)s

conditionnel

sortirais	sortirions
sortirais	sortiriez
sortirait	sortiraient

conditionnel passé

serais sorti(e)	**serions** sorti(e)s
serais sorti(e)	**seriez** sorti(e)(s)
serait sorti(e)	**seraient** sorti(e)s

présent du subjonctif

sorte	sortions
sortes	sortiez
sorte	sortent

passé du subjonctif

sois sorti(e)	**soyons** sorti(e)s
sois sorti(e)	**soyez** sorti(e)(s)
soit sorti(e)	**soient** sorti(e)s

imparfait du subjonctif

sortisse	sortissions
sortisses	sortissiez
sortît	sortissent

plus-que-parfait du subjonctif

fusse sorti(e)	**fussions** sorti(e)s
fusses sorti(e)	**fussiez** sorti(e)(s)
fût sorti(e)	**fussent** sorti(e)s

impératif

sors
sortons
sortez

S

MUST KNOW VERB

to blow   souffler

SINGULAR	PLURAL	SINGULAR	PLURAL

présent de l'indicatif
souffl**e**	souffl**ons**		
souffl**es**	souffl**ez**		
souffl**e**	souffl**ent**		

passé composé
ai soufflé	**avons** soufflé
as soufflé	**avez** soufflé
a soufflé	**ont** soufflé

imparfait de l'indicatif
souffl**ais**	souffl**ions**
souffl**ais**	souffl**iez**
souffl**ait**	souffl**aient**

plus-que-parfait de l'indicatif
avais soufflé	**avions** soufflé
avais soufflé	**aviez** soufflé
avait soufflé	**avaient** soufflé

passé simple
souffl**ai**	souffl**âmes**
souffl**as**	souffl**âtes**
souffl**a**	souffl**èrent**

passé antérieur
eus soufflé	**eûmes** soufflé
eus soufflé	**eûtes** soufflé
eut soufflé	**eurent** soufflé

futur
souffler**ai**	souffler**ons**
souffler**as**	souffler**ez**
souffler**a**	souffler**ont**

futur antérieur
aurai soufflé	**aurons** soufflé
auras soufflé	**aurez** soufflé
aura soufflé	**auront** soufflé

conditionnel
souffler**ais**	souffler**ions**
souffler**ais**	souffler**iez**
souffler**ait**	souffler**aient**

conditionnel passé
aurais soufflé	**aurions** soufflé
aurais soufflé	**auriez** soufflé
aurait soufflé	**auraient** soufflé

présent du subjonctif
souffl**e**	souffl**ions**
souffl**es**	souffl**iez**
souffl**e**	souffl**ent**

passé du subjonctif
aie soufflé	**ayons** soufflé
aies soufflé	**ayez** soufflé
ait soufflé	**aient** soufflé

imparfait du subjonctif
souffl**asse**	souffl**assions**
souffl**asses**	souffl**assiez**
souffl**ât**	souffl**assent**

plus-que-parfait du subjonctif
eusse soufflé	**eussions** soufflé
eusses soufflé	**eussiez** soufflé
eût soufflé	**eussent** soufflé

impératif
souffle
soufflons
soufflez

S

participe présent souffrant   **participe passé souffert**

SINGULAR	PLURAL	SINGULAR	PLURAL

présent de l'indicatif

		passé composé	
souffre	souffrons	**ai** souffert	**avons** souffert
souffres	souffrez	**as** souffert	**avez** souffert
souffre	souffrent	**a** souffert	**ont** souffert

imparfait de l'indicatif

		plus-que-parfait de l'indicatif	
souffrais	souffrions	**avais** souffert	**avions** souffert
souffrais	souffriez	**avais** souffert	**aviez** souffert
souffrait	souffraient	**avait** souffert	**avaient** souffert

passé simple

		passé antérieur	
souffris	souffrîmes	**eus** souffert	**eûmes** souffert
souffris	souffrîtes	**eus** souffert	**eûtes** souffert
souffrit	souffrirent	**eut** souffert	**eurent** souffert

futur

		futur antérieur	
souffrirai	souffrirons	**aurai** souffert	**aurons** souffert
souffriras	souffrirez	**auras** souffert	**aurez** souffert
souffrira	souffriront	**aura** souffert	**auront** souffert

conditionnel

		conditionnel passé	
souffrirais	souffririons	**aurais** souffert	**aurions** souffert
souffrirais	souffririez	**aurais** souffert	**auriez** souffert
souffrirait	souffriraient	**aurait** souffert	**auraient** souffert

présent du subjonctif

		passé du subjonctif	
souffre	souffrions	**aie** souffert	**ayons** souffert
souffres	souffriez	**aies** souffert	**ayez** souffert
souffre	souffrent	**ait** souffert	**aient** souffert

imparfait du subjonctif

		plus-que-parfait du subjonctif	
souffrisse	souffrissions	**eusse** souffert	**eussions** souffert
souffrisses	souffrissiez	**eusses** souffert	**eussiez** souffert
souffrît	souffrissent	**eût** souffert	**eussent** souffert

impératif
souffre
souffrons
souffrez

S

MEMORY TIP

The victims of the earthquake
are **suffering**.

to wish   souhaiter

SINGULAR	PLURAL

présent de l'indicatif
souhaite	souhaitons
souhaites	souhaitez
souhaite	souhaitent

imparfait de l'indicatif
souhaitais	souhaitions
souhaitais	souhaitiez
souhaitait	souhaitaient

passé simple
souhaitai	souhaitâmes
souhaitas	souhaitâtes
souhaita	souhaitèrent

futur
souhaiterai	souhaiterons
souhaiteras	souhaiterez
souhaitera	souhaiteront

conditionnel
souhaiterais	souhaiterions
souhaiterais	souhaiteriez
souhaiterait	souhaiteraient

présent du subjonctif
souhaite	souhaitions
souhaites	souhaitiez
souhaite	souhaitent

imparfait du subjonctif
souhaitasse	souhaitassions
souhaitasses	souhaitassiez
souhaitât	souhaitassent

impératif
souhaite
souhaitons
souhaitez

SINGULAR	PLURAL

passé composé
ai souhaité	avons souhaité
as souhaité	avez souhaité
a souhaité	ont souhaité

plus-que-parfait de l'indicatif
avais souhaité	avions souhaité
avais souhaité	aviez souhaité
avait souhaité	avaient souhaité

passé antérieur
eus souhaité	eûmes souhaité
eus souhaité	eûtes souhaité
eut souhaité	eurent souhaité

futur antérieur
aurai souhaité	aurons souhaité
auras souhaité	aurez souhaité
aura souhaité	auront souhaité

conditionnel passé
aurais souhaité	aurions souhaité
aurais souhaité	auriez souhaité
aurait souhaité	auraient souhaité

passé du subjonctif
aie souhaité	ayons souhaité
aies souhaité	ayez souhaité
ait souhaité	aient souhaité

plus-que-parfait du subjonctif
eusse souhaité	eussions souhaité
eusses souhaité	eussiez souhaité
eût souhaité	eussent souhaité

S

soumettre

to submit, to subdue

participe présent **soumettant** participe passé **soumis**

SINGULAR	PLURAL	SINGULAR	PLURAL

présent de l'indicatif

soume**ts**	soumett**ons**	
soume**ts**	soumett**ez**	
soume**t**	soumett**ent**	

passé composé

ai soumis	**avons** soumis
as soumis	**avez** soumis
a soumis	**ont** soumis

imparfait de l'indicatif

soumett**ais**	soumett**ions**
soumett**ais**	soumett**iez**
soumett**ait**	soumett**aient**

plus-que-parfait de l'indicatif

avais soumis	**avions** soumis
avais soumis	**aviez** soumis
avait soumis	**avaient** soumis

passé simple

soum**is**	soum**îmes**
soum**is**	soum**îtes**
soum**it**	soum**irent**

passé antérieur

eus soumis	**eûmes** soumis
eus soumis	**eûtes** soumis
eut soumis	**eurent** soumis

futur

soumett**rai**	soumett**rons**
soumett**ras**	soumett**rez**
soumett**ra**	soumett**ront**

futur antérieur

aurai soumis	**aurons** soumis
auras soumis	**aurez** soumis
aura soumis	**auront** soumis

conditionnel

soumett**rais**	soumett**rions**
soumett**rais**	soumett**riez**
soumett**rait**	soumett**raient**

conditionnel passé

aurais soumis	**aurions** soumis
aurais soumis	**auriez** soumis
aurait soumis	**auraient** soumis

présent du subjonctif

soumett**e**	soumett**ions**
soumett**es**	soumett**iez**
soumett**e**	soumett**ent**

passé du subjonctif

aie soumis	**ayons** soumis
aies soumis	**ayez** soumis
ait soumis	**aient** soumis

imparfait du subjonctif

soum**isse**	soum**issions**
soum**isses**	soum**issiez**
soum**ît**	soum**issent**

plus-que-parfait du subjonctif

eusse soumis	**eussions** soumis
eusses soumis	**eussiez** soumis
eût soumis	**eussent** soumis

impératif

soume**ts**
soumett**ons**
soumett**ez**

S

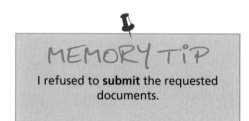

MEMORY TIP
I refused to **submit** the requested documents.

to eat dinner (Quebec)　　　　**souper**

participe présent **soupant**　　　participe passé **soupé**

SINGULAR	PLURAL	SINGULAR	PLURAL

présent de l'indicatif

soupe	soupons	**passé composé**	
soupes	soupez	**ai** soupé	**avons** soupé
soupe	soupent	**as** soupé	**avez** soupé
		a soupé	**ont** soupé

imparfait de l'indicatif　　　**plus-que-parfait de l'indicatif**

soupais	soupions	**avais** soupé	**avions** soupé
soupais	soupiez	**avais** soupé	**aviez** soupé
soupait	soupaient	**avait** soupé	**avaient** soupé

passé simple　　　**passé antérieur**

soupai	soupâmes	**eus** soupé	**eûmes** soupé
soupas	soupâtes	**eus** soupé	**eûtes** soupé
soupa	soupèrent	**eut** soupé	**eurent** soupé

futur　　　**futur antérieur**

souperai	souperons	**aurai** soupé	**aurons** soupé
souperas	souperez	**auras** soupé	**aurez** soupé
soupera	souperont	**aura** soupé	**auront** soupé

conditionnel　　　**conditionnel passé**

souperais	souperions	**aurais** soupé	**aurions** soupé
souperais	souperiez	**aurais** soupé	**auriez** soupé
souperait	souperaient	**aurait** soupé	**auraient** soupé

présent du subjonctif　　　**passé du subjonctif**

soupe	soupions	**aie** soupé	**ayons** soupé
soupes	soupiez	**aies** soupé	**ayez** soupé
soupe	soupent	**ait** soupé	**aient** soupé

imparfait du subjonctif　　　**plus-que-parfait du subjonctif**

soupasse	soupassions	**eusse** soupé	**eussions** soupé
soupasses	soupassiez	**eusses** soupé	**eussiez** soupé
soupât	soupassent	**eût** soupé	**eussent** soupé

impératif

soupe
soupons
soupez

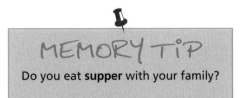

MEMORY TIP

Do you eat **supper** with your family?

S

sourire

to smile

participe présent **souriant**   participe passé **souri**

SINGULAR	PLURAL	SINGULAR	PLURAL

présent de l'indicatif
souris	sourions		
souris	souriez		
sourit	sourient		

passé composé
ai souri	avons souri
as souri	avez souri
a souri	ont souri

imparfait de l'indicatif
souriais	souriions
souriais	souriiez
souriait	souriaient

plus-que-parfait de l'indicatif
avais souri	avions souri
avais souri	aviez souri
avait souri	avaient souri

passé simple
souris	sourîmes
souris	sourîtes
sourit	sourirent

passé antérieur
eus souri	eûmes souri
eus souri	eûtes souri
eut souri	eurent souri

futur
sourirai	sourirons
souriras	sourirez
sourira	souriront

futur antérieur
aurai souri	aurons souri
auras souri	aurez souri
aura souri	auront souri

conditionnel
sourirais	souririons
sourirais	souririez
sourirait	souriraient

conditionnel passé
aurais souri	aurions souri
aurais souri	auriez souri
aurait souri	auraient souri

présent du subjonctif
sourie	souriions
souries	souriiez
sourie	sourient

passé du subjonctif
aie souri	ayons souri
aies souri	ayez souri
ait souri	aient souri

imparfait du subjonctif
sourisse	sourissions
sourisses	sourissiez
sourît	sourissent

plus-que-parfait du subjonctif
eusse souri	eussions souri
eusses souri	eussiez souri
eût souri	eussent souri

impératif
souris
sourions
souriez

S

to sustain, to support   soutenir

SINGULAR	PLURAL	SINGULAR	PLURAL

présent de l'indicatif

soutiens	soutenons		
soutiens	soutenez		
soutient	soutiennent		

passé composé

ai soutenu	avons soutenu
as soutenu	avez soutenu
a soutenu	ont soutenu

imparfait de l'indicatif

soutenais	soutenions
soutenais	souteniez
soutenait	soutenaient

plus-que-parfait de l'indicatif

avais soutenu	avions soutenu
avais soutenu	aviez soutenu
avait soutenu	avaient soutenu

passé simple

soutins	soutînmes
soutins	soutîntes
soutint	soutinrent

passé antérieur

eus soutenu	eûmes soutenu
eus soutenu	eûtes soutenu
eut soutenu	eurent soutenu

futur

soutiendrai	soutiendrons
soutiendras	soutiendrez
soutiendra	soutiendront

futur antérieur

aurai soutenu	aurons soutenu
auras soutenu	aurez soutenu
aura soutenu	auront soutenu

conditionnel

soutiendrais	soutiendrions
soutiendrais	soutiendriez
soutiendrait	soutiendraient

conditionnel passé

aurais soutenu	aurions soutenu
aurais soutenu	auriez soutenu
aurait soutenu	auraient soutenu

présent du subjonctif

soutienne	soutenions
soutiennes	souteniez
soutienne	soutiennent

passé du subjonctif

aie soutenu	ayons soutenu
aies soutenu	ayez soutenu
aie soutenu	aient soutenu

imparfait du subjonctif

soutinsse	soutinssions
soutinsses	soutinssiez
soutînt	soutinssent

plus-que-parfait du subjonctif

eusse soutenu	eussions soutenu
eusses soutenu	eussiez soutenu
eût soutenu	eussent soutenu

impératif

soutiens
soutenons
soutenez

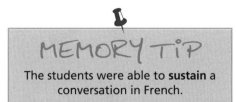

MEMORY TIP
The students were able to **sustain** a conversation in French.

S

participe présent se souvenant   **participe passé** souvenu(e)(s)

SINGULAR	PLURAL	SINGULAR	PLURAL

présent de l'indicatif

me souviens	**nous** souvenons
te souviens	**vous** souvenez
se souvient	**se** souviennent

imparfait de l'indicatif

me souvenais	**nous** souvenions
te souvenais	**vous** souveniez
se souvenait	**se** souvenaient

passé simple

me souvins	**nous** souvînmes
te souvins	**vous** souvîntes
se souvint	**se** souvinrent

futur

me souviendrai	**nous** souviendrons
te souviendras	**vous** souviendrez
se souviendra	**se** souviendront

conditionnel

me souviendrais	**nous** souviendrions
te souviendrais	**vous** souviendriez
se souviendrait	**se** souviendraient

présent du subjonctif

me souvienne	**nous** souvenions
te souviennes	**vous** souveniez
se souvienne	**se** souviennent

imparfait du subjonctif

me souvinsse	**nous** souvinssions
te souvinsses	**vous** souvinssiez
se souvînt	**se** souvinssent

passé composé

me suis souvenu(e)	**nous sommes** souvenu(e)s
t'es souvenu(e)	**vous êtes** souvenu(e)(s)
s'est souvenu(e)	**se sont** souvenu(e)s

plus-que-parfait de l'indicatif

m'étais souvenu(e)	**nous étions** souvenu(e)s
t'étais souvenu(e)	**vous étiez** souvenu(e)(s)
s'était souvenu(e)	**s'étaient** souvenu(e)s

passé antérieur

me fus souvenu(e)	**nous fûmes** souvenu(e)s
te fus souvenu(e)	**vous fûtes** souvenu(e)(s)
se fut souvenu(e)	**se furent** souvenue(e)s

futur antérieur

me serai souvenu(e)	**nous serons** souvenu(e)s
te seras souvenu(e)	**vous serez** souvenu(e)(s)
se sera souvenu(e)	**se seront** souvenu(e)s

conditionnel passé

me serais souvenu(e)	**nous serions** souvenu(e)s
te serais souvenu(e)	**vous seriez** souvenu(e)(s)
se serait souvenu(e)	**se seraient** souvenu(e)s

passé du subjonctif

me sois souvenu(e)	**nous soyons** souvenu(e)s
te sois souvenu(e)	**vous soyez** souvenu(e)(s)
se soit souvenu(e)	**se soient** souvenu(e)s

plus-que-parfait du subjonctif

me fusse souvenu(e)	**nous fussions** souvenu(e)s
te fusses souvenu(e)	**vous fussiez** souvenu(e)(s)
se fût souvenu(e)	**se fussent** souvenu(e)s

impératif

souviens-toi
souvenons-nous
souvenez-vous

S

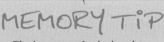

MEMORY TIP

Their souvenirs helped to
remind them of their vacation.

participe présent subissant **participe passé** subi

SINGULAR	PLURAL	SINGULAR	PLURAL

présent de l'indicatif
subis	subissons
subis	subissez
subit	subissent

passé composé
ai subi	avons subi
as subi	avez subi
a subi	ont subi

imparfait de l'indicatif
subissais	subissions
subissais	subissiez
subissait	subissaient

plus-que-parfait de l'indicatif
avais subi	avions subi
avais subi	aviez subi
avait subi	avaient subi

passé simple
subis	subîmes
subis	subîtes
subit	subirent

passé antérieur
eus subi	eûmes subi
eus subi	eûtes subi
eut subi	eurent subi

futur
subirai	subirons
subiras	subirez
subira	subiront

futur antérieur
aurai subi	aurons subi
auras subi	aurez subi
aura subi	auront subi

conditionnel
subirais	subirions
subirais	subiriez
subirait	subiraient

conditionnel passé
aurais subi	aurions subi
aurais subi	auriez subi
aurait subi	auraient subi

présent du subjonctif
subisse	subissions
subisses	subissiez
subisse	subissent

passé du subjonctif
aie subi	ayons subi
aies subi	ayez subi
ait subi	aient subi

imparfait du subjonctif
subisse	subissions
subisses	subissiez
subît	subissent

plus-que-parfait du subjonctif
eusse subi	eussions subi
eusses subi	eussiez subi
eût subi	eussent subi

impératif
subis
subissons
subissez

S

participe présent suçant　　　　　　　　**participe passé sucé**

SINGULAR	PLURAL	SINGULAR	PLURAL

présent de l'indicatif
suce	suçons		
suces	sucez		
suce	sucent		

passé composé
ai sucé	avons sucé
as sucé	avez sucé
a sucé	ont sucé

imparfait de l'indicatif
suçais	sucions
suçais	suciez
suçait	suçaient

plus-que-parfait de l'indicatif
avais sucé	avions sucé
avais sucé	aviez sucé
avait sucé	avaient sucé

passé simple
suçai	suçâmes
suças	suçâtes
suça	sucèrent

passé antérieur
eus sucé	eûmes sucé
eus sucé	eûtes sucé
eut sucé	eurent sucé

futur
sucerai	sucerons
suceras	sucerez
sucera	suceront

futur antérieur
aurai sucé	aurons sucé
auras sucé	aurez sucé
aura sucé	auront sucé

conditionnel
sucerais	sucerions
sucerais	suceriez
sucerait	suceraient

conditionnel passé
aurais sucé	aurions sucé
aurais sucé	auriez sucé
aurait sucé	auraient sucé

présent du subjonctif
suce	sucions
suces	suciez
suce	sucent

passé du subjonctif
aie sucé	ayons sucé
aies sucé	ayez sucé
ait sucé	aient sucé

imparfait du subjonctif
suçasse	suçassions
suçasses	suçassiez
suçât	suçassent

plus-que-parfait du subjonctif
eusse sucé	eussions sucé
eusses sucé	eussiez sucé
eût sucé	eussent sucé

impératif
suce
suçons
sucez

S

to follow

participe présent **suivant**   participe passé **suivi**

SINGULAR	PLURAL	SINGULAR	PLURAL

présent de l'indicatif
sui**s**	suiv**ons**
sui**s**	suiv**ez**
sui**t**	suiv**ent**

passé composé
ai suivi	**avons** suivi
as suivi	**avez** suivi
a suivi	**ont** suivi

imparfait de l'indicatif
suiv**ais**	suiv**ions**
suiv**ais**	suiv**iez**
suiv**ait**	suiv**aient**

plus-que-parfait de l'indicatif
avais suivi	**avions** suivi
avais suivi	**aviez** suivi
avait suivi	**avaient** suivi

passé simple
suiv**is**	suiv**îmes**
suiv**is**	suiv**îtes**
suiv**it**	suiv**irent**

passé antérieur
eus suivi	**eûmes** suivi
eus suivi	**eûtes** suivi
eut suivi	**eurent** suivi

futur
suivr**ai**	suivr**ons**
suivr**as**	suivr**ez**
suivr**a**	suivr**ont**

futur antérieur
aurai suivi	**aurons** suivi
auras suivi	**aurez** suivi
aura suivi	**auront** suivi

conditionnel
suivr**ais**	suivr**ions**
suivr**ais**	suivr**iez**
suivr**ait**	suivr**aient**

conditionnel passé
aurais suivi	**aurions** suivi
aurais suivi	**auriez** suivi
aurait suivi	**auraient** suivi

présent du subjonctif
suiv**e**	suiv**ions**
suiv**es**	suiv**iez**
suiv**e**	suiv**ent**

passé du subjonctif
aie suivi	**ayons** suivi
aies suivi	**ayez** suivi
ait suivi	**aient** suivi

imparfait du subjonctif
suiv**isse**	suiv**issions**
suiv**isses**	suiv**issiez**
suiv**ît**	suiv**issent**

plus-que-parfait du subjonctif
eusse suivi	**eussions** suivi
eusses suivi	**eussiez** suivi
eût suivi	**eussent** suivi

impératif
suis
suivons
suivez

MEMORY TIP
The musical **suite** consisted of several pieces **following** one another.

S

MUST KNOW VERB

613

participe présent **suppliant**   participe passé **supplié**

SINGULAR	PLURAL	SINGULAR	PLURAL

présent de l'indicatif

		passé composé	
supplie	supplions	**ai** supplié	**avons** supplié
supplies	suppliez	**as** supplié	**avez** supplié
supplie	supplient	**a** supplié	**ont** supplié

imparfait de l'indicatif

		plus-que-parfait de l'indicatif	
suppliais	suppliions	**avais** supplié	**avions** supplié
suppliais	suppliiez	**avais** supplié	**aviez** supplié
suppliait	suppliaient	**avait** supplié	**avaient** supplié

passé simple

		passé antérieur	
suppliai	suppliâmes	**eus** supplié	**eûmes** supplié
supplias	suppliâtes	**eus** supplié	**eûtes** supplié
supplia	supplièrent	**eut** supplié	**eurent** supplié

futur

		futur antérieur	
supplierai	supplierons	**aurai** supplié	**aurons** supplié
supplieras	supplierez	**auras** supplié	**aurez** supplié
suppliera	supplieront	**aura** supplié	**auront** supplié

conditionnel

		conditionnel passé	
supplierais	supplierions	**aurais** supplié	**aurions** supplié
supplierais	supplieriez	**aurais** supplié	**auriez** supplié
supplierait	supplieraient	**aurait** supplié	**auraient** supplié

présent du subjonctif

		passé du subjonctif	
supplie	suppliions	**aie** supplié	**ayons** supplié
supplies	suppliiez	**aies** supplié	**ayez** supplié
supplie	supplient	**ait** supplié	**aient** supplié

imparfait du subjonctif

		plus-que-parfait du subjonctif	
suppliasse	suppliassions	**eusse** supplié	**eussions** supplié
suppliasses	suppliassiez	**eusses** supplié	**eussiez** supplié
suppliât	suppliassent	**eût** supplié	**eussent** supplié

impératif

supplie
supplions
suppliez

S

to tolerate, to bear — supporter

participe présent **supportant**   participe passé **supporté**

SINGULAR	PLURAL	SINGULAR	PLURAL

présent de l'indicatif

		passé composé	
supporte	supportons	**ai** supporté	**avons** supporté
supportes	supportez	**as** supporté	**avez** supporté
supporte	supportent	**a** supporté	**ont** supporté

imparfait de l'indicatif — **plus-que-parfait de l'indicatif**

supportais	supportions	**avais** supporté	**avions** supporté
supportais	supportiez	**avais** supporté	**aviez** supporté
supportait	supportaient	**avait** supporté	**avaient** supporté

passé simple — **passé antérieur**

supportai	supportâmes	**eus** supporté	**eûmes** supporté
supportas	supportâtes	**eus** supporté	**eûtes** supporté
supporta	supportèrent	**eut** supporté	**eurent** supporté

futur — **futur antérieur**

supporterai	supporterons	**aurai** supporté	**aurons** supporté
supporteras	supporterez	**auras** supporté	**aurez** supporté
supportera	supporteront	**aura** supporté	**auront** supporté

conditionnel — **conditionnel passé**

supporterais	supporterions	**aurais** supporté	**aurions** supporté
supporterais	supporteriez	**aurais** supporté	**auriez** supporté
supporterait	supporteraient	**aurait** supporté	**auraient** supporté

présent du subjonctif — **passé du subjonctif**

supporte	supportions	**aie** supporté	**ayons** supporté
supportes	supportiez	**aies** supporté	**ayez** supporté
supporte	supportent	**ait** supporté	**aient** supporté

imparfait du subjonctif — **plus-que-parfait du subjonctif**

supportasse	supportassions	**eusse** supporté	**eussions** supporté
supportasses	supportassiez	**eusses** supporté	**eussiez** supporté
supportât	supportassent	**eût** supporté	**eussent** supporté

impératif

supporte
supportons
supportez

S

MUST KNOW VERB

participe présent **surprenant**   participe passé **surpris**

SINGULAR	PLURAL	SINGULAR	PLURAL

présent de l'indicatif

surpren**ds**	surpren**ons**		
surpren**ds**	surpren**ez**		
surpren**d**	surpren**nent**		

passé composé

ai surpris	**avons** surpris
as surpris	**avez** surpris
a surpris	**ont** surpris

imparfait de l'indicatif

surpren**ais**	surpren**ions**
surpren**ais**	surpren**iez**
surpren**ait**	surpren**aient**

plus-que-parfait de l'indicatif

avais surpris	**avions** surpris
avais surpris	**aviez** surpris
avait surpris	**avaient** surpris

passé simple

surpri**s**	surprî**mes**
surpri**s**	surprî**tes**
surpri**t**	surpri**rent**

passé antérieur

eus surpris	**eûmes** surpris
eus surpris	**eûtes** surpris
eut surpris	**eurent** surpris

futur

surprendr**ai**	surprendr**ons**
surprendr**as**	surprendr**ez**
surprendr**a**	surprendr**ont**

futur antérieur

aurai surpris	**aurons** surpris
auras surpris	**aurez** surpris
aura surpris	**auront** surpris

conditionnel

surprendr**ais**	surprendr**ions**
surprendr**ais**	surprendr**iez**
surprendr**ait**	surprendr**aient**

conditionnel passé

aurais surpris	**aurions** surpris
aurais surpris	**auriez** surpris
aurait surpris	**auraient** surpris

présent du subjonctif

surpren**ne**	surpren**ions**
surpren**nes**	surpren**iez**
surpren**ne**	surpren**nent**

passé du subjonctif

aie surpris	**ayons** surpris
aies surpris	**ayez** surpris
ait surpris	**aient** surpris

imparfait du subjonctif

surpri**sse**	surpri**ssions**
surpri**sses**	surpri**ssiez**
surprî**t**	surpri**ssent**

plus-que-parfait du subjonctif

eusse surpris	**eussions** surpris
eusses surpris	**eussiez** surpris
eût surpris	**eussent** surpris

impératif

surprends
surprenons
surprenez

S

to survive   survivre

SINGULAR	PLURAL	SINGULAR	PLURAL
présent de l'indicatif		**passé composé**	
survi**s**	surviv**ons**	**ai** survécu	**avons** survécu
survi**s**	surviv**ez**	**as** survécu	**avez** survécu
survi**t**	surviv**ent**	**a** survécu	**ont** survécu
imparfait de l'indicatif		**plus-que-parfait de l'indicatif**	
surviv**ais**	surviv**ions**	**avais** survécu	**avions** survécu
surviv**ais**	surviv**iez**	**avais** survécu	**aviez** survécu
surviv**ait**	surviv**aient**	**avait** survécu	**avaient** survécu
passé simple		**passé antérieur**	
survéc**us**	survéc**ûmes**	**eus** survécu	**eûmes** survécu
survéc**us**	survéc**ûtes**	**eus** survécu	**eûtes** survécu
survéc**ut**	survéc**urent**	**eut** survécu	**eurent** survécu
futur		**futur antérieur**	
surviv**rai**	surviv**rons**	**aurai** survécu	**aurons** survécu
surviv**ras**	surviv**rez**	**auras** survécu	**aurez** survécu
surviv**ra**	surviv**ront**	**aura** survécu	**auront** survécu
conditionnel		**conditionnel passé**	
surviv**rais**	surviv**rions**	**aurais** survécu	**aurions** survécu
surviv**rais**	surviv**riez**	**aurais** survécu	**auriez** survécu
surviv**rait**	surviv**raient**	**aurait** survécu	**auraient** survécu
présent du subjonctif		**passé du subjonctif**	
surviv**e**	surviv**ions**	**aie** survécu	**ayons** survécu
surviv**es**	surviv**iez**	**aies** survécu	**ayez** survécu
surviv**e**	surviv**ent**	**ait** survécu	**aient** survécu
imparfait du subjonctif		**plus-que-parfait du subjonctif**	
survécu**sse**	survécu**ssions**	**eusse** survécu	**eussions** survécu
survécu**sses**	survécu**ssiez**	**eusses** survécu	**eussiez** survécu
survéc**ût**	survécu**ssent**	**eût** survécu	**eussent** survécu

impératif
survis
survivons
survivez

S

survoler

to fly over

participe présent **survolant**   participe passé **survolé**

SINGULAR	PLURAL	SINGULAR	PLURAL

présent de l'indicatif
		passé composé	
survole	survolons	**ai** survolé	**avons** survolé
survoles	survolez	**as** survolé	**avez** survolé
survole	survolent	**a** survolé	**ont** survolé

imparfait de l'indicatif
		plus-que-parfait de l'indicatif	
survolais	survolions	**avais** survolé	**avions** survolé
survolais	survoliez	**avais** survolé	**aviez** survolé
survolait	survolaient	**avait** survolé	**avaient** survolé

passé simple
		passé antérieur	
survolai	survolâmes	**eus** survolé	**eûmes** survolé
survolas	survolâtes	**eus** survolé	**eûtes** survolé
survola	survolèrent	**eut** survolé	**eurent** survolé

futur
		futur antérieur	
survolerai	survolerons	**aurai** survolé	**aurons** survolé
survoleras	survolerez	**auras** survolé	**aurez** survolé
survolera	survoleront	**aura** survolé	**auront** survolé

conditionnel
		conditionnel passé	
survolerais	survolerions	**aurais** survolé	**aurions** survolé
survolerais	survoleriez	**aurais** survolé	**auriez** survolé
survolerait	survoleraient	**aurait** survolé	**auraient** survolé

présent du subjonctif
		passé du subjonctif	
survole	survolions	**aie** survolé	**ayons** survolé
survoles	survoliez	**aies** survolé	**ayez** survolé
survole	survolent	**ait** survolé	**aient** survolé

imparfait du subjonctif
		plus-que-parfait du subjonctif	
survolasse	survolassions	**eusse** survolé	**eussions** survolé
survolasses	survolassiez	**eusses** survolé	**eussiez** survolé
survolât	survolassent	**eût** survolé	**eussent** survolé

impératif
survole
survolons
survolez

S

618

to be silent, to be quiet

se taire

participe présent **se taisant**   participe passé **tu(e)(s)**

SINGULAR	PLURAL	SINGULAR	PLURAL
présent de l'indicatif		**passé composé**	
me tais	**nous** taisons	**me suis** tu(e)	**nous sommes** tu(e)s
te tais	**vous** taisez	**t'es** tu(e)	**vous êtes** tu(e)(s)
se tait	**se** taisent	**s'est** tu(e)	**se sont** tu(e)s
imparfait de l'indicatif		**plus-que-parfait de l'indicatif**	
me taisais	**nous** taisions	**m'étais** tu(e)	**nous étions** tu(e)s
te taisais	**vous** taisiez	**t'étais** tu(e)	**vous étiez** tu(e)(s)
se taisait	**se** taisaient	**s'était** tu(e)	**s'étaient** tu(e)s
passé simple		**passé antérieur**	
me tus	**nous** tûmes	**me fus** tu(e)	**nous fûmes** tu(e)s
te tus	**vous** tûtes	**te fus** tu(e)	**vous fûtes** tu(e)(s)
se tut	**se** turent	**se fut** tu(e)	**se furent** tu(e)s
futur		**futur antérieur**	
me tairai	**nous** tairons	**me serai** tu(e)	**nous serons** tu(e)s
te tairas	**vous** tairez	**te seras** tu(e)	**vous serez** tu(e)(s)
se taira	**se** tairont	**se sera** tu(e)	**se seront** tu(e)s
conditionnel		**conditionnel passé**	
me tairais	**nous** tairions	**me serais** tu(e)	**nous serions** tu(e)s
te tairais	**vous** tairiez	**te serais** tu(e)	**vous seriez** tu(e)(s)
se tairait	**se** tairaient	**se serait** tu(e)	**se seraient** tu(e)s
présent du subjonctif		**passé du subjonctif**	
me taise	**nous** taisions	**me sois** tu(e)	**nous soyons** tu(e)s
te taises	**vous** taisiez	**te sois** tu(e)	**vous soyez** tu(e)(s)
se taise	**se** taisent	**se soit** tu(e)	**se soient** tu(e)s
imparfait du subjonctif		**plus-que-parfait du subjonctif**	
me tusse	**nous** tussions	**me fusse** tu(e)	**nous fussions** tu(e)s
te tusses	**vous** tussiez	**te fusses** tu(e)	**vous fussiez** tu(e)(s)
se tût	**se** tussent	**se fût** tu(e)	**se fussent** tu(e)s

impératif
tais-toi
taisons-nous
taisez-vous

T

participe présent **téléphonant**   participe passé **téléphoné**

SINGULAR	PLURAL	SINGULAR	PLURAL

présent de l'indicatif

téléphon**e**	téléphon**ons**
téléphon**es**	téléphon**ez**
téléphon**e**	téléphon**ent**

passé composé

ai téléphoné	**avons** téléphoné
as téléphoné	**avez** téléphoné
a téléphoné	**ont** téléphoné

imparfait de l'indicatif

téléphon**ais**	téléphon**ions**
téléphon**ais**	téléphon**iez**
téléphon**ait**	téléphon**aient**

plus-que-parfait de l'indicatif

avais téléphoné	**avions** téléphoné
avais téléphoné	**aviez** téléphoné
avait téléphoné	**avaient** téléphoné

passé simple

téléphon**ai**	téléphon**âmes**
téléphon**as**	téléphon**âtes**
téléphon**a**	téléphon**èrent**

passé antérieur

eus téléphoné	**eûmes** téléphoné
eus téléphoné	**eûtes** téléphoné
eut téléphoné	**eurent** téléphoné

futur

téléphoner**ai**	téléphoner**ons**
téléphoner**as**	téléphoner**ez**
téléphoner**a**	téléphoner**ont**

futur antérieur

aurai téléphoné	**aurons** téléphoné
auras téléphoné	**aurez** téléphoné
aura téléphoné	**auront** téléphoné

conditionnel

téléphoner**ais**	téléphoner**ions**
téléphoner**ais**	téléphoner**iez**
téléphoner**ait**	téléphoner**aient**

conditionnel passé

aurais téléphoné	**aurions** téléphoné
aurais téléphoné	**auriez** téléphoné
aurait téléphoné	**auraient** téléphoné

présent du subjonctif

téléphon**e**	téléphon**ions**
téléphon**es**	téléphon**iez**
téléphon**e**	téléphon**ent**

passé du subjonctif

aie téléphoné	**ayons** téléphoné
aies téléphoné	**ayez** téléphoné
ait téléphoné	**aient** téléphoné

imparfait du subjonctif

téléphon**asse**	téléphon**assions**
téléphon**asses**	téléphon**assiez**
téléphon**ât**	téléphon**assent**

plus-que-parfait du subjonctif

eusse téléphoné	**eussions** téléphoné
eusses téléphoné	**eussiez** téléphoné
eût téléphoné	**eussent** téléphoné

impératif

téléphone
téléphonons
téléphonez

T

to tighten, to extend

tendre

participe présent **tendant**   participe passé **tendu**

SINGULAR	PLURAL	SINGULAR	PLURAL

présent de l'indicatif

tend**s**	tend**ons**
tend**s**	tend**ez**
tend	tend**ent**

passé composé

ai tendu	**avons** tendu
as tendu	**avez** tendu
a tendu	**ont** tendu

imparfait de l'indicatif

tend**ais**	tend**ions**
tend**ais**	tend**iez**
tend**ait**	tend**aient**

plus-que-parfait de l'indicatif

avais tendu	**avions** tendu
avais tendu	**aviez** tendu
avait tendu	**avaient** tendu

passé simple

tend**is**	tend**îmes**
tend**is**	tend**îtes**
tend**it**	tend**irent**

passé antérieur

eus tendu	**eûmes** tendu
eus tendu	**eûtes** tendu
eut tendu	**eurent** tendu

futur

tend**rai**	tend**rons**
tend**ras**	tend**rez**
tend**ra**	tend**ront**

futur antérieur

aurai tendu	**aurons** tendu
auras tendu	**aurez** tendu
aura tendu	**auront** tendu

conditionnel

tend**rais**	tend**rions**
tend**rais**	tend**riez**
tend**rait**	tend**raient**

conditionnel passé

aurais tendu	**aurions** tendu
aurais tendu	**auriez** tendu
aurait tendu	**auraient** tendu

présent du subjonctif

tend**e**	tend**ions**
tend**es**	tend**iez**
tend**e**	tend**ent**

passé du subjonctif

aie tendu	**ayons** tendu
aies tendu	**ayez** tendu
ait tendu	**aient** tendu

imparfait du subjonctif

tend**isse**	tend**issions**
tend**isses**	tend**issiez**
tend**ît**	tend**issent**

plus-que-parfait du subjonctif

eusse tendu	**eussions** tendu
eusses tendu	**eussiez** tendu
eût tendu	**eussent** tendu

impératif

tends
tendons
tendez

T

tenir

to hold, to grasp

SINGULAR	PLURAL	SINGULAR	PLURAL

présent de l'indicatif

tiens	tenons
tiens	tenez
tient	tiennent

passé composé

ai tenu	avons tenu
as tenu	avez tenu
a tenu	ont tenu

imparfait de l'indicatif

tenais	tenions
tenais	teniez
tenait	tenaient

plus-que-parfait de l'indicatif

avais tenu	avions tenu
avais tenu	aviez tenu
avait tenu	avaient tenu

passé simple

tins	tînmes
tins	tîntes
tint	tinrent

passé antérieur

eus tenu	eûmes tenu
eus tenu	eûtes tenu
eut tenu	eurent tenu

futur

tiendrai	tiendrons
tiendras	tiendrez
tiendra	tiendront

futur antérieur

aurai tenu	aurons tenu
auras tenu	aurez tenu
aura tenu	auront tenu

conditionnel

tiendrais	tiendrions
tiendrais	tiendriez
tiendrait	tiendraient

conditionnel passé

aurais tenu	aurions tenu
aurais tenu	auriez tenu
aurait tenu	auraient tenu

présent du subjonctif

tienne	tenions
tiennes	teniez
tienne	tiennent

passé du subjonctif

aie tenu	ayons tenu
aies tenu	ayez tenu
ait tenu	aient tenu

imparfait du subjonctif

tinsse	tinssions
tinsses	tinssiez
tînt	tinssent

plus-que-parfait du subjonctif

eusse tenu	eussions tenu
eusses tenu	eussiez tenu
eût tenu	eussent tenu

impératif

tiens
tenons
tenez

T

MUST KNOW VERB

to tempt, to attempt

participe présent **tentant**   participe passé **tenté**

SINGULAR	PLURAL	SINGULAR	PLURAL

présent de l'indicatif

		passé composé	
tente	tentons	**ai** tenté	**avons** tenté
tentes	tentez	**as** tenté	**avez** tenté
tente	tentent	**a** tenté	**ont** tenté

imparfait de l'indicatif

		plus-que-parfait de l'indicatif	
tentais	tentions	**avais** tenté	**avions** tenté
tentais	tentiez	**avais** tenté	**aviez** tenté
tentait	tentaient	**avait** tenté	**avaient** tenté

passé simple

		passé antérieur	
tentai	tentâmes	**eus** tenté	**eûmes** tenté
tentas	tentâtes	**eus** tenté	**eûtes** tenté
tenta	tentèrent	**eut** tenté	**eurent** tenté

futur

		futur antérieur	
tenterai	tenterons	**aurai** tenté	**aurons** tenté
tenteras	tenterez	**auras** tenté	**aurez** tenté
tentera	tenteront	**aura** tenté	**auront** tenté

conditionnel

		conditionnel passé	
tenterais	tenterions	**aurais** tenté	**aurions** tenté
tenterais	tenteriez	**aurais** tenté	**auriez** tenté
tenterait	tenteraient	**aurait** tenté	**auraient** tenté

présent du subjonctif

		passé du subjonctif	
tente	tentions	**aie** tenté	**ayons** tenté
tentes	tentiez	**aies** tenté	**ayez** tenté
tente	tentent	**ait** tenté	**aient** tenté

imparfait du subjonctif

		plus-que-parfait du subjonctif	
tentasse	tentassions	**eusse** tenté	**eussions** tenté
tentasses	tentassiez	**eusses** tenté	**eussiez** tenté
tentât	tentassent	**eût** tenté	**eussent** tenté

impératif

tente
tentons
tentez

T

terminer

to terminate, to finish

SINGULAR	PLURAL	SINGULAR	PLURAL
présent de l'indicatif		**passé composé**	
termine	terminons	ai terminé	avons terminé
termines	terminez	as terminé	avez terminé
termine	terminent	a terminé	ont terminé
imparfait de l'indicatif		**plus-que-parfait de l'indicatif**	
terminais	terminions	avais terminé	avions terminé
terminais	terminiez	avais terminé	aviez terminé
terminait	terminaient	avait terminé	avaient terminé
passé simple		**passé antérieur**	
terminai	terminâmes	eus terminé	eûmes terminé
terminas	terminâtes	eus terminé	eûtes terminé
termina	terminèrent	eut terminé	eurent terminé
futur		**futur antérieur**	
terminerai	terminerons	aurai terminé	aurons terminé
termineras	terminerez	auras terminé	aurez terminé
terminera	termineront	aura terminé	auront terminé
conditionnel		**conditionnel passé**	
terminerais	terminerions	aurais terminé	aurions terminé
terminerais	termineriez	aurais terminé	auriez terminé
terminerait	termineraient	aurait terminé	auraient terminé
présent du subjonctif		**passé du subjonctif**	
termine	terminions	aie terminé	ayons terminé
termines	terminiez	aies terminé	ayez terminé
termine	terminent	ait termine	aient terminé
imparfait du subjonctif		**plus-que-parfait du subjonctif**	
terminasse	terminassions	eusse terminé	eussions terminé
terminasses	terminassiez	eusses terminé	eussiez terminé
terminât	terminassent	eût terminé	eussent terminé
impératif			
termine			
terminons			
terminez			

T

MUST
KNOW
VERB

to pull, to shoot   tirer

SINGULAR	PLURAL	SINGULAR	PLURAL

présent de l'indicatif

tire	tirons
tires	tirez
tire	tirent

passé composé

ai tiré	avons tiré
as tiré	avez tiré
a tiré	ont tiré

imparfait de l'indicatif

tirais	tirions
tirais	tiriez
tirait	tiraient

plus-que-parfait de l'indicatif

avais tiré	avions tiré
avais tiré	aviez tiré
avait tiré	avaient tiré

passé simple

tirai	tirâmes
tiras	tirâtes
tira	tirèrent

passé antérieur

eus tiré	eûmes tiré
eus tiré	eûtes tiré
eut tiré	eurent tiré

futur

tirerai	tirerons
tireras	tirerez
tirera	tireront

futur antérieur

aurai tiré	aurons tiré
auras tiré	aurez tiré
aura tiré	auront tiré

conditionnel

tirerais	tirerions
tirerais	tireriez
tirerait	tireraient

conditionnel passé

aurais tiré	aurions tiré
aurais tiré	auriez tiré
aurait tiré	auraient tiré

présent du subjonctif

tire	tirions
tires	tiriez
tire	tirent

passé du subjonctif

aie tiré	ayons tiré
aies tiré	ayez tiré
ait tiré	aient tiré

imparfait du subjonctif

tirasse	tirassions
tirasses	tirassiez
tirât	tirassent

plus-que-parfait du subjonctif

eusse tiré	eussions tiré
eusses tiré	eussiez tiré
eût tiré	eussent tiré

impératif

tire
tirons
tirez

T

participe présent **tombant**   participe passé **tombé(e)(s)**

SINGULAR	PLURAL	SINGULAR	PLURAL

présent de l'indicatif

		passé composé	
tombe	tombons	**suis** tombé(e)	**sommes** tombé(e)s
tombes	tombez	**es** tombé(e)	**êtes** tombé(e)(s)
tombe	tombent	**est** tombé(e)	**sont** tombé(e)s

imparfait de l'indicatif

		plus-que-parfait de l'indicatif	
tombais	tombions	**étais** tombé(e)	**étions** tombé(e)s
tombais	tombiez	**étais** tombé(e)	**étiez** tombé(e)(s)
tombait	tombaient	**était** tombé(e)	**étaient** tombé(e)s

passé simple

		passé antérieur	
tombai	tombâmes	**fus** tombé(e)	**fûmes** tombé(e)s
tombas	tombâtes	**fus** tombé(e)	**fûtes** tombé(e)(s)
tomba	tombèrent	**fut** tombé(e)	**furent** tombé(e)s

futur

		futur antérieur	
tomberai	tomberons	**serai** tombé(e)	**serons** tombé(e)s
tomberas	tomberez	**seras** tombé(e)	**serez** tombé(e)(s)
tombera	tomberont	**sera** tombé(e)	**seront** tombé(e)s

conditionnel

		conditionnel passé	
tomberais	tomberions	**serais** tombé(e)	**serions** tombé(e)s
tomberais	tomberiez	**serais** tombé(e)	**seriez** tombé(e)(s)
tomberait	tomberaient	**serait** tombé(e)	**seraient** tombé(e)s

présent du subjonctif

		passé du subjonctif	
tombe	tombions	**sois** tombé(e)	**soyons** tombé(e)s
tombes	tombiez	**sois** tombé(e)	**soyez** tombé(e)(s)
tombe	tombent	**soit** tombé(e)	**soient** tombé(e)s

imparfait du subjonctif

		plus-que-parfait du subjonctif	
tombasse	tombassions	**fusse** tombé(e)	**fussions** tombé(e)s
tombasses	tombassiez	**fusses** tombé(e)	**fussiez** tombé(e)(s)
tombât	tombassent	**fût** tombé(e)	**fussent** tombé(e)s

impératif

tombe
tombons
tombez

T

to twist

participe présent **tordant**   participe passé **tordu**

SINGULAR	PLURAL	SINGULAR	PLURAL

présent de l'indicatif

tord**s**	tord**ons**
tord**s**	tord**ez**
tord	tord**ent**

passé composé

ai tordu	**avons** tordu
as tordu	**avez** tordu
a tordu	**ont** tordu

imparfait de l'indicatif

tord**ais**	tord**ions**
tord**ais**	tord**iez**
tord**ait**	tord**aient**

plus-que-parfait de l'indicatif

avais tordu	**avions** tordu
avais tordu	**aviez** tordu
avait tordu	**avaient** tordu

passé simple

tord**is**	tord**îmes**
tord**is**	tord**îtes**
tord**it**	tord**irent**

passé antérieur

eus tordu	**eûmes** tordu
eus tordu	**eûtes** tordu
eut tordu	**eurent** tordu

futur

tordr**ai**	tordr**ons**
tordr**as**	tordr**ez**
tordr**a**	tordr**ont**

futur antérieur

aurai tordu	**aurons** tordu
auras tordu	**aurez** tordu
aura tordu	**auront** tordu

conditionnel

tordr**ais**	tordr**ions**
tordr**ais**	tordr**iez**
tordr**ait**	tordr**aient**

conditionnel passé

aurais tordu	**aurions** tordu
aurais tordu	**auriez** tordu
aurait tordu	**auraient** tordu

présent du subjonctif

tord**e**	tord**ions**
tord**es**	tord**iez**
tord**e**	tord**ent**

passé du subjonctif

aie tordu	**ayons** tordu
aies tordu	**ayez** tordu
ait tordu	**aient** tordu

imparfait du subjonctif

tord**isse**	tord**issions**
tord**isses**	tord**issiez**
tord**ît**	tord**issent**

plus-que-parfait du subjonctif

eusse tordu	**eussions** tordu
eusses tordu	**eussiez** tordu
eût tordu	**eussent** tordu

impératif

tord**s**
tord**ons**
tord**ez**

T

toucher

to touch, to affect

participe présent **touchant**   participe passé **touché**

SINGULAR	PLURAL	SINGULAR	PLURAL

présent de l'indicatif

touch**e**	touch**ons**
touch**es**	touch**ez**
touch**e**	touch**ent**

passé composé

ai touché	**avons** touché
as touché	**avez** touché
a touché	**ont** touché

imparfait de l'indicatif

touch**ais**	touch**ions**
touch**ais**	touch**iez**
touch**ait**	touch**aient**

plus-que-parfait de l'indicatif

avais touché	**avions** touché
avais touché	**aviez** touché
avait touché	**avaient** touché

passé simple

touch**ai**	touch**âmes**
touch**as**	touch**âtes**
touch**a**	touch**èrent**

passé antérieur

eus touché	**eûmes** touché
eus touché	**eûtes** touché
eut touché	**eurent** touché

futur

toucher**ai**	toucher**ons**
toucher**as**	toucher**ez**
toucher**a**	toucher**ont**

futur antérieur

aurai touché	**aurons** touché
auras touché	**aurez** touché
aura touché	**auront** touché

conditionnel

toucher**ais**	toucher**ions**
toucher**ais**	toucher**iez**
toucher**ait**	toucher**aient**

conditionnel passé

aurais touché	**aurions** touché
aurais touché	**auriez** touché
aurait touché	**auraient** touché

présent du subjonctif

touch**e**	touch**ions**
touch**es**	touch**iez**
touch**e**	touch**ent**

passé du subjonctif

aie touché	**ayons** touché
aies touché	**ayez** touché
ait touché	**aient** touché

imparfait du subjonctif

touch**asse**	touch**assions**
touch**asses**	touch**assiez**
touch**ât**	touch**assent**

plus-que-parfait du subjonctif

eusse touché	**eussions** touché
eusses touché	**eussiez** touché
eût touché	**eussent** touché

impératif

touche
touchons
touchez

T

to turn, to shoot film

participe présent **tournant**   participe passé **tourné**

SINGULAR	PLURAL	SINGULAR	PLURAL

présent de l'indicatif

tourne	tournons		
tournes	tournez		
tourne	tournent		

passé composé

ai tourné	**avons** tourné		
as tourné	**avez** tourné		
a tourné	**ont** tourné		

imparfait de l'indicatif

tournais	tournions
tournais	tourniez
tournait	tournaient

plus-que-parfait de l'indicatif

avais tourné	**avions** tourné
avais tourné	**aviez** tourné
avait tourné	**avaient** tourné

passé simple

tournai	tournâmes
tournas	tournâtes
tourna	tournèrent

passé antérieur

eus tourné	**eûmes** tourné
eus tourné	**eûtes** tourné
eut tourné	**eurent** tourné

futur

tournerai	tournerons
tourneras	tournerez
tournera	tourneront

futur antérieur

aurai tourné	**aurons** tourné
auras tourné	**aurez** tourné
aura tourné	**auront** tourné

conditionnel

tournerais	tournerions
tournerais	tourneriez
tournerait	tourneraient

conditionnel passé

aurais tourné	**aurions** tourné
aurais tourné	**auriez** tourné
aurait tourné	**auraient** tourné

présent du subjonctif

tourne	tournions
tournes	tourniez
tourne	tournent

passé du subjonctif

aie tourné	**ayons** tourné
aies tourné	**ayez** tourné
ait tourné	**aient** tourné

imparfait du subjonctif

tournasse	tournassions
tournasses	tournassiez
tournât	tournassent

plus-que-parfait du subjonctif

eusse tourné	**eussions** tourné
eusses tourné	**eussiez** tourné
eût tourné	**eussent** tourné

impératif

tourne
tournons
tournez

T

participe présent **toussant**   participe passé **toussé**

SINGULAR	PLURAL	SINGULAR	PLURAL

présent de l'indicatif

touss**e**	touss**ons**		
touss**es**	touss**ez**		
touss**e**	touss**ent**		

passé composé

ai toussé	**avons** toussé
as toussé	**avez** toussé
a toussé	**ont** toussé

imparfait de l'indicatif

touss**ais**	touss**ions**
touss**ais**	touss**iez**
touss**ait**	touss**aient**

plus-que-parfait de l'indicatif

avais toussé	**avions** toussé
avais toussé	**aviez** toussé
avait toussé	**avaient** toussé

passé simple

touss**ai**	touss**âmes**
touss**as**	touss**âtes**
touss**a**	touss**èrent**

passé antérieur

eus toussé	**eûmes** toussé
eus toussé	**eûtes** toussé
eut toussé	**eurent** toussé

futur

touss**erai**	touss**erons**
touss**eras**	touss**erez**
touss**era**	touss**eront**

futur antérieur

aurai toussé	**aurons** toussé
auras toussé	**aurez** toussé
aura toussé	**auront** toussé

conditionnel

touss**erais**	touss**erions**
touss**erais**	touss**eriez**
touss**erait**	touss**eraient**

conditionnel passé

aurais toussé	**aurions** toussé
aurais toussé	**auriez** toussé
aurait toussé	**auraient** toussé

présent du subjonctif

touss**e**	touss**ions**
touss**es**	touss**iez**
touss**e**	touss**ent**

passé du subjonctif

aie toussé	**ayons** toussé
aies toussé	**ayez** toussé
ait toussé	**aient** toussé

imparfait du subjonctif

touss**asse**	touss**assions**
touss**asses**	touss**assiez**
touss**ât**	touss**assent**

plus-que-parfait du subjonctif

eusse toussé	**eussions** toussé
eusses toussé	**eussiez** toussé
eût toussé	**eussent** toussé

impératif

tousse
toussons
toussez

T

to translate   traduire

SINGULAR	PLURAL	SINGULAR	PLURAL

présent de l'indicatif

tradu**is**	tradui**sons**	
tradu**is**	tradui**sez**	
tradu**it**	tradui**sent**	

passé composé

ai traduit	**avons** traduit
as traduit	**avez** traduit
a traduit	**ont** traduit

imparfait de l'indicatif

tradui**sais**	tradui**sions**
tradui**sais**	tradui**siez**
tradui**sait**	tradui**saient**

plus-que-parfait de l'indicatif

avais traduit	**avions** traduit
avais traduit	**aviez** traduit
avait traduit	**avaient** traduit

passé simple

tradui**sis**	tradui**sîmes**
tradui**sis**	tradui**sîtes**
tradui**sit**	tradui**sirent**

passé antérieur

eus traduit	**eûmes** traduit
eus traduit	**eûtes** traduit
eut traduit	**eurent** traduit

futur

tradui**rai**	tradui**rons**
tradui**ras**	tradui**rez**
tradui**ra**	tradui**ront**

futur antérieur

aurai traduit	**aurons** traduit
auras traduit	**aurez** traduit
aura traduit	**auront** traduit

conditionnel

tradui**rais**	tradui**rions**
tradui**rais**	tradui**riez**
tradui**rait**	tradui**raient**

conditionnel passé

aurais traduit	**aurions** traduit
aurais traduit	**auriez** traduit
aurait traduit	**auraient** traduit

présent du subjonctif

tradui**se**	tradui**sions**
tradui**ses**	tradui**siez**
tradui**se**	tradui**sent**

passé du subjonctif

aie traduit	**ayons** traduit
aies traduit	**ayez** traduit
ait traduit	**aient** traduit

imparfait du subjonctif

tradui**sisse**	tradui**sissions**
tradui**sisses**	tradui**sissiez**
tradui**sît**	tradui**sissent**

plus-que-parfait du subjonctif

eusse traduit	**eussions** traduit
eusses traduit	**eussiez** traduit
eût traduit	**eussent** traduit

impératif

traduis
traduisons
traduisez

T

trahir

to betray

SINGULAR	PLURAL	SINGULAR	PLURAL

présent de l'indicatif
		passé composé	
trahi**s**	trahi**ssons**	**ai** trahi	**avons** trahi
trahi**s**	trahi**ssez**	**as** trahi	**avez** trahi
trahi**t**	trahi**ssent**	**a** trahi	**ont** trahi

imparfait de l'indicatif
		plus-que-parfait de l'indicatif	
trahiss**ais**	trahiss**ions**	**avais** trahi	**avions** trahi
trahiss**ais**	trahiss**iez**	**avais** trahi	**aviez** trahi
trahiss**ait**	trahiss**aient**	**avait** trahi	**avaient** trahi

passé simple
		passé antérieur	
trahi**s**	trah**îmes**	**eus** trahi	**eûmes** trahi
trahi**s**	trah**îtes**	**eus** trahi	**eûtes** trahi
trahi**t**	trahi**rent**	**eut** trahi	**eurent** trahi

futur
		futur antérieur	
trahir**ai**	trahir**ons**	**aurai** trahi	**aurons** trahi
trahir**as**	trahir**ez**	**auras** trahi	**aurez** trahi
trahir**a**	trahir**ont**	**aura** trahi	**auront** trahi

conditionnel
		conditionnel passé	
trahir**ais**	trahir**ions**	**aurais** trahi	**aurions** trahi
trahir**ais**	trahir**iez**	**aurais** trahi	**auriez** trahi
trahir**ait**	trahir**aient**	**aurait** trahi	**auraient** trahi

présent du subjonctif
		passé du subjonctif	
trahi**sse**	trahi**ssions**	**aie** trahi	**ayons** trahi
trahi**sses**	trahi**ssiez**	**aies** trahi	**ayez** trahi
trahi**sse**	trahi**ssent**	**ait** trahi	**aient** trahi

imparfait du subjonctif
		plus-que-parfait du subjonctif	
trahi**sse**	trahi**ssions**	**eusse** trahi	**eussions** trahi
trahi**sses**	trahi**ssiez**	**eusses** trahi	**eussiez** trahi
trah**ît**	trahi**ssent**	**eût** trahi	**eussent** trahi

impératif
trahis
trahissons
trahissez

T

to treat, to negotiate   traiter

participe présent **traitant**   participe passé **traité**

SINGULAR	PLURAL	SINGULAR	PLURAL

présent de l'indicatif

traite	traitons	
traites	traitez	
traite	traitent	

passé composé

ai traité	avons traité
as traité	avez traité
a traité	ont traité

imparfait de l'indicatif

traitais	traitions
traitais	traitiez
traitait	traitaient

plus-que-parfait de l'indicatif

avais traité	avions traité
avais traité	aviez traité
avait traité	avaient traité

passé simple

traitai	traitâmes
traitas	traitâtes
traita	traitèrent

passé antérieur

eus traité	eûmes traité
eus traité	eûtes traité
eut traité	eurent traité

futur

traiterai	traiterons
traiteras	traiterez
traitera	traiteront

futur antérieur

aurai traité	aurons traité
auras traité	aurez traité
aura traité	auront traité

conditionnel

traiterais	traiterions
traiterais	traiteriez
traiterait	traiteraient

conditionnel passé

aurais traité	aurions traité
aurais traité	auriez traité
aurait traité	auraient traité

présent du subjonctif

traite	traitions
traites	traitiez
traite	traitent

passé du subjonctif

aie traité	ayons traité
aies traité	ayez traité
ait traité	aient traité

imparfait du subjonctif

traitasse	traitassions
traitasses	traitassiez
traitât	traitassent

plus-que-parfait du subjonctif

eusse traité	eussions traité
eusses traité	eussiez traité
eût traité	eussent traité

impératif

traite
traitons
traitez

T

transmettre

to pass on, to transmit

SINGULAR	PLURAL	SINGULAR	PLURAL

présent de l'indicatif
		passé composé	
transmet**s**	transmett**ons**	**ai** transmis	**avons** transmis
transmet**s**	transmett**ez**	**as** transmis	**avez** transmis
transmet	transmett**ent**	**a** transmis	**ont** transmis

imparfait de l'indicatif
		plus-que-parfait de l'indicatif	
transmett**ais**	transmett**ions**	**avais** transmis	**avions** transmis
transmett**ais**	transmett**iez**	**avais** transmis	**aviez** transmis
transmett**ait**	transmett**aient**	**avait** transmis	**avaient** transmis

passé simple
		passé antérieur	
transm**is**	transm**îmes**	**eus** transmis	**eûmes** transmis
transm**is**	transm**îtes**	**eus** transmis	**eûtes** transmis
transm**it**	transm**irent**	**eut** transmis	**eurent** transmis

futur
		futur antérieur	
transmettr**ai**	transmettr**ons**	**aurai** transmis	**aurons** transmis
transmettr**as**	transmettr**ez**	**auras** transmis	**aurez** transmis
transmettr**a**	transmettr**ont**	**aura** transmis	**auront** transmis

conditionnel
		conditionnel passé	
transmettr**ais**	transmettr**ions**	**aurais** transmis	**aurions** transmis
transmettr**ais**	transmettr**iez**	**aurais** transmis	**auriez** transmis
transmettr**ait**	transmettr**aient**	**aurait** transmis	**auraient** transmis

présent du subjonctif
		passé du subjonctif	
transmett**e**	transmett**ions**	**aie** transmis	**ayons** transmis
transmett**es**	transmett**iez**	**aies** transmis	**ayez** transmis
transmett**e**	transmett**ent**	**ait** transmis	**aient** transmis

imparfait du subjonctif
		plus-que-parfait du subjonctif	
transmi**sse**	transmi**ssions**	**eusse** transmis	**eussions** transmis
transmi**sses**	transmi**ssiez**	**eusses** transmis	**eussiez** transmis
transm**ît**	transmi**ssent**	**eût** transmis	**eussent** transmis

impératif
transmets
transmettons
transmettez

T

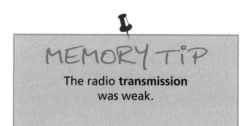

MEMORY TIP
The radio **transmission**
was weak.

participe présent travaillant   **participe passé** travaillé

SINGULAR	PLURAL	SINGULAR	PLURAL

présent de l'indicatif

travaille	travaillons
travailles	travaillez
travaille	travaillent

passé composé

ai travaillé	avons travaillé
as travaillé	avez travaillé
a travaillé	ont travaillé

imparfait de l'indicatif

travaillais	travaillions
travaillais	travailliez
travaillait	travaillaient

plus-que-parfait de l'indicatif

avais travaillé	avions travaillé
avais travaillé	aviez travaillé
avait travaillé	avaient travaillé

passé simple

travaillai	travaillâmes
travaillas	travaillâtes
travailla	travaillèrent

passé antérieur

eus travaillé	eûmes travaillé
eus travaillé	eûtes travaillé
eut travaillé	eurent travaillé

futur

travaillerai	travaillerons
travailleras	travaillerez
travaillera	travailleront

futur antérieur

aurai travaillé	aurons travaillé
auras travaillé	aurez travaillé
aura travaillé	auront travaillé

conditionnel

travaillerais	travaillerions
travaillerais	travailleriez
travaillerait	travailleraient

conditionnel passé

aurais travaillé	aurions travaillé
aurais travaillé	auriez travaillé
aurait travaillé	auraient travaillé

présent du subjonctif

travaille	travaillions
travailles	travailliez
travaille	travaillent

passé du subjonctif

aie travaillé	ayons travaillé
aies travaillé	ayez travaillé
ait travaillé	aient travaillé

imparfait du subjonctif

travaillasse	travaillassions
travaillasses	travaillassiez
travaillât	travaillassent

plus-que-parfait du subjonctif

eusse travaillé	eussions travaillé
eusses travaillé	eussiez travaillé
eût travaillé	eussent travaillé

impératif

travaille
travaillons
travaillez

MUST KNOW VERB

T

| participe présent | **traversant** | participe passé | **traversé** |

SINGULAR	PLURAL	SINGULAR	PLURAL

présent de l'indicatif

		passé composé	
traverse	traversons	**ai** traversé	**avons** traversé
traverses	traversez	**as** traversé	**avez** traversé
traverse	traversent	**a** traversé	**ont** traversé

imparfait de l'indicatif

		plus-que-parfait de l'indicatif	
traversais	traversions	**avais** traversé	**avions** traversé
traversais	traversiez	**avais** traversé	**aviez** traversé
traversait	traversaient	**avait** traversé	**avaient** traversé

passé simple

		passé antérieur	
traversai	traversâmes	**eus** traversé	**eûmes** traversé
traversas	traversâtes	**eus** traversé	**eûtes** traversé
traversa	traversèrent	**eut** traversé	**eurent** traversé

futur

		futur antérieur	
traverserai	traverserons	**aurai** traversé	**aurons** traversé
traverseras	traverserez	**auras** traversé	**aurez** traversé
traversera	traverseront	**aura** traversé	**auront** traversé

conditionnel

		conditionnel passé	
traverserais	traverserions	**aurais** traversé	**aurions** traversé
traverserais	traverseriez	**aurais** traversé	**auriez** traversé
traverserait	traverseraient	**aurait** traversé	**auraient** traversé

présent du subjonctif

		passé du subjonctif	
traverse	traversions	**aie** traversé	**ayons** traversé
traverses	traversiez	**aies** traversé	**ayez** traversé
traverse	traversent	**ait** traversé	**aient** traversé

imparfait du subjonctif

		plus-que-parfait du subjonctif	
traversasse	traversassions	**eusse** traversé	**eussions** traversé
traversasses	traversassiez	**eusses** traversé	**eussiez** traversé
traversât	traversassent	**eût** traversé	**eussent** traversé

impératif

traverse
traversons
traversez

T

to cheat, to trick
tricher

SINGULAR	PLURAL	SINGULAR	PLURAL

présent de l'indicatif

		passé composé	
triche	trichons	**ai** triché	**avons** triché
triches	trichez	**as** triché	**avez** triché
triche	trichent	**a** triché	**ont** triché

imparfait de l'indicatif

		plus-que-parfait de l'indicatif	
trichais	trichions	**avais** triché	**avions** triché
trichais	trichiez	**avais** triché	**aviez** triché
trichait	trichaient	**avait** triché	**avaient** triché

passé simple

		passé antérieur	
trichai	trichâmes	**eus** triché	**eûmes** triché
trichas	trichâtes	**eus** triché	**eûtes** triché
tricha	trichèrent	**eut** triché	**eurent** triché

futur

		futur antérieur	
tricherai	tricherons	**aurai** triché	**aurons** triché
tricheras	tricherez	**auras** triché	**aurez** triché
trichera	tricheront	**aura** triché	**auront** triché

conditionnel

		conditionnel passé	
tricherais	tricherions	**aurais** triché	**aurions** triché
tricherais	tricheriez	**aurais** triché	**auriez** triché
tricherait	tricheraient	**aurait** triché	**auraient** triché

présent du subjonctif

		passé du subjonctif	
triche	trichions	**aie** triché	**ayons** triché
triches	trichiez	**aies** triché	**ayez** triché
triche	trichent	**ait** triché	**aient** triché

imparfait du subjonctif

		plus-que-parfait du subjonctif	
trichasse	trichassions	**eusse** triché	**eussions** triché
trichasses	trichassiez	**eusses** triché	**eussiez** triché
trichât	trichassent	**eût** triché	**eussent** triché

impératif

triche
trichons
trichez

T

tromper

to deceive, to mislead

participe présent **trompant**

participe passé **trompé**

SINGULAR	PLURAL	SINGULAR	PLURAL

présent de l'indicatif

trompe	trompons		
trompes	trompez		
trompe	trompent		

passé composé

ai trompé	**avons** trompé
as trompé	**avez** trompé
a trompé	**ont** trompé

imparfait de l'indicatif

trompais	trompions
trompais	trompiez
trompait	trompaient

plus-que-parfait de l'indicatif

avais trompé	**avions** trompé
avais trompé	**aviez** trompé
avait trompé	**avaient** trompé

passé simple

trompai	trompâmes
trompas	trompâtes
trompa	trompèrent

passé antérieur

eus trompé	**eûmes** trompé
eus trompé	**eûtes** trompé
eut trompé	**eurent** trompé

futur

tromperai	tromperons
tromperas	tromperez
trompera	tromperont

futur antérieur

aurai trompé	**aurons** trompé
auras trompé	**aurez** trompé
aura trompé	**auront** trompé

conditionnel

tromperais	tromperions
tromperais	tromperiez
tromperait	tromperaient

conditionnel passé

aurais trompé	**aurions** trompé
aurais trompé	**auriez** trompé
aurait trompé	**auraient** trompé

présent du subjonctif

trompe	trompions
trompes	trompiez
trompe	trompent

passé du subjonctif

aie trompé	**ayons** trompé
aies trompé	**ayez** trompé
ait trompé	**aient** trompé

imparfait du subjonctif

trompasse	trompassions
trompasses	trompassiez
trompât	trompassent

plus-que-parfait du subjonctif

eusse trompé	**eussions** trompé
eusses trompé	**eussiez** trompé
eût trompé	**eussent** trompé

impératif

trompe
trompons
trompez

T

MEMORY TIP

The architectural technique of *trompe l'œil* **fools** you into thinking that painted windows are real.

to be mistaken, to make a mistake   se tromper

participe présent **se trompant**   participe passé **trompé(e)(s)**

SINGULAR	PLURAL	SINGULAR	PLURAL

présent de l'indicatif
me trompe / **nous** trompons
te trompes / **vous** trompez
se trompe / **se** trompent

passé composé
me suis trompé(e) / **nous sommes** trompé(e)s
t'es trompé(e) / **vous êtes** trompé(e)(s)
s'est trompé(e) / **se sont** trompé(e)s

imparfait de l'indicatif
me trompais / **nous** trompions
te trompais / **vous** trompiez
se trompait / **se** trompaient

plus-que-parfait de l'indicatif
m'étais trompé(e) / **nous étions** trompé(e)s
t'étais trompé(e) / **vous étiez** trompé(e)(s)
s'était trompé(e) / **s'étaient** trompé(e)s

passé simple
me trompai / **nous** trompâmes
te trompas / **vous** trompâtes
se trompa / **se** trompèrent

passé antérieur
me fus trompé(e) / **nous fûmes** trompé(e)s
te fus trompé(e) / **vous fûtes** trompé(e)(s)
se fut trompé(e) / **se furent** trompé(e)s

futur
me tromperai / **nous** tromperons
te tromperas / **vous** tromperez
se trompera / **se** tromperont

futur antérieur
me serai trompé(e) / **nous serons** trompé(e)s
te seras trompé(e) / **vous serez** trompé(e)(s)
se sera trompé(e) / **se seront** trompé(e)s

conditionnel
me tromperais / **nous** tromperions
te tromperais / **vous** tromperiez
se tromperait / **se** tromperaient

conditionnel passé
me serais trompé(e) / **nous serions** trompé(e)s
te serais trompé(e) / **vous seriez** trompé(e)(s)
se serait trompé(e) / **se seraient** trompé(e)s

présent du subjonctif
me trompe / **nous** trompions
te trompes / **vous** trompiez
se trompe / **se** trompent

passé du subjonctif
me sois trompé(e) / **nous soyons** trompé(e)s
te sois trompé(e) / **vous soyez** trompé(e)(s)
se soit trompé(e) / **se soient** trompé(e)s

imparfait du subjonctif
me trompasse / **nous** trompassions
te trompasses / **vous** trompassiez
se trompât / **se** trompassent

plus-que-parfait du subjonctif
me fusse trompé(e) / **nous fussions** trompé(e)s
te fusses trompé(e) / **vous fussiez** trompé(e)(s)
se fût trompé(e) / **se fussent** trompé(e)s

impératif
trompe-toi
trompons-nous
trompez-vous

T

trouver

to find

SINGULAR	PLURAL	SINGULAR	PLURAL

présent de l'indicatif

		passé composé	
trouv**e**	trouv**ons**	**ai** trouvé	**avons** trouvé
trouv**es**	trouv**ez**	**as** trouvé	**avez** trouvé
trouv**e**	trouv**ent**	**a** trouvé	**ont** trouvé

imparfait de l'indicatif

		plus-que-parfait de l'indicatif	
trouv**ais**	trouv**ions**	**avais** trouvé	**avions** trouvé
trouv**ais**	trouv**iez**	**avais** trouvé	**aviez** trouvé
trouv**ait**	trouv**aient**	**avait** trouvé	**avaient** trouvé

passé simple

		passé antérieur	
trouv**ai**	trouv**âmes**	**eus** trouvé	**eûmes** trouvé
trouv**as**	trouv**âtes**	**eus** trouvé	**eûtes** trouvé
trouv**a**	trouv**èrent**	**eut** trouvé	**eurent** trouvé

futur

		futur antérieur	
trouver**ai**	trouver**ons**	**aurai** trouvé	**aurons** trouvé
trouver**as**	trouver**ez**	**auras** trouvé	**aurez** trouvé
trouver**a**	trouver**ont**	**aura** trouvé	**auront** trouvé

conditionnel

		conditionnel passé	
trouver**ais**	trouver**ions**	**aurais** trouvé	**aurions** trouvé
trouver**ais**	trouver**iez**	**aurais** trouvé	**auriez** trouvé
trouver**ait**	trouver**aient**	**aurait** trouvé	**auraient** trouvé

présent du subjonctif

		passé du subjonctif	
trouv**e**	trouv**ions**	**aie** trouvé	**ayons** trouvé
trouv**es**	trouv**iez**	**aies** trouvé	**ayez** trouvé
trouv**e**	trouv**ent**	**ait** trouvé	**aient** trouvé

imparfait du subjonctif

		plus-que-parfait du subjonctif	
trouv**asse**	trouv**assions**	**eusse** trouvé	**eussions** trouvé
trouv**asses**	trouv**assiez**	**eusses** trouvé	**eussiez** trouvé
trouv**ât**	trouv**assent**	**eût** trouvé	**eussent** trouvé

impératif

trouve
trouvons
trouvez

T

MUST KNOW VERB

to kill   tuer

SINGULAR	PLURAL	SINGULAR	PLURAL

présent de l'indicatif
		passé composé	
tu**e**	tu**ons**	**ai** tué	**avons** tué
tu**es**	tu**ez**	**as** tué	**avez** tué
tu**e**	tu**ent**	**a** tué	**ont** tué

imparfait de l'indicatif
		plus-que-parfait de l'indicatif	
tu**ais**	tu**ions**	**avais** tué	**avions** tué
tu**ais**	tu**iez**	**avais** tué	**aviez** tué
tu**ait**	tu**aient**	**avait** tué	**avaient** tué

passé simple
		passé antérieur	
tu**ai**	tu**âmes**	**eus** tué	**eûmes** tué
tu**as**	tu**âtes**	**eus** tué	**eûtes** tué
tu**a**	tu**èrent**	**eut** tué	**eurent** tué

futur
		futur antérieur	
tuer**ai**	tuer**ons**	**aurai** tué	**aurons** tué
tuer**as**	tuer**ez**	**auras** tué	**aurez** tué
tuer**a**	tuer**ont**	**aura** tué	**auront** tué

conditionnel
		conditionnel passé	
tuer**ais**	tuer**ions**	**aurais** tué	**aurions** tué
tuer**ais**	tuer**iez**	**aurais** tué	**auriez** tué
tuer**ait**	tuer**aient**	**aurait** tué	**auraient** tué

présent du subjonctif
		passé du subjonctif	
tu**e**	tu**ions**	**aie** tué	**ayons** tué
tu**es**	tu**iez**	**aies** tué	**ayez** tué
tu**e**	tu**ent**	**ait** tué	**aient** tué

imparfait du subjonctif
		plus-que-parfait du subjonctif	
tu**asse**	tu**assions**	**eusse** tué	**eussions** tué
tu**asses**	tu**assiez**	**eusses** tué	**eussiez** tué
tu**ât**	tu**assent**	**eût** tué	**eussent** tué

impératif
tue
tuons
tuez

T

tutoyer
to address as "tu"

participe présent **tutoyant**   participe passé **tutoyé**

SINGULAR	PLURAL	SINGULAR	PLURAL

présent de l'indicatif
		### passé composé	
tutoie	tutoyons	**ai** tutoyé	**avons** tutoyé
tutoies	tutoyez	**as** tutoyé	**avez** tutoyé
tutoie	tutoient	**a** tutoyé	**ont** tutoyé

imparfait de l'indicatif
		### plus-que-parfait de l'indicatif	
tutoyais	tutoyions	**avais** tutoyé	**avions** tutoyé
tutoyais	tutoyiez	**avais** tutoyé	**aviez** tutoyé
tutoyait	tutoyaient	**avait** tutoyé	**avaient** tutoyé

passé simple
		### passé antérieur	
tutoyai	tutoyâmes	**eus** tutoyé	**eûmes** tutoyé
tutoyas	tutoyâtes	**eus** tutoyé	**eûtes** tutoyé
tutoya	tutoyèrent	**eut** tutoyé	**eurent** tutoyé

futur
		### futur antérieur	
tutoierai	tutoierons	**aurai** tutoyé	**aurons** tutoyé
tutoieras	tutoierez	**auras** tutoyé	**aurez** tutoyé
tutoiera	tutoieront	**aura** tutoyé	**auront** tutoyé

conditionnel
		### conditionnel passé	
tutoierais	tutoierions	**aurais** tutoyé	**aurions** tutoyé
tutoierais	tutoieriez	**aurais** tutoyé	**auriez** tutoyé
tutoierait	tutoieraient	**aurait** tutoyé	**auraient** tutoyé

présent du subjonctif
		### passé du subjonctif	
tutoie	tutoyions	**aie** tutoyé	**ayons** tutoyé
tutoies	tutoyiez	**aies** tutoyé	**ayez** tutoyé
tutoie	tutoient	**ait** tutoyé	**aient** tutoyé

imparfait du subjonctif
		### plus-que-parfait du subjonctif	
tutoyasse	tutoyassions	**eusse** tutoyé	**eussions** tutoyé
tutoyasses	tutoyassiez	**eusses** tutoyé	**eussiez** tutoyé
tutoyât	tutoyassent	**eût** tutoyé	**eussent** tutoyé

impératif
tutoie
tutoyons
tutoyez

T

to unite, to join

unir

SINGULAR	PLURAL	SINGULAR	PLURAL

présent de l'indicatif

unis	unissons
unis	unissez
unit	unissent

passé composé

ai uni	avons uni
as uni	avez uni
a uni	ont uni

imparfait de l'indicatif

unissais	unissions
unissais	unissiez
unissait	unissaient

plus-que-parfait de l'indicatif

avais uni	avions uni
avais uni	aviez uni
avait uni	avaient uni

passé simple

unis	unîmes
unis	unîtes
unit	unirent

passé antérieur

eus uni	eûmes uni
eus uni	eûtes uni
eut uni	eurent uni

futur

unirai	unirons
uniras	unirez
unira	uniront

futur antérieur

aurai uni	aurons uni
auras uni	aurez uni
aura uni	auront uni

conditionnel

unirais	unirions
unirais	uniriez
unirait	uniraient

conditionnel passé

aurais uni	aurions uni
aurais uni	auriez uni
aurait uni	auraient uni

présent du subjonctif

unisse	unissions
unisses	unissiez
unisse	unissent

passé du subjonctif

aie uni	ayons uni
aies uni	ayez uni
ait uni	aient uni

imparfait du subjonctif

unisse	unissions
unisses	unissiez
unît	unissent

plus-que-parfait du subjonctif

eusse uni	eussions uni
eusses uni	eussiez uni
eût uni	eussent uni

impératif

unis
unissons
unissez

U

utiliser — to use, to employ (tool or resource)

participe présent **utilisant**   participe passé **utilisé**

SINGULAR	PLURAL	SINGULAR	PLURAL
présent de l'indicatif		**passé composé**	
utilise	utilisons	ai utilisé	avons utilisé
utilises	utilisez	as utilisé	avez utilisé
utilise	utilisent	a utilisé	ont utilisé
imparfait de l'indicatif		**plus-que-parfait de l'indicatif**	
utilisais	utilisions	avais utilisé	avions utilisé
utilisais	utilisiez	avais utilisé	aviez utilisé
utilisait	utilisaient	avait utilisé	avaient utilisé
passé simple		**passé antérieur**	
utilisai	utilisâmes	eus utilisé	eûmes utilisé
utilisas	utilisâtes	eus utilisé	eûtes utilisé
utilisa	utilisèrent	eut utilisé	eurent utilisé
futur		**futur antérieur**	
utiliserai	utiliserons	aurai utilisé	aurons utilisé
utiliseras	utiliserez	auras utilisé	aurez utilisé
utilisera	utiliseront	aura utilisé	auront utilisé
conditionnel		**conditionnel passé**	
utiliserais	utiliserions	aurais utilisé	aurions utilisé
utiliserais	utiliseriez	aurais utilisé	auriez utilisé
utiliserait	utiliseraient	aurait utilisé	auraient utilisé
présent du subjonctif		**passé du subjonctif**	
utilise	utilisions	aie utilisé	ayons utilisé
utilises	utilisiez	aies utilisé	ayez utilisé
utilise	utilisent	ait utilisé	aient utilisé
imparfait du subjonctif		**plus-que-parfait du subjonctif**	
utilisasse	utilisassions	eusse utilisé	eussions utilisé
utilisasses	utilisassiez	eusses utilisé	eussiez utilisé
utilisât	utilisassent	eût utilisé	eussent utilisé

impératif
utilise
utilisons
utilisez

U

to vanquish, to conquer   vaincre

participe présent **vainquant**   participe passé **vaincu**

SINGULAR	PLURAL	SINGULAR	PLURAL

présent de l'indicatif

		passé composé	
vainc**s**	vainqu**ons**	**ai** vaincu	**avons** vaincu
vainc**s**	vainqu**ez**	**as** vaincu	**avez** vaincu
vainc	vainqu**ent**	**a** vaincu	**ont** vaincu

imparfait de l'indicatif

		plus-que-parfait de l'indicatif	
vainqu**ais**	vainqu**ions**	**avais** vaincu	**avions** vaincu
vainqu**ais**	vainqu**iez**	**avais** vaincu	**aviez** vaincu
vainqu**ait**	vainqu**aient**	**avait** vaincu	**avaient** vaincu

passé simple

		passé antérieur	
vainqu**is**	vainqu**îmes**	**eus** vaincu	**eûmes** vaincu
vainqu**is**	vainqu**îtes**	**eus** vaincu	**eûtes** vaincu
vainqu**it**	vainqu**irent**	**eut** vaincu	**eurent** vaincu

futur

		futur antérieur	
vaincr**ai**	vaincr**ons**	**aurai** vaincu	**aurons** vaincu
vaincr**as**	vaincr**ez**	**auras** vaincu	**aurez** vaincu
vaincr**a**	vaincr**ont**	**aura** vaincu	**auront** vaincu

conditionnel

		conditionnel passé	
vaincr**ais**	vaincr**ions**	**aurais** vaincu	**aurions** vaincu
vaincr**ais**	vaincr**iez**	**aurais** vaincu	**auriez** vaincu
vaincr**ait**	vaincr**aient**	**aurait** vaincu	**auraient** vaincu

présent du subjonctif

		passé du subjonctif	
vainqu**e**	vainqu**ions**	**aie** vaincu	**ayons** vaincu
vainqu**es**	vainqu**iez**	**aies** vaincu	**ayez** vaincu
vainqu**e**	vainqu**ent**	**ait** vaincu	**aient** vaincu

imparfait du subjonctif

		plus-que-parfait du subjonctif	
vainqu**isse**	vainqu**issions**	**eusse** vaincu	**eussions** vaincu
vainqu**isses**	vainqu**issiez**	**eusses** vaincu	**eussiez** vaincu
vainqu**ît**	vainqu**issent**	**eût** vaincu	**eussent** vaincu

impératif

vaincs
vainquons
vainquez

valoir — to be of worth, to be as good as

participe présent **valant**   participe passé **valu**

SINGULAR	PLURAL	SINGULAR	PLURAL

présent de l'indicatif
vaux	valons
vaux	valez
vaut	valent

passé composé
ai valu	avons valu
as valu	avez valu
a valu	ont valu

imparfait de l'indicatif
valais	valions
valais	valiez
valait	valaient

plus-que-parfait de l'indicatif
avais valu	avions valu
avais valu	aviez valu
avait valu	avaient valu

passé simple
valus	valûmes
valus	valûtes
valut	valurent

passé antérieur
eus valu	eûmes valu
eus valu	eûtes valu
eut valu	eurent valu

futur
vaudrai	vaudrons
vaudras	vaudrez
vaudra	vaudront

futur antérieur
aurai valu	aurons valu
auras valu	aurez valu
aura valu	auront valu

conditionnel
vaudrais	vaudrions
vaudrais	vaudriez
vaudrait	vaudraient

conditionnel passé
aurais valu	aurions valu
aurais valu	auriez valu
aurait valu	auraient valu

présent du subjonctif
vaille	valions
vailles	valiez
vaille	vaillent

passé du subjonctif
aie valu	ayons valu
aies valu	ayez valu
ait valu	aient valu

imparfait du subjonctif
valusse	valussions
valusses	valussiez
valût	valussent

plus-que-parfait du subjonctif
eusse valu	eussions valu
eusses valu	eussiez valu
eût valu	eussent valu

impératif
vaux
valons
valez

MUST KNOW VERB

to give value to, to develop (land)   valoriser

SINGULAR	PLURAL	SINGULAR	PLURAL

présent de l'indicatif
valorise
valorises
valorise

valorisons
valorisez
valorisent

passé composé
ai valorisé
as valorisé
a valorisé

avons valorisé
avez valorisé
ont valorisé

imparfait de l'indicatif
valorisais
valorisais
valorisait

valorisions
valorisiez
valorisaient

plus-que-parfait de l'indicatif
avais valorisé
avais valorisé
avait valorisé

avions valorisé
aviez valorisé
avaient valorisé

passé simple
valorisai
valorisas
valorisa

valorisâmes
valorisâtes
valorisèrent

passé antérieur
eus valorisé
eus valorisé
eut valorisé

eûmes valorisé
eûtes valorisé
eurent valorisé

futur
valoriserai
valoriseras
valorisera

valoriserons
valoriserez
valoriseront

futur antérieur
aurai valorisé
auras valorisé
aura valorisé

aurons valorisé
aurez valorisé
auront valorisé

conditionnel
valoriserais
valoriserais
valoriserait

valoriserions
valoriseriez
valoriseraient

conditionnel passé
aurais valorisé
aurais valorisé
aurait valorisé

aurions valorisé
auriez valorisé
auraient valorisé

présent du subjonctif
valorise
valorises
valorise

valorisions
valorisiez
valorisent

passé du subjonctif
aie valorisé
aies valorisé
ait valorisé

ayons valorisé
ayez valorisé
aient valorisé

imparfait du subjonctif
valorisasse
valorisasses
valorisât

valorisassions
valorisassiez
valorisassent

plus-que-parfait du subjonctif
eusse valorisé
eusses valorisé
eût valorisé

eussions valorisé
eussiez valorisé
eussent valorisé

impératif
valorise
valorisons
valorisez

V

se vanter   to pride oneself on, to boast

participe présent   se vantant   **participe passé**   vanté(e)(s)

SINGULAR	PLURAL	SINGULAR	PLURAL

présent de l'indicatif
me vante	nous vantons
te vantes	vous vantez
se vante	se vantent

passé composé
me suis vanté(e)	nous sommes vanté(e)s
t'es vanté(e)	vous êtes vanté(e)(s)
s'est vanté(e)	se sont vanté(e)s

imparfait de l'indicatif
me vantais	nous vantions
te vantais	vous vantiez
se vantait	se vantaient

plus-que-parfait de l'indicatif
m'étais vanté(e)	nous étions vanté(e)s
t'étais vanté(e)	vous étiez vanté(e)(s)
s'était vanté(e)	s'étaient vanté(e)s

passé simple
me vantai	nous vantâmes
te vantas	vous vantâtes
se vanta	se vantèrent

passé antérieur
me fus vanté(e)	nous fûmes vanté(e)s
te fus vanté(e)	vous fûtes vanté(e)(s)
se fut vanté(e)	se furent vanté(e)s

futur
me vanterai	nous vanterons
te vanteras	vous vanterez
se vantera	se vanteront

futur antérieur
me serai vanté(e)	nous serons vanté(e)s
te seras vanté(e)	vous serez vanté(e)(s)
se sera vanté(e)	se seront vanté(e)s

conditionnel
me vanterais	nous vanterions
te vanterais	vous vanteriez
se vanterait	se vanteraient

conditionnel passé
me serais vanté(e)	nous serions vanté(e)s
te serais vanté(e)	vous seriez vanté(e)(s)
se serait vanté(e)	se seraient vanté(e)s

présent du subjonctif
me vante	nous vantions
te vantes	vous vantiez
se vante	se vantent

passé du subjonctif
me sois vanté(e)	nous soyons vanté(e)s
te sois vanté(e)	vous soyez vanté(e)(s)
se soit vanté(e)	se soient vanté(e)s

imparfait du subjonctif
me vantasse	nous vantassions
te vantasses	vous vantassiez
se vantât	se vantassent

plus-que-parfait du subjonctif
me fusse vanté(e)	nous fussions vanté(e)s
te fusses vanté(e)	vous fussiez vanté(e)(s)
se fût vanté(e)	se fussent vanté(e)s

impératif
vante-toi
vantons-nous
vantez-vous

participe présent **vendant**   participe passé **vendu**

SINGULAR	PLURAL	SINGULAR	PLURAL

présent de l'indicatif
vend**s**	vend**ons**		
vend**s**	vend**ez**		
vend	vend**ent**		

passé composé
ai vendu	**avons** vendu
as vendu	**avez** vendu
a vendu	**ont** vendu

imparfait de l'indicatif
vend**ais**	vend**ions**
vend**ais**	vend**iez**
vend**ait**	vend**aient**

plus-que-parfait de l'indicatif
avais vendu	**avions** vendu
avais vendu	**aviez** vendu
avait vendu	**avaient** vendu

passé simple
vend**is**	vend**îmes**
vend**is**	vend**îtes**
vend**it**	vend**irent**

passé antérieur
eus vendu	**eûmes** vendu
eus vendu	**eûtes** vendu
eut vendu	**eurent** vendu

futur
vendr**ai**	vendr**ons**
vendr**as**	vendr**ez**
vendr**a**	vendr**ont**

futur antérieur
aurai vendu	**aurons** vendu
auras vendu	**aurez** vendu
aura vendu	**auront** vendu

conditionnel
vendr**ais**	vendr**ions**
vendr**ais**	vendr**iez**
vendr**ait**	vendr**aient**

conditionnel passé
aurais vendu	**aurions** vendu
aurais vendu	**auriez** vendu
aurait vendu	**auraient** vendu

présent du subjonctif
vend**e**	vend**ions**
vend**es**	vend**iez**
vend**e**	vend**ent**

passé du subjonctif
aie vendu	**ayons** vendu
aies vendu	**ayez** vendu
ait vendu	**aient** vendu

imparfait du subjonctif
vend**isse**	vend**issions**
vend**isses**	vend**issiez**
vend**ît**	vend**issent**

plus-que-parfait du subjonctif
eusse vendu	**eussions** vendu
eusses vendu	**eussiez** vendu
eût vendu	**eussent** vendu

impératif
vends
vendons
vendez

MUST KNOW VERB

participe présent **vengeant**   participe passé **vengé**

SINGULAR	PLURAL	SINGULAR	PLURAL

présent de l'indicatif

		passé composé	
venge	vengeons	**ai** vengé	**avons** vengé
venges	vengez	**as** vengé	**avez** vengé
venge	vengent	**a** vengé	**ont** vengé

imparfait de l'indicatif   **plus-que-parfait de l'indicatif**

vengeais	vengions	**avais** vengé	**avions** vengé
vengeais	vengiez	**avais** vengé	**aviez** vengé
vengeait	vengeaient	**avait** vengé	**avaient** vengé

passé simple   **passé antérieur**

vengeai	vengeâmes	**eus** vengé	**eûmes** vengé
vengeas	vengeâtes	**eus** vengé	**eûtes** vengé
vengea	vengèrent	**eut** vengé	**eurent** vengé

futur   **futur antérieur**

vengerai	vengerons	**aurai** vengé	**aurons** vengé
vengeras	vengerez	**auras** vengé	**aurez** vengé
vengera	vengeront	**aura** vengé	**auront** vengé

conditionnel   **conditionnel passé**

vengerais	vengerions	**aurais** vengé	**aurions** vengé
vengerais	vengeriez	**aurais** vengé	**auriez** vengé
vengerait	vengeraient	**aurait** vengé	**auraient** vengé

présent du subjonctif   **passé du subjonctif**

venge	vengions	**aie** vengé	**ayons** vengé
venges	vengiez	**aies** vengé	**ayez** vengé
venge	vengent	**ait** vengé	**aient** vengé

imparfait du subjonctif   **plus-que-parfait du subjonctif**

vengeasse	vengeassions	**eusse** vengé	**eussions** vengé
vengeasses	vengeassiez	**eusses** vengé	**eussiez** vengé
vengeât	vengeassent	**eût** vengé	**eussent** vengé

impératif

venge
vengeons
vengez

to come   venir

SINGULAR	PLURAL	SINGULAR	PLURAL

présent de l'indicatif
vien**s**	ven**ons**
vien**s**	ven**ez**
vien**t**	vien**nent**

passé composé
suis venu(e)	**sommes** venu(e)s
es venu(e)	**êtes** venu(e)(s)
est venu(e)	**sont** venu(e)s

imparfait de l'indicatif
ven**ais**	ven**ions**
ven**ais**	ven**iez**
ven**ait**	ven**aient**

plus-que-parfait de l'indicatif
étais venu(e)	**étions** venu(e)s
étais venu(e)	**étiez** venu(e)(s)
était venu(e)	**étaient** venu(e)s

passé simple
vin**s**	vîn**mes**
vin**s**	vîn**tes**
vin**t**	vin**rent**

passé antérieur
fus venu(e)	**fûmes** venu(e)s
fus venu(e)	**fûtes** venu(e)(s)
fut venu(e)	**furent** venu(e)s

futur
viendr**ai**	viendr**ons**
viendr**as**	viendr**ez**
viendr**a**	viendr**ont**

futur antérieur
serai venu(e)	**serons** venu(e)s
seras venu(e)	**serez** venu(e)(s)
sera venu(e)	**seront** venu(e)s

conditionnel
viendr**ais**	viendr**ions**
viendr**ais**	viendr**iez**
viendr**ait**	viendr**aient**

conditionnel passé
serais venu(e)	**serions** venu(e)s
serais venu(e)	**seriez** venu(e)(s)
serait venu(e)	**seraient** venu(e)s

présent du subjonctif
vienn**e**	ven**ions**
vienn**es**	ven**iez**
vienn**e**	vienn**ent**

passé du subjonctif
sois venu(e)	**soyons** venu(e)s
sois venu(e)	**soyez** venu(e)(s)
soit venu(e)	**soient** venu(e)s

imparfait du subjonctif
vin**sse**	vin**ssions**
vin**sses**	vin**ssiez**
vîn**t**	vin**ssent**

plus-que-parfait du subjonctif
fusse venu(e)	**fussions** venu(e)s
fusses venu(e)	**fussiez** venu(e)(s)
fût venu(e)	**fussent** venu(e)s

impératif
viens
venons
venez

MUST
KNOW
VERB

V

vérifier

to confirm, to check

participe présent **vérifiant**   participe passé **vérifié**

SINGULAR	PLURAL	SINGULAR	PLURAL

présent de l'indicatif

		passé composé	
vérifie	vérifions	ai vérifié	avons vérifié
vérifies	vérifiez	as vérifié	avez vérifié
vérifie	vérifient	a vérifié	ont vérifié

imparfait de l'indicatif

		plus-que-parfait de l'indicatif	
vérifiais	vérifiions	avais vérifié	avions vérifié
vérifiais	vérifiiez	avais vérifié	aviez vérifié
vérifiait	vérifiaient	avait vérifié	avaient vérifié

passé simple

		passé antérieur	
vérifiai	vérifiâmes	eus vérifié	eûmes vérifié
vérifias	vérifiâtes	eus vérifié	eûtes vérifié
vérifia	vérifièrent	eut vérifié	eurent vérifié

futur

		futur antérieur	
vérifierai	vérifierons	aurai vérifié	aurons vérifié
vérifieras	vérifierez	auras vérifié	aurez vérifié
vérifiera	vérifieront	aura vérifié	auront vérifié

conditionnel

		conditionnel passé	
vérifierais	vérifierions	aurais vérifié	aurions vérifié
vérifierais	vérifieriez	aurais vérifié	auriez vérifié
vérifierait	vérifieraient	aurait vérifié	auraient vérifié

présent du subjonctif

		passé du subjonctif	
vérifie	vérifiions	aie vérifié	ayons vérifié
vérifies	vérifiiez	aies vérifié	ayez vérifié
vérifie	vérifient	ait vérifié	aient vérifié

imparfait du subjonctif

		plus-que-parfait du subjonctif	
vérifiasse	vérifiassions	eusse vérifié	eussions vérifié
vérifiasses	vérifiassiez	eusses vérifié	eussiez vérifié
vérifiât	vérifiassent	eût vérifié	eussent vérifié

impératif
vérifie
vérifions
vérifiez

to clothe, to dress | vêtir

SINGULAR	PLURAL	SINGULAR	PLURAL

présent de l'indicatif
vêt**s**	vêt**ons**
vêt**s**	vêt**ez**
vêt	vêt**ent**

passé composé
ai vêtu	**avons** vêtu
as vêtu	**avez** vêtu
a vêtu	**ont** vêtu

imparfait de l'indicatif
vêt**ais**	vêt**ions**
vêt**ais**	vêt**iez**
vêt**ait**	vêt**aient**

plus-que-parfait de l'indicatif
avais vêtu	**avions** vêtu
avais vêtu	**aviez** vêtu
avait vêtu	**avaient** vêtu

passé simple
vêt**is**	vêt**îmes**
vêt**is**	vêt**îtes**
vêt**it**	vêt**irent**

passé antérieur
eus vêtu	**eûmes** vêtu
eus vêtu	**eûtes** vêtu
eut vêtu	**eurent** vêtu

futur
vêtir**ai**	vêtir**ons**
vêtir**as**	vêtir**ez**
vêtir**a**	vêtir**ont**

futur antérieur
aurai vêtu	**aurons** vêtu
auras vêtu	**aurez** vêtu
aura vêtu	**auront** vêtu

conditionnel
vêtir**ais**	vêtir**ions**
vêtir**ais**	vêtir**iez**
vêtir**ait**	vêtir**aient**

conditionnel passé
aurais vêtu	**aurions** vêtu
aurais vêtu	**auriez** vêtu
aurait vêtu	**auraient** vêtu

présent du subjonctif
vêt**e**	vêt**ions**
vêt**es**	vêt**iez**
vêt**e**	vêt**ent**

passé du subjonctif
aie vêtu	**ayons** vêtu
aies vêtu	**ayez** vêtu
ait vêtu	**aient** vêtu

imparfait du subjonctif
vêt**isse**	vêt**issions**
vêt**isses**	vêt**issiez**
vêt**ît**	vêt**issent**

plus-que-parfait du subjonctif
eusse vêtu	**eussions** vêtu
eusses vêtu	**eussiez** vêtu
eût vêtu	**eussent** vêtu

impératif
vêts
vêtons
vêtez

V

vieillir

to age, to become old

participe présent **vieillissant**   participe passé **vieilli**

SINGULAR	PLURAL	SINGULAR	PLURAL
présent de l'indicatif		**passé composé**	
vieill**is**	vieill**issons**	**ai** vieilli	**avons** vieilli
vieill**is**	vieill**issez**	**as** vieilli	**avez** vieilli
vieill**it**	vieill**issent**	**a** vieilli	**ont** vieilli
imparfait de l'indicatif		**plus-que-parfait de l'indicatif**	
vieilliss**ais**	vieilliss**ions**	**avais** vieilli	**avions** vieilli
vieilliss**ais**	vieilliss**iez**	**avais** vieilli	**aviez** vieilli
vieilliss**ait**	vieilliss**aient**	**avait** vieilli	**avaient** vieilli
passé simple		**passé antérieur**	
vieill**is**	vieill**îmes**	**eus** vieilli	**eûmes** vieilli
vieill**is**	vieill**îtes**	**eus** vieilli	**eûtes** vieilli
vieill**it**	vieill**irent**	**eut** vieilli	**eurent** vieilli
futur		**futur antérieur**	
vieillir**ai**	vieillir**ons**	**aurai** vieilli	**aurons** vieilli
vieillir**as**	vieillir**ez**	**auras** vieilli	**aurez** vieilli
vieillir**a**	vieillir**ont**	**aura** vieilli	**auront** vieilli
conditionnel		**conditionnel passé**	
vieillir**ais**	vieillir**ions**	**aurais** vieilli	**aurions** vieilli
vieillir**ais**	vieillir**iez**	**aurais** vieilli	**auriez** vieilli
vieillir**ait**	vieillir**aient**	**aurait** vieilli	**auraient** vieilli
présent du subjonctif		**passé du subjonctif**	
vieill**isse**	vieill**issions**	**aie** vieilli	**ayons** vieilli
vieill**isses**	vieill**issiez**	**aies** vieilli	**ayez** vieilli
vieill**isse**	vieill**issent**	**ait** vieilli	**aient** vieilli
imparfait du subjonctif		**plus-que-parfait du subjonctif**	
vieill**isse**	vieill**issions**	**eusse** vieilli	**eussions** vieilli
vieill**isses**	vieill**issiez**	**eusses** vieilli	**eussiez** vieilli
vieill**ît**	vieill**issent**	**eût** vieilli	**eussent** vieilli

impératif
vieill**is**
vieill**issons**
vieill**issez**

to visit

visiter

SINGULAR	PLURAL	SINGULAR	PLURAL

présent de l'indicatif
visit**e**	visit**ons**		
visit**es**	visit**ez**		
visit**e**	visit**ent**		

passé composé
ai visité	**avons** visité
as visité	**avez** visité
a visité	**ont** visité

imparfait de l'indicatif
visit**ais**	visit**ions**
visit**ais**	visit**iez**
visit**ait**	visit**aient**

plus-que-parfait de l'indicatif
avais visité	**avions** visité
avais visité	**aviez** visité
avait visité	**avaient** visité

passé simple
visit**ai**	visit**âmes**
visit**as**	visit**âtes**
visit**a**	visit**èrent**

passé antérieur
eus visité	**eûmes** visité
eus visité	**eûtes** visité
eut visité	**eurent** visité

futur
visiter**ai**	visiter**ons**
visiter**as**	visiter**ez**
visiter**a**	visiter**ont**

futur antérieur
aurai visité	**aurons** visité
auras visité	**aurez** visité
aura visité	**auront** visité

conditionnel
visiter**ais**	visiter**ions**
visiter**ais**	visiter**iez**
visiter**ait**	visiter**aient**

conditionnel passé
aurais visité	**aurions** visité
aurais visité	**auriez** visité
aurait visité	**auraient** visité

présent du subjonctif
visit**e**	visit**ions**
visit**es**	visit**iez**
visit**e**	visit**ent**

passé du subjonctif
aie visité	**ayons** visité
aies visité	**ayez** visité
ait visité	**aient** visité

imparfait du subjonctif
visit**asse**	visit**assions**
visit**asses**	visit**assiez**
visit**ât**	visit**assent**

plus-que-parfait du subjonctif
eusse visité	**eussions** visité
eusses visité	**eussiez** visité
eût visité	**eussent** visité

impératif
visit**e**
visit**ons**
visit**ez**

participe présent vivant | **participe passé** vécu

SINGULAR	PLURAL	SINGULAR	PLURAL

présent de l'indicatif

		passé composé	
vis	vivons	ai vécu	avons vécu
vis	vivez	as vécu	avez vécu
vit	vivent	a vécu	ont vécu

imparfait de l'indicatif / **plus-que-parfait de l'indicatif**

vivais	vivions	avais vécu	avions vécu
vivais	viviez	avais vécu	aviez vécu
vivait	vivaient	avait vécu	avaient vécu

passé simple / **passé antérieur**

vécus	vécûmes	eus vécu	eûmes vécu
vécus	vécûtes	eus vécu	eûtes vécu
vécut	vécurent	eut vécu	eurent vécu

futur / **futur antérieur**

vivrai	vivrons	aurai vécu	aurons vécu
vivras	vivrez	auras vécu	aurez vécu
vivra	vivront	aura vécu	auront vécu

conditionnel / **conditionnel passé**

vivrais	vivrions	aurais vécu	aurions vécu
vivrais	vivriez	aurais vécu	auriez vécu
vivrait	vivraient	aurait vécu	auraient vécu

présent du subjonctif / **passé du subjonctif**

vive	vivions	aie vécu	ayons vécu
vives	viviez	aies vécu	ayez vécu
vive	vivent	ait vécu	aient vécu

imparfait du subjonctif / **plus-que-parfait du subjonctif**

vécusse	vécussions	eusse vécu	eussions vécu
vécusses	vécussiez	eusses vécu	eussiez vécu
vécût	vécussent	eût vécu	eussent vécu

impératif

vis
vivons
vivez

MUST
KNOW
VERB

participe présent voyant   **participe passé vu**

SINGULAR	PLURAL	SINGULAR	PLURAL

présent de l'indicatif

SINGULAR	PLURAL
vois	voyons
vois	voyez
voit	voient

passé composé

SINGULAR	PLURAL
ai vu	avons vu
as vu	avez vu
a vu	ont vu

imparfait de l'indicatif

SINGULAR	PLURAL
voyais	voyions
voyais	voyiez
voyait	voyaient

plus-que-parfait de l'indicatif

SINGULAR	PLURAL
avais vu	avions vu
avais vu	aviez vu
avait vu	avaient vu

passé simple

SINGULAR	PLURAL
vis	vîmes
vis	vîtes
vit	virent

passé antérieur

SINGULAR	PLURAL
eus vu	eûmes vu
eus vu	eûtes vu
eut vu	eurent vu

futur

SINGULAR	PLURAL
verrai	verrons
verras	verrez
verra	verront

futur antérieur

SINGULAR	PLURAL
aurai vu	aurons vu
auras vu	aurez vu
aura vu	auront vu

conditionnel

SINGULAR	PLURAL
verrais	verrions
verrais	verriez
verrait	verraient

conditionnel passé

SINGULAR	PLURAL
aurais vu	aurions vu
aurais vu	auriez vu
aurait vu	auraient vu

présent du subjonctif

SINGULAR	PLURAL
voie	voyions
voies	voyiez
voie	voient

passé du subjonctif

SINGULAR	PLURAL
aie vu	ayons vu
aies vu	ayez vu
ait vu	aient vu

imparfait du subjonctif

SINGULAR	PLURAL
visse	vissions
visses	vissiez
vît	vissent

plus-que-parfait du subjonctif

SINGULAR	PLURAL
eusse vu	eussions vu
eusses vu	eussiez vu
eût vu	eussent vu

impératif

vois
voyons
voyez

MUST KNOW VERB

V

voler

to fly, to steal

participe présent volant **participe passé** volé

SINGULAR	PLURAL	SINGULAR	PLURAL

présent de l'indicatif
		passé composé	
vole	volons	ai volé	avons volé
voles	volez	as volé	avez volé
vole	volent	a volé	ont volé

imparfait de l'indicatif
		plus-que-parfait de l'indicatif	
volais	volions	avais volé	avions volé
volais	voliez	avais volé	aviez volé
volait	volaient	avait volé	avaient volé

passé simple
		passé antérieur	
volai	volâmes	eus volé	eûmes volé
volas	volâtes	eus volé	eûtes volé
vola	volèrent	eut volé	eurent volé

futur
		futur antérieur	
volerai	volerons	aurai volé	aurons volé
voleras	volerez	auras volé	aurez volé
volera	voleront	aura volé	auront volé

conditionnel
		conditionnel passé	
volerais	volerions	aurais volé	aurions volé
volerais	voleriez	aurais volé	auriez volé
volerait	voleraient	aurait volé	auraient volé

présent du subjonctif
		passé du subjonctif	
vole	volions	aie volé	ayons volé
voles	voliez	aies volé	ayez volé
vole	volent	ait volé	aient volé

imparfait du subjonctif
		plus-que-parfait du subjonctif	
volasse	volassions	eusse volé	eussions volé
volasses	volassiez	eusses volé	eussiez volé
volât	vollasent	eût volé	eussent volé

impératif
vole
volons
volez

to want   vouloir

participe présent **voulant**   participe passé **voulu**

SINGULAR	PLURAL	SINGULAR	PLURAL

présent de l'indicatif
veu**x**	voul**ons**
veu**x**	voul**ez**
veu**t**	veul**ent**

passé composé
ai voulu	**avons** voulu
as voulu	**avez** voulu
a voulu	**ont** voulu

imparfait de l'indicatif
voul**ais**	voul**ions**
voul**ais**	voul**iez**
voul**ait**	voul**aient**

plus-que-parfait de l'indicatif
avais voulu	**avions** voulu
avais voulu	**aviez** voulu
avait voulu	**avaient** voulu

passé simple
voul**us**	voul**ûmes**
voul**us**	voul**ûtes**
voul**ut**	voul**urent**

passé antérieur
eus voulu	**eûmes** voulu
eus voulu	**eûtes** voulu
eut voulu	**eurent** voulu

futur
voudr**ai**	voudr**ons**
voudr**as**	voudr**ez**
voudr**a**	voudr**ont**

futur antérieur
aurai voulu	**aurons** voulu
auras voulu	**aurez** voulu
aura voulu	**auront** voulu

conditionnel
voudr**ais**	voudr**ions**
voudr**ais**	voudr**iez**
voudr**ait**	voudr**aient**

conditionnel passé
aurais voulu	**aurions** voulu
aurais voulu	**auriez** voulu
aurait voulu	**auraient** voulu

présent du subjonctif
veuill**e**	voul**ions**
veuill**es**	voul**iez**
veuill**e**	veuill**ent**

passé du subjonctif
aie voulu	**ayons** voulu
aies voulu	**ayez** voulu
ait voulu	**aient** voulu

imparfait du subjonctif
voul**usse**	voul**ussions**
voul**usses**	voul**ussiez**
voul**ût**	voul**ussent**

plus-que-parfait du subjonctif
eusse voulu	**eussions** voulu
eusses voulu	**eussiez** voulu
eût voulu	**eussent** voulu

impératif
veuille
veuillons
veuillez

MUST
KNOW
VERB

V

participe présent **vouvoyant**   participe passé **vouvoyé**

SINGULAR	PLURAL	SINGULAR	PLURAL
présent de l'indicatif		**passé composé**	
vouvoie	vouvoyons	ai vouvoyé	avons vouvoyé
vouvoies	vouvoyez	as vouvoyé	avez vouvoyé
vouvoie	vouvoient	a vouvoyé	ont vouvoyé
imparfait de l'indicatif		**plus-que-parfait de l'indicatif**	
vouvoyais	vouvoyions	avais vouvoyé	avions vouvoyé
vouvoyais	vouvoyiez	avais vouvoyé	aviez vouvoyé
vouvoyait	vouvoyaient	avait vouvoyé	avaient vouvoyé
passé simple		**passé antérieur**	
vouvoyai	vouvoyâmes	eus vouvoyé	eûmes vouvoyé
vouvoyas	vouvoyâtes	eus vouvoyé	eûtes vouvoyé
vouvoya	vouvoyèrent	eut vouvoyé	eurent vouvoyé
futur		**futur antérieur**	
vouvoierai	vouvoierons	aurai vouvoyé	aurons vouvoyé
vouvoieras	vouvoierez	auras vouvoyé	aurez vouvoyé
vouvoiera	vouvoieront	aura vouvoyé	auront vouvoyé
conditionnel		**conditionnel passé**	
vouvoierais	vouvoierions	aurais vouvoyé	aurions vouvoyé
vouvoierais	vouvoieriez	aurais vouvoyé	auriez vouvoyé
vouvoierait	vouvoieraient	aurait vouvoyé	auraient vouvoyé
présent du subjonctif		**passé du subjonctif**	
vouvoie	vouvoyions	aie vouvoyé	ayons vouvoyé
vouvoies	vouvoyiez	aies vouvoyé	ayez vouvoyé
vouvoie	vouvoient	ait vouvoyé	aient vouvoyé
imparfait du subjonctif		**plus-que-parfait du subjonctif**	
vouvoyasse	vouvoyassions	eusse vouvoyé	eussions vouvoyé
vouvoyasses	vouvoyassiez	eusses vouvoyé	eussiez vouvoyé
vouvoyât	vouvoyassent	eût vouvoyé	eussent vouvoyé

impératif
vouvoie
vouvoyons
vouvoyez

to travel, to take a trip   voyager

participe présent **voyageant**   participe passé **voyagé**

SINGULAR	PLURAL	SINGULAR	PLURAL

présent de l'indicatif

voyag**e**	voyage**ons**
voyag**es**	voyag**ez**
voyag**e**	voyag**ent**

passé composé

ai voyagé	**avons** voyagé
as voyagé	**avez** voyagé
a voyagé	**ont** voyagé

imparfait de l'indicatif

voyage**ais**	voyag**ions**
voyage**ais**	voyag**iez**
voyage**ait**	voyage**aient**

plus-que-parfait de l'indicatif

avais voyagé	**avions** voyagé
avais voyagé	**aviez** voyagé
avait voyagé	**avaient** voyagé

passé simple

voyage**ai**	voyage**âmes**
voyage**as**	voyage**âtes**
voyage**a**	voyag**èrent**

passé antérieur

eus voyagé	**eûmes** voyagé
eus voyagé	**eûtes** voyagé
eut voyagé	**eurent** voyagé

futur

voyager**ai**	voyager**ons**
voyager**as**	voyager**ez**
voyager**a**	voyager**ont**

futur antérieur

aurai voyagé	**aurons** voyagé
auras voyagé	**aurez** voyagé
aura voyagé	**auront** voyagé

conditionnel

voyager**ais**	voyager**ions**
voyager**ais**	voyager**iez**
voyager**ait**	voyager**aient**

conditionnel passé

aurais voyagé	**aurions** voyagé
aurais voyagé	**auriez** voyagé
aurait voyagé	**auraient** voyagé

présent du subjonctif

voyag**e**	voyag**ions**
voyag**es**	voyag**iez**
voyag**e**	voyag**ent**

passé du subjonctif

aie voyagé	**ayons** voyagé
aies voyagé	**ayez** voyagé
ait voyagé	**aient** voyagé

imparfait du subjonctif

voyage**asse**	voyage**assions**
voyage**asses**	voyage**assiez**
voyage**ât**	voyage**assent**

plus-que-parfait du subjonctif

eusse voyagé	**eussions** voyagé
eusses voyagé	**eussiez** voyagé
eût voyagé	**eussent** voyagé

impératif

voyage
voyageons
voyagez

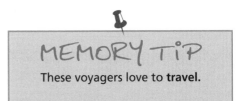

MEMORY TIP
These voyagers love to **travel**.

French Verb Activities

Présent. Choose the form of the verb that corresponds to the subject. The first sentence is done for you.

1. Ma fille _____ apprend _____ à lire et à écrire à l'école.

   (A) apprends
   (B) apprenons
   (C) apprennent
   (D) apprend
   (E) apprenez

2. Tu _____ tes devoirs à la maison.

   (A) faisons
   (B) faites
   (C) fais
   (D) font
   (E) fait

3. Vous _____ toujours beaucoup de cartes postales.

   (A) écrivez
   (B) écris
   (C) écrivons
   (D) écrivent
   (E) écrit

4. Nous _____ le bus chaque matin.

   (A) attends
   (B) attendons
   (C) attendent
   (D) attend
   (E) attendez

5. Ils _____ aller en ville faire des courses.

   (A) veut
   (B) veux
   (C) voulons
   (D) voulez
   (E) veulent

6. Il _____ toujours la vérité.

    (A) dites
    (B) disons
    (C) dis
    (D) dit
    (E) disent

7. Je _____ un manteau et des gants.

    (A) mettent
    (B) mets
    (C) mettez
    (D) met
    (E) mettons

8. Mes sœurs _____ beaucoup d'appels téléphoniques.

    (A) reçoit
    (B) recevons
    (C) reçois
    (D) reçoivent
    (E) recevez

Exercise 2

Présent. Fill in the spaces with the present form of the verb in parentheses. The first one is done for you.

1. Elise _____ choisit _____ (choisir) de nouvelles chaussures.

2. Les élèves _____ (répondre) aux questions du professeur.

3. Paul _____ (lire) le journal.

4. Colin et moi, nous _____ (manger) des pommes chaque jour.

5. Vous _____ (courir) pour attraper le train.

6. Ce matin, je _____ (aller) à la bibliothèque.

7. Tu _____ (servir) du café à tes parents.

French Verb Activities

Imparfait. Choose the form of the verb that corresponds to the subject. The first one is done for you.

1. Avant, les chats _____ buvaient _____ du lait de vache.

   (A) buvions
   (B) buvait
   (C) buvaient

2. Dis, papa, est-ce que tu _____ utiliser un ordinateur en classe ?

   (A) devais
   (B) devait
   (C) deviez

3. En 1930, on n' _____ pas encore de lave-vaisselle.

   (A) employions
   (B) employaient
   (C) employait

4. Mes amies et moi, nous _____ toujours ensemble.

   (A) était
   (B) étions
   (C) étiez

5. Il y a vingt ans, je _____ encore le verre à la poubelle.

   (A) jetais
   (B) jetait
   (C) jetions

6. À 18 ans, vous _____ vos amis au moins deux fois par semaine.

   (A) voyions
   (B) voyiez
   (C) voyaient

French Verb Activities

Exercise 4

Passé composé. Fill in the spaces with the *passé composé* form of the verb in parentheses. The first one is done for you.

1. Ce matin, je/j' _____ai réussi_____ (réussir) à atteindre mon père.

2. Raphaël _____ (ouvrir) son premier compte en banque le mois dernier.

3. Jusqu'à quelle heure est-ce que vous _____ (sortir) hier soir?

4. Ils _____ (se réveiller) à midi dimanche dernier.

5. Tu _____ (obtenir) ton diplôme en mai 2009.

6. Nous _____ (connaître) son grand-père dans les années 70.

Exercise 5

Passé composé or imparfait? Fill in the spaces with the correct form of the verb in parentheses. The first one is done for you.

1. Dans sa jeunesse, ma grand-mère _____aimait_____ aller au cinéma.

   (A) a aimé
   (B) aimait

2. Autrefois, on _____ de téléphones portables.

   (A) ne se servait pas
   (B) ne s'est pas servi

3. Nous _____ la nouvelle avec plaisir.

   (A) accueillions
   (B) avons accueilli

4. Est-ce que vous _____ une Jaguar?

   (A) avez déjà conduit
   (B) conduisiez déjà

5. À cinq ans, je/j' _____ compter jusqu'à cent.

   (A) savais
   (B) ai su

665

6. Il _____ toute la matinée.

   (A) pleuvait
   (B) a plu

7. Lors de leur dernière excursion, ces deux alpinistes _____ dans une crevasse.

   (A) sont tombés
   (B) tombaient

8. Ce matin tu _____ la chance de rester à la maison à cause du mauvais temps.

   (A) avais
   (B) a eu

Exercise 6

Imparfait or passé composé? Fill in the space with the correct tense of the verb in parentheses. The first one is done for you.

1. Hier je _____ suis allé(e) _____ (aller) faire des courses au supermarché.

2. Avant les portables, il _____ (falloir) toujours chercher une cabine téléphonique.

3. Ce chanteur _____ (mourir) l'été passé.

4. Est-ce que tu _____ (résoudre) ton problème de physique ?

5. Nous _____ (rire) l'autre soir au théâtre.

6. Enfants, Jules et Jeanne _____ (suivre) toujours leur grand frère.

7. Vous _____ (vivre) encore chez vos parents quand l'accident est arrivé.

French Verb Activities

Futur simple. Choose the form of the verb that corresponds to the subject in each sentence. The first one is done for you.

1. Qu'est-ce que vous _____offrirez_____ à votre sœur pour son anniversaire?

   (A) offrirons
   (B) offrira
   (C) offrirez

2. Tu _____ t'y retrouver?

   (A) saura
   (B) sauras
   (C) sauront

3. Je me demande ce que cette maison _____ dans deux ans.

   (A) vaudrez
   (B) vaudra
   (C) vaudrons

4. Vous _____ bien quelque chose, n'est-ce pas?

   (A) boira
   (B) boirons
   (C) boirez

5. Que _____ -ils quand ils auront fini l'école?

   (A) deviendrons
   (B) deviendront
   (C) deviendrai

6. Dimanche prochain, elle _____ tout un marathon.

   (A) courrai
   (B) courras
   (C) courra

7. Nous _____ aller au cinéma dimanche soir.

   (A) pourrons
   (B) pourrez
   (C) pourront

French Verb Activities

Exercise 8

Conditionnel présent. Fill in the spaces with the conditional form of the verb in parentheses. The first one is done for you.

1. Est-ce que tes parents te ___permettraient___ (permettre) de sortir avec des garçons?

2. On ne _____ (croire) pas qu'il ait seulement vingt ans.

3. Nous ne _____ (déranger) pas le président pour si peu.

4. S'il avait le temps, il _____ (répondre) certainement à sa lettre.

5. J' _____ (acheter) bien cette petite robe noire !

6. Tu _____ (devoir) te renseigner avant de partir.

7. Étienne et Paul _____ (aller) à la piscine cet après-midi s'il faisait chaud.

Exercise 9

Conditionnel present, imparfait, présent or futur? Add the correct form of the verb in parentheses. Choose between conditional, imperfect, present and future. The first one is done for you.

1. Il fermera son magasin s'il ne _____vend_____ (vendre) rien.

2. Si j'avais deux jours de plus, cela me _____ (suffire) pour terminer mon travail.

3. Tu _____ (craindre) la réaction de tes parents s'ils apprennent la vérité !

4. Si je ratais l'examen, vous _____ (conclure) que je n'ai rien fait.

5. Nicole et Natacha _____ (parvenir) à le consoler si elles étaient là.

6. Si on l'attaque demain lors de l'émission, il _____ (se défendre).

7. Vous _____ (consentir) toujours à nous aider si nous vous le demandons poliment.

8. Si nous leur _____ (mentir), ils le sauraient tout de suite.

French Verb Activities

Subjonctif. Choose the form of the verb that corresponds to the subject. The first one is done for you.

1. Je me repose jusqu'à ce que nous _____commencions_____ à travailler.

   (A) commence
   (B) commencions
   (C) commencent

2. Ne faites rien, sauf s'ils _____.

   (A) te plaignes
   (B) se plaigne
   (C) se plaignent

3. Est-il possible que vous _____ cette photo ?

   (A) agrandisse
   (B) agrandissions
   (C) agrandissiez

4. Pourvu que je lui _____ !

   (A) plaise
   (B) plaises
   (C) plaisions

5. Dites-le lui de sorte qu'elle _____ se préparer.

   (A) puisses
   (B) puisse
   (C) puissiez

6. Il faudrait que nous _____ cette lettre avant de l'envoyer.

   (A) relisions
   (B) relisiez
   (C) relisent

7. Il est indispensable que tu _____ de la patience.

   (A) aie
   (B) aient
   (C) aies

French Verb Activities

Exercise 11

Subjonctif. Choose the form of the verb that corresponds to the subject in each sentence. The first one is done for you.

1. Il préfère que tu lui _____ dises _____ (dire) cela toi-même.

2. Il est dommage que vous ne _____ (tenir) pas à rencontrer mon amie.

3. Il faut qu'il _____ (vaincre) son adversaire encore une fois.

4. Ils seront punis à moins qu'ils _____ (obéir).

5. Mangez! Je ne voudrais pas que vous _____ (mourir) de faim.

6. Mes parents voudraient que je leur _____ (rendre) visite plus souvent.

7. Elle nous appelle pour que nous lui _____ (faire) des courses.

Exercise 12

Indicatif or subjonctif? Choose the correct mode from the list. The first one is done for you.

1. Il faut toujours que nous _____ promenions _____ le chien.

   (A) promenons
   (B) promenions

2. La police ne pense pas qu'elle _____ toute seule.

   (A) s'est enfuie
   (B) se soit enfuie

3. J'espère que tu _____ ton erreur.

   (A) admets
   (B) admettes

4. Votre société voulait que vous _____ des actions.

   (A) acquérez
   (B) acquériez

5. Je ne crois pas qu'il me _____ dans la rue.

(A) reconnaît
(B) reconnaisse

6. Ma sœur était sûre que cet artiste _____ encore.

(A) vivait
(B) vive

7. Il faut partir avant qu'il _____ trop tard.

(A) est
(B) soit

8. Il arrive juste après que nous _____ la pelouse.

(A) avons tondu
(B) ayons tondu

9. La tache est partie sans que vous l' _____ .

(A) avez nettoyée
(B) ayez nettoyée

Exercise 13

Indicatif or subjonctif? Add the correct form of the verb in parentheses. Choose between subjunctive and indicative modes, and
present and perfect tenses. The first one is done for you.

1. Je doute que ces changements me _____réussissent_____ (réussir).

2. Vous souhaitez que vos enfants _____ (s'entendre).

3. On vous enseigne le code afin que vous n' _____ (enfreindre)
pas la loi.

4. Il est sûr que tout le monde _____ (comprendre) ce qu'il a dit.

5. Il aurait aimé que je l' _____ (introduire) auprès de nos amis.

6. Elle croit que nous _____ (partager) les mêmes intérêts.

7. Attendez donc que la neige _____ (fondre) avant de prendre la route.

8. Je ne pense pas qu'il _____ (s'agir) d'un gros problème.

Exercise 14

Sequence of tenses. Fill in the correct tense of the verb. The first one is done for you.

1. Jeanne m'a demandé si je/j' _____ avais fait _____ mes devoirs hier.

   (A) fais
   (B) avais fait
   (C) ai fait

2. Jules veut savoir quand nous lui _____ enfin notre histoire.

   (A) racontions
   (B) raconterons
   (C) avons raconté

3. Paul m'a assuré qu'il _____ ses parents demain.

   (A) contacterait
   (B) contactait
   (C) a contacté

4. Lucie a avoué qu'elle _____ au concert de son frère.

   (A) s'endormait
   (B) s'endormira
   (C) s'était endormie

5. Natacha admet qu'elle _____ les poupées quand elle était petite.

   (A) déteste
   (B) détestait
   (C) a détesté

French Verb Activities

Exercise 15

Sequence of tenses. Rewrite the following sentences in the past. The first one is done for you.

1. Il pense que cette maison appartient à mes parents.

   Il pensait que cette maison _____appartenait_____ à mes parents.

2. Tu prétends que tu t'es tordu la cheville en te levant.

   Tu as prétendu que tu _____ en te levant.

3. Elle annonce qu'elle posera sa candidature.

   Elle a annoncé qu'elle _____ sa candidature.

4. Vous dites que vous allez bientôt prendre des vacances.

   Vous avez dit que vous _____ bientôt prendre des vacances.

5. Vous demandez si nous jouerons aux cartes avec nos amis.

   Vous avez demandé si nous _____ aux cartes avec nos amis.

6. Elles confessent qu'elles ont grossi de plusieurs kilos.

   Elles ont confessé qu'elles _____ de plusieurs kilos.

7. Je suis sûr que je n'aurai pas terminé mon travail avant le week-end.

   J'étais sûr que je n' _____ avant le week-end.

Exercise 16

All tenses and modes together. Read the following text adapted from "Le Petit Chaperon Rouge" by Charles Perrault. Fill in the blank with the correct form of the verb in parentheses. The first one is done for you.

Il __était__ (1. être) une fois une petite fille qui _____ (2. porter) toujours une cape rouge que sa mère _____ (3. coudre) elle-même.

Un jour la mère _____ (4. appeler) la fillette et lui _____ (5. tenir) les propos suivants :

« _____ (6. écouter)-moi bien. Nous _____ (7. devoir) nous occuper de ta grand-mère qui _____ (8. sembler) très malade. Je _____ (9. vouloir) que tu _____ (10. aller) la voir aujourd'hui avec ce petit pot de beurre et cette galette ».

Une fois que sa mère _____ (11. remplir) le panier de nourriture, la petite fille _____ (12. se mettre) en route. Elle _____ (13. avoir) un peu peur car il _____ (14. faire) sombre dans la forêt.

Au bout de quelques minutes, elle _____ (15. entendre) une voix dire : « Bonjour, petite fille ! Où _____ -tu (16. se rendre) ainsi ? Veux-tu que nous _____ (17. courir) ensemble ? »

C'était le grand méchant loup ! Le Petit Chaperon Rouge lui _____ (18. expliquer) qu'elle _____ (19. aller) rendre visite à sa mère-grand.

Le loup _____ (20. proposer) à la fillette de prendre deux chemins différents. Il _____ (21. savoir) qu'il _____ (22. arriver) bien avant elle chez la vieille dame et qu'il _____ (23. avoir) le temps de la manger avant que la petite fille _____ (24. apparaître) à la porte.

C'est exactement ce qui _____ (25. se passer) ! Le loup _____ (26. dévorer) la vieille dame quand la fillette _____ (27. se montrer). S'il avait eu le temps, le loup _____ (28. avaler) la petite de même. Malheureusement pour lui, ses cris _____ (29. alerter) des bûcherons qui _____ (30. travailler) non loin de là...

Exercise 17

Literary tenses: *passé simple* and *imparfait du subjonctif*. Identify the infinitive of the underlined verbs. The first one is done for you.

1. Je ne sais pas ce qu'il advint de ce chanteur. _____ advenir

2. Il fallut se rendre à l'évidence : le public n'était pas content. _____

3. Vous ne pensez pas qu'il sût la vérité. _____

4. Nous <u>vîmes</u> les dégâts. _____

5. Il aurait été regrettable qu'ils n'<u>ouvrissent</u> point cette auberge. _____

6. Ils <u>firent</u> comme s'ils n'avaient rien vu. _____

7. Je ne pensais pas que vous <u>crussiez</u> en Dieu ! _____

Must Know Verbs

Here is a list of Must Know Verbs. Each is followed by the page number on which you will find its conjugation in this book.

1. acheter (78)
2. aimer (90)
3. aller (92)
4. appeler (103)
5. apprendre (109)
6. arriver (115)
7. attendre (121)
8. avoir (125)
9. boire (134)
10. changer (141)
11. chercher (144)
12. choisir (145)
13. commencer (151)
14. comprendre (156)
15. conduire (162)
16. connaître (166)
17. continuer (176)
18. courir (185)
19. croire (193)
20. demander (213)
21. devenir (231)
22. devoir (233)
23. dire (237)
24. donner (248)
25. dormir (249)

26. écrire (256)
27. entendre (272)
28. entrer (275)
29. envoyer (278)
30. essayer (281)
31. éteindre (285)
32. être (287)
33. étudier (288)
34. expliquer (297)
35. faire (306)
36. falloir (307)
37. finir (321)
38. jouer (401)
39. laver (409)
40. se lever (413)
41. lire (414)
42. manger (420)
43. marcher (422)
44. mettre (434)
45. obtenir (461)
46. ouvrir (470)
47. parler (474)
48. partir (476)
49. payer (479)
50. penser (484)

51. perdre (486)
52. plaire (496)
53. pouvoir (506)
54. prendre (509)
55. recevoir (536)
56. regarder (542)
57. rendre (552)
58. rentrer (554)
59. répondre (560)
60. rester (567)
61. savoir (587)
62. sentir (592)
63. sortir (602)
64. suivre (613)
65. supporter (615)
66. tenir (622)
67. terminer (624)
68. travailler (635)
69. trouver (640)
70. valoir (646)
71. vendre (649)
72. venir (651)
73. vivre (656)
74. voir (657)
75. vouloir (659)

Test Prep Verb List

Here is a list of useful Test Prep Verbs. Each is followed by a number i.e.: *associer* (108). The number 108 refers to the page number where you will find the conjugation of the model verb *apprécier*. The verb *associer* is conjugated like the model verb *apprécier*.

1. analyser (90)	26. définir (321)	51. inventer (90)
2. argumenter (90)	27. démontrer (90)	52. observer (90)
3. associer (108)	28. déterminer (90)	53. oublier (108)
4. barrer (90)	29. développer (90)	54. poser (90)
5. se baser sur (90)	30. dicter (90)	55. préparer (90)
6. citer (90)	31. discuter (90)	56. présenter (90)
7. classer (90)	32. disposer de (90)	57. proposer (90)
8. cocher (90)	33. distinguer (234)	58. rapporter (90)
9. combiner (90)	34. diviser (90)	59. réaliser (90)
10. commenter (90)	35. écouter (90)	60. recopier (108)
11. comparer (90)	36. éliminer (90)	61. rédiger (141)
12. compléter (502)	37. employer (266)	62. réfléchir (321)
13. conclure (161)	38. entourer (90)	63. relever (412)
14. conjuguer (234)	39. estimer (90)	64. relier (108)
15. considérer (508)	40. établir (321)	65. remplacer (151)
16. constater (90)	41. éviter (90)	66. repérer (508)
17. constituer (289)	42. examiner (90)	67. répéter (502)
18. construire (162)	43. exclure (161)	68. retrouver (90)
19. contenir (651)	44. exprimer (90)	69. se servir de (596)
20. convenir (651)	45. extraire (245)	70. signifier (108)
21. correspondre (121)	46. formuler (90)	71. situer (289)
22. corriger (141)	47. illustrer (90)	72. souligner (90)
23. créer (189)	48. imaginer (90)	73. suggérer (508)
24. décrire (256)	49. indiquer (90)	74. transformer (90)
25. déduire (162)	50. introduire (162)	75. utiliser (90)

Tech **VERB** list

Useful tech verbs in *français*.

Apply	**appliquer**
Back up	**sauvegarder**
Boot up	**mettre en route**
Cancel	**annuler**
Choose	**sélectionner**
Click on	**cliquer sur**
Close	**fermer**
Connect (to)	**connecter (à)**
Copy	**copier**
Delete	**effacer, supprimer**
Double-click on	**double-cliquer sur**
Download a document	**télécharger un document**
Download a file	**télécharger un fichier**

Tech **VERB** list

Useful tech verbs in *français*.

Edit	**éditer**
Exit	**quitter**
Explore	**explorer**
File	**classer**
Find	**trouver**
Finish	**terminer**
Format	**formater**
Install	**installer**
Print	**imprimer**
Restart	**relancer**
Scan	**scanner**
Select	**sélectionner**
Upgrade	**mettre à jour**

TECH VERBS :)

French **TEXT** Messaging

Text your friends in *français.*

1	un, une	*one*
1viT	inviter	*to invite*
2	de	*of, from*
2labal	de la balle	*great*
2m1	demain	*tomorrow*
2manD	demander	*to ask*
6né	ciné (cinéma)	*cinema*
7	cet, cette	*this*
9	neuf	*new*
100	sans	*without*
a12c4	à un de ces quatre	*see you around*
a2m1	à demain	*see you tomorrow*
a +	à plus	*see you later*
ab1to	à bientôt	*see you soon*
aPro	apéro (apéritif)	*aperitif*
b1	bien	*good/well*
b1to	bientôt	*soon*
balaD	balader	*take a walk*
bcp	beaucoup	*a lot*
biz	bise	*kiss*
bjr	bonjour	*good morning*
boC	bosser	*work*
bsr	bonsoir	*good evening*
c	c'est	*it's*
cad	c'est-à-dire	*which means*
ct	c'était	*it was*
d	des	*some*
d1gue	dingue	*crazy*
d6d	décidé	*decided*
danC	danser	*dance*
dja	déjà	*already*
dpch	dépêche	*hurry up*

French TEXT Messaging

Text your friends in *français*.

:)

dpenc	dépenser	*to spend*
ds	dans	*in*
dsl	désolé	*sorry*
éD	aider	*to help*
enfR	enfer	*hell*
entouk	en tout cas	*in any case*
eske	est-ce que	*do....?*
fo	il faut	*we/you/they have to*
fR	faire	*to do*
frR	frère	*brother*
g	j'ai	*I have*
gf1	j'ai faim	*I'm hungry*
g la n	j'ai la haine	*I'm angry*
gnial	génial	*great*
grav	grave	*seriously*
ht	acheter	*to buy*
id	idée	*idea*
ir	hier	*yesterday*
j	je	*I*
jamé	jamais	*never*
jtdr	je t'adore	*I adore you*
jtm	je t'aime	*I love you*
kdo	cadeau	*present*
ke	que	*that*
keske	qu'est-ce que…?	*what do...?*
kf	café	*coffee*
ki	qui	*who*
kL	quel	*what, which*
klk1	quelqu'un	*someone*
koi	quoi	*what*
koi29	quoi de neuf?	*what's going on?*
koncR	concert	*concert*

FRENCH TEXTING :)

Text your friends in *français.*

ktf	qu'est-ce que tu fais?	*what are you doing?*
l	elle	*she*
lekL	lequel?	*which one?*
lol	mort de rire	*laughing out loud*
mdr	mort de rire	*laughing out loud*
mer6	merci	*thanks*
mnt	maintenant	*now*
moy1	moyen	*so-so*
mR	mère	*mother*
msg	message	*message*
n	haine	*hate*
net	Internet	*internet*
nouvL	nouvelle	*news*
nrv	énervé	*angry*
ok1	aucun	*none*
oqp	occupé	*occupied*
otL	hôtel	*hotel*
ouvR	ouvert	*open*
pa	pas	*not*
partt	partout	*everywhere*
pb	problème	*problem*
pcq	parce que	*because*
pE	peu	*not much*
pk	pourquoi	*why*
pl1	plein	*full*
pr	pour	*for*
qd	quand	*when*
renps	parents	*parents*
rep	réponse	*answer*
ri1	rien	*nothing*
slt	salut	*hey*
stp	s'il te plaît	*please*

French **TEXT** Messaging

Text your friends in *français.*

:)

t	t'es (tu es)	*you are*
taf	travail	*work*
tjr	toujours	*always*
tkl	tranquille	*quiet*
tkt	t'inquiète	*don't worry*
tn	ton	*your*
tr1	train	*train*
tt	tout	*everything*
TT	t'étais	*you were*
tufékoi	tu fais quoi	*what are you doing*
ve	veux	*want*
vi1	viens	*come*
vrmt	vraiment	*really*
vs	vous	*you (formal/plural)*
we	week-end	*weekend*
xlt	excellent	*excellent*
ya	il y a	*there is*
:-)	sourire	*smile*
:-(	triste	*sad*
:-D	mort de rire	*laughing out loud*
;-)	clin d'œil	*wink*
:-P	tirer la langue	*sticking out tongue*
:-x	aucun commentaire	*no comment*
-	moins	*less*
+	plus	*more*

FRENCH TEXTING :)

Test Prep Guide

Taking a French test or quiz soon? Preparing for a test is not only about studying content such as French verbs, reading, vocabulary, useful expressions or culture, it is also about practicing and using your learning skills.

The Berlitz author, review and editorial teams would like to share with you some test-taking strategies that have worked for them. Many of these strategies may be familiar to you, but it's always helpful to review them again. Remember that enhancing your learning skills will help you with all of your classes!

Bonne chance!

General Test-Taking Tips: Before the Test

- Review test-taking strategies to help you get a head start on the test.
- Prepping for an exam really begins on your first day of class.
- Reading, reviewing and keeping up with your classwork is the first step to test prep.
- Take good notes in class, especially when your teacher suggests that you write something down.
- Review your notes on a regular basis (at least twice a week).
- Review additional classroom assignments such as worksheets, in-class activities, assignments or readings.
- Review previous quizzes, tests and any test preparation materials related to your class.
- Study with a partner or with a small group of classmates.
- If your teacher has a review session, be sure that you attend the review session.
- During the review session, be sure to ask questions; ask for clarification and for additional practice activities, too.
- Prepare a brief tip sheet for yourself in which you summarize important information, conjugation endings, vocabulary definitions and ideas so that you can review at a glance.
- Spend additional time on material that is more challenging for you and remember that there is material that you do know—and probably know quite well!
- Get a good night of sleep. Remember that "all-nighters" deprive you of the sleep you need to perform well.
- Be sure to eat well before your test.

Test Prep Guide

Test-Taking Tips: During the Test

- Be sure to bring extra pencils, pens, paper, erasers and any materials and resources that your teacher has allowed you to use for the test.
- Arrive early so that you are not stressed.
- Bring a watch to class so that you can manage your time.
- Scan the entire test before you begin so that you know what you will need to do to manage your time.
- Read instruction lines carefully. Be sure that you answer what you are being asked.
- Do the sections that you know well first before moving to the more challenging ones.
- Balance the amount of time that you spend on each question. If you find that you are spending too much time on one question, skip it and come back to it later.
- Be sure that you save about 10 minutes at the end of the test to review. You may be able to catch your own mistakes.

Test-Taking Tips: After the Test

- Review your test and see if you can identify your own mistakes. If you can't identify your mistakes, ask your teacher.
- Correct your test mistakes in your notebook for future reference.
- Review the test to see what sections you did well on and what sections you need to review again. Make a list so that you can begin to prepare for your next quiz or test.
- Keep your test for future reference, review and practice.

Verb Activities Answer Key

Exercise 1

1. (D) apprend

2. (C) fais

3. (A) écrivez

4. (B) attendons

5. (E) veulent

6. (D) dit

7. (B) mets

8. (D) reçoivent

Exercise 2

1. choisit

2. répondent

3. lit

4. mangeons

5. courez

6. vais

7. sers

Exercise 3

1. (C) buvaient

2. (A) devais

3. (C) employait

4. (B) étions

5. (A) jetais

6. (B) voyiez

Verb Activities Answer Key

Exercise 4

1. j'ai réussi

2. a ouvert

3. êtes sorti(e)(s)

4. se sont réveillés

5. as obtenu

6. avons connu

Exercise 5

1. (B) aimait

2. (A) ne se servait pas

3. (B) avons accueilli

4. (A) avez déjà conduit

5. (A) je savais

6. (B) a plu

7. (A) sont tombés

8. (B) a eu

Exercise 6

1. suis allé(e)

2. fallait

3. est mort

4. as résolu

5. avons ri

6. suivaient

7. viviez

Verb Activities Answer Key

Exercise 7

1. (C) offrirez

2. (B) sauras

3. (B) vaudra

4. (C) boirez

5. (B) deviendront

6. (C) courra

7. (A) pourrons

Exercise 8

1. permettraient

2. croirait

3. dérangerions

4. répondrait

5. achèterais

6. devrais

7. iraient

Exercise 9

1. vend

2. suffirait

3. crains

4. concluriez

5. parviendraient

6. se défendra

7. consentez

8. mentions

Verb Activities Answer Key

Exercise 10

1. (B) commencions

2. (C) se plaignent

3. (C) agrandissiez

4. (A) plaise

5. (B) puisse

6. (A) relisions

7. (C) aies

Exercise 11

1. dises

2. teniez

3. vainque

4. obéissent

5. mouriez

6. rende

7. fassions

Exercise 12

1. (B) promenions

2. (B) se soit enfuie

3. (A) admets

4. (B) acquériez

5. (B) reconnaisse

6. (A) vivait

7. (B) soit

8. (A) avons tondu

9. (B) ayez nettoyée

Verb Activities Answer Key

Exercise 13

1. réussissent

2. s'entendent

3. enfreigniez

4. a compris

5. introduise

6. partageons

7. ait fondu

8. s'agisse

Exercise 14

1. (B) j'avais fait

2. (B) raconterons

3. (A) contacterait

4. (C) s'était endormie

5. (B) détestait

Exercise 15

1. appartenait

2. t'étais tordu

3. poserait

4. alliez

5. jouerions

6. avaient grossi

7. aurais pas terminé

Verb Activities Answer Key

Exercise 16

1. était
2. portait
3. avait cousue
4. a appelé
5. a tenu
6. écoute
7. devons
8. semble
9. veux
10. aille
11. avait rempli
12. s'est mise
13. avait
14. faisait
15. a entendu
16. te rends
17. courions
18. a expliqué
19. allait
20. a proposé
21. savait
22. arriverait
23. aurait
24. apparaisse
25. s'est passé
26. avait dévoré
27. s'est montrée
28. aurait avalé
29. ont alerté
30. travaillaient

Exercise 17

1. advenir
2. falloir
3. savoir
4. voir
5. ouvrir
6. faire
7. croire

Index of over 2500 French Verbs

Model Verbs

Below, you will find a list of model verbs. We have included these verbs since most other French verbs are conjugated like one of these model forms. We suggest that you study these model verbs; once you know these conjugations you will be able to conjugate almost any verb!

On the following pages, you will find an index of an additional 2500 verbs. Each verb is followed by an English translation. The English translation is followed by a number, for example: **exister** to exist (90). The number 90 refers to the page number where you will find the conjugation of the verb *aimer*. The verb *exister* is conjugated like the model verb *aimer*. Note: (sb) and (sth) are abbreviations for somebody and something.

Index of over 2500 French Verbs

A

abandonner to abandon (90)

abdiquer to abdicate (90)

abîmer to damage, to spoil (90)

abjurer to abjure, to renounce (90)

abonder to abound, to be plentiful (90)

abonner to subscribe (90)

aboyer to bark (266)

abreuver to water (90)

abriter to shelter (90)

abroger to repeal (141)

abrutir to deafen, to stun (321)

absenter (s') to absent oneself (62)

absorber to absorb (90)

abstraire to abstract (245)

abuser to abuse (90)

accabler to overwhelm (90)

accaparer to corner, to monopolize (90)

accéder (à) to reach, to access (502)

accélérer to accelerate (508)

accidenter to damage, to injure (90)

acclamer to cheer, to acclaim (90)

accommoder to prepare (90)

s'accommoder de to put up with (89)

accomplir to accomplish, to fulfill (obligation) (321)

accoster to accost (90)

accoucher to give birth (90)

accourir to run up (185)

accréditer to give credence to, to accredit (90)

accrocher to hang (90)

accroupir (s') to crouch, to squat (529)

accumuler to store up, to accumulate, to store (90)

acharner (s') to persevere, to keep going at, to hound (62)

acheminer to transport (90)

acquiescer (à) to acquiesce (151)

acquitter to acquit (90)

actionner to activate (90)

activer to speed up, to stimulate (90)

actualiser to update (90)

additionner to add up (90)

adhérer to stick to, to grip, to join (508)

adjuger to auction (141)

administrer to administer, to run (90)

admirer to admire (90)

adopter to adopt, to pass (law) (90)

adoucir to soften, to soothe, to ease (321)

aérer to air, to space out (508)

affaiblir to weaken (321)

affairer (s') to bustle about (62)

affaisser (s') to collapse, to sink (62)

affamer to starve (90)

affecter to feign, to affect (90)

affermir to strenghten (321)

afficher to put up, to display (90)

affilier to affiliate (108)

affiner to hone, to slim down (90)

affliger to afflict, to distress (141)

affluer to flock, to pour in (289)

affoler to throw into a panic (90)

affranchir to stamp, to free (321)

affréter to charter (502)

affronter to face, to brave (90)

agencer to lay out (151)

agenouiller (s') to kneel down (62)

aggraver to aggravate, to make (sth) worse (90)

agiter to wave, to shake (90)

agoniser to be dying (90)

agrafer to staple, to fasten (90)

agrandir to enlarge (321)

agréer to accept (189)

Index of over 2500 French Verbs

agrémenter to embellish (90)

agresser to attack (90)

agripper to grab (90)

aguicher to lead (sb) on (90)

aider to help (90)

aiguiller to direct, to guide (90)

aiguiser to sharpen, to whet (appetite), to arouse (curiosity) (90)

aimanter to magnetize (90)

ajourner to postpone, to adjourn (90)

ajuster to adjust (90)

alarmer to alarm (90)

alerter to warn, to alert (90)

aliéner to alienate (502)

aligner to align (90)

alimenter to feed (90)

aliter to confine to bed (90)

allaiter to breast-feed (90)

allécher to tempt (502)

alléger to lighten (68)

allier to combine (108)

allonger to lay down, to extend (141)

allouer to allocate (401)

allumer to light, to turn on (90)

alourdir to weigh down, to increase (321)

alphabétiser to teach (sb) to teach and write (90)

altérer to affect, to spoil (508)

alterner to alternate (90)

amasser to amass, to accumulate (90)

ambitionner to aspire to (90)

améliorer to improve (90)

aménager to set up, to install (141)

ameuter to bring (sb) out, to stir (sb) up (90)

amincir to make (sb) look slimmer (321)

amocher to bash (sb, sth) up (90)

amoindrir to lessen, to lower (321)

amonceler to amass (103)

amorcer to begin, to prime (151)

amortir to deaden, to cushion, to soften (321)

amplifier to amplify, to magnify (108)

amputer to amputate (90)

amuser to entertain, to amuse, to distract (90)

ancrer to anchor, to fix (idea), to establish (90)

anéantir to ruin, to lay waste to (321)

anesthésier to anaesthetize (108)

angoisser to worry, to cause anguish (90)

annexer to annex (90)

annihiler to destroy, to cancel out (90)

annoter to anotate, to write notes on (90)

annuler to cancel (90)

anticiper to anticipate (90)

apaiser to pacify, to appease (90)

apitoyer to move (sb) to pity (266)

aplatir to flatten (321)

apostropher to heckle (90)

appâter to bait, to lure (90)

appauvrir to impoverish (321)

appesantir (s') sur to dwell on (529)

applaudir to applaud, to clap (321)

apposer to affix (90)

appréhender to apprehend (90)

apprêter (s') to get ready to do (62)

apprivoiser to tame (90)

approcher to go up to, to get close to, to approach (90)

approprier (s') to take, to appropriate (425)

approvisionner to supply (90)

arbitrer to arbitrate (90)

archiver to archive, to file (90)

armer to arm (90)

arnaquer to defraud, to rip (off) (90)

arpenter to stride along, to pace up and down, to survey (90)

arracher to dig up, to pull out, to rip out (90)

arranger to arrange, to organize (141)

arrêter to stop, to arrest, to decide on (plan), to switch off (90)

arrondir to round off (321)

arroser to water, to spray (90)

articuler to articulate, to structure (ideas) (90)

asperger to spray, to splash (141)

aspirer à to yearn for, to aspire to (90)

assagir to quiet down (321)

assainir to clean up, to stabilize (economy) (321)

assaisonner to season (dish), to dress (salad) (90)

assassiner to murder, to assassinate (90)

assécher to drain, to dry up (502)

assembler to assemble, to put together (90)

asservir to enslave, to subjugate (country) (321)

assiéger to besiege (68)

assimiler to assimilate (90)

assoiffer to make thirsty (90)

assombrir to darken (321)

assommer to knock out, to bore (90)

assoupir (s') to doze off (529)

assouplir to soften, to make more supple, to ease (321)

assourdir to deaden, to muffle (321)

assouvir to satisfy, to satiate (321)

assujettir to subject, to subdue (321)

assumer to take on, to assume (90)

assurer to assure, to maintain, to ensure, to secure, to insure (90)

astiquer to polish (90)

astreindre to compel (482)

attaquer to attack (90)

attarder (s') to dwell on, to linger (62)

atteindre to reach (482)

attendrir to move, to touch, to soften (321)

atténuer to ease, to reduce, to make less strong (289)

attester to attest (90)

attirer to attract, to draw (attention), to bring (shame, anger) (90)

attiser to stir up, to fuel, to inflame (arouse), to fan (fire) (90)

attribuer to allocate, to grant, to attribute (289)

attrister to sadden (90)

attrouper to gather (90)

auditer to audit (90)

auditionner to audition (90)

augmenter to raise, to increase (90)

ausculter to sound (the chest of), to auscultate (90)

authentifier to authenticate (108)

automatiser to automate (90)

avaler to swallow (90)

avancer to move forward, to bring forward, to get ahead with (151)

avantager to advantage, to give an advantage to (141)

aventurer (s') to venture (62)

avertir to inform, to tell, to warn (321)

aveugler to blind (90)

avilir to debase, to shame (321)

aviser to inform, to notify, to notice (90)

aviver to make more acute, to stir up (90)

avorter to have an abortion, to abort (90)

avouer to confess, to admit (401)

axer to base, to center (90)

B

bâcler to dash off, to rush (a job) (90)

bafouiller to mumble (90)

broyer to grind, to crush (266)
brûler to burn (90)
brusquer to be rough with, to rush (90)
brutaliser to ill-treat, to bully (90)
bûcher to slog away (90)
buter to trip, to bump off (90)

C

câbler to wire for cable, to cable (90)
cacher to hide, to conceal (90)
cacheter to seal (399)
cadenasser to padlock, to lock up (90)
cadrer to correspond, to centre (90)
cafouiller to get into a muddle (90)
cailler to curdle, to clot, to be cold (90)
cajoler to cuddle (90)
calculer to calculate, to work out (90)
caler to wedge, to stall (90)
câliner to cuddle, to pet (90)
calligraphier to write (sth) in a beautiful hand (108)
calmer to calm (90)
calomnier to slander (108)
calquer to copy, to trace (90)
cambrioler to burgle (90)

camoufler to camouflage, to cover up, to conceal, to hide (90)
camper to camp (90)
canaliser to channel, to point (90)
cantonner to confine, to limit, to billet (90)
capter to capture, to receive (90)
captiver to captivate, to rivet (90)
capturer to capture (90)
caractériser to characterize (90)
caresser to caress, to fondle, to stroke (90)
caricaturer to caricature (90)
carier to decay (108)
caser to get in, to put up, to fix up, to marry off (90)
casser to smash, to break (90)
castrer to castrate (90)
cataloguer to catalog (234)
catapulter to catapult, to kick upstairs (90)
catastropher to shatter, to stun (90)
catégoriser to categorize (90)
cauchemarder to have nightmares (90)
causer to cause (90)
cautionner to support, to back, to post bail (90)
cavaler to run, to rush, to chase (90)

célébrer to celebrate (502)
censurer to censor (90)
centraliser to centralize (90)
centrer to center on (90)
cerner to surround, to determine (90)
certifier to assure, to guarantee, to certify (108)
chagriner to grieve, to worry (90)
chahuter to rag, to heckle, to kick up a rumpus (90)
chamailler (se) to bicker (198)
chanceler to stagger, to totter (103)
chaparder to pinch, to swipe (90)
charcuter to butcher, to hack up (90)
charger to load, to charge (141)
charmer to charm (90)
charrier to cart, to carry along, to go too far (108)
châtier to chastise, to refine (108)
chatouiller to tickle (90)
chauffer to warm (90)
chausser to put on, to take a size (shoe) (90)
chavirer to capsize, to overturn, to roll (90)
chérir to cherish (321)
chevaucher to ride (90)

Index of over 2500 French Verbs

convoiter to lust for (90)

convoquer to convene, to call in, to invite (90)

coopérer (à) to cooperate (508)

copier to copy (108)

correspondre to correspond, to write (121)

corser to aggravate, to liven up, to make spicier (90)

coter to list, to price, to rate (90)

cotiser to subscribe, to contribute (90)

côtoyer to mix with, to deal with, to run alongside (266)

coucher to put to bed, to lay down, to sleep, to set down (90)

couler to sink (90)

couper to cut, to clip (90)

courber to curve, to bend (90)

couronner to crown (90)

court-circuiter to short-circuit (90)

courtiser to court, to woo (90)

coûter to cost (90)

cracher to spit (90)

craquer to creak, to split, to crack up (90)

cravacher to use the whip on, to plug away (90)

crayonner to sketch (in pencil), to scribble on (90)

crédibiliser to give credibility to (90)

créditer to credit (90)

creuser to dig, to sink (a well), to hollow out (90)

crisper to contort, to tense, to clench (90)

cristalliser to crystallize (90)

croiser to cross, to meet, to cruise (90)

croquer to crunch, to sketch, to outline, to squander (90)

crouler to collapse, to crumble, to topple (90)

croupir to stagnate, to wallow, to rot (321)

croustiller to be crisp, to be crusty (90)

cueillir to gather, to pick (76)

cuisiner to cook (90)

culbuter to tumble, to fall, to knock over (90)

culminer to peak, to culminate (90)

culpabiliser to make (sb) feel guilty, to feel guilty, to blame oneself (90)

cultiver to cultivate, to grow, to farm (90)

cumuler to hold concurrently, to pile up, to accrue (90)

D

dactylographier to type up (108)

daigner to deign to (90)

damner to damn (90)

dater to date, to look dated (90)

déambuler to stroll, to amble along (90)

déballer to unpack, to display, to unload (90)

débarquer to unload, to land, to fire, to disembark (90)

débattre to discuss, to debate (129)

débaucher to lay off, to debauch, to lure (90)

débiter to debit, to cut, to trot out (90)

déblayer to clear away, to remove (281/282)

débloquer to release, to unblock, to free (90)

déborder to overflow, to stick (90)

déboucher to unblock, to uncork, to lead to (90)

déboutonner to unbutton (90)

débrancher to disconnect (90)

débrayer to declutch (281/282)

décalquer to trace, to transfer (90)

décamper to buzz off (90)

décaper to clean, to strip, to scour (90)

décapiter to decapitate (90)

décapsuler to uncap (90)

Index of over 2500 French Verbs

dégourdir to bring the circulation back to, to wise (sb) up (321)
dégoûter to disgust (90)
dégrader to degrade, to deface (90)
dégringoler to tumble (down) (90)
déguerpir to run away, to decamp (321)
déguiser to disguise (90)
déguster to taste, to savor, to have a rough time (90)
déjouer to evade, to thwart (401)
délabrer to ruin, to damage (90)
délaisser to desert, to neglect (90)
délasser to relax, to soothe (90)
délayer to dilute, to draw out (a story) (281/282)
délecter (se) to delight (214)
déléguer to delegate (411)
délibérer to deliberate (508)
délier to release, to undo (108)
délimiter to define, to delimit (90)
délirer to be delirious, to rave (90)
délivrer to release, to deliver, to issue (90)
délocaliser to relocate (90)

déloger to throw out (141)
démanger to itch (141)
démanteler to break up, to dismantle (78)
démaquiller to remove makeup (90)
démarcher to visit (90)
démarquer (se) de to distinguish oneself (214)
démarrer to start (90)
démasquer to unmask (90)
démêler to disentangle (90)
déménager to move house (141)
démener (se) to thrash about, to struggle (413)
démentir to deny, to refute (476)
démettre to dislocate, to dismiss (434)
démissionner to resign (90)
démoder (se) to go out of fashion (214)
démonter to take down, to dismantle (90)
démontrer to show, to demonstrate (90)
démoraliser to demoralize (90)
démordre (de) to stick to (121)
démotiver to demotivate (90)
démouler to turn out (cake), to remove from the mold (90)
démunir to divest (321)

démystifier to explain, to demystify (108)
dénicher to find, to dig up (90)
dénier to deny (108)
dénigrer to disparage, to denigrate (90)
dénombrer to count (out) (90)
dénommer to name (90)
dénoncer to denounce (151)
dénoter to denote (90)
dénouer to untie, to unravel (401)
dénoyauter to stone, to pit (90)
densifier to make dense (108)
dénuder to leave bare, to strip (90)
dépanner to repair, to help out (90)
départager to decide between, to settle the voting (141)
départir (se) to depart from, to abandon (529)
dépassionner to calm down (90)
dépatouiller (se) to manage to get by (198)
dépayser to give a change of scenery, to disorientate (90)
dépénaliser to decriminalize (90)
dépendre de to be answerable to, to belong to, to depend on (121)

dépérir to waste away (321)

dépêtrer (se) to get out of (214)

dépeupler to depopulate, to clear (90)

dépister to track down, to detect, to screen for (90)

déplacer to displace (151)

déplier to unfold, to stretch, to open out (108)

déplorer to object, to regret, to deplore (90)

déployer to unfold, to display, to deploy (266)

déporter to deport (90)

déposer to deposit, to dump (90)

déposséder to dispossess (90)

dépouiller to strip (90)

dépoussiérer to dust (off), to rejuvenate (508)

dépraver to deprave, to corrupt, to pervert (90)

déprimer to depress (90)

déprogrammer to withdraw, to remove from the schedule (90)

déraciner to uproot, to root out (90)

dérailler to go off the rails, to derail (90)

déraisonner to rave (90)

déranger to disturb (141)

déraper to skid, to go wrong (90)

dérégler to disturb, to put out, to unsettle (502)

dérider to cheer up, to unwrinkle (90)

dériver to drift, to divert, to derive (90)

dérober to steal, to conceal (90)

déroger (à) to depart from (141)

dérouler to unroll (90)

dérouter to reroute, to disconcert (90)

désactiver to deactivate, to decontaminate (90)

désagréger to break up, to crumble (68)

désaltérer to quench the thirst of, to refresh (508)

désappointer to disappoint (90)

désapprouver to disapprove (90)

désarmer to disarm (90)

désavantager to penalize, to (put at a) disadvantage (141)

désengager to release from a commitment (141)

désensibiliser to desensitize (90)

déséquilibrer to throw off balance, to destabilize (90)

déserter to desert (90)

désespérer to despair (508)

déshabiller to undress (someone) (90)

désherber to weed (90)

déshériter to disinherit (90)

déshonorer to dishonour, to ruin (90)

déshumaniser to dehumanize (90)

déshydrater to dehydrate (90)

désigner to indicate, to choose, to nominate, to designate (90)

désinfecter to disinfect (90)

désintégrer to disintegrate (502)

désintéresser (se) to lose interest in (388)

désintoxiquer to detoxify, to counteract (90)

désister (se) to stand down, to withdraw (214)

désobéir (à) to disobey (321)

désodoriser to deodorize (90)

désoler to distress, to sadden (90)

désolidariser (se) de to dissociate oneself from (214)

désorganiser to disorganize (90)

engueuler to bawl (sb) out (90)

enhardir to embolden, to encourage (321)

enivrer to make drunk, to intoxicate (90)

enjamber to step over (90)

enjoindre to enjoin (400)

enjoliver to embellish (90)

enlacer to clasp, to interweave (151)

enlaidir to make ugly, to become ugly (321)

enlever to remove, to take away, to carry off (412)

ennuyer to bore (112)

énoncer to formulate, to enunciate, to express (151)

enquêter to investigate (90)

enquiquiner to bore, to bug (90)

enraciner to root, to fix (90)

enrager to be furious (141)

enrayer to jam, to block, to check (281/282)

enrhumer (s') to catch cold (62)

enrichir to enrich (321)

enrober to coat, to wrap (90)

enrôler to enroll (90)

enrouer (s') to get hoarse (62)

enrouler to coil, to roll (90)

ensanglanter to bloody (90)

ensemencer to sow, to seed (151)

enserrer to grasp, to surround (90)

ensevelir to shroud, to bury (321)

ensoleiller to bathe in sunlight, to brighten up (90)

ensorceler to bewitch, to cast a spell over (103)

entacher to sully, to mar (90)

entailler to notch, to slash (90)

entamer to start, to open, to lower, to damage (90)

entartrer to scale up (90)

entasser to head, to pile up, to hoard (90)

entériner to ratify, to adopt, to confirm (90)

entêter (s') to persist in (62)

enthousiasmer to fill with enthusiasm (90)

enticher (s') de to become infatuated with (62)

entonner to start singing, to barrel (90)

entortiller to twist (90)

entourer to surround (90)

entraider (s') to help one another (89)

entraîner to train (90)

entrapercevoir to catch a brief glimpse of (99)

entraver to hinder, to impede, to hold up (90)

entre-déchirer (s') to tear each other to pieces (62)

entremêler to be mixed, to get tangled (90)

entreposer to store (90)

entreprendre to undertake, to begin (509)

entretenir to maintain, to look after, to support (622)

entre-tuer (s') to kill each other (62)

entrevoir to catch a glimpse of, to glimpse, to foresee (657)

entrouvrir to half-open (464)

envahir to invade, to overrun, to seize

envelopper to wrap (90)

envenimer to poison, to inflame (90)

envier to envy (108)

environner to surround (90)

envoler (s') to fly away (62)

envoûter to bewitch, to cast a spell on (90)

épaissir to thicken (321)

épancher (s') to pour out, to open one's heart (62)

épanouir (s') to open, to blossom, to light up (529)

froncer to gather, to frown (151)

fructifier to bear fruit, to be productive (108)

frustrer to frustrate (90)

fuguer to run away (234)

fulminer to fulminate (90)

fureter to rummage (78)

fuser to ring out (90)

fusiller to shoot, to wreck (90)

fusionner to merge (90)

G

gaffer to flub (90)

gager to guarantee, to wager (141)

galérer to have a hard time (508)

galoper to gallop (90)

galvaniser to galvanize (90)

gambader to gambol (90)

garer to park (90)

garnir to fill, to decorate, to garnish (321)

gaver to force-feed (90)

gazéifier to carbonate (108)

gazer to gas (90)

gazouiller to twitter (90)

geindre to moan, to whine, to groan (482)

gémir to moan (321)

généraliser to generalize (90)

générer to generate (508)

gerber to bind, to pile, to throw up (90)

gercer to chap, to crack (151)

gérer to manage, to handle (508)

germer to germinate (90)

gesticuler to gesticulate (90)

gicler to spurt, to squirt (90)

gifler to slap (90)

gigoter to wriggle, to fidget (90)

glacer to ice (151)

glander to loaf about (90)

glaner to glean, to gather (90)

globaliser to globalize (90)

glorifier to glorify (108)

glousser to cluck, to chuckle (90)

gober to suck (eggs), to fall for (90)

goinfrer (se) to stuff oneself (214)

gommer to rub out, to erase (90)

gondoler to crinkle, to warp (90)

goudronner to macadamize (90)

gourer (se) to make a mistake (214)

gouverner to govern, to steer (90)

gracier to pardon, to reprieve (108)

graduer to increase, to graduate (289)

graisser to grease (90)

grappiller to pick up, to glean (90)

gratifier to gratify (108)

gratiner to brown a dish (90)

graver to engrave, to burn (CDs) (90)

gravir to climb up (321)

graviter to orbit, to gravitate (90)

greffer to transplant, to graft (90)

grelotter to shiver (90)

grésiller to crackle, to sizzle (90)

grever to put a strain on (412)

gribouiller to doodle, to scribble (90)

griffer to scratch, to put one's label on (90)

griffonner to scribble (90)

grignoter to nibble (90)

griller to grill (90)

grimacer to grimace, to make a face (151)

grimer to make up (90)

grincer to creak (151)

grogner to growl (90)

grommeler to grumble (103)

grouiller to swarm about (90)

grouper to put together (90)

gruger to dupe (141)

gueuler to yell, to bawl (90)

guider to guide (90)
guillotiner to guillotine (90)

H

habiliter to entitle, to habilitate (90)
habiller to clothe, to dress (90)
hacher to mince, to chop (90)
halluciner to hallucinate (90)
harceler to pester, to harass (78)
harmoniser to harmonize (90)
héberger to lodge, to shelter (141)
helléniser to hellenize (90)
herboriser to botanize (90)
hériter to inherit (90)
hiberner to hibernate (90)
homogénéiser to homogenize (90)
homologuer to approve, to ratify (234)
honorer to honor (90)
horrifier to horrify (108)
horripiler to exasperate, to horripilate (90)
hospitaliser to hospitalize (90)
huiler to oil, to lubricate (90)
humaniser to humanize, to make more human (90)

humecter to dampen, to moisten (90)
humidifier to humidify, to moisten (108)
humilier to humiliate (108)
hydrater to moisturize, to hydrate (90)
hypnotiser to hypnotize, to fascinate (90)
hypothéquer to mortgage (502)

I

idéaliser to idealize (90)
identifier to identify (108)
idolâtrer to idolize (90)
illuminer to illuminate (90)
illusionner to delude (90)
illustrer to illustrate (90)
imbiber to soak (90)
imbriquer to overlap, to interlock (90)
immatriculer to register (90)
immerger to immerse, to dump (sb) at sea (141)
immigrer to immigrate (90)
immobiliser to stop, to immobilize, to tie up (90)
immoler to sacrifice, to immolate (90)
immortaliser to immortalize (90)
immuniser to immunize (90)

impartir to give (321)
implanter to establish, to build, to implant (90)
impliquer to implicate, to involve, to mean (90)
implorer to implore, to beg for (90)
imploser to implode (90)
importer to import, to matter (90)
importuner to bother, to disturb (90)
imprégner to impregnate (502)
impressionner to impress (90)
improviser to improvise (90)
imputer to attribute, to impute (90)
inaugurer to unveil, to open, to mark the start of (90)
incarcérer to imprison (508)
incarner to embody, to play, to portray (90)
incendier to set fire to, to burn, to stir (108)
incinérer to cremate (508)
inciser to incise (90)
inciter to encourage, to incite (90)
incliner to bend, to tilt, to tend to (90)
incomber (à) to fall to, to lie with (90)
incommoder to bother (90)
incorporer to incorporate (90)

luire to gleam (162)
lustrer to lustre, to polish (90)
lyncher to lynch (90)

M

macérer to macerate (508)
mâcher to chew (90)
magner (se) to hurry up (214)
magnétiser to magnetize (90)
magouiller to scheme, to wangle (90)
maintenir to maintain, to keep (622)
maîtriser to overpower, to master (90)
majorer to increase (90)
malmener to manhandle, to bully (412)
maltraiter to mistreat (90)
manager to manage (141)
mandater to appoint, to mandate (90)
manier to handle (108)
manifester to show, to demonstrate (90)
manigancer to scheme, to plot (151)
manipuler to handle, to manipulate (90)
manœuvrer to work, to manoeuvre, to drill (90)
manucurer to manicure (90)

manufacturer to manufacture (90)
maquiller to make up (90)
marchander to bargain (90)
marginaliser to marginalize (90)
marier to marry (108)
mariner to marinate (90)
marmonner to mumble (90)
marquer to mark (90)
martyriser to torment, to martyr (90)
masquer to conceal, to mask (90)
massacrer to massacre, to slaughter (90)
masser to massage (90)
mécontenter to displease, to anger (90)
médiatiser to mediatize (90)
médire (de, sur) to speak ill of (387)
méditer to meditate, to plan (90)
mémoriser to memorize (90)
ménager to be sparing with (141)
mendier to beg (108)
mentionner to mention (90)
mesurer to measure (90)
métamorphoser to transform (90)
meubler to furnish (90)

meurtrir to bruise, to hurt (321)
miauler to meow, to mew (90)
mijoter to prepare, to simmer (90)
militer to campaign, to militate (90)
mimer to mime (90)
mincir to lose weight (321)
minimiser to minimize (90)
minuter to time (90)
miroiter to shimmer (90)
miser to bet (90)
mitonner to cook lovingly (90)
mitrailler to machine-gun, to fire (questions), to snap (away) at (90)
mixer to mix (90)
mobiliser to mobilize (90)
modérer to moderate (508)
moderniser to modernize (90)
modifier to modify (108)
moisir to go moldy (321)
moissonner to reap, to harvest (90)
mollir to fail, to soften, to weaken (321)
mondialiser to globalize (90)
monnayer to convert into cash, to exchange (281/282)

réaccoutumer to reaccustom (90)

réactiver to reactivate, to revive, to relaunch, to rekindle (90)

réactualiser to revive, to update (90)

réadapter to readjust (90)

réagir (à) to react (321)

réaliser to carry out, to fulfill, to realize, to make (90)

réanimer to resuscitate, to revive (90)

réapparaître to come back, to reappear, to appear again (101)

rebeller (se) to rebel (214)

rebiffer (se) to rebel (214)

reboiser to reforest (90)

rebondir to bounce, to start up again, to take a new turn (321)

reboucher to recap, to fill up, to recork (90)

rebrousser to turn back, to brush backward (90)

rebuter to disgust, to repel, to put (sb) off (90)

recaler to fall (candidate) (90)

récapituler to sum up (90)

receler to possess (illegally), to contain (78)

recenser to make a census, to list (90)

recentrer (se) to refocus (214)

réceptionner to take delivery of, to catch (90)

recharger to reload, to refill, to recharge (141)

réchauffer to heat up, to warm up (90)

rechercher to look for, to search for (90)

rechigner to grumble (90)

rechuter to relapse (90)

récidiver to offend again, to recur (90)

réciter to recite (90)

réclamer to ask for, to claim, to require (90)

récolter to harvest, to collect, to win (90)

recommander to recommend (90)

recommencer to start again, to repeat, to resume (151)

récompenser to reward (90)

réconcilier to reconcile (108)

reconduire to see out, to extend, to renew, to escort (162)

réconforter to comfort, to console, to cheer (90)

reconstituer to reconstitute, to rebuild, to reconstruct (289)

reconstruire to reconstruct (162)

recopier to copy, to write up (108)

recourir (à) to appeal to, to have recourse to (185)

recouvrer to recover, to regain (90)

recouvrir to cover over, to cover again, to hide (464)

recréer to recreate (189)

récrier (se) to exclaim (425)

récriminer to rail (90)

récrire to rewrite (256)

recroqueviller to huddle up, to shrivel up (90)

recruter to recruit (90)

rectifier to rectify (108)

reculer to move back, to postpone, to recede (90)

récupérer to get back, to salvage, to take over, to recover (508)

récurer to scour, to scrub (90)

récuser to challenge, to impugn (90)

recycler to recycle, to retrain (90)

rediffuser to rebroadcast, to repeat (90)

rédiger to write, to compose, to draw up (141)

redorer to regild, to restore (one's image) (90)

redoubler to repeat a year (school), to intensify (90)

redouter to fear (90)

Index of over 2500 French Verbs

solliciter to seek, to solicit, to apply for (90)

solutionner to solve, to resolve (90)

sombrer to sink, to collapse, to fade (90)

sommeiller to doze, to lie dormant (90)

sommer to summon, to order (90)

somnoler to doze, to be sleepy (90)

sonder to sound, to probe, to drill (90)

sonoriser to install a sound system/track (90)

soucier (se) de to worry, to care about (425)

souder to solder, to join together (90)

soudoyer to bribe (266)

souiller to soil, to taint, to sully (90)

soulager to relieve (141)

soulever to lift, to raise, to arouse (412)

souligner to underline, to emphasize (90)

soupçonner to suspect (90)

soupeser to feel the weight of, to weigh (arguments) (412)

soupirer to sigh (90)

sous-entendre to imply (121)

sous-estimer to underestimate (90)

sous-évaluer to undervalue, to underestimate (289)

sous-louer to sublet, to sublease (401)

sous-tendre to underlie, to subtend (121)

sous-titrer to subtitle (90)

sous-traiter to subcontract (90)

souscrire to subscribe, to sign, to take out (256)

soustraire to subtract, to take away, to shield (245)

soutirer to squeeze/get (sth) out (90)

spécialiser (se) to specialize (214)

spécifier to specify (108)

spéculer to speculate (90)

spolier to despoil (108)

sponsoriser to sponsor (90)

squatter to squat in (90)

stabiliser to stabilize (90)

stagner to stagnate (90)

standardiser to standardize (90)

stationner to be parked, to stay, to remain (90)

statuer to rule (289)

stériliser to sterilize (90)

stigmatiser to stigmatize (90)

stimuler to stimulate, to encourage (90)

stipuler to stipulate (90)

stocker to stock, to store (90)

stopper to stop (90)

stresser to put under stress (90)

structurer to structure (90)

stupéfier to astound, to stun (108)

styliser to stylize (90)

subjuguer to enthral, to captivate (234)

sublimer to sublimate (90)

submerger to submerge, to engulf, to overwhelm (141)

subordonner to subordinate (90)

subsister to remain, to live, to live on (90)

substituer to substitute (289)

subtiliser to spirit (sth) away (90)

subvenir (à) to meet, to provide (622)

subventionner to subsidize (90)

succéder (à) to succeed, to follow (502)

succomber (à) to succumb to, to yield to (90)

sucrer to sweeten, to sugar (90)

suer to sweat (289)

729

Index of over 2500 French Verbs

teindre to dye, to stain (482)

teinter to tint, to tinge (90)

télécopier to fax (108)

télégraphier to cable, to telegraph (108)

témoigner to testify, to show (90)

tempérer to temper, to soften (508)

tenailler to gnaw, to torment (90)

tergiverser to prevaricate (90)

ternir to tarnish, to dull (321)

terrasser to strike down, to shatter (90)

terrer (se) to earth, to burrow (214)

terrifier to terrify (108)

terroriser to terrorize (90)

tester to test (90)

téter to suck (502)

théoriser to theorize, to speculate (90)

tiédir to cool down, to warm up (321)

timbrer to stamp (90)

tinter to chime, to tinkle (90)

tisser to weave, to spin (90)

titrer to subtitle, to entitle (90)

tituber to stagger (90)

tolérer to tolerate (508)

tondre to crop, to shear, to mow (121)

tonifier to tone up (108)

tonner to thunder, to roar (90)

toquer to tap (90)

torturer to torture (90)

totaliser to total, to totalize (90)

touiller to stir, to toss (90)

tourbillonner to swirl (90)

tourmenter to torment (90)

tracasser to worry (90)

tracer to draw, to plot, to write (151)

tracter to tow, to pull (90)

traficoter to be up to (90)

trafiquer to fiddle with, to be up to (90)

traînasser to loaf about (90)

traîner to pull, to drag (on, around), to lie around (90)

traire to milk, to draw (245)

tramer to hatch, to plot, to screen (90)

trancher to cut, to decide (90)

tranquilliser to reassure (90)

transcender to transcend (90)

transcrire to transcribe (256)

transférer to transfer, to relocate (508)

transformer to alter, to change, to transform (90)

transfuser to give a blood transfusion (90)

transgresser to break (law, rule), to transgress (90)

transiger to compromise (141)

transiter to pass through, to transit (90)

transparaître to show through (166)

transpercer to pierce, to go through (151)

transpirer to sweat, to leak out (90)

transplanter to transplant (90)

transporter to transport, to carry (90)

transposer to transpose (90)

transvaser to decant (90)

traquer to track down, to hunt down (90)

traumatiser to traumatize (90)

travestir to dress up, to distort (truth) (321)

trébucher to stumble (90)

trembler to tremble, to shake (90)

trémousser (se) to wiggle, to wriggle (214)

tremper to dip, to soak (90)

trépasser to pass away (90)

trépigner to stamp one's feet (90)

Index of over 2500 French Verbs

tressaillir to (give a) start, to flinch, to wince

tressauter to jump, to start (90)

tresser to plait, to weave (90)

tricoter to knit (90)

trier to sort, to select (108)

trinquer to clink glasses, to drink (90)

triompher to triumph, to prevail (90)

tripler to treble (90)

tripoter to fiddle with (90)

triturer to knead, to fiddle with, to triturate (90)

troquer to exchange, to swap, to barter (90)

trotter to trot (90)

troubler to cloud, to disturb, to confuse, to arouse (90)

trouer to make a hole in, to pierce (401)

truquer to rig, to fiddle (90)

tuyauter to tip off (90)

tyranniser to tyrannize (90)

U

ulcérer to sicken, to revolt, to ulcerate (508)

unifier to unify, to standardize (108)

uniformiser to standardize (90)

urbaniser to urbanize (90)

uriner to urinate (90)

user to wear out, to use (90)

usurper to usurp (90)

V

vacciner to vaccinate (90)

vaciller to be unsteady, to sway, to flicker, to weaken (90)

vadrouiller to rove about (90)

vagabonder to wander, to roam (90)

vaguer to wander, to roam, to rove (234)

valider to validate, to probate (90)

valser to waltz, to throw (90)

vandaliser to vandalize (90)

vanner to winnow, to wear out (90)

vanter to praise, to extol (90)

vaporiser to spray, to vaporize (90)

vaquer to attend to, to see to, to be on vacation (90)

varier to vary, to diversify (108)

végéter to vegetate, to stagnate (90)

véhiculer to convey, to transport (90)

veiller to watch over, to keep watch, to stay up (90)

vendanger to pick, to harvest (grapes) (141)

vénérer to revere (508)

ventiler to ventilate, to spread (90)

verbaliser to record an offence, to verbalize (90)

vernir to varnish, to enamel (321)

verrouiller to lock, to close off (90)

verser to shed, to pour, to pay, to add (90)

versifier to versify (108)

vexer to hurt, to upset (90)

vibrer to vibrate (90)

vider to empty, to do in, to kick out (90)

violer to rape, to violate (90)

virer to transfer (money), to fire, to turn (90)

viser to aim (90)

visionner to view (film, slides) (90)

visser to screw (sth) on (90)

visualiser to visualize (90)

vivifier to invigorate (108)

voguer to sail (234)

voiler to veil, to conceal (90)

voltiger to flutter, to go flying (141)

vomir to vomit (321)

voter to vote (90)

vouer to vow, to devote, to dedicate (401)

App Instructions

For iOS:

Berlitz® 21 French Verbs for iOS is a free app that accompanies *Berlitz 601 French Verbs*. It enables you to use your iPhone and iPod touch to conjugate 21 essential French verbs in all the major tenses in the palm of your hand! Go to the iTunes app store and search for "Berlitz 21 French Verbs".